文 / 白 / 对 / 照

資治通鑑

第十八册

〔宋〕司马光　　编撰

〔清〕康熙　乾隆　御批

〔清〕申涵煜　　点评

萧祥剑　　主编

中华文化讲堂　　译

团结出版社

目 录

资治通鉴卷第二百一十一　唐纪二十七

起阏逢摄提格，尽强圉大荒落，凡四年。

【译文】 起甲寅（公元714年），止丁巳（公元717年），共四年。

【题解】 本卷记录了公元714年至717年的史事，共四年，正当唐玄宗开元二年到开元五年。这一时期是唐玄宗李隆基全权施政的最初四年，励精图治，给唐朝终于带来了新气象。第一，君臣和睦，贤相辈出。姚崇与卢怀慎，宋璟与苏颋相继为相，同心协力。第二，君明臣贤，政见一致，雷厉风行。唐玄宗选贤任能，量才授职，裁减多余官员，削减僧尼数量。第三，唐玄宗倡导节俭，友爱兄弟，清除韦皇后余党，平稳进行去武氏、韦氏运动。第四，整武备，强化边防，设立节度使，防备边境动荡。第五，唐玄宗精通音律，设置左右教坊和宫苑梨园，被后世尊称为梨园之祖。

玄宗至道大圣大明孝皇帝上之中

开元二年（甲寅，公元七一四年）春，正月，壬申，制："选京官有才识者除都督、刺史，都督、刺史有政迹者除京官，使出入常均，永为恒式。"

己卯，以卢怀慎检校黄门监。

旧制，雅俗之乐，皆隶太常。上精晓音律，以太常礼乐之

1

司，不应典倡优杂伎；乃更置左右教坊以教俗乐，命右骁卫将军范及为之使。又选乐工数百人，自教法曲于梨园，谓之"皇帝梨园弟子"。又教宫女使习之。又选伎女，置宜春院，给赐其家。礼部侍郎张廷珪、酸枣尉袁楚客皆上疏，以为："上春秋鼎盛，宜崇经术，迩端士，尚朴素，深以悦郑声、好游猎为戒。"上虽不能用，欲开言路，咸嘉赏之。

【译文】开元二年（甲寅，公元714年）春季，正月，壬申日（十三日），下制书："选拔京中官员有才能的任都督、刺史；都督、刺史历年有政治绩效的任为京中官员，让中枢地方平衡，永为常法。"

己卯日（二十日），任命卢怀慎检校黄门监。

以前的制度，雅俗音乐，都属于太常寺管。唐玄宗精通音律，觉得太常寺司掌管礼乐，不应该掌理戏曲杂技，因此另外设立左右教坊用来教习普通通俗的音乐，差遣右骁卫将军范及为使官。又选拔几百名乐工，唐玄宗亲自在梨园中教道观曲子，称为"皇帝梨园弟子"。又教宫中人让她们学习。又挑选伎女，安放在宜春院，补给赐予她们的家属。礼部侍郎张廷珪、酸枣县尉袁楚客都上奏疏，认为："皇上处在青年时期，应该崇尚经术，亲近正大的人，提倡朴素，要深切以喜靡靡之音、爱好游猎为警惕。"唐玄宗虽然没有接受他们的建议，但都称赞赏赐了他们。

中宗以来，贵戚争营佛寺，奏度人为僧，兼以伪妄；富户强丁多削发以避徭役，所在充满。姚崇上言："佛图澄不能存赵，鸠摩罗什不能存秦，齐襄、梁武，未免祸殃。但使苍生安乐，即是佛身；何用妄度奸人，使坏正法！"上从之。丙寅，命有司沙汰天

资治通鉴

下僧尼，以伪妄还俗者万二千馀人。

初，营州都督治柳城以镇抚奚、契丹，则天之世，都督赵文翙失政，奚、契丹攻陷之，是后寄治于幽州东渔阳城。或言："靺鞨、奚、霫大欲降唐，正以唐不建营州，无所依投，为默啜所侵扰，故且附之；若唐复建营州，则相帅归化矣。"并州长史、和戎大武等军州节度大使薛讷信之，奏请击契丹，复置营州；上亦以冷陉之役，欲讨契丹。群臣姚崇等多谏。甲申，以讷同紫微黄门三品，将兵击契丹，群臣乃不敢言。

【译文】 自中宗以来，贵显的国戚相互竞争修建佛寺，上奏化度人去当和尚，加以诈伪虚妄，富家壮丁多剃发为僧用来躲避力役，哪里都是僧人。姚崇上奏："佛图澄没有办法保全后赵，鸠摩罗什没有得以保存后秦，齐襄帝、梁武帝没有避免受祸遭殃。只要让民生安乐，就是对本身有福，何必乱度小人，让他们把佛法破坏掉！"唐玄宗采纳了建议。丙寅日（初七），命令主管单位淘汰天下和尚尼姑，因为诈伪虚妄而让他们还俗的有一万两千多人。

那时候，营州都督以柳城为镇守安抚奚、契丹治事的地点，则天时期，都督赵文翙政事有错误，奚、契丹攻破柳城，从那之后把衙门寄在幽州东的渔阳城。有人说："靺鞨、奚、霫非常想归顺唐朝，正是由于唐朝不建置营州，没有地方依靠，被默啜侵扰，因此归顺突厥。假使唐再建置营州，就会一起来归顺从化了。"并州长史、和戎大武等军州节度大使薛讷相信，上奏恳请讨伐契丹，重新建置营州。唐玄宗也由于冷陉之役战败，想要讨伐契丹，姚崇等众臣大多数上奏阻止。甲申日（二十五日），任薛讷为同紫微黄门三品，带领士兵讨伐契丹，众臣才不敢说话了。

薛王业之舅王仙童,侵暴百姓,御史弹奏;业为之请,敕紫微、黄门覆按。姚崇、卢怀慎等奏:"仙童罪状明白,御史所言无所枉,不可纵舍。"上从之。由是贵戚束手。

二月,庚寅朔,太史奏太阳应亏不亏。姚崇表贺,请书之史册;从之。

乙未,突厥可汗默啜遣其子同俄特勒及妹夫火拔颉利发、石阿失毕将兵围北庭都护府,都护郭虔瓘击败之。同俄单骑逼城下,虔瓘伏壮士于道侧,突起斩之。突厥请悉军中资粮以赎同俄,闻其已死,恸哭而去。

丁未,敕:"自今所在毋得创建佛寺;旧寺颓坏应葺者,诣有司陈牒检视,然后听之。"

【译文】薛王李业的舅父王仙童,侵害百姓,御史弹劾他而上奏。李业替他求情,唐玄宗下敕书给紫微、黄门省复验。姚崇、卢怀慎等上奏:"仙童罪行清楚,御史所指出陈述的没有冤枉,不可以宽恕。"唐玄宗答应了。从那时起贵显的国戚都不敢放肆了。

二月,庚寅朔日(初一),太史上奏今天太阳应该食却没有食。姚崇上表庆贺,恳请记在史书上。被答应了。

乙未日(初七),突厥可汗默啜差遣他的儿子同俄特勒及妹夫火拔颉利发、石阿失毕带领士兵围攻北庭都护府,都护郭虔瓘迎击而打败他们。同俄一人驰马临近城下,虔瓘埋伏壮士在路边,猛然出来杀了他。突厥请求把军中的粮食物资全部给唐军以赎换同俄,听闻他已经去世了,伤心痛哭地离去。

丁未日(十九日),下敕书:"从今日起各地不可以兴建佛寺。旧寺崩坏需要修建的,到官厅呈公文检查属实,然后准许。"

【乾隆御批】 日、月交食原可推算，而知特以改其常，修德修刑可耳。若夫应亏不亏，必因步测者之不精。乃以为瑞而贺之，可笑可鄙，莫甚于此。

【译文】 日蚀、月蚀原本就可推算，特别是因为它改变的常规，修养品德修正法典是可以的。如果是应亏不亏，必定是因为测算的人推算不精确。姚崇竟以此为吉祥之兆而上表祝贺，没有比这更被人笑话、被人鄙夷的了。

闰月，以鸿胪少卿、朔方军副大总管王晙兼安北大都护、朔方道行军大总管，令丰安、定远、三受降城及旁侧诸军皆受晙节度。徙大都护府于中受降城，置兵屯田。

丁卯，复置十道按察使，以益州长史陆象先等为之。

上思徐有功用法平直，乙亥，以其子大理司直愉为恭陵令。窦孝谌之子光禄卿豳公希瑊等，请以己官爵让愉以报其德，由是愉累迁申王府司马。

丙子，申王成义请以其府录事阎楚珪为其府参军，上许之。姚崇、卢怀慎上言："先尝得旨，云王公、驸马有所奏请，非墨敕皆勿行。臣窃以量材授官，当归有司；若缘亲故之恩，得以官爵为惠，踵习近事，实紊纪纲。"事遂寝。由是请谒不行。

【译文】 闰月，任鸿胪少卿、朔方军副大总管王晙兼安北大都护、朔方道行军大总管，下令丰安、定远、三受降城和旁侧各军全部都受王晙指挥。迁移大都护府到中受降城，部署军队屯田。

丁卯日（初九），再设立十道按察使，用益州长史陆象先等担任。

唐玄宗记起徐有功执法公平，乙亥日（十七日），任命他的儿子大理司直徐恬为恭陵令。窦孝谌的儿子光禄卿幽公希瑊等恳请将自己的官爵让给徐恬，用来报他父亲的恩德，于是徐恬又升为申王府司马。

丙子日（十八日），申王成义恳请升任他的府录事阎楚珪为他的府参军，唐玄宗答应了。姚崇、卢怀慎上奏："之前曾经得旨，说王公、驸马有奏请的事情，不是墨敕书的都不可以。臣觉得考察才能授予官职，应当属于主管单位；假使由于亲戚故旧的恩情，能用官爵来赏赐恩惠他们，走上中宗时的覆辙，确实是紊乱制度。"于是这件事情就搁置了。因为这样请托都行不通。

突厥石阿失毕既失同俄，不敢归，癸未，与其妻来奔；以为右卫大将军，封燕北郡王，命其妻曰金山公主。

或告太子少保刘幽求、太子詹事钟绍京有怨望语，下紫微省按问，幽求等不服。姚崇、卢怀慎、薛讷言于上曰："幽求等皆功臣，乍就闲职，微有沮丧，人情或然。功业既大，荣宠亦深，一朝下狱，虑惊远听。"戊子，贬幽求为睦州刺史。绍京为果州刺史，紫微侍郎王琚行边军未还，亦坐幽求党贬泽州刺史。

敕："涪州刺史周利贞等十三人，皆天后时酷吏，比周兴等情状差轻，宜放归草泽，终身勿齿。"

西突厥十姓酋长都担叛。三月，己亥，碛西节度使阿史那献克碎叶等镇，擒斩都担，降其部落二万馀帐。

【译文】突厥石阿失毕因同俄已死，不敢回去。癸未日（二十五日），和他的妻子来投降，任为右卫大将军，封燕北郡王；封他的妻子为金山公主。

有人上奏说太子少保刘幽求、太子詹事钟绍京有埋怨的话，唐玄宗下令紫微省去审问，幽求等不服从罪行。姚崇、卢怀慎、薛讷对唐玄宗说："幽求等全部都是功臣，突然任闲职，稍微有一些沮丧，是人情都会有的。功业非常大，皇上对他的恩宠也就应该深，一旦入狱，恐怕会震惊天下人。"戊子日（二月无此日），贬幽求为睦州刺史，绍京为果州刺史，紫微侍郎王琚巡视边塞军没回京，也由于幽求一党被连坐，贬为泽州刺史。

下敕书："涪州刺史周利贞等十三人，都是天后时代的残酷官吏，比周兴等的情况稍微轻一点，应放归田野，永不录用。"

西突厥十姓酋长都担反叛。三月，己亥日（十二日），碛西节度使阿史那献攻取碎叶等镇，逮捕都担并杀了他，降服了他的部落两万多帐。

御史中丞姜晦以宗楚客等改中宗遗诏，青州刺史韦安石、太子宾客韦嗣立、刑部尚书赵彦昭、特进致仕李峤，于时同为宰相，不能匡正，令监察御史郭震弹之；且言彦昭拜巫赵氏为姑，蒙妇人服，与妻乘车诣其家。甲辰，贬安石为沔州别驾，嗣立为岳州别驾，彦昭为袁州别驾，峤为滁州别驾。安石至沔州，晦又奏安石尝检校定陵，盗隐官物，下州徵赃。安石叹曰："此只应须我死耳。"愤恚而卒。晦，皎之弟也。

毁天枢，发匠熔其铜铁，历月不尽。先是，韦后亦于天街作石台，高数丈，以颂功德，至是并毁之。

【译文】御史中丞姜晦觉得宗楚客改写中宗遗诏，青州刺史韦安石、太子宾客韦嗣立、刑部尚书赵彦昭、特进退休的李峤，在当时都担任宰相，没有办法改正，让监察御史郭震弹纠他们。并且说彦昭拜女巫赵氏为姑，穿戴妇人的衣服，与妻坐车来他家。甲辰日（十七日），贬安石做了沔州别驾，嗣立做了岳州别驾，彦昭做了袁州别驾，峤做了滁州别驾。安石来到沔州，姜晦又奏安石曾检校定陵，偷取并私藏公物，下令沔州查赃。安石叹着气说："这只是想让我死罢了。"气愤而死。姜晦，是姜皎的弟弟。

把天枢拆毁，征集工匠熔它的铁钱（它本作"铜钱"），经过一个月仍然没有熔尽。在这之前，韦后也在天街设立石台，有几丈高，用来颂扬功德，到这个时候一起毁坏。

夏，四月，辛巳，突厥可汗默啜复遣使求昏，自称"乾和永清太驸马、天上得果报天男、突厥圣天骨咄禄可汗"。

五月，己丑，以岁饥，悉罢员外、试、检校官，自今非战功及别敕，毋得注拟。

己酉，吐蕃相坌达延遗宰相书，请先遣解琬至河源正二国封疆，然后结盟。琬尝为朔方大总管，故吐蕃请之。前此琬以金紫光禄大夫致仕，复召拜左散骑常侍而遣之。又命宰相复坌达延书，招怀之。琬上言："吐蕃必阴怀叛计，请预屯兵十万于秦、渭等州以备之。"

【译文】夏季，四月，辛巳日（二十五日），突厥可汗默啜再差遣使者来求婚，自称"乾和永清太驸马、天上得果报天男、突厥圣天骨咄禄可汗"。

五月，己丑日（初三），由于年岁饥荒，员外、试官、检校官全部撤除。从今日起，没有战功以及特别敕令，不可以签拟任官。

己酉日（二十三日），吐蕃宰相坌达延致宰相信，请求先派解琬到河源勘正两国边界，然后缔结盟约。琬曾任朔方大总管，因此吐蕃恳请派他。在此之前，琬任金紫光禄大夫退休，再召入任为左散骑常侍而差遣他去。又让宰相回岌达延的信，招抚慰劳他。琬上奏，说："吐蕃肯定有阴谋造反，恳请预先屯兵十万在秦、渭等州来防范他。"

　　黄门监魏知古，本起小吏，因姚崇引荐，以至同为相。崇意轻之，请知古摄吏部尚书、知东都选事，遣吏部尚书宋璟于门下过官；知古衔之。

　　崇二子分司东都，恃其父有德于知古，颇招权请托；知古归，悉以闻。它日，上从容问崇："卿子才性何如？今何官也？"崇揣知上意，对曰："臣有三子，两在东都，为人多欲而不谨；是必以事干魏知古，臣未及问之耳。"上始以崇必为其子隐，及闻崇奏，喜问："卿安从知之？"对曰："知古微时，臣卵而翼之。臣子愚，以为知古必德臣，容其为非，故敢干之耳。"上于是以崇为无私，而薄知古负崇，欲斥之。崇固请曰："臣子无状，挠陛下法，陛下赦其罪，已幸矣；苟因臣逐知古，天下必以陛下为私于臣，累圣政矣。"上久乃许之。辛亥，知古罢为工部尚书。

　　【译文】黄门监魏知古，原本出身小吏，由于姚崇的推荐，升到同为宰相。崇心中小看他，建议知古代吏部尚书、主管东都选铨事务；差遣吏部尚书宋璟在门下省审定拟选官员。知古怀恨在心。

　　姚崇两个儿子各自在东都任职，倚仗父亲对知古有恩惠，招纳权贿，替人请托。知古回朝，全部报告唐玄宗。一日，唐玄宗悠闲地问姚崇："你的儿子才能秉性怎么样？现任什么官职？"姚崇猜到唐玄宗的意思，回答说："臣有三个儿子，两个在东都，做人欲望多而且不仔细；现在肯定有事情托求魏知古，臣还没有来得及问他们。"唐玄宗刚开始时觉得姚崇肯定会替子隐瞒，等到听完崇的奏言，喜悦地说："你如何知道的？"答说："知古没有发达时，臣提拔他，臣的儿子愚蠢鲁莽，觉得知古会报臣的恩惠，允许他们为非作歹，因此胆敢请求他。"唐玄宗因此以姚崇为不自私，而蔑视知古违背姚崇的恩德，想要罢斥他。姚崇一再恳请说："臣的儿子不像话，触犯陛下法令，陛下宽免他们的罪行，已是幸运了；假使由于臣而逐斥知古，天下人肯定会觉得陛下偏私于臣，连累到陛下的圣明政治。"唐玄宗思考了一会儿答应了他。辛亥日（二十五日），撤销知古工部尚书。

【乾隆御批】 崇纵子干请，又诡言贾直。明皇不惟不罪其父，且罢知古官，魁柄何在？况崇之为人，专事市恩府怨，其于张说等固不待言，即一知古，荐刭未几，旋复排挤，若此材干虽优，瑕瑜岂能自掩？

【译文】 姚崇放纵儿子干求请托，又以诡诈的言辞买了"正直"的名分。明皇李隆基不仅不追究他作为犯罪者父亲的罪过，而且罢免宰相魏知古的官职，朝政大权体现在哪里？况且姚崇的为人，是专干些施恩换取好感和对怨恨不满者屈从的事，他对待张说等人的事姑且不说，就从魏知古的事来看，荐举没几天，就排挤魏知古，像姚崇这样的人才干虽优，但瑕瑜互见，岂能自相掩盖缺点？

宋王成器，申王成义，上之兄也；岐王范，薛王业，上之弟也；邠王守礼，上之从兄也。上素友爱，近世帝王莫能及；初即位，为长枕大被，与兄弟同寝。诸王每旦朝于侧门，退则相从宴饮，斗鸡，击毬，或猎于近郊，游赏别墅，中使存问相望于道。

上听朝罢，多从诸王游，在禁中，拜跪如家人礼，饮食起居，相与同之。于殿中设五幄，与诸王更处其中，谓之五王帐。或讲论赋诗，间以饮酒、博弈、游猎，或自执丝竹；成器善笛，范善琵琶，与上共奏之。诸王或有疾，上为之终日不食，终夜不寝。业尝疾，上方临朝，须臾之间，使者十返。上亲为业煮药，回飙吹火，误爇上须，左右惊救之。上曰："但使王饮此药而愈，须何足惜！"成器尤恭慎，未尝议及时政，与人交结；上愈信重之，故谗间之言无自而入。然专以衣食声色畜养娱乐之，不任以职事。群臣以成器等地逼，请循故事出刺外州。六月，丁巳，以宋王成器兼岐州刺史，申王成义兼幽州刺史，幽王守礼兼虢州刺史，令到官但领大纲，自馀州务，皆委上佐主之。是后诸王为都护、都督、刺史者并准此。

【译文】宋王李成器，申王李成义，对唐玄宗来说是哥哥；岐王李范，薛王李业，是唐玄宗的弟弟；幽王李守礼是唐玄宗的堂兄。唐玄宗一直和兄弟们相互爱护，近代的帝王都比不上他。刚刚即位时，制作长枕头大被子，和兄弟一起睡觉。诸王每天早上在侧门上朝，退朝就聚在一起吃饭、斗鸡、打球或者到近郊打猎，到别墅游玩欣赏；差遣宫中使臣过去慰问，一路上络绎不绝。唐玄宗下朝后，多和各王一块游玩，在内宫，行礼像普通人家一般，饮食起居和各王一起。在殿里设置五个帷帐，和各王一起坐在其中，有时谈论作诗，有时喝酒、下棋、打猎，有时亲自操作管弦乐器。成器擅长吹笛，范擅长弹琵琶，和唐玄宗交替演奏。各王有时生病，唐玄宗因此整天吃不下饭，整夜睡不着觉。业曾经生病，唐玄宗正在朝堂，立刻差遣使者相问，来来回回有十次之多。唐玄宗亲自给他熬药，回风吹火，误把唐玄宗的胡须烧掉了，旁边的人惊骇地为他灭火，唐玄宗说："只是希望这药给王喝了便会痊愈了，胡须算什么？”成器非常恭敬小心，出来不谈政治以及和人交往，唐玄宗对他更加信任敬重，因此谗言挑拨的话都没有地方下手。然而专门用（他本有“衣食”二字）声色供养和娱乐他们，不用他们担任职官。众臣觉得成器等身份对唐玄宗有压迫感，建议按照旧制出任外州刺史。六月，丁巳日（初二），任宋王李成器兼岐州刺史，申王李成义兼幽州刺史，幽王李守礼兼豳州刺史，只让他们到职总管大事，实际州务都交由高级幕僚主持。从此以后各王任都护、都督、刺史的，全部依从此令。

丙寅，吐蕃使其宰相尚钦藏来献盟书。

上以风俗奢靡，秋，七月，乙未，制：“乘舆服御、金银器玩，宜令有司销毁，以供军国之用；其珠玉、锦绣，焚于殿前；后妃以下，皆毋得服珠玉锦绣。”戊戌，敕：“百官所服带及酒器、马衔、镫，三品以上，听饰以玉，四品以金，五品以银，自馀皆禁之；妇人服饰从其夫、子。其旧成锦绣，听染为皁。自今天下更毋得采珠玉，织锦绣等物，违者杖一百，工人减一等。”罢两京织锦坊。

◆臣光曰：明皇之始欲为治，能自刻厉节俭如此，晚节犹以奢败。甚哉奢靡之易以溺人也《诗》云：“靡不有初，鲜克有终。”可不慎哉！◆

【译文】丙寅日（十一日），吐蕃差遣他的宰相尚钦藏来献结盟书。

唐玄宗由于风俗奢靡，秋季，七月，乙未日（初十），下制书："皇帝的衣服用具，金银玩物，该令主管单位销毁，用来供应军队及国家的需用。珠玉、锦绣在殿前烧毁。后妃以下宫内人，都不准许穿戴珠玉锦绣。"戊戌日（十三日），降下敕书："众官所穿戴的衣、带，以及酒器、马辔头、马镫，三品官以上，准许使用玉饰，四品使用金饰，五品使用银饰，剩下的人全部都禁止使用。妇人的服饰按照丈夫、儿子之例。之前的锦绣，允许染成黑色。自今日起，天下人不可以再采珠玉、织锦绣等物；违反的处罚一百杖刑，工人减一等（减二十杖）。"取消两京织锦坊。

◆臣司马光说：唐明皇即位之初，想要平治天下，自己能够带头刻苦节俭到这样的程度，晚年仍然由于奢侈而失败；奢靡的容易陷溺人心，真是非常严重的呀！《诗经》说："靡不有初，鲜克有终。"（凡事莫不有开始，坚持到底的却很少）怎么可以不慎重呢？◆

【康熙御批】人主崇尚节俭自是美德，第当近情平易，不可矫激太甚。如唐明皇以珠玉锦绣焚之殿前矣，未几复遣使求珠翠奇宝，何前后之判然不侔耶？锐始者必鲜终，人情大抵然也。

【译文】君主崇尚节俭自然是美德，只是应当亲近平易，不可过于激烈。如唐明皇把珠玉锦绣烧毁在宫殿前，不久又派遣使者去寻求珠翠奇宝，为什么前后判若两人呢？激烈开始的人很难坚持到最后，人情大抵如此。

【乾隆御批】刘友益谓"特书予之"未为切当。明皇非真能断雕为朴者，不过博崇俭美名，以饰观听耳。皇祖御批讥其矫激太甚，观未几，复遣使求珍翠奇实，前后判然不牟，诚不能掩其情伪矣。

【译文】刘友益所谓"特意书写玄宗的这件事"，我认为未必恰当。唐明皇李隆基并不是真的去除雕饰返璞归真的人，只不过以此博取崇尚俭朴的美名，来遮掩人们的感官。我的皇祖父御批讥笑玄宗太矫情偏激，看他不久又派使者寻求珍宝珠翠，前后判若两人，实在不能掩饰他的伪装了。

薛讷与左临门卫将军杜宾客、定州刺史崔宣道等将兵六万出檀州击契丹。宾客以为"士卒盛夏负戈甲,赍资粮,深入寇境,难以成功。"讷曰:"盛夏草肥,羔犊孳息,因粮于敌,正得天时,一举灭虏,不可失也。"行至滦水山峡中,契丹伏兵遮其前后,从山上击之,唐兵大败,死者什八九。讷与数十骑突围得免,虏中嗤之,谓之"薛婆。"崔宣道将后军,闻讷败,亦走。讷归罪于宣道及胡将李思敬等八人,制悉斩之于幽州。庚子,敕免讷死,削除其官爵;独赦杜宾客之罪。

壬寅,以北庭都护郭虔瓘为凉州刺史、河西诸军州节度使。

果州刺史钟绍京心怨望,数上疏妄陈休咎;乙巳,贬溱州刺史。

丁未,房州刺史襄王重茂薨。辍朝三日,追谥曰殇皇帝。

戊申,禁百官家毋得与僧、尼、道士往还。壬子,禁人间铸佛、写经。

【译文】薛讷和左监门卫将军杜宾客、定州刺史崔宣道等带领六万兵马出檀州袭击契丹。宾客觉得:"士兵在炎炎夏日穿甲荷戈,携带粮食,深入敌境,非常难以成功。"讷说:"炎夏草肥,小羊小牛都生出来,就把敌人的粮畜当作军队的需用,正合天时,可一举消灭敌人,不可以丢失机会。"军队行到滦水峡里,契丹潜埋的军队阻拦他们的前后,从山上攻下来,唐兵大败,死了十分之八九。讷和几十人骑马突围,得免于困,敌人嘲笑他,叫他"薛婆"。薛(或作"崔")宣道领后队,听闻讷败,也逃跑了。讷归罪于宣道以及胡人将军李思敬等八人,下制书在幽州把他们全部斩杀。庚子日（十五日），下敕书免除讷死罪，削除他的官爵；独独将杜宾客的罪赦免了。

壬寅日（十七日），任命北庭都护郭虔瓘担任凉州刺史、河西诸军州节度使。

果州刺史钟绍京心中怀有怨恨，多次上奏疏胡说祥瑞凶兆。乙巳日（二十日），降为溱州刺史。

丁未日（二十二日），房州刺史襄王李重茂去世，停止朝会三日，追谥他为殇皇帝。

戊申日（二十三日），禁止众官家人，不可以和和尚、尼姑、道士来往。壬子日（二十七日），禁止民间铸造佛像、抄写佛经。

宋王成器等请献兴庆坊宅为离宫；甲寅，制许之，始作兴庆宫，仍各赐成器等宅，环于宫侧。又于宫西南置楼，题其西曰"花萼相辉之楼"，南曰"勤政务本之楼"。上或登楼，闻王奏乐，则召升楼同宴，或幸其所居尽欢，赏赍优渥。

乙卯，以岐王范兼绛州刺史，薛王业兼同州刺史。仍敕宋王以下每季二人入朝，周而复始。

民间讹言上采择女子以充掖庭。上闻之，八月，乙丑，令有司具车牛于崇明门，自选后宫无用者载还其家；敕曰："燕寝之内，尚令罢遣；间阎之间，足可知悉。"

乙亥，吐蕃将坌达延、乞力徐帅众十万寇临洮，军兰州，至于渭源，掠取牧马。命薛讷白衣摄左羽林将军，为陇右防御使。以右骁卫将军常乐郭知运为副使，与太仆少卿王晙帅兵击之。辛巳，大募勇士，诣河、陇就讷教习。

【译文】宋王李成器等人恳请进献兴庆坊的房舍作为唐玄宗的别馆。甲寅日（二十九日），下制答应，开始修建兴庆宫，依然个别赐给成器等人府第，围绕在皇宫周围。又在宫的西南建置楼房，西面题"花萼相辉之楼"（兄弟和睦的楼），南面题"勤政务本之楼"。唐玄宗有时登楼，听见各王演奏音乐，就会召他们到楼上来一同宴会，偶尔驾临他们府第一起欢乐，赏赐丰厚。

乙卯日（三十日），任命岐王李范兼任绛州刺史，薛王李业兼任同州刺史。仍下敕命宋王以下每季二人入朝，接连不断。

民间误传，说唐玄宗选拔女子进入后宫。唐玄宗了解后，八月，乙丑日（初十），让主管部门准备好牛、车，到崇明门，自己亲自挑选后宫没有用处的女子把她们载回家，下敕书说："后宫里面的女子尚且下了遣散令；不要民间的女子，足够知道了。"

乙亥日（二十日），吐蕃的将领坌达延、乞力徐带领十万士兵进犯临洮，占据兰州，抵达渭源，抢夺居民牧放的马。下令薛讷以平民身份代行左羽林将军，担任陇右防御使，任命右骁卫将军常乐人郭知运担任副使，跟太仆少卿王晙带领士兵去讨伐他。辛巳日（二十六日），招募大量勇士，到河、陇薛讷那里去训练。

初，鄯州都督杨矩以九曲之地与吐蕃，其地肥饶。吐蕃就之畜牧，因以入寇，矩悔惧自杀。

乙酉，太子宾客薛谦光献武后所制《豫州鼎铭》，其末云："上玄降鉴，方建隆基。"以为上受命之符。姚崇表贺，且请宣示史官，颁告中外。

◆臣光曰：日食不验，太史之过也；而君臣相贺，是诬天也。采偶然之文以为符命，小臣之谄也；而宰相因而实之，是侮

其君也。上诬于天，下侮其君，以明皇之明，姚崇之贤，犹不免于是，岂不惜哉！◆

【译文】之前，鄯州都督杨矩把九曲地方给了吐蕃，那里土地肥沃，吐蕃用它来畜养放牧，因此而入侵。矩后悔恐惧之下自杀。

乙酉日（八月无此日），太子宾客薛谦光献上武后所制的《豫州鼎铭》，文末说："上玄降鉴，方建隆基。"（上苍赐降明鉴，预示着可以建立隆盛的帝业）以为是唐玄宗受天命的符瑞。姚崇上表庆贺，而且请求明示给史官，颁文书布告天下。

◆臣司马光说：一日食不准，是太史的过错；而君臣相互庆贺，是欺骗上天。采用偶然巧合的文句当成符命，是小人谄言媚主做的事情；宰相借这件事而把他事实化，是侮辱他的国君。上欺罔天，下侮弄君，以唐明皇的英明，姚崇的贤能，况且不能免除，怎不可惜呢！◆

【乾隆御批】武后窃唐室天下者也，宜为元宗之仇雠，乃以其鼎铭为受命之符，姚崇方以为瑞而表贺，贤相固当如是邪？

【译文】武后窃取唐室天下，应该是玄宗的仇人，而玄宗却把她的《鼎铭》当作自己受命于天的符兆，姚崇也以为祥瑞而向唐玄宗上表庆贺，贤相难道就应当是这样吗？

九月，戊申，上幸骊山温汤。

敕以岁稔伤农，令诸州修常平仓法；江、岭、淮、浙、剑南地下湿，不堪贮积，不在此例。

突厥可汗默啜衰老，昏虐愈甚；壬子，葛逻禄等部落诣凉州降。

冬，十月，吐蕃复寇渭源。丙辰，上下诏欲亲征，发兵十馀万人，马四万匹。

戊午，上还宫。

甲子，薛讷与吐蕃战于武街，大破之。时太仆少卿陇右群牧使王晙帅所部二千人与讷会击吐蕃。坌达延将吐蕃十万屯大来谷，选勇士七百，衣胡服，夜袭之，多置鼓角于其后五里，前军遇敌大呼，后人鸣鼓角以应之。虏以为大军至，惊惧，自相杀伤，死者万计。讷时在武街，去大来谷二十里，虏军塞其中间；晙复夜出兵袭之，虏大溃，始得与讷军合。同追奔至洮水，复战于长城堡，又败之，前后杀获数万人。丰安军使王海宾战死。乙丑，敕罢亲征。

【译文】九月，戊申日（二十四日），唐玄宗驾临骊山温泉。

下敕书，丰收却危害到农家，下令各州修常平仓法。江、岭、淮、浙、剑南等地低湿，不可以储存积累，不在这法令之中。

突厥可汗默啜衰老，昏昧暴虐更加厉害。壬子日（二十八日），葛逻禄等部落来凉州归顺。

冬季，十月，吐蕃再来侵略渭源。丙辰日（初二），唐玄宗下诏要亲自去征伐，动用十多万人的军队，四万匹马。

戊午日（初四），唐玄宗返回宫中。

甲子日（初十），薛讷和吐蕃在武街作战，大败吐蕃。那时候太仆少卿陇右群牧使王晙带领所属的两千人和薛讷聚集攻击吐蕃。坌达延带领吐蕃兵十万驻扎在大来谷，王晙挑选勇士七百人，穿了胡人衣服，在夜间偷袭他，在后五里的地方多具备鼓角，等到前军遇敌大呼时，后面的人便击鼓吹响号角响应前军，敌人认为主力军抵达，惊慌害怕，自相残杀，死了万人以上。薛讷那时在武街，距大来谷二十里，敌人在中间拦截唐军。王晙再趁夜出去突袭他们，敌人大败逃跑，才得以跟薛讷的军队聚集。追打逃走的敌人抵达洮水，再在长城堡交战，又将他们击败，前前后后一共杀死及俘虏了几万人。丰安军使王海宾战死。乙丑日，停止亲征。

戊辰，姚崇、卢怀慎等奏："顷者吐蕃以河为境，神龙中尚公主，遂逾河筑城，置独山、九曲两军，去积石三百里，又于河上造桥。今吐蕃既叛，宜毁桥拔城。"从之。

以王海宾之子忠嗣为朝散大夫、尚辇奉御，养之宫中。

己巳，突厥可汗默啜又遣使求昏，上许以来岁迎公主。

突厥十姓胡禄屋等诸部诣北庭请降，命都护郭虔瓘抚存之。

乙酉，命左骁卫郎将尉迟瑰使于吐蕃，宣慰金城公主。吐蕃遣其大臣宗俄因矛至洮水请和，用敌国礼；上不许。自是连岁犯边。

十一月，辛卯，葬殇皇帝。

丙申，遣左散骑常侍解琬诣北庭宣慰突厥降者，随便宜区处。

【译文】戊辰日（十四日），姚崇、卢怀慎等上奏："最近吐蕃以黄河为边界，神龙年间娶我国的公主，便越过黄河筑城，设立了独山、九曲两军，与积石相距三百里，又在黄河上修建桥梁。如今吐蕃已经造反，应该把桥梁和城堡毁掉。"唐玄宗准许了。

任王海宾的儿子忠嗣为朝散大夫、尚辇奉御，在宫中抚养他。

己巳日（十五日），突厥可汗默啜又差遣使者来求婚，唐玄宗答应他明年来迎娶公主。

突厥十姓胡禄屋等各部到北庭恳请投降，下令都护郭虔瓘安慰他们。

乙酉日（十月无此日），命左骁卫郎将尉迟瓌出使吐蕃，宣示抚慰金城公主。吐蕃派了大臣宗俄因矛到洮水恳请讲和，行两国一样的礼仪；唐玄宗不答应。从那时起连年侵犯边境。

十一月，辛卯日（初七），殇皇帝下葬。

丙申日（十二日），差遣左散骑常侍解琬到北庭宣旨慰问突厥降顺的人，按照当时情况做出适宜的处置。

十二月，壬戌，沙陀金山入朝。

甲子，置陇右节度大使，领〔嗣〕鄯、奉、河、渭、兰、临、武、洮、岷、郭、叠、宕十二州，以陇右防御副使郭知运为之。

乙丑，立皇子嗣真为鄫王，嗣初为鄂王，嗣玄为鄄王。辛巳，立鄄王嗣谦为皇太子。嗣真，上之长子，母曰刘华妃。嗣谦，次子也，母曰赵丽妃；丽妃以倡进，有宠于上，故立之。

是岁，置幽州节度、经略、镇守大使，领幽、〔易〕、平、檀、妫、燕六州。

突骑施可汗守忠之弟遮弩恨所分部落少于其兄，遂叛入突厥，请为乡导，以伐守忠。默啜遣兵二万击守忠，虏之而还。谓遮弩曰："汝叛其兄，何有于我！"遂并杀之。

【译文】十二月，壬戌日（初九），沙陀金山来朝。

甲子日（十一日），设立陇右节度大使，须（当作"领"）嗣（衍字）鄯、奉、河、渭、兰、临、武、洮、岷、郭、叠、宕十二州，任陇右防御副使郭知运为节度大使。

乙丑日（十二日），立皇子李嗣真为鄫王，李嗣初为鄂王，李嗣主（当作"玄"）为郢王。辛巳日（二十八日），将郢王李嗣谦立为皇太子。嗣真，是唐玄宗的长子，母亲是刘华妃。嗣谦是次子，母亲是赵丽妃；丽妃原来是乐伎，纳为妃，被唐玄宗宠爱，因此立他。

这一年，设立幽州节度、经略、镇守大使，领幽、易、平、檀、妫、燕六州。

突骑施可汗守忠的弟弟遮弩，憎恨分到的部落比他哥哥少，于是就叛离进入突厥，愿意担任攻伐守忠的向导。默啜差遣两万士兵前去攻打守忠，虏获了他然后回来，对遮弩说："你叛离哥哥，对我会忠心吗？"于是就把他们一起杀了。

【乾隆御批】 幽州节度控制北边，诚得其人任之，未尝不可倚为锁钥之寄。天宝酿乱在误用禄山，不得咎设官之非也。刘友益谓"书置以志祸始"，真事后拘墟之见，非定论也。

【译文】 幽州节度使控制北方边境，如果真能任用忠诚良将，未尝不能把它作为军事防守重镇来依靠。天宝之乱的酿成在于误用安禄山，不能归咎于设置官职的弊端。刘友益所说"设幽州节度使是唐朝祸乱的根源"，真是事后狭隘短浅的见识，不能算是定论。

开元三年（乙卯，公元七一五年）春，正月，癸卯，以卢怀慎检校吏部尚书兼黄门监。怀慎清谨俭素，不营资产，虽贵为卿相，所得俸赐，随散亲旧。妻子不免饥寒，所居不蔽风雨。

姚崇尝有子丧，谒告十馀日，政事委积，怀慎不能决，惶恐入谢于上。上曰："朕以天下事委姚崇，以卿坐镇雅俗耳。"崇既出，须臾，裁决俱尽，颇有得色，顾谓紫微舍人齐澣曰："余为相，可比何人？"澣未对，崇曰："何如管、晏？"澣曰："管、晏之法虽不能施于后，犹能没身。公所为法，随复更之，似不及也。"崇曰："然则竟如何？"瀚曰："公可谓救时之相耳。"崇喜，投笔曰："救时之相，岂易得乎！"

怀慎与崇同为相，自以才不及崇，每事推之，时人谓之"伴食宰相。"

【译文】 开元三年（乙卯，公元715年）春季，正月，癸卯日（二十日），任卢怀慎为检校吏部尚书兼黄门监。怀慎淡泊谨慎勤俭朴素，不管理资财产业，即使贵为宰相，所得到的薪俸赏赐，随时分配给亲戚故友，妻、子难免会饥饿寒冷，住屋也破败年久失修。

姚崇曾经有孩子去世，请了十几天的假，政事堆积，怀慎不能够裁决，害怕而进宫向唐玄宗告罪。唐玄宗说："朕把天下事托付给姚崇，不过是想让你安坐而镇抚雅士俗人而已。"姚崇假满复出之后，没多大会儿，全部裁决好了，感到非常得意，回头向紫微舍人齐瀚说："我担任宰相，能够跟谁相比较？"齐瀚没回答他。姚崇说："和管仲、晏婴相比如何？"齐瀚说："管仲、晏婴的办法，虽然没有施行到后代，但尚且可以施行到他们去世之时。阁下所做的方法，没过多久又变更，好像比不上他俩。"姚崇说："那么到底我是什么样的宰相呢？"齐瀚说："阁下可以说是救一时的宰相。"姚崇高兴，丢下笔说："救一时的宰相，岂是容易得到的！"

卢怀慎和姚崇同时做宰相，自己认为才能不及姚崇，什么事情都推给他，那时候人称怀慎为"伴食宰相"（只陪伴吃饭的宰相）。

◆臣光曰：昔鲍叔之于管仲，子皮之于子产，皆位居其上，能知其贤而下之，授以国政；孔子美之。曹参自谓不及萧何，一遵其法，无所变更；汉业以成。夫不肖用事，为其僚者，爱身保禄而从之，不顾国家之安危，是诚罪人也。贤智用事，为其僚者，愚惑以乱其治，专固以分其权，娼嫉以毁其功，愎戾以窃其名，是亦罪人也。崇，唐之贤相，怀慎与之同心戮力，以济明皇太平之政，夫何罪哉！《秦誓》曰："如有一介臣，断断猗，无它技；其心休休焉，其如有容；人之有技，若己有之，人之彦圣，其心好之，不啻如自其口出，是能容之，以保我子孙黎民，亦职有利哉。"怀慎之谓矣。◆

御史大夫宋璟坐监朝堂杖人杖轻，贬睦州刺史。

突厥十胜降者前后万馀帐。高丽莫离支文简，十姓之婿也，二月，与都督思泰等亦自突厥帅众来降；制皆以河南地处之。

【译文】◆臣司马光说：忆起鲍叔牙与管仲，子皮与子产间的关系，都是地位在后者的上面，因为可以了解他们的才能而甘愿当作他们的僚属，将国政让他们管理，孔子称赞他们。曹参自认为比不上萧何，完全按照萧何的办法，没有能够变更，汉代的帝业得以完成。那些不贤的执政之人，当他僚属的人，因为自私想要保住禄位而顺从他，不管国家的安危，就确实是罪人了。贤能才智的人执政，当他僚属的人，愚蠢惑乱而打扰他治事，自专固执而分散他的权力，妒忌他而毁谤他的作为，刚愎乖戾而损害他的声誉，这也是罪人了。姚崇是唐代的贤达宰相，怀慎与他同心协力，用来达成明皇太平之治，哪里有罪过呢！《秦誓》说："假使有一个臣子，诚实勤恳一心，并不见他的特长，可是他心地善良，宽大能容纳他人；别人有特长，看作为自己有的一样，别人聪明智慧，他心里高兴羡慕他，（别人有嘉言）好像是自己

所说的一样重视，这是有雅量容物的人，能够保护我的子孙后代和百姓，则他在职位是有利于国家的。"便是可用此说明怀慎的吧。◆

御史大夫宋璟触犯了在朝堂上监督杖刑时施刑轻于罪犯所应得之刑的罪，降为睦州刺史。

突厥十姓投降朝廷的先后有一万多帐。高丽莫离支文简，是十姓的女婿，二月，与都督思泰等也从突厥率领部众来投降，下制书，全部在河南的地方安置他们。

资治通鉴

【申涵煜评】 怀慎在中书，每事让能于姚崇，而退然自处，又能表荐宋璟，家无余财，真得贤宰相之体。伴食之诮，不足为病。未几，源乾曜杜暹等更相奏劾，于和衷之谊何有哉。

【译文】 卢怀慎在中书省，每件事都让能于姚崇，而自己退后自处，又能上表推荐宋璟，家里没有剩余的钱财，真是懂得做一个好宰相的大体，后人对他"伴食宰相"的嘲讽，不足为病。不久源乾曜、杜暹等人互相上奏弹劾他，这些人哪有什么和衷之谊呢？

三月，胡禄屋酋长支匐忌等入朝。上以十姓降者浸多，夏，四月，庚申，以右羽林大将军薛讷为凉州镇大总管，赤水等军并受节度，居凉州；左卫大将军郭虔瓘为朔州镇大总管，和戎等军并受节度，居并州，勒兵以备默啜。

默啜发兵击葛逻禄、胡禄屋、鼠尼施等，屡破之；救北庭都护汤嘉惠、左散骑常侍解琬等发兵救之。五月，壬辰，敕嘉惠等与葛逻禄、胡禄屋、鼠尼施及定边道十总管阿史那献互相应援。

山东大蝗，民或于田旁焚香膜拜设祭而不敢杀，姚崇奏遣御史督州县捕而瘗之。议者以为蝗众多，除不可尽；上亦疑之。

崇曰:"今蝗满山东,河南、北之人,流亡殆尽,岂可坐视食苗,曾不救乎! 借使除之不尽,犹胜养以成灾。"以乃从之。卢怀慎以为杀蝗太多,恐伤和气。崇曰:"昔楚庄吞蛭而愈疾,孙叔杀蛇而致福,奈何不忍于蝗而忍人之饥死乎? 若使杀蝗有祸,崇请当之。"

【译文】 三月,胡禄屋酋长支匐忌等前来朝见。唐玄宗由于十姓来降的人逐渐增多,夏季,四月,庚申日(初九),任命右羽林大将军薛讷担任凉州镇大总管,赤水等地的军队都受他管理,驻扎在凉州;左卫大将军郭虔瓘为朔州镇大总管,和戎等地的军队都由他管理,驻扎在并州,部署军队以预防默啜。

默啜发兵攻打葛逻禄、胡禄屋、鼠尼施等,多次打败他们。下敕书北庭都护汤嘉惠、左散骑常侍解琬等出兵营救他们。五月,壬辰日(十二日),敕令嘉惠等与葛逻禄、胡禄屋、鼠尼施以及定边道大总管阿史那献相互会和援助。

山东闹蝗灾,人民在田旁烧香膜拜设祭而不敢去把蝗虫杀灭,姚崇上奏差遣御史督促州县逮捕埋掉蝗虫。参议的人觉得蝗虫太多,杀不完灭不掉。唐玄宗也困惑。姚崇说:"现在蝗虫满山东,黄河南、北部的人民,快逃跑完了,怎么可以坐视蝗虫吃苗不管,不去救农作物呢? 虽然杀不完,依旧比养蝗成灾好多了。"唐玄宗因此准许。卢怀慎觉得杀蝗太多,害怕会把天地的和气损伤。姚崇说:"以前楚庄王吞蛭而病愈,孙叔敖杀蛇而得到福报,怎么不忍心把蝗虫杀灭而忍心让人民饿死呢! 如果杀害蝗虫会造成灾祸,我姚崇宁愿承受这灾祸。"

秋,七月,庚辰朔,日有食之。

上谓宰相曰:"朕每读书有所疑滞,无从质问;可选儒学之

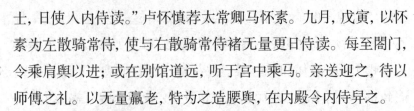

士，日使入内侍读。"卢怀慎荐太常卿马怀素。九月，戊寅，以怀素为左散骑常侍，使与右散骑常侍褚无量更日侍读。每至阁门，令乘肩舆以进；或在别馆道远，听于宫中乘马。亲送迎之，待以师傅之礼。以无量羸老，特为之造腰舆，在内殿令内侍舁之。

九姓思结都督磨散等来降；己未，悉除官遣还。

西南蛮寇边，遣右骁卫将军李玄道发戎、泸、夔、巴、梁、凤等州兵三万人并旧屯兵讨之。

壬戌，以凉州大总管薛讷为朔方道行军大总管，太仆卿吕延祚、灵州刺史杜宾客副之，以讨突厥。

【译文】秋季，七月，庚辰朔日（初一），日食。

唐玄宗对宰相说："朕每次读书碰见有疑惑而解不开的地方，没有人可以询问；可挑选儒学的人士，每天命他入宫来陪侍朕读书。"卢怀慎荐引太常卿马怀素。九月，戊寅日（九月无此日），任命马怀素为左散骑常侍，让他跟右散骑常侍褚无量轮流逐日侍读。每次抵达阁门，下令他坐轿进来。或者在别的宫室路远，准许他在宫中骑马。亲自迎接送走，用对待老师的礼数对他。由于无量弱衰年老，特别替他造了腰轿，在内宫让宦官侍奉他。

九姓思结都督磨散等人来投降。己未日（九月无此日），全封他们为官而遣回。

西南蛮侵犯边境，差遣右骁卫将军李玄道出动戎、泸、夔、巴、梁、凤等州兵三万人，集合当地屯兵讨伐他。

壬戌日（九月无此日），任命凉州大总管薛讷为朔方道行军大总管，太仆卿吕延祚、灵州刺史杜宾客为副大总管，去讨伐突厥。

甲子，上幸凤泉汤；十一月，己卯，还京师。

刘幽求自杭州刺史徙郴州刺史，愤恚，甲申，卒于道。

丁酉，以左羽林大将军郭虔瓘兼安西大都护、四镇经略大使。虔瓘请募关中兵万人诣安西讨击，皆给递驮及熟食；敕许之。将作大匠韦凑上疏，以为："今西域服从，虽或时有小盗窃，旧镇兵足以制之。关中常宜充实，以强干弱枝。自顷西北二虏寇边，凡在丁壮，征行略尽，岂宜更募骁勇，远资荒服！又，一万征人行六千馀里，咸给递驮熟食，道次州县，将何以供！秦、陇之西，户口渐少，凉州已往，沙碛悠然，遣彼居人，如何取济？纵令必克，其获几何？傥稽天诛，无乃甚损！请计所用、所得，校其多少，则知利害。昔唐尧之代，兼爱夷、夏，中外乂安；汉武穷兵远征，虽多克获，而中国疲耗。今论帝王之盛德者，皆归唐尧，不归汉武；况邀功不成者，复何足比议乎！"时姚崇亦以虔瓘之策为不然。既而虔瓘卒无功。

【译文】甲子日（九月无此日），唐玄宗驾临凤泉汤。十一月，乙卯日（十一月无此日），返回京师。

刘幽求从杭州刺史调任郴州刺史，气愤憎恨，甲申日（初六），死在路上。

丁酉日（十九日），任命左羽林大将军郭虔瓘兼安西大都护、四镇经略大使。虔瓘恳请自行招募关中兵一万人到安西去讨伐，全部供给运输兽力及煮熟粮食；下敕书答应。将作大匠韦凑上奏疏，觉得："如今西域各国顺服朝廷，虽然有时候有小规模的盗窃，原地镇守兵力足够可以平定。关中常常要保持充实，用来强固主干弱小枝末。近来西、北二敌入侵边境，只要是壮丁，征召入伍将达全数，怎么可以另募骁勇，远助边荒？又，一万名征人行走六千多里路，全部供给运输兽力以及熟食物，路上夜晚住在州县，将拿什么补给他们？秦、陇的西边，人口逐渐减少，过了凉州以后，到处都是戈壁沙漠，差遣那些居民，怎样才能够补给到呢？就算是必胜，又能获得多少？假使延迟取胜，岂不是消耗太大了吗？请求计算所花的费用、所得，比较多少，便知道是利还是害了。以前唐尧时代，并爱夷狄和华夏，天下治安；汉武帝穷兵远征，虽然多战胜俘获，而国内也耗损疲弊。如今谈论帝王的大德，都称赞唐尧，不称赞汉武；何况求功不成的，又怎么足够跟他讨论呢！"那时姚崇也觉得虞瓘的策略不恰当。虞瓘最终没有胜利。

初，监察御史张孝嵩奉使廓州还，陈碛西利害，请往察其形势；上许之，听以便宜从事。

枝汗那者，古乌孙也，内附岁久。吐蕃与大食共立阿了达为王，发兵攻之，枝汗那王兵败，奔安西求救。孝嵩谓都护吕休璟曰："不救则无以号令西域。"遂帅旁侧戎落兵万馀人，出龟兹西数千里，下数百城，长驱而进。是月，攻阿了达于连城。孝嵩自擐甲督士卒急攻，自巳至酉，屠其三城，俘斩千馀级，阿了达与数骑逃入山谷。孝嵩传檄诸国，威振西域，大食、康居、大宛、罽宾等八国皆遣使请降。勒石纪功而还。会有言其赃污者，坐系凉州狱，贬灵州兵曹参军。

京兆尹崔日知贪暴不法，御史大夫李杰将纠之，日知反构杰罪。十二月，侍御史杨玚廷奏曰："若纠弹之司，使奸人得而恐惕，则御史台可废矣。"上遽命杰视事如故，贬日知为歙县丞。

【译文】 起初，监察御史张孝嵩奉命出使廓州，返回，描述沙漠以西的好处，愿意去查看那边的情势。唐玄宗准许，许他权宜行事。

枝汗那，古称乌孙国，归顺中国日久。吐蕃与大食一起立阿了达为王，发兵攻枝汗那，枝汗那王的军队战败，急忙赶来安西请求救援。张孝嵩对都护吕休璟说："不救便没有办法指挥西域。"于是就率领旁近的戎落兵一万多人，西出龟兹几千里，将几百座城攻克，长驱直入。当月，攻打在连城的阿了达。孝嵩亲自穿甲上阵监督士兵急攻，从巳时到酉时，攻破三个城，俘获及斩杀一千多人。阿了达率领几个人骑马逃跑进入山谷。孝嵩向各国传布公文，气势震惊西域，大食、康居、大宛、罽宾等八国都差遣使臣来恳请投降。张孝嵩刻石记功返回。正好那时候有人状告他贪污受贿，判系在凉州监狱，降为灵州兵曹参军。

京兆尹崔日知贪婪残暴不遵守法令，御史大夫李杰将要弹劾他，日知反而捏造李杰有罪。十二月，侍御史杨玚在朝堂上奏说："假使职司弹纠的人，让奸人能够吓阻他，那么御史台可以免除了。"唐玄宗立刻命令李杰照旧执事，降日知为歙县丞。

或上言："按察使徒烦扰公私，请精简刺史、县令，停按察使。"上命召尚书省官议之。姚崇以为："今止择十使，犹患未尽得人，况天下三百馀州，县多数倍，安得刺史、县令皆称其职乎！"乃止。

尚书左丞韦玢奏："郎官多不举职，请沙汰，改授它官。"玢寻出为刺史，宰相奏拟冀州，敕改小州。姚崇奏言："台郎宽怠及不称职，玢请沙汰，乃是奉公。台郎甫尔改官，玢即贬黜于外，议者皆谓郎官谤伤。臣恐后来左右丞指以为戒，则省事何从而举矣！伏望圣慈祥察，使当官者无所疑惧。"乃除冀州刺史。

突骑施守忠既死，默啜兵还，守忠部将苏禄鸠集馀众，为之酋长。苏禄颇善绥抚，十姓部落稍稍归之，有众二十万，遂据有西方，寻遣使入见。是岁，以苏禄为左羽林大将军、金方道经略大使。

皇后妹夫尚衣奉御长孙昕以细故与御史大夫李杰不协。

【译文】有人上奏说："按察使仅仅是白白打扰地方官府以及人民，恳请精选刺史、县令，停派按察使。"唐玄宗下令召集尚书省的官员议论。姚崇觉得："如今仅选十位使臣，尚且考虑不能够完全得到恰当人选，何况天下有三百多个州，县又比州多出几倍，怎么能够使刺史、县令全部都称职呢？"因此停止议论这提案。

尚书左丞韦玢上奏："台省的郎官多数不称职，恳请加以淘汰，改任其他的官职。"韦玢没过多久就调出去任刺史，宰相奏请签任冀州，下敕更改为小州。姚崇上表奏章说："台省郎官松懈以及不称职，韦玢建议把他们淘汰掉，本来是忠于公家。台郎们刚刚调职，韦玢也就降为外任，讨论的人都说是郎官们诽谤污蔑他；臣担心以后左右丞以此事为警戒，那么省、台的事就没有办法办得好了！伏请皇上仔细考察，让在职的人不至于怀疑害怕。"因此任韦玢为冀州刺史。

突骑施守忠去世后，默啜的军队回去了，守忠部将苏禄聚集剩下的部众，做他们的酋长。苏禄较擅长安抚，十姓部落逐渐归附他，有二十万名部众，因此占据西方，没过多久差遣使者来朝。这年，任命苏禄为左羽林大将军、金方道经略大使。

皇后的妹夫尚衣奉御长孙昕，由于小事和御史大夫李杰闹了矛盾。

开元四年(丙辰，公元七一六年)春，正月，昕与其妹夫杨仙玉于里巷伺杰而殴之。杰上表自诉曰："发肤见毁，虽则痛心，冠冕被陵，诚为辱国。"上大怒，命于朝堂杖杀，以谢百僚，仍以敕书慰杰曰："昕等朕之密戚，不能训导，使陵犯衣冠，虽置以极刑，未足谢罪。卿宜以刚肠疾恶，勿以凶人介意。"

丁亥，宋王成器更名宪，申王成（美）〔义〕更为名捴。

乙酉，陇右节度使郭虔瓘奏，奴石良才等八人皆有战功，请除游击将军。敕下，卢怀慎等奏曰："郭虔瓘恃其微效，辄侮彝章，为奴请五品，实乱纲纪，不可许。"上从之。

丙午，以郐王嗣真为安北大都护、安抚河东、关内、陇右诸蕃大使，以安北大都护张知运为之副。陕王嗣升为安西大都护、安抚河西四镇诸蕃大使，以安西都护郭虔瓘为之副。二王皆不出阁。诸王遥领节度自此始。

【译文】开元四年（丙辰，公元716年）春季，正月，长孙昕和他的妹夫杨仙玉在街巷等候李杰而殴打他。李杰上表章诉苦说："头发皮肤被损害，即便痛苦也仅仅是肉身，可是冠冕被凌辱，实在是等同于侮辱国家。"唐玄宗感到非常生气震惊，下令在朝堂上用杖打死长孙昕，用来向众官谢罪。趁机下敕书安慰李杰说："昕等是朕的亲戚，没有能够教导他们，以至于触犯到礼法，虽然处以极刑，但不足以向你谢罪。你应该秉承刚强的意志去纠举恶人，不要因为这几个囚徒介怀。"

丁亥日（初十），宋王李成器改名宪，申王李成义改名捴。

乙酉日（初八），陇右节度使郭虔瓘上奏疏，奴隶石良才等八人都有战功，恳请任他们为游击将军。给宰相下敕，卢怀慎等奏说："郭虔瓘倚仗他对国有小功，往往违背常规，代替奴隶请用为五品官，实在是扰乱法纪，不可以答应他。"唐玄宗顺从了卢议。

丙午日（二十九日），任命郐王李嗣真为安北大都护、安抚河东、关内、陇右各蕃族的大使，以安北大都护张知运为副使。陕王李嗣升为安西大都护、抚慰河西四镇诸蕃族的大使，以安西都护郭虔瓘为副使。二位王爷都不出院门。各王虚领节度官衔从这个时候开始。

【乾隆御批】 诸王典制方州，晋宋以后踵行之多，无益而有损。盖自变封建为郡县，张官置吏，上下相维，易于控驭，若以本支贵胄远离阙庭，谨愿者既不胜王国屏藩，儇薄者或易为奸徒备煽。所谓爱之，实害之也。二王尚未出阁，而令遥领节度，务虚名而无实济，更复何取？明皇爱子而不善保全，他日永王璘之祸已于此兆履霜矣。

【译文】 诸位王室子弟分封统领各州郡制度，自晋宋以来各代沿袭的非常多，并没有因此受益反而受到损害。因为改变封建分封制而代之郡县制，设置官吏，使上下级之间相互制约，容易控制驾驭，如果让皇室贵族远离朝廷担任地方官，诚实谨慎的不能胜任保卫国家的重任，轻薄巧佞的又容易被奸佞小人煽动。看起来是爱他们，其实是害了他们。二位王子尚未出就藩封，就让他们遥任节度使之职，求虚名而没有实际意义，又有什么可取之处呢？唐明皇李隆基宠爱他的儿子却不善于保护他们，日后永王李璘的严重的祸患已于此时有所征兆了。

二月，丙辰，上幸骊山温汤。

吐蕃围松州。

丁卯，上还宫。

辛未，以尚书右丞倪若水为汴州刺史兼河南采访使。

上虽欲重都督、刺史，选京官才望者为之，然当时士大夫犹轻外任。扬州采访使班景倩入为大理少卿，过大梁，若水钱之行，立望其行尘，久之乃返，谓官属曰："班生此行，何异登仙！"

癸西，松州都督孙仁献袭击吐蕃于城下，大破之。

上尝遣宦官诣江南取鸂鶒、鹅鸂等，欲置苑中，使者所至烦扰。道过汴州，倪若水上言："今农桑方急，而罗捕禽鸟以供园池之玩，远自江、岭，水陆传送，食为粱肉。道路观者，岂不以陛下为贱人而贵鸟乎？陛下方当以凤凰为凡鸟，麒麟为凡兽，况鸂鶒、鹅鸂，曷足贵也！"上手敕谢若水，赐帛四十段，纵散其鸟。

【译文】二月，丙辰日（初九），唐玄宗驾临骊山温泉。

吐蕃围攻松州。

丁卯日（二十日），唐玄宗回宫。

辛未日（二十四日），任命尚书右丞倪若水为汴州刺史兼河南采访使。

唐玄宗虽然想要重视都督、刺史，挑选京城官员中有才干威望的人去做，可是那时的士大夫尚且瞧不起到地方上去做官。扬州采访使班景倩入京任大理少卿，途经大梁，倪若水设宴饯行，站着看他离去后扬起的尘土，很久之后才回衙，对僚属说："班先生这一去，跟升仙没什么不一样的啊！"

癸酉日（二十六日），松州都督孙仁献在城下攻打吐蕃，将他们打败。

唐玄宗曾经差遣宦官去江南取鸂鶒、鹅鸂等，想饲养在禁苑中，使者所到之处造成烦扰。途经汴州，倪若水上奏说："现在正是农忙时期，而逮捕禽鸟用来供园囿池塘玩乐，从遥远的江、岭，水陆路传递，用粱肉饲养，途中看到的人，难道不会觉得陛下贱人民而贵禽鸟吗？陛下正当以为凤凰是普通的鸟，麒麟是一般的兽，何况鸂鶒、鹅鸂，有什么值得珍贵的呢？"唐玄宗亲手书写敕书向倪若水道歉，赏赐给他帛四十段，放散捕来的鸟。

山东蝗复大起，姚崇又命捕之。倪若水谓："蝗乃天灾，非人力所及，宜修德以禳之。刘聪时，常捕埋之，为害益甚。"拒御史，不从其命。崇牒若水曰："刘聪伪主，德不胜妖；今日圣朝，妖不胜德。古之良守，蝗不入境。若其修德可免，彼岂无德致然？"若水乃不敢违。夏，五月，甲辰，敕委使者详察州县捕蝗勤惰者，各以名闻。由是连岁蝗灾，不至大饥。

或言于上曰："今岁选叙大滥，县令非才。"及入谢，上悉召县令于宣政殿庭，试以理人策。惟鄄城令韦济词理第一，擢为醴泉令。馀二百馀人不入第，且令之官；四十五人放归学问。吏部侍郎卢从愿左迁豫州刺史，李朝隐左迁滑州刺史。从愿典选六年，与朝隐皆名称职。初，高宗之世，马载、裴行检在吏部，最有名，时人称吏部前有马、裴，后有卢、李。济，嗣立之子也。

【译文】山东蝗灾又大作，姚崇再次下命捕杀。倪若水说："蝗是天灾，并非人力可以阻挡的，应该修德来禳去它。刘聪时代，常常抓捕蝗虫将之掩埋，为害更大。"违背御史，不遵从命令。姚崇致公文给若水说："刘聪是非法的君主，道德不能制妖；如今圣人在位，妖不敌圣德。古代的好太守，蝗虫不进他们的守区，假使修德可以免去蝗灾，现在难道是因为没有德行而导致的蝗灾？"若水才不敢违背。夏季，五月，甲辰日（二十九日），下敕书委任使者详察州县捕杀蝗虫勤惰的人，各自报上名册。从那时起连年蝗灾才不至于导致大饥荒。

有人对唐玄宗说："今年的选官叙职非常滥，县令不得其才。"等当选者进入朝中面试，唐玄宗召集全部的县令到宣政殿，出治民计策考他们。唯独鄄城令韦济文理第一，升为醴泉令。剩下二百多人没有及格，勉强令他们去上任；四十五人让他们回家求学。吏部侍郎卢从愿降为豫州刺史，李朝隐降为滑州刺史。从愿掌选铨六年，和朝隐都以能够称职而闻名。起初，在高宗时代，马载、裴行俭在吏部最为著名，那时人称吏部前有马、裴，后有卢、李。韦济，是韦嗣立的儿子。

【乾隆御批】捕蝗禳灾何至转伤和气，怀慎即称伴食，亦不应作是语。盖当时众人欲美姚崇，不觉传闻过当，至倪若水所言，拘迂更甚，崇牒颇自明快。

【译文】捕蝗救灾何至于伤了和气？卢怀慎即使时称"伴食宰相"，也不应被如此评价。这都是当时众人想要赞美姚崇，没有觉察到传闻过当，至于倪若水所说的，则更为迂腐，姚崇的书信说得很明白流畅。

有胡人上言海南多珠翠奇宝，可往营致，因言市舶之利；又欲往师子国求灵药及善医之妪，置之宫掖。上命监察御史杨范臣与胡人偕往求之，范臣从容奏曰："陛下前年焚珠玉、锦绣，示不复用。今所求者何以异于所焚者乎！彼市舶与商贾争利，殆非王者之体。胡药之性，中国多不能知；况于胡妪，岂宜置之宫掖！夫御史，天子耳目之官，必有军国大事，臣虽触冒炎瘴，死不敢辞。此特胡人眩惑求媚，无益圣德，窃恐非陛下之意，愿熟思之。"上遽自引咎，慰谕而罢之。

六月，癸亥，上皇崩于百福殿。己巳，以上女万安公主为女官，欲以追福。

【译文】有个胡人上书说海南有很多珍珠翡翠奇异宝物，可以前去营取，因此说通商的利益；又想去师子国，求得好药及擅长医术的妇人，安置在内宫。唐玄宗差遣监察御史杨范臣跟胡人一起前去求取，范臣从容不迫地奏说："陛下前年焚烧销毁珠玉、锦绣，表明不再用这些。如今想去求取的跟所烧去的有不一样的吗？那通商和生意人竞争利益，好像不是帝王的作为。胡药的功能，中国人大多数都不了解，何况胡女医，怎么可以安置在内宫？御史是天子视听的官员，如果有国家大事，臣虽然冒着炎暑瘴气，身死也不敢推辞。但这是胡人眩惑献媚，对圣上的德政没有一点益处，臣认为并不是陛下的本意，恳请仔细思考。"唐玄宗立刻自责，安慰他而停止去求得珠宝。

六月，癸亥日（十九日），太上皇在百福殿去世。己巳日（二十五日），任唐玄宗的女儿万安公主为女道士，以此来给太上皇祈求冥福。

癸酉，拔曳固斩突厥可汗默啜首来献。时默啜北击拔曳固，大破之于独乐水，恃胜轻归，不复设备，遇拔曳固迸卒颉质略，自柳林突出，斩之。时大武军子将郝灵荃奉使在突厥，颉质略以其首归之，与偕诣阙，悬其首于广街。拔曳固、回纥、同罗、霫、仆固五部皆来降，置于大武军北。

默啜之子小可汗立，骨咄禄之子阙特勒击杀之，及默啜诸子、亲信略尽；立其兄左贤王默棘连，是为毗伽可汗，国人谓之"小杀"。毗伽以国固让阙特勒，阙特勒不受；乃以为左贤王，专典兵马。

【译文】癸酉日（二十九日），拔曳固斩下突厥可汗默啜的首级来献。当时默啜北伐拔曳固，在独乐水打了大胜仗，于是就恃胜轻心回师，没有设下防备，路上碰见拔曳固的散兵颉质略，从柳林猛然出来攻打，杀死默啜。那时大武军小将郝灵荃正出使在突厥，颉质略把默啜的头给他，和他一起来京朝谒，将头悬挂在大街上。拔曳固、回纥、同罗、霫、仆固五部都来投降，在大武军北部安置了。

默啜的儿子小可汗即位，骨咄禄的儿子阙特勒刺杀他，并将默啜各子、亲信人等大略杀尽了；立他的哥哥左贤王默棘连，就是毗伽可汗，国人叫他"小杀"。毗伽多次让位给阙特勒，阙特勒不接纳，因此任他为左贤王，专门掌管军队。

秋，七月，壬辰，太常博士陈贞节、苏献以太庙七室已满，请迁中宗神主于别庙，奉睿宗神主祔太庙；从之。又奏迁昭成皇后祔睿宗室，肃明皇后留祀于仪坤庙。八月，乙巳，立中宗庙于太庙之西。

辛未，契丹李失活、奚李大酺帅所部来降。制以失活为松漠郡王、行左金吾大将军兼松漠都督，因其八部落酋长，拜为刺史；又以将军薛泰督军镇抚之。大酺为饶乐郡王、行右金吾大将军兼饶乐都督。失活，尽忠之从父弟也。

吐蕃复请和，上许之。

突厥默啜既死，奚、契丹、拔曳固等诸部皆内附，突骑施苏禄复自立为可汗。突厥部落多离散，毗伽可汗患之，乃召默啜时牙官暾欲谷，以为谋主。暾欲谷年七十馀，多智略，国人信服之，突厥降户处河曲者，闻毗伽立，多复叛归之。

【译文】秋季，七月，壬辰日（十八日），太常博士陈贞节、苏献由于太庙七室已满，恳请挪移中宗的神主在其他的庙，供奉睿宗的神主祔在太庙；唐玄宗采纳。又上奏迁昭成皇后祔在睿宗一室，肃明皇后留在仪坤庙祭祀。八月，乙巳日（初二），立中宗庙在太庙的西边。

辛未日（二十八日），契丹李失活、奚李大酺率领部众来投降。降下制书，封李失活为松漠郡王兼左金吾大将军、松漠都督，用他的八部落酋长，全部任命为刺史；又任命将军薛泰督率军队监守安慰他们。李大酺为饶乐郡王、行右金吾大将军兼饶乐都督。失活，是李尽忠的堂弟。

吐蕃再来恳请议和，唐玄宗答应了。

突厥默啜已经去世，奚、契丹、拔曳固等各部都归附于朝廷，突骑施苏禄再自立为可汗。突厥的部落大多数是分散的，毗伽可汗担心忧虑，因此召默啜时的牙官暾欲谷，任命他为主要智囊。暾欲谷七十多岁，非常的聪明有谋略，国人相信顺从他。突厥降户住在河曲地方的部落，听闻毗伽即位，多再背叛朝廷而回去。

并州长史王晙上言："此属徒以其国丧乱，故相帅来降；若彼安宁，必复叛去。今置之河曲，此属桀黠，实难制御，往往不受军州约束，兴兵剽掠；闻其逃者已多与虏声问往来，通传委曲。乃是畜养此属使为间谍，日月滋久，奸诈愈深，窥伺边隙，将成大患。虏骑南牧，必为内应，来逼军州，表里受敌，虽有韩、彭，不能取胜矣。愿以秋、冬之交，大集兵众，谕以利害，给其资粮，徙之内地。二十年外，渐变旧俗，皆成劲兵；虽一时暂劳，然永久安靖。比者守边将吏及出境使人，多为谀辞，皆非事实，或云北虏破灭，或云降户妥贴，皆欲自衒其功，非能尽忠徇国。愿察斯利口，忽忘远虑。议者必曰：'国家向时已尝置降户于河曲，皆获安宁，今何所疑！'此则事同时异，不可不察。向者颉利既亡，降者无复异心，故得久安无变。今北虏尚存，此属或畏其威，或怀其惠，或其亲属，岂乐南来！较之彼时，固不侔矣。以臣愚虑，徙之内地，上也；多屯士马，大为之备，华、夷相参，人劳费广，次也；正如今日，下也。愿审兹三策，择利而行，纵使因徙逃亡，得者皆为唐有；若留至河冰，恐必有变。"

【译文】 并州长史王晙上奏疏说："这些人仅仅因为他们的国家遭到丧乱，因此陆续前来投降；假使他们本国安宁，肯定会再背叛而回去。如今安置他们在河曲，他们奸诈不驯，实在是难以控制，常常不受军州的约束，起兵抢劫；听闻那些逃跑的人大多数已经跟敌人互通声气，递送情报。相当于养这些人反而成了间谍，时间越长，奸诈越深，窥伺边防有事之隙，将会成为我国的大患。敌人南下，他们肯定是内应，来威胁军州，则里外受攻，虽然有良将如韩信、彭越，也没有办法获取成功。恳请在秋、冬之际，大大召集兵员，知道他们利害，供给粮食，迁他们到内地来。二十年后，逐渐旧俗改变了，于是就成为强兵；虽然只是暂时的劳苦，但是可以换来长久的安定。最近守边的将领官吏和出境的使者，大多数说奉承的话，都不是真实的，有人说北面的敌人已经消灭，有人说投降的人都可靠，全部都是自夸功劳，没有竭尽忠心求得国家的利益。恳请明察这些花言巧语，不要忘记做长远的计划。评论的人肯定说：'国家以前已曾安置降户在河曲，都获得和平，现在为什么怀疑？'这是事同时异，不得不加以明察。以前，颉利灭亡后，投降的人不再有他心，因此久安而无事变。如今北面敌人还存在着，这些人有的恐惧他的势力，有的念及他的恩惠，有的是他的亲戚，怎么会乐意搬迁到内地来？和那个时期相比较，自然不一样。以臣的愚见，迁移到内地来，是上策；多屯驻兵马，大做防备，华、夷参杂，人劳苦而且费用大，是次策；而像现在这样，是下策。请仔细考察这三策，挑选有利的去实行，尽管由于迁徙而有逃亡，但没有逃亡的都是归于唐所有的；如果等到黄河结冰，害怕一定有变动。"

疏奏，未报；降户跌跌思泰、阿悉烂等果叛。冬，十月，甲辰，命朔方大总管薛讷发兵追讨之。王晙引并州兵西济河，昼夜兼行，追击叛者，破之，斩获三千级。

先是，单于副都护张知运悉收降户兵仗，令渡河而南，降户怨怒。御史中丞姜晦为巡边使，降户诉无弓矢，不得射猎，晦悉还之；降户得之，遂叛。张知运不设备，与之战于青刚岭，为虏所擒，欲送突厥；至绥州境，将军郭知运以朔方兵邀击之，大破其众于黑山呼延谷，虏释张知运而去。上以张知运丧师，斩之以徇。

【译文】疏呈至唐玄宗，没有答复。降户跌跌思泰、阿悉烂等果然造反。冬季，十月，甲辰日（初二），命令朔方大总管薛讷发兵去追打。王晙率领并州兵西渡黄河，昼夜不停地赶路，追攻反叛的人，击败了他们，斩首三千多人。

这件事以前，单于副都护张知运全缴纳了降户的武器，让他们渡黄河到南面去，降户埋怨恼怒。御史中丞姜晦为巡边使，降户向他控告没有武器，没有办法狩猎，姜晦把武器全还给他们；降户得到手，却立刻反叛。张知运没有设防准备，和他们在青刚岭交战，被敌人俘虏，想要送到突厥。到达绥州地方的时候，将军郭知运用朔方兵拦截攻打，在黑山呼延谷大败他们，敌人放了张知运而逃跑。唐玄宗由于张知运战败，将他斩首示众。

毗伽可汗既得思泰等，欲南入为寇。暾欲谷曰："唐主英武，民和年丰，未有间隙，不可动也。我众新集，力尚疲羸，且当息养数年，始可观变而举。"毗伽又欲筑城，并立寺观，暾欲谷曰："不可。突厥人徒稀少，不及唐家百分之一，所以能与为敌者，正以逐水草，居处无常，射猎为业，人皆习武，强则进兵抄掠，弱则窜伏山林，唐兵虽多，无所施用。若筑城而居，变更旧俗，一朝失利，必为所灭。释、老之法，教人仁弱，非用武争胜之术，不可崇也。"毗伽乃止。

庚午，葬大圣皇帝于桥陵，庙号睿宗。御史大夫李杰护桥陵作，判官王旭犯赃，杰按之，反为所构，左迁衢州刺史。

【译文】 毗伽可汗已得思泰等部众，想要南下侵夺。暾欲谷说："唐皇帝英勇神武，百姓安定、五谷丰收，没有机会，不可以轻举妄动。我们的部众刚刚集结，力量仍然疲软，应该生息几年，才可以观察情势而行事。"毗伽又想修建城墙，及建寺观。暾欲谷说："不可以。突厥人口稀少，不到唐朝百分之一，能和他相持，正是由于我们逐水草而没有固定的居处，射猎为营生，人人都练习武艺，强的时候便进兵去抢劫，弱的时候便逃跑躲藏在山林里，唐军虽多，但没有办法发挥力量。如果筑城而居，改变了原来的风俗，只要失败，肯定会被他们灭掉。释家、老子的理论，教导人仁爱柔弱，不是用武力来获取成功的方法，不可以崇尚。"毗伽才作罢。

庚午日（二十八日），安葬大圣皇帝在桥陵，庙号为睿宗。御史大夫李杰监桥陵工，判官王旭贪污，李杰前去查问他，反而被他捏造罪名，并且被降为衢州刺史。

十一月，己卯，黄门监卢怀慎疾亟，上表荐宋璟、李杰、李朝隐、卢从愿并明时重器，所坐者小，所弃者大，望垂矜录；上深纳之。乙未，薨。家无馀蓄，惟一老苍头，请自鬻以办丧事。

丙申，以尚书左丞源乾曜为黄门侍郎、同平章事。

姚崇无居第，寓居罔极寺，以病痁谒告。上遣使问饮食起居状，日数十辈。源乾曜奏事或称旨，上辄曰："此必姚崇之谋也。"或不称旨，辄曰："何不与姚崇议之！"乾曜常谢实然。每有大事，上常令乾曜就寺问崇。癸卯，乾曜请迁崇于四方馆，仍听家人入侍疾；上许之。崇以四方馆有簿书，非病者所宜处，固辞。上曰："设四方馆，为官吏也；使卿居之，为社稷也。恨不可使卿居禁中耳，此何足辞！"

【译文】十一月，己卯日（初七），黄门监卢怀慎病情危急，上书推荐了宋璟、李杰、李朝隐、卢从愿，都是昌明时代的人才，所犯的罪比较小，贬弃他们的损失会更大，请求垂赐怜惜升用。唐玄宗接纳他的谏言。乙未日（二十三日），去世了。家中没有剩下积蓄，只有一名老仆人，表示愿意卖身为他办理丧事。

丙申日（二十四日），任命尚书左丞源乾曜作为黄门侍郎、同平章事。

姚崇没有地方住，就寄居在罔极寺，因为疟疾请假。所以唐玄宗派使者询问他饮食起居的情况，一天有几十次。源乾曜上书所说的事情符合唐玄宗的心意，于是唐玄宗便说："这一定是姚崇的计划。"有时不符合心意的时候，就说："为什么不和姚崇商量？"乾曜常常道歉说确实是这样的。一遇到大事，唐玄宗常常让乾曜到寺中去问姚崇。癸卯日（十二月初一），乾曜请求让姚崇迁来四方馆住，并且允许他的家人入馆服侍他养病；唐玄宗答应了。姚崇因为四方馆有文书，不适合生病的人住，不停地推辞。唐玄宗说："设立四方馆就是为了官吏；要你住在那里，就是为了国家。恨不得让你在内宫居住，这又有什么值得推辞的呢？"

【乾隆御批】姚崇三为宰相，居官亦不若怀慎之清素，二子又颇受赂遗，何至竟无居第？考张说为崇作"神道碑"有云"池台琴筑，优游暮齿，"犹得谓之无居第耶？《通鉴》多引旧书如此条，故不如新书之得实。

【译文】姚崇三次担任宰相，为官也不像卢怀慎那么清正廉洁，而且他的两个儿子也经常接受贿赂遗赠，何至于竟然连住所都没有？考证张说为姚崇所作的"神道碑"碑文中说他"有池塘台榭楼阁古琴，悠然自得地安度晚年"，这难道能说没有住所？《通鉴》里大多像这样引用《旧唐书》，所以不如《新唐书》可以得到实情。

崇子光禄少卿彝、宗正少卿异，广通宾客，颇受馈遗，为时所讥。主书赵诲为崇所亲信，受胡人赂，事觉，上亲鞫问，下狱当死，崇复营救，上由是不悦。会曲赦京城，敕特标诲名，杖之一百，流岭南。崇由是忧惧，数请避相位，荐广州都督宋璟自代。

十二月，上将幸东都，以璟为刑部尚书、西京留守，令驰驿诣阙，遣内侍、将军杨思勖迎之。璟风度凝远，人莫测其际，在涂竟不与思勖交言。思勖素贵幸，归，诉于上，上嗟叹良久，益重璟。

【译文】姚崇的儿子光禄少卿姚彝、宗正少卿姚异，广交宾客，很能接受人家赠送物品，被当时一些人嘲笑。主书赵诲是姚崇亲信的人，他接受了胡人的贿赂，事情被揭发，唐玄宗亲自去审问，入狱之后应当处死，姚崇又去营救他，唐玄宗为此十分不高兴。恰好因为特殊情况去赦免京城的罪犯，降下敕书特别标明了赵诲的姓名，打一百杖，并且流放到岭南。姚崇因此担心害怕，几次请求辞去宰相职位，并且举荐广州都督宋璟来代替他。

十二月的时候，唐玄宗将到达东都，任命宋璟作为刑部尚书、西京留守，命令他急速到京城，派内侍、将军杨思勖前去迎接他。宋璟风度稳重而闲逸，让人觉得莫测其高深，在路上的时候，竟然没有与思勖交谈一句话。杨思勖一向高贵，身受唐玄宗的钟爱，返回宫中之后，向唐玄宗提及这件事儿，唐玄宗叹赏了很长时间，对宋璟更加重视。

丙辰，上幸骊山温汤；乙丑，还宫。

闰月，己亥，姚崇罢为开府仪同三司，源乾曜罢为京兆尹、西京留守，以刑部尚书宋璟守吏部尚书兼黄门监，紫微侍郎苏颋同平章事。

璟为相，务在择人，随材授任，使百官各称其积；刑赏无私，敢犯颜正谏。上甚敬惮之，虽不合意，亦曲从之。

突厥默啜自则天世为中国患，朝廷旰食，倾天下之力不能克；郝灵荃得其首，自谓不世之功。璟以天子好武功，恐好事者竞生心徼倖，痛抑其赏，逾年始授郎将；灵荃恸哭而死。

璟与苏颋相得甚厚，颋遇事多让于璟，璟每论事则颋为之助。璟尝谓人曰："吾与苏氏父子皆同居相府，仆射宽厚，诚为国器，然献可替否，吏事精敏，则黄门过其父矣。"

【译文】丙辰日（十四日），唐玄宗到了骊山温泉。乙丑日（二十三日），回到了宫中。

闰月，己亥日（二十八日），姚崇被免除了职位，封为开府仪同三司；源乾曜免除了职位，任京兆尹、西京留守。任刑部尚书的宋璟代任吏部尚书兼黄门监，紫微侍郎苏颋同平章事。

宋璟做宰相的时候，致力于选拔人才，因为才能而授官，使各个官员各能称职，赏罚没有徇私，并且敢于当面直谏。唐玄宗十分敬畏他，虽然不太符合心意，也能够勉强地听从他。

突厥默啜从则天时开始，世代为患中国，朝廷忙得把吃饭的时间延后，动员天下的力量也不能取得胜利；郝灵荃得到了他的头，自以为是非常大的功劳。宋璟因为天子喜武功，怕好事的人都生出了侥幸的念头，故意把给他的赏赐压低，过了一年才任命他做郎将；灵荃哀哭而死。

宋璟与苏颋相处得十分融洽，颋遇到事情多让璟去裁定，璟每次评论事情，颋就协助他。璟曾经对人说："我和苏家父子都在宰相府担任职位，仆射（苏瑰）为人宽宏厚道，实在是国家的栋梁，然而建议决策，政事精练敏捷，则黄门（颋）超过了他的父亲。"

姚、宋相继为相，崇善应变成务，璟善守法持正；二人志操不同，然协心辅佐，使赋役宽平，刑罚清省，百姓富遮。唐世贤相，前称房、杜，后称姚、宋，他人莫得比焉。二人每进见，上辄为之起，去则临轩送之。及李林甫为相，虽宠任过于姚、宋，然礼遇殊卑薄矣。紫微舍人高仲舒博通典籍，齐澣练习时务，姚、宋每坐二人以质所疑，既而叹曰："欲知古，问高群，欲知今，问齐君，可以无缺政矣。"

辛丑，罢十道按察使。

旧制，六品以下官皆委尚书省奏拟。是岁，始制员外郎、御史、起居、遗、补不拟。

【译文】姚、宋相继担任宰相的职位，姚崇善于应变成事，宋璟擅长守法秉公，二人虽然志向操守不同，但是同心辅佐，才使得赋税力役宽缓而公平，刑罚清明而简省，百姓富裕。唐代的贤良宰相，前称房、杜，后称姚、宋，别的宰相都没有比得上他们的。二人每一次进宫见圣，唐玄宗就起身迎接他们，告别的时候就走到轩廊去送他们。等到李林甫做宰相的时候，虽然宠爱信任超过了姚、宋，但是对他的礼遇却特别低薄。紫微舍人高仲舒博览群书，齐澣对时事十分熟练，姚、宋每次请二人在座来解疑难，后来就赞叹他俩说："要知古，就问高君，想知今，就问齐君，就可以没有缺失的事情了。"

辛丑日（三十日），停设十道按察使。

以前的规矩，六品以下的官员都委付尚书省签拟任命，这一年才开始制定，员外郎、御史、起居、（拾）遗、补（阙）没有让尚书省签拟。

开元五年（丁巳，公元七一七年）春，正月，癸卯，太庙四室坏，上素服避正殿。时上将幸东都，以问宋璟、苏颋，对曰："陛下三年之制未终，遽尔行幸，恐未契天心，灾异为戒；愿且停车驾。"又问姚崇，对曰："太庙屋材，皆苻坚时物，岁久朽腐而坏，适与行期相会，何足异也！且王者以四海为家，陛下以关中不稔幸东都，百司供拟已备，不可失信；但应迁神主于太极殿，更修太庙，如期自行耳。"上大喜，从之，赐崇绢二百匹。己酉，上行享礼于太极殿，命姚崇五日一朝，仍入阁供奉，恩礼更厚，有大政辄访焉。右散骑常侍褚无量上言："隋文帝富有天下，迁都之日，岂取苻氏旧材以立太庙乎？此特谀臣之言耳。愿陛下克谨天戒，讷忠谏，远谄谀。"上弗听。

【译文】开元五年（丁巳，公元717年）春季，正月，癸卯日（初二），太庙四周的房子腐朽坏了，唐玄宗穿着素服避正殿不坐。当时唐玄宗将去东都，因此问宋璟、苏颋，他们答道："陛下您三年守孝没有满，立即出去，恐怕不符合天意，灾变异兆应该避免；请暂时避免出行。"然后又问姚崇，他答道："太庙的那些屋材，都是些符坚时的东西，时间太长朽腐而塌坏，刚好和陛下出行的时间相吻合，哪里值得惊异？并且帝王以四海为家，陛下因为关中歉收然后才去东都，各部门的主管准备的东西都供给好了，不可以失信；只适合把神主迁到太极殿，然后再修建太庙，然后依照原来订的日期出发吧。"唐玄宗心中十分的高兴，依言而行，并且赐给姚崇绢二百匹。己酉日（初八），唐玄宗在太极殿举行了祭享礼，命令姚崇五天来上朝一次，仍然在内殿供奉参见，恩遇接礼更加的重厚，有大的政事就去问他。右散骑常侍褚无量上书："隋文帝那么富有，迁都的时候，难道会拿符坚旧材去建筑太庙吗？这只是谄谀的说法而已。请求陛下能谨记上天的垂戒，接纳忠谏，远离那些谄谀的人。"唐玄宗没有听从。

辛亥，行幸东都。达崤谷，道隘不治；上欲免河南尹及知顿使官，宋璟谏曰："陛下方事巡幸，今以此罪二臣，臣恐将来民受其弊。"上遽命释之。璟曰："陛下罪之，以臣言而免之，是臣代陛下受德也；请令待罪朝堂而后赦之。"上从之。

二月，甲戌，至东都，赦天下。

奚、契丹既内附，贝州刺史宋庆礼建议，请复营州。三月，庚戌，制复置营州都督于柳城，兼平卢军使，管内州县镇戍皆如其旧；以太子詹事姜师度为营田、支度使，与庆礼等筑之，三旬而毕。庆礼清勤严肃，开屯田八十馀所，招安流散，数年之间，仓廪充实，市邑浸繁。

【译文】 辛亥日（初十），出行去东都。经过崤谷的时候，道路隘狭没有整修。唐玄宗想要免除河南尹及知顿使的官职，宋璟谏言说："陛下正在巡行各个地方，现在因为这件事儿要罪罚两位臣子，臣害怕将来人民会受到困弊。"唐玄宗立刻命令去释放他们。宋璟说："陛下惩罚他们，因为臣的话而免除了罪责，是臣代替陛下受到他们的感恩；请交给朝堂议论之后再赦免他们。"唐玄宗答应了。

二月，甲戌日（初三），到达东都，然后赦免天下。

奚、契丹已经归顺了朝廷，贝州刺史宋庆礼建议，请求再次设立营州。三月，庚戌日（初十），下诏书在柳城设置营州都督，兼平卢军使，所管辖的州县镇戍都和以前一样。任命太子詹事姜师度为营田、支度使，跟庆礼等修筑城池，三十天之后完工。庆礼清明勤勉而严肃，开拓屯田八十多个地方，招安那些流亡散离的人，几年之间，仓库充实，市街慢慢地繁荣起来了。

【乾隆御批】 开元贤相姚、宋并称，实则崇不逮璟远甚。观崇请颁武氏《鼎铭》表贺日食，不应皆用诡谀顺旨，至太庙室坏，两人进说诡正更自判然。盖崇深以救时自喜，才具非不可观，而遇事杂出机变，故论相体者，终当以璟为正。

【译文】 开元年间的贤相以姚崇、宋璟并称，实际上姚崇比宋璟差远了。就拿姚崇请求颁布武则天的《鼎铭》和上表祝贺日食来说，他不应都诡媚阿谀曲意逢迎，等到太庙房屋倒塌，姚崇、宋璟两人的进言诡辩正直体现两人的品行。大概姚崇深深地以救时宰相而欣喜，尽管他的才能很高，但遇事善于权变，所以讨论为相之本时，最终应当以宋璟为正道。

【乾隆御批】 璟请宽道隘不治之罪，不欲恩出自己，固合嘉误入告之义。然璟言甫陈遽命省释，亦无损转圜美德，且使其事为造膝独对，世固莫知所由，使当广众昌言，又安能终掩其迹，必令待罪朝堂而后赦转，不免涉于伪矣。

【译文】宋璟请求宽免官员道路狭窄没有很好维护的罪，而又不愿意出于自己的恩情，这固然符合进谏者进言的准则。然而宋璟刚进言玄宗就命令将犯人释放，他能够无损谏止这件事情的美德，况且这件事情是宪宗促膝单独召见问对宋璟，世人也就无法知道它的根由，如果在大庭广众之下直言无隐，又怎么能够掩饰行迹？必定令那些官员待罪朝堂然后予以释放，不免显得有些虚伪。

夏，四月，甲戌，赐奚王李大酺妃辛氏号固安公主。

己丑，皇子嗣一卒，追立为夏王，谥曰悼。嗣一母武惠妃，攸止之女也。

突骑施酋长左羽林大将军苏禄部众浸强，虽职贡不乏，阴有窥边之志。五月，十姓可汗阿史那献欲发葛逻禄兵击之，上不许。

初，上微时，与太常卿姜皎亲善，及诛窦怀贞等，皎预有功，由是宠遇群臣莫及，常出入卧内，与后妃连榻宴饮，赏赐不可胜纪。弟晦，亦以皎故累迁吏部侍郎。宋璟言皎兄弟权宠太盛，非所以安之，上亦以为然。秋，七月，庚子，以晦为宗正卿，因下制曰："西汉诸将，以权贵不全；南阳故人，以优闲自保。皎宜放归田园，散官、勋、封皆如故。"

【译文】夏季，四月，甲戌日（初五），赐奚王李大酺的妃子辛氏号为固安公主。

己丑日（二十日），皇子嗣一去世了，追立作为夏王，谥号为悼。嗣一母亲武惠妃就是武攸止的女儿。

突骑施酋长左羽林大将军苏禄部众日益强大，虽然朝贡不缺，暗中有企图边地的心。五月的时候，十姓可汗阿史那献想调用葛逻禄兵去攻打他，唐玄宗没有允许。

起初，唐玄宗没得势时，和太常卿姜皎关系很好，等到杀了窦怀贞等，因为姜皎参预这次行动有功，所以唐玄宗对他的宠爱待遇，是所有的臣子都比不上的，经常进出唐玄宗的内室，和后妃坐榻相连宴饮，赏赐很难去记录。弟弟姜晦，也因为皎的缘故累积官资升到了吏部侍郎。宋璟说姜皎兄弟权力以及宠遇太好，不是安荣他们的好的途径，唐玄宗也有一样的感觉。秋季，七月，庚子日（初三），任命姜晦作为宗正卿，因下诏书说："西汉的各个将军，因为权重位高所以不得保全生命；光武的老友，能因优游闲散而得尽天年。姜皎适合回乡，散官、勋阶、封爵仍然和以前一样。"

壬寅，陇右节度使郭知运大破吐蕃于九曲。

安西副大都护汤嘉惠奏突骑施引大食、吐蕃，谋取四镇，围钵换及大石城，已发三姓葛逻禄兵与阿史那献击之。

并州长史张嘉贞上言："突厥九姓新降者，散居太原以北，请宿重兵以镇之。"辛酉，置天兵军于并州，集兵八万，以嘉贞为天兵军大使。

太常少卿王仁忠等奏则天立明堂不合古制；又，明堂尚质，而穷极奢侈，密迩宫掖，人神杂扰。甲子，制复以明堂为乾元殿，冬至、元日受朝贺，季秋大享，复就圜丘。

【译文】壬寅日（初五），陇右节度使郭知运在九曲大败吐蕃军队。

50

安西副大都护汤嘉惠上奏说，突骑施带领大食、吐蕃要攻取四镇，包围钵换城和大石城；已经派了三姓葛逻禄兵和阿史那献去进攻他们。

并州长史张嘉贞上书说："突厥九姓新来降附的，都散居在太原的北边，请屯驻大量的军队来镇守他们。"辛酉日（二十四日），设置了天兵军在并州，集合了八万兵员，任嘉贞作为天兵军大使。

太常少卿王仁惠上书说，天后建立明堂不符合古代的制度；又因为明堂贵在朴质，然而（现在明堂）十分奢侈，紧紧接着内宫，人神交杂混乱。甲子日（二十七日），下诏书，再次改明堂作为乾元殿，冬至、初一接受群臣的朝贺，季秋的大享礼，再次到圜丘举行。

九月，中书、门下省及侍中皆复旧名。

贞观之制，中书、门下及三品官入奏事，必使谏官、史官随之，有失则匡正，美恶必记之；诸司皆于正牙奏事，御史弹百官，服豸冠，对仗读弹文；故大臣不得专君而小臣不得为谗慝。及许敬宗、李义府用事，政多私僻，奏事官多俟仗下，于御坐前屏左右密奏，监奏御史及待制官远立以俟其退；谏官、史官皆随仗出，仗下后事，不复预闻。武后以法制群下，谏官、御史得以风闻言事，自御史大夫至监察得互相弹奏，率以险诐相倾覆。及宋璟为相，欲复贞观之政，戊申，制："自今事非的须秘密者，皆令对仗奏闻，史官自依故事。"

【译文】九月，中书、门下省以及侍中都恢复用旧名。

贞观时的制度，中书、门下省及三品官入内朝上奏，必须让谏官、史官一块儿去，有过失就去加以匡正，好坏一定会有所记录；各司都在正牙上奏，御史弹纠众官，戴獬豸冠，并且当着仗卫读那些弹纠的文书，因而大臣不能单独地在君前奏事，所以小臣无法进谗为恶。后来许敬宗、李义府当权，政事多隐私邪僻，奏事官大部分等仗卫百官退散，在唐玄宗的宝座前把身边的人摒开而秘密奏上。监察奏事的御史以及待制官远远地站着然后等他退下；谏官、御史都随着仗卫出去了，仗卫下来后的事情，就不再知道了。武后用法制裁决群官，谏官、御史可以因为传闻而奏事，从御史大夫到监察可以互相弹纠上奏，大多数险诈偏波并且相互攻击。等到宋璟做宰相的时候，要恢复贞观时期的政治制度，戊申日（十二日），下制书："从现在开始，如果事情不是确须秘密的，都要在仗卫的前面上奏，史官自然也依照以前的制度。"

冬，十月，癸酉，伊阙人孙平子上言："《春秋》讥鲁跻僖公；今迁中宗于别庙而祀睿宗，正与鲁同。兄臣于弟，犹不可跻，况弟臣于兄，可跻之于兄上乎！若以兄弟同昭，则不应出兄置于别庙。愿下群臣博议，迁中宗入庙。"事下礼官，太常博士陈贞节、冯宗、苏献议，以为："七代之庙，不数兄弟。殷代或兄弟四人相继为君，若数以为代，则无祖祢之祭矣。今睿宗之室当亚高宗，故为中宗特立别庙。中宗既升新庙，睿宗乃祔高宗，何尝跻居中宗之上？而平子引跻僖公为证，诬罔圣朝，渐不可长。"时论多是平子，上亦以为然，故议久不决。苏献，颋之从祖兄也，故颋右之。卒从礼官议。平子论之不已，谪为康州都城尉。

新庙成。戊寅，神主祔庙。

【译文】冬季，十月，癸酉日（初七），伊阙人孙平子上书说："《春秋》讥讽鲁国升僖公的神主在闵公的上面；现在迁中宗在别庙而祀睿宗，正好跟鲁国的一样。兄曾经是弟的臣，尚且不能够升，何况弟是兄的臣，可以升在兄上吗？若和兄弟同列，就不应该把兄的神主安置在别的庙。请交给群臣广泛地议论，迁中宗进入太庙。"这事下付礼官，太常博士陈贞节、冯宗和苏献议论，认为："七代的庙，不数兄弟在内。商朝有兄弟四人相继作为唐玄宗，如果数兄弟为代，就没有祖、考的祭了。现今睿宗的庙室应当次于高宗，因此替中宗特地立一庙。中宗既然已经升置新庙，睿宗便祔于高宗，怎么能升在中宗的上面呢？而平子引升僖公为证，诬妄欺蒙圣上，这种风气不能够让它养成。"当时评论大多数都认为平子是对的，唐玄宗也觉得是这样的，因而议论久久还没有决定。苏献就是颋的堂兄，所以颋佑助他，结果按照礼官的商议。平子议论不停，降为康州都城尉。

新太庙刚刚建成。戊寅日（十二日），神主祔在太庙。

上命宋璟、苏颋为诸皇子制名及国邑之号，又令别制一佳名及佳号进之。璟等上言："七子均养，著于《国风》。今臣等所制名号各三十馀，辄混同以进，以彰陛下覆焘无偏之德。"上甚善之。

十一月，丙申，契丹王李失活入朝。十二月，壬午，以东平王外孙杨氏为永乐公主，妻之。

秘书监马怀素奏："省中书散乱讹缺，请选学术之士二十人整经校补。"从之。于是，搜访逸书，选吏缮写，命国子博士尹知章、桑泉尉韦述等二十人同刊正，以左散骑常侍褚无量为之使，于乾元殿前编校群书。

【译文】唐玄宗命令宋璟、苏颋为几位皇子制名号以及封国的号，又命令另外制一佳名和佳号呈上。宋璟等人上奏说：

"七个雏子同等地养育，都著在《国风》篇中。现在臣等所制订的名号各自都有三十多个，便总合在一块儿呈上去，以彰陛下如天一般公正无偏私的博爱。"唐玄宗认为非常的好。

十一月，丙申日（十一月无此日），契丹王李失活进入朝廷。十二月，壬午日（十七日），封东平王的外孙女杨氏作为永乐公主，并且嫁给了契丹王。

秘书监马怀素上书："省中的书籍散乱，并且错误缺失，请求挑选二十名有学问的官员，去整理校勘并且把它们补完。"唐玄宗答应了。于是搜求访致散佚的书，选官吏编写，派国子博士尹知章、桑泉尉韦述等二十人一块儿去订正，派遣左散骑常侍褚无量担任专使，在乾元殿前编辑并且校理众书。

资治通鉴卷第二百一十二　唐纪二十八

起著雍敦牂，尽旃蒙赤奋若，凡八年。

【译文】起戊午（公元718年），止乙丑（公元725年），共八年。

【题解】本卷记录了公元718年至725年的史事，共八年，正当唐玄宗开元六年到开元十三年。此时期沿袭开元初年君臣励精图治的政治格局。宋璟、张嘉贞、源乾曜、张说相继为相，唐玄宗李隆基坚持选贤任能，慎重选举，绝不滥任官职，还检括户口，加强对流民的管制，并且惩治贪官，从重从速。玄宗严禁诸王与百官结交。此时期仍有边患，突厥、契丹大败唐军，兰池州夷人叛乱。

玄宗至道大圣大明孝皇帝上之下

开元六年（戊午，公元七一八年）春，正月，辛丑，突厥毗伽可汗来请和；许之。

广州吏民为宋璟立遗爱碑。璟上言："臣在州无它异迹，今以臣光宠，成彼谄谀；欲革此风，望自臣始，请敕下禁止。"上从之。于是它州皆不敢立。

辛酉，敕禁恶钱，重二铢四分以上乃得行。敛人间恶钱熔之，更铸如式钱。于是，京城纷然，卖买殆绝。宋璟、苏颋请出太府钱二万缗置南北市，以平价买百姓不售之物可充官用者，及听两京百官豫假俸钱，庶使良钱流布人间；从之。

【译文】开元六年（戊午，公元718年）春季，正月，辛丑日（初六），突厥毗伽可汗来请交和；唐玄宗答应了。

广州官民为宋璟立遗爱碑。宋璟上书说："臣在州并无别的好的政绩，现在因为臣荣受皇上宠爱和信任，而造成他们诡谀的借口；所以要改这种风气，请从臣开始，请下诏书禁止。"唐玄宗答应了。于是其他各州都不敢再去立碑。

辛酉日（二十六日），下诏书禁止用粗劣的钱币，重量在二铢四分以上的才可以通用。收集民间劣钱熔化，重新铸成合式官钱。于是京城骚乱，交易几乎已经停止了。宋璟、苏颋建议拨出太府钱两万贯分别放置在南北市，用平价收购百姓售不出而可以充官方用的物品，以及允许两京百官先借薪俸，可以使好的钱币流行民间。唐玄宗采取了他的建议。

二月，戊子，移蔚州横野军于山北，屯兵三万，为九姓之援；以拔曳固都督颉质略、同罗都督毗伽末啜、霫都督比言、回纥都督夷健颉利发、仆固都督曳勒歌等各出骑兵为前、后、左、右军讨击大使，皆受天兵军节度。有所讨捕，量宜追集；无事各归部落营生，仍常加存抚。

三月，乙巳，徵嵩山处士卢鸿入见，拜谏议大夫；鸿固辞。

天兵军使张嘉贞入朝，有告其在军奢僭及赃贿者，按验无状；上欲反坐告者，嘉贞奏曰："今若罪之，恐塞言路，使天下之事无由上达，愿特赦之。"其人遂得减死。上由是以嘉贞为忠，有大用之意。

有荐山人范知璿文学者，并献其所为文，宋璟判之曰："观其

《良宰论》，颇涉侫谀。山人当极言说议，岂宜偷合苟容! 文章若高，自宜从选举求试，不可别奏。"

【译文】二月，戊子日（二十三日），征调蔚州横野军到山北，驻扎军队三万人，作为九姓的后援。任命拔曳固都督颉质略、同罗都督毗伽末啜、霅都督比言、回纥都督夷健颉利发以及仆固都督曳勒歌等各出骑兵担任前、后、左、右军的讨击大使，都接受天兵军的指挥。所要讨伐追捕之人，根据情况追集；没有战事就各自返回部落经营生业，依旧经常去存问和抚慰。

三月，乙巳日（初十），征嵩山处士卢鸿进入朝堂召见，任命为谏议大夫。卢鸿坚决推辞并且谢绝了。

天兵军使张嘉贞进入朝堂，有人控告他在军中过度奢侈以及贪污，查验后不是实情。唐玄宗想要治诬告人的罪，嘉贞上书说："现在如果治他罪，恐怕会阻绝检举的事情，让天下的事情没有办法上达朝廷，请求专门把他赦免。"这个诬告的人才得以减免死刑。唐玄宗由此觉得嘉贞是忠心的，所以心中有了重用他的意思。

有人推荐隐士范知璿说他是擅长文学的人，并且献上了他做的文章，宋璟批语说："看他的《良宰论》，有过美之嫌，隐士应当强谏直言，怎么能够苟且迎合取悦于人? 文章假如高妙，应该从选举而求用世，不可以从别的路子求进。"

夏，四月，戊子，河南参军郑铣、朱阳丞郭仙舟投匦献诗，敕曰："观其文理，乃崇道法；至于时用，不切事情。宜各从所好。"并罢官，度为道士。

五月，辛亥，以突骑施都督苏禄为左羽林大将军、顺国公，充金方道经略大使。

契丹王李失活卒，癸巳，以其弟娑固代之。

秋，八月，颁乡饮酒礼于州县，令每岁十二月行之。

唐初，州县官俸，皆令富户掌钱，出息以给之；息至倍称，多破产者。秘书少监崔沔上言，请计州县官所得俸，于百姓常赋之外，微有所加以给之。从之。

【译文】夏季，四月，戊子日（二十四日），河南参军郑铣、朱阳丞郭仙舟投入意见箱并且献诗，下诏书说：“看诗的内容，就是崇尚道法的；假如说道经时致用，就是不切实际的。应该让他们各从自己喜好。”二人一块儿免职，度化为道士。

五月，辛亥日（十八日），任命突骑施都督苏禄作为左羽林大将军、顺国公，代理金方道经略大使。

契丹王李失活去世了，癸巳日（五月无此日），封他的弟弟娑固代继王位。

秋季，八月，颁布乡饮酒礼到州县，命令每年十二月举行。

唐朝的初期，州县官的薪俸，都命令富户掌管公廨本金而后来出利息作为他们的薪俸；利息高到了几倍，有很多人由此破产。秘书少监崔沔上书说：“请求统计州县官所得的薪俸，在百姓固定赋税之外，稍稍增加一点来供给薪俸。”唐玄宗采取了他的意见。

冬，十一月，辛卯，车驾至西京。

戊辰，吐蕃奉表请和，乞舅甥亲署誓文，及令彼此宰相皆著名于其上。

宋璟奏：“括州员外司马李邕、仪州司马郑勉，并有才略文词，但性多异端，好是非改变；若全引进，则咎悔必至，若长弃捐，则才用可惜，请除渝、硖二州刺史。”又奏：“大理卿元行冲素称才行, 初用之时, 实允金议; 当事之后, 颇非称积, 请复以为左散骑常侍, 以李朝隐代之。陆象先闲于政体, 宽不容非, 请以为河南尹。"从之。

【译文】冬季, 十一月, 辛卯日(初一), 唐玄宗到达西京。

戊辰日(十一月无此日), 吐蕃上表章请求媾和, 要求舅父外甥(二国国君)亲自签署誓约文书, 命令彼此两国的宰相都把名字写在誓文上。

宋璟上书:"括州员外司马李邕、仪州司马郑勉, 都有才学谋略文辞, 只是性情不定, 好是非多改变; 假如全力晋升, 就会招致悔罪, 假如长期舍弃, 他们的才干又十分可惜。请求任命为渝、硖二州的刺史。"又上书:"大理卿元行冲早年因为才干德行被人所称, 刚任职的时候, 真的能够符合大家的评论; 当权之后, 十分的不称职。请求再次用为左散骑常侍, 任用李朝隐去代替他。陆象先对时政熟悉, 宽大但是不容人为恶。请求任命他作为河南尹。"唐玄宗答应了。

开元七年(己未, 公元七一九年)春, 二月, 俱密王那罗延、康王乌勒伽、安王笃萨波提皆上表言为大食所侵掠, 乞兵救援。

敕太府及府县出粟十万石粜之, 以敛人间恶钱, 送少府销毁。

三月, 乙卯, 以左武卫大将军、检校内外闲厩使、苑内营田使王毛仲行太仆卿。毛仲严察有干力, 万骑功臣、闲厩官吏皆惮之, 苑内所收常丰溢。上以为能, 故有宠。虽有外第, 常居闲厩侧内宅, 上或时不见, 则悄然若有所失; 宦官杨思勖、高力士皆畏避之。

渤海王大祚荣卒; 丙辰, 命其子武艺袭位。

【译文】 开元七年（己未，公元719年）春季，二月，俱密王那罗延、康王乌勒伽、安王笃萨波提都上表章，说是被大食国所侵略和劫夺，请求派兵加以救援。

下诏给太府以及近畿的府县，出粟十万石出售，以便于收回民间的劣币，送到少府销毁。

三月，乙卯日（二十六日），任用左武卫大将军、检校内外闲厩使、苑内营田使王毛仲兼太仆卿。毛仲严明并且有干才，万骑功臣、闲厩官吏都十分怕他，苑内的收获常常很多。唐玄宗以为他有才能，所以很喜欢他。他虽然在外面有府第，但是常常住在闲厩的旁边内室，唐玄宗有时没有看到他，就默默地若有所失的样子；宦官杨思勖、高力士都很害怕他，因此不敢冒犯。

渤海王大祚荣去世了；丙辰日（二十七日），命令他的儿子武艺继承王位。

夏，四月，壬午，开府仪同三司祁公王仁皎薨。其子驸马都尉守一请用窦孝谌例，筑坟高五丈一尺；上许之。宋璟、苏颋固争，以为："准令，一品坟高一丈九尺，其陪陵者高出三丈而已。窦太尉坟，议者颇讥其高大，当时无人极言其失，岂可今日复踵而为之！昔太宗嫁女，资送过于长公主。魏征进谏，太宗既用其言，文德皇后亦赏之，岂若韦庶人崇其父坟，号曰酆陵，以自速其祸乎！夫以后父之尊，欲高大其坟，何足为难！而臣等再三进言者，盖欲成中宫之美耳。况今日所为，当传无穷，永以为法，可不慎乎！"上悦曰："朕每欲正身率下，况于妻子，何敢私之！然此乃人所难言，卿能固守典礼，以成朕美，垂法将来，诚所望也。"赐璟、颋帛四百匹。

【译文】 夏季，四月，壬午日（二十四日），开府仪同三司祁公王仁皎去世了。他的儿子驸马都尉王守一请求援窦孝谌例，筑墓高五丈二尺，唐玄宗答应了。宋璟、苏颋不停地争谏，以为："按照规定，一品官墓高一丈九尺，陪葬在帝陵旁边的不过高出三丈而已。窦太尉的墓，批评者一直讥议它高大过分，当时没有人力谏它的过度，今日怎么可以又跟着错下去？从前太宗嫁女儿，嫁妆就超过长公主，魏征觐见，太宗采取了他的意见，文德皇后也赏赐了魏征，难道要像韦庶人那样把她父亲的坟墓加高，名为酆陵，从而自己招来祸亡吗？以皇后父亲的尊贵，要是把坟墓做得很高大，哪里容我们为难？并且臣等再三上奏的原因，就是想促成皇后的美好的品德。何况今天的行为，当传到永远，以为法度，怎么可以不谨慎呢？"唐玄宗高兴地说："朕每想本身守法来作为臣下的表率，何况对于妻子，怎么敢徇私呢？然而这是一般人所不容易说出的，你们能够坚守礼制，来成全朕的美誉，为将来所取法，确实是朕所希望的。"赏赐宋璟、苏颋绢帛四百匹。

五月，乙丑朔，日有食之。上素服以俟变，彻乐减膳，命中书、门下察系囚，赈饥乏，劝农功。辛卯，宋璟等奏曰："陛下勤恤人隐，此诚苍生之福。然臣闻日食修德，月食修刑；亲君子，远小人，绝女谒，除谗慝，所谓修德也。君子耻言浮于行，苟推至诚以行之，不必数下制书也。"

六月，戊辰，吐蕃复遣使请上亲署誓文；上不许，曰："昔岁誓约已定，苟信不由衷，亟誓何益！"

【译文】五月，己丑朔日（初一），日食。唐玄宗穿素服来待变，将音乐撤去，并且减少了膳食，下令中书、门下去检视囚犯，救赈饥饿困乏的人，并且劝勉农事。辛卯日（初三），宋璟等上书说："陛下勤政爱恤民众,这实在是百姓的福祉。然而臣等听说日食去修养德行,月食去修明法治;亲近君子,而疏远小人,杜绝妇女的干求,除去那些谗言恶徒,这就叫作修德。君子因为言过而行为耻,假如本着至诚的心去推行,不一定要常常下诏书。"

六月,戊辰日(十一日),吐蕃再次派遣使者请求唐玄宗亲自签署盟誓文书;唐玄宗没有允许,说："往年誓约已经定好,假如信守不发自内心,多次签誓约有什么好处呢?"

秋,闰七月,右补阙卢履冰上言:"礼,父在为母服周年,则天皇后改服齐衰三年,请复其旧。"上下其议。左散骑常侍褚无量以履冰议为是;诸人争论,连年不决。八月,辛卯,敕自今五服并依《丧服传》文,然士大夫议论犹不息,行之各从其意。无量叹曰:"圣人岂不知母恩之厚乎?厌降之礼,所以明尊卑、异戎狄也。俗情肤浅,不知圣人之心,一紊其制,谁能正之!"

九月,甲寅,徙宋王宪为宁王。上尝从复道中见卫士食毕,弃馀食于窦中,怒,欲杖杀之;左右莫敢言。宪从容谏曰:"陛下从复道中窥人过失而杀之,臣恐人人不自安。且陛下恶弃食于地者,为食可以养人也;今以馀食杀人,无乃失其本乎!"上大悟,蹶然起曰:"微兄,几至滥刑。"遂释卫士。是日,上宴饮极欢,自解红玉带,并所乘马以赐宪。

【译文】秋季,闰七月,右补阙卢履冰上书说:"按照礼制,父在替母亲服丧一年,则天皇后改为服齐衰三年,请求恢复原来的礼制。"唐玄宗下来和群臣一块儿议论。左散骑常侍褚无量认为履冰的意见是:很多人争辩,几年都没有定论。八月,辛卯日(初六),下诏书从现在开始五服全依《丧服传》文。然而士大夫的议论仍然没有停止，各照自己的意愿去施行。褚无量感叹说："圣人怎么不知道母恩的厚重呢？抑降的礼，目的在明确尊卑、区别戎狄。一般人思想十分的肤浅，不了解圣人的良苦用心，一乱了这制度，又有谁能够改正它呢？"

九月，甲寅日（九月无此日），调用宋王李宪作为宁王。唐玄宗曾经从阁道里看见卫士吃完饭，然后把剩下的食物丢弃在了洞里，十分生气，要用杖打死他；身边的人都不敢讲话。李宪不慌不忙地上谏说："陛下从阁道中窥见人家的过失而去杀他，臣担心人人都不会有安全感的。并且陛下讨厌把食物弃之于地的原因，是食物可以养活人；现在因为剩余的食物而去杀人，难道不是失掉了根本吗？"唐玄宗幡然醒悟，忽然站了起来说："假如不是兄长，几乎就造成滥用刑罚。"马上释放了卫士。那天，唐玄宗宴饮尽欢，自己解下了红玉带，以及所坐的马赐给李宪。

【申涵煜评】 古礼，父在为母服，期年则天改齐衰三年，延议复旧，不决此礼，相延至今，且斩衰矣。人不敢议，亦不忍议也。善乎！褚无量之言曰：俗情浮浅，不知圣人之心，至令天下为嫁母服三年，尤与礼悖。

【译文】 古代的礼仪，父亲在为母亲服丧。后来被武则天改为服齐衰三年，有人建议恢复，没有得到同意，相延至今，只有斩衰之礼。这件事情没人敢议论，也不忍心提议。真好啊！褚无量的话说：世俗之人情感浮浅，不知道体察圣人的存心，以至于让天下为改嫁的母亲服丧三年，尤其与礼相悖。

冬，十月，辛卯，上幸骊山温汤；癸卯，还宫。

壬子，册拜突骑施苏禄为忠顺可汗。

十一月，壬申，契丹王李娑固与公主入朝。上以岐山令王仁琛，藩邸故吏，墨敕令与五品官。宋璟奏："故旧恩私，则有大例，除官资历，非无公道。仁琛向缘旧恩，已获优改，今若再蒙超奖，遂于诸人不类；又是后族，须杜舆言。乞下吏部检勘，苟无负犯，于格应留，请依资稍优注拟。"从之。

选人宋元超于吏部自言侍中璟之叔父，冀得优假。璟闻之，牒吏部云："元超，璟之三从叔，常在洛城，不多参见。既不敢缘尊辄隐，又不愿以私害公。向者无言，自依大例，既有声听，事须矫枉；请放。"

【译文】冬季，十月，辛卯日（初七），唐玄宗到了骊山温泉；癸卯日（十九日），回到宫中。

壬子日（二十八日），册封突骑施苏禄为忠顺可汗。

十一月，壬申日（十八日），唐玄宗因为岐山县令王仁琛是他为王爵时官邸的旧部下，下墨敕命为五品官。宋璟上书说："旧部下有个人的恩情，但是法有大例；任官要按照资历，并不是没有共同遵循的途径。仁琛以前因为旧恩，已经获得从优改叙了，现在如果再蒙不次的奖掖，就跟众官不平等了；因为又是皇后族人，所以必须防止舆论的批评。请求交付吏部检验，假如没有犯错，从法理上说应该留任，请依照资历稍从优而签拟。"唐玄宗听从了他的意见。

候选任官的宋元超在吏部里说他自己是侍中宋璟的叔父，希望能够从优任用。宋璟听到了这事之后，用公文给吏部说："元超，就是璟的三从叔父，常年居住在洛城，我很少去参见他。既不敢因为他是我的长辈就更加隐讳，又不愿意因私而妨害公事。以前不说，自可依大例行事；现在既然有了这传说，就必须矫正枉曲；请求放降他。"

宁王宪奏选人薛嗣先请授微官，事下中书、门下。璟奏："嗣先两选斋郎，虽非灼然应留，以懿亲之故，固应微假官资。在景龙年中，常有墨敕处分，谓之斜封。自大明临御，兹事杜绝，行一赏，命一官，必是缘功与才，皆历中书、门下。至公之道，唯圣能行。嗣先幸预姻戚，不为屈法，许臣等商量，望付吏部知，不出正敕。"从之。

先是，朝集使往往赍货入京师，及春将还，多迁官；宋璟奏一切勒还以革其弊。

是岁，置剑南节度使，领益、彭等二十五州。

【译文】宁王李宪上奏候选官的薛嗣先请求授予小官，这事交给了中书、门下。宋璟上书说："嗣先两次入选斋郎，即便不是明白应留，因为是皇亲的缘故，自然应当稍稍给予官资。在景龙年间，曾经有墨敕书安置，叫作斜封（官）。自打大明的新君即位的时候，这事就禁绝了，实行一件赏事，任命一个官吏，一定是因为功劳和才干，都是经过中书、门下。最公正的办法，唯独圣君能够实行。嗣先有幸是姻戚的身份，没有因此而枉屈法令，允许臣等过来商量，请求交付给吏部知照处理，不用直接下诏书任命。"唐玄宗同意了。

在这个以前，朝集使往往带了货品进入京师，到了春天就要回任所，大部分都升官；宋璟上奏全部要求带回去，来革除这一种弊端。

这一年，设置了剑南节度使，管辖益、彭等二十五个州。

开元八年（庚申，公元七二零年）春，正月，丙辰，左散骑常侍褚无量卒。辛酉，命右散骑常侍元行冲整比群书。

侍中宋璟疾负罪而妄诉不已者，悉付御史台治之。谓中丞李谨度曰："服不更诉者出之，尚诉未已者且系。"由是人多怨者。会天旱有魃，优人作魃状戏于上前，问魃："何为出？"对曰："奉相公处分。"又问："何故？"魃曰："负冤者三百馀人，相公悉以系狱抑之，故魃不得不出。"上心以为然。

时璟与中书侍郎、同平章事苏颋建议严禁恶钱，江、淮间恶钱尤甚，璟以监察御史萧隐之充使括恶钱。隐之严急烦扰，怨嗟盈路，上于是贬隐之官。辛巳，罢璟为开府仪同三司，颋为礼部尚书。以京兆尹源乾曜为黄门侍郎，并州长史张嘉贞为中书侍郎，并同平章事。于是弛钱禁，恶钱复行矣。

【译文】开元八年（庚申，公元720年）春季，正月，丙辰日（初三），左散骑常侍褚无量去世了。辛酉日（初八），任命右散骑常侍元行冲继续整理编次群书。

侍中宋璟十分讨厌那些有罪但是却不断缠诉的人，就全部交给御史台前去审理。对中丞李谨度说："服罪但是却不再上诉的就放了他，仍上诉不止就关在牢狱里。"因此很多人就怨恨他。刚好赶上天旱有旱神出现，唱戏的就扮作旱神在唐玄宗面前表演，唐玄宗问："为什么出现？"答曰："奉宰相的命令出来。"然后又问："这是什么原因？"旱神说："含冤总共三百多人，宰相全部都押在了牢狱中，然后压制他们，因而旱神不得不出。"唐玄宗认为他说的是对的。

当时宋璟和中书侍郎、同平章事苏颋建议严禁劣质的钱币，江、淮这一地区劣钱十分厉害，于是宋璟派遣监察御史萧隐之代使去收聚劣钱，隐之严厉并且急切地烦扰人民，道路上都是一些埋怨叹息的人。唐玄宗由此就降了隐之的官职。辛巳日

（二十八日），免除了宋璟的职务，任命为开府仪同三司，苏颋作为礼部尚书。任命京兆尹源乾曜作为黄门侍郎，并州长史张嘉贞作为中书侍郎，都是同平章事。由此把钱禁放松，恶劣的钱币又再一次地流行起来了。

二月，戊戌，皇子敏卒，追立为怀王，谥口哀。

壬子，敕以役莫重于军府，一为卫士，六十乃免，宜促其岁限，使百姓更迭为之。

夏，四月，丙午，遣使赐乌长王、骨咄王、俱位王册命。三国皆在大食之西，大食欲诱之叛唐，三国不从，故褒之。

五月，辛酉，复置十道按察使。

丁卯，以源乾曜为侍中，张嘉贞为中书令。

乾曜上言：“形要之家多任京官，使俊乂之士沉废于外。臣三子皆在京，请出其二人。”上从之。因下制称乾曜之公，命文武官效之，于是出者百馀人。

张嘉贞吏事强敏，而刚躁自用。中书舍人苗延嗣、吕太一、考功员外郎员嘉静、殿中侍御史崔训皆嘉贞所引进，常与之议政事。四人颇招权，时人语曰：“令公四俊，苗、吕、崔、员。”

【译文】二月，戊戌日（十五日），皇子敏去世了，追封他为怀王，谥号为哀。

壬子日（二十九日），下诏书因为徭役没有比军府里面更重的，一旦做了卫士，六十岁才解除徭役，应该缩短服役的年限，让百姓轮次服役。

夏季，四月，丙午日（二十四日），派遣使臣去赐给乌长王、骨咄王、俱位王册命。三国都是在大食的西边。大食想引诱他们背叛大唐，三国没有听从他，所以就褒扬他们。

五月，辛酉日（初九），再次设置十道按察使。

丁卯日（十五日），任命源乾曜作为侍中，张嘉贞作为中书令。

乾曜上书说："显要家的人大多都在京都担任官职，从而使得优秀的人才抑废在各个地方。臣的三个儿子都是在京城的，请求将其中的两个人调出去。"唐玄宗采取了他的意见。因此下诏书称赞乾曜的公正，命令文武百官去效法他，于是调出去任地方官的有一百多人。

张嘉贞政事干练并且反应快捷，然而刚愎暴躁从来不肯接受别人的意见。中书舍人苗延嗣、吕太一、考功员外郎员嘉静、殿中侍御史崔训都是嘉贞所招引和推荐的，常常跟他议论政事。四人都招揽权势，用当时的话说："中书令公四才俊，苗、吕、崔、员。"

六月，瀍、穀涨溢，漂溺几二千人。

突厥降户仆固都督勺磨及跌跌部落散居受降城侧，朔方大使王晙言其阴引突厥，谋陷军城，密奏请诛之。诱勺磨等宴于受降城，伏兵悉杀之，河曲降户殆尽。拔曳固、同罗诸部在大同、横野军之侧者，闻之皆恟惧。秋，并州长史、天兵节度大使张说引二十骑，持节即其部落慰抚之，因宿其帐下。副使李宪以虏情难信，驰书止之。说复书曰："吾肉非黄羊，必不畏食；血非野马，必不畏刺。士见危致命，此吾效死之秋也。"拔曳固、同罗由是遂安。

【译文】六月，瀍、穀水涨满溢泛，漂流淹死大约有两千人。

突厥降户仆固都督勺磨和跌跌部落散居在受降城附近，朔方大使王晙说他们暗中勾结突厥,计划去攻陷军城,秘密上奏请求杀了他们。诱勾磨等都在受降城宴饮,埋伏的军队把他们都给杀了,河曲投降的部落几乎都被杀光了。拔曳固、同罗各部都在大同、横野军的旁边各部,听到这个消息惊恐忧惧。秋季,并州长史、天兵节度大使张说带了二十骑,拿着旌节到他们的部落里去慰问和安抚,因此就住宿在了他们的营帐里。副大使李宪认为蕃人不能够信任,急忙地送书信去阻劝他。张说回的信上说:“我的肉又不是獐子肉,一定不害怕人吃;血又不是野马的血,一定不怕人刺。您见危难的时候献身给国家,这正是我效死的时候。”拔曳固、同罗因此就安定了下来。

　　冬,十月,辛巳,上行幸长春宫;壬午,畋于下邽。

　　上禁约诸王,不使与群臣交结。光禄少卿驸马都尉裴虚己与岐王范游宴,仍私挟谶纬;戊子,流虚己于新州,离其公主。万年尉刘庭琦、太(初)〔祝〕张谔数与范饮酒赋诗,贬庭琦雅州司户,谔山(茌)〔茌〕丞。然待范如故,谓左右曰:“吾兄弟自无间,但趋竞之徒强相托附耳。吾终不以此责兄弟也。”上尝不豫,薛王业妃弟内直郎韦宾与殿中监皇甫恂私议休咎;事觉,宾杖死,恂贬锦州刺史。业与妃惶惧待罪,上降阶执业手曰:“吾若有心猜兄弟者,天地实殛之。”即与之宴饮,仍慰谕妃,令复位。

　　【译文】冬季,十月,辛巳日(初二),唐玄宗出行去长春宫。壬午日(初三),在下邽地区打猎。

　　唐玄宗约束各王,不让他们与众臣交往。光禄少卿驸马都尉裴虚己和岐王李范游玩宴会,因为私自挟有谶纬,戊子日(初九),流放虚己到了新州,让公主和他离婚。万年县尉刘庭琦、太祝张谔几次和李范喝酒并且作诗,降庭琦作为雅州司户,谔作为山荘县丞。然而对待李范依然和以前一样。对身边的人说：
"我们兄弟自然不会有间隙，只是趋炎奔走的人一定要攀附罢
了。我绝对不会因此去责罚兄弟。"唐玄宗曾经有病，薛王李业
妃子的弟弟内直郎韦宾跟殿中监皇甫恂私下谈论吉凶的事情。
事情被发觉之后，韦宾被杖给打死了，皇甫恂降为锦州刺史。业
与妃子害怕自己请求处分，唐玄宗走下台阶握着业的手说："我
如果有心猜忌兄弟，天地一定会诛灭。"立即跟业餐宴饮酒，因
此安慰业的妃子，让她复位。

十一月，乙卯，上还京师。

辛未，突厥寇甘、凉等州，败河西节度使杨敬述，掠契苾部
落而去。

先是，朔方大总管王晙奏请西发拔悉密，东方奚、契丹，期
以今秋掩毗伽牙帐于稽落水上；毗伽闻之，大惧。暾欲谷曰："不
足畏也。拔悉密在北庭，与奚、契丹相去绝远，势不相及；朔方
兵计亦不能来此。必若能来，俟其垂至，徙牙帐北行三日，唐兵
食尽自去矣。且拔悉密轻而好利，得王晙之约，必喜而先至。晙
与张嘉贞不相悦，奏请多不相应，必不敢出兵。晙兵不出，拔悉
密独至，击而取之，势甚易耳。"

既而拔悉密果发兵逼突厥牙帐，而朔方及奚、契丹兵不至，
拔悉密惧，引退。毗伽欲击之，暾欲谷曰："此属去家千里，将死
战，未可击也。不如以兵蹑之。"去北庭二百里，暾欲谷分兵间
道先围北庭，因纵兵击拔悉密，大破之。拔悉密众溃走，趋北
庭，不得入，尽为突厥所虏。

【译文】十一月，乙卯日（初七），唐玄宗回到了京师。

辛未日（二十三日），突厥侵扰甘、凉等一些州，打败了河西节度使杨敬述，抢掠了契苾部落然后离开。

在这以前，朔方大总管王晙上书请求在西方征发拔悉密，东方征发奚、契丹，约定在今年秋天乘突厥不注意的时候去袭击毗伽牙帐在稽落水上；毗伽听到这个消息之后，十分恐惧。暾欲谷说："不值得害怕。拔悉密在北庭，跟奚、契丹离得很远，兵力不能会合，推测朔方的兵也不能来到这里。如果能够来到，等他快到的时候，就将大本营迁往北方三日路程远的地方，唐军粮食吃完了自己就会离开。而且拔悉密轻忽并且好利，得到王晙的通知，一定高兴并且先到。王晙跟张嘉贞关系不好，请求大多不会准，一定不敢出兵。王晙没有出兵，拔悉密单独过来，攻打并且击败他，情势看来是十分容易的。"

后来拔悉密果然发兵进攻突厥的大本营，但是朔方和奚、契丹的军队都没有来，拔悉密心中害怕，带兵退走了。毗伽想攻击他，暾欲谷说："他们离家千里，一定会尽力死战，不可以攻打他。倒不如出兵跟踪他。"距北庭二百里，暾欲谷分兵从小路先包围北庭，因此发兵攻拔悉密，大败他。拔悉密的部众溃散逃走了，逃往北庭，又不能进入，全部被突厥军队所俘虏了。

暾欲谷引兵还，出赤亭，掠凉州羊马，杨敬述遣裨将卢公利、判官元澄将兵邀击之。暾欲谷谓其众曰："吾乘胜而来，敬述出兵，破之必矣。"公利等至删丹，与暾欲谷遇，唐兵大败，公利、澄脱身走。毗伽由是大振，尽有默啜之众。

契丹牙官可突干骁勇得众心，李娑固猜畏，欲去之。是岁，可突干举兵击娑固，娑固败奔营州。营州都督许钦澹遣安东都护薛泰帅骁勇五百与奚王李大酺奉娑固以讨之，战败，娑固、李大酺皆为可突干所杀，生擒薛泰，营州震恐。许钦澹移军入渝关，可突干立娑固从父弟郁干为主，遣使请罪。上赦可突干之罪，以郁干为松漠都督，以李大酺之弟鲁苏为饶乐都督。

【译文】暾欲谷带兵回去，出了赤亭，掠夺凉州的羊马，杨敬述派了裨将卢公利、判官元澄带领士兵去拦截他。暾欲谷对他的部下说："我们乘胜而来，敬述出兵，打败他是肯定的。"公利等到了删丹，跟暾欲谷相遇，唐兵吃了个大败仗，公利、澄逃走了。毗伽因此变得更加的强盛，全部都有了默啜的部众。

契丹牙官可突干因为骁勇，所以得到了众人的拥戴，李娑固十分猜忌害怕，想杀了他。这一年，可突干发兵攻打娑固，娑固战败逃往营州，营州都督许钦澹派遣安东都护薛泰带领骁勇的士兵五百人和奚王李大酺拥护娑固前去讨伐他，战败了，娑固、李大酺都被可突干给杀死了，并且活捉了薛泰，营州震惊。许钦澹调用士兵进入渝关，可突干立娑固的堂弟郁干作为君主，派遣使者前来请罪。唐玄宗赦免了可突干的罪，任用郁干任松漠都督，任用李大酺的弟弟鲁苏作为饶乐都督。

开元九年（辛酉，公元七二一年）春，正月，制削杨敬述官爵，以白衣检校凉州都督，仍充诸使。

丙辰，改蒲州为河中府，置中都官僚，一准京兆、河南。

丙寅，上幸骊山温汤；乙亥，还宫。

监察御史宇文融上言："天下户口逃移，巧伪甚众，请加检括。"融，弼之玄孙也，源乾曜素爱其才，赞成之。二月，乙酉，敕有司议招集流移、按诘巧伪之法以闻。

【译文】开元九年（辛酉，公元721年）春季，正月，下诏书削除杨敬述的官爵，用平民的身份检校凉州都督，并且依旧让他充任节度、支度、营田等使。

丙辰日（初七），改蒲州作为河中府，设置了中都官属，完全依照京兆、河南府。

丙寅日（十七日），唐玄宗去了骊山温泉；乙亥日（二十六日），回到宫中。

监察御史宇文融上奏说："天下的户口逃散迁徙，作假伪冒的非常的多，请求去检查和搜捕。"融是宇文弼的玄孙，源乾曜向来爱惜他的才华，赞同他的意见。二月，乙酉日（初八），下敕书主管部门商议招集流动户口和推按审问巧逃作伪的方法上书。

丙戌，突厥毗伽复使来求和。上赐书，谕以"曩昔国家与突厥和亲，华、夷安逸，甲兵休息；国家买突厥羊马，突厥受国家缯帛，彼此丰给。自数十年来，不复如旧，正由默啜无信，口和心叛，数出盗兵，寇抄边鄙，人怨神怒，陨身丧元，吉凶之验，皆可汗所见。今复蹈前迹，掩袭甘、凉，随遣使人，更来求好。国家如天之覆，如海之容，但取来情，不追往咎。可汗果有诚心，则共保遐福；不然，无烦使者徒尔往来。若其侵边，亦有以待。可汗其审图之！"

丁亥，制："州县逃亡户口听百日自首，或于所在附籍，或牒归故乡，各从所欲。过期不首，即加检括，谪徙边州；公私敢容庇者抵罪。"以宇文融充使，括逃移户口及籍外田，所获巧伪甚众。迁兵部员外郎兼侍御史。融奏置劝农判官十人，并摄御史，分行天下。其新附客户，免六年赋调。使者竞为刻急，州县承风劳扰，百姓苦之。阳翟尉皇甫憬上疏言其状；上方任融，贬憬盈川尉。州县希旨，务于获多，虚张其数，或以实户为客，凡得户八十馀万，田亦称是。

【译文】 丙戌日（初九），突厥毗伽再次派遣使臣前来求和。唐玄宗写信告诉他："从前本国跟突厥和亲的时候，华、夷安乐，战事就停止了；本国就买突厥的羊和马，突厥得到了本国的缯帛，彼此的生活互相不缺。自打近几十年来，不再像以前一样，正是因为默啜没有信用，嘴里讲和，内心叛离，经常发兵为盗，入侵劫夺边境，使得人怨神怒，遭到身头割裂的报应，吉凶的验证，都是可汗可以看到的。现在去走他以前的路子，趁着不备偷袭甘、凉，随后又派遣使者来求和。本国像天一般地庇护众生，像海一样地包容群流，只看从今往后的情况，不追究先前的罪责。可汗假如真有诚心的话，就可以共保幸福；不然的话，就没有必要劳动使者徒然往返。如果来侵扰边境，也会防备你的到来。可汗要仔细考虑！"

丁亥日（初十），下诏书："州县逃亡的那些人口，允许在一百天之内自首。要么在现居地附入户籍，要么取公文回到本乡，各自顺从自己的志愿。过期不自首的，就加以检查搜刮，降遣到边疆；公家或私人如果敢收容包庇的判罪。"任命宇文融代任使臣，搜刮逃迁流动户口和簿籍以外的田地，所查获的巧逃伪冒的有很多，升为兵部员外郎兼侍御史。融上书设置劝农判官十人，同时代理御史，分别巡行天下。对于那些新附籍的寄居户口，免除了六年的赋税。使者相互苛刻急求，州县乘势劳烦扰动，人民因为他们而受苦。阳翟县尉皇甫憬上疏举述这情况，但是唐玄宗正在重用融，降憬为盈川县尉。州县承望唐玄宗的旨意，专门致力于获得更多赋税，于是就虚报数字，有的把实户也列为客居，一共得户八十多万，田地也相当于这个数目。

兰池州胡康待宾诱诸降户同反，夏，四月，攻陷六胡州，有众七万，进逼夏州。命朔方总管王晙、陇右节度使郭知运共讨之。

戊戌，敕："京官五品以上，外官刺史、四府上佐，各举县令一人，视其政善恶，为举者赏罚。"

以太仆卿王毛仲为朔方道防御讨击大使，使与王晙及天兵军节度大使张说相知讨康待宾。

六月，己卯，罢中都，复为蒲州。

蒲州刺史陆象先政尚宽简，吏民有罪，多晓谕遣之。州录事言于象先曰："明公不施棰挞，何以示威！"象先曰："人情不远，此属岂不解吾言邪？必欲棰挞以示威，当从汝始！"录事惭而退。象先尝谓人曰："天下本无事，但庸人扰之耳。苟清其源，何忧不治！"

【译文】兰池州胡康待宾诱惑各降户一同反叛，夏季，四月，攻陷了六个胡州，有部下七万人，进攻逼近夏州；朝廷命令朔方大总管王晙、陇右节度使郭知运一块儿去征讨他。

戊戌日（二十二日），下诏书："凡是京城官员五品以上的，地方官刺史、四个近畿府的高级僚佐，各自推举县令一人，看他们政务的好坏，当作推荐人赏罚的依据。"

任命太仆卿王毛仲作为朔方道防御讨击大使，和王晙及天兵军节度大使张说相照会进讨康待宾。

六月，己卯日（初三），撤销了中都，恢复为蒲州。

蒲州刺史陆象先为政注重宽和简要，官吏人民犯罪的时候，大多训谕他们之后就放回。州录事对象先说："您不用鞭打，怎么能够显示威势呢？"象先说："人情都相近，他们难道会不懂得我说话的意思吗？一定要用鞭打来显示我的威势，应该从你开始！”录事惭愧所以告退。象先曾经对别人说：“天下本来就没有事儿，只是一般人自我找麻烦罢了。假如能够澄清根源，怎么用忧愁治不好呢？”

秋，七月，己酉，王晙大破康待宾，生擒之，杀叛胡万五千人。辛酉，集四夷酋长，腰斩康待宾于西市。

先是，叛胡潜与党项通谋，攻银城、连谷，据其仓庾，张说将步骑万人出合河关掩击，大破之。追至骆驼堰，党项乃更与胡战，胡众溃，西走入铁建山。说安集党项，使复其居业。讨击使阿史那献以党项翻覆，请并诛之，说曰：“王者之师，当伐叛柔服，岂可杀已降邪！”因奏置麟州，以镇抚党项馀众。

【译文】秋季，七月，己酉日（初四），王晙大败了康待宾，并且活捉到他，杀叛离的胡人一万五千名。辛酉日（十六日），集合四方的酋长，在西市把康待宾腰斩。

在这之前，叛离的胡人暗中和党项勾结，去进攻银城、连谷，占有了两地的仓库，张说率领步兵骑兵一万人出了合河关，乘他们不备的时候去攻击，然后大败他们。追到骆驼堰，党项竟然转而去攻击胡人，胡人大败，向西走入了铁建山。张说安抚并且集合党项，让他们恢复住地营生。讨击使阿史那献因为党项反复，请求一同杀了他们，张说说：“王者的军队，应当讨伐叛逆然后安抚降服，怎么能够杀已降顺的呢？”因此上奏设置麟州，来镇守安抚党项余下的部众。

九月，乙巳朔，日有食之。

康待宾之反也，诏郭知运与王晙相知讨之；晙上言，朔方兵自有馀力，请敕知运还本军。未报，知运已至，由是与晙不协。

畯所招降者，知运复纵兵击之；虏以畯为卖己，由是复叛。上以不能遂定群胡，丙午，贬畯为梓州刺史。

丁未，梁文献公姚崇薨，遗令："佛以清净慈悲为本，而愚者写经造像，冀以求福。昔周、齐分据天下，周则毁经像而修甲兵，齐则崇塔庙而驰刑政，一朝合战，齐灭周兴。近者诸武、诸韦，造寺度人，不可胜纪，无救族诛。汝曹勿效儿女子终身不寤，追荐冥福！道士见僧获利，效其所为，尤不可延之于家。当永为后法！"

癸亥，以张说为兵部尚书、同中书门下三品。

【译文】九月，乙巳朔日（初一），日食。

康待宾造反的时候，下诏郭知运和王畯相互照会前去讨伐；王畯上奏说，朔方兵自己有力量去完成任务，请求下诏书叫知运回本军。公文还没有回报，知运已经到了，因此与王畯不和。王畯所招降顺的，知运再次发兵去攻击他们；番人认为王畯出卖了他们，因此一再反对。唐玄宗认为王畯不能够顺利平定那些胡族，丙午日（初二），降王畯为梓州刺史。

丁未日（初三），梁文献公姚崇去世，遗嘱命令家属："佛把清净慈悲当作根本，但是那些愚笨的人写经造像，希望求得福分的降临。从前周、齐分别占据天下，周就毁去佛经佛像然后修战备，齐就建塔兴庙然后废弛刑政，一天两国交战，齐国被灭亡但是周国却始兴盛。近代的武家、韦家等一些人，建立寺庙，度人为僧尼，很难纪写，可是已经无法挽救被族灭的命运。你们不可以效法那些见解幼稚的人一辈子也没有觉悟，为我诵经超度来求死后的福分！道士看见和尚获利，就去效法他们，尤其不可以请回家中。要永远地教导后人来遵行我的话！"

癸亥日（十九日），任命张说为兵部尚书、同中书门下三品。

冬，十月，河西、陇右节度大使郭知运卒。知运与同县右卫副率王君㚟，皆以骁勇善骑射著名西陲，为虏所惮，时人谓之王、郭。㚟遂自知运麾下代为河西、陇右节度使，判凉州都督。

十一月，丙辰，国子祭酒元行冲上《群书四录》，凡书四万八千一百六十九卷。

庚午，赦天下。

【译文】冬季，十月，河西、陇右节度大使郭知运逝世了。知运和同县（或作郡）人右卫副帅王君㚟，都因为骁勇并且善于骑马射箭然后闻名于西方边境，胡人十分害怕，当时的人称他们为王、郭。㚟就从知运的部下代河西、陇右节度使，兼任凉州都督。

十一月，丙辰日（十三日），国子祭酒元行冲呈上《群书四录》，一共有四万八千一百六十九卷。

庚午日（二十七日），赦免了天下。

十二月，乙酉，上幸骊山温汤；壬辰，还宫。

是岁，诸王为都督、刺史者，悉召还京师。

新作蒲津桥，镕铁为牛以系絙。

安州别驾刘子玄卒。子玄即知几也，避上嫌名，以字行。

著作郎吴兢撰《则天实录》，言宋璟张说使证魏元忠事。说修史见之，知兢所为，谬曰："刘五殊不相借！"兢起对曰："此乃兢所为，史草具在，不可使明公枉怨死者。"同僚皆失色。其后说阴祈兢改数字，兢终不许，曰："若徇公请，则此史不为直笔，何以取信于后！"

太史上言，《麟德历》浸疏，日食屡不效。上命僧一行更造新历，率府兵曹梁令瓒造黄道游仪以测候七政。

置朔方节度使，领单于都护府，夏、盐等六州，定远、丰安二军，三受降城。

【译文】十二月，乙酉日（十三日），唐玄宗到了骊山温泉；壬辰日（二十日），回到宫中。

这一年，各王任都督、刺史的，全部都被召回京师。

新建蒲津桥，熔铁成牛形用来系大绳。

安州别驾刘子玄逝世。子玄就是刘知几，为了避唐玄宗名里音同的字，所以就用字行世。

著作郎吴兢撰写《则天实录》，说宋璟激使张说让他证明魏元忠的（受张昌宗谮）事。张说修史的时候见到了，知道是吴兢所写的，故意说："刘五（知几）是最不能宽容我的！"兢站起来说："这是兢写的，史料的草稿全在这里，不能让足下冤枉死去的刘君。"同僚都十分的惊讶。后来张说暗中求兢稍微地改动几个字，兢始终没有同意，说："如果顺从足下的请托然后改动，那么这史料就不是真实的记录，那么靠什么让后世人相信呢？"

太史上书说："《麟德历》慢慢地有差失，日食时常不准。"唐玄宗命令一些和尚另外造订新历。率府兵曹梁令瓒造了黄道游仪来测量日月五星的运行。

然后设置了朔方节度使，让他管辖单于都护府，夏、盐等六个州，定远、丰安两个军队，以及三个受降城。

开元十年（壬戌，公元七二二年）春，正月，丁巳，上行幸东都，以刑部尚书王志愔为西京留守。

癸亥，命有司收公廨钱，以税钱充百官俸。

乙丑，收职田。亩率给仓粟二斗。

二月，戊寅，上至东都。

夏，四月，己亥，以张说兼知朔方军节度使。

五月，伊、汝水溢，漂溺数千家。

闰月，壬申，张说如朔方巡边。

己丑，以馀姚县主女慕容氏为燕郡公主，妻契丹王郁干。

六月，丁巳，博州河决，命按察使萧嵩等治之。嵩，梁明帝之孙之。

己巳，制增太庙为九室，迁中宗主还太庙。

【译文】开元十年（壬戌，公元722年）春季，正月，丁巳日（十五日），唐玄宗出行去东都，任命刑部尚书王志愔作为西京留守。

癸亥日（二十一日），命令主管单位征收公署的（田、园、地）税钱，来作为众官的薪俸。

乙丑日（二十三日），收回官员的田地，每亩大概贴给太仓粟二斗。

二月，戊寅日（初六），唐玄宗到达了东都。

夏季，四月，己亥日（二十八日），任命张说兼领朔方军节度使。

五月，伊水、汝水上涨，流淹了几千人家。

闰月，壬申日（初二），张说到朔方前去巡视边防。

己丑日（十九日），封馀姚县主的女儿慕容氏作为燕郡公主，并且嫁给契丹王郁干作为他的妻子。

六月，丁巳日（十八日），博州境内黄河决口，然后命令按察使萧嵩等一些人前去治水。嵩就是梁明帝的孙子。

己巳日（三十日），下诏书增加太庙达到九室，然后把中宗神主迁到了太庙。

秋，八月，癸卯，武强令裴景仙，坐赃五千匹，事觉，亡命；上怒，命集众斩之。大理卿李朝隐奏景仙赃皆乞取，罪不至死；又，其曾祖寂有建义大功，载初中以非罪破家，惟景仙独存，今为承嫡，宜宥其死，投之荒远。其辞略曰："十代宥贤，功实宜录；一门绝祀，情或可哀。"制令杖杀。朝隐又奏曰："生杀之柄，人主得专；轻重有条，臣下当守。今若乞取得罪，便处斩刑；后有枉法当科，欲加何辟？所以为国惜法，期守律文；非敢以法随人，曲矜仙命。"又曰："若寂勋都弃，仙罪特加，则叔向之贤，何足称者；若敖之鬼，不其馁而！"上乃许之。杖景仙一百，流岭南恶处。

安南贼帅梅叔鸾等攻围州县，遣骠骑将军兼内侍杨思勖讨之。思勖募群蛮子弟，得兵十馀万，袭击，大破之，斩叔鸾，积尸为京观而还。

【译文】秋季，八月，癸卯日（初四），武强县令裴景仙犯了贪赃五千匹布帛的罪，事被发现之后，逃跑了；唐玄宗十分生气，下令集合很多的人去杀害他。大理卿李朝隐上书说景仙的那些赃物都是乞求来的，罪不至死；又说，他的曾祖父裴寂，有很大的功劳，载初年间因为不实的罪名然后破了家，现在只有景仙一人存在，现在是承祖的嫡裔，应该宽恕他的死刑，放逐到偏远的地方。奏书大概的意思是说："贤者有罪，受宽恕应当减到十代，是因为有功的人确实应当受到考虑；一家没有人去继承香火，实在是值得哀悯。"下诏书命令用杖把他打死。朝隐又上书说："生杀大权，全在君主一人的手中，罪责有轻重的法令，臣下应当谨守。现在如果因为乞取赃物而犯错，就处以死刑，以后有犯法当判刑，那么要根据什么样的法条判呢？臣是替国家遵守法令，希望不去破坏法律的明文，不是敢用法因人而异，歪曲法律而怜悯景仙的性命。"接着又说："如果抛弃裴寂的全部的功勋，特别加重仙的惩罚，那么叔向的贤，就不能够称道；那么敖氏的鬼魂，就没有后人去祀奉了！"唐玄宗才答应。打景仙一百杖，然后流放到岭南的偏远地区。

安南贼人的首领梅叔焉等攻打并且包围州县，派遣骠骑将军兼内侍杨思勖前去讨伐。思勖招募很多蛮人的子弟，得到了十多万兵，然后去袭击贼人，大败他们，同时杀死了叔焉，将他们的尸体堆高，盖上泥土筑为坟茔然后就回来了。

初，上之诛韦氏也，王皇后颇预密谋，及即位数年，色衰爱弛。武惠妃有宠，阴怀倾夺之志。后心不平，时对上有不逊语。上愈不悦，密与秘书监姜皎谋以后无子废之，皎泄其言。嗣滕王峤，后之妹夫也，奏之。上怒，张嘉贞希旨构成其罪，云："皎妄谈休咎。"甲戌，杖皎六十，流钦州，弟吏部侍郎晦贬春州司马；亲党坐流、死者数人，皎卒于道。

己亥，敕："宗室、外戚、驸马，非至亲毋得往还；其卜相占候之人，皆不得入百官之家。"

己卯夜，左领军兵曹权楚璧与其党李齐损等作乱，立楚璧兄子梁山为光帝，诈称襄王之子，拥左屯营兵数百人入宫城，求留守王志愔，不获。比晓，屯营兵自溃；斩楚璧等，传首东都。志愔惊怖而薨。楚璧，怀恩之侄；齐损，迥秀之子也。壬午，遣河南尹王怡如京师，按问宣慰。

【译文】 刚开始的时候，唐玄宗杀除韦氏，王皇后就参预秘密计划，到了即位的几年之后，美貌慢慢减弱，唐玄宗对她的爱也开始减退了。武惠妃被唐玄宗所宠爱，暗中有取代的念头，皇后心中觉得十分不公平，常常对唐玄宗有不谦恭的话。唐玄宗就更加不高兴，暗中和秘书监姜皎商议，想拿皇后没有生男孩作为理由去废罢她。皎泄露了唐玄宗的话，嗣滕（当作濮）王李峤是皇后的妹夫，就把这件事儿奏给了唐玄宗。唐玄宗十分生气，张嘉贞迎合唐玄宗的心意，捏造了皎的一些罪名，说："皎乱说吉凶祥瑞。"甲戌日（八月无此日），打了皎六十杖，然后流放到了钦州，他的弟弟吏部侍郎姜晦被降为春州司马；亲族们连坐被流放以致死去的有几位，皎死在路途中。

己亥日（八月无此日），下诏书："宗室、外戚、驸马，不是很亲的就不准交往；卜卦相命占候等一些人，都不允许到众官家中随便地走动。"

己卯日（十一日）的晚上，左领军兵曹权楚璧以及他的党羽李齐损等一些人作乱，拥立楚璧的侄子梁山为光帝，并且冒充襄王的儿子，带领左屯营兵几百人进入宫城，找留守王志愔，最后没有找到。等到天亮的时候，屯营兵逃跑了，杀害了楚璧等，然后把头传送到了东都。志愔害怕恐怖而死。楚璧是权怀恩的侄子；齐损是李迥秀的儿子。壬午日（八月无此日），派遣河南尹王怡到京师，审讯人犯以及宣慰人心。

癸未，吐蕃围小勃律王没谨忙，谨忙求救于北庭节度使张嵩曰："勃律，唐之西门，勃律亡则西域皆为吐蕃矣。"嵩乃遣疏勒副使张思礼将蕃、汉步骑四千人救之，昼夜倍道，与谨忙合击吐蕃，大破之，斩获数万。自是累岁吐蕃不敢犯边。

王怡汉权楚璧狱，连逮甚众，久之不决；上乃以开府仪同三司宋璟为西京留守。璟至，止诛同谋数人，馀皆奏原之。

康待宾馀党康愿子反，自称可汗；张说发兵追讨擒之，其党悉平。徙河曲六州残胡五万馀口于许、汝、唐、邓、仙、豫等州，空河南、朔方千里之地。

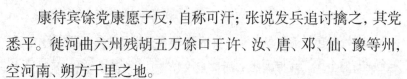

【译文】癸未日（十五日），吐蕃包围小勃律王没谨忙，谨忙赶紧向北庭节度使张嵩求救说："勃律是唐的西方门户，勃律一旦灭亡，那么西域就都是吐蕃的地方了。"嵩派疏勒副使张思礼带领蕃、汉步兵骑兵四千人前去营救，日夜赶路，和谨忙一块儿攻击吐蕃，大败他们，斩首俘获了几万人。自此以后好几年的时间，吐蕃都不敢进犯边境。

王怡审理权楚璧的案件，牵连逮捕的有很多，很长时间都不能判决。唐玄宗于是任命开府仪同三司宋璟作为西京留守。璟到任的时候，只杀了同谋的几个人，其余的人都上奏宽恕了他们。

康待宾的剩余党羽康愿子发动叛乱，自己称作可汗；张说出兵追讨并且活捉到他，他的部众全部都被平定了。把河曲六个州所剩下的胡人五万多人迁移到许、汝、唐、邓、仙、豫等一些州，留下黄河南岸、朔方千里的地方没有了人烟。

先是，缘边戍兵常六十馀万，说以时无强寇，奏罢二十馀万使还农。上以为疑，说曰："臣久在疆场，具知其情，将帅苟以自卫及役使营私而已。若御敌制胜，不必多相冗卒以妨农务。陛下若以为疑，臣请以阖门百口保之。"上乃从之。

初，诸卫府兵，自成丁从军，六十而免，其家又不免杂徭，浸以贫弱，逃亡略尽，百姓苦之。张说建议，请召募壮士充宿卫，不问色役，优为之制，逋逃者必争出应募；上从之。旬日，得精兵十三万，分隶诸卫，更番上下。兵农之分，从此始矣。

【译文】　在这事之前，缘边守戍的军队常常有六十多万，张说因为当时没有强大的敌人，上书请裁减二十多万人叫他们返回去务农。唐玄宗有些不相信。张说上书说："臣在边境的时间长了，知道实情，将帅只需要用兵自卫和役使士兵经营私事就行了。假如抵抗敌人获得了胜利，没有必要多拥有冗闲的士兵然后妨害了农事。陛下要是还不相信，臣愿意拿全家的性命去担保。"唐玄宗这才采取了他的意见。

起初，各卫府的军队，自成丁的那一年从军，六十岁废除徭役，家属又不能够免除各种杂役，由此家中慢慢贫苦，士兵逃亡得都快完了，民众受到他们的迫害。张说建议说，请求招募精壮的士兵任值宿守卫，把他们家属的各种徭役予以免除，定一些优待的条例，那么逃亡的一定争着出来应募；唐玄宗采取了他的意见。十天的时间，得到十三万精兵，分属各卫，轮流值班。兵农的区分，就是从这个时候开始的。

【乾隆御批】　说既奏罢边兵，又请募兵宿卫，议者多以坏法咎之，不知府兵之敝，至开元、天宝已极，不得不解。张必欲援"寓兵于农"之说，复用府兵，正如井田封建，空言何补！

【译文】　张说既然已经请求罢免边境士兵，却又奏请招募士兵宿卫京师，议论此事的人都追究他改变古法的错误，而没有看到设置府兵的弊病，到了开元、天宝年间已达到极点，不得不解决。张说一定要引用"把士兵隐藏在农夫中"的话，重新建立府兵，正像封建制度下的井田，讲空话对事情有什么补益呢？

冬，十月，癸丑，复以乾元殿为明堂。

甲寅，上幸寿安兴泰宫，猎于上宜川；庚申，还宫。

上欲耀兵北边，丁卯，以秦州都督张守洁等为诸卫将军。

十一月，乙未，初令宰相共食实封三百户。

前广州都督裴伷先下狱，上与宰相议其罪。张嘉贞请杖之，张说曰："臣闻刑不上大夫，为其近于君，且所以养廉耻也。故士可杀不可辱。臣向巡北边，闻杖姜皎于朝堂。皎官登三品，亦有微功，有罪应死则死，应流则流，奈何轻加笞辱，以皂隶待之！姜皎事往，不可复追，伷先据状当流，岂可复蹈前失！"上深然之。嘉贞不悦，退谓说曰："何论事之深也！"说曰："宰相，时来则为之。若国之大臣皆可笞辱，但恐行及吾辈。吾此言非为伷先，乃为天下士君子也。"嘉贞无以应。

【译文】冬季，十月，癸丑日（十五日），再以乾元殿为明堂。

甲寅日（十六日），唐玄宗到了寿安县兴泰宫，在上宜川狩猎；庚申日（二十二日），回到宫中。

唐玄宗想要在北方的边界上显耀兵力，丁卯日（二十九日），任命秦州都督张守洁等一些人为各卫将军。

十一月，乙未日（二十八日），首次下令订定宰相一共食实封三百户。

前广州都督裴伷先入狱，唐玄宗和宰相商量定他的罪。张嘉贞建议用杖打，张说说道："臣听说刑不加在大夫的身上，是因为大夫接近君主的缘故，并且用这个可以培养大夫的廉耻之心。所以士大夫可以杀害但是不可以羞辱。臣以前巡守北方边境的时候，听说在朝堂之上用杖打姜皎，皎的官位是三品，也有小小的功劳，有罪应该判死刑就判死，应该放逐的时候就放逐,怎么可以轻易地去鞭打和羞辱,待他和奴隶一样呢?姜皎的事情已经过去了,不能再去追回,仇先根据罪情应当判决去流放,怎么可以重复之前的错误。"唐玄宗认为很对。嘉贞很不高兴,退朝后就对张说说:"为什么把事情说得那么严重?"张说回答:"宰相,时运好的时候就当上了。如果国家大臣都可以鞭辱,只是害怕将来到我们身上。我这些话不是为了仇先,而是为全天下的士大夫啊!"嘉贞无话可说。

十二月,庚子,以十姓可汗阿史那怀道女为交河公主,嫁突骑施可汗苏禄。

上将幸晋阳,因还长安。张说言于上曰:"汾阴睢上有汉家后土祠,其礼久废;陛下宜因巡幸修之,为农祈谷。"上从之。

上女永穆公主将下嫁,敕资送如太平公主故事。僧一行谏曰:"武后惟太平一女,故资送特厚,卒以骄败,奈何为法!"上遽止之。

【译文】十二月,庚子日(初三),封十姓可汗阿史那怀道的女儿为交河公主,并且把她嫁给了突骑施可汗苏禄。

唐玄宗将去晋阳,因此回到了长安。张说就对唐玄宗说:"汾阴睢丘上有汉朝的一些后土祠,祀礼废缺了很长时间,陛下应当趁着巡行的时候,命令修复这庙,替农民祈求丰收。"唐玄宗采纳了他的意见。

唐玄宗的女儿永穆公主快要出嫁,下诏书嫁妆依照太平公主的旧例。和尚一行上书说:"武后只有太平公主这一个女儿,所以嫁妆特别丰厚,结果她因为骄泰然后自取败亡,怎么可以她的嫁妆作为法式呢?"唐玄宗立即停止比照办理。

开元十一年(癸亥,公元七二三年)春,正月,己巳,车驾自东都北巡;庚辰,至潞州,给复五年;辛卯,至并州,置北都,以并州为太原府,刺史为尹;二月,戊申,还至晋州。

张说与张嘉贞不平,会嘉贞弟金吾将军嘉祐赃发,说劝嘉贞素服待罪于外。己酉,左迁嘉贞幽州刺史。

壬子,祭后土于汾阴。乙卯,贬平遥令王同庆为赣尉,坐广为储偫,烦扰百姓也。

癸亥,以张说兼中书令。

己巳,罢天兵、大武等军,以大同军为太原以北节度使,领太原、辽、石、岚、汾、代、忻、朔、蔚、云十州。

【译文】开元十一年(癸亥,公元723年)春季,正月,己巳日(初三),唐玄宗从东都往北出巡;庚辰日(十四日),到达潞州,免除了当地的租赋徭役五年。辛卯日(二十五日),到达了并州,设置了北都,改并州为太原府,刺史为尹;二月,戊申日(十二日),又回到晋州。

张说与张嘉贞关系不好,恰巧嘉贞的弟弟金吾将军嘉祐贪赃泄露了,张说劝嘉贞穿着平常的衣服在外面待罪。己酉日(十三日),降嘉贞为幽州刺史。

壬子日(十六日),在汾阴祭祠后土。乙卯日(十九日),降平遥县令王同庆作为赣县尉,原因为屯积货物,所以烦扰了百姓。

癸亥日(二十七日),任命张说兼中书令。

己巳日(二月无此日),撤销了天兵、大武等军,改大同军为太原以北的节度使,管理太原、辽、石、岚、汾、代、忻、朔、蔚、云十个州。

三月，庚午，车驾至京师。

夏，四月，甲子，以吏部尚书王晙为兵部尚书、同中书门下三品。

五月，己丑，以王晙兼朔方军节度大使，巡河西、陇右、河东、河北诸军。

上置丽正书院，聚文学之士。秘书监徐坚、太常博士会稽贺知章、监察御史鼓城赵冬曦等，或修书，或侍讲，以张说为修书使以总之，有司供给优厚。中书舍人洛阳陆坚以为此属无益于国，徒为糜费，欲悉奏罢之。张说曰："自古帝王于国家无事之时，莫不崇宫室，广声色。今天子独延礼文儒，发挥典籍，所益者大，所损者微。陆子之言，何不达也！"上闻之，重说而薄坚。

【译文】三月，庚午日（初五），唐玄宗到达京师。

夏季，四月，甲子日（三十日），任命吏部尚书王晙作为兵部尚书、同中书门下三品。

五月，己丑日（二十五日），任命王晙兼朔方军节度大使，监视河西、陇右、河东、河北几支军队。

唐玄宗设立了丽正书院，聚集文学人士。秘书监徐坚、太常博士会稽人贺知章、监察御史鼓城人赵冬曦等一些人，有的人修书，有的人侍讲；派张说作为修书使总理书院事。主管部门供给他们很高的费用。中书舍人洛阳人陆坚以为这些人对国家没有好处，只是浪费，要求全部奏请罢退他们。张说说："古往今来，帝王在太平年间，很少有不大建宫室，多事声色的；现今皇上唯独接纳礼遇文士儒者，发扬经典，所获的好处大，所花费的损失很小。陆先生的话，多么说不通！"唐玄宗听说了之后，重视张说从而看轻陆坚。

秋，八月，癸卯，敕："前令检括逃人，虑成烦扰，天下大同，宜各从所乐，令所在州县安集，遂其生业。"

戊申，尊宣皇帝庙号献祖，光皇帝庙号懿祖，祔于太庙九室。

先是，吐谷浑畏吐蕃之强，附之者数年，九月，壬申，帅众诣沙州降，河西节度使张敬忠抚纳之。

冬，十月，丁酉，上幸骊山，作温泉宫；甲寅，还宫。

十一月，礼仪使张说等奏，以高祖配昊天上帝，罢三祖并配之礼。戊寅，上祀南郊，赦天下。

戊子，命尚书左丞萧嵩与京兆、蒲、同、岐、华州长官选府兵及白丁一十二万，谓之"长从宿卫"，一年两番，州县毋得杂役使。

【译文】 秋季，八月，癸卯日（初十），下诏书："以前有命令查抄逃亡的人口，担心造成烦扰；现在天下已经大同，理应从各人所乐，让他们就在所居的州县安置管理，来形成他们营生的事业。"

戊申日（十五日），追尊宣皇帝庙号献祖，光皇帝庙号懿祖，一同祭于太庙九室。

从前，吐谷浑怕吐蕃的强势，依附于吐蕃有几年的时间；九月，壬申日（初十），带领部众到达沙州来降顺，河西节度使张敬忠安抚和接纳他们。

冬季，十月，丁酉日（初五），唐玄宗到了骊山，建筑了温泉宫。甲寅日（二十二日），回到了皇宫。

十一月，礼仪使张说等一些人上书，让高祖配祀昊天上帝，取消了三祖一同配祀的礼制。戊寅日（十六日），唐玄宗在南郊祭天，大赦天下。

戊子日（二十六日），任命尚书左丞萧嵩和京兆、蒲、同、岐、华州长官选府兵和平民壮丁十二万，称为"长从宿卫"，一年两次轮流更换，州县不能用各种徭役去差使他们。

十二月，甲午，上幸凤泉汤；戊申，还宫。

庚申，兵部尚书、同中书门下三品王晙坐党引疏族，贬蕲州刺史。

是岁，张说奏改政事堂曰中书门下，列五房于其后，分掌庶政。

初，监察御史濮阳杜暹因按事至突骑施，突骑施馈之金，暹固辞。左右曰："君寄身异域，不宜逆其情。"乃受之，埋于幕下，出境，移牒令取之。虏大惊，度碛追之，不及。及安西都护阙，或荐暹往使安西，人服其清慎。时暹自给事中居母忧。

【译文】十二月，甲午日（初三），唐玄宗到了凤泉温泉；戊申日（十七日），返回了宫中。

庚申日（二十九日），兵部尚书、同中书门下三品王晙犯引疏远的族人为党，降成了蕲州刺史。

这一年，张说上书，修改政事堂名称为中书门下，列了五（吏、枢机、兵、户、刑礼）房在中书门下的后面，分别管理各种政事。

刚开始的时候，监察御史濮阳人杜暹因为查验事情而到突骑施，突骑施送给他金钱，杜暹一再推辞不接受。他身边的人都说："您托身异地，不应该违逆他们的心意。"于是就收下了，埋在了帐幕之下，出境之后，用公文让突骑施取出，胡人感到十分惊慌，穿过沙漠追送，没有赶上。到了安西都护空缺的时候，有的人荐举杜暹出使安西，人们十分钦佩他的廉明和谨慎。当时杜暹任给事中并且母死守制。

开元十二年(甲子，公元七二四年)春，三月，甲子，起遏为安西副大都护、碛西节度等使。

神龙初，追复泽王上金官爵，求得庶子义珣于岭南，绍其故封。许王素节之子瓃，利其爵邑，与弟璆谋，使人告义珣非上金子，妄冒袭封，复流岭南，以璆继上金后为嗣泽王。至是，玉真公主表义珣实上金子，为瓃兄弟所摈。夏，四月，庚子，复立义珣为嗣泽王，削璆爵，贬瓃鄂州别驾。壬寅，敕宗室旁继为嗣王者并令归宗。

【译文】开元十二年(甲子，公元724年)春季，三月，甲子日(初五)，唐玄宗征召为母亲守制尚未满期的杜遏出任安西副大都护和碛西节度等使。

神龙初年，追复泽王李上金的官爵，并且找到了他的庶出儿子义询在岭南，继承他原来的封爵。许王李素节的儿子瓃，贪图义殉的爵位，与自己的弟弟璆计谋，派人报告义珣不是上金的儿子，胡乱假冒是为了袭官封爵，然后又把他再次流放到岭南，让璆去继承上金的后嗣然后封为嗣泽王。到这个时候，玉真公主上表指明义珣确实是上金的儿子，被瓃兄弟所排斥。夏季，四月，庚子日(十一日)，再次立义殉为嗣泽王；削去了璆的爵封，降瓃为鄂州别驾。壬寅日(十三日)，下诏书凡是宗室旁系继承为嗣王的，都让归宗。

壬子，命太史监南宫说等于河南、北平地测日晷及极星，夏至日中立八尺之表，同时候之。阳城晷长一尺四寸八分弱，夜视北极出地高三十四度十分度之四；浚仪岳台晷长一尺五寸微强，极高三十四度八分；南至朗州晷长七寸七分，极高二十九度半；北至蔚州，晷长二尺二寸九分，极高四十度。南北相距三千六百八十八里九十步，晷差一尺五寸三分，极差十度半。又南至交州，晷出表南三寸三分；八月，海中南望老人星下，众星粲然，皆古所未名，大率去南极二十度以上皆见。

【译文】壬子日（二十三日），命令太史监南宫说等一些人在黄河南、北的平地上去观测日影和北极星，夏至日，在正当中建立八尺的水准绳墨植表，在相同的时间内分别加以测量。阳城日影长是一尺四寸八分弱，夜晚观察到北极星离地三十四度十分度之四；浚仪岳台的日影长一尺五寸多，北极星的高度是三十四度八分；南到朗州的日影长是七寸七分，北极星的高度是二十九度半；北到蔚州，日影的长度是二尺二寸九分，北极星的高度是四十度。南北之间的距离是三千六百八十八里九十步，日影相差一尺五寸二分，北极星相差十度半。又南到交州，日影在表南的三寸三分；八月，从海上向南看见老人星下，很多的星星都很明亮，都是古代所没有见到的，大概距南极星二十度以上的星都可以看得见。

五月，丁亥，停诸道按察使。

六月，壬辰，制听逃户自首，辟所在闲田，随宜收税，毋得差科征役，租庸一皆蠲免。仍以兵部员外郎兼侍御史宇文融为劝农使，巡行州县，与吏民议定赋役。

上以山东旱，命选台阁名臣以补刺史；壬午，以黄门侍郎王丘、中书侍郎长安崔沔、礼部侍郎、知制诰韩休等五人出为刺史。丘，同皎之从父兄子；休，大敏之孙也。

初，张说引崔沔为中书侍郎；故事，承宣制皆出宰相，侍郎署位而已。沔曰："设官分职，上下相维，各申所见，事乃无失。

侍郎，令之贰也，岂得拱默而已!"由是遇事多所异同，说不悦，故因是出之。

资治通鉴

【译文】 五月，丁亥日（二十九日），停派各个地区的按察使。

六月，壬辰日（初五），下诏书允许逃亡的户口自首，开垦他们所居住地区的闲田，看情况收税，不能分别课定赋役，租及庸也一概免除。仍然命令兵部员外郎兼侍御史宇文融作为劝农使，检查州县，与官民计议订定田赋丁役。

唐玄宗因为山东的旱灾，命令朝廷有名望的大臣去外调刺史；壬午日（六月无此日），任命黄门侍郎王丘、中书侍郎长安人崔沔、礼部侍郎、知制诰韩休等五人外调为刺史。王丘就是王同皎伯叔父的儿子；休就是韩大敏的孙子。

那个时候，张说引荐崔沔作为中书侍郎，依照以前的法制，承制书、宣制书都由宰相、侍郎副署。沔说："设官分职，只有上面和下面相联通，各自表示自己的意见，事情才能够没有差错。侍郎，是令的副手，怎么能够只是拱手沉默而已？"因此一旦遇到事情两个人的意见大多不相同，张说不高兴，所以就把他给调出去了。

秋，七月，突厥可汗遣其臣哥解颉利发来求昏。

奚州蛮覃行璋反。以监门卫大将军杨思勖为黔中道招讨使，将兵击之。癸亥，思勖生擒行璋，斩首三万级而归。加思勖辅国大将军，俸禄、防閤皆依品给。赦行璋，以为洵水府别驾。

姜皎既得罪，王皇后愈忧畏不安，然待下有恩，故无随而谮之者，上犹豫不决者累岁。后兄太子少保守一，以后无子，使僧明悟为后祭南北斗，剖霹雳木，书天地字及上名，合而佩之，祝曰：“佩此有子，当如则天皇后。”事觉，己卯，废为庶人，移别室安置；贬守一潭州别驾，中路赐死。户都尚书张嘉贞坐与守一交通，贬台州刺史。

【译文】秋季，七月，突厥可汗派遣他的臣子哥解颉利发前来求婚。

溪州蛮人覃行璋发动叛乱。派遣监门卫大将军杨思勖作为黔中道招讨使，带兵去征讨。癸亥日（初六），思勖活捉到行璋，杀死了三万蛮人然后回来了。升思勖为辅国大将军，俸禄、防阁（护卫差役）都依照品级供给。赦免行璋，任命为泃水府别驾（当为别将）。

姜皎已经获得罪罚，王皇后更加忧虑和害怕，然而因为对臣下有恩，所以没有立即谮毁她的人，唐玄宗犹豫不决了好几年的时间。皇后的哥哥太子少保王守一，因为皇后没有生男孩，让和尚明悟替皇后祭祀南北斗，解剖了一块雷劈过的木，并且写上了天地字和唐玄宗的名，合木然后佩在身，祝愿祷告说：“佩上这物就会有儿子，就会像则天皇后那样。”事情被发觉以后，己卯日（二十二日），废除皇后成为平民，迁居到了别室；降守一做潭州别驾，并且在途中赐死。户部尚书张嘉贞犯与守一交接罪，降为台州刺史。

八月，丙申，突厥哥解颉利发还其国；以其使者轻，礼数不备，未许昏。

己亥，以宇文融为御史中丞。

融乘驿周流天下，事无大小，诸州先牒上劝农使，后申中书；省司亦待融指撝，然后处决。时上将大攘四夷，急于用度，州县畏融，多张虚数，凡得客户八十馀万，田亦称是。岁终，增缗钱数百万，悉进入宫；由是有宠。议者多言烦忧，不利百姓，上令集百寮于尚书省议之。公卿已下，畏融恩势，皆不敢立异，惟户部侍郎杨玚抗议，以为："括客免税，不利居人；徵籍外田税，使百姓困弊，所得不补所失。"未几，玚为华州刺史。

壬寅，以开府仪同三司宋璟为西京留守。

【译文】八月，丙申日（初九），突厥哥解颉利发返回本国；因为他派遣的使臣身份不够，礼数不够周全，没有允许他的求婚。

己亥日（十二日），任命宇文融担任御史中丞。

宇文融坐了驿车然后周行天下，各州的事情不论大小，都先用公文呈给劝农使，然后呈报中书，党司也等融指挥之后，再给予处分和裁决。当时唐玄宗将要大肆攘排四方，急求财用，州县害怕融，多报了虚数，所以一共得八十多万寄居户，籍外的田地也相当于这个数目。岁末的时候，增加了缗钱数百万，全部送入了宫中；因而也被唐玄宗爱重。批评的人大多都说他烦扰地方，对百姓造成了很多的不方便。唐玄宗也开始下令群集各个官员到尚书省来讨论这事。大臣之下，害怕融的恩遇和权势，不敢提出一些反对的意见，只有户部侍郎杨玚敢于单独上书，认为："检查寄居户并且免除他们的税，不利于本地的居民；征收田籍之外的田税，让百姓困苦，所得的东西弥补不了所失去的。"不久之后，玚就调出去任华州刺史。

壬寅日（十五日），任命开府仪同三司宋璟作为西京留守。

冬，十月，丁酉，谢䫻特勒遣使入奏，称"去年五月，金城公主遣使诣箇失密国，云欲走归汝。箇失密王从臣国王借兵，共拒吐蕃。王遣臣入取进止。"上以为然，赐帛遣之。

废后王氏卒，后宫思慕后不已，上亦悔之。

十一月，庚午，上幸东都；戊寅，至东都。

辛巳，司徒申王撝薨，赠谥惠庄太子。

群臣屡上表请封禅，闰月，丁卯，制以明年十一月十日有事于泰山。时张说首建封禅之议，而源乾曜不欲为之，由是与说不平。

是岁，契丹王李郁干卒，弟吐干袭位。

【译文】冬季，十月，丁酉日（十一日），谢颶王特勒派遣使臣入朝，然后上奏说："去年五月，金城公主派遣使臣去求见个失密国，说是'要往归附你'。个失密王向本国国王借兵，一同抗拒吐蕃。国亡派遣了臣进入朝中请求指示如何做。"唐玄宗认为是对的，赐给绢帛，然后送他回去了。

废后王氏去世之后，后宫的人很思念皇后，唐玄宗也十分后悔。

十一月，庚午日（十四日），唐玄宗御车驶往东都；戊寅日（二十二日），到达了东都。

辛巳日（二十五日），司徒申王李撝去世了，赠谥惠庄太子。

众臣多次上表建议封禅，闰月，丁卯日（十二日），下诏书第二年十一月十日在泰山进行祭祀。当时张说刚开始建议封禅，然而源乾曜不想让唐玄宗去举行，因此跟说关系不好。

这一年，契丹王李郁干去世了，他的弟弟吐干继承王位。

开元十三年（乙丑，公元七二五年）春，二月，庚申，以御史中丞宇文融兼户部侍郎。制以所得客户税钱均充所在常平仓本；又委使司与州县议作劝农社，使贫富相恤，耕耘以时。

乙亥，更命长从宿卫之士曰"彍骑"，分隶十二卫，总十二万人为六番。

上自选诸司长官有声望者大理卿源光裕、尚书左丞杨承令、兵部侍郎寇泚等十一人为刺史，命宰相、诸王及诸司长官、台郎、御史饯于洛滨，供张甚盛。赐以御膳，太常具乐，内坊歌妓；上自书十韵诗，命将军高力士赐之。光裕，乾曜之从孙也。

【译文】开元十三年（乙丑，公元725年）春季，二月，庚申日（初六），任命御史中丞宇文融兼任户部侍郎。下诏书把所得的寄居户税钱都作为所在常平仓的本钱；又派遣劝农使司和州县商量建立劝农社，使得贫富相济相助，耕耘依据时节。

乙亥日（二十一日），长从宿卫的人改称为"彍骑"，分管十二卫，共十二万人分为六班。

唐玄宗亲自从各司的长官中选出了一些有声望的人如大理卿源光裕、尚书左丞杨承令、兵部侍郎寇泚等十一人作为刺史，命令宰相、诸王和各司长官、台郎、御史在洛水边为他们饯行，宴乐的场面十分盛大。唐玄宗下令赏赐给他们御膳房做的食物，太常给他们演奏音乐，大内教坊还派出了歌妓；唐玄宗亲手写了十韵诗赏给他们。光裕是源乾曜的侄孙。

三月，甲午，太子嗣谦更名鸿；徙郯王嗣直为庆王，更名潭；陕王嗣升为忠王，更名浚；鄫王嗣真为棣王，更名洽；鄂王嗣初更名涓；鄄王嗣玄为荣王，更名滉。又立子浘为光王，潍为仪王，沄为颍王，泽为永王，清为寿王，泂为延王，沐为盛王，溢为济王。

丙申，御史大夫程行湛奏："周朝酷吏来俊臣等二十三人，情状尤重，子孙请皆禁锢；傅游艺等四人差轻，子孙不听近任。"从之。

汾州刺史杨承令不欲外补，意怏怏，自言："吾出守有由。"上闻之，怒，壬寅，贬睦州别驾。

【译文】三月，甲午日（初十），太子嗣谦把名字改为鸿；调郯王李嗣直成为庆王，改名为潭；陕王李嗣升为忠王，改名字为浚；郢王李嗣真成为棣王，改名为洽；鄂王李嗣初把名字改为涓；鄄王李嗣玄做荣王，改名滉。之后又立皇子李琚做光王，李潍做仪王，李泆做颍王，李泽做永王，李清做寿王，李洄做延王，李沐做盛王，李溢做济王。

丙申日（十二日），御史大夫程行湛给朝廷上奏书说："周朝（指武则天）时期的酷吏来俊臣等二十三人，他们的情节十分严重，他们的子孙后代应该全部不被录用；傅游艺等四个人所犯的罪轻些，他们的子孙应该不许任命为朝廷附近地区的官吏。"唐玄宗采纳了他的建议。

汾州的刺史杨承令不愿意被调到外面任职，由于意愿得不到满足，于是自己便说："我被皇上调出去担任刺史是有缘由的。"唐玄宗得知这件事，很生气。壬寅日（十八日），把他降职为睦州别驾。

张说草封禅仪献之。夏，四月，丙辰，上与中书门下及礼官、学士宴于集仙殿。上曰："仙者凭虚之论，朕所不取。贤者济理之具，朕今与卿曹合宴，宜更名曰集贤殿。"其书院官五品以上为学士，六品以下为直学士；以张说知院事，右散骑常侍徐坚副之。上欲以说为大学士，说固辞而止。

说以大驾东巡，恐突厥乘间入寇，议加兵守边，召兵部郎中裴光庭谋之。光庭曰："封禅者，告成功也。今将升中于天，而戎狄是惧，非所以昭盛德也。"说曰："然则若之何?"光庭曰："四夷之中，突厥为大，比屡求和亲，而朝迁羁縻，未决许也。今遣一使，徵其大臣从封泰山，彼必欣然承命；突厥来，则戎狄君长无不皆来。可以偃旗卧鼓，高枕有馀矣。"说曰"善！说所不及。"即奏行之。光庭，行（御）〔俭〕之子也。

上遣中书直省袁振摄鸿胪卿，谕旨于突厥，小杀与阙特勒、暾欲谷环坐帐中，置酒，谓振曰："吐蕃，狗种；奚、契丹，本突厥奴也；皆得尚主。突厥前后求昏独不许，何也？且吾亦知入蕃公主皆非天子女，今岂问真伪！但屡请不获，愧见诸蕃耳。"振许为之奏请。小杀乃使其大臣阿史德颉利发入贡，因扈从东巡。

【译文】张说起草拟定封禅礼仪呈给唐玄宗。夏季，四月，丙辰日（初三），唐玄宗和中书门下以及其他礼官学士们在集仙殿这个地方举行宴会。唐玄宗说："仙人是凭空捏造出来的，朕不赞成。贤人才是济世治民的青年才俊，朕今天和各位一起宴饮，所以应该把这个地方改名为集贤殿。"书院官五品以上的封为学士，六品以下的为直学士；委派张说主持院事，右散骑常侍徐坚担任副职。唐玄宗想要任命说为大学士；但是由于说一再推辞，这件事就此作罢。

张说因为唐玄宗去东方巡视，害怕突厥乘这个机会突然入侵，于是建议增派军队去防守边界地区，召集兵部郎中裴光庭一同商议此事。光庭说："封禅是个向上天告成功的祭礼，但是现在却要封泰山，害怕戎狄，这不是彰明大德的表现。"张说说："那怎样办呢？"光庭说："在四方蛮夷之中，突厥的实力最强大，近些时间来数次来朝廷求和亲，而朝廷为了牵制他，没有得到肯定的允许。不如现在派去一个使臣，召集他的大臣陪同唐玄宗一起去封泰山，他肯定会很高兴地秉承诏命；要是突厥能来的话，那么戎狄君长们便没有不会来的，这样就可以偃旗息鼓，高枕无忧了。"张说说："很好！我的计策比你的计策差太远了。"于是就马上上奏给唐玄宗请他施行这个计策。光庭是裴行俭的儿子。

唐玄宗于是派中书直省袁振代鸿胪卿，去突厥那儿传旨告诉他们这件事，小杀跟阙特勒、暾欲谷他们围坐在帐中，摆设有酒宴，对振说："吐蕃是犬戎的后代，奚、契丹原来是突厥的臣属；他们这些部落都能娶到公主，但是突厥前后向朝廷求婚唯独不能得到准许，这是为什么呢？而且我也知道嫁给蕃族的公主其实都不是当朝天子的女儿，但是现在不管真假公主，只是数次请求赐婚都不获准，实在是没有面子见到其他各蕃族。"袁振答应替他向唐玄宗上奏申请准许。小杀于是派了他手下的大臣阿史德颉利发去朝廷进贡，由此他们便随从唐玄宗去东巡。

五月，庚寅，妖贼刘定高帅众夜犯通洛门；悉捕斩之。

秋，八月，张说议封禅仪，请以睿宗配皇地祇；从之。

九月，丙戌，上谓宰臣曰："《春秋》不书祥瑞，惟记有年。"敕自今州县毋得更奏祥瑞。

冬，十月，癸丑，作水运浑天成，上具列宿，注水激轮，令其自转，昼夜一周。别置二轮，络在天外，缀以日月，逆天而行，淹速合度。置木匮为地平，令仪半在地下，又立二木人，每刻击鼓，每辰击钟，机械皆藏匮中。

辛酉，车驾发东都，百官、贵戚、四夷酋长从行。每置顿，数十里中人畜被野；有司辇载供具之物，数百里不绝。

【译文】五月，庚寅日（初八），妖贼刘定高率领士兵趁夜去攻击通洛门；但是全部被捕到了然后被处斩。

秋季，八月，张说谈论封禅礼仪这件事，建议唐玄宗以睿宗配祀皇地祇；唐玄宗采行了他的提议。

九月，丙戌日(初六)，唐玄宗对宰相说："《春秋》不记载祥瑞的事，只记录丰年。"于是下敕书从现在起各州县不得再上奏禀告祥瑞的事。

冬季，十月，癸丑日(初三)，建造的用水运转的浑天仪成功了，上面有各星宿，向轮子注水冲下轮子便转动，一天一夜旋转一周。另外设置了两个轮，系在浑天仪的天外面，挂上日月，跟天运行的方向相反而行，迟速与实际运行的度数相符合。此外还设置木柜为地平，令仪一半在地下，还建立了两个木人，每到一刻就会击鼓，每过一时辰便会敲钟，机械都隐藏在柜里。

辛酉日(十一日)，唐玄宗由东都出发，百官、贵戚、四夷的酋长都跟随着。每次设顿驻休舍，几十里都是人员和畜牲，主管部门用辇车运载的供给物品，绵延几百里路不间断。

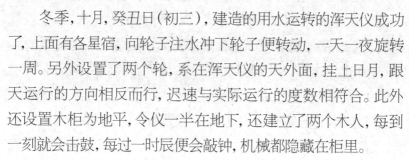

十一月，丙戌，至泰山下，己丑，上备法驾，至山下，御马登山。留从官于谷口，独与宰相及祠官俱登，仪卫环列于山下百馀里。上问礼部侍郎贺知章曰："前代玉牒之文，何故秘之？"对曰："或密求神仙，故不欲人见。"上曰："吾为苍生祈福耳。"乃出玉牒，宣示群臣。庚寅，上祀昊天上帝于山上，群臣祀五帝百神于山下之坛；其馀仿乾封故事。辛卯，祭皇地祇于社首。壬辰，上御帐殿，受朝觐，赦天下，封泰山神为天齐王，礼秩加三公一等。

张说多引两省吏及以所亲摄官登山。礼毕推恩，往往加阶超入五品而不及百官；中书舍人张九龄谏，不听。又，扈从士卒，但加勋而无赐物，由是中外怨之。

【译文】十一月，丙戌日(初六)，唐玄宗到达泰山下，骑着马去登山。随从的一些官员留在山谷口，唐玄宗和宰相以及祠礼官一同攀登，仪仗队护卫军包围列阵在山下一百多里。唐玄宗询问礼部侍郎贺知章说："前代的那些玉牒的文章，为什么不能公开？"回答说："或许是在暗地祈求神仙保佑，因此不愿让他人知道。"唐玄宗说："我来就是为了给人民求福的。"于是命令他取出玉牒，向群臣宣布里面的内容。庚寅日（初十），唐玄宗在山顶上祭祀昊天上帝，群臣在泰山脚下的坛上祭祀五帝众神；其余的则仿照乾封年间的旧有制度。辛卯日（十一日），祭皇地祇在社首。壬辰日（十二日），唐玄宗莅临帐殿，接受众大臣的朝觐，下令赦免天下，封泰山神为天齐王，礼数加三公一等。

张说多携带了两省（中书、门下）官员以及他所亲信的代理官攀登泰山。典礼完成后受到赏赐，往往加阶级超升到五品官，但是其他众位官员没有受到这种恩典；于是中书舍人张九龄给唐玄宗上谏，不被采纳。另外，护驾的士卒只得到加策勋，但是没有赏赐给他们实物，因此朝廷内外都有很多心里怀有怨恨的人。

初，隋末，国马皆为盗贼及戎狄所掠，唐初才得牝牡三千匹于赤岸泽，徙之陇右，命太仆张万岁掌之。万岁善于其职，自贞观至麟德，马蕃息及七十万匹，分为八坊、四十八监，各置使以领之。是时天下以一缣易一马。垂拱以后，马潜耗太半。上初即位，牧马有二十四万匹，以太仆卿王毛仲为内外闲厩使，少卿张景顺副之。至是有马四十三万匹，牛羊称是。上之东封，以牧马数万匹从，色别为群，望之如云锦。上嘉毛仲之功，癸巳，加毛仲开府仪同三司。

甲午，车驾发泰山；庚申，幸孔子宅致祭。

【译文】隋末的时候，国有马匹都被盗贼还有戎狄掠夺去了，到了唐初的时候只得到三千匹雌雄马在赤岸泽，后来迁到陇右，唐玄宗命令太仆少卿张万岁管理这些马匹。万岁十分善于管理马，打贞观年间一直到麟德年间这么长时间里，马繁殖到了七十万匹，后来分为八坊、四十八监，各设置使者去管理。当时天下出现用一匹缣换一匹马的情况。垂拱年后，马因为不注意而消耗一大半。唐玄宗刚即位的时候，有二十四万匹牧马，让太仆卿王毛仲担任内外闲厩使，少卿张景顺担任副使。到现在有了四十三万匹马，牛羊差不多也是这个数目。唐玄宗去封泰山之时，带了牧马几万匹跟随着，依照马的毛色分成了几队群，远远看去就像是彩色的锦绣。唐玄宗嘉奖王毛仲的功劳，癸巳日（十三日），给毛仲加官做了开府仪同三司。

甲午日（十四日），唐玄宗于泰山出发；庚申日（十一月无此日），驾临孔子的故居去祭奠。

上还，至宋州，宴从官于楼上，刺史寇泚预焉。酒酣，上谓张说曰："向者屡遣使臣分巡诸道，察吏善恶，今因封禅历诸州，乃知使臣负我多矣。怀州刺史王丘，饩牵之外，一无他献。魏州刺史崔沔，供张无锦绣，示我以俭。济州刺史裴耀卿，表数百言，莫非规谏，且曰：'人或重扰，则不足以告成。'朕常置之坐隅，且以戒左右。如三人者，不劳人以市恩，真良吏矣。"顾谓寇泚曰："比亦屡有以酒馔不丰诉于朕者，知卿不借誉于左右也。"自举酒赐之。宰臣帅群臣起贺，楼上皆称万岁。由是以丘为尚书左丞，沔为散骑侍郎，耀卿为定州刺史。耀卿，叔业之七世孙也。

【译文】唐玄宗在回京的路途中，到达宋州的时候，在楼上设宴款待随从官员，刺史寇泚也参预这次宴会。当大家酒兴正浓时，唐玄宗对张说说："以前数次派使臣到各道去巡察，去查明官吏的好坏；现在因为封禅经过各州，才明白使臣辜负了我很多。怀州的刺史王丘，除了向朝廷供应米粮牲口之外，其他的贡物一无所有；魏州的刺史崔沔，迎接我的时候排场中缺少了锦绣，以此来向我宣示节俭；济州刺史裴耀卿，上表的几百字文章中，全是一些规谏的话，而且说：'人民有的被大事所骚扰，便不可向上天报告成功。'朕经常放在左右，而且常用来告诫左右的人。像这三个人，不劳苦人民来获取朕的恩赐，真可以称得上是好的官吏了。"回头向寇泚说："近些年来也有因为酒食不丰盛而向朕报告的，知道你不贿赂朕的左右以希望他们能够称扬你。"于是就亲自举杯赐给他。宰相带领着群臣一起起立向他表示祝贺，楼上的大臣都呼喊万岁。因此用丘担任尚书左丞，沔任命为散骑侍郎，耀卿成为定州刺史。耀卿是裴叔业的第七代孙子。

十二月，乙巳，还东都。

突厥颉利发辞归，上厚赐而遣之，竟不许昏。

王毛仲有宠于上，百官附之者辐凑。毛仲嫁女，上问何须。毛仲顿首对曰："臣万事已备，但未得客。"上曰："张说、源乾曜辈岂不可呼邪？"对曰："此则得之。"上曰："知汝所不能致者一人耳，必宋璟也。"对曰："然。"上笑曰："朕明日为汝召客。"明日，上谓宰相："朕奴毛仲有昏事，卿等宜与诸达官悉诣其第。"既而日中，众客未敢举箸，待璟。久之，方至，先执酒西向拜谢，饮不尽卮，遽称腹痛而归。璟之刚直，老而弥笃。

先是，契丹王李吐干与可突干复相猜忌，携公主来奔，不敢复还，更封辽阳王，留宿卫；可突干立李尽忠之弟邵固为主。车驾东巡，邵固诣行在，因从至泰山，拜左羽林大将军、静析军经略大使。

【译文】 十二月，乙巳日（十二月无此日），唐玄宗返回了东都。

突厥颉利发告辞回去，唐玄宗给了他很厚重的赏赐而让他回去，结果还是没有准许通婚。

王毛仲被唐玄宗宠信，巴结他的文武官员数不胜数。毛仲的女儿出嫁，唐玄宗问他有什么要求，毛仲叩头回答说："臣一切都准备好了，只是没有客人。"唐玄宗说："张说、源乾曜等这一类人怎么不可以叫他们呢？"回答说："他们这些人可以请到。"唐玄宗说："朕知道你所请不到的有一位，那一定是宋璟。"回答说："是他。"唐玄宗笑着说："朕明天就替你召集他当你的客人。"第二天，唐玄宗对宰相说："朕的奴才毛仲家有婚事，你应该跟各高官一起到他的府第去表示祝贺。"后来到了中午，客人们都不敢动筷子，只为等待宋璟，过了很久才来到，先执酒向西（对唐玄宗的命令）拜谢，喝酒但是没有干杯，马上说肚子痛便又回去了。宋璟的刚强正直，到了年老后变得更加坚定。

在此之前，契丹王李吐干与可突干再一次彼此猜忌，带了公主过来投靠朝廷，不敢再回契丹，唐玄宗另外封他为辽阳王，留在京都担任宿卫。可突干把李尽忠的弟弟邵固立为君。唐玄宗东行去巡视，邵固到驾前朝谒，由此而跟随唐玄宗到泰山，唐玄宗任命他为左羽林大将军、静折军经略大使。

上疑吏部选试不公，时选期已迫，御史中丞宇文融密奏，请分吏部为十铨。甲戌，以礼部尚书苏颋等十人掌吏部选，试判将毕，遽召入禁中决定，吏部尚书、侍郎皆不得预。左遮子吴兢上表，以为："陛下曲受谗言，不信有司，非居上临人推诚感物之道。昔陈平、邴吉，汉之宰相，尚不对钱谷之数，不问斗死之人；况大唐万乘之君，岂得下行铨选之事乎？凡选人书判，并请委之有司，停此十铨。"上虽不即从，明年复故。

是岁，东都斗米十五钱，青、齐五钱，粟三钱。

于阗王尉迟眺阴结突厥及诸胡谋叛，安西副大都护杜暹发兵捕斩之，更为立王。

【译文】唐玄宗怀疑吏部选举考试存在不公平的现象，但当时选期临近，御史中丞宇文融私下上奏，请求唐玄宗把吏部划分为十铨。甲戌日（二十五日），唐玄宗派礼部尚书苏颋等十个人去管理吏部选试之事，考试书判完后，就马上召集他们进大内商定，吏部尚书、侍郎都不能参加商讨。左庶子吴兢上表给唐玄宗，认为："陛下枉信谗言，不信任主管官员，这不是作为君主治理民众让他们推诚感人的办法。以前陈平、邴吉是汉朝的宰相，他们尚且不去核对钱谷的数目，不审讯打斗而死的案子；更何况你是大唐的皇帝，怎么可以做让臣下铨选的事？凡是选举人的书判，都应该请求委任给主管官，废止现行的十铨政策。"唐玄宗尽管没有立刻采纳他的建议，但是第二年便恢复到之前了。

这一年，东都地区一斗米价为十五钱，青、齐州为五钱，粟的价格是三钱。

于阗王尉迟眺在暗中勾结突厥以及其他各胡族，准备施行计谋叛离大唐，安西副大都护杜暹发兵去抓获并把他杀了，于是就另外立了个国王。

【乾隆御批】米、粟即甚贱，安能至每斗十五钱及五钱之少，盖尔时封禅方行，上下皆有侈心，史臣不免因事粉饰。观于九月论宰相有"《春秋》唯贵有年"之语，而是冬即特书"大有年"，时事盖可想见，特不若汉时天旱干封之甚尔。

【译文】米、粟即使再便宜，怎么可能便宜到每斗十五钱到五钱，大概当时刚刚封禅，朝延上下都有奢侈享乐的心，史官也不免趁机粉饰未平。看到九月玄宗指示宰相们而说的"《春秋》中唯独以丰年为贵"的话，而于那年冬天就大书特书"大丰收年"，当时的情况大概可以想象，只是不像汉代天旱得那么厉害罢了。

资治通鉴卷第二百一十三　唐纪二十九

起柔兆摄提格，尽昭阳作噩，凡八年。

【译文】起丙寅（公元726年），止癸酉（公元733年），共八年。

【题解】　本卷记录了公元726年至公元733年的史事，共八年，正当唐玄宗开元十四年到开元二十一年。这一时期是开元之治的中期，国家制度继续完善与规范。军人戍边，每五年一更换。户籍与赋税，每三年一次普查，定为九等。开元二十一年，唐玄宗在全国十道的基础上分置为十五道。京师繁盛，粮食供应不足，广置粮仓，用来储备江南谷物。但开元之治已从鼎盛悄悄发生转折，表现在大臣之间争权日益尖锐和公开化，唐玄宗纵容边将轻启事端，凉州都督王君㚟与吐蕃交恶，连年战争不断。北方突厥策应吐蕃侵扰边境。岭南獠人叛乱。此时唐朝国力强盛，边衅未酿成大祸，吐蕃纳贡求和亲。

玄宗至道大圣大明孝皇帝中之上

开元十四年（丙寅，公元七二六年）春，正月，癸未，更立契丹松漠王李邵固为广化王，奚饶乐王李鲁苏为奉诚王。以上从甥陈氏为东华公主，妻邵固；以成安公主之女韦氏为东光公主，妻鲁苏。

张说奏："今之五礼，贞观、显庆两曾修纂，前后颇有不同，其中或未折衷。望与学士等讨论古今，删改施行。"制从之。

邕州封陵獠梁大海等据宾、横州反；二月，己酉，遣内侍杨思勖发兵讨之。

【译文】开元十四年（丙寅，公元726年）春季，正月，癸未日（初四），唐玄宗下令改立契丹松漠王李邵固为广化王，奚饶乐王李鲁苏为奉诚王。还册封宗室外甥女陈氏为东华公主，嫁给邵固当妻子；之后封成安公主的女儿韦氏为东光公主，嫁给鲁苏做妻子。

张说上奏给唐玄宗说："现在的五礼这个规范，贞观、显庆时曾经做了两次修纂，前后有很多不同的地方，其中有些并没有折中，希望能和学士们讨论一下古今的礼，之后再删改施行。"唐玄宗下了制书采行他这个建议。

邕州封陵獠族梁大海等人占有宾州、横州进行叛乱；二月，己酉日（二月无此日），唐玄宗下令派内侍杨思勖出兵去讨伐他。

上召河南尹崔隐甫，欲用之，中书令张说薄其无文，奏拟金吾大将军；前殿中监崔日知素与说善，说荐为御史大夫；上不从。丙辰，以日知为左羽林大将军，丁巳，以隐甫为御史大夫。隐甫由是与说有隙。

说有才智而好贿，百官白事有不合者，好面折之，至于叱骂。恶御史中丞宇文融之为人，且患其权重，融所建白，多抑之。中书舍人张九龄言于说曰："宇文融承恩用事，辩给多权数，不可不备。"说曰："鼠辈何能为！"夏，四月，壬子，隐甫、融及御史中丞李林甫共奏弹说："引术士占星，徇私僭侈，受纳贿赂。"

敕源乾曜及刑部尚书韦抗、大理少卿明珪与隐甫等同于御史台鞫之。林甫，叔良之曾孙；抗，安石之从父兄子也。

【译文】唐玄宗下令召见河南尹崔隐甫，想要重用他，中书令张说看不起他没有文学修养，给唐玄宗上奏说拟任他担任金吾大将军；前殿中监崔日知一向和张说交好，张说向唐玄宗推荐他任御史大夫；唐玄宗不恩准他的提议。丙辰日（初七），下令任崔日知为左羽林大将军；丁巳日（初八），又任崔隐甫为御史大夫。隐甫因为这件事跟张说他们之间有嫌隙。

张说很有才能智慧但是却贪图钱财，群官各事要是有不符合他的意愿的话，喜欢当着别人的面去驳斥他们，甚至对人家叱责骂人。他讨厌御史中丞宇文融的为人，而且害怕他权力太大，融所建议，多加压抑。中书舍人张九龄对张说说："宇文融他蒙受皇上的恩宠现在当权，口才好而且有很多谋略，所以你不可不防备。"张说说："他这些鼠辈能做什么！"夏季，四月，壬子日（初四），隐甫、融以及御史中丞李林甫一起上奏给唐玄宗弹劾张说："延请术士占候星象，问他关于朝廷里徇私及奢侈过度，接受贿赂的事。"唐玄宗于是下敕书命令源乾曜与刑部尚书韦抗、大理少卿明（或改为"胡"）珪同隐甫等一起在御史台审问他。林甫是李叔良（宗室）的曾孙；抗是韦安石的堂侄。

丁巳，以户部侍郎李元纮为中书侍郎、同平章事。元纮以清俭著，故上用为相。

源乾曜等鞫张说，事颇有状，上使高力士视说，力士还奏："说蓬首垢面，席藁，食以瓦器，惶惧待罪。"上意怜之。力士因言说有功于国，上以为然。庚申，但罢说中书令，馀如故。

丁卯，太子太傅岐王范薨，赠谥惠文太子。上为之撤膳累旬，百官上表固请，然后复常。

丁亥，太原尹张孝嵩奏："有李子峤者，自称皇子，云生于潞州，母曰赵妃。"上命杖杀之。

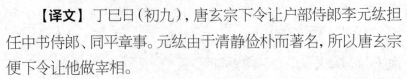

【译文】 丁巳日（初九），唐玄宗下令让户部侍郎李元纮担任中书侍郎、同平章事。元纮由于清静俭朴而著名，所以唐玄宗便下令让他做宰相。

源乾曜等人审讯张说，他颇有事实，唐玄宗于是就派高力士去看望张说，高力士回来向唐玄宗奏报说："张说他蓬头垢面，坐在藁席上，吃饭的时候使用瓦器，害怕等待着责罚。"唐玄宗心里很可怜他。高力士因而给唐玄宗说张说他有功于国家，唐玄宗非常赞成高力士的说辞。庚申日（十二日），唐玄宗下令只免除张说中书令这一职位，其他的不改变。

丁卯日（十九日），太子太傅岐王李范逝世，唐玄宗赠谥为惠文太子。唐玄宗也因此减少膳食一连几十天。群臣上表一再恳求，之后才恢复了以前的膳食。

丁亥日（初十），太原尹张孝嵩给唐玄宗上奏："有个叫李子峤的人，自称为皇子，说是在潞州出生，他的母亲是赵妃。"唐玄宗下令用杖把他打死。

辛丑，于定、恒、莫、易、沧五州置军以备突厥。

上欲以武惠妃为皇后，或上言："武氏乃不戴天之仇，岂可以为国母！人间盛言张说欲取立后之功，更图入相之计。且太子非惠妃所生，惠妃复自有子，若登宸极，太子必危。"上乃止。然宫中礼秩，一如皇后。

五月，癸卯，户部奏今岁户七百六万九千五百六十五，口四千一百四十一万九千七百一十二。

秋，七月，河南、北大水，溺死者以千计。

八月，丙午朔，魏州言河溢。

九月，己丑，以安西副大都护、碛西节度使杜暹同平章事。

自王孝杰克复四镇，复于龟兹置安西都护府，以唐兵三万戍之，百姓苦其役；为都护者，惟田扬名、郭元振、张嵩及暹皆有善政，为人所称。

【译文】辛丑日（二十四日），唐玄宗在定、恒、莫、易、沧五个州设置军队以防备突厥的突然袭击。

唐玄宗想立武惠妃做皇后，但是有人上奏说："武氏与我们是不共戴天的仇家，怎么可以成为国母呢？民间多传言张说想争取到立皇后的功劳，想再次担任宰相的计谋。而且太子不是惠妃所生的，惠妃她又有自己的儿子，要是她成为皇后的话，太子以后必定会危险。"唐玄宗于是丢弃了这个想法。但是武惠妃在宫中的礼数，和皇后的礼数一样。

五月，癸卯日（二十六日），户部向朝廷奏报，全国今年有七百零六万九千五百六十五户，人口有四千一百四十一万九千七百一十二。

秋季，七月，黄河南、北岸发生了大水灾，淹死了数以千计的人民。

八月，丙午朔日（初一），魏州向朝廷报告了黄河泛滥这一消息。

九月，己丑日（十五日），唐玄宗下令让安西副大都护、碛西节度使杜暹担任同平章事。

从王孝杰收复四镇后，又在龟兹地区设置了安西都护府，用三万名大唐士兵守卫，百姓深受这徭役的苦；担任都护的官员只有田杨名、郭元振、张嵩以及杜暹他们取得了好的政绩，为人们所称赞。

冬，十月，庚申，上幸汝州广成汤；己酉，还宫。

十二月，丁巳，上幸寿安，猎于方秀川；壬戌，还宫。

杨思勖讨反獠，生擒梁大海等三千馀人，斩首二万级而还。

是岁，黑水靺鞨遣使入见，上以其国内黑水州，仍为置长史以镇之。

【译文】冬季，十月，庚申日（十六日），唐玄宗驾临汝州广成温泉；己酉日（初五），起驾回宫。

十二月，丁巳日（十四日），唐玄宗驾临寿安，在方秀川进行打猎；壬戌日（十九日），返回皇宫。

杨思勖去征讨獠族的叛乱，将梁大海等三千多人活捉，还杀掉了两万人，然后回了京城。

这一年，黑水靺鞨派使臣入朝去晋见唐玄宗；唐玄宗将此国列为黑水州，仍替它设置长史镇守。

勃海靺鞨王武艺曰："黑水入唐，道由我境。往者请吐屯于突厥，先告我与我偕行；今不告我而请吏于唐，是必与唐合谋，欲腹背攻我也。"遣其母弟门艺与其舅任雅将兵击黑水。门艺尝为质子于唐，谏曰："黑水请吏于唐，而我以其故击之，是叛唐也。唐，大国也。昔高丽全盛之时，强兵三十馀万，不遵唐命，扫地无遗。况我兵不及高丽什之一二，一旦与唐为怨，此亡国之势也。"武艺不从，强遣之。门艺至境上，复以书力谏。武艺怒，遣其从兄大壹夏代之将兵，召，欲杀之。门艺弃众，间道来奔，制以为左骁卫将军。武艺遣使上表罪状门艺，请杀之。上密遣门艺诣安西；留其使者，别遣报云已流门艺于岭南。武艺知之，上表称:"大国当示人以信,岂得为此欺诳?"固请杀门艺。上以鸿胪少卿李道邃、源复不能督察官属,致有漏泄,皆坐左迁。暂遣门艺诣岭南以报之。

【译文】 渤海靺鞨王武艺说:"从黑水到大唐,需要经过我国的国境。从前向突厥请吐屯(领附从国官名)的时候,都会先通知我而跟我一起去;现在却不告诉我而就向大唐请求设置官吏,这一定是和大唐通谋,要从腹背来夹攻我。"于是派了他的同母弟门艺和他的舅舅任雅率兵去攻打黑水。门艺曾经将儿子送给大唐去当人质,于是谏言说:"黑水向大唐请求设立官吏,而我们就因为这个原因去攻打它,这是背叛大唐的表现。唐是大国,之前高丽全盛的时代,有三十多万的强兵,因为不遵守大唐的命令,而遭受到了国亡的命运啊。现在何况我们的兵力还不如高丽的十分之一二,一旦和唐结怨的话,这是要亡国的趋势。"武艺不听从他的话,强制派他出兵。门艺到了边界的时候,再次用书信向武艺力谏。武艺因此发怒,派他的堂兄大壹夏代替他带兵,召他回来而想把他杀了。门艺抛弃了众人,从小路奔向了大唐,唐玄宗下制书任命他担任左骁卫将军。武艺派使臣上表给唐玄宗罗列门艺的罪状,请求唐玄宗杀掉他。唐玄宗在暗中派人送门艺去安西;并且拘留了他的使者,另外派人去向武艺回报,说已经把门艺流放到了岭南地区。武艺知道了这件事,向唐玄宗上表说:"大国应该以信用示人,怎么可以做这等欺骗我们的事?"一再请求杀了门艺。唐玄宗因为鸿胪少卿李道邃、源复不能很好地监察所属的官员,导致消息泄露,所以都遭受连累降官。暂时要门艺去岭南以此来答复他。

【乾隆御批】 武艺嫉黑水不告请吏,遣兵袭击,已失恭顺之心，门艺弃众来奔，尚守臣礼。方勃海闻而表请，即当申大义责之，乃诡报迁流，致来欺诳之诮，威既不足以言异域，信复不足以怀远人。措置乖方，其见轻于蕃属宜哉。

【译文】武艺忌恨黑水靺鞨不通告就请唐朝派遣官吏，派遣士兵袭击，已经有失恭顺之心，而门艺抛弃部众奔降唐朝，还算恪守为臣之礼。当勃海靺鞨知道后上表请求斩杀门艺时，就理应申明大义指责他，玄宗却谎称将其流放，以致招来欺骗迷惑的讥讽，威慑不足以震摄异邦，信誉又不足以招抚蕃族。处置失当，因此被少数民族轻视也就理所当然。

臣光曰：王者所以服四夷，威信而已。门艺以忠获罪，自归天子；天子当察其枉直，赏门艺而罚武艺，为政之体也。纵不能讨，犹当正以门艺之无罪告之。今明皇威不能服武艺，恩不能庇门艺，顾效小人为欺诳之语，以取困于小国，乃罪鸿胪之漏泄，不亦可羞哉！

杜暹为安西都护，突骑施金河公主遣牙官以马千匹诣安西互市。使者宣公主教，暹怒曰："阿史那女何得宣教于我？"杖其使者，留不遣；马经雪死尽。突骑施可汗苏禄大怒，发兵寇四镇。会暹入朝，赵颐贞代为安西都护，婴城自守；四镇人畜储积，皆为苏禄所掠，安西仅存。既而苏禄闻暹入相，稍引退，寻遣使入贡。

【译文】◆臣司马光说：王者用来让四方蛮夷平服的，就是威信。门艺因为忠诚而得罪了他的国君，自己于是去归顺天子；天子应当明察他的是非曲直，奖赏门艺而去惩罚武艺，这是为政的原则。即使不能去讨伐，还应该正当地把门艺的没有罪过这些详细地告知武艺。现在明皇的威势不能让武艺震慑臣服，他的恩典不能使门艺得到庇护，只能效法小人说那些欺骗的话而被小国所困窘，还竟然加罪到鸿胪官的泄露消息上，这难道不是羞耻的吗！◆

杜暹担任安西都护，突骑施金河公主派牙官带了一千匹马到安西进行交易。这使者宣读下达公主的教命，暹生气地说："阿史那女，怎么能宣达教命给我！"于是用杖鞭打使者，拘留着不放他走；马遭遇下雪天气都被冻死了。突骑施可汗苏禄非常生气，于是发兵入侵四镇。恰巧杜暹回朝廷，赵颐贞代理安西都护，关闭城门自守着不出来；四镇的人畜财粮，都被苏禄掠劫走了，只有安西的完好无损。之后苏禄听说暹当了宰相，稍为撤退，没过多长时间就派了使臣前来进贡。

开元十五年（丁卯，公元七二七年）春，正月，辛丑，凉州都督王君䄂破吐蕃于青海之西。

初，吐蕃自恃其强，致书用敌国礼，辞指悖慢，上意常怒之。返自东封，张说言于上曰："吐蕃无礼，诚宜诛夷，但连兵十馀年，甘、凉、河、鄯、不胜其弊，虽师屡捷，所得不偿所亡。闻其悔过求和，愿听其款服，以纾边人。"上曰："俟吾与王君䄂议之。"说退，谓源乾曜曰："君䄂勇而无谋，常思侥幸，若二国和亲，何以为功！吾言必不用矣。"及君䄂入朝，果请深入讨之。

【译文】开元十五年（丁卯，公元727年）春季，正月，辛丑日（二十八日），凉州都督王君䄂在青海的西方把吐蕃给打败了。

那个时候，吐蕃仗着自己强大，向唐朝致书说要用平等国的礼节，文字中显示出了悖理傲慢的态度，唐玄宗曾经因为这非常生气。从东方封禅返回后，张说对唐玄宗说："吐蕃他们无礼，实在是应该征讨，只是战争了十多年，甘、凉、河、鄯等地区，十分困弊，纵然军队经常取得胜利，所得到的不能抵偿所失去的。听到他知道悔过并且要求与朝廷和亲，请准许他的诚服，以解决边境人民的困难疲倦。"唐玄宗说："等我和王君㚟一起商议下这件事。"张说出来后对源乾曜说："君㚟有勇但是无谋，经常想要侥幸立功，如果两国和亲的话，他凭什么立功？我的话肯定不能被皇上采用了。"君㚟进入朝廷后，果然向唐玄宗请求深入去征讨吐蕃。

去冬，吐蕃大将悉诺逻寇大斗谷，进攻甘州，焚掠而去。君㚟度其兵疲，勒兵蹑其后，会大雪，虏冻死者甚众，自积石军西归。君㚟先遣人间道入虏境，烧道旁草。悉诺逻至大非川，欲休士马，而野草皆尽，马死过半。君㚟与秦州都督张景顺追之，及于青海之西，乘冰而度。悉诺逻已去，破其后军，获其辎重羊马万计而还。君㚟以功迁左羽林大将军，拜其父寿为少府监致仕。上由是益事边功。

初，洛阳人刘宗器上言，请塞汜水旧汴口，更于荥泽引河入汴；擢宗器为左卫率府胄曹。至是，新渠填塞不通，贬宗器为循州安怀戍主。命将作大匠范安及发河南、怀、郑、汴、滑、卫三万人疏旧渠，旬日而毕。

【译文】 去年冬天，吐蕃大将悉诺逻进犯大斗谷，攻打甘州，烧杀劫略而去。君㚟料到他的士兵都觉得疲乏，于是就带领士兵跟在他的后面，遇到下大雪的天气，吐蕃被冻死了很多人，便从积石军向西回去了。君㚟先派了人由小路进攻番邦，并烧去路旁的草。悉诺逻到了大非川之后，想让军队的马匹休息一下，但是野草都没有了，超过一半的马都死掉了。君㚤和秦州都督张景顺去追他，在青海的西边追上了，从冰上渡过去的时候，悉诺逻已经走了，打败了他的殿后部队，掠夺了他的一万多辎重羊马回去了。君㚤因此立下了这个功劳而被升为左羽林大将军，任他父亲王寿为少府监而退休。唐玄宗因为此更积极于边境的战事。

之前，洛阳人刘宗器向唐玄宗上书，请求塞住汜水旧汴口，另外在荥泽引黄河水进入汴；唐玄宗提拔宗器为左卫率府胄曹。到现在这个时候，新开的渠却阻塞不能畅通，于是降宗器为循州安怀戍负责人。派将作大匠范安及征发河南、怀、郑、汴、滑、卫三万人共同疏浚以前的渠，十天便完成了这个工程。

【乾隆御批】 吐蕃久为唐属国，一旦恃强抗礼，岂宜置之不问？且未几即有甘州之掠，安望其能悔过求和？张说惟虑连兵不胜其弊，而不计纵寇之无以纾边，怯懦苟安，岂得谓操胜算？君㚤一出而青海捷获，未尝不少挫其锋。惜筹备未善，无以预防玉门之警，此盖失之轻敌，而不得专咎其幸功也。

【译文】 吐蕃长期为唐朝属国，一旦自恃强大违抗礼节，岂能置之不理？况且不久吐蕃便劫掠甘州和凉州，怎么能期望吐蕃会悔过讲和呢？张说只顾考虑连年用兵不胜的祸弊端，却不考虑放纵敌寇是不能减轻边患的，怯懦偷安，岂能叫作稳操胜券？王君㚤一出兵便青海告捷，这不能说一点也没有挫伤敌人的锐气。只可惜筹备不足，无法预防玉门关可能发生的危险，这完全是失误在轻敌，而不能只归咎于王君㚤的侥幸成功。

御史大夫崔隐甫、中丞宇文融，恐右丞相张说复用，数奏毁之，各为朋党。上恶之，二月，乙巳，制说致仕，隐甫免官侍母，融出为魏州刺史。

乙卯，制："诸州逃户，先经劝农使括定按比后复有逃来者，随到准白丁例输当年租庸，有征役得先差。"

夏，五月，癸酉，上悉以诸子庆王潭等领州牧、刺史、都督、节度大使、大都护、经略使，实不出外。

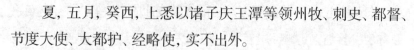

【译文】御史大夫崔隐甫、中丞宇文融，害怕右丞相张说再次被唐玄宗重用，经常上奏去攻击他，双方各自结了朋党。唐玄宗十分厌恶他们。二月，乙巳日（初二），下制书让张说退休，罢免了崔隐甫的官职让他在家侍奉自己的母亲，宇文融调出去担任魏州的刺史。

乙卯日（十二日），唐玄宗下制书："各州逃亡到外地没有户籍的民户，在以前接受过劝农使检查核定户籍之后，再有逃到另外地方的，到达新的地方后即按平民之例缴纳当年的征税，如果有征役的话先派遣他们。"

夏季，五月，癸酉日（初一），唐玄宗让各皇子庆王李潭等全都担当州牧、刺史、都督、节度大使、大都护、经略使官衔，实际上并不外调到其他地区上任。

初，太宗爱晋王，不使出阁；豫王亦以武后少子不出阁，及自皇嗣为相王，始出阁。中宗之世，谯王以失爱，谪居外州；温王年十七，犹居禁中。上即位，附苑城为十王宅，以居皇子，宦官押之，就夹城参起居，自是不复出阁；虽开府置官属及领藩镇，惟侍读时入授书，自馀王府官属，但岁时通名起居；其藩镇官属，亦不通名。及诸孙浸多，不置百孙院。太子亦不居东宫，常在乘舆所幸之别院。

上命妃嫔以下宫中育蚕，欲使之知女功。丁酉，夏至，赐贵近丝，人一絘。

【译文】 起初，太宗非常喜欢晋王，不让他出离禁中；豫王也因为是武后最小的儿子而不离禁中，后来从皇储担任为相王，才出离禁中。中宗时期，谯王不受皇上的宠爱重视，降居到外地州府；温王到了十七岁的时候，仍然住在宫禁内。唐玄宗即位之后，附内苑城建十王房舍，用来安置皇子，让宦官管理这个地方，在夹城参谒唐玄宗的饮食起居，从此以后便不再出禁中；虽然开府置了官属以及遥领藩镇（地方军政首长）官衔，但是仅在侍读时间进宫上课，其他的王府官属，只是逢年过节时用名帖来请安；藩镇的官属，连名帖也不用上。到了后来皇孙渐多，又建置了百孙院。太子也不住在东宫了，常常在唐玄宗驾临处的别院里居住。

唐玄宗下令让妃嫔以下的人在内宫里进行养蚕的活动，要让她们熟知裁衣缝纫这些技巧。丁酉日（二十五日），夏至，用丝赏赐贵近的人，每人一絘。

秋，七月，戊寅，冀州河溢。

己卯，礼部尚书许文宪公苏颋薨。

九月，丙子，吐蕃大将悉诺逻恭禄及烛龙莽布支攻陷瓜州，执刺史田元献及河西节度使王君㚟之父，进攻玉门军；纵所虏僧伽归凉州，谓君㚟曰："将军常以忠通许国，何不一战！"君㚟登城西望而泣，竟不敢出兵。

莽布支别攻常乐县，县令贾师顺帅众拒守。及瓜州陷，悉诺逻悉兵会攻之。旬馀日，吐蕃力尽，不能克，使人说降之；不从。吐蕃曰："明府既不降，宜敛城中财相赠，吾当退。"师顺请脱士卒衣；悉诺逻知无财，乃引去，毁瓜州城。师顺遽开门，收器械，修守备；虏果复遣精骑还，视城中，知有备，乃去。师顺，岐州人也。

【译文】秋季，七月，戊寅日（初八），冀州境内黄河泛滥成灾。

己卯日（初九），礼部尚书许文宪公苏颋去世。

九月，丙子日（初七），吐蕃大将悉诺逻恭禄以及烛龙莽布支把瓜州给攻陷了，捉到刺史田元献还有河西节度使王君㚟的父亲，进攻了玉门军之后，释放了所掳的僧侣并且叫他们回到了凉州，对君㚟说："将军常常称忠勇为国，为什么不进行一战呢？"君㚟登上城垣向西遥望而泪流满面，但是竟然不敢出兵。

莽布支另外去攻打常乐县，县令贾师顺带领部众抗拒坚守。等到瓜州失陷之后，悉诺逻集合全部兵力会合而攻打他。进攻了十多天，吐蕃士兵精疲力竭，但是还不能攻下这个地方，派遣人来劝服他投降；不顺从。吐蕃人说："县令你既然不愿意投降，应当收取城中的财物赠给我，我们便带兵撤退。"师顺顺从他们的意愿脱下了士兵的衣服给他；悉诺逻知道这里没有财物了，于是引兵走了，拆毁了瓜州城。师顺立即打开城门，收集了许多兵器，还修缮防守设备，敌人果真派了精锐部队回来，到了后看到城中情况，知道他们有防备，于是才走。贾师顺是岐州人氏。

初，突厥默啜之强也，迫夺铁勒之地，故回纥、契苾、思结、浑四部度碛徙居甘、凉之间以避之。王君㚟微时，往来四部，为其所轻；及为河西节度使，以法绳之。四部耻怨，密遣使诣东都自诉。君㚟遽发驿奏"四部难制，潜有叛计。"上遣中使往察之，诸部竟不得直。于是，瀚海大都督回纥承宗流瀼州，浑大德流吉州，贺兰都督契苾承明流藤州，卢山都督思结归国流琼州；以回纥伏帝难为瀚海大都督。己卯，贬右散骑常侍李令问为抚州别驾，坐其子与承宗交游故也。

丙戌，突厥毗伽可汗遣其大臣梅禄啜入贡。吐蕃之寇瓜州也，遗毗伽书，欲与之俱入寇，毗伽并献其书。上嘉之，听于西受降城为互市，每岁赍缣帛数十万匹就市戎马，以助军旅，且为监牧之种，由是国马益壮焉。

【译文】起初，突厥默啜在强盛时期，威胁压迫取得了铁勒的土地，因此回纥、契苾、思结、浑四个部落穿过沙漠迁居在甘州、凉州地区之间以此来躲避他。王君㚟没有显达之时，在四部中走动的时候，被他们看不起；等他担任河西节度使后，用法令去纠正治理他们。四部以这为羞耻而对他心怀怨恨，私下派人到东都去告知唐玄宗。君㚟马上派人乘驿马向唐玄宗上奏说："四个部落难以控制，私下里有叛离的计划。"唐玄宗派遣宫中的使臣去调查，各部落居然有理却不得伸。于是瀚海大都督回纥承宗被流放到瀼州，浑大德被流放到吉州，贺兰都督契苾承明被流放到藤州，卢山都督思结归国被流放到琼州；让回纥伏帝难担任瀚海大都督。己卯日（初十），贬右散骑常侍李令问做了抚州别驾，因为他的儿子同承宗交游而受累连坐。

丙戌日（十七日），突厥毗伽可汗派遣他的大臣梅录啜来朝廷朝贡。吐蕃入侵瓜州的时候，给毗伽写了封书信，要和他一同入侵，毗伽把这封书信一并呈献给唐玄宗。唐玄宗称赞嘉奖了他，准许在西受降城和中国之间互通商贸；每年带几十万匹缣帛到那里去购买战马，而且这些是监牧的马种，所以中国的马更加强壮肥大。

闰月，庚子，吐蕃赞普与突骑施苏禄围安西城，安西副大都护赵颐贞击破之。

回纥承宗族子瀚海司马护输，纠合党众为承宗报仇。会吐蕃遣使间道诣突厥，王君㚟帅精骑邀之于肃州。还，至甘州南巩笔驿，护输伏兵突起，夺君㚟旌节，先杀其判官宋贞，剖其心曰："始谋者汝也。"君㚟帅左右数十人力战，自朝至晡，左右尽死。护输杀君㚟，载其尸奔吐蕃；凉州兵追及之，护输弃尸而走。

庚申，车驾发东都，冬，己卯，至西京。

辛巳，以左金吾卫大将军信安王祎为朔方节度等副大使。祎，恪之孙也。以朔方节度使萧嵩为河西节度等副大使。时王君㚟新败，河、陇震骇。嵩引刑部员外郎裴宽为判官，与君㚟判官牛仙客俱掌军政，人心浸安。宽，漼之从弟也。仙客本鹑觚小吏，以才干军功累迁至河西节度判官，为君㚟腹心。

【译文】闰月，庚子日（初二），吐蕃赞普和突骑施苏禄一起包围安西城，安西副大都护赵颐贞把他们打败了。

回纥承宗的一个族侄瀚海司马叫护输的，集结党徒部众想替承宗报仇。正巧碰上吐蕃派出使者从小路去进攻突厥，王君㚟带领了精锐的骑兵在肃州对他进行拦截。回程到甘州南的巩笔驿，护输埋伏的军队突然出来，夺走了君㚟的旌旗符节，先将他的判官宋贞杀掉，剖他的心说："你是首谋。"君㚟带领左右几十人奋力战斗，从早上到申时，左右的人都死了。护输杀了君㚟，带着他的尸体逃到了吐蕃；凉州的军队追赶上了他，护输则抛弃了尸体逃跑了。

庚申日（二十二日），唐玄宗从东都出发；冬季（十二月），己卯日（十一日），到达西京。

辛巳日（十三日），唐玄宗任命左金吾卫大将军信安王李祎担任朔方节度等副大使。李祎是李恪的孙子。任命朔方节度使萧嵩担任河西节度等副大使。这时候王君㚟刚刚战败，河、陇都感到十分震惊。嵩延引刑部员外郎裴宽任命为判官，跟君㚟的判官牛仙客共同掌管军政事务，民心逐渐安定下来。宽是裴漼的堂弟。仙客原先是鹑觚县的小官，因为他的才干和军功，后来累积升到了河西节度判官这一职务，是君㚟的亲信。

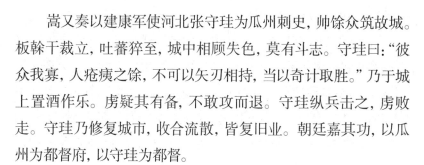

嵩又奏以建康军使河北张守珪为瓜州刺史，帅馀众筑故城。板榦干裁立，吐蕃猝至，城中相顾失色，莫有斗志。守珪曰："彼众我寡，人疮痍之馀，不可以矢刃相持，当以奇计取胜。"乃于城上置酒作乐。虏疑其有备，不敢攻而退。守珪纵兵击之，虏败走。守珪乃修复城市，收合流散，皆复旧业。朝廷嘉其功，以瓜州为都督府，以守珪为都督。

悉诺逻威名甚盛，萧嵩纵反间于吐蕃，云与中国通谋，赞普召而诛之；吐蕃由是少衰。

十二月，戊寅，制以吐蕃为边患，令陇右道及诸军团兵五万六千人，河西道及诸军团兵四万人，又徵关中兵万人集临洮，朔方兵二万人集会州防秋，至冬初，无寇而罢；伺虏入寇，互出兵腹背击之。

乙亥，上幸骊山温泉；丙戌，还宫。

【译文】　嵩又向朝廷上奏请求用建康军使河北张守珪担任瓜州的刺史，带领其余的部众修筑原来的城。板筑刚刚建起来，吐蕃兵又突然来袭了，城中的人都相互看着对方，脸色都变了，失去了斗志。守珪说："他们人多我们人比较少，我们又都在受伤之后，所以不可以兵刃相接，应该用巧妙的计策取胜。"于是就在城上设置酒食饮酒作乐。蕃人到了后看到他们这样，怀疑他已经有准备，所以不敢贸然进攻就回去了。守珪派遣士兵攻打他们，敌人失败后逃跑了。守珪于是接着修复城市，集合那些四处流亡的人，还恢复了原业。朝廷奖励他的功勋，把瓜州设为都督府，任守珪担任都督。

悉诺逻他的威名很大，萧嵩向吐蕃使用反间计，说他跟中国合通并且在谋划着什么，赞普召见他后把他给杀了；吐蕃因为这件事后来稍微衰弱下去。

十二月，戊寅日（十一日），唐玄宗下制书，因为吐蕃在边境是一个大的忧患，于是让陇右道以及各军团兵总共五万六千人，河西道以及各军团结民兵四万人，还征集发派关中兵一万人集结在临洮这个地方，为了防护秋收朔方兵一万人在会州集结，到了冬初的时候，因为没有敌人进犯而解散了。打听到敌人进犯，就互相之间派兵从腹背对敌人进行夹攻。

乙亥日（初八），唐玄宗去了骊山温泉宫；丙戌日（十九日），返回宫中。

开元十六年（戊辰，公元七二八年）春，正月，壬寅，安西副大都护赵颐贞败吐蕃于曲子城。

甲寅，以魏州刺史宇文融为户部侍郎兼魏州刺史，充河北道宣抚使。

乙卯，春、泷等州獠陈行范、广州獠冯璘、何游鲁反，陷四十馀城。行范称帝，游鲁称定国大将军，璘称南越王，欲据岭表；命内侍杨思勖发桂州及岭北近道兵讨之。

丙寅，以魏州刺史宇文融检校汴州刺史，充河南北沟渠堤堰决九河使。融请用《禹贡》九河故道开稻田，并回易陆运钱，官收其利；兴役不息，事多不就。

【译文】 开元十六年（戊辰，公元728年）春季，正月，壬寅日（初五），安西副大都护赵颐贞在曲子城打败了吐蕃。

甲寅日（十五日），唐玄宗让魏州刺史宇文融担任户部侍郎兼魏州刺史，代理河北道宣抚使。

乙卯日（十六日），春、泷等州的獠族陈行范、广州獠人冯璘、何游鲁发动叛乱，使四十多个城被攻陷了。行范自己称帝，游鲁称定国大将军，璘自称南越王，他们想占据岭南；唐玄宗于是下命内侍杨思勖征集派送桂州以及岭北附近各道的军队去对他们进行讨伐。

丙寅日（二十九日），让魏州刺史宇文融检校汴州刺史，同时代理河南、北沟渠堤堰开决九河使。宇文融向唐玄宗建议依照《禹贡》九河原道开稻田，并折换为陆地运费，公家收取了它的利息；不断有事役发动，很多都没有什么成就。

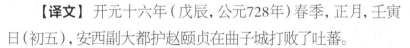

【乾隆御批】 九河故道，考之书疏："齐吕填遏八流以自广"，则春秋时早已湮没，汉许商等按迹而求，不过仿佛一二而已。宇文融更远千年，安能尽得故道而用之，至回易陆运钱其弊也，人有出钱之困，官无省费之时，病民废庸而漕且不继，所谓见小利而忘大害者。

【译文】 九河故道，考证《尚书》疏让："齐吕填了八条河道以扩大疆域"，而到春秋时早已湮没不见，西汉许商等人按旧迹寻找，也不过隐隐约约找到一两条而已。宇文融更是远在一千年之后，怎么可能完全找到九河故道而加以使用呢？折算陆运费用有弊端，百姓有出钱的困苦，而官府并没有因此省钱，劳民伤财而漕运不继，这就是所谓见小利而忘大害啊。

二月，壬申，以尚书右丞相致仕张说兼集贤院学士。说虽罢政事，专文史之任，朝廷每有大事，上常遣中使访之。

壬辰，改彍骑为左右羽林军飞骑。

秋，七月，吐蕃大将悉末郎寇瓜州，都督张守珪击走之。乙巳，河西节度使萧嵩、陇右节度使张忠亮大破吐蕃于渴波谷；忠亮追之，拔其大莫门城，擒获甚众，焚其骆驼桥而还。

八月，乙巳，特进张说上《开元大衍历》，行之。

辛卯，右金吾将军杜宾客破吐蕃于祁连城下。时吐蕃复入寇，萧嵩遣宾客将强弩四千击之。战自辰至暮，吐蕃大溃，获其大将一人；虏散走投山，哭声四合。

【译文】二月，壬申日（初六），唐玄宗任命尚书右丞相退休的张说兼集贤殿学士。张说虽然不是宰相，只是专门担任文史之类的职务，但是朝廷每次有重大的事情，唐玄宗经常派宫中使臣去询问他应该怎么办。

壬辰日（二十六日），唐玄宗下令改彍骑为左右羽林军飞骑。

秋季，七月，吐蕃大将悉末郎侵入瓜州，都督张守珪迎击并将他击退。乙巳日（十一日），河西节度使萧嵩、陇右节度使张忠亮在渴波谷把吐蕃打得落花流水；忠亮追打攻击，还攻下了吐蕃的大莫门城，缴获许多东西，并且烧了他们的骆驼桥才返回。

八月，乙巳日（八月无此日），特进张说呈上《开元大衍历》，唐玄宗下令颁布实行。

辛卯日（二十八日），左金吾将军杜宾客在祁连城下打败吐蕃。那时吐蕃又一次入侵，萧嵩派遣宾客带领强弩手四千人去攻打吐蕃，交战一直从上午持续到傍晚，最后吐蕃大败然后逃走了，捉住了他的大将一人；敌人四散逃跑进入了山谷，之后听到哭声四起。

冬，十月，己卯，上幸骊山温泉；己丑，还宫。

十一月，癸巳，以河西节度副大使萧嵩为兵部尚书、同平章事。

十二月，丙寅，敕："长征兵无有还期，人情难堪；宜分五番，岁遣一番还家洗沐，五年酬勋五转。"

是岁，制户籍三岁一定，分为九等。

杨思勖讨陈行范，至泷州，破之，擒何游鲁、冯璘。行范逃于云际、盘辽二洞，思勖追捕，竟生擒，斩之，凡斩首六万。思勖为人严，偏裨白事者不敢仰视，故用兵所向有功。然性忍酷，所得俘虏，或生剥面皮，或以刀剺发际，擎去头皮；蛮夷惮之。

【译文】冬季，十月，己卯日（十七日），唐玄宗再次驾临骊山温泉；己丑日（二十七日），返回皇宫。

十一月，癸巳日（初一），唐玄宗下令让河西节度副大使萧嵩担任兵部尚书、同平章事。

十二月，丙寅日（初五），唐玄宗下敕书："远征军他们不能定回家的日期，这是人情所难以忍受的；应该分为五个轮次，每年派一轮次让他们回家休息，五年给以功勋五转。"

这一年，唐玄宗下制书，户籍每三年定一次，并且分为九等。

杨思勖对陈行范进行讨伐，到达泷州后，打败了他，并且活捉了何游鲁、冯璘。行范逃去了云际、盘辽二洞，思勖一直在追捕他，后来活捉住了他，还把他杀了，总共杀了六万人。思勖这个人为人比较严肃，左右部将向他报告事情的时候都不敢抬头去看他，所以用兵所到的地方都能够立功。但是性格太残酷，被他所捉到的俘虏，有的被生剥了面皮，或者用刀裂割发际，并且掀掉头皮，蛮夷都非常害怕他。

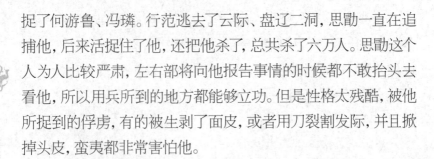

开元十七年(己巳，公元七二九年)春，二月，丁卯，巂州都督张守素破西南蛮，拔昆明及盐城，杀获万人。

三月，瓜州都督张守珪、沙州刺史贾师顺击吐蕃大同军，大破之。

甲寅，朔方节度使信安王祎攻吐蕃石堡城，拔之。初，吐蕃陷石堡城，留兵据之，侵扰河右，上命祎与河西、陇右同议攻取。诸将咸以为石堡据险而道远，攻之不克，将无以自还，且宜按兵观衅。祎不听，引兵深入，急攻拔之，仍分兵据守要害，令虏不得前。自是河陇诸军游弈，拓境千馀里。上闻，大悦，更命石堡城曰振武军。

【译文】开元十七年(己巳，公元729年)春季，二月，丁卯日(初六)，巂州都督张守素把西南蛮打败了，还攻下了昆明以及盐城，杀死并俘虏了一万名士兵。

三月，瓜州都督张守珪、沙州刺史贾师顺攻打吐蕃大同军，并且让他们输得很惨。

甲寅日(二十四日)，朔方节度使信安王李祎去攻打吐蕃的石堡城，很快就攻下了。起初，吐蕃攻陷石堡城的时候，留下很多兵力据守那里，之后去侵犯骚扰河右，唐玄宗下令让李祎和河西、陇右一起讨论怎么攻取。其他各将都认为石堡城地险而且路途遥远，如果攻不下来的话，将没有办法回来；所以应该按兵不动去观察敌人等到存在可乘之机的时候再行动。祎不接受他们的建议，带兵深入城内，迅速战斗然后攻下来了，于是分派士兵占据守住形势险峻的地方，令敌人无法向前行动。从此以后河、陇各军都非常清闲游乐，还开拓了一千多里边境。唐玄宗得到这个消息，感到非常高兴，下命改石堡城为振武军。

丙辰，国子祭酒杨玚上言，以为："省司奏限天下明经、进士及第，每年不过百人。窃见流外出身，每岁二千馀人，而明经、进士不能居其什一，则是服勤道业之士不如胥史之得仕也。臣恐儒风浸坠，廉耻日衰。若以出身人太多，则应诸色裁损，不应独抑明经、进士也。"又奏"主司贴试明经，不务求述作本指，专取难知，问以孤经绝句或年月日；请自今并贴平文。"上甚然之。

夏，四月，庚午，禘于太庙。唐初，祫则序昭穆，禘则各祀于其室。至是，太常少卿韦縚等奏："如此，禘与常飨不异；请禘祫皆序昭穆。"从之。縚，安石之兄子也。

【译文】丙辰日（二十六日），国子祭酒杨玚向唐玄宗上书，认为："省司上奏的，应该限定明经、进士及第的名额，每年最好不要超过一百人。臣发觉九品以外官吏出身的，每年达到两千多人，但是明经、进士出身的还达不到它的十分之一，那么那些服膺精勤于学术儒业的人却比不上小吏有机会出仕。臣害怕儒教会逐渐失落，廉耻渐渐衰落。假如认为出身人太多，则应该各种科目一起裁减，不应该单独压制明经、进士。"又上奏："诸（当为"主"）司用帖考试明经，不要求考试述作的要领，而是专出难解的，问一些生僻冷涩的经句，或者是考记年月日；请求从现在开始考帖经都帖试一般的经文。"唐玄宗认为他说得很对。

夏季，四月，庚午日（初十），在太庙举行禘祭。唐初之时，祫祭（合祭）便次序于昭穆，禘祭便各在各自的祖先之室举行。到现在，太常少卿韦縚等人上奏说："像这样，禘祭和平常的袷祭没有什么差别；所以请求禘、祫都次序于昭穆。"唐玄宗采行他的意见。韦縚，是韦安石的侄子。

五月，壬辰，复置十道及京、都两畿按察使。

初，张说、张嘉贞、李元纮、杜暹相继为相用事，源乾曜以清谨自守，常让事于说等，唯诺署名而已。元纮、暹议事多异同，遂有隙，更相奏列。上不悦，六月，甲戌，贬黄门侍郎、同平章事杜暹荆州长史，中书侍郎、同平章事李元纮曹州刺史，罢乾曜兼侍中，止为左丞相；以户部侍郎宇文融为黄门侍郎，兵部侍部裴光庭为中书侍郎，并同平章事；萧嵩兼中书令，遥领河西。

开府王毛仲与龙武将军葛福顺为昏。毛仲为上所信任，言无不从，故北门诸将多附之，进退唯其指使。吏部侍郎齐澣乘间言于上曰："福顺典禁兵，不宜与毛仲为昏。毛仲小人，宠过则生奸；不早为之，恐成后患。"上悦曰："知卿忠诚，朕徐思其宜。"澣曰："君不密则失臣，愿陛下密之。"会大理丞麻察坐事左迁兴州别驾，澣素与察善，出城饯之，因道禁中谏语；察性轻险，遽奏之。上怒，召澣责之曰："卿疑朕不密，而以语麻察，讵为密邪？且察素无行，卿岂不知邪？"澣顿首谢。秋，七月，丁巳，下制："澣、察交构将相，离间君臣，澣可高州良德丞，察可浔州皇化尉。"

【译文】五月，壬辰日（初三），唐玄宗下令又设置了十道还有京畿、都畿按察使。

那时，张说、张嘉贞、李元纮、杜暹相继担任宰相在朝当权，源乾曜以清廉谨慎自我约束管制，经常把事情让给张说他们去决定，只是承诺签名而已。元纮和暹谈论事情总是出现不同的意见，于是他们二人之间有嫌隙，相互争论而上奏。唐玄宗感到很不高兴，六月，甲戌日（十五日），下令贬黄门侍郎、同平章事杜暹为荆州的长史；中书侍郎、同平章事李元纮担任曹州刺史；免除源乾曜兼侍中的职务，仅让他担任左丞相。让户部侍郎宇文融担任黄门侍郎；兵部侍郎裴光庭担任中书侍郎，都是同平章事；萧嵩兼任中书令，遥领河西节度使之职。

开府王毛仲和龙武将军葛福顺他们是亲家。毛仲被唐玄宗宠信，他说的话唐玄宗都听，所以北门的将领有很多都拥护他，不论进退只听从他的指挥。吏部侍郎齐澣乘着机会向唐玄宗说："福顺掌管禁中兵马，不应当跟毛仲联姻。毛仲他是小人，唐玄宗您太宠爱他便会让他生奸心；如果不及早防备的话，恐怕会出现后患。"唐玄宗高兴地说："朕知道你很忠诚，这得慢慢想个合适的办法。"齐澣说："国君要是不保守秘密就会贻害到臣下，所以恳请陛下保密。"遇到大理丞麻察犯罪降职为兴州别驾，澣素来跟察很友好，于是出城给他饯行，因此说出了禁宫中这些谏语；察这个人性情轻率而且很奸险，马上上奏这件事。唐玄宗非常生气，召集澣来呵斥他说："你害怕朕不保守秘密，但是你却将这件事泄露给麻察知晓，他为你保守秘密了吗？况且察这个人一直以来就没有善行，你难道不知道这些吗？"澣磕头谢罪。秋季，七月，丁巳日（二十九日），唐玄宗下制书："齐澣、麻察两人互相图谋想要陷害将相，离间君臣之间的关系。所以把澣降为高州良德的县丞，察则降为浔州皇化县尉。"

八月，癸亥，上以生日宴百官于花萼楼下。左丞相乾曜、右丞相说帅百官上表，请以每岁八月五日为千秋节，布于天下，咸令宴乐。寻又移社就千秋节。

庚辰，工部尚书张嘉贞薨。嘉贞不营家产，有劝其市田宅者，嘉贞曰："吾贵为将相，何忧寒馁！若其获罪，虽有田宅，亦无所用。比见朝士广占良田，身没之日，适足为无赖子弟酒色之资，吾不取之。"闻者是之。

辛巳，敕以人间多盗铸钱，始禁私卖铜铅锡及以铜为器皿；其采铜铅锡者，官为市取。

【译文】八月，癸亥日（初五），这一天是唐玄宗的生日，唐玄宗在花萼楼下面设宴款待诸位大臣，左丞相源乾曜、右丞相张说带领百官上表奏章，建议把每年的八月五日设为千秋节，并且布告天下，都让他们宴会为乐。没过多久又改社日于千秋节。

庚辰日（二十二日），工部尚书张嘉贞去世。嘉贞没有置办家产，有人劝他让他购买田宅，嘉贞却说："我贵为将相，还要忧愁会受冻挨饿！假如得罪圣上的话，即使有田地房舍，也没有什么用处。最近看到朝廷士大夫广置好田，等到身死之时，正好把这些田地供给那些无聊子弟酒色的花费，我才不要这样做。"听到这些话的人都觉得他的话很对。

辛巳日（二十三日），唐玄宗下敕书，因为民间很多人都私自铸钱，所以才禁止私自卖铜、铅、锡还有用铜做器皿；开采到铜、铅、锡，全部由公家收购。

宇文融性精敏，应对辩给，以治财赋得幸于上，始文置诸使，竞为聚敛，由是百官浸失其职而上心益侈，百姓皆怨苦之。

为人疏躁多言，好自矜伐，在相位，谓人曰："使吾居此数月，则海内无事矣。"

信安王祎，以军功有宠于上，融疾之。祎入朝，融使御史李寅弹之，泄于所亲。祎闻之，先以白上。明日，寅奏果入，上怒，九月，壬子，融坐贬汝州刺史，凡为相百日而罢。是后言财利以取贵仕者，皆祖于融。

【译文】 宇文融他天资聪明，口才博辩思维敏捷，因为管理财税很好受到唐玄宗的宠爱，便开始大置各使，彼此竞相搜刮，因而众官逐渐失去他们的实权而唐玄宗更有奢侈的心。民众都非常怨恨而且认为很苦。他为人粗率并且浮躁多话，喜欢自我矜持夸耀，在宰相任期之内，对人说："如果我做几个月宰相的话，那么天下便相安无事了。"

信安王李祎，因为立了战功而受到唐玄宗宠爱，宇文融十分妒忌他。祎入朝觐见，融指使御史大夫李寅弹劾他，但是泄露给亲信知道了这件事。祎听到这个消息了，先报告了唐玄宗。第二天，寅果然上朝（弹劾他），唐玄宗感到非常生气。九月，壬子日（二十五日），融受到连坐降职为汝州刺史，一共当了一百天宰相就被免职了。以后上书谈财利而获取高官显职的人，都是效仿融。

冬，十月，戊午朔，日有食之，不尽如钩。

宇文融既得罪，国用不足，上复思之，谓裴光庭等曰："卿等皆言融之恶，朕既黜之矣，今国用不足，将若之何！卿等何在佐朕？"光庭等惧不能对。会有飞状告融赃贿事，又贬平乐尉。至岭外岁馀，司农少卿蒋岑奏融在汴州隐没官钱巨万计，制穷治其事，融坐流岩州，道卒。

十一月，辛卯，上行谒桥、定、献、昭、乾五陵；戊申，还宫；赦天下，百姓今年地税悉蠲其半。

十二月，辛酉，上幸新丰温泉；壬申，还宫。

【译文】冬季，十月，戊午朔日（初一），出现了日偏食，剩余的那个部分像钩。

宇文融已经获罪，后来国家财用不够，唐玄宗又想起了他，对裴光庭说："你们都说融的过错罪恶，朕已经黜降他了，但是现在国家的用费不够，这要怎么办？你们有没有什么办法可以帮助朕？"光庭等人非常害怕但却无人回答。正好有人匿名告发融贪赃的事，于是又贬为平乐县尉。到岭外那一年多，司农少卿蒋岑向唐玄宗上奏说融在汴州吞没的官钱有上万数字，唐玄宗于是下制书追查这件事，融因此获罪并被流放岩州，在去往的路上死了。

十一月，辛卯日（初五），唐玄宗宫外出行顺次去祭拜桥、定、献、昭、乾五座陵寝，戊申日（二十二日），回到皇宫。下令大赦天下，老百姓当年的地税都被免除了一半。

十二月，辛酉日（初五），唐玄宗来到了新丰温泉。壬申日（十六日），起驾回到宫里。

开元十八年（庚午，公元七三零年）春，正月，辛卯，以裴光庭为侍中。

二月，癸酉，初令百官于春月旬休，选胜行乐，自宰相至员外郎，凡十二筵，各赐钱五千缗，上或御花萼楼邀其归骑留饮，迭使起舞，尽欢而去。

三月，丁酉，复给京官职田。

夏，四月，丁卯，筑西京外郭，九旬而毕。

乙丑，以裴光庭兼吏部尚书。先是，选司注官，惟视其人之能否，或不次超迁，或老于下位，有出身二十馀年不得禄者；又，州县亦无等级，或自大入小，或初近后远，皆无定制。光庭始奏用循资格，各以罢官若干选而集，官高者选少，卑者选多，无问能否，选满即注，限年蹑级，毋得逾越，非负谴者，皆有升无降；其庸愚沉滞者皆喜，谓之"圣书"，而才俊之士无不怨叹。宋璟争之不能得。光庭又令流外行署亦过门下省审。

【译文】开元十八年（庚午，公元730年）春季，正月，辛卯日（初六），让裴光庭担任侍中。

二月，癸酉日（二十八日），唐玄宗首次下令让群官在春天十天休假一日，寻找美丽的风景去游玩宴乐，从宰相到员外郎，总共十二桌，每个人还各赐钱五千贯；唐玄宗有时候还在花萼楼邀请游玩回来的官员一起饮酒，并且叫他们轮流起舞，尽兴后才回去。

三月，丁酉日（十三日），下令恢复给京官职田。

夏季，四月，丁卯日（十三日），下令建筑西京外城，九十天就完成全部工程。

乙丑日（十一日），唐玄宗下令任裴光庭兼吏部尚书。在此之前，铨选单位拟注官吏，只是看他有没有才干，有的不依照资历而升职迅速，有的则一辈子就在低职位上，有的取得任官资格但是二十多年都没有得到一官半职；又州县也没有一定的次序，有的从高阶而出任低阶，有的刚开始任近地，后来又任远地，这些都没有一定的制度。光庭首先上奏请求用人按照资格，罢官以后，经选总计，各以多少作为次序而集中于吏部，官阶高的选得较少，低的选得比较多，不管有没有才能，选举满数，即行拟注，限定年资一级一级上升，不可以超越；不是因为犯罪降官的，都只升迁无降职；那些平庸愚笨而且长时间处在低位者都喜欢这项政策，把这奏折称为"圣书"，但是那些有才俊的官员没有不埋怨叹息的。宋璟力图争辩反对但是没有获得成功。光庭又下令九品以外代理官吏也需要经过门下省省察和审核。

【乾隆御批】 自宰臣请移社，宴娱不拘时，即有旬休行乐之令，堂陛恬熙，浸成怠荒而不可救。明皇初非闇于治道者，迨后既相韩休尚有"貌瘦天下肥"之喻，何以源乾曜、张说辈相习诌谀，竟不之察，且从而加甚邪。

【译文】 从宰相大臣请求更改祭祀土地神的日子，宴饮娱乐不受时日限制，随后又有十天休假一天并进行宴饮的命令，朝廷安乐，威严法纪逐渐懒惰放荡而不可救药。唐明皇李隆基起初在治理国家上并不昏庸，到后来韩休为宰相时尚且有"自己面容消瘦而天下肥"的比喻，为什么源乾曜、张说这些人争相诌媚阿谀，竟不能察觉，反而言听计从甚至变本加厉呢？

五月，吐蕃遣使致书于境上求和。

初，契丹王李邵固遣可突干入贡，同平章事李元纮不礼焉。左丞相张说谓人曰："奚、契丹必叛。可突干狡而很，专其国政久矣，人心附之。今失其心，必不来矣。"己酉，可突干弑邵固，帅其国人并胁奚众叛降突厥，奚王李鲁苏及其妻韦氏、邵固妻陈氏皆来奔。制幽州长史赵含章讨之，又命中书舍人裴宽、给事中薛侃等于关内、河东、河南、北分道募勇士。六月，丙子，以单于大都护忠王浚领河北道行军元帅，以御史大夫李朝隐、京兆尹裴伷先副之，帅十八总管以讨奚、契丹。命浚与百官相见于光顺门。张说退，谓学士孙逖、韦述曰："吾尝观太宗画像，雅类忠王，此社稷之福也。"

可突干寇平卢，先锋使张掖乌承玼破之于捺禄山。

壬午，洛水溢，溺东都千馀家。

【译文】五月，吐蕃派遣使者上书在边境，并且要求议和。

当初那个时候，契丹王李邵固派遣可突干来朝廷进贡，同平章事李元纮不以礼数招待他。左丞相张说对人说："奚、契丹一定叛离。可突干他这个人狡猾并且心狠，把持国政已经很长时间了，人心都附从他，现在让他觉得不称心了，就必然不会来朝贡。"己酉日（二十六日），可突干把邵固杀了，带领他的国人并且要挟奚各部众叛变唐而向突厥投降，奚王李鲁苏还有他的妻子韦氏、邵固的妻子陈氏都过来投靠他。唐玄宗下制书让幽州长史赵含章去讨伐他，又下令让中书舍人裴宽、给事中薛侃等，在关内、河东、河南、河北地区分别招募勇士。六月，丙子日（二十三日），唐玄宗任命单于大都护忠王李浚担任河北道行军元帅，任命御史大夫李朝隐、京兆尹裴伷先担任副帅，率领十八总管去征讨奚、契丹。此外还命令李浚和百官在光顺门碰面。张说在会后对学士孙逖、韦述说："我曾经看见过太宗的画像，他跟忠王长得十分相像，这是国家的福气啊！"

可突干入侵平卢的时候，先锋使张掖人乌承玼在捺禄山这个地方打败了他。

壬午日（二十九日），洛水泛滥成灾，淹没了东都的一千多人家。

秋，九月，丁巳，以忠王浚兼河东道元帅，然竟不行。

吐蕃兵数败而惧，乃求和亲。忠王友皇甫惟明因奏事从容言和亲之利。上曰："赞普尝遗吾书悖慢，此何可舍！"对曰："赞普当开元之初，年尚幼稚，安能为此书！殆边将诈为之，欲以激怒陛下耳。夫边境有事，则将吏得以因缘盗匿官物，妄述功状以取勋爵。此皆奸臣之利，非国家之福也。兵连不解，日费千金，河西、陇右由兹困敝。陛下诚命一使往视公主，因与赞普面相约结，使之稽颡称臣，永息边患，岂非御夷狄之长策乎！"上悦，命惟明与内侍张元方使于吐蕃。

【译文】秋季，九月，丁巳日（初六），唐玄宗任忠王李浚兼河东道元帅，但是却没有去。

吐蕃军因为几次的战败而感到十分害怕，于是来朝廷求和通婚。忠王的友（属官）皇甫惟明所以向唐玄宗上奏长谈和亲有什么好处。唐玄宗说："赞普曾经在来文上言辞非常没有礼貌，这怎么可以不管？"回答说："赞普在开元初年，年龄尚且幼小，怎么可能制作那公文？很可能是边境地区的将领假造的，想要拿这件事刺激陛下让您生气。如果边境地区有战事，那么将领官吏便可以趁这个机会侵吞国家的财物，妄图报功劳以获得勋转爵位，这些都是奸臣们的好处，并不是国家的福利。战事一旦拖延不能解决，每天就会耗费千金，河西、陇右地区从此就会变得困苦凋敝。陛下实际上只需派一个使臣去探视公主，因而同赞普当面订下约定，让他俯首称臣，这样便可永久停止边患战争，这难道不是统治夷狄的好计划吗？"唐玄宗非常高兴，于是就派遣惟明和内侍张元方出使吐蕃。

赞普大喜，悉出贞观以来所得敕书以示惟明。冬，十月，遣其大臣论名悉猎随惟明入贡，表称："甥世尚公主，义同一家。中间张玄表等先兴兵寇钞，遂使二境交恶。甥深识尊卑，安敢失礼! 正为边将交构, 致获罪于舅; 屡遣使者入朝, 皆为边将所遏。今蒙远降使臣, 来视公主, 甥不胜喜荷。倘使复修旧好, 死无所恨!" 自是吐蕃复款附。

庚寅, 上幸凤泉汤; 癸卯, 还京师。

甲寅, 护密王罗真檀入朝, 留宿卫。

【译文】 赞普感到十分开心, 将贞观以来所得到的敕书全都拿出来让惟明看。冬季, 十月, 派遣他的大臣论名悉猎跟随着惟明去朝廷进贡, 向唐玄宗上表称: "甥世世代代都娶公主, 之间的情谊就像是一家人。其间张玄表等人先后发兵侵掠, 于是这才使两国的边境交情恶化。甥深知尊卑的礼数, 怎么敢失礼? 只是由于边界守将交相结下怨恨, 以至于得罪了舅舅, 数次派遣使者进入朝廷, 但都被边境的那些守将所阻止。现如今承蒙陛下远派使臣, 来我那里探视公主, 甥不胜欢喜非常感谢和爱戴你。倘若我们之间能重修旧好, 就是死我也再无怨恨了!" 打这以后吐蕃再次诚心归顺。

庚寅日(初九), 唐玄宗驾临凤泉温泉; 癸卯日(二十二日), 起驾回京。

甲寅日(十月无此日), 护密王罗真檀入朝觐见, 留他在宿卫。

十一月, 丁卯, 上幸骊山温泉; 丁丑, 还宫。

是岁, 天下奏死罪止二十四人。

突骑施遣使入贡, 上宴之于丹凤楼, 突厥使者预焉。二使争长, 突厥曰: "突骑施小国, 本突厥之臣, 不可居我上。" 突骑施曰: "今日之宴, 为我设也, 我不可以居其下。" 上乃命设东、西幕, 突厥在东, 突骑施在西。

开府仪同三司、内外闲厩监牧都使霍国公王毛仲恃宠，骄恣日甚，上每优容之。毛仲与左领军大将军葛福顺、左监门将军唐地文、左武卫将军李守德、右威卫将军王景耀、高广济亲善，福顺等倚其势，多为不法。毛仲求兵部尚书不得，怏怏形于辞色，上由是不悦。

【译文】十一月，丁卯日（十七日），唐玄宗驾临骊山温泉；丁丑日（二十七日），返回皇宫。

这一年，各地区上报犯死罪的，全天下只有二十四人。

突骑施派遣使臣来朝进贡，唐玄宗在丹凤门楼设置宴席招待他，突厥来的使者也参加了这次宴会。二位使者争着要坐上座，突厥的使者说："突骑施是小国，原先是突厥的臣属，所以你不可以居我的上座。"突骑施说："今天的这次宴会是为我而摆设的，我不能在下座。"唐玄宗于是下令设置东、西幕，突厥使者在东座，而突骑施在西座。

开府仪同三司、内外闲厩监牧都使霍国公王毛仲仗着唐玄宗的宠爱，骄傲放恣的姿态一日较一日严重，唐玄宗每次都优予并且宽容他。毛仲和左领军大将军葛福顺、左监门将军唐地文、左武卫将军李守德、右威卫将军王景耀、高广济这些人的关系很好，福顺等人也仗着毛仲的势力，做了很多不法之事。毛仲想担任兵部尚书但是没有成功，他不得意的情绪表现在脸上和言语上，唐玄宗为此非常不高兴。

是时，上颇宠任宦官，往往为三品将军，门施棨戟；奉使过诸州，官吏奉之惟恐不及，所得赂遗，少者不减千缗；由是京城第舍、郊畿田园，参半皆宦官矣。杨思勖、高力士尤贵幸，思勖屡将兵征讨，力士常居中侍卫。而毛仲视宦官贵近者若无人；甚卑品者，小忤意，辄詈辱如僮仆。力士等皆害其宠而未敢言。

会毛仲妻产子，三日，上命力士赐之酒馔、金帛甚厚，且授其儿五品官。力士还，上问："毛仲喜乎?"对曰："毛仲抱其襁中儿示臣曰:'此儿岂不堪作三品邪!'"上大怒曰："昔诛韦氏，此贼心持两端，朕不欲言之；今日乃敢以赤子怨我!"力士因言："北门奴，官太盛，相与一心，不早除之，必生大患。"上恐其党惊惧为变。

【译文】 这个时候，唐玄宗较为宠爱信任宦官，总是封他们为三品将军，官署门设棨戟（武器）；而且奉命出使经过各州，地方官阿谀奉迎他们害怕来不及，他们所得到的那些贿赂礼物，少的也不低于一千贯钱；因此在京城郊区附近地区的那些田园，三分之一或者一半，都是属于宦官的。杨思勖、高力士等人尤为贵显亲信，思勖数次带兵征讨敌人，力士常常居宫中侍卫。但是毛仲对贵近唐玄宗的宦官都瞧不上；品阶低下的宦官，有些稍稍违背他的意思，经常骂叱侮辱就像是对待僮仆一般。力士等都害怕他的被宠信而不敢向唐玄宗说这些事。

恰逢毛仲的妻子生孩子，第三日，唐玄宗派遣力士给他赐了很多的酒食、金钱、丝帛，并且授给他的儿子五品官。力士回到宫中，唐玄宗问他："毛仲高兴吗?"回答说："毛仲他抱着襁褓中的儿子让臣看说:'这孩子难道不能当个三品官吗?'"唐玄宗非常生气，说："以前杀韦氏，这贼心持两端，朕本来不想说；但是今日竟然敢因为给婴儿的封赐而埋怨我!"力士趁此机会说："北门的那些奴隶，官位都太高，他们彼此一心相通，要是不早些将他除掉的话，以后一定会有大的灾祸发生。"唐玄宗忧虑他的党羽惊怕而兵变。

开元十九年(辛未，公元七三一年)春，正月，壬戌，下制，但述毛仲不忠怨望，贬瀼州别驾，福顺、地文、守德、景耀、广济皆贬远州别驾，毛仲四子皆贬远州参军，连坐者数十人。毛仲行至永州，追赐死。

自是宦官势益盛。高力士尤为上所宠信，尝曰："力士上直，吾寝则安。"故力士多留禁中，稀至外第。四方表奏，皆先呈力士，然后奏御；事小者力士即决之，势倾内外。金吾大将军程伯献、少府监冯绍正与力士约为兄弟；力士母麦氏卒，伯献等被发受吊，擗踊哭泣，过于己亲。力士娶瀼州吕玄晤女为妻，擢玄晤为少卿，子弟皆王傅。吕氏卒，朝野争致祭，自第至墓，车马不绝。然力士小心恭恪，故上终亲任之。

【译文】开元十九年(辛未，公元731年)春季，正月，壬戌日(十三日)，唐玄宗下制书，只是说王毛仲不忠诚而且还有怨恨的话，所以降为瀼州别驾，而葛福顺、唐地文、李守德、王景耀、高广济他们都降到了边远的州为别驾，毛仲的四个儿子都降职到边远州为参军，受这件事连累有罪的总共几十人。毛仲行到了永州后，就追赐他死。

从此以后宦官的势力就更强大。高力士尤其为唐玄宗所宠爱信任，曾经说："力士值班的时候，我可以睡得很安稳。"因此力士很多时候都留在禁中，很少有时间到外面的府第。四方各地上呈的表章奏书，都是先呈交给力士，然后通过力士呈给唐玄宗；小的事情由力士立即做裁决，他的权势压倒了朝内外的很多大臣。金吾大将军程伯献、少府监冯绍正和力士他们结拜为兄弟；力士的母亲麦氏去世，伯献等人披散头发受人来吊，捶胸顿足大声痛哭，表现出来的哀痛超过了亲生母亲逝世的哀痛。力士娶了瀼州吕玄晤的女儿做妻，把玄晤升为少卿，吕氏子弟都成为王府的傅官。吕氏死后，朝廷内外都致祭，从高府到墓地这段距离，车马在路上不断绝。但是力士为人很小心恭敬，因而唐玄宗一直亲信和倚重他。

辛未，遣鸿胪卿崔琳使于吐蕃。琳，神庆之子也。吐蕃使者称公主求《毛诗》、《春秋》、《礼记》。正字于休烈上疏，以为："东平王汉之懿亲，求《史记》、诸子，汉犹不与。况吐蕃，国之寇仇，今资之以书，使知用兵权略，愈生变诈，非中国之利也。"事下中书门下议之。裴光庭等奏："吐蕃聋昧顽嚚，久叛新服，因其有请，赐以《诗》、《书》，庶使之渐陶声教，化流无外。休烈徒知书有权略变诈之语，不知忠、信、礼、义，皆从书出也。"上曰："善！"遂与之。休烈，志宁之玄孙也。

丙子，上躬耕于兴庆宫侧，尽三百步。

【译文】辛未日（二十二日），唐玄宗派鸿胪卿崔琳出使吐蕃。琳是神庆的儿子。吐蕃使者说公主想要《毛诗》《春秋》《礼记》这些书。正字于休烈上奏禀报这件事，以为："东平王是汉帝的至亲，他要求《史记》、诸子，汉尚且不答应，更何况是吐蕃呢？它是国家的敌人，现在要是把书籍供给他们，让他们了解用兵的谋略，更生变诈，这不是中国的福利。"于是把这事批交中书门下商讨。裴光庭等人上奏："吐蕃他们顽劣不灵，长久叛离我们，最近才再次归服，可以趁着他们的请求，赐给他们《诗》《书》，希望能让他们受到声威教化的影响，沾化的广被能到达各个地方。休烈他只知道书中有权谋变诈的话，但是不知道忠、信、礼、义这些也都是从书中传出来的。"唐玄宗说："很有道理。"便把书赐给了他们。休烈是于志宁的玄孙。

丙子日（二十七日），唐玄宗在兴庆宫旁边亲自耕田，推完了三百步。

三月，突厥左贤王阙特勒卒，赐书吊之。

丙申，初令两京诸州各置太公庙，以张良配飨，选古名将，以备十哲；以二、八月上戊致祭，如孔子礼。

◆臣光曰：经纬天地之谓文，戡定祸乱之谓武，自古不兼斯二者而称圣人，未之有也。故黄帝、尧、舜、禹、汤、文、武、伊尹、周公莫不有征伐之功，孔子虽不试，犹能兵莱夷，却费人，曰："吾战则克"，岂孔子专文而太公专武乎？孔子所以祀于学者，礼有先圣先师故也。自生民以来，未有如孔子者，岂太公得与之抗衡哉！古者有发，则命大司徒教士以车甲，羸股肱，决射御，受成献馘，莫不在学。所以然者，欲其先礼义而后勇力也。君子有勇而无义为乱，小人有勇而无义为盗；若专训之以勇力而不使之知礼义，奚所不为矣！自孙、吴以降，皆为勇力相胜，狙诈相高，岂足以数于圣贤之门而谓之武哉！乃复诬引以偶十哲之目，为后世学者之师；使太公有神，必羞与之同食矣。◆

【译文】三月，突厥左贤王阙特勒去世，下令赐书信哀吊他。

丙申日（三月无此日），唐玄宗首次下令让两京各州分别设置（姜）太公庙，用张良为配享，选一些古代名将，以为十哲；分别在二月、八月上戊日致祭，就像是祭孔典礼。

◆臣司马光说：经纬天地是为文，平定祸乱是为武，古往今来二者不能兼备而被称为圣人的，是没有的。所以黄帝、尧、舜、禹、汤、文、武、伊尹、周公他们这些人没有一个不是有征伐的功勋，孔子他虽然没有功勋，但是尚且能让司马止莱夷（用兵劫鲁公），还有打退费人，说："我一打仗便能攻克敌人。"难道是因为孔子就只会文而太公只懂武吗？孔子奉祀那些在学宫的道理，这是礼上规定的祀圣先师的原因。自有人类以来，没有一个人能比得上孔子的，姜太公怎么能等同于孔子呢？古时候有军事行动的话，就命令大司徒教导士兵乘兵车穿上戎甲，把臂胫露出来，比赛射箭和御车这些，并且接受军事会议的决定，战胜呈献战果，没有不是在学宫。这道理就是要先讲究礼义再讲究勇力。君子有勇力但是没有义便会作乱，小人有勇力但是没有义便会成为盗贼；假如只教他们勇力而不能让他们知晓礼义，他们便什么都可以做得出来了！从孙武、吴起以下的，他们都是用勇力战胜对方，等待有机会便使用诈谋作为上策，这怎么能够列与圣贤之伦相比而称之为武呢！竟然又妄引来跟十哲的数目相对称，以此作为后代学者的师范，要是姜太公在天有灵的话，也一定会为和他们共同受享祀而觉得羞耻。◆

五月，壬戌，初立五岳真君祠。

秋，九月，辛未，吐蕃遣其相论尚它硉入见，请于赤岭为互市；许之。

冬，十月，丙申，上幸东都。

或告巂州都督解人张审素赃污，制遣监察御史杨汪按之。总管董元礼将兵七百围汪，杀告者，谓汪曰："善奏审素则生，不然则死。"会救兵至，击斩之。汪奏审素谋反，十二月，癸未，审素坐斩，籍没其家。

浚苑中洛水，六旬而罢。

【译文】五月，壬戌日（十五日），首次下令建立五岳真君祠。

秋季，九月，辛未日（二十五日），吐蕃派遣他的宰相论尚它碑入朝晋见唐玄宗，并且请求把赤岭设为双方的交易地点；唐玄宗答应了他的请求。

冬季，十月，丙申日（二十一日），唐玄宗驾临东都。

有人向朝廷控告巂州都督解县人张审素贪污，唐玄宗降下制书派遣监察御史杨汪去追查这件事。总管董元礼带领士兵七百人包围住汪，杀害了原告，对汪说："上奏要说审素的好话，你便能活命，否则的话就会杀了你。"恰巧碰到救兵来了，攻击并且斩了他们。汪奏报审素预谋造反，十二月，审素被判斩罪，抄没他的所有家产。

疏浚苑中洛水河段，建了六十天而停工。

开元二十年（壬申，公元七三二年）春，正月，乙卯，以朔方节度副大使信安王祎为河东、河北行军副大总管，将兵击奚、契丹；壬申，以户部侍郎裴耀卿为副总管。

二月，癸酉朔，日有食之。

上思右骁卫将军安金藏忠烈，三月，赐爵代国公，仍于东、西岳立碑，以铭其功。金藏竟以寿终。

信安王祎帅裴耀卿及幽州节度使赵含章分道击奚、契丹，含章与虏遇，虏望风遁去。平卢先锋将乌承玼言于含章曰："二虏，剧贼也。前日遁去，非畏我，乃诱我也，宜按兵以观其变。"含章不从，与虏战于白山，果大败。承玼引兵出其右，击虏，破之。己巳，祎等大破奚、契丹，俘斩甚众，可突干帅麾下远遁，馀党潜窜山谷。奚酋李诗琐高帅五千馀帐来降。祎引兵还。赐李诗爵归义王，充归义州都督，徙其部落置幽州境内。

【译文】开元二十年（壬申，公元732年）春季，正月，乙卯日

（十一日），唐玄宗下令任朔方节度副大使信安王李祎为河东、河北行军副大总管，带兵攻打奚、契丹；壬申日（二十八日），让户部侍郎裴耀卿担任副总管。

二月，癸酉日（初一），出现日食。

唐玄宗忆起右骁卫将军安金藏忠烈，三月，下令赐爵为代国公，还在东、西岳建立碑石，以此来刻记他的功勋。金藏最后寿终正寝。

信安王李祎带领裴耀卿以及幽州节度使赵含章分路向契（或本"契"上有"奚"字）丹出击，含章和敌人遇到一起，敌人望风而逃。平卢先锋将军乌承玼于是向含章说："奚、契丹他们是厉害的敌人。前天逃走，并不是因为怕我们，而是为了引诱我们，我们应该按兵不动以观察敌情的变化。"含章不听从他的建议，跟敌人在白山这个地方交战，果然被打败了。承玼另外带领士兵从他右边去出击敌人，把他们打败了。己巳日（二十六日），祎等大败奚、契丹，俘获并且斩首了很多，可突干带领部下远走，剩下的部众都逃隐到山谷中。奚国酋长李诗琐高带了五千多帐来投降归顺。祎领军返回朝廷。唐玄宗赐封李诗爵号归义王，代归义州都督，在幽州境内安置他的部落。

夏，四月，乙亥，宴百官于上阳东洲，醉者赐以衾褥，肩舆以归，相属于路。

六月，丁丑，加信安王祎开府仪同三司。上命裴耀卿赍绢二十万匹分赐立功奚官，耀卿谓其徒曰："戎狄贪婪，今赍重货深入其境，不可不备。"乃命先期而往，分道并进，一日，给之俱毕。突厥、室韦果发兵邀隘道，欲掠之，比至，耀卿已还。

赵含章坐赃巨万，杖于朝堂，流瀼州，道死。

秋，七月，萧嵩奏："自祠后土以来，屡获丰年，宜因还京赛祠。"上从之。

敕裴光庭、萧嵩分押左、右厢兵。

【译文】夏季，四月，乙亥日（初三），在上阳宫东洲宴请诸位官员，把衾褥赐给喝醉酒的人，并且用轿把他们送回家，一路上相继没有间断。

六月，丁丑日（初六），下令加封信安王李祎开府仪同三司。唐玄宗命令裴耀卿拿绢二十万匹去分别赐给那些立功的奚国官员，耀卿对属下说："戎狄非常贪心，而今要是拿着大批贵重物品深入他们的国境，我们不可以不做防备啊。"于是命令在预定出发日期之前先去，并且分路齐进，在一天之内，赐颁完毕后返回朝廷。突厥、室韦他们果真出兵在狭隘的路上对他们进行拦截，要劫夺他们的东西，等他们到达时，耀卿已经回到了朝廷。

赵含章犯贪赃在万贯以上，在朝堂用杖狠狠地责打，并且流放到瀼州，在路途中便死去了。

秋季，七月，萧嵩向唐玄宗上奏："自从祭祀后土之后，数年都获得丰收，应当因此回到西京祭神感谢他们的恩惠。"唐玄宗采行了他的意见。

唐玄宗下敕书让裴光庭、萧嵩分别管领左、右厢兵。

八月，辛未朔，日有食之。

初，上命张说与诸学士刊定五礼。说薨，萧嵩继之。起居舍人王仲丘请依《明庆礼》，祈谷、大雩、明堂，皆祀昊天上帝；嵩又请依上元敕，父在为母齐衰三年；皆从之。以高祖配圜丘、方丘，太宗配雩祀及神州地祇，睿宗配明堂。九月，乙巳，新礼成，上之，号曰《开元礼》。

勃海鞨靺王武艺遣其将张文休帅海贼寇登州，杀刺史韦俊，上命右领军将军葛福顺发兵讨之。

壬子，河西节度使牛仙客加六阶。初，萧嵩在河西，委军政于仙客；仙客廉勤，善于其职。嵩屡荐之，竟代嵩为节度使。

【译文】八月，辛未朔日（初一），再次出现日食。

起初，唐玄宗命令张说和诸位学士对五礼进行勘定。张说去世，萧嵩接任了这份工作。起居舍人王仲丘建议依照《明庆礼》，求丰收、求雨、祀明堂，这些都祭祀昊天上帝；嵩又建议依照上元年间政书，父在为母服齐衰三年，对这些意见唐玄宗都采行了。以高祖配圜丘、方丘，太宗配雩祀以及神州地祇，睿宗配祀明堂。九月，乙巳日（初五），新礼纂成，呈给唐玄宗，号称《开元礼》。

渤海鞨靺王武艺派遣他的将领张文休率领海盗侵入登州，将刺史韦俊杀死，唐玄宗命令右领军将军葛福顺出兵去讨伐他。

壬子日（十二日），给河西节度使牛仙客加官六阶。之前，萧嵩在河西，令军事政治委任给了仙客；仙客为人清廉勤谨，尽职尽责，嵩向唐玄宗数次推荐他，之后取代嵩担任了节度使。

冬，十月，壬午，上发东都；辛卯，幸潞州；辛丑，至北都；十一月，庚申，祀后土于汾阴，赦天下；十二月，辛未，还西京。

是岁，以幽州节度使兼河北采访处置使增领卫、相、洛、贝、冀、魏、深、赵、恒、定、邢、德、博、棣、营、郑十六州及安东都护府。

天下户七百八十六万一千二百三十六，口四千五百四十三万一千二百六十五。

【译文】冬季，十月，壬午日（十二日），唐玄宗从东都出发；辛卯日（二十一日），到达了潞州；辛丑日（十月无此日），抵达了北都；十一月，庚申日（二十一日），在汾阴祭祀后土，下令大赦天下；十二月，辛未日（初二），回到了西京。

这一年，唐玄宗下令任幽州节度使兼河北采访处置使增领卫、相、洛、贝、冀、魏、深、赵、恒、定、邢、德、博、棣、营、郑十六州以及安东都护府。

天下户总共七百八十六万一千二百三十六，人口达四千五百四十三万一千二百六十五。

开元二十一年（癸酉，公元七三三年）春，正月，乙巳，祔肃明皇后于太庙，毁仪坤庙。

丁巳，上幸骊山温泉。

上遣大门艺诣幽州发兵，以讨勃海王武艺；庚申，命太仆员外卿金思兰使于新罗，发兵击其南鄙。会大雪丈馀，山路阻隘，士卒死者过半，无功而还。武艺怨门艺不已，密遣客刺门艺于天津桥南，不死；上命河南搜捕贼党，尽杀之。

二月，丁酉，金城公主请立碑于赤岭以分唐与吐蕃之境；许之。

三月，乙巳，侍中裴光庭薨。太常博士孙琬议："光庭用循资格，失劝奖之道，请谥曰克。"其子积讼之，上赐谥忠献。

【译文】开元二十一年（癸酉，公元733年）春季，正月，乙巳日（初六），下令将肃明皇后合祀在太庙中，销毁废除了仪坤庙。

丁巳日（十八日），唐玄宗驾临到骊山温泉。

唐玄宗派遣大门艺发兵幽州，去征讨渤海王武艺；庚申日

（二十一日），下令命太仆员外卿金思兰回到新罗国，发兵攻打武艺的南部边邑。遇到大雪天气下了一丈多高，山路阻塞不能通过，士兵死了一半以上，没有取得什么功劳就退回去了。武艺一直不停地埋怨门艺，暗中派人在天津桥南准备刺杀门艺，但是没刺死；唐玄宗下令命河南府搜索捕捉刺客一伙人，将他们全部杀掉。

二月，丁酉日（二十九日），金城公主请求在赤岭立碑以标识区分唐和吐蕃国境的分界，得到了唐玄宗的准许。

三月，乙巳日（初七），侍中裴光庭去世。太常博士孙琬建议道：“光庭用人只讲究年资，违背了奖励勤勉人才的道理，所以建议给他谥号为克。”他的儿子裴稹申诉这件事，唐玄宗赐他谥号为忠献。

上问萧嵩可以代光庭者。嵩与右散骑常侍王丘善，将荐之；丘闻之，固让于右丞韩休。嵩言休于上。甲寅，以休为黄门侍郎、同平章事。

休为人峭直，不干荣利；及为相，甚允时望。始，嵩以休恬和，谓其易制，故引之。及与共事，休守正不阿，嵩渐恶之。宋璟叹曰：“不意韩休乃能如是！”上或宫中宴乐及后苑游猎，小有过差，辄谓左右曰：“韩休知否？”言终，谏疏已至。上尝临镜默然不乐，左右曰：“韩休为相，陛下殊瘦于旧，何不逐之！”上叹曰：“吾貌虽瘦，天下必肥。萧嵩奏事常顺指，既退，吾寝不安。韩休常力争，既退，吾寝乃安。吾用韩休，为社稷耳，非为身也。”

有供奉侏儒名黄𪓰，性警黠。上常凭之以行，谓之“肉几”，宠赐甚厚。一日晚入，上怪之。对曰：“臣向入宫，道逢捕盗官与臣争道，臣掀之坠马，故晚。”因下阶叩头。上曰：“但使外无章奏，汝亦无忧。"有顷，京兆奏其状。上即叱出，付有司杖杀之。

【译文】唐玄宗询问萧嵩谁可以接任裴光庭的职务，嵩和右散骑常侍王丘的关系很好，于是就推荐他；王丘一再把这职位让给右丞韩休。嵩向唐玄宗说休可以胜任。甲寅日（十六日），下令任韩休为黄门侍郎、同平章事。

韩休这个人为人很严直，不追求名利；做到宰相的时候，非常合乎当时人们的期望。刚开始的时候，萧嵩觉得休非常恬静和气，认为他比较容易控制，所以才向唐玄宗推荐了他。等到之后和他同事，才发现休守持正道不阿谀附和，嵩逐渐地厌恶他。宋璟赞叹说："没想到韩休竟然能这样！"唐玄宗有的时候在宫内宴会作乐以及在后苑游猎，稍微犯错后，就会向左右问："韩休知道这件事吗？"话刚说完，谏书便已经呈过来了。唐玄宗曾经对着镜子默默地不开心，左右的人说："韩休担任宰相，陛下比以前瘦很多，为什么不赶走他呢？"唐玄宗感叹说："我的形貌虽然瘦了，但是天下一定肥。萧嵩上奏事顺从我的意思，退朝以后，我睡得很不安稳。韩休经常据理力争，退朝以后，我睡得很安稳。用韩休，是为了国家着想，不是为我的身体。"

有个侍候唐玄宗的侏儒（矮人）名叫黄翻绰，天生机警狡黠；唐玄宗经常靠着他行路，叫他为"肉几"，喜爱他并且赏赐他很多东西。有一天他迟到，唐玄宗感觉奇怪而问他，回答说："臣刚刚入宫，路上遇到了捕捉盗贼的官员跟臣争路，臣掀着把他跌下马来，所以就迟到了。"因而下阶磕头。唐玄宗说："只要是外面没有奏章呈报上来，你也就不用担忧这些。"没过多长时间，京兆府就上奏陈列他的罪状。唐玄宗马上让他出去，并把他交付主管部门用杖打死。

【乾隆御批】 侏儒掀捕盗官坠马，自有应得之罪，既已知之，而有章奏则杖毙，无章奏则不问，岂明允执法之道？

【译文】 侏儒把抓捕盗贼的官吏从马上掀下来，自然应该有应得的罪罚，玄宗既然已经知道，有奏章上奏就杖杀他，而没有奏章上奏便不予过问，这哪里是严明恰当执法的道理？

闰月，癸酉，幽州道副总管郭英杰与契丹战于都山，败死。时节度使薛楚玉遣英杰将精骑一万及降奚击契丹，屯于榆关之外。可突干引突厥之众来合战，奚持两端，散走保险；唐兵不利，英杰战死。馀众六千馀人犹力战不已，虏以英杰首示之，竟不降，尽为虏所杀。楚玉，讷之弟也。

夏，六月，癸亥，制："自今选人有才业操行，委吏部临时擢用；流外奏用不复引过门下。"虽有此制，而有司以循资格便于己，犹踵行之。是时，官自三师以下一万七千六百八十六员，吏自佐史以上五万七千四百一十六员，而入仕之涂甚多，不可胜纪。

【译文】 闰月，癸酉日（初六），幽州道副总管郭英杰和契丹在都山进行交战，战败而亡。当时节度（使）薛楚玉派英杰带领精骑一万人还有那些降服的奚人去进攻契丹，屯驻在榆（渝）关以外，可突干率领突厥的部众前来会战，奚族心怀两端，散逃保守在险塞处，唐军败下阵来，英杰战死了。剩余的六千多部下仍然不停地奋力战斗，敌人拿着英杰的头给他们看，他们也拒不投降，于是全部被敌人杀害了。楚玉是薛讷的弟弟。

夏季，六月，癸亥日（二十八日），唐玄宗下制："从今以后那些候选人有才学操行的，都委付给吏部临时擢拔任用；九品以外的吏胥而奏用的不需要再经过门下省。"即便有这道制书，但是主管部门觉得依照资历对自己比较方便，所以依旧照以前一样施行。现在，官从三师（太师、太傅、太保）以下的有一万七千六百八十六员，吏从佐史以上的有五万七千四百一十六员，而入仕的途径有很多，不可胜纪。

秋，七月，乙丑朔，日有食之。

九月，壬午，立皇子沔为信王，泚为义王，灌为陈王，澄为丰王，潓为恒王，滋为梁王，滔为汴王。

关中久雨谷贵，上将幸东都，召京兆尹裴耀卿谋之，对曰："关中帝业所兴，当百代不易；但以地狭谷少，故乘舆时幸东都以宽之。臣闻贞观、永徽之际，禄廪不多，岁漕关东一二十万石，足以周赡，乘舆得以安居。今用度浸广，运数倍于前，犹不能给，故使陛下数冒寒暑以恤西人。今若使司农租米悉输东都，自都转漕，稍实关中，苟关中有数年之储，则不忧水旱矣。且吴人不习河漕，所在停留，日月既久，遂生隐盗。臣请于河口置仓，使吴船至彼即输米而去，官自雇载分入河、洛。又于三门东西各置一仓，至者贮纳，水险则止，水通则下，或开山路，车运而过，则无复留滞，省费巨万矣。河、渭之滨，皆有汉、隋旧仓，葺之非难也。"上深然其言。

【译文】秋季，七月，乙丑朔日（初一），出现日食。

九月，壬午日（十八日），下令立皇子李沔做信王，李泚做义王，李灌做陈王，李澄做丰王，李潓做恒王，李滋做梁王，李滔做汴王。

关中的雨下了很久，谷价昂贵，唐玄宗即将驾临东都，于是召集京兆尹裴耀卿一起商讨，回答说："关中地区是帝业建立的基地，当百世不能够改易；但是因为那地方狭谷少，因此唐玄宗应该经常驾临东都以舒济它。臣听闻贞观、永徽年间，俸禄廪给的并不多，每年漕运关东一二十万石粮，这些就足够普遍赡给他们，唐玄宗也因此得以安居。而今用度逐渐比较广，运次比之前加倍，但是仍不能满足供给，所以陛下应该经常冒着寒暑来往此地，非常怜恤关西人。假如现在令司农寺把租米全部纳交给东都的话，从东都转漕运，可以稍为充实关中一下，如果关中有几年的储粮，便不会再忧虑水旱灾害了。况且吴人不熟悉黄河水运，在路上停留，时间一长，便可能发生暗中盗取之事。臣建议在汴水黄河交口地设立仓库，让吴船到那儿便马上交了米就返回。国家自雇船载运分别进入黄河、洛水。此外还在三门东西方各设立一仓，谷来便贮而纳入，水急险时停止，水畅通时便进行运输，或者开辟山路，用车运而过，这样的话便不会再有留滞的情况，可以省下上万费用。黄河、渭水的岸边，都有汉、隋旧仓，对它们进行修整也不难。"唐玄宗非常认可他的话。

冬，十月，庚戌，上幸骊山温泉；己未，还宫。

戊子，左丞相宋璟致仕，归东都。

韩休数与萧嵩争论于上前，面折嵩短，上颇不悦。嵩因乞骸骨，上曰："朕未厌卿，卿何为遽去？"对曰："臣蒙厚恩，待罪宰相，富贵已极，及陛下未厌臣，故臣得从容引去；君已厌臣，臣首领且不保，安能自遂！"因泣下。上为之动容，曰："卿且归，朕徐思之。"丁巳，嵩罢为左丞相，休罢为工部尚书。以京兆尹裴耀卿为黄门侍郎，前中书侍郎张九龄时居母丧，起复中书侍郎，并同平章事。

【译文】冬季，十月，庚戌日（十七日），唐玄宗驾临到骊山温泉；己未日（二十六日），回到宫中。

十一月，戊子日（二十五日），左丞相宋璟退休了，回到东都。

韩休几次和萧嵩在唐玄宗面前进行争论，并且当面指斥嵩的缺短，唐玄宗非常不喜欢。嵩因而请求退休，唐玄宗说："朕没有讨厌你，你为什么急着离开？"回答说："臣承蒙厚恩，待罪在宰相的官位，已得到太多的富贵，在陛下不讨厌臣的时候，臣可以从容地引退；假如已经厌弃臣的话，臣的生命就不保了，怎么能自如愿退休呢？"因而流下了眼泪。唐玄宗因为他也非常感动，说："你先回去，等朕再慢慢考虑看看。"丁巳日（二十四日），嵩被免职，任左丞相，休免职，担任为工部尚书。下令让京兆尹裴耀卿担任黄门侍郎，前中书侍郎张九龄当时在母丧守制中，下令让他出任中书侍郎，还兼任同平章事。

是岁，分天下为京畿、都畿、关内、河南、河东、河北、陇右、山南东道、山南西道、剑南、淮南、江南东道、江南四道、黔中、岭南，凡十五道，各置采访使，以六条检察非法；两畿以中丞领之，馀皆择贤刺史领之。非官有迁免，则使无废更。惟变革旧章，乃须报可；自馀听便宜从事，先行后闻。

太府卿杨崇礼，政道之子也，在太府二十馀年，前后为太府者莫能及。时承平日久，财货山积，尝经杨卿者，无不精美；每岁句驳省便，出钱数百万缗。是岁，以户部尚书致仕，年九十馀矣。上问宰相："崇礼诸子，谁能继其父者？"对曰："崇礼三子，慎馀、慎矜、慎名，皆廉勤有才，而慎矜为优。"上乃擢慎矜自汝阳令为监察御史，知太府出纳，慎名摄监察御史，知含嘉仓出给，亦皆称职；上甚悦之。慎矜奏诸州所输布帛有渍污穿破者，皆下本州征折估钱，转市轻货，征调始繁矣。

【译文】 这一年，把天下分为京畿、都畿、关内、河南、河东、河北、陇右、山南东道、山南西道、剑南、淮南、江南东道、江南西道、黔中、岭南，共十五道，各自设置采访使，并且用六条规定检察非法；两畿让中丞来领任，其余的都选择品德良好的刺史进行领任。如果不是官有迁调免撤的话，则采访使不随意更换。只有改变原来有的法规，是必须要上报朝廷批可的，剩下的可以根据情况自己来处置，先施行然后再报告。

太府卿杨崇礼，是杨政道的儿子，在太府的二十多年，前后任太府卿的都比不上他。那时候很长时间都是太平日子，堆积如山的财粮物货，曾经由杨崇礼经手的，没有东西不是精美的；每年检查审核驳斥节省简便，多出的钱差不多有几百万贯。这一年，在户部尚书任内退休，年龄已经有九十多岁了。唐玄宗问宰相："崇礼他的儿子之中，谁能够承袭他父亲的职位？"回答说："崇礼有三个孩子，分别是慎徐、慎矜、慎名，他们都很清廉勤勉并且有才干，但是以慎矜最为优秀。"唐玄宗便从汝阳县令上提升慎矜担任监察御史，管太府出纳，慎名代理监察御史，知含嘉仓出给，他们都很称职；唐玄宗很喜欢他们。慎矜给唐玄宗上奏建议各州所缴交的布帛有水渍污损的，便都下令本州征取那些折合的钱，另外买绢补交，征调由此开始变得多起来了。

资治通鉴卷第二百一十四　唐纪三十

起阏逢阉茂，尽重光大荒落，凡八年。

【译文】 起甲戌（公元734年），止辛巳（公元741年），共八年。

【题解】 本卷记录了公元734年至741年的史事，共八年，正当唐玄宗开元二十二年至二十九年。这八年是开元盛世的晚期，是唐玄宗个人由明转昏的过渡时期。开元后期，唐帝国的繁荣达到顶点。漕运通畅，又用和籴法储粮，京师繁盛，粮食供应充足。唐玄宗于是开始骄奢怠政，迷信神仙。特别是唐玄宗已经厌恶直谏，喜欢听奉承话。直疏谏言的张九龄被罢相，而让奸巧谄谀的李林甫独握大权，因后宫之宠而废立太子，这是唐玄宗由明转昏的标志。此时唐帝国强盛，而边将轻敌，唐帝国的东、北、西三面有警，吐蕃扰边，唐军虽胜，但已无绝对优势。

玄宗至道大圣大明孝皇帝中之中

开元二十二年（甲戌，公元七三四年）春，正月，己巳，上发西京；己丑，至东都。张九龄自韶州入见，求终丧；不许。

二月，壬寅，秦州地连震，坏公私屋殆尽，吏民压死者四千馀人；命左丞相萧嵩赈恤。

方士张果自言有神仙术，诳人云尧时为侍中，于今数千岁；

多往来恒山中，则天以来，屡徵不至。恒州刺史韦济荐之，上遣中书舍人徐峤赍玺书迎之。庚寅，至东都，肩舆入宫，恩礼甚厚。

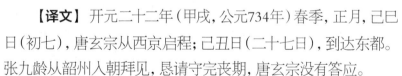

【译文】开元二十二年（甲戌，公元734年）春季，正月，己巳日（初七），唐玄宗从西京启程；己丑日（二十七日），到达东都。张九龄从韶州入朝拜见，恳请守完丧期，唐玄宗没有答应。

二月，壬寅日（初十），秦州接连几次地震，差不多公私房屋全被震坏，被压死的官民有四千多人；派左丞相萧嵩去救济安抚。

术士张果称本人有神仙法术，欺骗人们说在尧时他担任侍中，直至如今有几千岁；大都在恒山中往来，自则天时代至今，多次征他都不来。恒州刺史韦济推举引荐他，唐玄宗派中书舍人徐峤带了公文去欢迎他。庚寅日（二月无此日），到达东都，用轿抬入宫中，赏赐礼遇十分优渥。

张九龄请不禁铸钱，三月，庚辰，敕百官议之。裴耀卿等皆曰："一启此门，恐小人弃农逐利，而滥恶更甚。"秘书监崔沔曰："若税铜折役，则官冶可成，计估度庸，则私铸无利，易而可久，简而难诬。且夫钱之为物，贵以通货，利不在多，何待私铸然后足用也！"右监门录事参军刘秩曰："夫人富则不可以赏劝，贫则不可以威禁，若许其私铸，贫者必不能为之；臣恐贫者益贫而役于富，富者益富而逞其欲。汉文帝时，吴王濞富埒天子，铸钱所致也。"上乃止。秩，子玄之子也。

夏，四月，壬辰，以朔方节度使信安王祎兼关内道采访处置使，增领泾、原等十二州。

【译文】张九龄谏言没必要禁止私铸钱。三月，庚辰日

（十九日），下敕书令众多官员议论。裴耀卿等都说："此途一开，只怕小人舍弃农作而追求铸钱的利益，滥恶的钱比以前更加厉害。"秘书监崔沔说："假如折劳役为收铜，官方就能够用来铸钱，计算钱的成本和工资，那么私铸钱无利可图，这方法容易执行，而且是长久之计啊，不繁事而难欺罔。并且钱这东西，优点在流通货品，便利之处不在于钱的数目多，哪里需私铸然后才够用呢！"右监门录事参军刘秩说道："人富有便不能用赏赐物质来让他奋进，贫穷则不能用威刑禁止他违反法律。假如准许私铸钱，穷人一定无力去铸；臣担忧贫困的人更贫却被富人役使，富人愈富而放纵他的欲望。汉文帝时，吴王濞之富与天子齐，就是私铸钱的原因。"唐玄宗于是没有答应。秩是刘子玄的儿子。

夏季，四月，壬辰日（初一），派出朔方节度使信安王李祎兼关内道采访处置使，增领泾、原等十二个州。

吏部侍郎李林甫，柔佞多狡数，深结宦官及妃嫔家，伺候上动静，无不知之，由是每奏对，常称旨，上悦之。时武惠妃宠幸倾后宫，生寿王清，诸子莫得为比，太子浸疏薄。林甫乃因宦官言于惠妃，愿尽力保护寿王；惠妃德之，阴为内助，由是擢黄门侍郎。五月，戊子，以裴耀卿为侍中，张九龄为中书令，林甫为礼部尚书、同中书门下三品。

上种麦于苑中，帅太子以来亲往芟之，谓曰："此所以荐宗庙，故不敢不亲，且欲使汝曹知稼穑艰难耳。"又遍以赐侍臣曰："比遣人视田中稼，多不得实，故自种以观之。"

【译文】吏部侍郎李林甫，谄媚巧言大多是狡猾的计谋，重厚交结宦官和妃嫔的娘家，探听唐玄宗的行踪，都非常明白，所以每次上奏答问，时常符合唐玄宗的心思，很讨唐玄宗的喜爱。那时武惠妃爱幸冠于后宫全部妃嫔，生寿王李清，他最受唐玄宗的喜爱，诸皇子都比不上，太子逐渐被疏远淡薄。李林甫就托宦官向惠妃说，愿意竭尽全力守护寿王；惠妃感他的德，秘密地帮助他，因而升为黄门侍郎。五月，戊子日（二十八日），任命裴耀卿为侍中，张九龄担任中书令，李林甫为礼部尚书、同中书门下三品。

唐玄宗在禁苑种麦，带领太子以下职位的人亲自去除草，对他们说："这些农作物是用来祭祀先人的，因此得亲自下田，并且也要你们知道耕种收割十分困难。"把收获赏赐给侍臣们看，说："最近派人去察看田地里收获，回报许多不实在，因此朕自己种些来观察。"

【乾隆御批】 耕耤已足劝农，而必伛偻自芟，斯过甚矣。且帝既云"此所以荐宗庙"云云，则当岁以为常，不见其继此而行也。孔子曰："虽小道必有可观，致远恐泥。"盖谓此耳。

【译文】 帝王亲耕田地已足以鼓励农耕，还要亲自腰背弯曲收割，这也太过分了。况且玄宗既然说"这将是祭祀宗庙"等，那么就应当成为每年的常例，怎么就不见以后继续施行呢？孔子说："虽然是小的技能，也一定有可取的东西，但它对实现远大的目标恐怕有妨碍"，大概说的就是这个。

六月，壬辰，幽州节度使张守珪大破契丹，遣使献捷。

薛王业疾病，上忧之，容发为变。七月，己巳，薨，赠谥惠宣太子。

上以裴耀卿为江淮、河南转运使，于河口置输场。八月，壬寅，于输场东置河阴仓，西置柏崖仓，三门东置集津仓，西置盐仓；凿漕渠十八里，以避三门之险。先是，舟运江、淮之米至东都含嘉仓，僦车陆运，三百里至陕，率两斛用十钱。耀卿令江、淮舟运悉输河阴仓，更用河舟运至含嘉仓及太原仓，自太原仓入渭输关中，凡三岁，运米七百万斛，省僦车钱三十万缗。或说耀卿献所省钱，耀卿曰："此公家赢缩之利耳，奈何以之市宠乎！"悉奏以为市籴钱。

张果固请归恒山，制以为银青光禄大夫，号通玄先生，厚赐而遣之。后卒，好异者奏以为尸解；上由是颇信神仙。

【译文】六月，壬辰日（初三），幽州节度使张守珪使契丹大败，派使者回朝报告喜讯。

薛王李业生病，唐玄宗忧虑发愁，颜容苍白头发憔悴。七月，己巳日（初十），去世，追封他谥号为惠宣太子。

唐玄宗派出裴耀卿担任江淮、河南转运使，在河口安置收纳场。八月，壬寅日（十四日），在收纳场东面建造河阴仓，西面建柏崖仓，三门的东面建集津仓，西面建盐仓；开凿漕运渠道十八里路用来逃避三门的水险。在此之前，船运江、淮的米到东都含嘉仓，换黄河船运至含嘉仓及太原仓，从太原仓抵达渭水输送至关中。三年之内，运送米粮七百万斛，节省了雇车钱三十万贯。有人劝说耀卿把所省下的钱奉献给唐玄宗，耀卿说："这是国家剩下的利钱，不可以拿来讨好啊。"上奏请求全部作为调节市场中粮价的经费。

张果坚定恳请要回到恒山去，下制书封为银青光禄大夫，号为通玄先生，送他回去而且给他丰厚的赏赐。之后去世了，相信奇异事的人启奏说他蜕尸而且飞升为仙，因此唐玄宗十分信任神仙。

冬，十二月，戊子朔，日有食之。

乙巳，幽州节度使张守珪斩契丹王屈烈及可突干，传首。

时可突干连年为边患，赵含章、薛楚玉皆不能讨。守珪到官，屡击破之。可突干困迫，遣使诈降，守珪使管记王悔就抚之。悔至其牙帐，察契丹上下初无降意，但稍徙营帐近西北，密遣人引突厥，谋杀悔以叛；悔知之。牙官李过折与可突干分典兵马，争权不叶，悔说过折使图之。过折夜勒兵斩屈烈及可突干，尽诛其党，帅馀众来降。守珪出师紫蒙州，大阅以镇抚之，枭屈烈、可突干首于天津之南。

突厥毗伽可汗为其大臣梅录啜所毒，未死，讨诛梅录啜及其族党。既卒，子伊然可汗立。寻卒，弟登利可汗立。庚戌，来告丧。

禁京城匄者，置病坊以廪之。

【译文】冬季，十二月，戊子朔日（初一），日食。

乙巳日（十八日），幽州节度使张守珪斩了契丹王屈烈和可突干，传回来他们的头。

那时可突干连年以边境为患，赵含章、薛楚玉都不能使他顺服，守珪到任，多次打败他。可突干被逼困，派使者来假装投降，守珪派秘书王悔去安慰他。王悔抵达他的大本营，根据观察得知契丹上下都没有投降的意思，只是稍微把营帐向西北移动了一些，暗中派人去引来突厥，想杀害王悔而叛；王悔明白。契丹的牙官李过折跟可突干分掌兵马，因争权而不和，王悔说服过折要他图谋可突干。过折夜间部署将士把屈烈及可突干杀了，将他们的同党全杀了，率领余众来投降。守珪出兵全紫蒙州（他本"州"作"川"），大阅兵示威以压制安慰他们。把屈烈、可突干的头悬挂在东都天津桥南。

突厥毗伽可汗被他的大臣梅录啜下毒杀害，没有死亡，攻击杀害梅录啜和他的族人党羽。毗伽死后，他的儿子伊然可汗立，很快也死了，弟弟登利可汗即位。庚戌日（二十三日），报丧于朝廷。

在京城禁止乞丐沿街讨饭，设立病坊用公粮来接济他们。

开元二十三年（乙亥，公元七三五年）春，正月，契丹知兵马中郎李过折来献捷；制以过折为北平王，检校松漠州都督。

乙亥，上耕藉田，九推乃止；公卿以下皆终亩。赦天下，都城酺三日。

上御五凤楼酺宴，观者喧隘，乐不得奏，金吾白梃如雨，不能遏；上患之。高力士奏河南丞严安之为理严，为人所畏，请使止之；上从之。安之至，以手板绕场画地曰："犯此者死！"于是尽三日，人指其画以相戒，无敢犯者。

【译文】 开元二十三年（乙亥，公元735年）春季，正月，契丹主管兵马中郎李过折来到朝中献捷；下制书封他为北平王，检校松漠州都督。

乙亥日（十八日），唐玄宗耕藉田，耕了九推（推，完一行）才舍得停止；公卿以下都推完一亩。天下大赦，都城中连续宴饮三日。

唐玄宗临五凤楼大宴会，观众热闹拥挤，音乐不能弹奏，金吾军的白梃挥动如雨，没有办法停止；唐玄宗担忧。高力士启奏说河南丞严安之治理十分严格，百姓怕他，提议用他来阻止他们；唐玄宗采纳了。安之抵达，用手上笏板绕着场子画地为线说道："越过这条线的便予以死刑。"便大宴整整三天，人们指

166

着这线以为戒，没人敢侵犯。

时命三百里内刺史、县令各帅所部音乐集于楼下，各较胜负。怀州刺史上车载乐工数百，皆衣文绣，服箱之牛皆为虎豹犀象之状。鲁山令元德秀惟遣乐工数人，连袂歌《于蔿》。上曰："怀州之人，其涂炭乎！"立以刺史为散官。德秀性介洁质朴，士大夫皆服其高。

上美张守珪之功，欲以为相，张九龄谏曰："宰相者，代天理物，非赏功之官也。"上曰："假以其名而不使任其职，可乎？"对曰："不可。惟名与器不可以假人，君之所司也。且守珪才破契丹，陛下即以为宰相；若尽灭奚、厥，将以何官赏之？"上乃止。二月，守珪诣东都献捷，拜右羽林大将军，兼御史大夫，赐二子官，赏赉甚厚。

【译文】那时命令三百里以内的刺史、县令各带领所属的乐团在楼下聚集，分别对比胜负。怀州刺史用车载了乐工几百人，都穿着花纹的锦衣，驾车的牛化装成虎、豹、犀牛、象的模样。鲁山县令元德秀仅仅派出乐工几人，连接着袖子唱《于蔿》歌。唐玄宗说："怀州的人民，遭到伤害了吧！"马上调刺史为无职官员。德秀生性耿直廉洁朴质，他的高风使士大夫都敬佩。

唐玄宗赞赏张守珪的功绩，要用他为宰相，张九龄谏言说："宰相是代理天子治理国事，不是赏赐有功的职位。"唐玄宗说："给他职称而不让他担任职务这样行吗？"答说："不行。唯有名义和权力不能给人，而由国君亲自管理。而且守珪才击溃契丹，陛下于是便用他做宰相；假如把奚、突厥都灭了，则用什么官嘉奖他呢？"唐玄宗才没这样做。二月，守珪抵达东都献捷，任命为右羽林大将军，兼任御史大夫，以官职赏赐他两个儿子，赏赐很多。

初，殿中侍御史杨汪既杀张审素，更名万顷。审素二子瑝、琇皆幼，坐流岭表；寻逃归，谋伺便复仇。三月，丁卯，手杀万顷于都城。系表于斧，言父冤状，欲之江外杀与万顷同谋陷其父者。至汜水，为有司所得。议者多言二子父死非罪，稚年孝烈，能复父仇，宜加矜宥；张九龄亦欲活之。裴耀卿、李林甫以为如此坏国法，上亦以为然，谓九龄曰："孝子之情，义不顾死；然杀人而赦之，此涂不可启也。"乃下敕曰："国家设法，期于止杀。各伸为子之志，谁非徇孝之人？展转相仇，何有限极！咎繇作士，法在必行。曾参杀人，亦不可恕。宜付河南府杖杀。"士民皆怜之，为作哀诔，榜于衢路。市人敛钱葬之于北邙。恐万顷家发之，仍为作疑冢凡数处。

【译文】 当初，殿中侍御史杨汪杀害了张审素，更名为万顷。审素两个孩子瑝、琇都小，连坐驱逐到岭南；很快逃回来，计划趁机报复。三月，丁卯日（十一日），在都城亲杀万顷，把表章系在斧上，陈述父亲蒙冤的形势；想去江外杀跟万顷一同谋害他父亲有罪之人，行至汜水，被主管部门捕获。评论的人大都说这两个孩子的父亲罪不至死却被杀害，幼年孝敬刚烈能为父报仇，应该对他们怜悯饶恕；张九龄也想援救他们。裴耀卿、李林甫以为这样使国法坏了，唐玄宗也认为如此，对张九龄说："孝子的亲情，是为义而置生死于度外；然而杀了人而宽赦他，不可开这例子。"便下敕书说："国家立法，是为了吓阻凶杀。每个人想要表达为人子的心意，有谁不是实践孝道的人？如果辗转报复，便不会有终止？咎繇为法官，法立一定要施行。曾参杀人，也不能谅解。应该交给河南府用杖打死。"士人和百姓都同情他俩，替他俩作了哀文诔词，张贴在交通的要道。市民聚钱在北邙山收葬他俩，忧虑万顷家人掘掉，因而做了好几个假的坟墓。

【申涵煜评】 张审素之死，死于董元礼以兵挟杨汪，审素非反元礼，则似反汪，当究其赃，不当坐以谋反，二子欲复父仇，宜先辨非反，后及赃污，冤白而仇自报矣，手刃之，则是挟私仇而藐国法，违当日制，遗按狱之意，故皆杖杀，然处之太甚，抵一而赦一可也。

【译文】 张审素之死，死在董元礼以兵要挟杨汪，张审素并不是要反元礼，反而好像是要反杨汪，应当追究他的赃物，不应该判他们谋反，两个儿子要为父报仇，应先辨明不是反叛，然后才追究赃污，冤白而仇恨自己报，亲手杀了他，那就是带着私仇而藐视国法，违背当时的制度，按照办案人员的意思，所以都处死，然而处罚也太重了一点，一人抵命一人赦免是可以的。

唐初，公主实封止三百户，中宗时，太平公主至五千户，率以七丁为限。开元以来，皇妹止千户，皇女又半之，皆以三丁为限；驸马皆除三品员外官，而不任以职事。公主邑入少，至不能具车服，左右或言其太薄，上曰："百姓租赋，非我所有。战士出死力，赏不过束帛；女子何功，而享多户邪？且欲使之知俭啬耳。"秋，七月，咸宜公主将下嫁，始加实封至千户。公主，武惠妃之女也。于是，诸公主皆加至千户。

冬，十月，戊申，突骑施寇北庭及安西拔换城。

闰月，壬午朔，日有食之。

【译文】 唐起初，公主实封仅有三百户，中宗时，太平公主册封到达五千户，大致上用七丁为限。开元之后，皇帝的妹妹仅仅封一千户，皇女缩减一半，都以三丁为限制；驸马都封为三品员外官，却不承担官职。公主封邑收入十分薄弱，甚至没办法供应车马衣服费用，唐玄宗的左右臣子说这收入少得可怜，唐玄宗说："人民的赋税，不是归我所有的。战士冒着生命危险力征，仅仅是以丝帛来赏赐；女孩子有什么功绩，而享受很多封户？将要使她们明白省俭而已。"秋季七月，咸宜公主将要出嫁，才加实封至一千户。公主是武惠妃的女儿，因而各公主都增加至一千户。

冬季，十月，戊申日（二十六日），突骑施侵入北庭和安西拔换城。

闰月，壬午朔日（初一），日食。

十二月，乙亥，册故蜀州司户杨玄琰女为寿王妃。玄琰，汪之曾孙也。

是岁，契丹王过折为其臣涅礼所杀，并其诸子，一子剌乾奔安东得免。涅礼上言，过折用刑残虐，众情不安，故杀之。上赦其罪，因以涅礼为松漠都督，且赐书责之曰："卿之蕃法多无义于君长，自昔如此，朕亦知之。然过折是卿之王，有恶辄杀之，为此王者，不亦难乎！但恐卿今为王，后人亦尔。常不自保，谁愿作王！亦应防虑后事，岂得取快目前！"突厥寻引兵东侵奚、契丹，涅礼与奚王李归国共击破之。

【译文】十二月，乙亥日（二十四日），册封故蜀州司户杨玄琰的女儿做寿王妃。玄琰便是杨汪的曾孙。

此年，契丹王过折被他的臣子涅礼杀害，而且杀了他的儿子们，有一个儿子剌乾逃亡至安东而免于一死。涅礼上奏说，过

资治通鉴

折刑罚残忍暴躁，百姓心中不宁，因此杀他。唐玄宗宽赦他的罪，因此任他担任松漠都督，而且赐书责怪他说："你们蕃法大多对君长不义，从之前就是如此，朕也明白。但是过折是你的君王，有恶于是杀他，为君王的不也太为难吗？只怕你做王，之后的人也效仿。永远无法自保，谁愿意为王呢？也该防守之后的事，怎么可以只图眼前之利！"突厥很快率兵向东入侵奚、契丹，涅礼和奚王李归国击溃他。

开元二十四年（丙子，公元七三六年）春，正月，庚寅，敕："天下逃户，听尽今年内自首，有旧产者令还本贯，无者别俟进止；逾限不首，当命专使搜求，散配诸军。"

北庭都护盖嘉运击突骑施，大破之。

二月，甲寅，宴新除县令于朝堂，上作《令长新戒》一篇，赐天下县令。

庚午，更皇子名：鸿曰瑛，潭曰琮，浚曰玙，洽曰琰，涓曰瑶，滉曰琬，涺曰琚，潍曰璲，沄曰璬，泽曰璘，清曰琄，回曰玢，沭曰琦，溢曰环，沔曰理，泚曰玼，灌曰珪，澄曰珙，漼曰瑱，淞曰璿，滔曰璥。

【译文】开元二十四年（丙子，公元736年）春季，正月，庚寅日（初十），下达诏书："天下逃户，在今年底前允许自首，有旧产业的让他们回到原处，没有的另外等候处置，越过时限不自首的，应当派专使搜查，分开配发给各军。"

北庭都护盖嘉运袭击突骑施，将其大败。

二月，甲寅日（初四），在朝堂上设宴款待新任县令。唐玄宗作了一篇《令长新戒》，赏赐给天下的县令。

庚午日（二十日），更改皇子们的名字：鸿为瑛，潭为琮，浚为玛，洽为琰，涓为瑶，滉为琬，涺为琚，潍为璲，沄为璈，泽为璘，清为瑂，回为玢，沐为琦，溢为环，沔为理，泚为玭，灌为珪，澄为珙，澴为瑱，淞为璠，滔为璈。

旧制，考功员外郎掌试贡举人。有进士李权，陵侮员外郎李昂，议者以员外郎位卑，不能服众；三月，壬辰，敕自今委礼部侍郎试贡举人。

张守珪使平卢讨击使、左骁卫将军安禄山讨奚、契丹叛者，禄山恃勇轻进，为虏所败。夏，四月，辛亥，守珪奏请斩之。禄山临刑呼曰："大夫不欲灭奚、契丹邪？奈何杀禄山！"守珪亦惜其骁勇，欲活之，乃更执送京师。张九龄批曰："昔穰苴诛庄贾，孙武斩宫嫔。守珪军令若行，禄山不宜免死。"上惜其才，敕令免官，以白衣将领。九龄固争曰："禄山失律丧师，于法不可不诛。且臣观其貌有反相，不杀必为后患。"上曰："卿勿以王夷甫识石勒，枉害忠良。"竟赦之。

安禄山者，本营州杂胡，初名阿荦山。其母，巫也；父死，母携之再适突厥安延偃。会其部落破散，与延偃兄子思顺俱逃来，故冒姓安氏，名禄山。又有史窣干者，与禄山同里闬，先后一日生。及长，相亲爱，皆为互市牙郎，以骁勇闻。张守珪以禄山为捉生将，禄山每与数骑出，辄擒契丹数十人而返。狡黠，善揣人情，守珪爱之，养以为子。

【译文】传统的制度，考功员外郎掌管考试贡举士人。有进士李权，侮辱员外郎李昂，评论的人认为员外郎职位小，不足以使众人顺服；三月，壬辰日（十二日），下达诏书从今起委任礼部侍郎主要管理考试贡举士人。

张守珪派平卢讨击使、左骁卫将军安禄山征讨奚、契丹的谋乱者,禄山依靠勇力轻易进攻,被敌人击溃。夏季,四月,辛亥日(初二),守珪上书请求杀他。禄山临刑时大嚷说:"大夫不想消灭奚、契丹吗?不能杀禄山!"守珪也珍惜他的骁勇,便转囚送达京师。张九龄在奏章上批阅说:"之前穰苴杀庄贾,孙武斩杀吴王姬。守珪军令如贯彻,禄山便不应该免于一死。"唐玄宗珍惜他的才华,下敕书罢免官衔,以百姓为将而领军。张九龄反复争奏,说:"禄山违反军令损兵,在法律上必须杀掉。并且臣看他相貌上有谋乱造反的征兆,如若不杀,以后必定会祸国。"唐玄宗说:"你不要用王衍看石勒的故事,冤枉并且把忠良杀害了。"最后还是宽赦了他。

安禄山原来是营州杂胡,原名阿荦山。他母亲是女巫;父亲死了之后,母带着他再嫁给突厥人安延偃。正逢部落四散,跟延偃哥哥的儿子思顺一起逃来,因此假装姓安氏,名禄山。还有个名叫史窣干的,与禄山互为邻里,俩人生日相差一天,成人之后,交情十分友好,都任互市牙郎(订价官),因为骁勇而出名。张守珪用禄山为捉生将,禄山次次跟几骑出去,总是把契丹数十人活捉回来。生性狡猾,善于揣测他人意图,为守珪欣赏,把他收为干儿子。

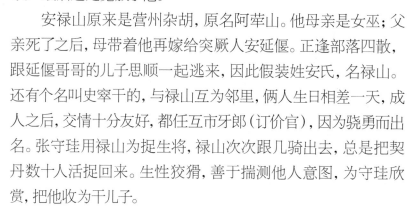

窣干尝负官债亡入奚中,为奚游弈所得,欲杀之;窣干绐曰:"我,唐之和亲使也,汝杀我,祸且及汝国。"游弈信之,送诣牙帐。窣干见奚王,长揖不拜,奚王虽怒,而畏唐,不敢杀,以客礼馆之,使百人随窣干入朝。窣干谓奚王曰:"王所遣人虽多,观其才皆不足以见天子。闻王有良将琐高者,何不使之入朝!"奚王即命琐高与牙下三百人随窣干入朝。窣干将至平卢,先使人谓军使裴休子曰:"奚使琐高与精锐俱来,声云入朝,实欲袭军城,宜谨为之备,先事图之。"休子乃具军容出迎,至馆,悉坑杀其从兵,执琐高送幽州。张守珪以窣干为有功,奏为果毅,累迁将军。后入奏事,上与语,悦之,赐名思明。

【译文】 史窣干曾经欠官债逃往奚,被奚巡弋兵抓到,之后要杀他;窣干欺骗他们说:"我是唐国的和亲使者,如果你们把我杀死,灾难祸害将要降到你们国家来。"巡弋兵信了他,送他至大本营。窣干见奚王,仅仅拱手为礼但是却不下拜,虽然奚王生气,然而害怕唐,不敢杀,用待客人的礼节招待他。派出了一百人追随窣干入朝,窣干对奚王说道:"王爷派的人虽然多,在我看来他们才能都不足以拜见圣上。听闻王爷有优秀的号称琐高的将领,怎么不派他入朝?"奚王马上任命琐高与牙下三百人追随窣干入朝。窣干快要到达平卢,先派遣人去对军使裴休子说:"奚派了琐高带精锐骁勇一同前来,宣言入朝,事实是要暗中袭击军城,应该加强防守,先下手应对他。"休子便派了军队及仪仗队出来欢迎,抵达宾馆,活埋全部随来的兵,绑了琐高然后送到幽州。张守珪认为窣干有功劳,上疏任他为果毅,积累做官的资本升到将军。之后入朝廷上奏事情,唐玄宗与他谈话,喜爱他,赐名为思明。

故连州司马武攸望之子温眘,坐交通权贵,杖死。乙丑,朔方、河东节度使信安王祎贬衢州刺史,广武王承宏贬房州别驾,泾州刺史薛自劝贬澧州别驾;皆坐与温眘交游故也。承宏,守礼之子也。辛未,蒲州刺史王琚贬通州刺史;坐祎交书也。

五月,醴泉妖人刘志诚作乱,驱掠路人,将趣咸阳。村民走告县官,焚桥断路以拒之,其众遂溃。数日,悉擒斩之。

【译文】 故连州司马武攸望的儿子温眘，以为触犯了结交权贵罪，用棍棒打死。乙丑日（十六日），朔方、河东节度使信安王李祎降职担任衢州刺史，广武王李承宏贬黜房州别驾，泾州刺史薛自劝降职后为澧州别驾；因为都犯了跟温眘交际的罪行。承宏是李守礼的儿子。辛未日（二十二日），蒲州刺史王琚降职为通州刺史，是由于犯了跟李祎互通信件的罪。

五月，醴泉县妖人刘志诚暗中扰乱，驱使掳掠路上来来往往的人群，将往咸阳，村民跑去告知县官，烧便桥封锁陆上交通来抵抗他，他的部下便溃散，几天之后，捉到全部而杀了。

六月，初分月给百官俸钱。

初，上因藉田赦，命有司（仪）〔议〕增宗庙笾豆之荐及服纪未通者。太常卿韦绍奏请宗庙每坐笾豆十二。

兵部侍郎张均、职方郎中韦述议曰："圣人知孝人之情深而物类之无限，故为之节制。人之嗜好本无凭准，宴私之馔与时迁移，故圣人一切同归于古。屈到嗜芰，屈建不以荐，以为不以私欲干国之典。今欲取甘旨肥浓，皆充祭用，苟逾旧制，其何限焉！《书》曰：'黍稷非馨，明德惟馨。'若以今之珍馔，平生所习，求神无方，何必泥古，则箪箧可去而盘盂杯案当在御矣，韶濩可息而箜篌筝笛当在奏矣。既非正物，后嗣何观！夫神，以精明临人者也，不求丰大；苟失于礼，虽多何为！岂可废弃礼经以从流俗！且君子爱人以礼，不求苟合；况在宗庙，敢忘旧章？"

【译文】 六月，第一次按月发给百官俸禄。

起初，唐玄宗因为亲耕藉田便大赦天下，命令主管部门议论增加祭宗庙的笾豆祭品和服制法纪中的不适宜的礼俗制度。太常卿韦绍上疏提议宗庙每个灵座设笾豆十二。

兵部侍郎张均、职方郎中韦述讨论说："圣人明白孝子对父母的情义深厚而物类量又没有限制，因此订立节制。人的爱好本来就无依据，宴乐表述私恩的饮食随时代一起变化，因此圣人全都依据旧例。屈到喜爱吃芰，死后屈建不用芰为祭品，此由于不拿个人的喜好来违反国家的礼制。如今要拿甜美肥浓的货物，全部用于祭祀，如果逾越旧制，还会有什么局限！《尚书》说：'黍稷并不是馨香，而明德就是馨香的。'假如以为现代的珍美食物，是平时经常吃的，求神的办法无一定，不必拘泥旧制；于是笾、簋可以不用而盘、盂、杯、案应该在先帝座前了，《韶》乐、《濩》乐可以不奏响而箜篌、筝、笛应该在弹奏了。既然不是礼定的货物，后代靠什么瞻观礼数？神是用精魂神明来接感人的，没有追求丰富壮美；如果不符合礼仪，虽多也没用处！岂可废弃正义的礼制而随从一般的风俗？并且君子以礼来爱人，没有追求迎合；况且是在宗庙的事，不敢忘记原来的礼制！"

太子宾客崔沔议曰："祭祀之兴，肇于太古。茹毛饮血，则有毛血之荐；未有麹蘖，则有玄酒之奠。施及后王，礼物渐备；然以神道致敬，不敢废也。笾豆簠簋樽罍之实，皆周人之时馔也，其用通于宴飨宾客，而周公制礼，与毛血玄酒同荐鬼神。国家由礼立训，因时制范，清庙时飨，礼馔必陈，用周制也。园寝上食，时膳具设，遵汉法也。职贡来祭，致远物也。有新必荐，顺时令也。苑囿之内，躬稼所收，搜狩之时，亲发所中，莫不荐而后食，尽诚敬也。若此至矣，复何加焉！但当申敕有司，无或简怠，则鲜美肥浓，尽在是矣，不必加笾豆之数也。"

上固欲量加品味。绍又奏每室加笾豆各六，四时各实以新果珍羞；从之。

【译文】 太子宾客崔沔讨论说："祭祀之起，源于太古时代，吞毛喝血之时，就有用毛血作祭祀的物品；在酒还没发明时，便有玄酒（水）作祭祀。传到后世的帝王，礼物逐渐完善；但是向神明致敬，物品是可备却不可废弃的。笾、豆、簠、簋、樽、罍所盛，周朝人当时的食物就是这些，用途和宴飨宾客一样，而周公礼法，一同把这些跟毛血、玄酒进献给鬼神。国家由礼设立教训，因此制定规范，宗庙四时祭飨，全部陈列出典礼规定的祭品，是由周代的制度采纳；向陵寝献上食物，如今的膳食全陈列，是遵循汉代的礼法。各地贡献土产来祭祀，是向远方呈现的物品。刚熟的食物一定献祭，是顺应时令。唐玄宗在内苑亲自耕种所收获，亲自打猎所射中的，都允献祭之后才食用，是充分表达忠诚的心思。假如到这种程度是十分孝敬的了，难道还有比这更孝敬的吗？如果重新申请敕命给主管部门，毫无简陋怠慢，那么鲜美肥浓的祭祀食物，都在这中间了，不用加添笾、豆的样数了。"

唐玄宗坚定要斟酌情况添加祭品，韦绦又上疏每室添加笾、豆各六，四时各装盛新鲜水果珍异食物；唐玄宗采纳了。

绦又奏："《丧服》'舅，缌麻三月，从母，外祖父母皆小功五月'。外祖至尊，同于从母之服；姨、舅一等，服则轻重有殊。堂姨、舅亲即未疏，恩绝不相为服，舅母来承外族，不如同爨之礼。窃以古意犹有所未畅者也，请加外祖父母为大功九月，姨、舅皆小功五月，堂舅、堂姨、舅母并加至袒免。"

崔沔议曰："正家之道，不可以贰；总一定义，理归本宗。是以内有齐、斩，外皆缌麻，尊名所加，不过一等，此先王不易之道也。愿守八年明旨，一依古礼，以为万代成法。"

【译文】 韦縚又启奏："《丧服》'舅，缌麻三月，姨母、外祖父母都小功五月'。外祖是至尊，竟然和姨母的服制一样；姨母、舅舅相等，而服制在轻重方面有不同。堂姨、堂舅，亲近不疏远，恩止却不给他们服丧；舅母从外族而来，不如同室人的礼。臣认为古时规定的礼制并不是全合常理，提议为外祖父母增加到服大功九月，姨母、舅父都是小功五月，堂舅、堂姨、舅母都加到服袒免。"

崔沔议论说："治家的理念，不能有异同；统一的价值，理系维在祖宗上。因此内有齐缞、斩缞，外部全为缌麻，假如因是尊亲来加服丧礼，所加也仅仅是一等，这在先王那里是不变的道理。请守八年（开元七年）唐玄宗的敕旨，都依照古代的礼法，来作为万世明定的法制。"

韦述议曰："《丧服传》曰：'禽兽知母而不知父。野人曰，父母何等焉！都邑之士则知尊祢矣；大夫及学士则知尊祖矣。'圣人究天道而厚于祖祢，系族姓而亲其子孙，母党比于本族，不可同贯，明矣。今若外祖及舅加服一等，堂舅及姨列于服纪，则中外之制，相去几何！废礼徇情，所务者末。古之制作者，知人情之易摇，恐失礼之将渐，别其同异，轻重相悬，欲使后来之人永不相杂。微旨斯在，岂徒然哉！苟可加也，亦可减也；往圣可得而非，则《礼经》可得而隳矣。先王之制，谓之彝伦，奉以周旋，犹恐失坠；一紊其叙，庸可止乎！请依《仪礼》丧服为定。"

【译文】 韦述议论说："《丧服传》说：'禽兽知母却不明白父。野人说道：父母何等（算）焉（乡野人不分别父母的尊卑）！都邑人士（城市人）则知尊祢（先父），大夫和学士就明白尊祖（先祖父）了。'圣贤观察明白自然的道理而对已故的祖、父亲厚，以姓维系族人而让子孙亲厚，母氏娘家的人和本族互相比较，不可以等同，这是很显然的。如今如外祖父和舅父加服一等，堂舅与姨母在丧服条文中也有，关于内外的服制，便挺相近啦！废违礼制以跟随私人感情，是对于末疏十分专注。""古代的制定礼法的人，知道容易改变的人情，只怕失礼的行为会产生影响，而分别同异，在亲疏方面相差大，要让后来的人永远不会混杂。精微的意思就在于这里，难道会什么意义都没有吗？如果可以加，也就可以减；先前的圣人可以非毁，则《礼经》可以销毁放弃了。先王的典礼制度，以常理来称，奉行以应世，只怕不能全做到，扰乱顺序，岂可止呢？提议依照《仪礼·丧服》为标准。"

礼部员外郎杨仲昌议曰："郑文贞公魏征始加舅服至小功五月。虽文贞贤也，而周、孔圣也，以贤改圣，后学何从！窃恐内外乖序，亲疏夺伦，情之所沿，何所不至！昔子路有姊之丧而不除，孔子曰：'先王制礼，行道之人，皆不忍也。'子路除之。此则圣人援事抑情之明例也。《记》曰：'无轻议礼。'明其蟠于天地，并彼日月，贤者由之，安敢损益也！"

敕："姨舅既服小功，舅母不得全降，宜服缌麻，堂姨舅宜服袒免。"

均，说之子也。

【译文】礼部员外郎杨仲昌议论说："郑文贞公魏征首先加为舅服到小功五月。虽然文贞公圣贤，而周公、孔子是圣人，用贤人来改变圣人的制作，让后世学者遵从谁的呢？臣恐怕内外违戾顺序，亲疏改易伦常，仅仅依照感情，所有情势都会发生！

之前子路服姐的丧满而不除服，孔子说：'这是先王定的礼法；要是行仁义的人，都得这样做。'子路便除服。此便为圣人取事理抑私情的显然事例。《礼记》说：'莫轻易礼制。'理解表示礼是并存于天地，并且于日月中行，贤人遵守实行的不敢增减它啊！"

下敕书道："姨、舅已服小功，舅母不应该全部行降除，应服缌麻，堂姨、堂舅应服袒免。"

张均是张说的儿子。

秋，八月，壬子，千秋节，群臣皆献宝镜。张九龄以为以镜自照见形容，以人自照见吉凶。乃述前世兴废之源，为书五卷，谓之《千秋金镜录》，上之；上赐书褒美。

甲寅，突骑施遣其大臣胡禄达干来请降，许之。

御史大夫李适之，承乾之孙也，以才干得幸于上，数为承乾论辨；甲戌，追赠承乾恒山愍王。

乙亥，汴哀王璥薨。

冬，十月，戊申，车驾发东都。先是，敕以来年二月二日行幸西京，会宫中有怪，明日，上召宰相，即议西还。裴耀卿、张九龄曰："今农收未毕，请俟仲冬。"李林甫潜知上指，二相退，林甫独留，言于上曰："长安、洛阳，陛下东西宫耳，往来行幸，何更择时！借使妨于农收，但应蠲所过租税而已。臣请宣示百司，即日西行。"上悦，从之。过陕州，以刺史卢奂有善政，题赞于其听事而去。奂，怀慎之子也。丁卯，至西京。

【译文】秋季，八月，壬子日（初五），千秋节（唐玄宗生日），群臣都进献宝镜。张九龄认为用镜子自照能看到相貌，用人自照可以看见吉凶。就述前代兴废的缘由,成书五卷,名为《千秋金镜录》,呈上;唐玄宗下达诏书褒扬赞赏他。

甲寅日(初七),突骑施派出他的大臣胡禄达干来降附,唐玄宗答应。

御史大夫李适之,是李承乾的孙子,由于拥有才能被唐玄宗所喜爱,他屡次替承乾辩解;甲戌日(二十七日),追赐李承乾为恒山愍王。

乙亥日(二十八日),汴哀王李璥去世。

冬季,十月,戊申日(初二),唐玄宗由东都出发。在此以前,下敕在明年二月二日摆驾西京,碰巧发现怪异在宫中,第二天,唐玄宗召唤宰相,马上讨论回西京。裴耀卿、张九龄说:“如今农作物收割还没有完成,恳请等到仲冬时再启程。”李林甫心里知道唐玄宗的意图,两位宰相走了之后,留下李林甫一人,对唐玄宗说:“长安、洛阳是圣上的东宫、西宫而已,互相来往交际,不必另择时日!假如对农人收割有阻碍,可以免除所经过地的租税来解决。臣建议向百官表明意图,立马回西京。”唐玄宗喜悦得很,于是答应了。途经陕州,因刺史卢奂有好的政治业绩,在他办公的地方题字称美之后离开。奂是卢怀慎的儿子。丁卯日(二十一日),到达西京。

朔方节度使牛仙客,前在河西,能节用度,勤职业,仓库充实,器械精利;上闻而嘉之,欲加尚书。张九龄曰:“不可。尚书,古之纳言,唐兴以来,惟旧相及扬历中外有德望者乃为之。仙客本河湟使典,今骤居清要,恐羞朝廷。”上曰:“然则但加实封可乎?”对曰:“不可。封爵所以劝有功也。边将实仓库,修器械,乃常务耳,不足为功。陛下赏其勤,赐之金帛可也;裂土封之,恐非其宜。"上默然。李林甫言于上曰："仙客，宰相才也，何有于尚书！九龄书生，不达大体。"上悦。明日，复以仙客实封为言，九龄固执如初。上怒，变色曰："事皆由卿邪？"九龄顿首谢曰："陛下不知臣愚，使待罪宰相，事有未允，臣不敢不尽言。"上曰："卿嫌仙客寒微，如卿有何阀阅？"九龄曰："臣岭海孤贱，不如仙客生于中华；然臣出入台阁，典司诰命有年矣。仙客边隅小吏，目不知书，若大任之，恐不惬众望。"林甫退而言曰："苟有才识，何必辞学！天子用人，有何不可！"十一月，戊戌，赐仙客爵陇西县公，食实封三百户。

资治通鉴

【译文】朔方节度使牛仙客，之前在河西，能够在用费方面节约，勤勉尽职尽责，仓库充实，兵器精良锐利；唐玄宗知道后而嘉奖他，要升官为尚书。张九龄说："不行。尚书为古代纳言官，自唐有天下以后，只有原来任职宰辅和名扬天下圣德盛名的才被任职。仙客原先为河湟节度使判官，如今突然担任清望枢要的职位，恐对朝廷是一种侮辱。"唐玄宗说："那么这样只加实封可以吗？"答说："不行。封爵是用来褒奖有功的人。边防的将领使仓库充实，修备兵器，是平常不过的事务了，不能称为功绩，陛下为他的勤劳赏赐，赐给他金钱丝帛是可行的；把爵位分封给他，恐不合适。"唐玄宗无言以对。李林甫向唐玄宗表明："仙客有宰相的才能，为什么不可任尚书？张九龄是书生，对于大体不通。"唐玄宗喜悦，第二天，再次提及实封仙客的话，张九龄坚定没有改变。唐玄宗发怒，面色异常说："事情都由你来管吗？"张九龄赶忙叩头抱歉说："陛下不明白臣愚昧无知，使臣在宰相的官职上待罪；事有不妥当，臣只得详细说明。"唐玄宗说："你嫌仙客出身卑微，不想你有名门望族？"张九龄说："臣是岭外海边孤陋微鄙的人，不如仙客出生在中华；但是臣服务于台省，多年都掌理诰命，仙客在边陲担任芝麻小官，对文学丝毫不知，如大用他，恐怕与众人的期望不符。"李林甫在散朝之后说："如有才能眼界，不必非得懂得文学！天子任用人才，有什么不可以的！"十一月，戊戌日（二十三日），赏赐仙客爵位为陇西县公，并且给予食邑实封三百户。

初，上欲以李林甫为相，问于中书令张九龄，九龄对曰："宰相系国安危，陛下相林甫，臣恐异日为庙社之忧。"上不从。时九龄方以文学为上所重，林甫虽恨，犹曲意事之。侍中裴耀卿与九龄善，林甫并疾之。是时，上在位岁久，渐肆奢欲，怠于政事。而九龄遇事无细大皆力争；林甫巧伺上意，日思所以中伤之。

【译文】起初，唐玄宗要让李林甫任宰相，向中书令张九龄问，张九龄回答说："宰相与国家安危关系甚大，陛下用李林甫担任宰相，臣唯恐以后会导致国家的祸患。"唐玄宗不采纳。那时张九龄正因为有文学被唐玄宗重用，李林甫虽然记恨他，仍委曲伺机的心意服从他。侍中裴耀卿与张九龄交往甚好，李林甫连他一起恨。这时，唐玄宗在位时间很长，渐渐地就恣意奢侈，处理政事很松懈。而张九龄处临事情都竭力争辩而无论事情的大小，李林甫对于窥探唐玄宗的心意十分有办法，每天都想方法去中伤他。

上之为临淄王也，赵丽妃、皇甫德仪、刘才人皆有宠，丽妃生太子瑛，德仪生鄂王瑶，才人生光王琚。及即位，幸武惠妃，丽妃等爱皆弛；惠妃生寿王瑁，宠冠诸子。太子与瑶、琚会于内第，各以母失职有怨望语。驸马都尉杨洄尚咸宜公主，常伺三子过失以告惠妃。惠妃泣诉于上曰："太子阴结党与，将害妾母子，亦指斥至尊。"上大怒，以语宰相，欲皆废之。九龄曰："陛下践祚垂三十年，太子诸王不离深宫，日受圣训，天下之人皆庆陛下享国久长，子孙蕃昌。今三子皆已成人，不闻大过，陛下奈何一旦以无根之语，喜怒之际，尽废之乎! 且太子天下本，不可轻摇。昔晋献公听骊姬之谗杀申生，三世大乱。汉武帝信江充之诬罪戾太子，京城流血。晋惠帝用贾后之谮废愍怀太子，中原涂炭。隋文帝纳独孤后之言黜太子勇，立炀帝，遂失天下。由此观之，不可不慎。陛下必欲为此，臣不敢奉诏。"上不悦。林甫初无所言，退而私谓宦官之贵幸者曰："此主上家事，何必问外人!"上犹豫未决。惠妃密使官奴牛贵儿谓九龄曰："有废必有兴，公为之援，宰相可长处。"九龄叱之，以其语白上；上为之动色，故讫九龄罢相，太子得无动。林甫日夜短九龄于上，上浸疏之。

【译文】唐玄宗担任临淄王时，赵丽妃、皇甫德仪、刘才人都受恩宠；丽妃生下太子瑛，德仪生鄂王瑶，才人生下光王琚。直至即帝位，宠爱武惠妃，对丽妃等的爱逐渐变淡；惠妃生寿王瑁，所有的皇子所受的宠爱都没他多。太子与瑶、琚在禁中会面，各因母亲失宠而有怨言的话。驸马都尉杨洄娶了咸宜公主，经常打听三位皇子的过错向惠妃汇报。惠妃哭着向唐玄宗诉道："太子私下里结交党羽，想要害我母子，也有话斥责皇上。"唐玄宗十分生气，向宰相讨论这件事，想要都加以罢黜。张九龄说："陛下登帝位快有三十年了，太子与诸王从没从深宫里离开过，每天受到陛下的训斥，天下的人都为陛下在位长久、子孙众多而庆幸。如今这三位皇子都已经长大成人，没犯过大的过失没法；陛下为什么突然因些无据的话，在发怒之时，把他们都废黜呢? 况且太子是天下的本根，怎么能轻易动摇。之前晋献公听信了骊姬的谗言而杀害了申生，引起三代的战乱。汉武帝对江充妄告戾太子信任，却酿成京城流血事件。晋惠帝听信了贾后的谮毁而废弃了愍怀太子，其后果为中原的战乱死难。隋文帝听信独孤后的话罢免太子杨勇，却拥立炀帝，就失去了江山。由此可知，不能不慎（废立）。陛下决定如此行动，臣不敢执行诏令。"唐玄宗不高兴。李林甫那时沉默，退朝后暗中对宦官中为唐玄宗重用的人说："此乃陛下的家事，不必问外人。"唐玄宗犹豫不定。惠妃秘密派出公家的仆人牛贵儿对张九龄说："有废的必有立的，相爷帮帮忙，便可长久做宰相。"张九龄呵斥他，向唐玄宗上奏他的话；唐玄宗因而感动变色，因此到张九龄被撤去相位，太子也无变更。李林甫日日夜夜向唐玄宗说张九龄的敝处，唐玄宗便逐渐远离张九龄。

林甫引萧炅为户部侍郎。炅素不学，尝对中书侍郎严挺之读"伏腊"为"伏猎"。挺之言于九龄曰："省中岂容有'伏猎侍郎'！"由是出炅为岐州刺史，故林甫怨挺之。九龄与挺之善，欲引以为相，尝谓之曰："李尚书方承恩，足下宜一造门，与之款昵。"挺之素负气，薄林甫为人，竟不之诣；林甫恨之益深。挺之先娶妻，出之，更嫁蔚州刺史王元琰，元琰坐赃罪下三司按鞫，挺之为之营解。林甫因左右使于禁中白上。上谓宰相曰："挺之为罪人请属所由。"九龄曰："此乃挺之出妻，不宜有情。"上曰："虽离乃复有私。"

【译文】李林甫荐引萧炅为户部侍郎。炅原来没有学识，曾经面对中书侍郎严挺之把"伏腊"读成"伏猎"。于是挺之向张九龄说："省中怎可容纳有'伏猎侍郎'？"因而降炅出去做岐州刺史，因此李林甫对挺之充满怨恨。张九龄和挺之关系甚好，想要把他推荐做宰相；曾经对他说："李林甫尚书正被唐玄宗重用，足下当去拜访他，联系情感。"挺之一直满含气节，对李林甫的为人看不起，一直不去。李林甫更加怨恨他。挺之先娶的妻子，离婚后，改嫁给蔚州刺史王元琰，元琰因为贪污由三司审讯，挺之想替他脱罪。李林甫乘机不断差人入禁中向唐玄宗汇报。唐玄宗对宰相说："挺之替罪人请托所由的官司。"张九龄说："此事仅仅是挺之已离婚妻子的缘故，不应有私人情感在内。"唐玄宗说："虽离了婚还存在偏私。"

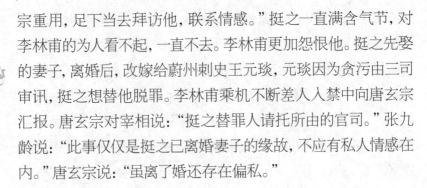

　　于是上积前事，以耀卿、九龄为阿党；壬寅，以耀为左丞相，九龄为右丞相，并罢政事。以林甫兼中书令；仙客为工部尚书、同中书门下三品，邻朔方节度如故。严挺之贬洺州刺史，王元琰流岭南。

　　上即位以来，所用之相，姚崇尚通，宋璟尚法，张嘉贞尚吏，张说尚文，李元纮、杜暹尚俭，韩休、张九龄尚直，各其所长也。九龄既得罪，自是朝廷之士，皆容身保位，无复直言。

　　【译文】于是唐玄宗总是计较往事，以为耀卿、张九龄是阿附结党营私；壬寅日（二十七日），任裴耀卿担任左丞相，张九龄为右丞相，一起免除宰相的职位。任李林甫为中书令，牛仙客担任工部尚书、同中书门下三品，领朔方节度使没改变。严挺之降至洺州刺史，王元琰放逐至岭南。

　　唐玄宗即位之后，他所任用的宰相，姚崇崇尚豁达，宋璟崇尚法治，张嘉贞崇尚吏治，张说崇尚文学，李元纮、杜暹崇尚节约，韩休、张九龄崇尚正义，他们的长处都不太一样。张九龄既犯罪，自那时以来朝廷的官吏，都全身保禄位，不再直言不讳。

资治通鉴

李林甫欲蔽塞人主视听，自专大权，明召诸谏官谓曰："今明主在上，群臣将顺之不暇，乌用多言！诸君不见立仗马乎？食三品料，一鸣辄斥去，悔之何及！"补阙杜琎尝上书言事，明日，黜为下邽令。自是谏争路绝矣。

牛仙客既为林甫所引进，专给唯诺而已。然二人皆谨守格式，百官迁除，各有常度，虽奇才异行，不免终老常调；其以巧诣邪险自进者，则超腾不次，自有它蹊矣。

林甫城府深密，人莫窥其际。好以甘言啖人，而阴中伤之，不露辞色。凡为上所厚者，始则亲结之，及位势稍逼，辄以计去之。虽老奸巨猾，无能逃其术者。

【译文】李林甫想混淆唐玄宗的视听，自己对大权独裁，公然聚集各谏官对他们说："如今在位的皇帝很明智，全体臣下服从他都只怕赶不上，根本不必多说！诸位没看见朝廷上立的仪仗马吗？喂养它们三品粮食，只一叫鸣便革逐出去，根本来不及后悔！"补阙杜琎曾上奏，第二天，降职为下邽县令。在那以后不能走谏争的道路了。

牛仙客已为李林甫荐为担任宰相的人选，尸位附和罢了。但二人都对法令规定十分遵守，官员的迁升命任，各有各的常规，纵使有奇才高行的人，也逃不过终老于依资历调动；那些用巧言谄媚险恶奸诈而自钻营的人，便能不按级升职，有其他的捷径了。

李林甫颇有心计，心思深沉隐密，令人无法捉摸。善用赞赏使人尝到甜头，而却秘密地害他，不露声色。对于被唐玄宗重用而亲近的，起初亲近交结他，直至他的职位权力对他构成威胁，于是就谋划排挤他。纵使是老奸巨猾的人，都逃不过他的手段。

开元二十五年(丁丑, 公元七三七年)春, 正月, 初置玄学博士, 每岁依明经举。

　　二月, 敕曰:"进士以声韵为学, 多昧古今; 明经以贴诵为功, 罕穷旨趣。自今明经问大义十条, 对时务策三首; 进士试大经十贴。"

　　戊辰, 新罗王兴光卒, 子承庆袭位。

　　乙酉, 幽州节度使张守珪破契丹于捺禄山。

　　己亥, 河西节度使崔希逸袭吐蕃, 破之于青海西。

　　【译文】开元二十五年(丁丑, 公元737年)春季, 正月, 第一次设置玄学博士, 年年照明经科考举。

　　二月, 下敕书:"进士把声韵当作学业, 大多不了解古今事务; 明经以试帖背诵最为有效, 能通晓其意义的人很少。从今日起明经考问大义十条, 对时事策三题; 进士考大经(《礼记》《春秋左氏传》)十帖。"

　　戊辰日(二十四日), 新罗王兴光去世, 继位的是他的儿子承庆。

　　乙酉日(二月份无此日), 幽州节度使张守珪在捺禄山打败契丹。

　　己亥日(二月份无此日), 河西节度使崔希逸攻击吐蕃, 打败了他们于青海西。

　　初, 希逸遣使谓吐蕃边将乞力徐曰:"两国通好, 今为一家, 何必更置兵守捉, 妨人耕牧! 请皆罢之。"乞力徐曰:"常侍忠厚, 言必不欺。然朝廷未必专以边事相委, 万一有奸人交斗其间, 掩吾无备, 悔之何及!"希逸固请, 乃刑白狗为盟, 各去守备; 于是吐蕃畜牧被野。时吐蕃西击勃律,勃律来告急。上命吐蕃罢兵,吐蕃不奉诏,遂破勃律;上甚怒。会希逸傔人孙诲入奏事,自欲求功,奏称吐蕃无备,请掩击,必大获。上命内给事赵惠琮与诲偕往,审察事宜。惠琮等至,则矫诏令希逸袭之。希逸不得已,发兵自凉州南入吐蕃境二千馀里,至青海西,与吐蕃战,大破之,斩首二千馀级,乞力徐脱身走。惠琮、诲皆受厚赏。自是吐蕃复绝朝贡。

【译文】起初,希逸派使者对吐蕃乞力徐说:"两国联姻友好,如今是一家,不必又部署兵力来防守,对人民耕种放牧都有妨碍!请都撤离。"乞力徐说:"常侍忠厚,他的言论一定不会骗我。但是朝廷把边境事未必交付你一人,一旦有奸人挑拨两人,趁我不备来偷袭,那我追悔莫及!"希逸多次恳求,就杀白狗为盟誓,两国都撤离守军;在这时满野都是吐蕃的畜牲放牧。那时吐蕃向西攻击勃律,勃律来朝廷启禀危险,唐玄宗命令让吐蕃撤兵,吐蕃对诏命不听,于是打败了勃律;唐玄宗大怒。遇希逸的傔人(差使)孙诲回朝上奏相关事宜,本人想谋求功绩,上奏说吐蕃没防备,请偷袭,一定能大获成功。唐玄宗派内给事赵惠琮与诲一起前往,详细观察事情机宜。惠琮诸人到达,便假传圣旨要希逸袭击吐蕃。希逸不知如何是好,从凉州出兵自南入吐蕃两千多里,抵达青海西边,与吐蕃战,大败他们,两千多人被杀,乞力徐逃亡。惠琮、诲都被赏赐很优渥,从那以后吐蕃又不来朝见上贡。

夏,四月,辛酉,监察御史周子谅弹牛仙客非才,引谶书为证。上怒,命左右提搏于殿庭,绝而复苏;仍杖之朝堂,流瀼州,至蓝田而死。李林甫言:"子谅,张九龄所荐也。"甲子,贬九龄荆州长史。

　　杨洄又谮太子瑛、鄂王瑶、光王琚，云与太子妃兄驸马薛锈潜构异谋，上召宰相谋之。李林甫对曰："此陛下家事，非臣等所宜豫。"上意乃决。乙丑，使宦者宣制于宫中，废瑛、瑶、琚为庶人，流锈于瀼州。瑛、瑶、琚寻赐死城东驿，锈赐死于蓝田。瑶、琚皆好学，有才识，死不以罪，人皆惜之。丙寅，瑛舅家赵氏、妃家薛氏、瑶舅家皇甫氏，坐流贬者数十人，惟瑶妃家韦氏以妃贤得免。

　　【译文】夏季，四月，辛酉日（十七日），监察御史周子谅弹纠牛仙客没有学识，借用谶书的辞句来证实。唐玄宗十分愤怒，教侍从在殿庭中打他，昏倒之后又醒来；因为用杖责打他在朝堂里，放逐至滨州，抵至蓝田县却死了。李林甫说："子谅是张九龄荐举的人。"甲子日（二十日），降张九龄职位为荆州长史。

　　杨洄又谮太子李瑛、鄂王李瑶、光王李琚，说与太子妃的哥哥驸马薛锈秘密地联络计划不一般的行动。唐玄宗召宰相来，准备商议，李林甫回答说："此乃陛下的家务事，臣等人不宜参与。"唐玄宗的意图就定了。乙丑日（二十一日），派出宦官在宫中传达诏书，废瑛、瑶、琚为平民百姓，放逐锈到瀼州；瑛、瑶、琚很快便赐死在东驿，锈在蓝田被赐死。瑶、琚都好学有才华见闻，死于无辜，人们都为他俩感到可惜。丙寅日（二十二日），瑛舅家赵氏、妃子娘家薛氏、瑶舅家皇甫氏，有十几个人连坐流放降官，唯独瑶的妃家韦氏由于妃贤德而被宽赦。

　　【康熙御批】人主信任谗佞，不能自保其子。如汉武帝巫蛊之篇每不忍观，况一日杀三子乎？奸邪之害人，家国亦憯毒之至哉！

　　【译文】君主信任谗佞之人，最后连自己的儿子也保护不了。如汉武帝巫蛊事件，这段历史我常常不忍心看，何况一日杀了三个儿子。奸邪的人害人，家庭和国家也蒙受毒害到了极点。

五月，夷州刺史杨浚坐赃当死，上命杖之六十，流古州。左丞相裴耀卿上疏，以为："决杖赎死，恩则甚优；解体受笞，事颇为辱，上可施之徒隶，不当及于士人。"上从之。

癸未，敕以方隅底定，令中书门下与诸道节度使量军镇闲剧利害，审计兵防定额，于诸色征人及客户中召募丁壮，长充边军，增给田宅，务加优恤。

辛丑，上命有司选宗子有才者，授以台省及法官、京县官，敕曰："违道慢常，义无私于王法；修身效节，恩岂薄于他人！期于帅先，励我风俗。"

【译文】 五月，夷州刺史杨浚犯贪得赃款本应被处死，唐玄宗的命令却是打六十杖，放逐至古州。左丞相裴耀卿启奏疏，认为："判杖刑来救赎死刑，十分高厚的恩恕，解除衣衫后，准备接受鞭打，却是一件感到羞辱的事情，仅可对走卒奴隶之类的人施用，对于士大夫不该用此行。"唐玄宗采取接纳。

癸未日(初十)，下敕书因天下安定，命令中书门下与各道节度使评估计量军镇的散漫、忙碌、形势的利弊，审查核算军防的定员，于诸多招人与寄籍户口中招募壮丁，为边防军很长时间，把田宅加给他，注重与加予优渥的待遇存恤。

辛丑日(二十八日)，唐玄宗命令主管部门挑选宗室中有才学的孩子，把台省官、法官、京畿县官授予他们。下诏说："专走歪道轻慢法度，在王法的大义下是没有庇佑的；尽到职分修养身心，国恩不可能比不是宗室的人薄施！期望能率先从公，对风气习俗予以鼓励。"

秋，七月，己卯，大理少卿徐峤奏："今岁天下断死刑五十八，大理狱院，由来相传杀气太盛，鸟雀不栖，今有鹊巢其树。"于是，百官以几致刑措，上表称贺。上归功宰辅，庚辰，赐李林甫爵晋国公，牛仙客豳国公。

上命李林甫、牛仙客与法官删修《律令格式》成，九月，壬申，颁行之。

先是，西北边数十州多宿重兵，地租营田皆不以赡，始用和籴之法。有彭果者，因牛仙客献策，请行籴法于关中。戊子，敕以岁稔谷贱伤农，命增时价什二三，和籴东、西畿粟各数百万斛，停今年江、淮所运租。自是关中蓄积羡溢，车驾不复幸东都矣。癸巳，敕河南、北租应输含嘉、太原仓者，皆留输本州。

【译文】秋季，七月，己卯日（初七）；大理寺少卿徐峤启奏："今年天下有五十八人判死刑，大理寺囚狱的院庭，一向传说杀气太盛，连鸟雀都不栖息停止，如今有鹊在院庭的树上筑窝。"群官便以几乎暂停用刑惩罚，上奏恭喜。宰相为唐玄宗归功的人，庚辰日（初八），李林甫被赐爵为晋国公，牛仙客被赐爵为豳国公。

唐玄宗命令李林甫、牛仙客与法官删减修订的《律令格式》完结，九月，壬申日（初一），颁布施行。

以往，西北边几十个州多驻扎着重兵，所需的地租营田都不够，就采用和籴（以买卖双方同意的价格，收购粮）的方法。名叫彭果的人，因为牛仙客的关系来献计献策，提议于关中施行和籴法。戊子日（十七日），下诏书因今年收获颇丰却是粮食价格低而农人吃亏，命令增加当时价格十分之二三，购得东畿、西畿粟各有几百万斛，今年停运江、淮的租税。在那之后关中的积粮充足，唐玄宗没有再摆驾东都。癸巳日（二十二日），下诏河南、河北租应该缴纳给含嘉、太原仓的，都在本州缴纳。

太常博士王玙上疏请立青帝坛以迎春；从之。冬，十月，辛丑，制自今立春亲迎春于东郊。

时上颇好祀神鬼，故玙专习祠祭之礼以干时。上悦之，以为侍御史，领祠祭使。玙祈祷或焚纸钱，类巫觋，习礼者羞之。

壬申，上幸骊山温泉。乙酉，还宫。

己丑，开府仪同三司广平文贞公宋璟薨。

十二月，丙午，惠妃武氏薨，赠谥贞顺皇后。

是岁，命将作大匠康誊素之东都毁明堂。誊素上言："毁之劳人，请去上层，卑于旧九十五尺，仍旧为乾元殿。"从之。

初令庸调租资课皆以土物输京都。

【译文】太常博士王玙上疏，提议为了迎春立青帝坛；唐玄宗采纳施行。冬季，十月，辛丑日（初一），下制书从今日开始立春日亲自前往东郊迎春。

那时唐玄宗十分喜欢祭祀鬼神，因此王玙专心致志地习得祭祀的礼仪来求迎合时尚。唐玄宗对他很喜爱，让他担任侍御史，同时统领祠祭使。玙祈祷常常焚烧纸钱，犹如巫师。懂礼仪的人替他感到羞辱。

壬申日（十月无此日），唐玄宗摆驾骊山温泉。乙酉日（十月份无此日），返回宫中。

己丑日（十月无此日），开府仪同三司广平文贞公宋璟去世。

十二月，丙午日（初七），惠妃武氏离世，追赠谥号为贞顺皇后。

同年，命将作大匠康謩素去东都把明堂拆毁。謩素启奏说：“拆毁太费人力，提议仅仅拆除上层，比原来低九十五尺，复为乾元殿。”唐玄宗采纳。

第一次下令租庸调、租资课，都缴纳各地土产于京都。

开元二十六年（戊寅，公元七三八年）春，正月，乙亥，以牛仙客为侍中。

丁丑，上迎气于浐水之东。

制边地长征兵，召募向足，自今镇兵勿复遣，在彼者纵还。

令天下州、县、里别置学。

壬辰，以李林甫领陇右节度副大使，以鄯州都督杜希望知留后。

二月，乙卯，以牛仙客兼河东节度副大使。

己未，葬贞顺皇后于敬陵。

壬戌，敕河曲六州胡坐康待宾散隶诸州者，听还故土，于盐、夏之间，置宥州以处之。

【译文】 开元二十六年（戊寅，公元738年）春季，正月，乙亥日（初六），令牛仙客担任侍中。

丁丑日（初八），唐玄宗于浐水东岸迎接春气。

下诏说边地的长征兵，招募逐渐招满人了，从今日起镇兵不再派兵，已经在边地的放回。

下令天下的州、县、里另外设置学校。

壬辰日（二十三日），任用李林甫领陇右节度副大使，任用鄯州都督杜希望主持留后。

二月，乙卯日（十七日），用牛仙客同时担任河东节度副大使。

己未日（二十一日），于敬陵安葬贞顺皇后。

壬戌日（二十四日），下诏书河曲六个州的胡人因为康待宾罪遭受连累而散属各州的，允许返回原地，在盐、夏之间，设立宥州来安放他们。

三月，吐蕃寇河西，节度使崔希逸击破之。鄯州都督、知陇右留后杜希望攻吐蕃新城，拔之，以其地为威戎军，置兵一千戍之。

夏，五月，乙酉，李林甫兼河西节度使。

丙申，以崔希逸为河南尹。希逸自念失信于吐蕃，内怀愧恨，未几而卒。

太子瑛既死，李林甫数劝上立寿王瑁。上以忠王玙年长，且仁孝恭谨，又好学，意欲立之，犹豫岁馀不决。自念春秋浸高，三子同日诛死，继嗣未定，常忽忽不乐，寝膳为之减。高力士乘间请其故，上曰："汝，我家老奴，岂不能揣我意！"力士曰："得非以郎君未定邪？"上曰："然。"对曰："大家何必如此虚劳圣心，但推长而立，谁敢复争！"上曰："汝言是也！汝言是也！"由是遂定。六月，庚子，立玙为太子。

【译文】三月，吐蕃侵入河西，节度使崔希逸把他们击败。鄯州都督，主持陇右留后杜希望攻击吐蕃新城，获得城池，用新城为威戎军，留下一千士兵守卫它。

夏季，五月，乙酉日（十八日），李林甫同时兼任河西节度使。

丙申日（二十日），让崔希逸担任河南尹。希逸自己以为于吐蕃失信，心中羞愧愤怒，不久便死了。

太子李瑛去世之后，李林甫屡次劝说唐玄宗立寿王李瑁为太子。唐玄宗以为忠王李玙年长，并且仁孝谦恭，还喜爱学习，有意图立他，犹豫不决了一年多都没确定。想到自己年纪逐渐变老，同一天杀了三个儿子，继承的人没确定，经常闷闷不乐，连睡眠饮食都减少了许多。高力士乘机会问，想明白其中的原因，唐玄宗说："你是我家的老仆人，难道不理解我的心思？"力士说："是做嗣君的儿子没决定吗？"唐玄宗说："是。"回答说："唐玄宗不必这样费尽心思，就依据年龄大的立他，还有谁敢和他抢夺呢？"唐玄宗说："你这话挺对！你这话挺对！"于是便决定了。六月，庚子日（初三），立李玙为太子。

【乾隆御批】 立嫡何事，赖宦官一言而定。欲不致幸蜀之变、灵武之逼，得乎？

【译文】 立太子是多么重要的事情，怎么能靠宦官一句话就决定下来呢？想要不至于遭受玄宗逃入西蜀、太子在灵武被逼挂帅的结果，可能吗？

辛丑，以岐州刺史萧炅为河西节度使总留后事，鄯州都督杜希望为陇右节度使，太仆卿王昱为剑南节度使，分道经略吐蕃，仍毁所立赤岭碑。

突骑施可汗功禄，素廉俭，每攻战所得，辄与诸部分之，不留私蓄，由是众乐为用。既尚唐公主，又潜通突厥及吐蕃，突厥、吐蕃各以女妻之。苏禄以三国女为可敦，又立数子为叶护，用度浸广，由是攻战所得，不复更分。晚年病风，一手挛缩，诸部离心。酋长莫贺达干、都摩度两部最强，其部落又分为黄姓、黑姓，互相乖阻，于是莫贺达干勒兵夜袭苏禄，杀之。都摩度初与莫

贺达干连谋，既而复与之异，立苏禄之子骨啜为吐火仙可汗，以收其馀众，与莫贺达干相攻。莫贺达干遣使告碛西节度使盖嘉运，上命嘉运招集突骑施、拔汗那以西诸国；吐火仙与都摩度据碎叶城，黑姓可汗尔微特勒据怛逻斯城，相与连兵以拒唐。

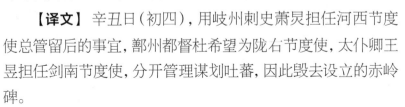

【译文】 辛丑日（初四），用岐州刺史萧炅担任河西节度使总管留后的事宜，鄯州都督杜希望为陇右节度使，太仆卿王昱担任剑南节度使，分开管理谋划吐蕃，因此毁去设立的赤岭碑。

突骑施可汗苏禄，节俭清廉奉行一生，每次战争所收获的，就与各部落分享，不独自一人享受，因而众人喜听他统领。已经娶唐公主，又秘密地连接突厥与吐蕃，突厥、吐蕃分别把女儿嫁与他。苏禄立三国女为可敦（王妃），又封几个儿子为叶护（大臣），花费逐渐增大，因而攻战所获得的东西，便不再分给部众。于晚年中风，瘫痪了一只手，各部不拥戴他了。酋长莫贺达干、都摩度两部落在其中最强。突骑施部落又划分为黄姓、黑姓，相互离间不和，莫贺达干便在夜晚部署兵力攻击苏禄，把他杀了。都摩度开始时与莫贺达干共同谋划，之后与他分裂，立苏禄的儿子骨啜担任吐火仙可汗以拥有他的部下群众，与莫贺达干互相攻打。莫贺达干派出使臣来告诉碛西节度使盖嘉运，唐玄宗下令嘉运聚集突骑施、拔汗那以西各个国家；吐火仙与都摩度占据碎叶城，黑姓可汗尔微特勒占据怛逻斯城，相互联兵来抵抗唐军。

太子将受册命，仪注有中严、外办及绛纱袍，太子嫌与至尊同称，表请易之。左丞相裴耀卿奏停中严，改外办曰外备，改绛纱袍为朱明服。秋，七月，己巳，上御宣政殿，册太子。故事，太子乘辂至殿门。至是，太子不就辂，自其宫步入。是日，赦天下。己卯，册忠王妃韦氏为太子妃。

杜希望将鄯州之众夺吐蕃河桥，筑盐泉城于河左，吐蕃发兵三万逆战，希望众少，不敌，将卒皆惧。左威卫郎将王忠嗣帅所部先犯其陈，所向辟易，杀数百人，虏陈乱。希望纵兵乘之，虏遂大败。置镇西军于盐泉。忠嗣以功迁左金吾将军。

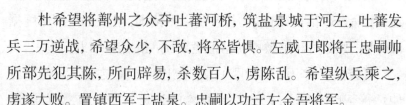

【译文】太子将受到册封，礼仪中有中严（警备）、外办（骅警）与绛纱袍，太子嫌弃此类礼仪与天子名字相同，上奏请求更换。左丞相裴耀卿上书请暂停中严，外办改名为外备，绛纱袍更改为朱明服。秋季，七月，己巳日（初二），唐玄宗临御宣政殿，册封太子。依据旧法，太子乘大车抵达殿门。此时，太子并没有乘车，从宫中步行着入殿。同一天，天下大赦。己卯日（十二日），册封忠王妃韦氏为太子妃。

杜希望率领鄯州的部众攻取吐蕃河桥，在河的左岸建盐泉城，吐蕃发三万来迎战。希望兵少不能抵御，将领士卒都恐惧。左威卫郎将王忠嗣带领他部下首先冲到吐蕃阵地，所到之处的人都散退了，并且杀了几百人，敌人阵势完全乱了，希望全军都出来进行攻击，敌人便大败逃走了。唐玄宗在盐泉设置镇西军。忠嗣因为他的功勋而被升为左金吾将军。

八月，辛巳，勃海王武艺卒，子钦茂立。

九月，丙申朔，日有食之。

初，仪凤中，吐蕃陷安戎城而据之，其地险要，唐屡攻之，不克。剑南节度使王昱筑两城于其侧，顿军蒲婆岭下，运资粮以逼之。吐蕃大发兵救安戎城，昱众大败，死者数千人。昱脱身走，粮仗军资皆弃之。贬昱括州刺史，再贬高要尉而死。

戊午，册南诏蒙归义为云南王。

【译文】八月，辛巳日（闰八月十五日），渤海王武艺去世，他的儿子钦茂之后即位。

九月，丙申朔日（初一），出现日食现象。

先前在仪凤年间，吐蕃攻陷了安戎城而之后占领它，当地地势非常险要，唐数次进攻都不能取得胜利。剑南节度使王昱在它的旁边修筑了两座城，并且驻军在蒲婆岭下，运送物资粮草以此来威胁安戎城。吐蕃大举出兵解救安戎城，昱的部众被打败了，还死了几千人。昱逃出来了，但是所有的粮草军械物资都被丢弃了。唐玄宗下令降昱为括州刺史，再一次降为高要县尉而死。

戊午日（二十三日），下令册立南诏蒙归义为云南王。

归义之先本哀牢夷，地居姚州之西，东南接交趾，西北接吐蕃。蛮语谓王曰诏，先有六诏：曰蒙舍，曰蒙越，曰越析，曰浪穹，曰样备，曰越澹，兵力相埒，莫能相壹；历代因之以分其势。蒙舍最在南，故谓之南诏。高宗时，蒙舍细奴逻初入朝。细奴逻生逻盛，逻盛生盛逻皮，盛逻皮生皮逻阁。皮逻阁浸强大，而五诏微弱；会有破洱河蛮之功，乃赂王昱，求合六诏为一。昱为之奏请，朝廷许之，仍赐名归义。于是，以兵威胁服群蛮，不从者灭之，遂击破吐蕃，徙居大和城；其后卒为边患。

冬，十月，戊寅，上幸骊山温泉，壬辰，上还宫。

是岁，于西京、东都往来之路，作行宫千馀间。

分左右羽林置龙武军，以万骑营隶焉。

润州刺史齐澣奏："旧自瓜步济江迂六十里。请自京口埭下直济江，穿伊娄河二十五里即达扬子县，立伊娄埭。"从之。

【译文】 归义的祖先原先是哀牢夷，在姚州以西的地方，东南跟交趾交界，西北和吐蕃相接壤。蛮语把王叫作诏，先前有六诏：蒙舍、蒙越、越析、浪穹、样备、越澹，它们彼此之间兵力相当，不能够统一；历代皇帝都借此想要分散它们的力量。蒙舍在最南的地方，所以叫作南诏。高宗在位时，蒙舍细奴逻进朝上贡。细奴逻生逻盛，逻盛生盛逻皮，盛逻皮生皮逻阁。所以皮逻阁逐渐变得强大，而其他的五诏慢慢减弱；恰巧遇破洱河蛮有功劳，于是就去贿赂王昱，要求把六诏合到一起。昱代他向朝廷奏请，朝廷准许这件事，仍然还赐名归义。于是便用军力去威胁降服各蛮夷部落，不服从的便消灭它，这就样战败了吐蕃，之后迁居到大和城；最终构成了边境的祸患。

冬季，十月，戊寅日（十四日），唐玄宗驾临到骊山温泉；壬辰日（二十八日），唐玄宗起驾回宫。

同年，在从西京到东都的路上，修建了一千多间行宫。

唐玄宗下令分左右羽林军设置龙武军，让万骑营隶属于它。

润州刺史齐澣向朝廷上奏："从瓜步渡长江距离为六十里，建议从京口埭下直接渡过长江，这样的话穿过伊娄河二十五里便可以到达扬子县，可以建伊娄埭。"唐玄宗采纳他的建议。

开元二十七年（己卯，公元七三九年）春，正月，壬寅，命陇右节度大使荣王琬自至本道巡按处置诸军，选募关内、河东壮士三五万人，诣陇右防遏，至秋末无寇，听还。

群臣请加尊号曰圣文；二月，己巳，许之，因赦天下，免百姓今年田租。

夏，四月，癸酉，敕："诸阴阳术数，自非婚丧卜择，皆禁之。"

己丑, 以牛仙客为兵部尚书兼侍中, 李林甫为吏部尚书兼中书令, 总文武选事。

【译文】开元二十七年(己卯, 公元739年)春季, 正月, 壬寅日(初九), 下令命陇右节度大使荣王李琬亲自到本道去巡视并且按处理各个部队, 选拔并且招募关内、河东壮士三五万人, 之后去陇右进行助防, 到秋末的时候还没有敌寇, 唐玄宗下令准许回来。

群臣上奏请求加唐玄宗尊号为圣文; 二月, 己巳日(初七), 准许了大臣的建议, 因此便赦免天下, 而且免征百姓今年的田租。

夏季, 四月, 癸酉日(十二日), 唐玄宗下敕书:"各阴阳术数, 除了婚丧卜择之外, 其他任何事都禁止使用。"

己丑日(二十八日), 下令让牛仙客担任兵部尚书兼侍中, 李林甫担任吏部尚书兼中书令, 总管文、武选举事务。

六月, 癸酉, 以御史大夫李适之兼幽州节度使。

幽州将赵堪、白真陁罗矫节度使张守珪之命, 使平卢军使乌知义邀击叛奚馀党于横水之北; 知义不从, 白真陁罗矫称制指以迫之。知义不得已出师, 与虏遇, 先胜后败; 守珪隐其败状, 以克获闻。

事颇泄, 上令内谒者监牛仙童作察之。守珪重赂仙童, 归罪于白真陁罗, 逼令自缢死。仙童有宠于上, 众宦官疾之, 共发其事。上怒, 甲戌, 命杨思勖杖杀之。思勖缚格, 杖之数百, 刳取其心, 割其肉啖之。守珪坐贬括州刺史。太子太师萧嵩尝赂仙童以城南良田数顷, 李林甫发之, 嵩坐贬青州刺史。

【译文】六月, 癸酉日(十二日), 让御史大夫李适之兼任幽州节度使。

幽州将领赵堪、白真陁罗伪造节度使张守珪的命令，派遣平卢军使乌知义去攻打叛奚余党在横水的北面；知义不听从他的指挥，白真陁罗假称圣上制书而以此来强迫他。知义不得不出兵，之后和敌人遭遇，先获胜后来又失败了；守珪隐瞒了他的败状，而向朝廷奏报他战胜有俘获。

事情泄露后，唐玄宗下令让宫内谒者监牛仙童去查明这件事。守珪对仙童进行了厚重贿赂，把罪状推给了白真陁罗，并且迫令他自己上吊而死。仙童作为唐玄宗的宠信者，其他的众宦官都恨他，一起向唐玄宗举报这件事。唐玄宗非常生气，甲戌日（十三日），命令杨思勖用杖把仙童打死。思勖把他绑起来而且用鞭子鞭打他，打了几百下后，取出了他的心，并且割他的肉来吃。守珪被降为括州刺史。太子太师萧嵩曾经贿赂仙童给他城南几顷好的田地，李林甫举报了这事，嵩犯罪被贬为青州刺史。

秋，八月，乙亥，碛西节度使盖嘉运擒突骑施可汗吐火仙。嘉运攻碎叶城，吐火仙出战，败走，擒之于贺逻岭。分遣疏勒镇守使夫蒙灵察与拔汗那王阿悉烂达干潜引兵突入怛逻斯城，擒黑姓可汗尔微，遂入曳建城，取交河公主，悉收散发之民数万以与拔汗那王，威震西陲。

壬午，吐蕃寇白草、安人等军，陇右节度使萧炅击破之。

甲申，追谥孔子为文宣王。先是，祀先圣先师，周公南向，孔子东向坐。制："自今孔子南向坐，被王者之服，释奠用宫悬。"追赠弟子皆为公、侯、伯。

【译文】秋季，八月，乙亥日（十五日），碛西的节度使盖嘉运活捉了突骑施可汗吐火仙。嘉运攻打碎叶城的时候，吐火仙出城迎战，之后战败逃走了，在贺逻岭这个地方抓获了他。后来分别派了疏勒镇守使夫蒙灵察和拔汗那王阿悉烂达干暗自带兵突然袭击怛逻斯城，捉到了那里的黑姓可汗尔微，后来便进入曳建城，把交河公主接回去了，还收集披发（非汉人）的人民几万人给了拔汗那王，这些举动威震了西方边境。

壬午日（二十二日），吐蕃进攻白草（白水）军、安人军，陇右节度使萧炅把他打败了。

甲申日（二十四日），唐玄宗下令追谥孔子为文宣王。在此之前，祭祀先圣先师的时候，周公的神位向南，孔子的神位向东。然后又下制书："从今以后孔子的神位向南安置，并且穿王爵的衣服，释奠礼用宫悬乐。"并且追赠孔门的弟子都为公、侯、伯。

九月，戊午，处木昆、鼠尼施、弓月等诸部先隶突骑施者，皆帅众内附，仍请徙居安西管内。

太子更名绍。

冬，十月，辛巳，改修东都明堂。

丙戌，上幸骊山温泉；十一月，辛丑，还宫。

甲辰，明堂成。

剑南节度使张宥，文吏不习军旅，悉以军政委团练副使章仇兼琼。兼琼入奏事，盛言安戎城可取，上悦之。丁巳，以宥为光禄卿。十二月，以兼琼为剑南节度使。

初，睿宗丧既除，祫于太庙；自是三年一祫，五年一禘。是岁，夏既禘，冬又当祫。太常议以为祭数则渎，请停今年祫祭，自是通计五年一祫、一禘；从之。

【译文】九月，戊午日（二十九日），处木昆、鼠尼施、弓月等那些之前隶属于突骑施的部落，现在都带领着部众前来归顺，仍然请求希望能迁居到安西都护府管辖区内。

太子把名字改为绍。

冬季，十月，辛巳日（二十二日），下令修改东都明堂。

丙戌日（二十七日），唐玄宗驾临骊山温泉；十一月，辛丑日（十三日），起驾回宫。

甲辰日（十六日），东都明堂的修改工作已经完成。

剑南节度使张宥是文官，不了解军事，所以就把军政事全部交给团练副使章仇兼琼进行处理，兼琼进朝奏报这些事务，大谈安戎城能被攻取下来，唐玄宗听了这话后很高兴。丁巳日（二十九日），下令任张宥为光禄卿。十二月，让兼琼担任剑南节度使。

先前，为睿宗的服丧日期已满，大袷祭于太庙；从此以后三年举行一次袷祭，五年举行一次禘祭。这一年，夏天行了禘祭，冬天又应该举行袷祭。太常寺商讨认为祭祠如果太过频繁便显得很不尊敬，于是建议停止今年的袷祭，之后总计五年举行一次袷祭，一次禘祭；唐玄宗采行他们的建议。

开元二十八年（庚寅，公元七四零年）春，正月，癸巳，上幸骊山温泉；庚子，还宫。

二月，荆州长史张九龄卒。上虽以九龄忤旨逐之，然终爱重其人，每宰相荐士，辄问曰："风度得如九龄不？"

三月，丁亥朔，日有食之。

章仇兼琼潜与安戎城中吐蕃翟都局及维州别驾董承晏结谋，使局开门引内唐兵，尽杀吐蕃将卒，使监察御史许远将兵守之。远，敬宗之曾孙也。

甲寅，盖嘉运入献捷。上赦吐火仙罪，以为左金吾大将军。嘉运请立阿史那怀道之子昕为十姓可汗；从之。夏，四月，辛未，以昕妻李氏为交河公主。

【译文】开元二十八年（庚寅，公元740年）春季，正月，癸巳日（初六），唐玄宗驾临到骊山温泉；庚子日（十三日），起驾回宫。

二月，荆州长史张九龄逝世。唐玄宗虽然因为张九龄违背了他的意愿，而把他降去出任地方官，然而还一直敬重他的为人。每次宰相推荐人选的时候，便会问："他的风度像不像张九龄？"

三月，丁亥朔日（初一），出现日食现象。

章仇兼琼私下和安戎城中吐蕃翟都局还有维州别驾董承晏共同计谋，派遣翟都局打开城门以迎接唐兵进城，之后把吐蕃的将领兵卒全部杀掉了，唐玄宗派遣监察御史许远带领军队来守城。远是许敬宗的曾孙。

甲寅日（二十八日），盖嘉运进朝报告好的消息。唐玄宗于是赦免了吐火仙的罪，让他担任左金吾大将军。嘉运向唐玄宗请求立阿史那怀道的儿子阿史那昕为十姓可汗；唐玄宗答应了他的请求。夏季，四月，辛未日（十五日），下令封阿史那昕的妻子李氏为交河公主。

六月，吐蕃围安戎城。

上嘉盖嘉运之功，以为河西、陇右节度使，使之经略吐蕃。嘉运恃恩流连，不时发。左丞相裴耀卿上疏，以为："臣近与嘉运同班，观其举措，诚勇烈有馀，然言气矜夸，恐难成事。昔莫敖忸于蒲骚之役，卒丧楚师；今嘉运有骄敌之色，臣窃忧之。况防秋非远，未言发日，若临事始去，则吏卒尚未相识，何以制敌！且将军受命，凿凶门而出；今乃酣宴朝夕，殆非忧国爱人之心。若不可改易，宜速遣进涂，仍乞圣恩严加训励。"上乃趣嘉运行。已而嘉运竟无功。

秋，八月，甲戌，幽州奏破奚、契丹。

冬，十月，甲子，上幸骊山温泉；辛巳，还宫。

吐蕃寇安戎城及维州；发关中强骑救之，吐蕃引去。更命安戎城曰平戎。

【译文】六月，吐蕃把安戎城给包围了。

唐玄宗赞赏盖嘉运的功勋，让他担任河西、陇右节度使，并且派遣他经营谋划如何消灭吐蕃。嘉运仗着唐玄宗的恩遇，整日流连于京城的酒色中，没有按照规定日期上任。左丞相裴耀卿向朝廷上奏疏，以为："臣最近和嘉运一同在朝班中，我看他的行为，真的是勇烈有余，但是他的言语气概骄矜夸大，害怕以后不易成事。以前莫敖沉醉于蒲骚战役的胜利，结果导致战败丧失了大量的楚军；现如今嘉运有骄傲看不起敌人的态度，臣心中很是忧虑。更何况离秋季的防期已经不远了，他闭口不谈上任的日期，假如事情发生了才去上任，这样士兵都还不认识他，拿什么去降服敌人？还有将军接受到任命，开北门而出；现在却每天都在喝酒，恐怕没有一颗忧国爱民的心。如果不能改易任命的话，就应当催促他赶快上路，仍然请求圣上能够严加训诫加以勉励。"于是唐玄宗便催促嘉运出行。后来嘉运果真没有建立什么功绩。

秋季，八月，甲戌日（二十日），幽州向朝廷上奏说打败了奚、契丹。

冬季，十月，甲子日（十一日），唐玄宗驾临到骊山温泉；辛巳日（二十七日），下令起驾回宫。

吐蕃入侵安戎城还有维州；唐玄宗调关中强骑去进行营救，吐蕃便撤兵走了。于是把安戎城改名为平戎。

十一月，罢牛仙客朔方、河东节度使。

突骑施莫贺达干闻阿史那昕为可汗，怒曰："首诛苏禄，我之谋也；今立史昕，何以赏我？"遂帅诸部叛。上乃立莫贺达干为可汗，使统突骑施之众，命盖嘉运招谕之。十二月，乙卯，莫贺达干降。

金城公主薨；吐蕃告丧，且请和，上不许。

是岁，天下县千五百七十三，户八百四十一万二千八百七十一，口四千八百一十四万三千六百九。西京、东都米斛直钱不满二百，绢匹亦如之。海内富安，行者虽万里不持寸兵。

【译文】十一月，下令免除牛仙客朔方、河东节度使一职。

突骑施莫贺达干听说阿史那昕做了可汗，十分生气地说："首先杀了苏禄，这是我谋划的；现在却立史昕，拿什么来奖赏我？"便带领各部落进行反叛。唐玄宗因此立莫贺达干为可汗，让他率领突骑施的部众；并且派遣盖嘉运招抚晓谕他。十二月，乙卯日（初三），莫贺达干归顺朝廷。

金城公主去世，吐蕃没有来朝廷报丧；而且要求缔和，唐玄宗不答应他们的请求。

这一年，天下总共有一千五百七十三个县，八百四十一万二千八百七十一户，四千八百一十四万三千六百零九人。西京、东都的米一斛还不到二百钱，一匹绢也是这个价钱。天下富庶安定，行路的人即使走万里远，也不需要带武器。

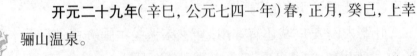

开元二十九年(辛巳,公元七四一年)春,正月,癸巳,上幸骊山温泉。

丁酉,制:"承前诸州饥馑,皆待奏报,然始开仓赈给。道路悠远,何救悬绝! 自今委州县长官与采访使量事给讫奏闻。"

庚子,上还宫。

上梦玄元皇帝告云:"吾有像在京城西南百馀里,汝遣人求之,吾当与汝兴庆宫相见。"上遣使求得之于盩厔楼观山间。夏,闰四月,迎置兴庆宫。五月,命画玄元真容,分置诸州开元观。

六月,吐蕃四十万众入寇,至安仁军,浑崖峰骑将臧希液帅众五千击破之。

【译文】开元二十九年(辛巳,公元741年)春季,正月,癸巳日(十一日),唐玄宗摆驾骊山温泉。

丁酉日(十五日),下诏书:"之前各州出现饥荒,都是直至奏折回批后,才开仓救济粮食。长远的路程,怎么能救急啊? 从今日起托付州县长官与采访使商酌情赈济,事情做完再奏报。"

庚子日(十八日),唐玄宗返回宫中。

唐玄宗在梦中梦见玄元皇帝告知他说:"我有像在京城西南方一百多里处,你派人去寻找,我会跟你在兴庆宫见面。"唐玄宗派出使者前去寻找,于盩厔县楼观山中找到。夏季,闰四月,欢迎至京城,在兴庆宫供着。五月,命令画玄元的遗像,分别放置在各州的开元观。

六月,吐蕃入侵四十万人,抵达安仁(人)军,浑崖峰骑将臧希液带领五千人部下使吐蕃溃败。

【乾隆御批】已饥馑，待奏报而后开仓，民其奚救？其必于饥馑之前，即奏报即命有司开仓，庶乎民得稍济耳。若如玄宗之制，先发后闻，是帷廉正如汲黯辈，或可便宜行事，苟非其人，将见民未苏而墨吏先饱其壑，终于民无所救，盖玄宗违道干誉之举不可为训也。

【译文】已经发生饥荒，等到奏报后再开仓，民众的救济怎么来得及？一定要在饥荒发生之前就奏报，立即命有关部门开仓，也许百姓还可以稍微得到救济，如果像玄宗颁布的制度，先开仓再奏报，如果遇到像汲黯那样廉洁正直的人，或许还可以视情况采取行动，一旦用人不当，就会出现百姓未被救济而贪官污吏先中饱私囊，最终没有救助多少百姓的情况，所以玄宗的违反常道而只追求名誉的做法不足为训。

秋，七月，丙寅，突厥遣使来告登利可汗之丧。初，登利从叔二人，分典兵马，号左、右杀。登利患两杀之专，与其母谋，诱右杀，斩之，自将其众。左杀判阙特勒兵攻登利，杀之，立毗伽可汗之子为可汗；俄为骨咄叶护所杀，更立其弟；寻又杀之，骨咄叶护自立为可汗。上以突厥内乱，癸酉，命左羽林将军孙老奴招谕回纥、葛逻禄、拔悉密等部落。

乙亥，东都洛水溢，溺死者千馀人。

平卢兵马使安禄山，倾巧善事人，人多誉之。上左右至平卢者，禄山皆厚赂之，由是上益以为贤。御史中丞张利贞为河北采访使，至平卢。禄山曲事利贞，乃至左右皆有赂。利贞入奏，盛称禄山之美。八月，乙未，以禄山为营州都督，充平卢军使，两蕃、勃海、黑水四府经略使。

冬，十月，丙申，上幸骊山温泉。

壬寅，分北庭、安西为二节度。

【译文】秋季，七月，丙寅日（十八日），突厥派出使者前来报登利可汗的丧事。起初，登利的两个堂叔分别掌控兵马，被称作左、右杀。登利忧心两杀的专断权力，跟他的母亲谋划，引诱右杀，把他斩杀了，自己统领右杀的部下。左杀判阙特勒指挥军队攻击登利，把登利杀了，把毗伽可汗的儿子立为可汗，很快被骨咄叶护杀害了，另外又立他的弟弟，很快又杀了他。骨咄叶护自己立自己为可汗。唐玄宗因为突厥内乱，癸酉日（二十五日），派出左羽林将军孙老奴去安抚通知回纥、葛逻禄、拔悉密等部落。

乙亥日（二十七日），东都洛水泛滥成灾，一千多人被淹死。

平卢兵马使安禄山，心性狡诈，善于阿谀奉承，人们多赞赏他。唐玄宗的侍从到平卢去，禄山都重重贿赂他们，因而唐玄宗更加认为安禄山贤能有才。御史中丞张利贞担任河北采访使，抵达平卢，禄山曲意侍奉利贞，甚至就连他的侍从都受到别人的贿赂。利贞返回朝中启奏，对禄山的优点大加赞赏。八月，乙未日（十七日），任禄山担任营州都督，代理平卢军使，两蕃（奚、契丹）、渤海、黑水四府经略使。

冬季，十月，丙申日（十九日），唐玄宗摆驾骊山温泉。

壬寅日（二十五日），把北庭、安西划分为两个节度。

十一月，庚戌，司空邠王守礼薨。守礼庸鄙无才识，每天将雨及霁，守礼必先言之，已而皆验。岐、薛诸王言于上曰："邠兄有术。"上问其故，对曰："臣无术。则天时以章怀之故，幽闭宫中十馀年，岁赐敕杖者数四，背瘢甚厚，将雨则沉闷，将霁则轻爽，臣以此知之耳。"因流涕沾襟；上亦为之惨然。

辛酉，上还宫。

辛未，太尉宁王宪薨。上哀恸特甚，曰："天下，兄之天下也；兄固让于我，为唐太伯，常名不足以处之。"乃谥曰让皇帝。其子汝阳王琎，上表追述先志谦冲，不敢当帝号；上不许。敛日，内出服，以手书致于灵座，书称"隆基白"；又名其墓曰惠陵，追谥其妃元氏曰恭皇后，附葬焉。

十二月，乙巳，吐蕃屠达化县，陷石堡城，盖嘉运不能御。

【译文】十一月，庚戌日（初三），司空邠王李守礼去世。守礼刻板庸俗浅陋无学识，每天将下雨和晴天，守礼一定在先前说出，之后都应验。岐王、薛王等各诸位王爷都向皇上说："邠兄有道术。"唐玄宗询问他原因，回答说："臣无任何道术。则天的时代因为章怀太子的因素，臣十多年都被幽禁在宫中，每年下令用杖打臣几次，背上的疤瘢十分厚重，快下雨时便觉得沉闷，快天晴时便觉得爽朗，臣因此而知道。"因此流泪把衣襟沾湿了；唐玄宗也替他感到悲伤。

辛酉日（十四日），唐玄宗返回宫中。

辛未日（二十四日），太尉宁王李宪去世。唐玄宗更加伤悲恸惜，说："天下，原来是兄长的天下；兄长坚持把位子让给我，而成为唐代的太伯，普通的名号不足以赞颂他。"便谥为让皇帝。他的儿子汝阳王李琎，上奏追思怀念先人的意图，谦卑不敢当帝号；唐玄宗没有答应。殡敛那一天，用天子衣服，把亲手写的书放在灵座，书上称自己为"隆基白"；又把他的坟墓称为惠陵，追谥他的妃子元氏为恭皇后，合葬于惠陵。

十二月，乙巳日（二十八日），吐蕃在达化县屠杀，石堡城被攻陷；盖嘉运没办法抵抗。

资治通鉴卷第二百一十五　唐纪三十一

起玄黓敦牂，尽强圉大渊献十一月，凡五年有奇。

【译文】起壬午（公元742年），止丁亥（公元747年）十一月，共五年十一个月。

【题解】　本卷记录了公元742年至747年十一月的史事，共五年又十一个月，正当唐玄宗天宝元年至六年十一月。此时期国家持久太平，社会仍呈现上升发展态势，而统治阶级日益走向腐败。天宝元年是中唐的起始点，也是唐朝政治由盛转衰，由治转乱的起始点。政治腐败，有三大原因：一是最高统治者唐玄宗疏于政事，专宠杨贵妃，喜逸乐，好声色。二是唐玄宗好大喜功，沿边设置十个节度使，常备边兵五十万。耗费大量国库资财，加上唐玄宗无节制的逸乐赏赐，增加了民众负担。边将轻启战端，特别是与吐蕃的关系日益恶化。三是奸相李林甫权势日盛，大权独揽。

玄宗至道大圣大明孝皇帝中之下

天宝元年（壬午，公元七四二年）春，正月，丁未朔，上御勤政楼受朝贺，赦天下，改元。

壬子，分平卢别为节度，以安禄山为节度使。

【译文】天宝元年（壬午，公元742年）春季，正月，丁未朔日（初一），唐玄宗摆驾勤政楼，接受朝臣的庆祝。使天下大赦，更改年号为天宝。

壬子日（初六），分范阳节度使所管辖的地区，另设置平卢节度，用安禄山担任节度使。

是时，天下声教所被之州三百三十一，羁縻之州八百，置十节度、经略使以备边。安西节度抚宁西域，统龟兹、焉耆、于阗、疏勒四镇，治龟兹城，兵二万四千。北庭节度防制突骑施、坚昆，统瀚海、天山、伊吾三军，屯伊、西二州之境，治北庭都护府，兵二万人。河西节度断隔吐蕃、突厥，统赤水、大斗、建康、宁寇、玉门、黑离、豆卢、新泉八军，张掖、交城、白亭三守捉，屯凉、肃、瓜、沙、会五州之境，治凉州，兵七万三千人。朔方节度捍御突厥，统经略、丰安、定远三军，三受降城，安北、单于二都护府，屯灵、夏、丰三州之境，治灵州，兵六万四千七百人。河东节度与朔方掎角以御突厥，统天兵、大同、横野、岢岚四军，云中守捉，屯太原府忻、代、岚三州之境，治太原府，兵五万五千人。范阳节度临制奚、契丹，统经略、威武、清夷、静塞、恒阳、北平、高阳、唐兴、横海九军，屯幽、蓟、妫、檀、易、恒、定、漠、沧九州之境，治幽州，兵九万一千四百人。平卢节度镇抚室韦、靺鞨，统平卢、卢龙二军，榆关守捉，安东都护府，屯营、平二州之境，治营州，兵三万七千五百人。陇右节度备御吐蕃，统临洮、河源、白水、安人、振威、威戎、漠门、宁塞、积石、镇西十军，绥和、合川、平夷三守捉，屯鄯、廓、洮、河之境，治鄯州，兵七万五千人。剑南节度西抗吐蕃，南抚蛮獠，统天宝、平戎、昆明、宁远、澄川、南江六军，屯益、翼、茂、当、嶲、柘、松、维、恭、雅、黎、姚、悉十三州之境，治益州，兵三万九百人。岭南五府经略绥静夷、獠，统经略、清海二军，桂、容、邕、交四管，治广州，兵万五千四百人。此外又有长乐经略，福州领之，兵千五百人。东莱守捉，莱州领之；东牟守捉，登州领之；兵各千人。凡镇兵四十九万人，马八万馀匹。开元之前，每岁供边兵衣粮，费不过二百万；天宝之后，边将奏益兵浸多，每岁用衣千二十万匹，粮百九十万斛，公私劳费，民始困苦矣。

【译文】 此时，有三百三十一州朝廷的声威教化所施及，八百个州是武力所能控制驾驭，一共设立十个节度、经略使，来保护边区。安西节度抚绥西域，管辖龟兹、焉耆、于阗、疏勒四镇，在龟兹城设治所，有两万四千士卒。北庭节度防御突骑施与坚昆，统领管辖瀚海、天山、伊吾三军，屯驻在伊州、西州的地区，在北庭都护府设治所，有两万士卒。河西节度负责拒绝吐蕃与突厥，统领管辖赤水、大斗、建康、宁寇、玉门、黑离、豆卢、新泉八军与张掖、交城、白亭三守捉，驻扎于凉州、肃州、瓜州、沙州、会州五州境内，在凉州设治所，有七万三千士卒。朔方节度抵御突厥，统领管辖经略、丰安、定远三军与三个受降城与安北、单于两个都护府，驻扎于灵州、夏州、丰州三州的地区，在灵州设治所，有六万四千七百士卒。河东节度和朔方节度互为掎角以对突厥做出抵抗，统领管辖天兵、大同、横野、岢岚四军与云中守捉，于太原府忻州、代州、岚州三州境内驻扎，在太原府设治所，共有五万五千士卒。范阳节度临制奚与契丹，管辖经略、威武、清夷、静塞、恒阳、北平、高阳、唐兴、横海九军，于幽州、蓟州、妫州、檀州、易州、恒州、定州、漠州、沧州九州境内驻扎，在幽州设治所，有九万一千四百士卒。平卢节度镇压安抚室韦、靺鞨，统领平卢、卢龙二军，到榆关守捉和安东都护府，于营州、平州二州境内驻扎，治所设在营州，共有三万七千五百士卒。陇右节度抵御吐蕃,管辖临洮、河源、白水、安人、振威、威戎、漠门、宁塞、积石、镇西十军,与绥和、合川、平夷三守捉,于鄯州、廓州、洮州、河州境内驻扎,在鄯州设治所,一共七万五千士卒。剑南节度在西面抵御吐蕃,在南面抚慰蛮人与獠人,统辖天宝、平戎、昆明、宁远、澄川、南江六军,于益州、翼州、茂州、当州、巂州、柘州、松州、维州、恭州、雅州、黎州、姚州、悉州十三州境内驻扎,在益州设治所,有三万九百士卒。岭南五府经略抚慰夷人与獠人,管辖经略、清海二军和桂府、容府、邕府、安南府四府,在广州设治所,共有一万五千四百士卒。以上的十个节度与经略除外,还有长乐经略,属于福州管辖,一共一千五百士卒。东莱守捉,属于莱州领导;东牟守捉,属于登州管辖;各一千士卒。藩镇共四十九万士卒,八万多匹马。在开元之前,年年供应守边将士衣服、粮秣的花费,仅仅二百万;直至天宝之后,边将上奏请求增加军队,人数逐渐增加,因此每年军装需要花费一千零二十万匹缎,需用粮秣一百九十万斛,官方和民间都被花费困扰,百姓的困苦生活便开始了。

甲寅,陈王府参军田同秀上言:"见玄元皇帝于丹凤门之空中,告以'我藏灵符,在尹喜故宅。'"上遣使于故函谷关尹喜台旁求得之。

陕州刺史李齐物穿三门运渠,辛未,渠成。齐物,神通之曾孙也。

壬辰,群臣上表,以"函谷宝符,潜应年号;先天不违,请于尊号加'天宝'字。"从之。

二月,辛卯,上享玄元皇帝于新庙。甲午,享太庙。丙申,合祀天地于南郊,赦天下。改侍中为左相,中书令为右相,尚书左、右丞相复为仆射；东都、北都皆为京，州为郡，刺史为太守；改桃林县曰灵宝。田同秀除朝散大夫。

时人皆疑宝符同秀所为。间一岁，清河人崔以清复言："见玄元皇帝于天津桥北，云藏符在武城紫微山。"敕使往掘，亦得之。东京留守王倕知其诈，按问，果首服。奏之。上亦不深罪，流之而已。

【译文】甲寅日（初八），陈王府参军田同秀向唐玄宗说："丹凤城门的上空曾经看到玄元皇帝，告知我说：'我在尹喜的旧府之中，有灵符被藏在其中。'"唐玄宗派出使者于旧函谷关尹喜台的旁边把它找到了。

陕州刺史李齐物开凿了三门运渠，辛未日（二十五日），开通了渠道。李齐物，为淮安王李神通的曾孙。

壬辰日（正月无此日），诸臣向唐玄宗奏上表文，认为"函谷关获得灵符，私下里和年号相乘，在天时之前办事而天时在后不违，请求于尊号上面增加'天宝'二字"。唐玄宗予以采纳。

二月，辛卯日（十五日），唐玄宗在重新安置的玄元庙里祭祀玄元皇帝。甲午日（十八日），祭祀太庙。丙申日（二十日），在南郊合祭天地神祇，使天下大赦。更改侍中担任左相，中书令担任右相，尚书左、右丞相又更改为仆射；东都、北都全部更改为京，州改称郡，刺史更改为太守；把桃林县更改为灵宝。田同秀升官为朝散大夫。

那时的人都认为灵符是田同秀所假造的。一年之后，清河人崔以清又上表说："于天津桥北边看到玄元皇帝，据他所说在武城紫微山里藏的有灵符。"唐玄宗命令使臣前往找寻，也找到灵符了。东都留守王倕明白崔以清的欺骗不是事实，审讯他，果然自首而且认罪。向唐玄宗呈报，唐玄宗也没有治他很大的罪，只是把他驱逐远地而已。

三月，以长安令韦坚为陕郡太守，领江、淮租庸转运使。

初，宇文融既败，言利者稍息。及杨慎矜得幸，于是韦坚、王鉷之徒竞以利进，百司有事权者，稍稍别置使以领之，旧官充位而已。坚，太子之妃兄也，为吏以干敏称。上使之督江、淮租运，岁增巨万；上以为能，故擢任之。王鉷，方翼之孙也，亦以善治租赋为户部员外郎兼侍御史。

李林甫为相，凡才望功业出己右及为上所厚、势位将逼己者，必百计去之；尤忌文学之士，或阳与之善，啖以甘言而阴陷之。世谓李林甫"口有蜜，腹有剑。"

【译文】三月，任命长安县令韦坚为陕郡太守，兼管江、淮两地的租庸转运使。

起初，宇文融失败之后，官吏言财利的慢慢平息。一直到杨慎矜得到唐玄宗的宠爱，于是韦坚、王鉷等人，都争先恐后地向唐玄宗说租赋财利的事情。政府各个主管财赋的机关，也慢慢地由专门负责的官员来管理这件事，以前的官员只能是虚有其位，没有事情可做了。韦坚，就是太子妃的哥哥，为官办事都是以干练精敏成名。唐玄宗让他监督和管理江、淮租税的一些转运工作，每年增加几万的收入。唐玄宗认为他十分有才干，所以才升他做这个官。王鉷，就是王方翼的曾孙，也是由于擅长征收赋税，因此被任命作为户部员外郎兼侍御史的官。

在李林甫当宰相的时候，凡是那些在才能、声望、功业等方面比自己厉害，以及与唐玄宗的关系好，并且势力、官位与自己接近的人，他一定会千方百计地除去他们；特别是忌恨有文学的人，有时候表面上和他们友好，用甜言蜜语来引诱他们，可是却在暗地里陷害他们。所以那时候的人都说李林甫"口蜜腹剑"。

上尝陈乐于勤政楼下，垂帘观之。兵部侍郎卢绚谓上已起，垂鞭按辔，横过楼下；绚风标清粹，上目送之；深叹其蕴藉。林甫常厚以金帛赂上左右，上举动必知之；乃召绚子弟谓曰："尊君素望清崇，今交、广藉才，圣上欲以尊君为之，可乎？若惮远行，则当左迁；不然，以宾、詹分务东洛，亦优贤之命也，何如？"绚惧，以宾、詹为请。林甫恐乖众望，乃除华州刺史。到官未几，诬其有疾，州事不理，除詹事、员外同正。

【译文】唐玄宗曾经在勤政楼上设立乐工，拉下帘子观赏音乐。兵部侍郎卢绚以为唐玄宗已经离开了，所以便放下马鞭，拉住马缰，渐渐地从楼下横过。卢绚的风采清新并且纯静，唐玄宗一直看着他走过去，在心里深深地赞叹他的渊博和含蓄。李林甫经常用很多的金银财帛去贿赂唐玄宗身边的人，因此唐玄宗的一举一动他都十分清楚地了解，于是他就召集卢绚的子弟并且对他们说："您一向名声清高，现在交州、广州需要德才兼备的人，圣上想要派您去，这个可以吗？假如怕到远的地方去，就将要降官；不然的话，就要作为太子宾客、詹事，分管东京洛阳，这个也是优先对待德才兼备的人的命令，你们觉得怎么样呢？"卢绚心中十分害怕，要求作为太子宾客、詹事。李林甫害怕违逆这些人的仰望之心，于是就任命他作为华州刺史。卢绚刚刚上任不久，就又诬指他生病，不能够治理州中的一些事情，于是就又任命他作为詹事、员外同正。

上又尝问林甫以"严挺之今安在？是人亦可用。"挺之时为绛州刺史。林甫退，召挺之弟损之，谕以"上待尊兄意甚厚，盍为见上之策，奏称风疾，求还京师就医。"挺之从之。林甫以其奏白上云："挺之衰老得风疾，宜且授以散秩，使便医药。"上叹吒久之；夏，四月，壬寅，以为詹事，又以汴州刺史、河南采访使齐澣为少詹事，皆员外同正，于东京养疾。澣亦朝廷宿望，故并忌之。

上发兵纳十姓可汗阿史那昕于突骑施，至俱兰城，为莫贺达干所杀。突骑施大蠹官都摩度来降，六月，乙未，册都摩度为三姓叶护。

【译文】唐玄宗又去问李林甫："严挺之现在哪里呢？这个人也可以加以任用。"当时严挺之在做绛州刺史。李林甫退朝，于是就把严挺之的弟弟严损之叫来，然后告诉他说："唐玄宗对待您哥哥的恩意十分深厚，为什么不写一封觐见唐玄宗的奏折，说明自己已经得了风湿病，要求回京师去看大夫。"严挺之听从了他的建议。于是李林甫就把严挺之的奏文向唐玄宗禀告，然后说："严挺之已经年老了，现在又得了风湿病，我们应该任命他做个闲散的官，让他能够方便看病吃药。"唐玄宗听了之后，叹息了很长时间。夏季，四月，壬寅日（二十八日），唐玄宗任命严挺之作为詹事；然后又任命汴州刺史、河南采访使齐澣作为少詹事；都是员外同正，在东京地区养病。齐澣也是朝廷之中有名望的一些老臣，所以李林甫也一样地忌恨他。

唐玄宗发兵送十姓可汗阿史那昕到突骑施去，行军到俱兰城，就被莫贺达干给杀死了。突骑施的大蠹官都摩度前来投降。六月，乙未日（二十二日），唐玄宗就册封都摩度作为三姓叶护。

秋，七月，癸卯朔，日有食之。

辛未，左相牛仙客薨。八月，丁丑，以刑部尚书李适之为左相。

突厥拔悉蜜、回纥、葛逻禄三部共攻骨咄叶护，杀之，推拔悉蜜酋长为颉跌伊施可汗，回纥、葛逻禄自为左、右叶护。突厥馀众共立判阙特勒之子为乌苏米施可汗，以其子葛腊哆为西杀。

上遣使谕乌苏令内附，乌苏不从。朔方节度使王忠嗣盛兵碛口以威之，乌苏惧，请降，而迁延不至。忠嗣知其诈，乃遣使说拔悉蜜、回纥、葛逻禄使攻之，乌苏遁去。忠嗣因出兵击之，取其右厢以归。

【译文】秋季，七月，癸卯朔日（初一），日食。

辛未日（二十九日），左丞相牛仙客去世了。八月，丁丑日（初五），任命刑部尚书李适之作为左丞相。

突厥拔悉密、回纥、葛逻禄三部一起攻打骨咄叶护，杀了他，推举拔悉密酋长为颉跌伊施可汗，回纥、葛逻禄各自做了左、右叶护。突厥余下的部众共同推立判阙特勒的儿子为乌苏米施可汗，推他的儿子葛腊哆为西杀。

唐玄宗派出大使通知乌苏，命令他归属于中国，乌苏不听从。朔方节度使王忠嗣在碛口盛陈大兵前来威胁他。乌苏感到十分害怕，请求投降并且要求归附，但是却一直拖延迟迟不来。王忠嗣看出了他的欺诈，于是就派人劝告拔悉密、回纥、葛逻禄前去攻打他。于是乌苏就逃跑了。王忠嗣于是派出士兵去追击他，虏获了他的西杀部士兵然后就回来了。

丁亥，突厥西叶护阿布思及西杀葛腊哆、默啜之孙勃德支、伊然小妻、毗伽登利之女帅部众千馀帐，相次来降，突厥遂微。

九月，辛亥，上御花萼楼宴突厥降者，赏赐甚厚。

护密先附吐蕃，戊午，其王颉吉里匐遣使请降。

冬，十月，丁酉，上幸骊山温泉；己巳，还宫。

十二月，陇右节度使皇甫惟明奏破吐蕃大岭等军；戊戌，又奏破青海道莽布支营三万馀众，斩获五千馀级。庚子，河西节度使王倕奏破吐蕃渔海及游弈等军。

是岁，天下县一千五百二十八，乡一万六千八百二十九，户八百五十二万五千七百六十三，口四千八百九十万九千八百。

回纥叶护骨力裴罗遣使入贡，赐爵奉义王。

【译文】丁亥日（十五日），突厥西叶护阿布思和西杀葛腊哆、默啜的孙子勃德支、伊然的小老婆、毗伽登利的女儿率领部众一千多帐，相继前来投降，突厥因此就日益衰微了。九月，辛亥日（初九），唐玄宗到花萼楼摆设宴席去款待突厥过来投降的人，对他们的赏赐十分的优厚。

护密先归附了吐蕃，戊午日（十六日），他的国王颉吉里匐派大使要求投降。

冬季，十月，丁酉日（二十六日），唐玄宗来到骊山温泉，十一月，己巳日（二十八日），回到皇宫。

十二月，陇右节度使皇甫惟明向唐玄宗说攻破了吐蕃大岭等军。戊戌日（二十七日），又报告说攻破青海道莽布支军营三万多人，杀死了五千多人。庚子日（二十九日），河西节度使王倕上奏禀报说攻破了吐蕃渔海和游弈等一些军队。

就在这一年，天下一共有一千五百二十八个县，一万六千八百二十九个乡，八百五十二万五千七百六十三户，四千八百九十万九千八百人。

回纥叶护骨力裴罗派出使者前来进贡，唐玄宗奖赏给他奉义王的爵位。

天宝二年(癸未，公元七四三年)春，正月，安禄山入朝；上宠待甚厚，谒见无时。禄山奏言："去秋营州虫食苗，臣焚香祝天云：'臣若操心不正，事君不忠，愿使虫食臣心；若不负神祇，愿使虫散。'即有群鸟从北来，食虫立尽。请宣付史官。"从之。

李林甫领吏部尚书，日在政府，选事悉委侍郎宋遥、苗晋卿。御史中丞张倚新得幸于上，遥、晋卿欲附之。时选人集者以万计：入等者六十四人。倚子奭为之首，群议沸腾。前蓟令苏孝韫以告安禄山，禄山入言于上，上悉召入等人面试之，奭手持试纸，终日不成一字，时人谓之"曳白"。癸亥，遥贬武当太守，晋卿贬安康太守，倚贬淮阳太守，同考判官礼部郎中裴朏等皆贬岭南官。晋卿，壶关人也。

【译文】天宝二年(癸未，公元743年)春季，正月，安禄山前来京师拜见唐玄宗。唐玄宗的宠待十分优厚，并且允许他随时都可以前来觐见。于是安禄山就向唐玄宗报告说："去年的时候营州有虫去吃禾苗，于是臣就烧香并且祈祷上天说：'臣如果用心不良，侍奉国君不够忠心，就让虫前来吃臣的心；假如没有辜负天地神灵，就希望使虫散去。'立刻就有一群鸟从北方飞过来，一会儿就把虫子吃光了。请唐玄宗把这件事在朝廷上宣布并且交付史官。"唐玄宗听从了他的建议。

李林甫担任吏部尚书的职权，每天都在政事之中。选举的事务完全委任侍郎宋遥和苗晋卿。御史中丞张倚最近得到了唐玄宗的爱护，宋遥和苗晋卿都想要归附于他。在那时应选的总共有上万人，入选的有六十四个人。张倚的儿子张奭就是第一名。大家不断议论，并且喧腾不已。前任蓟县县令苏孝韫就把这件事儿告诉了安禄山，于是安禄山就进宫向唐玄宗禀报这件事儿。唐玄宗把入选的六十四个人全部都叫过去面试。张奭手里拿着考试纸，一整天都写不出来一个字，当时人们把他的这种情况称作"曳白"（交白卷）。癸亥日（二十三日），宋遥被贬为武当太守，苗晋卿被贬为安康太守，张倚被贬为淮阳太守。参与他们考试的判官礼部郎中裴朏等一些人都被贬为岭南官。苗晋卿，原本是壶关人。

三月，壬子，追尊玄元皇帝父周上御大夫为先天太皇；又尊皋繇为德明皇帝，凉武昭王为兴圣皇帝。

江、淮南租庸等使韦坚引浐水抵苑东望春楼下为潭，以聚江、淮运船，役夫匠通漕渠，发人丘垄，自江、淮至京城，民间萧然愁怨，二年而成。丙寅，上幸望春楼观新潭。坚以新船数百艘，扁榜郡名，各陈郡中珍货于船背；陕尉崔成甫著锦半臂，缺胯绿衫而褾之，红袙首，居前船唱《得宝歌》，使美妇百人盛饰而和之，连樯数里；坚跪进诸郡轻货，仍上百牙盘食。上置宴，竟日而罢，观者山积。夏，四月，加坚左散骑常侍，其僚属吏卒褒赏有差；名其潭曰广运。时京兆尹韩朝宗亦引渭水置潭于西街，以贮材木。

【译文】三月，壬子日（十二日），追封玄元皇帝（老子）的父亲周朝的上御大夫作为先天太皇；然后又尊崇皋繇作为德明皇帝，凉武昭王（名暠，高祖七世祖）作为兴圣皇帝。

江、淮南租庸转运使韦坚引导浐水到达禁苑东边望春楼下然后在那儿积聚为潭，用来集合停泊江、淮运输的船只。劳役人民和工匠前来开凿运粮的渠道，并且挖掘了人民的坟墓，从江、淮一直到京城，民间十分萧条，人民愁苦并且怨恨。经过两年的时间，工程终于完成了。丙寅日（二十六日），唐玄宗到达望春楼前去视察新潭。韦坚把几百艘新的船只，分别题上各个郡的名字，并且把各郡出产的一些珍贵的货物都陈列在船的背面上；当时陕县的县尉崔成甫穿着锦坎肩，鈌胯绿衫，并且祖露着一条胳膊，用红罗抹额头，在前面的船上唱着《得宝歌》，让一百个美丽的年轻少妇打扮得花枝招展来随声附和。桅杆相互连接着，有好几里的长度。韦坚跪着去进献各郡的一些轻货（绢帛），同时呈上百牙盘食。唐玄宗摆设宴席，吃了整整一天才罢休。观看的人积聚的好像大山一样。夏季，四月，升韦坚作为左散骑常侍，他的僚属官员和士兵，各自都有不同的褒奖；并且把潭命名为广运。当时的京兆尹韩朝宗也引渭水在西街开了一个潭，用来贮存木材。

【乾隆御批】 舜五臣惟皋繇之后不有天下，然何伤于迈种之德，后魏高允以其裔英布由黥而王，举为刑官之戒，其说固已不经，而元宗尊皋繇为帝因李及理，且皋繇作士，并无理官之名，附会诬妄，徒为后世所笑而已。

【译文】 舜的五个大臣中只有皋繇的后代没有统治天下，然而这对他勉力树德有什么危害呢？后魏高允因他是英布的后代所以把英布由受黥刑被封王作为刑官的警戒，这种说法本来已经荒谬不经，而玄宗尊皋繇为帝是因为李发音近似理，何况皋繇作官时并没有理官的官名，附和不实，白白地让后世嘲笑。

丁亥，皇甫惟明引军出西平，击吐蕃，行千馀里，攻洪济城，破之。

上以右赞善大夫杨慎矜知御史中丞事。时李林甫专权，公卿之进，有不出其门者，必以罪去之；慎矜由是固辞，不敢受。五月，辛丑，以慎矜为谏议大夫。

冬，十月，戊寅，上幸骊山温泉；乙卯，还宫。

【译文】丁亥日（十八日），皇甫惟明带领士兵出西平郡，进攻吐蕃。走了整整一千多里，去进攻洪济城，并且把城给攻下。

唐玄宗任命右赞善大夫杨慎矜主管御史中丞的一些事务。在那个时候李林甫专权，公卿的选拔和进用，假如有不是从他的门客中出身的，必定去诬陷他犯错进而罢黜了他。因此杨慎矜坚决地推辞，而不敢接受官位。五月，辛丑日（初三），任命杨慎矜作为谏议大夫。

冬季，十月，戊寅日（十三日），唐玄宗去骊山温泉；乙卯日（十一月二十日），返回到宫中。

天宝三年（甲申，公元七四四年）春，正月，丙申朔，改年曰载。

辛丑，上幸骊山温泉；二月，庚午，还宫。

辛卯，太子更名亨。

海贼吴令光等抄掠台、明，命河南尹裴敦复将兵讨之。

三月，己巳，以平卢节度使安禄山兼范阳节度使；以范阳节度使裴宽为户部尚书。礼部尚书席建侯为河北黜陟使，称禄山公直；李林甫、裴宽皆顺旨称其美。三人皆上所信任，由是禄山之宠益固不摇矣。

【译文】天宝三年（甲申，公元744年）春季，正月，丙申朔日（初一），修改年号为载。

辛丑日（初六），唐玄宗去骊山温泉。二月，庚午日（初六），返回皇宫。

辛卯日（二十七日），太子改名为李亨。

海盗吴令光等一些人抢夺了台州、明州地区人民的财物。唐玄宗命令河南尹裴敦复带领士兵前去讨伐他。

三月，己巳日（初五），任命平卢节度使安禄山兼任范阳地区的节度使，任命范阳节度使裴宽作为户部尚书。礼部尚书席建侯作为河北黜陟使，并且称赞安禄山为人公平正直；李林甫、裴宽都听从了唐玄宗的旨意去赞美安禄山。这三个人都是唐玄宗十分信任的人，于是唐玄宗对安禄山的宠幸更加稳定并且不会动摇。

夏，四月，裴敦复破吴令光，擒之。

五月，河西节度使夫蒙灵察讨突骑施莫贺达干，斩之，更请立黑姓伊里底蜜施骨咄禄毗伽；六月，甲辰，册拜骨咄禄毗伽为十姓可汗。

秋，八月，拔悉蜜攻斩突厥乌苏可汗，传首京师。国人立其弟鹘陇匐白眉特勒，是为白眉可汗。于是，突厥大乱，敕朔方节度使王忠嗣出兵乘之。至萨河内山，破其左厢阿波达干等十一部，右厢未下。会回纥、葛逻禄共攻拔悉蜜颉跌伊施可汗，杀之。回纥骨力裴罗自立为骨咄禄毗伽阙可汗，遣使言状；上册拜裴罗为怀仁可汗。于是，怀仁南据突厥故地，立牙帐于乌德犍山，旧统药逻葛等九姓，其后又并拔悉蜜、葛逻禄，凡十一部，各置都督，每战则以二客部为先。

李林甫以杨慎矜屈附于己，九月，甲戌，复以慎矜为御史中丞，充诸道铸钱使。

【译文】夏季，四月，裴敦复将吴令光打败，并且俘获了他。

五月，河西节度使夫蒙灵察征讨突骑施莫贺达干，并且把他杀了，进一步请求立黑姓部族的伊里底蜜施骨咄禄毗伽。六月，甲辰日（十二日），任命骨咄禄毗伽作为十姓可汗。

秋季，八月，拔悉密攻打并且杀死了突厥的乌苏可汗，并把他的头传送到京城。突厥国的人拥护他的弟弟鹘陇匐白眉特勒，这个就是白眉可汗。由此造成突厥国内十分混乱。唐玄宗任命朔方节度使王忠嗣带领士兵前去乘机进行讨伐。大军走到萨河内山地区，攻破突厥左厢阿波达干等地区的十一个部落，右厢还没有攻下来。恰好碰上了回纥、葛逻禄一同攻打拔悉密颉跌伊施可汗，并且把他杀死了。回纥的主要骨干裴罗自立为骨咄禄毗伽阙可汗，并且派遣了使者向唐玄宗报告了详细的情况。唐玄宗任命裴罗作为怀仁可汗。于是怀仁可汗的南边有突厥的旧地，主帅的军营设立在乌德犍山，原来总共有药逻葛等九个姓别的部族，后来又加入拔悉密、葛逻禄，总共有十一个部落，各部落都设置了都督。每次出去作战，就让两个客部作为先锋。

李林甫由于杨慎矜向自己屈服，九月，甲戌日（十四日），又任命了杨慎矜作为御史中丞，代理各地的铸钱使。

冬，十月，癸巳，上幸骊山温泉；十一月，丁卯，还宫。

术士苏嘉庆上言："遁甲术有九宫贵神，典司水旱，请立坛于东郊，祀以四孟月。"从之。礼在昊天上帝下，太清宫、太庙上，所用牲玉，皆侔天地。

十二月，癸巳，置会昌县于温泉宫下。

户部尚书裴宽素为上所重，李林甫恐其入相，忌之。刑部尚书裴敦复击海贼还，受请托，广序军功，宽微奏其事。林甫以告敦复，敦复言宽亦尝以亲故属敦复。林甫曰："君速奏之，勿后于人。"敦复乃以五百金赂女官杨太真之姊，使言于上。甲午，宽坐贬睢阳太守。

资治通鉴

【译文】冬季，十月，癸巳日（初四），唐玄宗去骊山温泉；十一月，丁卯日（初八），回到宫中。

术士苏嘉庆向唐玄宗上表说："在传说中的遁甲术中有九宫贵神，主要管理人间的水灾和旱灾，请在东边的郊区设立祭坛，在每年的孟春、孟夏、孟秋、孟冬四个孟月前来祭祀他。"唐玄宗采取了他的建议。祭祀的礼仪在昊天上帝之下，并且在太清宫和太庙之上；所用的牲畜和玉，都和祭天地所用的一样。

十二月，癸巳日（初四），在骊山温泉宫下设立了会昌县。

户部尚书裴宽一向被唐玄宗所器重，李林甫害怕他被任命作为宰相，嫉恨他。刑部尚书裴敦复打败了海盗之后回朝，接受了别人请托，多次序记军功，裴宽暗地里把这些事向唐玄宗上报了。于是李林甫就告诉了裴敦复，裴敦复说裴宽以前也把他的亲戚和朋友嘱托给自己。李林甫说："您快点向唐玄宗奏明这件事儿，不要落在了别人的后面。"于是裴敦复就用了五百两黄金贿赂女道士杨太真的姐姐，请求她向唐玄宗说明这件事儿。甲午日（初五），裴宽因此被贬为睢阳太守。

初，武惠妃薨，上悼念不已，后宫数千，无当意者。或言寿王妃杨氏之美，绝世无双。上见而悦之，乃令妃自以其意乞为女官，号太真；更为寿王娶左卫郎将韦昭训女；潜内太真宫中。太真肌态丰艳，晓音律，性警颖，善承迎上意，不期岁，宠遇如惠妃，宫中号曰"娘子"，凡仪体皆如皇后。

癸卯，以宗女为和义公主，嫁宁远奉化王阿悉烂达干。

癸丑，上祀九宫贵神，赦天下。

初令百姓十八为中，二十三成丁。

【译文】起初，武惠妃去世了，唐玄宗十分伤心。后宫中那么多的嫔妃，没有一个人合乎唐玄宗的心意。有人说寿王的妃子杨氏十分美丽，举世没有第二个人可以与她相提并论。唐玄宗见了之后，十分喜欢，于是就让王妃自请为女道士，号太真。再替寿王娶左卫郎将韦昭训的女儿；暗中把太真迎接到了皇宫之中。太真肌肤丰满、姿态艳丽，精通音乐，才性警敏并且聪慧，善于奉承迎合唐玄宗的心意。不到一年的时间，她所得到的宠爱和待遇就和武惠妃一样，宫中的人称她为"娘子"，所有的礼仪和法式都与皇后一样。

癸卯日（十四日），任命宗室女子作为和义公主，并且让她嫁给了宁远奉化王阿悉烂达干。

癸丑日（二十四日），唐玄宗祭祀了九宫贵神，并且大赦天下。

第一次下令规定老百姓十八岁作为中男，二十三岁就为成丁。

初，上自东都还，李林甫知上厌巡幸，乃与牛仙客谋增近道粟赋及和籴以实关中；数年，蓄积稍丰。上从容谓高力士曰："朕不出长安近十年，天下无事，朕欲高居无为，悉以政事委林甫，何如？"对曰："天子巡狩，古之制也。且天下大柄，不可假人；彼威势既成，谁敢复议之者！"上不悦。力士顿首自陈："臣狂疾，发妄言，罪当死。"上乃为力士置酒，左右皆呼万岁。力士自是不敢深言天下事矣。

【译文】起初，唐玄宗从东都返回之后，李林甫知道唐玄宗讨厌巡幸东都，就和牛仙客计划着增加靠近京城各个地区的粟米税赋以及购买民间米谷来充实关中地区。过了几年，蓄积的粮食开始慢慢丰足起来。唐玄宗在闲聊中对高力士说："我没有离开长安大概有十年了，天下并没有发生任何混乱；我想高居君位，不管政事，并且把政事完完全全地委任给李林甫，你觉得怎么样？"高力士回答说："天子巡狩天下，是自古以来就规定的制度。并且天下的大权，不可以借给别人；别人的威势成就以后，那么还有谁再敢议论他的是非呢？"唐玄宗听了之后十分不高兴。高力士用头叩地并且说道："臣有疯病，随随便便地乱说话，罪该万死！"于是唐玄宗为高力士摆设了酒席，身边的人都高呼万岁。高力士从此再也不敢深切地谈论天下政事了。

　　天宝四年(乙酉，公元七四五年) 春，正月，庚午，上谓宰相曰："朕比以甲子日，于宫中为坛，为百姓祈福，朕自草黄素置案上，俄飞升天，闻空中语去：'圣寿延长。'又朕于嵩山炼药成，亦置坛上，及夜，左右欲收之，又闻空中语云：'药未须收，此自守护。'达曙乃收之。"太子、诸王、宰相，皆上表贺。

　　回纥怀仁可汗击突厥白眉可汗，杀之，传首京师。突厥毗伽可敦帅众来降。于是，北边晏然，烽燧无警矣。

　　回纥斥地愈广，东际室韦，西抵金山，南跨大漠，尽有突厥故地。怀仁卒，子磨延啜立，号葛勒可汗。

　　【译文】 天宝四年（乙酉，公元745年）春季，正月，庚午日（十二日），唐玄宗就对宰相说："我最近在甲子日（初六）于宫中设立了祭坛，替老百姓祈求福音。我亲自用黄色的丝绢写好祝祷文，并且把它们放在了桌子上，忽然飞起来升入了天空，然后就听到天空中说：'圣寿延长。'后来我又在嵩山烧炼了仙药，并且也把它们放在了神坛上。等到夜晚的时候，身边的人想要把药收起来，就又听到空中说道：'药不用收，在这儿自有守护。'直到天亮才收了起来。"太子、各个王爷和宰相都纷纷地上表表示祝贺。

回纥怀仁可汗攻打突厥的白眉可汗，并且把他杀死了，把头传送到了京城。突厥毗伽可敦带领着部众过来投降。于是北边平安无事，没有战乱再发生。

回纥开拓的土地越来越大了，东边一直到室韦，西面抵达金山，南面跨越了大沙漠，完全占领了突厥的旧地。怀仁可汗死去之后，儿子磨延啜即位，年号为葛勒可汗。

二月，己酉，以朔方节度使王忠嗣兼河东节度使。忠嗣少以勇敢自负，及镇方面，专以持重安边为务，常曰："太平之将，但当抚循训练士卒而已，不可疲中国之力以邀功名。"有漆弓百五十斤，常贮之橐中，以示不用。军中日夜思战，忠嗣多遣谍人伺其间隙，见可胜，然后兴师，故出必有功。既兼两道节制，自朔方至云中，边陲数千里，要害之地，悉列置城堡，斥地各数百里。边人以为自张仁亶之后，将帅皆不及。

三月，壬申，上以外孙独孤氏为静乐公主，嫁契丹王李怀节；甥杨氏为宜芳公主，嫁奚王李延宠。

乙巳，以刑部尚书裴敦复充岭南五府经略等使。五月，壬申，敦复坐逗留不之官，贬淄川太守，以光禄少卿彭杲代之。上嘉敦复平海贼之功，故李林甫陷之。

【译文】二月，己酉日（二十一日），任命朔方节度使王忠嗣兼任河东的节度使。王忠嗣年轻之时，仗着自己十分的勇敢，等到镇抚西北的边塞，一心一意把保持稳重安定边塞当作首要任务。他经常说:"太平时期的一些将领,只需要安慰训练士兵就可以了,不能消耗国家的力量来谋求功名。"有一张需一百五十斤力量才能拉开的漆弓,经常贮藏在弓袋里,表示不再来使用它。军中的士兵白天晚上都想着作战,王忠嗣派出了许多的间谍去侦察敌人的可乘之机,假如发现有可以取得胜利的机会,就立马派兵去进攻,所以每次出兵就必定有功。自打兼任两道的节度使之后,从朔方到云中,边地长几千里,一切险要之地,都相继建筑城堡,开拓疆土各有几百里远。边疆上的人认为自从张仁亶以后,没有哪一个将帅可以和他相比。

三月,壬申日(十四日),唐玄宗任命自己的外孙女独孤氏作为静乐公主,嫁给契丹王李怀节;外甥女杨氏作为宜芳公主,嫁给奚王李延宠。

乙巳日(十八日),任命刑部尚书裴敦复代理岭南五府经略等一些职务。五月,壬申日(十五日),裴敦复因为逗留在京师并且没有马上到任所去上任,于是被贬为淄川太守,另任命光禄少卿彭杲去代替他。唐玄宗嘉奖裴敦复把海盗平定的一些功劳,所以李林甫就想要去陷害他。

李适之与李林甫争权有隙。适之领兵部尚书,附马张垍为侍郎,林甫亦恶之,使人发兵部铨曹奸利事,收吏六十馀人付京兆与御史对鞫之,数日,竟不得其情。京兆尹萧炅使法曹吉温鞫之。温入院,置兵部吏于外,先于后厅取二重囚讯之,或杖或压,号呼之声,所不忍闻;皆曰:"苟存馀生,乞纸尽答。"兵部吏素闻温之惨酷,引入,皆自诬服,无敢违温意者。顷刻而狱成,验囚无榜掠之迹。六月,辛亥,敕诮责前后知铨侍郎及判南曹郎官而宥之。垍,均之兄;温,顼之弟子也。

温始为新丰丞，太子文学薛嶷存温才，上召见，顾嶷曰："是一不良人，朕不用也。"

【译文】 李适之和李林甫因为争夺权势而有了隔阂。李适之兼任兵部尚书的职位，驸马张垍作为兵部侍郎，因此李林甫也讨厌他，让人揭发兵部考选部门利用不法手段谋取利益的事情，逮捕官兵六十多人交给京兆尹和御史共同审理这件事。审理了多日，一直都未发现不法的事情。京兆尹萧炅使法官吉温过来审问。吉温进到院中之后，把兵部的官员都留在了外面，先从后厅提取两个罪重的囚犯过来审问，有时用杖去打他们，有时用重物去压他们，喊叫的声音，非常惨，让人不忍心听下去，都说："只要能够保存生命，就请拿纸来，全部都招认了。"兵部的官员一向知道吉温的残酷，他们被带进去之后，都诬指自己的不法行为并且承认自己有罪，没有人敢违背吉温的意思。一会儿的工夫，狱讼审理就完了，检验囚犯，他们也没有被打的一些痕迹。六月，辛亥日（二十五日），敕书责备了兵部前后主管考选事务的侍郎和吏部代理南曹选举事务的郎官并且宽容他们的过错。张垍，就是张均的哥哥；吉温，就是吉顼弟弟的儿子。

吉温刚开始做新丰县丞的时候，太子文学薛嶷推荐吉温，说他有才干，于是唐玄宗要求召见他。后来对薛嶷说："是一个不好的人，我不要任用他。"

萧炅为河南尹，尝坐事，西台遣温往按之，温治炅甚急。及温为万年丞，未几，炅为京兆尹。温素与高力士相结，力士自禁中归，温度炅必往谢官，乃先诣力士，与之谈谑，握手甚欢，炅后至，温阳为惊避；力士呼曰："吉七不须避。"谓炅曰："此亦吾故人也。"召还，与炅坐。炅接之甚恭，不敢以前事为怨。他日，温谒炅曰："曩者温不敢隳国家法，自今请洗心事公。"炅遂与尽欢，引为法曹。

及林甫欲除不附己者，求治狱吏，炅荐温于林甫；林甫得之，大喜。温常曰："若遇知己，南山白额虎不足缚也。"时又有杭州人罗希奭，为吏深刻，林甫引之，自御史台主簿再迁殿中侍御史。二人皆随林甫所欲深浅，锻炼成狱，无能自脱者，时人谓之"罗钳吉网"。

【译文】萧炅做河南尹的时候，曾经犯罪。西京御史台派吉温前去审问他。吉温审理萧炅的时候非常严厉。等到吉温担任万年县丞的时候，过了不久萧炅做了京兆尹。吉温平时和高力士有来往，高力士从宫中回来之后，吉温猜测萧炅一定会去高力士家中向他表示感谢，于是就先去拜访了高力士，并且和他说笑握手，十分融洽。萧炅后来到的时候，吉温假装惊慌地躲避他。高力士叫道："吉七，没有必要躲避。"然后又对萧炅说："他也是我以前的老朋友啊。"于是就把吉温叫回来了，和萧炅一起坐着。萧炅待吉温非常恭敬，不敢因为先前的一些事情而对他怀有怨恨。有一天，吉温去拜见萧炅的时候说："以前我不敢破坏国家的法律，从今以后愿意一心一意地侍奉先生。"萧炅因此和吉温非常的欢好，任命他做法曹。

等到李林甫想要除去那些不服从自己的人的时候，寻找那些审理狱讼的官吏，于是萧炅就把吉温推荐给了李林甫。李林甫得到吉温之后，十分高兴。吉温曾经说："假如遇到了知己，就是把南山的白额虎捆绑起来，那也是件轻而易举的事情。"那个时候又有杭州人罗希奭，做事严密并且刻薄，于是李林甫就把他请过来，从御史台主簿两次提升到了殿中侍御史。两个人都随着李林甫所要加罪的深浅，严密地引用法条巧妙地给人定罪，没有一人能够幸免于此，当时的人称他们的这种行为为"罗钳吉网"。

秋，七月，壬午，册韦昭训女为寿王妃。

八月，壬寅，册杨太真为贵妃；赠其父玄琰兵部尚书，以其叔父玄珪为光禄卿，从兄铦为殿中少监，锜为驸马都尉。癸卯，册武惠妃女为太华公主，命锜尚之。及贵妃三姊，皆赐第京师，宠贵赫然。

杨钊，贵妃之从祖兄也，不学无行，为宗党所鄙。从军于蜀，得新都尉；考满，家贫不能自归，新政富民鲜于仲通常资给之。杨玄琰卒于蜀，钊往来其家，遂与其中女通。

【译文】秋季，七月，壬午日（二十六日），封韦昭训的女儿作为寿王妃。

八月，壬寅日（十七日），册命杨太真做贵妃，并且追封贵妃的父亲杨玄琰为兵部尚书，任命贵妃的叔父杨玄珪为光禄卿，堂哥杨铦为殿中少监，杨锜为驸马都尉。癸卯日（十八日），册命武惠妃的女儿作为太华公主，嫁给杨锜。贵妃的三个姐姐，都赏赐了京师第宅，尊崇贵幸，十分的荣耀。

杨钊，就是杨贵妃同曾祖父的哥哥，做人不学好，品德很坏，被宗族乡党的一些人所轻视。在蜀地当兵，当到了新都县的县尉；三年任期满了之后，家中十分贫穷，自己不能够回家，新政县的有钱人鲜于仲通曾经资助过他。杨玄琰在蜀地死了之后，杨钊经常和他的家中有来往，因此和他的第二个女儿私通。

鲜于仲通名向，以字行，颇读书，有材智，剑南节度使章仇

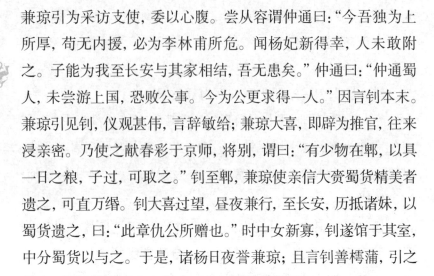

兼琼引为采访支使，委以心腹。尝从容谓仲通曰："今吾独为上所厚，苟无内援，必为李林甫所危。闻杨妃新得幸，人未敢附之。子能为我至长安与其家相结，吾无患矣。"仲通曰："仲通蜀人，未尝游上国，恐败公事。今为公更求得一人。"因言钊本末。兼琼引见钊，仪观甚伟，言辞敏给；兼琼大喜，即辟为推官，往来浸亲密。乃使之献春彩于京师，将别，谓曰："有少物在郫，以具一日之粮，子过，可取之。"钊至郫，兼琼使亲信大赍蜀货精美者遗之，可直万缗。钊大喜过望，昼夜兼行，至长安，历抵诸姊，以蜀货遗之，曰："此章仇公所赠也。"时中女新寡，钊遂馆于其室，中分蜀货以与之。于是，诸杨日夜誉兼琼；且言钊善樗蒲，引之见上，得随供奉官出入禁中，改金吾兵曹参军。

【译文】鲜于仲通名向，以字号行于世，读过很多的书，有才能和智谋，剑南节度使章仇兼琼请他做采访支使，并且把他当作心腹加以任用。在一次的闲谈中对鲜于仲通说："如今只有我一个人被皇上所亲厚，如果没有宫中的援助，一定会被李林甫所伤害。听闻杨贵妃最近得到了皇上的宠爱，但是还无人敢归附于她。假如您能够替我到长安和她的家人相结识，我就没有忧虑了。"鲜于仲通说："仲通本来就是蜀人，从来没有游历过京城，害怕会败坏了先生的事情。现在为先生您另外去找一个人。"于是就把杨钊的事情从头到尾跟他说了一遍。章仇兼琼请杨钊来见面，见他仪表丰盈并且伟岸，言辞敏捷，十分高兴，立刻召他为推官，来往渐渐地亲密了起来。章仇兼琼于是就派他到京师去进献春彩。到分别的时候，就对杨钊说："我有很少的东西在郫县，充当您在路上的一些费用。在您经过郫县之时，可顺便拿走。"杨钊到了郫县之后，兼琼使亲信送给他很多精美的蜀货，大概值一万贯。杨钊十分高兴，日夜兼程赶路。到达

资治通鉴

了长安，到每一个妹妹的家里，就把蜀货送给了她们，然后说："这是章仇公送的。"这时杨元琰的二女儿刚刚死了丈夫，杨钊就住在她的公馆里，并且把他带来的蜀货分了一半给她。于是杨家的人都日夜称赞章仇兼琼。然后又说杨钊擅长玩樗蒲，带他去觐见唐玄宗，因此可以跟随着供奉官进出宫中，改为金吾兵曹参军。

【乾隆御批】唐太宗开基，令主而有巢刺王妃之事，至玄宗开元致治，庶几无愧祖风，而太真册立，耻甚《新台》，岂非前之贻谋不臧，而后之罪甚效尤者耶。

【译文】唐太宗登基不久便发生了巢刺王妃杨氏的事，到玄宗开元时期国家安定清平，大概无愧于祖先，而太真皇妃杨玉环的册立简直比《新台》诗讽刺的还要无耻，这难道不是前人对子孙的训诲不良，而后世的罪更胜一筹啊。

九月，癸未，以陕郡太守、江淮租庸转运使韦坚为刑部尚书，罢其诸使，以御使中丞杨慎矜代之。坚妻姜氏，皎之女，林甫之舅子也，故林甫昵之。及坚以通漕有宠于上，遂有入相之志，又与李适之善；林甫由是恶之，故迁以美官，实夺之权也。

安禄山欲以边功市宠，数侵掠奚、契丹；奚、契丹各杀公主以叛，禄山讨破之。

陇右节度使皇甫惟明与吐蕃战于石堡城，为虏所败，副将褚誗战死。

冬，十月，甲午，安禄山奏："臣讨契丹至北平郡，梦先朝名将李靖、李勣从臣求食。"遂命立庙。又奏荐奠之日，庙梁产芝。

【译文】九月，癸未日（二十九日），任命陕郡太守、江淮租庸转运使韦坚作为刑部尚书，并且撤除了他所有的职务，任命御史中丞杨慎矜取代他。韦坚的妻子姜氏，就是李林甫舅父姜皎的女儿，于是李林甫亲近他。等到韦坚因为挖通运粮渠道而得到了唐玄宗的宠爱，因此便有了入朝当上宰相的意图，并且又和李适之相好；所以李林甫就讨厌他，因而升任他一个很好的官职，实际上却是削夺了他的权力。

安禄山想要用守边的一些功劳来博得唐玄宗的恩宠，所以多次侵略奚和契丹。奚和契丹分别杀了公主最后叛变；安禄山带领士兵进行讨伐，并且把他们给打败了。

陇右节度使皇甫惟明和吐蕃在石堡城作战，被敌人给打败了，副将褚战死了。

冬季，十月，甲午日（初十），安禄山向唐玄宗上疏说："臣讨伐契丹抵达北平郡，梦到了先朝的名将李靖、李勣向臣要食物吃。"唐玄宗因此让安禄山为李靖、李勣建立寺庙。安禄山又上疏说："进献祭品祭奠的那一天，庙梁上生出了许多的灵芝。"

丁酉，上幸骊山温泉。

上以户部郎中王鉷为户口色役使，敕赐百姓复除。鉷奏徵其辇运之费，广张钱数，又使市本郡轻货，百姓所输乃甚于不复除。旧制，戍边者免其租庸，六岁而更。时边将耻败，士卒死者皆不申牒，贯籍不除。王鉷志在聚敛，以有籍无人者皆为避课，按籍戍边六岁之外，悉徵其租庸，有并徵三十年者，民无所诉。上在位久，用度日侈，后宫赏赐无节，不欲数于左、右藏取之。鉷探知上指，岁贡额外钱帛百亿万，贮于内库，以供宫中宴赐，曰："此皆不出于租庸调，无预经费。"上以鉷为能富国，益厚遇之。鉷务为割剥以求媚，中外嗟怨。丙子，以鉷为御史中丞、京畿采访使。

【译文】丁酉日（十三日），唐玄宗到了骊山温泉。

唐玄宗任命户部郎中王鉷做户口色役使，敕命允许百姓免除赋税。王鉷上奏，请求向百姓征收运输的一部分费用，来增加广开钱货的数量。又让百姓卖重要的货物，购买本郡的轻货，老百姓所捐输的财物，比不免除赋税的时候还多。以前的制度和规定，戍守边疆的人，不缴租、庸税赋，以六年为界限。当时戍守边疆的将领，觉得战败十分可耻，所以士兵战死了之后，他们都不造名册向朝廷申报，因此那些死去的士兵的户籍姓名并没有除去。王鉷一心一意地想聚敛钱财，把有户籍但是现在却不在的都看作逃避纳税，所以就依据户籍记载戍守边疆六年以上的，都征租庸税；有的人甚至连续征收三十年。人民无处去申诉痛苦。唐玄宗在位的时间长了，费用就越来越多了。后宫的赏赐是更加没有节制，但是又不愿常常从左藏、右藏支取那些赏赐人的财物。王鉷十分了解唐玄宗的心意，每年贡献多余的钱百亿万，并且把他们贮藏在宫中的仓库里，用来供给宫中的宴乐和赏赐，并且说："这些钱财都不是租、庸、调征来的，不会影响国家的正常费用。"唐玄宗认为王鉷能让国家富足，对待他更加优待。王鉷一心一意地剥削百姓来讨好唐玄宗，朝中的百官和全国的百姓都叹息和怨恨他。丙子日（十月无此日），任用王鉷作为御史中丞、京畿采访使。

杨钊侍宴禁中，专掌樗蒲文簿，钩校精密。上赏其强明，曰："好度支郎。"诸杨数征此言于上，又以属王鉷，鉷因奏充判官。

十二月，戊戌，上还宫。

【译文】 杨钊在宫中侍奉唐玄宗饮食，专管樗蒲（如今掷骰子）的记录簿，钩稽校核十分的精细。唐玄宗认为他精明能干，然后说："他是个很好的度支郎。"杨家的人多次向唐玄宗要求证实这句话，又请求王鉷；王鉷因此奏请唐玄宗让杨钊作为代理判官。

十二月，戊戌日（十五日），唐玄宗回到宫中。

天宝五载（丙戌，公元七四六年）春，正月，乙丑，以陇右节度使皇甫惟明兼河西节度使。

李适之性疏率，李林甫尝谓适之曰："华山有金矿，采之可以富国，主上未之知也。"它日，适之因奏事言之。上以问林甫，对曰："臣久知之，但华山陛下本命，王气所在，凿之非宜，故不敢言。"上以林甫为爱己，薄适之虑事不熟，谓曰："自今奏事，宜先与林甫议之，无得轻脱。"适之由是束手矣。适之既失恩，韦坚失权，益相亲密，林甫愈恶之。

【译文】 天宝五年（丙戌，公元746年）春季，正月，乙丑日（十三日），任命陇右节度使皇甫惟明兼任河西节度使。

李适之的个性粗疏率直，李林甫以前对他说："华山的上面有金矿，假如开采出来之后，可以让国家富足。唐玄宗并不晓得这件事。"有一天，李适之趁着呈报事情并且顺便向唐玄宗谈到了这件事。于是唐玄宗就问李林甫，李林甫就回答说："臣早就知道这件事了；但是华山是陛下您的本命，是王气所在之处，不适合开凿，所以不敢对皇上您说。"唐玄宗因此认为李林甫爱自己，并怪李适之对事情的思虑不够周详，于是告诉他说："从此以后，假如要向我报告事情，就应当先和李林甫商量商量，不能够轻易忽视。"李适之自此就十分困窘了。李适之已经失去了唐玄宗的恩宠，韦坚也失去了权势，两人更加亲密，李林甫更加厌恶他们。

初，太子之立，非林甫意。林甫恐异日为己祸，常有动摇东宫之志；而坚，又太子之妃兄也。皇甫惟明尝为忠王友，时破吐蕃，入献捷，见林甫专权，意颇不平。时因见上，乘间微劝上去林甫。林甫知之，使杨慎矜密伺其所为。会正月望夜，太子出游，与坚相见，坚又与惟明会于景龙观道士之室。慎矜发其事，以为坚戚里，不应与边将狎昵。林甫因谮坚与惟明结谋，欲共立太子。坚、惟明下狱，林甫使慎矜与御史中丞王鉷、京兆府法曹吉温共鞫之。上亦疑坚与惟明有谋而不显其罪，癸酉，下制，责坚以干进不已，贬缙云太守；惟明以离间君臣，贬播川太守；仍别下制戒百官。

【译文】起初，太子册立的时候，不是李林甫的意思。李林甫害怕太子即位之后，对自己没有好处，因此常常有更立太子的意思；而韦坚又是太子妃的哥哥。皇甫惟明以前做过忠王友，当时击破吐蕃，入朝献捷的时候，见到李林甫专权，他心里十分不安。所以就趁着觐见唐玄宗的机会，暗地劝唐玄宗将李林甫予以罢除。李林甫得知后，于是就派遣杨慎矜严密地伺察他的动向。恰巧碰上正月十五日的夜晚，太子出宫游赏，和韦坚见面，韦坚又和皇甫惟明在景龙观道士的房中见面。杨慎矜把这件事告发，认为韦坚是皇室的外戚，不应该和边将相互亲近。李林甫因此就上奏禀报韦坚与皇甫惟明结交定计谋，想要一同拥立太子。韦坚、皇甫惟明被囚禁监狱，李林甫让杨慎矜和御史中丞王鉷、京兆府法曹吉温一块儿审问。唐玄宗也怀疑韦坚和皇甫惟明有结谋，所以并没有显扬他们的罪过，因此下制书，责备韦坚不求上进，并且把他贬为缙云太守；皇甫惟明离间君臣关系，把他贬为播川太守；又另外下制书告诫朝中的官员。

以王忠嗣为河西、陇右节度使，兼知朔方、河东节度事。忠嗣始在朔方、河东，每互市，高估马价，诸胡闻之，争卖马于唐，忠嗣皆买之。由是胡马少，唐兵益壮。及徙陇右、河西，复请分朔方、河东马九千匹以实之，其军亦壮。忠嗣杖四节，控制万里，天下劲兵重镇，皆在掌握，与吐蕃战于青海、积石，皆大捷。又讨吐谷浑于墨离军，虏其全部而归。

夏，四月，癸未，立奚酋娑固为昭信王，契丹酋楷洛为恭仁王。

【译文】任命王忠嗣作为河西、陇右节度使，管理朔方、河东节度使的一些事务。王忠嗣刚开始在朔方、河东郡，每次到达互市的时候，就把马的价格估得很高。少数民族知道这件事情之后，都争着把马卖给唐朝。于是王忠嗣就把马全部买了下来。因此胡人的马少了，但是唐朝的骑兵却是越来越强壮。等到调任陇右、河西节度使的时候，又请求分朔方、河东的马九千匹来充实自己的兵力，因此他的军力也十分强壮。王忠嗣秉持着四个符节，控制着万里的疆域，天下的强大兵力和重要的城镇，都掌握在他的手中，和吐蕃在青海、积石作战，都获得重大的胜利。又在墨离军讨伐吐谷浑，并且俘获了他们的一千人马，然后回来了。

夏季，四月，癸未日（初一），立奚部酋长娑固作为昭信王，契丹酋长楷洛作为恭仁王。

己亥，制："自今四孟月，皆择吉日祀天地、九宫。"

韦坚等既贬，左相李适之惧，自求散地。庚寅，以适之为太子少保，罢政事。其子卫尉少卿霅尝盛馔召客，客畏李林甫，竟日无一人敢往者。

以门下侍郎、崇玄馆大学士陈希烈同平章事。希烈，宋州人，以讲老、庄得进，专用神仙符瑞取媚于上。李林甫以希烈为上所爱，且柔佞易制，故引以为相；凡政事一决于林甫，希烈但给唯诺。故事，宰相午后六刻乃出。林甫奏，今太平无事，巳时即还第，军国机务皆决于私家；主书抱成案诣希烈书名而已。

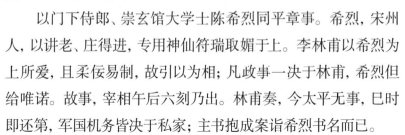

【译文】 己亥日（十七日），下制说："从今天开始，每一年四季的第一个月，都要选择好的日子来祭祀天地神祇和九宫的神明。"

韦坚等一些人被贬了之后，左丞相李适之十分害怕，自己要求退居到闲散的官位。庚寅日（初八），任命李适之作为太子少保，罢免了政事和职权。他的儿子卫尉少卿李霅，有一次盛设酒席请客，客人害怕李林甫，所以一整天没有一个人敢前去赴宴。

任命门下侍郎、崇玄馆大学士陈希烈作为同平章事。陈希烈原本是宋州人，凭着讲论《老子》《庄子》的学术才能够加以任用，专用神仙符瑞的说法去讨好唐玄宗。李林甫以为陈希烈是唐玄宗所喜欢的人，并且他的为人柔顺逸佞，十分好掌控，因此荐举他做左相；所有的政事都由李林甫决定，陈希烈只是唯唯诺诺地应承。以前的规定，宰相午后六刻（古时一昼夜分为一百刻）才退朝，李林甫上疏说：如今天下之间太平无事，巳时（上午九时至十一时）就可以回家。军中和国家重要的事情，都在李林甫自己的家里决定；主管文书的官员只需抱着定案的文书找陈希烈签名罢了。

五月，壬子朔，日有食之。

乙亥，以剑南节度使章仇兼琼为户部尚书；诸杨引之也。

秋，七月，丙辰，敕："流贬人多在道逗留。自今左降官日驰十驿以上。"是后流贬者多不全矣。

杨贵妃方有宠，每乘马则高力士执辔授鞭，织绣之工专供贵妃院者七百人，中外争献器服珍玩。岭南经略使张九章，广陵长史王翼，以所献精美，九章加三品，翼入为户部侍郎；天下从风而靡。民间歌之曰："生男勿喜女勿悲，君今看女作门楣。"妃欲得生荔支，岁命岭南驰驿致之，比至长安，色味不变。

【译文】五月份，壬子朔日（初一），日食。

乙亥日（二十四日），任命剑南节度使章仇兼琼作为户部尚书；他是因为杨家的人推荐的。

秋季，七月，丙辰日（初六），唐玄宗下达诏书说："那些被放逐的人，多在道路停留。自今以后，只要是贬逐的官员每天必须奔驰十个驿站以上的路程。"此后被放逐的那些人大多数都不能够保全。

杨贵妃正得宠，她每次骑马的时候，高力士就为她牵马拿着马鞭，专门为贵妃院织绣的工人就达七百人，朝廷内外都争先恐后地进献器物服饰和珍宝玩物。岭南的经略使张九章，广陵的长史王翼，由于进献的东西很好，张九章官阶加到了三品，王翼入朝作为户部侍郎。天下随风披靡。民间开始编成歌谣唱道："生男勿喜女勿悲，君今看女作门楣。"贵妃想要吃到新鲜的荔枝，每年荔枝成熟的时候就命令岭南用驿马飞奔着运过来，等到长安的时候，色泽和味道都还没有发生变化。

至是，妃以妒悍不逊，上怒，命送归兄铦之第。是日，上不怿，比日中，犹未食，左右动不称旨，横被棰挞。高力士欲尝上意，请悉载院中储偫送贵妃，凡百馀车；上自分御膳以赐之。及夜，力士伏奏请迎贵妃归院，遂开禁门而入。自是恩遇愈隆，后宫莫得进矣。

将作少匠韦兰、兵部员外郎韦芝为其兄坚讼冤，且引太子为言；上益怒。太子惧，表请与妃离昏，乞不以亲废法。丙子，再贬坚江夏别驾，兰、芝皆贬岭南。然上素知太子孝谨，故谴怒不及。李林甫因言坚与李适之等为朋党，后数日，坚长流临封，适之贬宜春太守，太常少卿韦斌贬巴陵太守，嗣薛王琄贬夷陵别驾，睢阳太守裴宽贬安陆别驾，河南尹李齐物贬竟陵太守，凡坚亲党连坐流贬者数十人。斌，安石之子。琄，业之子，坚之甥也。琄母亦令随琄之官。

【译文】就在这个时候，贵妃因为嫉妒泼辣并且不恭顺，唐玄宗十分生气，就让送回他哥哥杨铦的家中。这一天，唐玄宗的心中十分不高兴，到中午还没有吃饭。身边的人稍微有不合他的心意的，就会枉遭棒打。高力士想要试探唐玄宗的心意，就请求用车装院中的储备器物全都送给贵妃，总共有一百多车；唐玄宗亲自分自己的饭给他吃。等到了晚上的时候，高力士跪在地奏请迎接贵妃回院，于是当天晚上就开禁门迎入。自此之后恩宠礼遇就更加的隆盛，后宫再没有一个人能够有这个荣幸了。

将作少匠韦兰、兵部员外郎韦芝替他们的哥哥韦坚诉讼冤屈，讼词中还提到了太子；于是唐玄宗更加生气了。太子十分害怕，就上表请求和韦妃离婚，乞求不能因为亲属关系而废除国家的法律。丙子日（二十六日），再次贬韦坚作为江夏别驾，韦兰，韦芝都被贬到了岭南。然而唐玄宗素来了解太子孝顺谨慎，因此并没有责怪他。李林甫因此说韦坚与李适之是同党，几日后，韦坚就被永远地放逐到了临封，贬李适之做了宜春太守，贬太常少卿韦斌做了巴陵太守，贬嗣薛王李珪做了夷陵别驾，贬睢阳太守裴宽做了安陆别驾，贬河南尹李齐物做了竟陵太守，韦坚的亲戚朋友由此被放逐贬官的一共有好几十个人。韦斌，就是韦安石的儿子。李珪，就是李业的儿子，韦坚的外甥。李珪的母亲也让她跟随李珪到任所去。

冬，十月，戊戌，上幸骊山温泉；十一月，乙巳，还宫。

赞善大夫杜有邻，女为太子良娣，良娣之姊为左骁卫兵曹柳勣妻。勣性狂疏，好功名，喜交结豪俊。淄川太守裴敦复荐于北海太守李邕，邕与之定交。勣至京师，与著作郎王曾等为友，皆当时名士也。

勣与妻族不协，欲陷之，为飞语，告有邻妄称图谶，交构东宫，指斥乘舆。林甫令京兆士曹吉温与御史鞫之，乃勣首谋也。温令勣连引曾等入台。十二月，甲戌，有邻、勣及曾等皆杖死，积尸大理，妻子流远方；中外震栗。嗣虢王巨贬义阳司马。巨，邕之子也。别遣监察御史罗希奭往按李邕，太子亦出良娣为庶人。

乙亥，郏郡太守王琚坐赃贬江华司马。琚性豪侈，与李邕皆自谓耆旧，久在外，意怏怏，李林甫恶其负材使气，故因事除之。

【译文】冬季，十月，戊戌日（二十日），唐玄宗到了骊山温泉；十一月，乙巳日（二十八日），回到宫中。

赞善大夫杜有邻，他的女儿是太子良娣。良娣的姐姐作为左骁卫兵曹柳勣的妻子。柳勣性格品行粗疏狂妄，他喜爱功名，喜爱结交豪杰才俊的人。淄川太守裴敦复把他推荐给北海太守李邕，李邕就与柳勣定交。柳勣到达京师的时候，和著作郎王

资治通鉴

曾等一些人结为朋友,这些人都是当时有名的人士。

柳勣和妻子家的人不和,于是想要陷害他们。就散布流言,告杜有邻妄说图谶,并且和太子交结,指出和斥责唐玄宗的是非。李林甫命令京兆士曹吉温和御史一块儿去审问他,原来柳勣是首谋。吉温教柳勣牵连王曾等一些人并下御史台狱。十二月,甲戌日(二十七日),杜有邻、柳勣以及王曾等一些人都被杖死。他们的尸首堆在大理寺,他们的妻子被放逐在远方;朝廷内外十分恐惧。贬嗣虢王李巨做了义阳司马。李巨就是李邕的儿子。另外派监察御史罗希奭前去审问李邕,太子也驱逐出了良娣而成为平民。

乙亥日(二十八日),邺郡太守王琚因为贪赃而被贬为江华司马。王琚生性豪放恣肆,他和李邕都认为自己是老臣,但是却长时间在外面做官,心里十分不高兴。李林甫嫌他恃才使气,因此借着这件事除掉了他。

天宝六载(丁亥,公元七四七年)春,正月,辛巳。李邕、裴敦复皆杖死。邕才艺出众,卢藏用常语之曰:"君如干将、莫邪,难与争锋,然终虞缺折耳。"邕不能用。

林甫又奏分遣御史即贬所赐皇甫惟明、韦坚兄弟等死。罗希奭自青州如岭南,所过杀迁谪者,郡县惶骇。排马牒至宜春,李适之忧惧,仰药自杀。至江华,王琚仰药不死,闻希奭已至,即自缢。希奭又迂路过安陆,欲怖杀裴宽,宽向希奭叩头祈生,希奭不宿而过,乃得免。李适之子霅迎父丧至东京,李林甫令人诬告霅,杖死于河南府。给事中房琯坐与适之善,贬宜春太守。琯,融之子也。

林甫恨韦坚不已,遣使于循河及江、淮州县求坚罪,所在收系纲典船夫，溢于牢狱，徵剥逋负，延及邻伍，皆裸露死于公府，至林甫薨乃止。

【译文】 六载（丁亥，公元747年）春季，正月，辛巳日（初五），李邕、裴敦复都被杖死了。李邕的才艺超出了一般人，卢藏用以前对他说："您好似干将、莫邪两把宝剑，别人很难与您争锋芒，但是总是怕有缺损或者断折。"李邕不能够听从。

李林甫又上疏请求分别派遣御史到贬官处所赐皇甫惟明、韦坚兄弟等一些人死罪。于是罗希奭从青州到岭南地区，所到的地方，都把被贬逐的人杀死了，郡县都十分害怕。起马牌（安排驿马的文书）送到宜春的时候，李适之忧愁害怕，便服毒自杀了；送到江华的时候，王琚吃毒药却没有死，听闻罗希奭已经来到这里了，就自己上吊死了。罗希奭又绕路经过了安陆，想要吓唬并且杀害裴宽。裴宽向罗希奭叩头来乞求饶命，罗希奭没有住宿便走了，于是才能够免死。李适之的儿子李霅迎接父亲的灵柩来到东京，李林甫让人诬告李霅，在河南府把他用杖给打死了。给事中房琯由于与李适之关系比较好，所以就被贬为宜春太守。房琯就是房融的儿子。

李林甫十分痛恨韦坚，于是就派人在沿黄河、长江以及淮河两岸的一些州县寻求韦坚的罪状，逮捕纲吏（十船为一纲）以及挽船驾船的人，把他们带到牢狱之中，并且榨取人民所欠的税租，祸害蔓延到了乡野；他们都赤身露体死在了公府。他们的这种恐怖政策，一直持续到李林甫死后才能够停止。

【乾隆御批】 赦有罪正以杀无罪，故王通谓无赦之国，其刑必平。元宗於瑶、琚之死，不贷其子，裴、李之诛，不宥其臣，"罗钳吉网"流毒天下，岂真宽仁之主？顾欲除斩绞以博好生之名，是亦颠倒之甚者矣。

【译文】 救免有罪的人正是为了杀害无罪的人，所以王通称没有赦免制度的国家，刑罚必定公正，唐玄宗在处死瑶、琚后仍不宽赦他们的儿子，在诛杀裴敦复、李适后仍不放过他们的下属，"罗钳吉网"酷虐诬陷流毒天下，难道真是个宽容仁厚的君主? 只不过想除去严格执法为民除害的人而博取爱惜生命的名声而已，这也太颠倒黑白了!

丁亥，上享太庙; 戊子，合祭天地于南郊，赦天下。制免百姓今载田租。又令除削绞、斩条。上慕好生之名，故令应绞、斩者皆重杖流岭南，其实有司率杖杀之。又令天下为嫁母服三载。

上欲广求天下之士，命通一艺以上皆诣京师。李林甫恐草野之士对策斥言其奸恶，建言："举人多卑贱愚聩，恐有俚言污浊圣听。"乃令郡县长官精加试练，灼然超绝者，具名送省，委尚书覆试，御史中丞监之，取名实相副者闻奏。既而至者皆试以诗、赋、论，遂无一人及第者，林甫乃上表贺野无遗贤。

戊寅，以范阳、平卢节度使安禄山兼御史大夫。

【译文】 丁亥日（十一日），唐玄宗去祭祀太庙; 戊子日（十二日），在南郊合祭天地神祇，开始大赦天下。他下令免除了百姓今年的田租。然后又下令废除绞刑、斩刑的相关法条。因为唐玄宗贪慕好生的名义，所以就下令那些应当绞死、斩首的罪犯，都用杖重重地责打，然后放逐到岭南地区去; 实际上主管的人员大多数都把他们给打死了。于是又下令天下的百姓替改嫁的母亲服丧三年。

唐玄宗想要广泛地吸收天下有才智的人，命令凡是那些精通一种道艺以上的人都要来到京师。李林甫害怕乡野的人在对策时指出和斥责他的不法和罪恶，于是就对唐玄宗提议说："应试的人大部分都卑贱和愚昧，恐怕有一些粗俗的言语污浊了圣上的听闻。"于是就命令郡县长官仔细考察训练，对于那些特别有才能的，就开具姓名送到省中，委任尚书去复试，御史中丞监试，选择名实相副的人就报告给唐玄宗。等到应试的时候送到，都拿诗、赋、论去考他们，所以没有一个人能够及格。李林甫就上表庆贺说民间没有遗漏任何的贤人。

戊寅日（初二），任用范阳、平卢节度使安禄山兼任御史大夫。

禄山体充肥，腹垂过膝，尝自称重三百斤。外若痴直，内实狡黠。常令其将刘骆谷留京师伺朝廷指趣，动静皆报之；或应有笺表者，骆谷即为代作通之。岁献俘虏、杂畜、奇禽、异兽、珍玩之物，不绝于路，郡县疲于递运。

禄山在上前，应对敏给，杂以诙谐。上尝戏指其腹曰："此胡腹中何所有，其大乃尔！"对曰："更无馀物，正有赤心耳！"上悦。又尝命见太子，禄山不拜。左右趣之拜，禄山拱立曰："臣胡人，不习朝仪，不知太子者何官？"上曰："此储君也，朕千秋万岁后，代朕君汝者也。"禄山曰："臣愚，向者惟知有陛下一人，不知乃更有储君。"不得已，然后拜。上以为信然，益爱之。上尝宴勤政楼，百官列坐楼下，独为禄山于御座东间设金鸡障，置榻使坐其前，仍命卷帘以示荣宠。命杨铦、杨锜、贵妃三姊皆与禄山叙兄弟。禄山得出入禁中，因请为贵妃儿。上与贵妃共坐，禄山先拜贵妃。上问何故，对曰："胡人先母而后父。"上悦。

【译文】安禄山身体庞大，肚子下垂已经超过了膝部，曾经自己说自己的肚子重达三百斤。外表看起来好像忠诚和正直，内心却是非常的狡猾。曾经让他的部将刘骆谷在京师停留以窥伺朝廷的意向，一有动静就要报告给他；有的时候应当有表文的，刘骆谷就替他写好并且送到了朝中。每年进献俘虏和各类牲畜、奇禽异兽以及珍宝玩物等，道路不通，郡县为了替他运送这些东西，都异常疲惫。

安禄山在唐玄宗的跟前，应对十分敏捷，并且十分风趣。唐玄宗曾经指着他的肚子开玩笑地说："这个胡人的肚子里到底有些什么东西？竟然这么大！"安禄山回答说："除了赤心以外，再无别的东西了！"唐玄宗十分高兴。又曾经让他拜见太子，安禄山不拜。身边的人催促他拜，安禄山拱手站着说："我是胡人，对朝廷的礼节不熟习，不知道太子究竟是什么官职。"唐玄宗说："这是储君，是我死后代替我做你们君主的人。"安禄山说："微臣愚昧，以前仅仅知道有陛下一个人，不晓得另外还有储君。"没有办法，然后才拜。唐玄宗认为他的言行真实，更加喜欢他。唐玄宗曾经在勤政楼摆设宴席，大小官员都坐在楼下，并且在唐玄宗座位的东边单独为安禄山设立了金鸡帐，并且放置了坐榻，让安禄山坐在前面，又让他卷起帘子来表示荣耀和尊宠。命令杨铦、杨锜、贵妃的三个姐姐都和安禄山以兄弟的礼仪相待。安禄山可以任意地出入宫中，于是恳请当贵妃的儿子。唐玄宗和贵妃在一块儿的时候，安禄山先拜见贵妃。唐玄宗问他是什么原因，安禄山回答说："胡人的礼节是先拜母亲然后再拜见父亲。"唐玄宗十分高兴。

李林甫以王忠嗣功名日盛，恐其入相，忌之。安禄山潜蓄异志，托以御寇，筑雄武城，大贮兵器，请忠嗣助役，因欲留其兵。忠嗣先期而往，不见禄山而还，数上言禄山必反；林甫益恶之。

夏，四月，忠嗣固辞兼河东、朔方节度；许之。

冬，十月，己酉，上幸骊山温泉，改温泉宫曰华清宫。

河西、陇右节度使王忠嗣以部将歌舒翰为大斗副使，李光弼为河西兵马使，充赤水军使。翰父祖本突骑施别部酋长，光弼，契丹王楷洛之子也，皆以勇略为忠嗣所重。忠嗣使翰击吐蕃，有同列为之副，倨慢不为用，翰挝杀之，军中股栗；累功至陇右节度副使。每岁积石军麦熟，吐蕃辄来获之，无能御者，边人谓之"吐蕃麦庄"。翰先伏兵于其侧，虏至，断其后，夹击之，无一人得返者，自是不敢复来。

【译文】李林甫因王忠嗣功劳名望日益盛大，害怕他将要进入朝中作为宰相，便十分忌恨他。安禄山暗中和朝廷不一心，假托防御敌寇，建造雄武的城市，贮存了大量的武器。请求王忠嗣派兵帮忙建造，因此想要留下他的兵。王忠嗣在约定的时期先到达了，没有和安禄山会面就回去了；还多次上疏说安禄山一定会造反，李林甫就更加忌恶他。夏季，四月，王忠嗣坚决地辞去兼河东、朔方节度使，获得准许。

冬季，十月，己酉日（初七），唐玄宗到了骊山温泉，改温泉宫为华清宫。

河西、陇右节度使王忠嗣以部将哥舒翰作为大斗军副使，李光弼作为河西兵马使、代赤水军使。哥舒翰的父亲祖父原本就是突骑施别部酋长，李光弼就是契丹王李楷洛的儿子，都是因为他们有勇气和才略，所以被王忠嗣十分器重。王忠嗣让哥舒翰去进攻吐蕃，有同官阶的一位副将，态度傲慢并且不听他们的指使，哥舒翰用杖打死了他，军中很是害怕；积累功劳官位升到陇右节度副使。每年等到石军麦子成熟时，吐蕃就会过来收割，没有人能够阻拦他们，边境上的人称作"吐蕃麦庄"。哥舒翰预先在旁边埋伏下士兵,等吐蕃的军队来到的时候,就去切断他的后路,然后前后夹击他,无一人能够逃回去。自此之后,吐蕃再也不敢来收割麦子了。

上欲使王忠嗣攻吐蕃石堡城,忠嗣上言:"石堡险固,吐蕃举国守之。今顿兵其下,非杀数万人不能克;臣恐所得不如所亡,不如且厉兵秣马,俟其有衅,然后取之。"上意不快。将军董延光自请将兵取石堡城,上命忠嗣分兵助之。忠嗣不得已奉诏,而不尽副延光所欲,延光怨之。

李光弼言于忠嗣曰:"大夫以爱士卒之故,不欲成延光之功,虽迫于制书,实夺其谋也。何以知之?今以数万众授之而不立重赏,士卒安肯为之尽力乎!然此天子意也,彼无功,必归罪于大夫。大夫军府充牣,何爱数万段帛不以杜其谗口乎!"忠嗣曰:"今以数万之众争一城,得之未足以制敌,不得亦无害于国,故忠嗣不欲为之。忠嗣今受责天子,不过以金吾、羽林一将军归宿卫,其次不过黔中上佐;忠嗣岂以数万人之命易一官乎!李将军,子诚爱我矣,然吾志决矣,子勿复言。"光弼曰:"向者恐为大夫之累,故不敢不言。今大夫能行古人之事,非光弼所及也。"遂趋出。

【译文】唐玄宗想让王忠嗣带兵进攻吐蕃的石堡城。王忠嗣对唐玄宗说:"石堡城不但险要而且坚固,吐蕃用全国的兵力去守卫它。今日驻扎军队在城下,一定得杀死数万人才能攻下,臣害怕所得到的还不及所失去的多;倒不如暂时厉兵秣马,等到有机可乘的时候,然后再去攻取他。"唐玄宗不悦。将军董延光主动请求带领军队去攻取石堡城,唐玄宗命令王忠嗣分一部分的兵力去帮助他。王忠嗣不得已接奉了诏书，然而没有完全地符合董延光的心意，董延光非常怨恨他。

李光弼对王忠嗣说："大夫为了爱护士兵，不想成就董延光的功劳，即便是迫于唐玄宗的命令，但这实在是扰乱了他的计划呀。怎么知道的呢？现在您把数万士兵给他却没有立下重大的赏赐来鼓舞士气，战士们怎么能够为他尽力呢！并且攻打石堡城是唐玄宗的本意，他假如不能够建功，一定会把罪过推到大夫身上的。大夫军中府库十分充实，为什么要爱惜数万匹缎帛却不用来堵塞他陷害您的口舌呢？"王忠嗣说："如今用几万的军队去争夺一个城堡，得到了不能够制服敌人，得不到也对国家没有危害，因此忠嗣不愿意这样做。忠嗣今天受到责罚，唐玄宗也不过让我回去当个金吾将军或者羽林将军去防卫京城。其次，不过是把我贬到黔中地区做个长史、司马；忠嗣怎么能够拿几万人的生命去替换一个官职呢！李将军，您确实是很爱我，可是我心意已决，所以就请您不用再多说了。"李光弼说："以前害怕这件事儿会连累大夫，所以才说。现如今大夫能行古人的事迹，并非光弼我所能做得到的。"于是就很快地走了出去。

延光过期不克，言忠嗣沮挠军计，上怒。李林甫因使济阳别驾魏林告"忠嗣尝自言我幼养宫中，与忠王相爱狎"，欲拥兵以尊奉太子。敕徵忠嗣入朝，委三司鞫之。

上闻哥舒翰名，召见华清宫，与语，悦之。十一月，辛卯，以翰判西平太守，充陇右节度使；以朔方节度使安思顺判武威郡事，充河西节度使。

户部侍郎兼御史中丞杨慎矜为上所厚，李林甫浸忌之。慎矜与王鉷父晋，中表兄弟也，少与鉷狎，鉷之入台，颇因慎矜推引。及鉷迁中丞，慎矜与语，犹名之；鉷自恃与林甫善，意稍不平。慎矜夺鉷职田，鉷母本贱，慎矜尝以语人；鉷深衔之。慎矜犹以故意待之，尝与之私语谶书。

【译文】 延光过了预定的期限却还没能够攻下石堡城，于是就向唐玄宗说王忠嗣沮丧阻挠军事计划。唐玄宗十分生气。李林甫因此就让济阳别驾魏林告说"王忠嗣以前亲自说我自幼养活在宫中，和忠王相亲相爱"，想要据兵来尊奉太子。于是唐玄宗下命令征召王忠嗣回朝，就委任三司前去审问他。

唐玄宗听到哥舒翰的英名之后，就在华清宫召来见他，与他会谈之后，十分喜欢他。十一月，辛卯日（十九日），任命哥舒翰掌管西平太守职务，代为陇右节度使；任命朔方节度使安思顺掌管武威郡的事务，代为河西节度使。

户部侍郎兼御史中丞杨慎矜是唐玄宗十分亲近的人，李林甫慢慢地对他忌恨起来，杨慎矜和王鉷的父亲王晋，是中表兄弟，年轻的时候在一块儿玩耍。王鉷能够入御史台当官，一定程度上是得力于杨慎矜的推荐。等到王鉷升任御史中丞，杨慎矜和他说话，还是直接叫他的名字。王鉷仗着自己跟李林甫关系很好，内心慢慢觉得不平。杨慎矜夺取了王鉷的职田；王鉷的母亲本来十分微贱，杨慎矜曾经对别人说起过这件事儿；王鉷怀恨不已。杨慎矜还用以前的心意待他，曾经与他私下谈论谶书。

慎矜与术士史敬忠善，敬忠言天下将乱，劝慎矜于临汝山中买庄为避乱之所。会慎矜父墓田中草木皆流血，慎矜恶之，以问敬忠。敬忠请禳之，设道场于后园，慎矜退朝，辄躶贯桎梏坐其中。旬日血止，慎矜德之。慎矜有侍婢明珠，色美，敬忠屡目之，慎矜即以遗敬忠，车载过贵妃〔姊〕柳氏楼下，姊邀敬忠上楼，求车中美人，敬忠不敢拒。明日，姊入宫，以明珠自随。上见而异之，问所从来，明珠具以实对。上以慎矜与术士为妖法，恶之，含怒未发。

杨钊以告𫓧，𫓧心喜，因侮慢慎矜；慎矜怒。林甫知𫓧与慎矜有隙，密诱使图之。𫓧乃遣人以飞语告"慎矜隋炀帝孙，与凶人往来，家有谶书，谋复祖业。"上大怒，收慎矜系狱，命刑部、大理与侍御史杨钊、殿中侍御史卢铉同鞫之。太府少卿张瑄，慎矜所荐也，卢铉诬瑄尝与慎矜论谶，拷掠百端，瑄不肯答辩。乃以木缀其足，使人引其枷柄，向前挽之，身加长数尺，腰细欲绝，眼鼻出血，瑄竟不答。

【译文】杨慎矜和术士史敬忠关系很好，史敬忠说天下将来会有乱事发生，劝告杨慎矜在临汝山中买一个田庄作为躲避祸乱的地方。恰好杨慎矜父亲的墓地里的草木都在流血，杨慎矜十分厌恶，于是就去问史敬忠。史敬忠请求替他禳除灾凶，于是就在后园架设了道场。杨慎矜退朝回来之后，就赤身露体并且戴上脚镣手铐坐在当中。十天之后，血就不流了，杨慎矜十分感激他。杨慎矜有一个侍妾，叫作明珠，人长得很美，史敬忠多次注视她，于是杨慎矜就将她赠送给了史敬忠。当他们坐着车子经过杨贵妃姐姐柳氏楼下的时候，杨贵妃的姐姐请史敬忠上楼，并且求要车里坐的美人，史敬忠不敢拒绝她。第二天，贵妃的姐姐进宫的时候，带着明珠跟随进去。唐玄宗见到之后，觉得长得非比寻常，于是就询问她的来历，明珠把事实原原本本地告诉了唐玄宗。唐玄宗认为杨慎矜和术士作妖法，十分讨厌，因此含着怒意但是没有发泄出来。

杨钊把这件事告诉了王鉷，王鉷心里很高兴，因此就对杨慎矜侮辱不礼；杨慎矜十分生气。李林甫知道王鉷与杨慎矜有隔阂之后，秘密地引诱王鉷让他谋害杨慎矜。王就派人散布流言说："杨慎矜原本是隋炀帝的孙子，和凶人来往，家中藏谶书，并且计划复兴祖先的帝业。"唐玄宗十分生气，于是就把杨慎矜逮捕，并且囚禁在了牢狱里，命刑部、大理寺和侍御史杨钊、殿中侍御史卢铉一同审问他。太府少卿张瑄，就是杨慎矜举荐的。卢铉诬指张瑄曾经和杨慎矜谈论谶书，百般地拷打，张瑄都不愿答辩。于是就把木头绑在他的脚上，让人牵着枷锁的把手，用力向前拉，身长增加了好几尺，腰细得就快要断了，眼睛和鼻子都在向外流血，张瑄也不愿意回答。

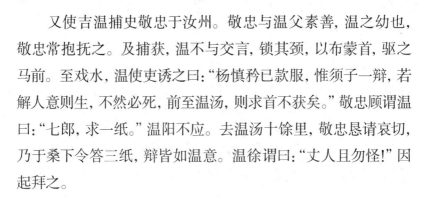

又使吉温捕史敬忠于汝州。敬忠与温父素善，温之幼也，敬忠常抱抚之。及捕获，温不与交言，锁其颈，以布蒙首，驱之马前。至戏水，温使吏诱之曰："杨慎矜已款服，惟须子一辩，若解人意则生，不然必死，前至温汤，则求首不获矣。"敬忠顾谓温曰："七郎，求一纸。"温阳不应。去温汤十馀里，敬忠恳请哀切，乃于桑下令答三纸，辩皆如温意。温徐谓曰："丈人且勿怪！"因起拜之。

至会昌，始鞫慎矜，以敬忠为证。慎矜皆引服，惟搜谶书不获。林甫危之，使卢铉入长安搜慎矜家，铉袖谶书入暗中，诟而出曰："逆贼深藏秘记。"至会昌，以示慎矜。〔慎矜〕叹曰："吾不蓄谶书，此何从在吾家哉！吾应死而已。"丁酉，赐慎矜及兄少府少监慎馀、洛阳令慎名自尽；敬忠杖百，妻子皆流岭南；瑄杖六十，流临封，死于会昌。嗣虢王巨虽不预谋，坐与敬忠相识，解官，南宾安置。自馀连坐者数十人。慎名闻敕，神色不变，为书别姊；慎馀合掌指天而缢。

【译文】 于是又派遣吉温到汝州去逮捕史敬忠。史敬忠和吉温的父亲一向关系不错，吉温年轻的时候，史敬忠经常抱着他并且爱抚他。等到逮到以后，吉温就不和他说话了，并且用枷锁锁着他的脖子，用布蒙着他的头，在马前赶着走。走到戏水的时候，吉温让一个小吏引诱他说："杨慎矜已经老老实实地承认了罪过，现在只需要您做一番辩证。假如您了解人意就可以存活，要不然的话，必死无疑。再往前走，到了温泉宫下的会昌时，想要自首也是办不到的事了。"史敬忠回过头看着吉温说："七郎，请求你给我一张纸。"吉温假装不理睬他。到了距会昌十多里路的时候，史敬忠恳求得悲哀而恳切，于是才在桑树下教他答辩了三张纸，辩词都符合吉温的心意。吉温缓慢地对他说："还请老伯不要怪罪于我！"于是站起身来拜谢。

到了会昌的时候，他才开始去审问杨慎矜，让史敬忠做人证。杨慎矜都承认有了过错并且服罪，只是没有搜到谶书。李林甫认为事态严重，让卢铉到长安去搜杨慎矜的家。卢铉身藏着谶书走到黑暗的地方，然后骂着走出来说："叛贼把秘书藏得真是太隐秘了。"会昌的时候，拿给杨慎矜看。于是杨慎矜叹息道："我没有收藏谶书，这些书怎么会在我家呢？我应该死罢了。"丁酉日（二十五日），唐玄宗就赐杨慎矜以及他的哥哥少府少监杨慎馀、洛阳令杨慎名自杀；史敬忠打了一百杖，妻子都被放逐到岭南地区去了；张瑄打六十杖之后，就放逐到了临封，然后死在了会昌。嗣虢王李巨虽然和此事没有关系，但是因为和史敬忠认识，因此也被解除了官职，并且安置到了南宾。除此以外受到连累而得罪的还有好几十个人。杨慎名听到唐玄宗赐死的命令之后，神态并无改变，只是给姐姐写了一封告别信；杨慎餘合掌指着上天上吊自杀。

三司按王忠嗣，上曰："吾儿居深宫，安得与外人通谋，此必妄也。但劾忠嗣沮挠军功。"哥舒翰之入朝也，或劝多赍金帛以救忠嗣。翰曰："若直道尚存，王公必不冤死；如其将丧，多赂何为！"遂单囊而行。三司奏忠嗣罪当死。翰始遇知于上，力陈忠嗣之冤，且请以己官爵赎忠嗣罪；上起，入禁中，翰叩头随之，言与泪俱。上感寤，己亥，贬忠嗣汉阳太守。

李林甫屡起大狱，别置推事院于长安。以杨钊有掖廷之亲，出入禁闼，所言多听，乃引以为援，擢为御史。事有微涉东宫者，皆指擿使之奏劾，付罗希奭、吉温鞫之。钊因得逞其私志，所挤陷诛夷者数百家，皆钊发之。幸太子仁孝谨静，张垍、高力士常保护于上前，故林甫终不能间也。

【译文】三司审问王忠嗣的时候，唐玄宗说："我的儿子经常住在宫中，怎么能够和外面的人交结意图不轨，其中一定有虚假的地方。因此仅仅可以审问王忠嗣沮丧阻挠军功的一些罪过。"哥舒翰被征召进入朝廷的时候，曾经有人劝他多带些金银财帛，去救王忠嗣。哥舒翰说："如果正道还存在的话，王公必然不会被冤死的；假如正道将要丧失的话，多带些贿赂又有什么用呢？"因此只是带着自己的行李包裹就离开了。三司向唐玄宗奏报说，王忠嗣罪有应得。哥舒翰刚获得了唐玄宗的赏识，竭尽全力说王忠嗣的一些冤屈，并且恳请把自己的官爵拿来赎回王忠嗣的死罪。唐玄宗站起来，走到了宫中，哥舒翰叩头跟随着进去了，一边说一边流泪。唐玄宗感动顿悟，己亥日（二十七日），就贬王忠嗣为汉阳太守。

李林甫多次兴起重大的刑案，另外还在长安设置了推事院。由于杨钊与杨贵妃有亲戚关系，可以随便出入宫门，他所讲的事情大多能够听从，所以把他拉拢过来充当援手，于是便提拔他做了御史。凡是与东宫太子稍微有一点关系的，都很快地指出他的罪过并且让杨钊去弹劾奏报，然后再交由罗希奭和吉温前去审问。杨钊因此才能够满足他的私心，所排挤陷害并且有好几百家都被杀死族灭，都让杨钊告发。所幸的是太子仁慈并且孝顺，谨慎而沉静，张垍、高力士往往在唐玄宗跟前加以保护，因此李林甫始终也不能离间他。

十二月，壬戌，发冯翊、华阴民夫筑会昌城，置百司。王公各置第舍，土亩直千金。癸亥，上还宫。

丙寅，命百官阅天下岁贡物于尚书省，既而悉以车载赐李林甫家。上或时不视朝，百司悉集林甫第门，台省为空。陈希烈虽坐府，无一人入谒者。

林甫子岫为将作监，颇以满盈为惧，尝从林甫游后园，指役夫言于林甫曰："大人久处钧轴，怨仇满天下，一朝祸至，欲为此得乎！"林甫不乐曰："势已如此，将若之何！"

【译文】十二月，壬戌日（二十一日），征调冯翊、华阴二郡的成年男子去建筑会昌城，城内设置了各种各样的官署，王公也各自修建了宅第，每亩土地价格值千金。癸亥日（二十二日），唐玄宗回宫。

丙寅日（二十五日），任命大小官员到尚书省去看今年地方上贡的物品，然后全部用车装载赏赐给了李林甫家。唐玄宗有的时候不上朝视事，各部门的官员都聚集在李林甫的家门前，御史台和尚书省内都没有人办公。陈希烈虽然坐在相府办公，但是却没有一个人去觐见他。

李林甫的儿子李岫做将作监，因为他家中的权势太盛，所以感到很恐惧，曾经跟李林甫到后园游赏的时候，指着做工的劳役，然后对李林甫说："大人，长久以来大权在握，怨家仇人那么多。有朝一日祸患到来，想要做一个劳役恐怕都做不到呢！"李林甫很不高兴地说："情势已经这样，又能够怎么办呢？"

【申涵煜评】 岫见父专权，知以满盈为惧，贤公子也。林甫曰：势已如此，将若之何。从来乱臣贼子，皆由此一念，收拾不得，遂乃无所不至。惜岫终为覆巢之卵。

【译文】 李岫见父亲专权，知道以盈满的道理来让父亲恐惧，真是贤公子啊。李林甫说：形势已经如此，该怎么办？从来乱臣贼子，都是因为这个念头，收拾不了，于是就无所不至。可惜李岫最后还暗示成了覆巢之卵。

先是，宰相皆以德度自处，不事威势，骑从不过数人，士民或不之避。林甫自以多结怨，常虞刺客，出则步骑百馀人为左右翼，金吾静街，前驱在数百步外，公卿走避；居则重关复壁，以石甃地，墙中置板，如防大敌，一夕屡徙床，虽家人莫知其处。宰相骑从之盛，自林甫始。

初，将军高仙芝，本高丽人，从军安西。仙芝骁勇，善骑射。节度使夫蒙灵察屡荐至安西副都护、都知兵马使，充四镇节度副使。

【译文】 在以前，宰相都以道德气度自居，从来不用威权，骑马随从的也不过几个人，老百姓有的时候都不用躲避。李林甫自认为结下了太多仇怨，所以时时害怕有刺客，因此出门就有一百多名步兵骑士，分左右两翼来护卫，巡防京城的金吾卫为他清除街道上的行人，前行卫队走在几百步以前，公卿大人都匆忙地躲避；家居的时候就设置了重重的机关、双层的夹壁墙，并且用石头铺地，墙中间放置了厚板，好像预防大敌一样；一个晚上要多次迁移卧床，即使是自家的人也不知晓他睡在什么地方。宰相出行用很多人骑马跟随，就是从李林甫开始的。

起初，将军高仙芝，本来是高丽人，到安西从军。高仙芝矫健并且勇猛，擅长骑马和射箭，节度使夫蒙灵察多次推荐，官做到安西副都护、都知兵马使，担任四镇的节度副使。

吐蕃以女妻小勃律王，及其旁二十馀国，皆附吐蕃，贡献不入；前后节度使讨之，皆不能克。制以仙芝为行营节度使，将万骑讨之。自安西行百馀日，乃至特勒满川，分军为三道，期以七月十三日会吐蕃连云堡下。有兵近万人，不意唐兵猝至，大惊，依山拒战，炮礌如雨。仙芝以郎将高陵李嗣业为陌刀将，令之曰："不及日中，决须破虏。"嗣业执一旗，引陌刀缘险先登力战，自辰至巳，大破之，斩首五千级，捕虏千馀人，馀皆逃溃。中使边令诚以入虏境已深，惧不敢进；仙芝乃使令诚以赢弱三千守期城，复进。

【译文】吐蕃把女儿嫁给了小勃律王作为妻子，和小勃律旁边的二十几个小国，都归附了吐蕃，所以它们从来不进贡给唐朝。前后任的节度使曾经去讨伐他，都没有取得胜利。于是唐玄宗下令让高仙芝作为行营节度使，带领一万骑兵前去讨伐。从安西行军一百多天，就到达了特勒满川，于是把军队分为三路，约定于七月十三日在吐蕃连云堡下集合。连云堡有兵大约一万人，没有想到唐朝的大军突然来到，十分惊慌，都依仗着山险前来抵抗作战，炮石和檑木像雨点一样往下落。高仙芝让郎将高陵人李嗣业作为陌刀（长刀）将军，并且命令他说：“等不到中午，一定要把敌人击败。”李嗣业手里拿着一杆大旗，并且带领陌刀手从险要的地方先爬上山来努力地作战，从早上辰时开始，一直到巳时以前，就把敌人击败了，斩了敌人五千人的头，俘获一千多个人，其余的人都四处溃散，然后逃走了。天子派来监军的使者边令诚认为已经进入敌人的领土很深远了，害怕而不敢再前进。高仙芝于是就让教边令诚用伤病虚弱的三千人来防守连云堡，然后再向前进兵。

三日，至坦驹岭，下峻阪四十馀里，前有阿弩越城。仙芝恐士卒惮险，不肯下，先令人胡服诈为阿弩越城守者迎降，云：“阿弩越赤心归唐，娑夷水藤桥已斫断矣。”娑夷，即弱水也，其水不能胜草芥。藤桥者，通吐蕃之路也。仙芝阳喜，士卒乃下。又三日，阿弩越城迎者果至。

明日，仙芝入阿弩越城，遣将军席元庆将千骑前行，谓曰：“小勃律闻大军至，其君臣百姓必走山谷，弟呼出，取缯帛称敕赐之，大臣至，尽缚之以待我。”元庆如其言，悉缚诸大臣。王及吐蕃公主逃入石窟，取不可得。仙芝至，斩其附吐蕃者大臣数人。

【译文】走了三天的时间，才到达了坦驹岭，向下走了四十多里的陡峭山坡，前面看到阿弩越城。高仙芝担心士兵们畏惧危险，不愿意下山去攻城，先让人穿上胡人的衣服装作阿弩越城的守军来投降，然后说：“阿弩越诚心想归顺唐朝，娑夷水的藤桥已经被砍断了。”娑夷水就是弱水，水流连草芥都不能够浮上来。藤桥就是通往吐蕃的桥梁。高仙芝假装着十分高兴，士兵们这才向山下进发了。然后又过了三天，阿弩越城投降的使者果然来到了这里。

　　第二天，高仙芝进到了阿弩越城，派遣将军席元庆率领一千骑兵在前面行进，对他说："小勃律听到大军将要到来，他们君臣同老百姓一定会逃到山谷里去的，您只管喊叫他们出来，拿缯和帛并且说明是唐玄宗的命令要赏赐给他们的；如果大臣出来了，就要一概绑起来等候我的发落。"席元庆按照吩咐去做了，然后就把大臣全部都捆绑起来。国王以及吐蕃公主逃进了石洞里，因此抓不到他们。高仙芝到达之后，就把附从吐蕃的几个大臣斩首了。

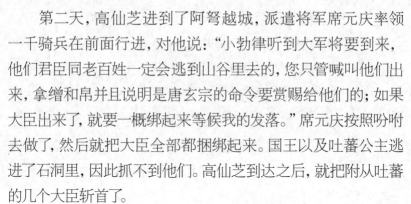

　　藤桥去城犹六十里，仙芝急遣元庆往斫之，甫毕，吐蕃兵大至，已无及矣。藤桥阔尽一矢，力修之，期年乃成。

　　八月，仙芝虏小勃律王及吐蕃公主而还。九月，至连云堡，与边令诚俱。月末，至播密川，遣使奏状。

　　至河西，夫蒙灵察怒仙芝不先言己而遽发奏，一不迎劳，骂仙芝曰："啖狗粪高丽奴！汝官皆困谁得，而不待我处分，擅奏捷书！高丽奴！汝罪当斩，但以汝新有功不忍耳！"仙芝但谢罪。边令诚奏仙芝深入万里，立奇功，今旦夕忧死。

　　【译文】藤桥离城大约有六十里远，高仙芝赶忙派出席元庆去砍它；刚刚砍断了桥，吐蕃的大兵就已来到了，然而已经来不及了。藤桥宽有一箭之远，用力修筑，也要整整一年才行。

　　八月，高仙芝俘虏了小勃律王和吐蕃公主回来了。九月，到达了连云堡，和边令诚会合。月底的时候，到达了播密川，派出使者向唐玄宗上报经过。

　　走到白马河西的时候，夫蒙灵察因为高仙芝没有事先跟自己说就直接向唐玄宗上报，十分生气，没有任何的迎接和慰劳行为，然后就骂高仙芝说："吃狗屎的高丽奴才，你的官职都是因为谁才获得的？但是却没有等到我的处分就擅自向唐玄宗奏上捷书！高丽的奴才，你的罪过就应该去斩首，只不过由于你刚刚立下一些战功，我不忍心杀害你而已！"高仙芝只是自己承认有罪。边令诚向唐玄宗报告说高仙芝已经深入敌国万里，树立了很大的功劳，现在早晚都害怕被杀害了。

资治通鉴卷第二百一十六　唐纪三十二

起强圉大渊献十二月，尽昭阳大荒落，凡六年有奇。

【译文】起丁亥（公元747年）十二月，止癸巳（公元753年），共六年一个月。

【题解】　本卷记录了公元747年十二月至753年的史事，共六年又一个月，正当唐玄宗天宝六年十二月到天宝十二年。天宝后期，唐朝社会表面上仍呈现升平发展，而上层政治在急速恶化。唐玄宗整日只知道安逸享乐，尽情挥霍，对国家大事毫不知情，更加迷信神仙求长生，只愿意听奉承话，不想听逆耳之言。此时期，府兵制败坏，募兵制也积弊丛生，劲兵都安置在沿边，边境不宁，中原空虚，武备废弛。唐军征南诏、讨西域、袭契丹，全线败没。政治上也一团混乱，杨国忠把持朝政，贪污枉法，滥授官职，与安禄山交恶，国家已处于动乱的边缘。

玄宗至道大圣大明孝皇帝下之上

天宝六年(丁亥，公元七四七年)十二月，己巳，上以仙芝为安西四镇节度使，徵灵察入朝，灵察大惧。仙芝见灵察，趋走如故，灵察益惧。副都护京兆程千里、押牙毕思琛及行官王滔等，皆平日构仙芝于灵察者也，仙芝面责千里、思琛曰："公面虽男子，心如妇人，何也？"又捽滔等，欲笞之，既而皆释之，谓曰："吾素所恨于汝者，欲不言，恐汝怀忧；今既言之，则无事矣。"军中乃安。

【译文】天宝六年（丁亥，公元747年）十二月，己巳日（二十七日），唐玄宗任命高仙芝作为安西四镇的节度使，征召夫蒙灵察进入了朝堂。夫蒙灵察十分害怕。高仙芝见到夫蒙灵察之后，仍然跟以前一样走得很快，夫蒙灵察更加害怕。副都护京兆程千里、押牙毕思琛以及行官王滔等一些人，都是平时在夫蒙灵察面前陷害高仙芝的人。高仙芝当面驳斥程千里和毕思琛，然后说："你们这些人面貌像个男子汉，心里面却跟个妇人一样，这是什么原因呢？"然后又抓过王滔等一些人，想要打他们，接着就又都把他们释放了，然后对他们说："我平时最恨你们，只是想不说出来，是怕你们心里害怕；今天既然已经说过了，这样就没事了。"军中的人心这时才安定下来。

初，仙芝为都知兵马使，猗氏人封常清，少孤贫，细瘦颣目，一足偏短，求为仙芝傔，不纳。常清日候仙芝出入，不离其门，凡数十日，仙芝不得已留之。会达奚部叛走，夫蒙灵察使仙芝追之，斩获略尽。常清私作捷书以示仙芝，皆仙芝心所欲言者，由是一府奇之。仙芝为节度使，即署常清判官；仙芝出征，常为留后。仙芝乳母子郑德诠为郎将，仙芝遇之如兄弟，使典家事，威行军中。常清尝出，德诠走马自后突之而过。常清至使院，使召德诠，每过一门，辄阖之，既至，常清离度谓曰："常清本出寒微，郎将所知。今日中丞命为留后，郎将何得于众中相陵突！"因叱之曰："郎将须蹔死以肃军政。"遂杖之六十，面仆地曳出。仙芝妻及乳母于门外叫哭救之，不及，因以状白仙芝，仙芝览之，惊曰："已死邪？"及见常清，遂不复言，常清亦不之谢。军中畏之惕息。

【译文】 刚开始的时候，高仙芝做都知兵马使，有一个猗氏地方的人叫封常清，他从小孤苦并且贫穷，身材矮小，两眼斜视，一条腿特别的短，要求做高仙芝的侍从，高仙芝没有同意。封常清每天等待着高仙芝出入，不离开他的大门，共有好几十天，高仙芝没有办法只好收留他。等到达奚部叛乱的时候，夫蒙灵察让高仙芝追击他，几乎把敌人全部杀死或者是俘获了。封常清私下写好报捷的文书拿去给高仙芝看，他写的那些都是高仙芝内心想说的话，因而全府的人都尤为器重他。高仙芝担任了节度使之后，就任命封常清作为判官，高仙芝外出作战，封常清经常做留后。高仙芝奶妈的儿子郑德诠作为郎将，高仙芝对待他如同自己的亲兄弟，让他主持管理自己家中的事务，他在军中非常有威势。有一次封常清外出的时候，郑德诠就骑着马从他的后面奔驰而过。封常清来到节度使办公的院中，让人叫郑德诠，每进入一道门，然后就把门给关闭了；等到郑德诠到达的时候，封常清就站起来，然后对他说："我封常清本来就出身不好，这是您所了解的。现在中丞命令我做留后，您为什么在大庭广众之下冒犯凌辱我！"因此责骂他说："必须立即打死你来严肃军中纪律。"于是就打了他六十大棍，面向地躺着，然后拉了出去。高仙芝的妻子和奶妈在门外大声哭叫着过来救他，可是已经来不及了，因此就把详情写成状子拿给高仙芝看。高仙芝看过之后，就惊讶地说："已经死了吗？"等见到封常清的时候，又没有提起此事，封常清也不去请罪。军中的人十分怕他。

自唐兴以来，边帅皆用忠厚名臣，不久任，不遥领，不兼统，功名著者往往入为宰相。其四夷之将，虽才略如阿史那社尔、契苾何力犹不专大将之任，皆以大臣为使以制之。及开元中，天子有吞四夷之志，为边将者十馀年不易，始久任矣；皇子则庆、忠诸王，宰相则萧嵩、牛仙客，始遥领矣；盖嘉运、王忠嗣专制数道，始兼统矣。李林甫欲杜边帅入相之路，以胡人不知书，乃奏言："文臣为将，怯当矢石，不若用寒畯胡人；胡人则勇决习战，寒族则孤立无党，陛下诚心恩洽其心，彼必能为朝廷尽死。"上悦其言，始用安禄山。至是，诸道节度使尽用胡人，精兵咸戍北边，天下之势偏重，卒使禄山倾覆天下，皆出于林甫专宠固位之谋也。

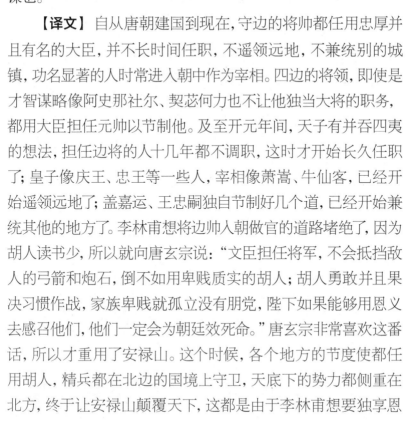

【译文】自从唐朝建国到现在，守边的将帅都任用忠厚并且有名的大臣，并不长时间任职，不遥领远地，不兼统别的城镇，功名显著的人时常进入朝中作为宰相。四边的将领，即使是才智谋略像阿史那社尔、契苾何力也不让他独当大将的职务，都用大臣担任元帅以节制他。及至开元年间，天子有并吞四夷的想法，担任边将的人十几年都不调职，这时才开始长久任职了；皇子像庆王、忠王等一些人，宰相像萧嵩、牛仙客，已经开始遥领远地了；盖嘉运、王忠嗣独自节制好几个道，已经开始兼统其他的地方了。李林甫想将边帅入朝做官的道路堵绝了，因为胡人读书少，所以就向唐玄宗说："文臣担任将军，不会抵挡敌人的弓箭和炮石，倒不如用卑贱质实的胡人；胡人勇敢并且果决习惯作战，家族卑贱就孤立没有朋党，陛下如果能够用恩义去感召他们，他们一定会为朝廷效死命。"唐玄宗非常喜欢这番话，所以才重用了安禄山。这个时候，各个地方的节度使都任用胡人，精兵都在北边的国境上守卫，天底下的势力都侧重在北方，终于让安禄山颠覆天下，这都是由于李林甫想要独享恩荣、固守相位的计谋所造成的。

天宝七载(戊子，公元七四八年)夏，四月，辛丑，左监门大将军、知内侍省事高力士加骠骑大将军。力士承恩岁久，中外畏之。太子亦呼之为兄，诸王公呼之为翁，驸马辈直谓之爷，自李林甫、安禄山辈皆因之以取将相。其家富厚不赀。于西京作宝寿寺，寺钟成，力士作斋以庆之，举朝毕集。击钟一杵，施钱百缗有求媚者至二十杵，少者不减十杵。然性和谨少过，善观时俯仰，不敢骄横，故天子终亲任之，士大夫亦不疾恶也。

五月，壬午，群臣上尊号曰开元天宝圣文神武应道皇帝；赦天下，免百姓来载租庸，择后魏子孙一人为三恪。

【译文】七载(戊子，公元748年)夏季，四月，辛丑日(初二)，左监门大将军、知内侍省事高力士加官作为骠骑大将军。高力士接受唐玄宗的恩宠已经很长时间了，朝廷内外的人都十分害怕他，太子称呼他哥哥，王公们都把他称作翁，驸马辈的官居然称呼他为爷爷。像李林甫、安禄山等一些人，都凭着他而取得大将和宰相的官位。他家中的财产非常多。在西京建造了宝寿寺，寺里的大钟铸成之时，高力士作素食来庆贺，全部的朝廷官员都过来参加。用杵敲钟一下，就要布施一百贯的钱。有讨好的人敲到了二十杵，敲的少的也没有低于十杵。可是他的性情温和而谨慎，几乎没有过失。又擅长观察当时的情势并且采取合适的举动，不敢骄傲和放肆，因此唐玄宗始终亲近并且信任他，士大夫也不痛恨和讨厌他。

五月，壬午日(十三日)，大臣们上尊号称唐玄宗为开元天宝圣文神武应道皇帝，开始大赦天下，并且免除了老百姓第二年的租、庸税赋，挑选后魏的子孙一人作为三恪。

【乾隆御批】 玄宗宠任力士，致太子、诸王以翁兄称谓，将相皆出其门，岂得谓之谨而少过？盖是时士大夫正直者少，慑其气焰，方阿谀之不暇，尚何有于疾恶乎，厥后辅国元振继起，流毒滋甚，终唐世而不能革宦官之祸，实滥觞于此。

【译文】 玄宗宠幸高力士，以至于太子及诸王都对他以父兄相称，朝中将相都出自他的门下，这能说他谨慎而少犯错？大概是当时士大夫中正直的人少，慑于他的威势气焰，阿谀奉承还唯恐不及，哪里还敢憎恶呢？此后把持国政治理国家的人相继出现，流毒之深，终唐一世都不能革除宦官带来的祸患，开端源于此。

六月，庚子，赐安禄山铁券。

度支郎中兼侍御史杨钊善窥上意所爱恶而迎之，以聚敛骤迁，岁中领十五馀使。甲辰，迁给事中，兼御史中丞，专判度支事，恩幸日隆。

苏冕论曰：设官分职，各有司存。政有恒而易守，事归本而难失，经远之理，舍此奚据！洎奸臣广言利以邀恩，多立使以示宠，刻下民以厚敛，张虚数以献状；上心荡而益奢，人望怨而成祸；使天子有司守其位而无其事，爱厚禄而虚其用。宇文融首唱其端，杨慎矜、王鉷继遵其轨，杨国忠终成其乱。仲尼云：宁有盗臣而无聚敛之臣。诚哉是言！前车既覆，后辙未改，求达化本，不亦难乎！

【译文】 六月，庚子日(初一)，并且赐铁券给安禄山。

度支郎中兼侍御史杨钊擅长观察唐玄宗心中的好恶并且迎合他的心意，因为擅于聚敛钱财而多次升官，一年当中担任朝廷中的十五个职位。甲辰日(初五)，升到了事中，兼任御史中丞，专门管理钱财收支的情况，接受唐玄宗的恩宠渐渐隆盛。

苏冕评价说：朝廷设立官位分掌职事，各自都有专任的主管人员。政事有常度所以容易奉行，庶务各自归其根本因而很少有差错。经理国家让他长治久安，除了上述的一些办法之外，还有什么依据？等到奸臣们大谈财利来求取一些恩幸，朝廷大都任为使节来表示荣宠；对老百姓厚敛钱财，用夸大不实的数字呈报给唐玄宗；于是唐玄宗就心浮气动，所以越加奢侈，人民怨恨，终于酿成了大祸；让天子和朝廷中的百官身居其位但是却无所事事，享受厚禄并且把国家的有用之财损耗殆尽。宇文融首开其端，杨慎矜、王鉷接着遵行。杨国忠终于造成了大乱。仲尼说过："国家宁可有偷盗的臣子，也不能有聚敛的臣子。"这话说得真是太对了！前面的车子都已经翻倒了，后来的车子却仍然不知道悔改，要想做到教化流行这一根本的任务，不是太困难了吗？

冬，十月，庚戌，上幸华清宫。

十一月，癸未，以贵妃姊适崔氏者为韩国夫人，适裴氏者为虢国夫人，适柳氏者为秦国夫人。三人皆有才色，上呼之为姨，出入宫掖，并承恩泽，势倾天下。每命妇入见，玉真公主等皆让不敢就位。三姊与铦、锜五家，凡有请托，府县承迎，峻于制敕；四方赂遗，辐凑其门，惟恐居后，朝夕如市。十宅诸王及百孙院昏嫁，皆先以钱千缗赂韩、虢使请，无不如志。上所赐与及四方献遗，五家如一。竞开第舍，极其壮丽，一堂之费，动逾千万；既成，见他人有胜己者，辄毁而改为。虢国尤为豪荡，一旦，帅工徒突入韦嗣立宅，即撤去旧屋，自为新第，但授韦氏以隙地十亩而已。中堂既成，召工圬墁，约钱二百万；复求赏技，虢国以绛罗五百段赏之，嗤而不顾，曰："请取蝼蚁、蜥蜴，记其数置堂中，苟失一物，不敢受直。"

【译文】冬季，十月，庚戌日（十三日），唐玄宗来到华清宫。

十一月，癸未日（十七日），就封杨贵妃嫁给崔家的姐姐作为韩国夫人，嫁给裴家的姐姐作为虢国夫人，嫁给柳家的姐姐作为秦国夫人。三个人都有才艺以及美色，唐玄宗就称呼她们为姨。她们进出皇宫，都接受唐玄宗的爱幸，权势凌驾于天下。每次三国夫人进宫拜见唐玄宗的时候，玉真公主（睿宗女）等一些人都谦让，不敢在座位上坐。贵妃的三位姐姐和杨铦、杨锜五家，一旦有请托郡、县争相奉承奉迎，这比唐玄宗的命令都要快速；各地的贿赂和馈赠，都在他们的家中聚集，害怕落在人后，从早上到晚上门庭若市。十王宅及百孙院如果有结婚或者嫁女的事情，都用一千缗钱去贿赂韩国夫人、虢国夫人，让她们向唐玄宗请求，没有不达成心愿的。唐玄宗的赏赐和各地进献的礼物，五家都一样的多。争着建造府第和宅舍，十分壮观华丽。一个厅堂的费用，就超过千万钱。建好房屋后，看到别人家有比自己好的，经常将自己的毁掉再建。尤其是虢国夫人特别奢侈，有一天，她领着工匠闯入韦嗣立的家中，拆除他家的房子，建自己的新宅，仅仅给韦氏十亩闲田作为补偿。中堂建造成功后，让工人粉刷墙壁，费用大概是二百万钱；工匠又要求奖赏技艺，虢国夫人打赏他们绛罗五百段。工匠连看都不看说："请您拿一些蝼蛄、蚂蚁和蜥蜴，记其数，置于中堂，如果丢一个，我们都不收钱。"

十二月，戊戌，或言玄元皇帝降于朝元阁，制改会昌县曰昭应，废新丰入昭应。辛酉，上还宫。

哥舒翰筑神威军于青海上，吐蕃至，翰击破之。又筑城于青海中龙驹岛，谓之应龙城，吐蕃屏迹不敢近青海。

是岁，云南王归义卒，子阁罗凤嗣，以其子凤迦异为阳瓜州刺史。

【译文】十二月，戊戌日（初二），有人说玄元皇帝在朝元阁显灵，因此唐玄宗下令改会昌县为昭应，将新丰县并入昭应。辛酉日（二十五日），唐玄宗回到宫中。

哥舒翰在青海旁设立神威军，吐蕃来犯，哥舒翰将其打败。在青海中的龙驹岛上又建筑一个城，称应龙城，吐蕃不敢靠近青海一步。

这一年，云南王归义死了，其子阁罗凤继位，任命他自己的儿子凤迦异为阳瓜州刺史。

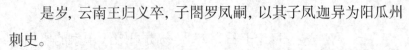

天宝八载（己丑，公元七四九年）春，二月，戊申，引百官观左藏，赐帛有差。是时州县殷富，仓库积粟帛，动以万计。杨钊奏请所在粜变为轻货，及徵丁租地税皆变布帛输京师；屡奏帑藏充牣，古今罕俦，故上帅群臣观之，赐钊紫衣金鱼以赏之。上以国用丰衍，故视金帛如粪壤，赏赐贵宠之家，无有限极。

三月，朔方节度等使张齐丘于中受降城西北五百馀里木剌山筑横塞军，以振远军使郑人郭子仪为横塞军使。

夏，四月，咸宁太守赵奉璋告李林甫罪二十馀条；状未达，林甫知之，讽御史逮捕，以为妖言，杖杀之。

【译文】八载（己丑，公元749年）春季，二月，戊申日（十三日），唐玄宗率百官视察左藏，赏赐绢帛等。此时各个州、县都很富裕，仓库经常积聚的米粮和绢帛过万。杨钊上奏请求唐玄宗下令让各州县把所积聚的米粮变成轻货，和他们征收的丁租地税都转变为布帛上缴；并且多次上表说国库充足，古往今来鲜有能敌，因此唐玄宗才领百官前来视察。赏赐杨钊紫衣金鱼。因为国家财力充足，因此唐玄宗视钱财如粪土，随意奖赏宠臣。

三月，朔方节度等使张齐丘在中受降城距离西北方五百多里的木剌山建立横塞军，让振远军使郑人郭子仪作为横塞军使。

夏季，四月，咸宁太守赵奉璋向唐玄宗状告李林甫罪过二十多条；状子还没有送到，李林甫已经得到消息了，暗示御史逮捕他，说他胡说八道，扰乱民心，将他乱棍打死。

先是，折冲府皆有木契、铜鱼，朝廷徵发，下敕书、契、鱼，都督、郡府参验皆合，然后遣之。自募置彍骑，府兵日益堕坏，死及逃亡者，有司不复点补；其六驮马牛、器械、糗粮，耗散略尽。府兵入宿卫者，谓之侍官，言其为天子侍卫也。其后本卫多以假人，役使如奴隶，长安人羞之，至以相诟病。其戍边者，又多为边将苦使，利其死而没其财。由是应为府兵者皆逃匿，至是无兵可交。五月，癸酉，李林甫奏停折冲府上下鱼书；是后府兵徒有官吏而已。其折冲、果毅，又历年不迁，士大夫亦耻为之。其彍骑之法，天宝以后，稍亦变废，应募者皆市井负贩、无赖子弟，未尝习兵。时承平日久，议者多谓中国兵可销，于是民间挟兵器者有禁；子弟为武官，父兄摈不齿。猛将精兵，皆聚于西北边，中国无武备矣。

【译文】以往，折冲府都有木契、铜鱼，如果朝廷想要调兵，就下敕书附带木契铜鱼，都督、郡府一共验证，如合一契，再派兵。自从建立彍骑，府兵靡费，主管官员也不征补死亡和逃跑的人数；六驮马（十人为伙，伙备六驮马）和牛、器械、干粮等，也即将消散。进入朝廷首位的，叫作侍官，也就是守卫唐玄宗的人。后来各卫所的长官经常将士兵借给其他人，被人像奴隶一样使唤；长安人觉得非常耻辱，以至于经常开玩笑嘲笑他们。而那些守卫边关的府兵，经常又被边关的将军奴役，巴不得他们死了好将他们的财产据为己有。因此应该当府兵的都想法逃离，就无法向朝廷交兵了。五月，癸酉日（初十），李林甫上奏请求中止折冲府和朝廷之间的铜鱼和敕书；从此，府兵就只剩官吏了。军中的折冲、果毅又是很久也不能升职，士大夫也以担任那个官职为耻。而彍骑的制度，到天宝以后，也慢慢废弛，应征的都是一些乡野肩担小贩和无业游民，从未学习过军事技能。天下太平久矣，谈到此事许多人都认为可以销毁中原的兵器了，因此禁止民间私藏兵器。如果谁家里有当兵的人，父兄就排斥看不起他。精兵良将都集聚在西北，中原地带军备不足。

太白山人李浑等上言见神人，言金星洞有玉板石记圣主福寿之符；命御史中丞王鉷入仙游谷求而获之。上以符瑞相继，皆祖宗休烈，六月，戊申，上圣祖号曰大道玄元皇帝，上高祖谥曰神尧大圣皇帝，大宗谥曰文武大圣皇帝，高宗谥曰天皇大圣皇帝，中宗谥曰孝和大圣皇帝，睿宗谥曰玄真大圣皇帝，窦太后以下皆加谥曰顺圣皇后。

辛亥，刑部尚书、京兆尹萧炅坐赃左迁汝阴太守。

上命陇右节度使哥舒翰帅陇右、河西及突厥阿布思兵，益以朔方、河东兵，凡六万三千，攻吐蕃石堡城。其城三面险绝，惟一径可上，吐蕃但以数百人守之，多贮粮食，积檑木及石，唐兵前后屡攻之，不能克。翰进攻数日不拔，召裨将高秀岩、张守瑜，欲斩之，二人请三日期可克；如期拔之，获吐蕃铁刃悉诺罗等四百人，唐士卒死者数万，果如王忠嗣之言。顷之，翰又遣兵于赤岭西开屯田，以谪卒二千戍龙驹岛；冬冰合，吐蕃大集，戍者尽没。

【译文】太白山人李浑等上奏说看到神仙，称金星洞有玉板石记载着圣主福寿的符命。唐玄宗命令御史中丞王𫓧到仙游谷去寻求，得到了。唐玄宗认为接连出现祥瑞，是祖先的功劳，六月，戊申日（十五日），尊圣祖的称号是大道玄元皇帝，尊高祖的谥号是神尧大圣皇帝，太宗谥号是文武大圣皇帝，高宗谥号是天皇大圣皇帝，中宗谥号是孝和大圣皇帝，睿宗谥号是玄真大圣皇帝，窦太后以下都加谥号是顺圣皇后。

辛亥日（十八日）由于贪赃枉法，刑部尚书、京兆尹萧炅被贬为汝阴太守。

唐玄宗让陇右节度使哥舒翰统率陇右、河西及突厥阿布思的军队，和朔方、河东的军队，一共六万三千人，进攻吐蕃石堡城。此城三面险要无比，只可以走一条小道上去。吐蕃只用几百人守卫，多贮蓄粮食，积聚檑木和炮石，唐朝的军队多次进攻，都失败了。哥舒翰进攻几日未竟，就叫来了副将高秀岩、张守瑜，要将他们杀了，他们请求给三天时间；结果确实拿下了，虏获吐蕃铁刃悉诺罗等四百人，唐朝死了几万士兵，确实像王忠嗣所说的那样。不久，哥舒翰又派出士兵在赤岭以西开垦屯田，用贬谪的两千士卒戍守龙驹岛；冬天河里结冰，吐蕃大军会集攻打，戍军全部战死。

闰月，乙丑，以石堡城为神武军，又于剑南西山索磨川置保宁都护府。

丙寅，上谒太清宫。丁卯，群臣上尊号曰开元天地大宝圣文神武应道皇帝，赦天下。禘、祫自今于太清宫圣祖前设位序正。

秋，七月，册突骑施移拨为十姓可汗。

八月，乙亥，护蜜王罗真檀入朝，请留宿卫；许之，拜左武卫将军。

冬，十月，乙丑，上幸华清宫。

十一月，乙未，吐火罗叶护失里怛伽罗遣使表称："揭师王亲附吐蕃，因苦小勃律镇军，阻其粮道。臣思破凶徒，望发安西兵，以来岁正月至小勃律，六月至大勃律。"上许之。

【译文】闰六月，乙丑日（初三），将石堡城作为神武军，同时在剑南西山索磨川设立保宁都护府。

丙寅日（初四），唐玄宗到太清宫（老子庙）拜谒。丁卯日（初五），群臣上尊号为开元天地大宝圣文神武应道皇帝，大赦天下。禘祭、祫祭祖先，从此以后在太清宫圣祖前，依昭穆次序设置神位。

秋季，七月，册封突骑施移拨为十姓可汗。

八月，乙亥日（十四日），护蜜王罗真檀进入宫中，要求留下守卫，唐玄宗同意了，当左武卫将军。

冬季，十月，乙丑日（初四），唐玄宗到华清宫。

十一月，乙未日（初五），吐火罗叶护失里怛伽罗派使者上书："揭师王归附吐蕃，让守卫在小勃律的军队困窘，阻碍他们运粮。我想打败这些穷凶极恶的人，想调动安西的军队，在明年正月到小勃律，六月到大勃律。"唐玄宗同意了。

天宝九载(庚寅,公元七五零年)春,正月,己亥,上还宫。

群臣屡表请封西岳,许之。

二月,杨贵妃复忤旨,送归私第。户部郎中吉温因宦官言于上曰:"妇人识虑不远,违忤圣心,陛下何爱宫中一席之地,不使之就死,岂忍辱之于外舍邪?"上亦悔之,遣中使赐以御膳。妃对使者涕泣曰:"妾罪当死,陛下幸不杀而归之。今当永离掖庭,金玉珍玩,皆陛下所赐,不足为献,惟发者父母所与,敢以荐诚。"乃剪发一缭而献之。上遽使高力士召还,宠待益深。

【译文】 九载(庚寅,公元750年)春季,正月,己亥日(初十),唐玄宗返回皇宫。

群臣多次上疏请求唐玄宗封西岳,唐玄宗同意了。

二月,杨贵妃违逆圣意,被送回杨家私宅。户部郎中吉温凭借宦官引荐向唐玄宗说:"妇人见识短浅,有违圣意,陛下为何不将她赐死于宫中,怎么忍心将她放在宫外受辱?"唐玄宗也后悔,派遣宦官将唐玄宗的吃食送给她。贵妃哭泣着对使者说:"臣妾罪该万死,陛下哀怜不杀而送回娘家。从今往后,将要永离宫闱,珍宝均为皇上所赐,不足以进献;唯有头发,是父母所生的,才敢进献,以表诚心。"就剪下一束头发献给唐玄宗。唐玄宗赶紧派遣高力士召她回宫,宠爱更甚。

时诸贵戚竞以进食相尚,上命宦官姚思艺为检校进食使,水陆珍羞数千盘,一盘费中人十家之产。中书舍人窦华尝退朝,值公主进食,列于中衢,传呼按辔出其间,宫苑小儿数百奋梃于前,华仅以身免。

安西节度使高仙芝破朅师,虏其王勃特没。三月,庚子,立勃特没之兄素迦为朅师王。

上命御史大夫王鉷凿华山路，设坛场于其上。是春，关中旱，辛亥，岳祠灾；制罢封西岳。

夏，四月，己巳，御史中丞宋浑坐赃巨万，流潮阳。初，吉温因李林甫得进；及兵部侍郎兼御史中丞杨钊恩遇浸深，温遂去林甫而附之，为钊画代林甫执政之策。萧炅及浑，皆林甫所厚也，求得其罪，使钊奏而逐之，以剪其心腹，林甫不能救也。

【译文】那时皇亲国戚争相献食物入宫，唐玄宗让宦官姚思艺为检校进食使，水陆珍馐好几千盘，每盘都要花费中等人家十户的产业。有一次，中书舍人窦华下朝回家，适逢公主进献食物，列于官道上，窦华传呼前后，拉着缰绳在中间慢慢行走；好几百个宫苑小儿在面前举起木棍要打，窦华差点挨打。

安西节度使高仙芝击败揭师，俘虏了国王勃特没。三月，庚子日（十二日），立勃特没之兄素迦为揭师王。

唐玄宗命令御史大夫王鉷开辟上华山的道路，并且于山上建祭祀用的坛场。当年春天，关中大旱。辛亥日（二十三日），西岳祠庙有火灾，唐玄宗下制书停止封祭西岳。

夏季，四月，己巳日（十一日），御史大夫宋浑贪财数万，逐于潮阳。一开始，因为李林甫的引荐吉温才得以在朝中为官；一直到兵部侍郎兼御史中丞杨钊越来越受唐玄宗宠爱，吉温就离开李林甫归附杨钊，替杨钊谋划取代李林甫的计策。萧炅和宋浑，都是李林甫的亲信，寻得他们的罪过，让杨钊奏请唐玄宗放逐远地，借以除去李林甫的亲信，李林甫也难以相助。

五月，乙卯，赐安禄山爵东平郡王。唐将帅封王自此始。

秋，七月，乙亥，置广文馆于国子监，以教诸生习进士者。

八月，丁巳，以安禄山兼河北道采访处置使。

朔方节度使张齐丘给粮失宜，军士怒，殴其判官；兵马使郭子仪以身捍齐丘，乃得免。癸亥，齐丘左迁济阴太守，以河西节度使安思顺权知朔方节度事。

辛卯，处士崔昌上言："国家宜承周、汉，以土代火；周、隋皆闰位，不当以其子孙为二王后。"事下公卿集议。集贤院学士卫包上言："集议之夜，四星聚于尾，天意昭然。"上乃命求殷、周、汉后为三恪，废韩、介、鄘公；以昌为左赞善大夫，包为虞部员外郎。

【译文】五月，乙卯日（二十八日），将安禄山封为东平郡王。唐朝将帅封王就此开始。

秋季，七月，乙亥日（七月无此日），在国子监中设广文馆，来教将来考进士的学子。

八月，丁巳日（初一），让安禄山兼任河北道采访处置使。

因为朔方节度使张齐丘对军粮分配不均，军士们非常生气，群殴判官。兵马使郭子仪用身体护卫张齐丘，才免遭劫难。癸亥日（初七），降张齐丘为济阴太守，让河西节度使安思顺代理朔方节度使。

辛卯日（八月无此日），有一个叫崔昌的做过官的读书人上奏说："国家应该继承周朝、汉朝，以土德取代火德；北周和隋朝，君位都是多余，不应该把他们的子孙作为二王的后人。"就将这件事交与大臣商议。集贤殿学士卫包上奏："公卿讨论的那夜，有四星会集在尾宿上，天意明了。"于是唐玄宗就下令寻找殷朝、周朝和汉朝的后人以为三恪，废除韩公（元魏后）、介公（后周后）和鄘公（隋后）；将崔昌封为左赞善大夫，卫包为虞部员外郎。

【乾隆御批】 北魏、周、隋,去唐未远,恤录其后不失厚道,崔昌乃以闰位贬之,附会五运嬗代之曲说,遐求殷、周、汉后为"三恪",妄孰甚焉!

【译文】 北魏、北周和隋朝,距唐朝时间不远,体恤优抚他们的后代不失为厚道的行为,而崔昌却以"帝位非正统"贬低他们,牵强附会五行更替的谬论邪说,访求殷商、周朝、汉代的后代为"三恪",真是荒谬至极!

冬,十月,庚申,上幸华清宫。

太白山人王玄翼上言见玄元皇帝,言宝仙洞有妙宝真符。命刑部尚书张均等往求,得之。时上尊道教,慕长生,故所在争言符瑞,群臣表贺无虚月。李林甫等皆请舍宅为观以祝圣寿,上悦。

安禄山屡诱奚、契丹,为设会,饮以莨菪酒,醉而坑之,动数千人,函其酋长之首以献,前后数四。至是请入朝,上命有司先为起第于昭应。禄山至戏水,杨钊兄弟姊妹皆往迎之,冠盖蔽野;上自幸望春宫以待之。辛未,禄山献奚俘八千人,上命考课之日书上上考。前此听禄山于上谷铸钱五炉,禄山乃献钱样千缗。

杨钊,张易之之甥也,奏乞昭雪易之兄弟。庚辰,制引易之兄弟迎中宗于房陵之功,复其官爵,仍赐一子官。

钊以图谶有"金刀",请更名;上赐名国忠。

【译文】 冬季,十月,庚申日(初五),唐玄宗到华清宫。

太白山人王玄翼说曾看到玄元皇帝,还说宝仙洞中有妙宝真符。唐玄宗命令刑部尚书张均等人去寻,得之。这个时候唐玄宗尊崇道教，羡慕长生，所以到处都说有灵符妙宝，大臣也一直上表庆贺。李林甫等人主动将自己的住宅捐献出来替唐玄宗祝寿。唐玄宗特别高兴。

安禄山多次诱使奚和契丹人，为他们举办宴会，请他们喝莨菪酒，醉后，将他们坑杀掉，经常一次坑杀好几千人，函其首交付朝廷，前后有好多次。此时，要求入朝。唐玄宗让主管官员先在昭应为他建宅。安禄山到达戏水，杨钊兄弟姐妹全部都去接他，冠盖蔽野；唐玄宗亲自到望春宫等他。辛未日（十六日），安禄山进献八千奚俘，唐玄宗说等到考察功绩的时候，记上上功。此前，允许安禄山在上谷设立五垆铸钱，因此安禄山进献钱的样品一千缗。

杨钊是张易之的外甥，向唐玄宗奏请为张易之兄妹沉冤得雪。庚辰日（二十五日），唐玄宗下制书，因为在房陵张易之兄弟迎立中宗的功劳，恢复他们的官爵，并且让一个人当官。

杨钊因为在图谶书中有"金刀"，请求更换姓名；唐玄宗赐他名国忠。

十二月，乙亥，上还宫。

关西游弈使王难得击吐蕃，克五桥，拔树敦城；以难得为白水军使。

安西四镇节度使高仙芝伪与石国约和，引兵袭之，虏其王及部众以归，悉杀其老弱。仙芝性贪，掠得瑟瑟十馀斛，黄金五六橐驼，其馀口马杂货称是，皆入其家。

杨国忠德鲜于仲通，荐为剑南节度使。仲通性褊急，失蛮夷心。

故事，南诏常与妻子俱谒都督，过云南，云南太守张虔陀皆私之。又多所徵求，南诏王阁罗凤不应，虔陀遣人詈辱之，仍密奏其罪。阁罗凤忿怨，是岁，发兵反，攻陷云南，杀虔陀，取夷州三十二。

【译文】十二月，乙亥日（二十日），唐玄宗回到宫中。

关西游弈使王难得进攻吐蕃，攻克五桥，又攻取树敦城；唐玄宗命令王难得为白水军使。

安西四镇节度使高仙芝假装与石国修好，但是暗中却带兵去偷袭他；将石国的国王和一些士兵俘虏，将老幼全部杀死。高仙芝爱财，抢十多斛碧绿色的珠宝，五六骆驼的黄金；其余马匹杂货的价值，等价于黄金珠宝，皆收归己有。

杨国忠感激鲜于仲通，荐他做剑南节度使。鲜于仲通狭隘急躁，失去蛮夷的人心。

按照惯例，南诏的酋长经常和妻子一同进谒都督。途经云南，云南太守张虔陀都和他们的妻子奸宿，要求更多的钱财；南诏王罗凤不愿意，张虔陀派人去羞辱他，并密报他们的罪过给朝廷。罗凤非常愤怒，当年就叛变，克云南，杀张虔陀，夺取了归附唐朝的西南夷的三十二州。

天宝十载(辛卯，公元七五一年)春，正月，壬辰，上朝献太清宫；癸巳，朝享太庙；甲子，合祀天地于南郊，赦天下，免天下今载地税。

丁酉，命李林甫遥领朔方节度使，以户部侍郎李暐知留后事。

庚子，杨氏五宅夜游，与广平公主从者争西市门，杨氏奴挥鞭及公主衣，公主坠马，驸马程昌裔下扶之，亦被数鞭。公主泣诉于上，上为之杖杀杨氏奴。明日，免昌裔官，不听朝谒。

上命有司为安禄山起第于亲仁坊，敕令但穷壮丽，不限财力。既成，具幄（奕）〔帟〕器皿，充牣其中，有帖白檀床二，皆长丈，阔六尺；银平脱屏风，帐一方一丈八尺；于厨厩之物皆饰以金银，金饭罌二，银淘盆二，皆受五斗，织银丝筐及筐篱各一；它物称是。虽禁中服御之物，殆不及也。上每令中使为禄山护役，筑第及储偫赐物，常戒之曰："胡眼大，勿令笑我。"

【译文】 十载（辛卯，公元751年）春季，正月，壬辰日（初八），唐玄宗敬拜太清宫；癸巳日（初九），朝拜祭祀太庙；甲子日（胡注："上书壬辰、癸巳，下书丁酉，则甲子当作甲午。"译者注：正月无甲子日，甲午日初十），合祭天地神祇于南郊，赦免天下苍生，免除当年的地税。

丁酉日（十三日），任命李林甫为遥领朔方节度使，让户部侍郎李暐主管留后之事。

庚子日（十六日），杨铦、杨锜及韩国、虢国、秦国三夫人五家夜游，与广平公主（玄宗女）的随从人员争抢过西市门，杨家的奴仆的鞭子触及公主的衣服，公主掉下马。驸马程昌裔下来搀扶公主，也被鞭打。公主向唐玄宗哭诉，因此唐玄宗把杨家的奴仆处死。第二天，将程昌裔免官，不允许他们再来朝见。

唐玄宗命令主管官员在亲仁坊内替安禄山建造第宅，命令只要修得壮美，不管花多少钱。宅邸落成，拥有幄幕帷帐和各式器具，填满屋子。有两张镶贴白玉的檀木床，都是长一丈，宽六尺；一个银平脱屏风帐，有一丈六尺见方；连厨房和马房都是用金银装饰的，有两个金质的饭罌，两个银质的淘米盆，一次可以淘洗五斗米，用银丝编织的筐子和筐篱各一。其他的物件也都大致这样的规制。极尽豪奢，估计连皇宫里的东西也难以与之相比。唐玄宗经常让宫里的使者做安禄山的监工，建筑第宅及制造储备物和赏赐物品，经常对他说："胡人的眼光高，别让他说我们小气。"

禄山入新第，置酒，乞降墨敕请宰相至第。是日，上欲于楼下击球，遽为罢戏，命宰相赴之。日遣诸杨与之选胜游宴，侑以梨园教坊乐。上每食一物稍美，或后苑校猎获鲜禽，辄遣中使走马赐之，络驿于路。

甲辰，禄山生日，上及贵妃赐衣服、宝器、酒馔甚厚。后三日，召禄山入禁中，贵妃以锦绣为大褓襁，裹禄山，使宫人以彩舆昇之。上闻后宫喧笑，问其故，左右以贵妃三日洗禄儿对。上自往观之，喜，赐贵妃洗儿金银钱，复厚赐禄山，尽欢而罢。自是禄山出入宫掖不禁，或与贵妃对食，或通宵不出，颇有丑声闻于外，上亦不疑也。

【译文】安禄山迁新居，设宴席，请唐玄宗下墨敕（用墨笔书写之敕书）让宰相到宅中来。这一天，唐玄宗想在楼下打球（类今之踢足球），于是马上停止游戏，让宰相到他家去。每天都让杨家的人和他一起游山玩水，摆设宴饮，还让梨园子弟为他们助兴。唐玄宗一有好吃的，或者在后苑中打猎获得新鲜的禽鸟，就立即派使者送去，路上车马不断。

甲辰日（二十日），是安禄山的生辰，唐玄宗和杨贵妃赏赐给他丰厚的衣服、宝器、酒食。三天过后，召安禄山进宫，杨贵妃用锦绣做一个大褓襁，将安禄山包起来，让宫女用花轿抬着。听到后宫的笑闹，唐玄宗询问原因，近侍回答说是贵妃替禄儿洗三日澡。唐玄宗亲去观看，非常高兴，赏贵妃替孩子洗澡的钱，又重赏安禄山，玩尽兴了才散。自此以后，安禄山随意进出宫闱，有时和贵妃对坐吃饭，有时夜宿皇宫，丑闻渐渐传出，唐玄宗却一点也不在意。

安西节度使高仙芝入朝，献所擒突骑施可汗、吐蕃酋长、石国王、羯师王。加仙芝开府仪同三司。寻以仙芝为河西节度使，代安思顺；思顺讽群胡割耳剺面请留己，制复留思顺于河西。

安禄山求兼河东节度。二月，丙辰，以河东节度使韩休珉为左羽林将军，以禄山代之。

户部郎中吉温见禄山有宠，又附之，约为兄弟，说禄山曰："李右丞相虽以时事亲三兄，必不肯以兄为相；温虽蒙驱使，终不得超擢。兄若荐温于上，温即奏兄堪大任，共排林甫出之，为相必矣。"禄山悦其言，数称温才于上，上亦忘曩日之言。会禄山领河东，因奏温为节度副使、知留后，以大理司直张通儒为留后判官，河东事悉以委之。

【译文】安西节度使高仙芝回朝，进献所抓获的突骑施可汗、吐蕃酋长、石国王、羯师王。朝廷将高仙芝封为开府仪同三司。过了一段时间，又命高仙芝为河西节度使，来接任安思顺。安思顺讽示各部族胡人自残请求保全自身。因而唐玄宗下制书又把安思顺留在河西。

安禄山想要兼任河东节度使。二月，丙辰日（初二），唐玄宗任命河东节度使韩休珉做左羽林将军，让安禄山接任做河东节度使。

户部郎中吉温看到安禄山圣眷正浓，因此投靠他，约为兄弟。对安禄山说："李右丞相虽然及时侍奉亲近三哥，不一定想让你当宰相；虽然我听从于他，但最终还是不能得到提升。如果你向唐玄宗举荐我，那么我就立即对唐玄宗说你有任宰相的才能，如果我们共同打压李林甫，您就一定成为宰相了。"安禄山特别高兴，多次对唐玄宗说吉温有才干，唐玄宗也忘记了以前的话。恰逢安禄山为河东节度使，因此上奏让吉温为节度副使、管理留后事宜，任命大理司直张通儒做留后判官，河东道的事务由他全权负责。

是时，杨国忠为御史中丞，方承恩用事。禄山登降殿阶，国忠常扶掖之。禄山与王鉷俱为大夫，鉷权任亚于李林甫。禄山见林甫，礼貌颇倨。林甫阳以他事召王大夫，鉷至，趋拜甚谨，禄山不觉自失，容貌益恭。林甫与禄山语，每揣知其情，先言之，禄山惊服。禄山于公卿皆慢侮之，独惮林甫，每见，虽盛冬，常汗沾衣。林甫乃引与坐于中书厅，抚以温言，自解披袍以覆之。禄山忻荷，言无不尽，谓林甫为十郎。既归范阳，刘骆谷每自长安来，必问："十郎何言？"得美言则喜；或但云"语安大夫，须好检校！"辄反手据床曰："噫嘻，我死矣！"

禄山既兼领三镇，赏刑己出，日益骄恣。自以曩时不拜太子，见上春秋高，颇内惧；又见武备堕驰，有轻中国之心。孔目官严庄、掌书记高尚因为之解图谶，劝之作乱。

【译文】 这时，杨国忠是御史中丞，正受唐玄宗宠信，做事专权。安禄山上殿时，杨国忠常常搀扶他。安禄山与王鉷同是大夫，王鉷的权责仅在李林甫之下。安禄山见到李林甫，非常傲慢。李林甫假装有事和王大夫说，王鉷到面前，亦步亦趋向他行礼；安禄山才觉得自己傲慢，渐渐缓和神情。李林甫和安禄山交谈，经常猜他的心思，预先说出，安禄山非常吃惊。安禄山对几乎所有的大臣都很无礼，仅仅害怕李林甫，只要和他相见，即使天大寒，也常常汗流浃背。李林甫带领安禄山和他一起就座于中书省，用温婉的话抚慰他，脱下身上的长袍亲自披在他身上。安禄山尤为高兴，心情激动，将李林甫称作十郎。当他回范阳后，每次刘骆谷从长安来，必定问："十郎有什么话告诉我？"如果得到赞美就非常高兴；有的时候说："告诉安大夫，检点一点！"就把两手伸到背后靠着胡床说："啊，我快死了！"

安禄山同时任三镇节度使之后，自己决定功过奖惩，越来越放肆。因为自己以前不跪拜太子，如今唐玄宗又日益衰老，很是担忧，又注意到朝廷兵力不足，于是就对中原之地日渐轻视。孔目官严庄、掌书记高尚因而为他解说图谶的内容，劝他反叛。

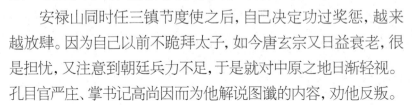

禄山养同罗、奚、契丹降者八千馀人，谓之"曳落河"。曳落河者，胡言壮士也。及家僮百馀人，皆骁勇善战，一可当百。又畜战马数万匹，多聚兵仗，分遣商胡诣诸道贩鬻，岁输珍货数百万。私作绯紫袍、鱼袋、以百万计。以高尚、严庄、张通儒及将军孙孝哲为腹心，史思明、安守忠、李归仁、蔡希德、牛廷玠、向润容、李庭望、崔乾祐、尹子奇、何千年、武令珣、能元皓、田承嗣、田乾真、阿史那承庆为爪牙。尚，雍权人，本名不危，颇有辞学，薄游河朔，贫困不得志，常叹曰："高不危当举大事而死，岂能啮草根求活邪！"禄山引置幕府，出入卧内。尚典笺奏，庄治簿书。通儒，万岁之子；孝哲，契丹出。承嗣世为卢龙小校，禄山以为前锋兵马使，治军严整。尝大雪，禄山按行诸营，至承嗣营，寂若无人，入阅士卒，无一人不在者，禄山以是重之。

【译文】安禄山拥有同罗、奚、契丹各部族投降的人马一共八千多，称为"曳落河"。所谓曳落河，即壮士。此外还有一百多家僮，都是骁勇善战的人，可以以一当百。又蓄养好几万匹战马，存有大量兵器。分派胡商到各道贩卖，每年都赚很多珍贵物资。秘密地制作以百万计绯、紫袍和各种鱼袋。让高尚、严庄、张通儒和孙孝哲将军为亲信，史思明、安守忠、李归仁、蔡希德、牛廷玠、向润容（据两《唐书安禄山传》，容当作客）、李庭望、崔乾祐、尹子奇、何千年、武令珣、能元皓、田承嗣、田乾真、阿史那承庆作为打手。高尚是雍权人，本名叫不危，颇有文采，在河朔一带做斗米小官，贫困不得志，经常感叹说："高不危本该因做大事而死，怎么可以吃着草而活？"安禄山将他请到帐下，可自由出入卧室。高尚主要管理笺表奏章，严庄主要管理簿籍。张通儒是张万岁的儿子；孙孝哲是契丹人。田承嗣世代都是卢龙军的小校尉，安禄山让他当前锋兵马使。有一天下大雪，安禄山巡视各军，到了田承嗣的营中，安静得好像入无人之地。当他进入营中巡视，没有一个人缺席，因此安禄山很重视他。

夏，四月，壬午，剑南节度使鲜于仲通讨南诏蛮，大败于泸南。时仲通将兵八万，分二道出戎、巂州，至曲州、靖州。南诏王阁罗凤遣使谢罪，请还所俘掠，城云南而去，且曰："今吐蕃大兵压境，若不许我，我将归命吐蕃，云南非唐有也。"仲通不许，囚其使。进军至西洱河，与阁罗凤战，军大败，士卒死者六万人，仲通仅以身免。杨国忠掩其败状，仍叙其战功。阁罗凤敛战尸，筑为京观，遂北臣于吐蕃。蛮语谓弟为"钟"，吐蕃命阁罗凤为"赞普钟"，号曰东帝，给以金印。阁罗凤刻碑于国门，言于不得已而叛唐，且曰："我世世事唐，受其封赏，后世容复归唐，当指碑以示唐使者，知吾之叛非本心也。"

制大募两京及河南、北兵以击南诏；人闻云南多瘴疠，未战士卒死者什八九，莫肯应募。杨国忠遣御史分道捕人，连枷送诣军所。旧制，百姓有勋者免征役，时调兵既多，国忠奏先取高勋。

于是，行者愁怨，父母妻子送之，所在哭声振野。

【译文】夏季，四月，壬午日（三十日），剑南节度使鲜于仲通征讨南诏蛮人，大败于泸水以南。当时鲜于仲通率兵马八万，兵分两路从戎州和巂州进军，到曲州、靖州，南诏王阁罗凤派使者谢罪，请求归还以往所夺，造好云南城退回南诏去，并说："现在吐蕃大兵压境，如果反对求和，我将归附吐蕃，云南就不属于大唐了。"鲜于仲通不愿意，还将南诏来的使者囚禁。进军到西洱河，与阁罗凤战斗，大败，死六万人，鲜于仲通仅仅免于一死。杨国忠隐瞒他战败的事实，仍然记他有功。阁罗凤替唐兵收尸，积成一个高台，随后臣服吐蕃。北方人的语言称弟弟为"钟"，吐蕃让阁罗凤作为"赞普钟"（吐蕃领袖称赞普），号称"东帝"，赐金印。阁罗凤在城门刻碑，称自己不得已才反叛，并且说："我们世代归附唐，接受唐朝的封爵，或许后世又归附唐朝，也可以让唐使看这个碑，让他知道并不是我想叛唐。"

唐玄宗大肆征河南河北的士兵进攻南诏；但人们听闻云南瘴气很盛，还没开打就有九成的士兵死去，没有人肯应征。杨国忠派遣御史到处抓人，用枷锁将抓到的士兵拉到军营去。按旧制，有功的人可以免兵役；但那时因为调遣军队已经很多，杨国忠上奏选功劳高的人当兵。因此被征募的人都非常不满，父母妻子都为他送行，哭声直上云霄。

高仙芝之虏石国王也，石国王子逃诣诸胡，具告仙芝欺诱贪暴之状。诸胡皆怒，潜引大食欲共攻四镇。仙芝闻之，将蕃、汉三万众击大食，深入七百余里，至恒罗斯城，与大食遇。相持五日，葛罗禄部众叛，与大食夹攻唐军，仙芝大败，士卒死亡略尽，所余才数千人。右威卫将军李嗣业劝仙芝宵遁，道路阻隘，拔汗那部众在前，人畜塞路；嗣业前驱，奋大梃击之，人马俱毙，仙芝乃得过。

将士相失，别将汧阳段秀实闻嗣业之声，诟曰："避敌先奔，无勇也；全己弃众，不仁也。幸而得达，独无愧乎！"嗣业执其手谢之，留拒追兵，收散卒，得俱免。还至安西，言于仙芝，以秀实兼都知兵马使，为己判官。

【译文】高仙芝俘获石国王时，石国的王子逃亡各胡族部落，向胡人详述被高仙芝诱骗的情形。各胡族都非常生气，秘密想带大食军队一起进攻唐西北四镇。高仙芝闻之，率三万蕃兵和汉兵攻击大食，深入七百多里，到恒罗斯城，与大食军队相遇。对峙五天，葛逻禄部的军队叛变，与大食夹击唐军。高仙芝大败，只剩下几千人，其余几乎全部阵亡。右威卫将军李嗣业劝高仙芝趁天黑逃跑，道阻且长，前有拔汗那部的军马，人马挡道，于是李嗣业在前开路，人马都被打死，高仙芝才逃脱。

高仙芝逃脱后，和将士分散了，副将汧阳人段秀实听到李嗣业的声音，骂道："率先逃走，是为不勇；弃军保己，是为不仁。侥幸得偿所愿，不该感到羞愧吗！"李嗣业握着他的手告罪，留下来抵御追兵，收拾散众，才能脱身。回到安西，李嗣业向高仙芝汇报，高仙芝就任用段秀实兼任都知兵马使，做自己的判官。

八月，丙辰，武库火，烧兵器三十七万。

安禄山将三道兵六万以讨契丹，以奚骑二千为乡导，过平卢千馀里，至土护真水，遇雨。禄山引兵昼夜兼行三百馀里，至契丹牙帐，契丹大骇。时久雨，弓弩筋胶皆弛，大将何思德言于禄山曰："吾兵虽多，远来疲弊，实不可用，不如按甲息兵以临之，不过三日，虏必降。"禄山怒，欲斩之，思德请前驱效死。思德貌类禄山，虏争击，杀之，以为已得禄山，勇气增倍。奚复叛，与契丹合，夹击唐兵，杀伤殆尽。射禄山，中鞍，折冠簪，失履，独与麾下二十骑走；会夜，追骑解，得入师州，归罪于左贤王哥解、河东兵马使鱼承仙而斩之。

【译文】 八月，丙辰日（初六），武库失火，烧毁兵器三十七万件。

安禄山率领幽州、平卢、河东三道六万兵马征讨契丹，用两千奚部骑兵做向导。越过平卢一千多里，到达土护真水时，遇到大雨。安禄山率兵马日夜兼程三百多里，到达契丹的大本营帐前，契丹大惊。因为当时已下了很久的雨，弓弩的筋胶都变松了，大将何思德对安禄山说："我们虽人多势众，但从远处赶来非常疲倦，不适合作战，不如暂时休息下，让使者逼迫他，不过三天，敌人肯定要投降。"安禄山非常生气，要杀他，何思德自请当前锋杀敌而死。因为何思德和安禄山长得很相像，敌人争先进攻，将他杀死，都以为杀死了安禄山，勇气倍增。奚军又叛变，和契丹联合，夹击唐军，几乎全军覆没。契丹向安禄山射箭，射中马鞍，折断冠上的簪子，脱下鞋子，自己和他的二十多个下属一起逃走了。等到夜里，追赶的敌骑松懈散去，才得以逃回师州。安禄山把罪过加在突厥左贤王哥解和河东兵马使鱼承仙身上，将他们全部杀了。

平卢兵马使史思明惧，逃入山谷近二旬，收散卒，得七百人。平卢守将史定方将精兵二千救禄山，契丹引去，禄山乃得免。至平卢，麾下皆亡，不知所出。史思明出见禄山，禄山喜，起，执其手曰："吾得汝，复何忧！"思明退，谓人曰："向使早出，已与哥解并斩矣。"契丹围师州，禄山使思明击却之。

冬，十月，壬子，上幸华清宫。

杨国忠使鲜于仲通表请己遥领剑南；十一月，丙午，以国忠领剑南节度使。

【译文】平卢兵马使史思明非常害怕，逃跑躲到山谷中，二十多天后，收拾散失的士兵，得七百人。平卢守将史定方率两千精兵解救安禄山，契丹带领军队返回，安禄山才得脱身。到了平卢，部将没有存活的，不知如何是好。史思明走出山谷迎接安禄山，安禄山非常高兴，站起来握着他的手说："我得到了你，还愁什么！"史思明班师回朝后，对别人说："如果我老早就出来，估计现已经和哥解同时被杀了。"契丹围攻师州，安禄山派史思明将他们打退。

冬季，十月，壬子日（初三），唐玄宗到华清宫。

杨国忠教鲜于仲通上表请求自己遥领剑南。十一月，丙午日（二十七日），让杨国忠同时为剑南节度使。

天宝十一载（壬辰，公元七五二年）春，正月，丁亥，上还宫。

二月，庚午，命有司出粟帛及库钱数十万缗于两市易恶钱。先是，江、淮多恶钱，贵戚大商往往以良钱一易恶钱五，载入长安，市井不胜其弊，故李林甫奏请禁之，官为易取，期一月，不输官者罪之。于是，商贾嚣然，不以为便。众共遮杨国忠马自言，国忠为之言于上，乃更命非铅锡所铸及穿穴者，皆听用之如故。

三月，安禄山发蕃、汉步骑二十万击契丹，欲以雪去秋之耻。初，突厥阿布思来降，上厚礼之，赐姓名李献忠，累迁朔方节度副使，赐爵奉信王。献忠有才略，不为安禄山下，禄山恨之；至是，奏请献忠帅同罗数万骑，与俱击契丹。献忠恐为禄山所害，白留后张暐，请奏留不行，暐不许。献忠乃帅所部大掠仓库，叛归漠北，禄山遂顿兵不进。

【译文】十一载（壬辰，公元752年）春季，正月，丁亥日（初九），唐玄宗摆驾回宫。

二月，庚午日（二十二日），让主管官员拿出粟米绢帛和国库里好几十万贯的钱，在两市之间换恶钱。此前，江、淮一带恶钱非常多，朝廷的贵戚和大商人经常用一个好钱换五个恶钱，运到长安来使用，百姓深受其害，因此李林甫上奏希望唐玄宗加以禁止，由政府限期一个月给他们交换，一个月后仍不把恶钱缴交朝廷换取好钱的，要治罪。于是商人很不满意，认为这样很不方便。他们将杨国忠的马拦住向他陈情，杨国忠向唐玄宗替他们求情，于是就更改命令，只要不是用铅、锡铸造及穿孔的，仍然可以使用。

三月，安禄山率领蕃、汉步兵和骑兵二十万人攻击契丹，想要一洗去年秋季的战败之耻。开始，突厥阿布思投降，唐玄宗待他很是优厚，赐名李献忠，连升到朔方节度副使，赐爵位是奉信王。李献忠有雄才大略，不情愿对安禄山以尊敬的礼节，因此安禄山很是恼火。此时，请求唐玄宗派李献忠带领数万同罗骑兵，与他共同攻击契丹。李献忠害怕被安禄山陷害，对留后张暐说，让他奏请唐玄宗让自己留下来，张暐不同意。李献忠率自己带领的军队抢掠仓库，反叛唐朝返回漠北，因此安禄山停止进军。

乙巳，改吏部为文部，兵部为武部，刑部为宪部。

户部侍郎兼御史大夫、京光尹王鉷，权宠日盛，领二十馀使。宅旁为使院，文案盈积，吏求署一字，累日不得前；中使赐赉不绝于门，虽李林甫亦畏避之。林甫子岫为将作监，鈇子淮为卫尉少卿，俱供奉禁中。淮陵侮岫，岫常下之。然鈇事林甫谨，林甫虽忌其宠，不忍害也。

淮尝帅其徒过驸马都尉王繇，繇望尘拜伏；淮挟弹命于繇冠，折其玉簪，以为戏笑。既而繇延淮置酒，繇所尚永穆公主，上之爱女也，为淮亲执刀匕。淮去，或谓繇曰："鼠虽挟其父势，君乃使公主为之具食，有如上闻，无乃非宜？"繇曰："上虽怒无害，至于七郎，死生所系，不敢不尔。"

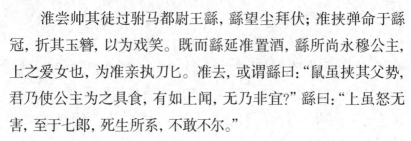

【译文】乙巳日（二十八日），将吏部改为文部，兵部改为武部，刑部改为宪部。

户部侍郎、御史大夫、京兆尹王鈇，权势日盛，同时管理二十多个节使。宅邸附近就是使院，文书堆积，管理想要让他签个字，都得等上好几天，甚至还没办法接近他；宫中使者来送赏赐物品，连绵不绝，甚至李林甫都畏他三分。李林甫的儿子李岫做将作监，王鈇的儿子王淮做卫尉少卿，他们都在宫里面做事。王淮欺侮李岫，李岫常常受委屈。但是王鈇对待李林甫很恭敬，因此李林甫虽然对于他的得宠很是怨恨，也不忍心陷害他。

王淮曾带他的下属去拜访驸马都尉王繇，王繇望着车驾以磕头礼迎接。王淮拿着弹弓打中王繇的帽子，将帽上的玉簪打断了来玩乐。接着王繇宴请王淮入座，王繇的妻子永穆公主，是唐玄宗很疼爱的女儿，亲自为王淮拿着刀匙。王淮走之后，有人告诉王繇说："他是无名鼠辈，依仗他父亲的势力而已，您却叫公主侍候他吃饭，如果让皇上知道了，这个不合规格啊？"王繇说："即使皇上生气了，也没什么有害的；至于七郎，事关个人生死，不敢不这样。"

鉷弟户部郎中鍇, 凶险不法, 召术士任海川, 问: "我有王者之相否?" 海川惧, 亡匿。鍇恐事泄, 捕得, 托以他事杖杀之。王府司马韦会, 安定公主之子, 王繇之同产也, 话之私庭。鉷又使长安尉贾季邻收会系狱, 缢杀之, 繇不敢言。

鍇所善刑縡, 与龙武万骑谋杀龙武将军, 以其兵作(辞)〔乱〕, 杀李林甫、陈希烈、杨国忠; 前期二日, 有告之者。夏, 四月, 乙酉, 上临朝, 以告状面授鉷, 使捕之。鉷意鍇在縡所, 先遣人召之。日晏, 乃命贾季邻等捕縡。縡居金城坊, 季邻等至门, 縡帅其党数十人持弓刀格斗突出。鉷与杨国忠引兵继至, 縡党曰: "勿伤大夫人。" 国忠之僷密谓国忠曰: "贼有号, 不可战也。" 縡斗且走, 至皇城西南隅。会高力士引飞龙禁军四百至, 击縡, 捕其党, 皆擒之。

【译文】 王鉷的弟弟户部郎中王鍇, 奸诈并且不守法, 将术士任海川叫到家中问道: "我有当天子的命没?" 任海川恐惧, 逃离到远方藏起来了。王鉷害怕事情败露将他逮捕, 借口别的过错将他打死。王府司马韦会, 是定安公主之子、王繇的同母弟弟, 私下和别人说起这件事。王鉷让长安尉贾季邻将韦会逮起来, 关在监狱里, 将他吊死。王繇不敢说什么。

王鍇的好朋友邢縡, 和龙武禁军万骑设计, 要将龙武将军杀死, 利用他的士兵反叛, 将李林甫、陈希烈、杨国忠杀死。在准备起事的前两天, 有人举报。夏季, 四月, 乙酉日(初九), 唐玄宗亲自审案, 将告发的状子当面交给王鉷, 让他去抓获乱党。王鉷猜想王鍇在邢縡住的地方, 就派人先把他找来, 傍晚的时候才让贾季邻等去逮捕邢。邢縡住在金城坊, 季邻等人到了门口儿, 邢縡和他的同伙好几十人带着弓箭和刀冲出去了。王鉷和杨国忠因此就带着士兵随后到了,邢縡的同伙说:"别伤了王大夫的人。"杨国忠的随从偷偷地告诉杨国忠说:"贼党有暗号,不能和他们战斗。"邢縡边战斗边逃走,等到了皇城的西南角,刚好高力士带领四百飞龙禁卫军人赶到,把邢縡杀死,还把他所有的同伙都抓住了。

国忠以状白上,曰:"鉷必预谋。"上以鉷任遇深,不应同逆;李林甫亦为之辩解。上乃命特原銲不问,然意欲鉷表请罪之;使国忠讽之,鉷不忍,上怒。会陈希烈极言鉷大逆当诛,戊子,敕希烈与国忠鞫之,仍以国忠兼京兆尹。于是任海川、韦会等事皆发,狱具鉷赐自尽,銲杖死于朝堂。鉷子准、俌流岭南,寻杀之。有司籍其第舍,数日不能遍。鉷宾佐莫敢窥其门,独采访判官裴冕收其尸葬之。

初,李林甫以陈希烈易制,引为相,政事常随林甫左右,晚节遂与林甫为敌,林甫惧。会李献忠叛,林甫乃请解朔方节制,且荐河西节度使安思顺自代;庚子,以思顺为朔方节度使。

【译文】杨国忠向唐玄宗详述当时情形:"王鉷肯定参与了这个计划。"唐玄宗认为王鉷所担任的职任和待遇很隆盛,不可能反叛;李林甫也替王鉷辩护解释。因此唐玄宗下特令对王銲免责,然而心中却希望王鉷上表请罪;就让杨国忠暗示他。王鉷不甘心,唐玄宗非常恼怒。刚好陈希烈竭力说王鉷大逆不道,应该被处死。戊子日(十二日),唐玄宗下敕书,让陈希烈和杨国忠一同审问他,还让杨国忠同时任京兆尹。因此任海川、韦会等人的事情都抖搂出来,狱讼审理完毕证据齐全,呈报唐玄宗。唐玄宗赐王鉷自杀,王銲在朝堂上杖责至死。王鉷之子王淮、王俌,放逐到岭南,没过多久又把他们杀死。主管官员登录他的第宅房舍，登录了好久都没有登完。王鉷的门客和助手们都不敢到他的门前窥探，只有采访判官裴冕替他收尸并且将他埋了。

开始，李林甫认为陈希烈容易掌控，荐他做左相，有关政事经常随侍在李林甫左右，当他晚年与李林甫做敌人时，李林甫非常恐惧。待到李献忠叛变，李林甫才得以请求解除朔方节度使的副职，并且荐河西节度使安思顺接替自己。庚子日（二十四日），派安思顺为朔方节度使。

五月，戊申，庆王琮薨，赠靖德太子。

丙辰，京兆尹杨国忠加御史大夫、京畿、关内采访等使，凡王鉷所绾使务，悉归国忠。

初，李林甫以国忠微才，且贵妃之族，故善遇之。国忠与王鉷为中丞，鉷用林甫荐为大夫，故国忠不悦，遂深探刑缧狱，令引林甫交私鉷兄弟及阿布思事状，陈希烈、哥舒翰从而证之；上由是疏林甫。国忠贵震天下，始与林甫为仇敌矣。

六月，甲子，杨国忠奏吐蕃兵六十万救南诏，剑南兵击破之于云南，克敌隰州等三城，捕虏六千三百，以道远，简壮者千馀人及酋长降者献之。

秋，八月，乙丑，上复幸左藏，赐群臣帛。癸巳，杨国忠奏有凤皇见左藏〔库〕屋，出纳判官魏仲犀言凤集库西通训门。

【译文】五月，戊申日（初三），庆王李琮去世，赠谥号靖德太子。

丙辰日（十一日），京兆尹杨国忠升职为御史大夫、京畿关内采访使等职，凡是王鉷统领的节使职务，全部归杨国忠管理。

开始，李林甫认为杨国忠还有些才能，并且又是贵妃的族兄，所以对他很好。杨国忠同王鉷都做中丞的官，因为王鉷靠李林甫推荐，做了大夫，所以杨国忠非常不痛快，因此就严格地审讯邢缙的案子，教他说出李林甫和王鉷兄弟以及阿布思暗中交往的事情，陈希烈、哥舒翰随后又证实他的罪状；因此唐玄宗疏远李林甫。杨国忠声势浩大，开始与李林甫为敌。

六月，甲子日（六月无此日），杨国忠向唐玄宗汇报吐蕃派兵六十万去救南诏，剑南的军队在云南将他击溃，收复隽州三个城，抓获六千三百个敌人，因为路途遥远，选择健壮的一千多人和投降的酋长进献给朝廷。

秋季，八月，乙丑日（八月无此日），唐玄宗又到左藏，赐群臣绢帛。癸巳日（十九日），杨国忠进言，在左藏仓库的房屋上有凤凰出现，出纳判官魏仲犀说凤凰落在仓库西边的通训门。

九月，阿布思入寇，围永清栅，栅使张元轨拒却之。

冬，十月，戊寅，上幸华清宫。

己亥，改通训门曰凤集门；魏仲犀迁殿中侍御史，杨国忠属吏率以凤皇优得调。

南诏数寇边，蜀人请杨国忠赴镇；左仆射兼右相李林甫奏遣之。国忠将行，泣辞上，言必为林甫所害，贵妃亦为之请。上谓国忠曰："卿暂到蜀区处军事，朕屈指待卿，还当入相。"林甫时已有疾，忧懑不知所为，巫言一见上可小愈：上欲就视之，左右固谏。上乃命林甫出庭中，上登降圣阁遥望，以红巾招之。林甫不能拜，使人代拜。国忠比至蜀，上遣中使召还，至昭应，谒林甫，拜于床下。林甫流涕谓曰："林甫死矣，公必为相，以后事累公！"国忠谢不敢当，汗流覆面。十一月，丁卯，林甫薨。

【译文】九月，阿布思入侵中原，围攻永清栅，栅使张元轨击退之。

冬季，十月，戊寅日（初五），唐玄宗到华清宫。

己亥日（二十六日），将通训门改为凤集门；魏仲犀升职做殿中侍御史，杨国忠的部下官员大多因为凤凰落在通训门的原因而加官晋爵。

南诏多次侵犯边境，蜀地的百姓希望杨国忠去镇守。左仆射兼右相李林甫上奏请求派遣他去。杨国忠即将上任，哭着向唐玄宗辞别，说肯定要被李林甫陷害，杨贵妃也替他求情。唐玄宗对杨国忠说："你先到蜀地处置军事，朕等着你，回来后将用你做宰相。"李林甫那时已经病重，心中忧愤，不知道该怎么办。巫医说如果见到圣上或许会有所好转；唐玄宗想到李林甫家去看他，侍从都劝他不要去。唐玄宗就让李林甫站到院子里，唐玄宗登上降圣阁从远处看望他，用红手帕向他招呼。李林甫没能力跪拜，让别人代拜。等杨国忠到了蜀地，唐玄宗派宫中使者让他回来，到了昭应，会见李林甫，在他的床前跪拜行礼。李林甫流泪对他说："我将要死了，您必定做宰相，以后就麻烦你了！"杨国忠辞谢不敢当，流汗遮蔽了脸面。十一月，丁卯日（二十四日），李林甫死了。

上晚年自恃承平，以为天下无复可忧，遂深居禁中，专以声色自娱，悉委政事于林甫。林甫媚事左右，迎合上意，以固其宠；杜绝言路，掩蔽聪明，以成其奸；妒贤疾能，排抑胜己，以保其位；屡起大狱，诛逐贵臣，以张其势。自皇太子以下，畏之侧足。凡在相位十九年，养成天下之乱，而上不之寤也。

庚申，以杨国忠为右相，兼文部尚书，其判使并如故。

国忠为人强辩而轻躁，无威仪。既为相，以天下为己任，裁决机务，果敢不疑；居朝廷，攘裾扼腕，公卿以下，颐指气使，莫不震慑。自侍御史至为相，凡领四十馀使。台省官有才行时名，不为己用者，皆出之。

【译文】唐玄宗晚年，因为天下久无战事，认为天下不会再有担心的事，因而就深居宫中，专心用音乐美色来取乐，将政事全部委托给李林甫。李林甫讨好侍奉唐玄宗的侍从，迎合唐玄宗，借以稳固自己的恩宠；阻断臣民上谏的途径，遮掩唐玄宗的耳目，以满足自己的奸谋；厌恶贤臣，排挤压迫比自己强的人，来保自己的位置；多次掀起重大的刑案，杀戮放逐权贵大臣，来扩充自己的势力。从皇太子以下的人，都不敢和他对面站立。他总共做了十九年的宰相，养成天下大乱，但是唐玄宗并不知晓。

庚申日（十七日），任命杨国忠做右相，同时为文部尚书，以往兼任的判官和节使等官职，都照旧。

杨国忠为人爱强词夺理并且心浮气躁，无威仪。做宰相后，以天下之政事为己任，对机密重大事情的裁决，很是果断。在朝廷上，有时掀起衣袖，握着手腕，对公卿以下的臣子，皆颐指气使，没有一个不害怕服从的。从侍御史到做宰相，他总共兼领了四十多个节使。具有才能品德或好名声的御史台和中书省的官员，因为不愿受他指使，都被下放到外地去。

或劝陕郡进士张彖谒国忠，曰："见之，富贵立可图。"彖曰："吾辈依杨右相如泰山，吾以为冰山耳！若皎日既出，吾辈得无失所恃乎！"遂隐居嵩山。

国忠以司勋员外郎崔圆为剑南留后，徵魏郡太守吉温为御史中丞，充京畿、关内采访等使。温诣范阳辞安禄山，禄山令其子庆绪送至境，为温控马出驿数十步。温至长安，凡朝廷动静，辄报禄山，信宿而达。

十二月，杨国忠欲收人望，建议："文部选人，无问贤不肖，选深者留之，依资据阙注官。"滞淹者翕然称之。国忠凡所施置，皆曲徇时人所欲，故颇得众誉。

甲申，以平卢兵马使史思明兼北平太守，充卢龙军使。

【译文】有人劝陕郡进士张彖去拜见杨国忠，说："只要见到他，你就可以飞黄腾达了。"张彖说："诸位先生依仗杨右相如同依靠泰山一样，但我认为他只是一座冰山！一旦太阳升起，你们不都失去依靠了吗？"因此就隐居在嵩山。

杨国忠让司勋员外郎崔圆做剑南节度留后，召唤魏郡太守吉温做御史中丞，充当京畿、关内采访等使。吉温到范阳向安禄山辞别，安禄山把他的儿子安庆绪送到边境，替吉温牵着马缰走出驿站好几十步。吉温到达长安，朝廷的所有动向，都向安禄山上报，消息来往不过一两天。

十二月，杨国忠想讨人们欢心，上谏说："今后文部所用官吏，不管才德，只管资历，依据资历和所阙的官职，注拟官爵。"深得那些多年不得升迁的人的称赞。杨国忠所有的措施，都顺应别人，因此备受称赞。

甲申日（十二日），任命平卢兵马使史思明同时为北平太守，还充任卢龙军使。

丁亥，上还宫。

丁酉，以安西行军司马封常清为安西四镇节度使。

哥舒翰素与安禄山、安思顺不协，上常和解之，使为兄弟。

是冬，三人俱入朝，上使高力士宴之于城东。禄山谓翰曰："我父胡，母突厥，公父突厥，母胡，族类颇同，何得不相亲?"翰曰：'古人云：狐向窟嗥不祥，为其忘本故也。兄苟见亲，翰敢不尽心!'禄山以为讥其胡也，大怒，骂翰曰："突厥敢尔!"翰欲应之，力士目翰，翰乃止，阳醉而散，自是为怨愈深。

【译文】丁亥日（十五日），唐玄宗返回宫中。

丁酉日（二十五日），任命安西行军司马封常清做安西四镇节度使。

哥舒翰一直都与安禄山、安思顺不和，唐玄宗曾让他们讲和，让他们结为弟兄。这年冬天，三个人一起回京；唐玄宗让高力士在城东设宴款待。安禄山对哥舒翰说："我的父亲是胡人，母亲是突厥人；您的父亲是突厥人，母亲是胡人；我们的种族非常相像，怎么不相亲近呢？"哥舒翰说："以前有人说，狐狸对着窟穴号叫，不吉利，因为他忘本呀。如果我和你亲近，翰哪敢不尽心尽力呢？"安禄山认为哥舒翰是在讽刺他是胡人，很生气，骂哥舒翰说："你这个突厥人怎么敢这样!"哥舒翰想要反唇相讥，高力士向他使眼色，哥舒翰忍住了，假装醉酒。自此以后，他们两个人之间的仇恨更深了。

棣王琰有二孺人，争宠，其一使巫书符置琰履中以求媚。琰与监院宦者有隙，宦者知之，密奏琰祝诅上；上使人掩其履而获之，大怒。琰顿首谢："臣实不知有符。"上使鞫之，果孺人所为。上犹疑琰知之，因于鹰狗坊，绝朝请，忧愤而薨。

故事，兵、吏部尚书知政事者，选事悉委侍郎以下，三注三唱，仍过门下省审，自春及夏，其事乃毕。及杨国忠以宰相领文部尚书，欲自示精敏，乃遣令史先于私第密定名阙。

【译文】棣王李琰有两个侧室，相互争宠。有一个让巫者画符放在李琰的鞋子里希望得到青睐。李琰和监院的宦官有间隙，宦官知道了这件事，秘奏说李琰诅咒唐玄宗。唐玄宗派人乘其不备检查他的鞋子，得到符咒，很生气。李琰叩罪说："我真的不知道鞋里面有符。"唐玄宗派人审问他，结果是侧室放在鞋里的。唐玄宗还是怀疑李琰，将他囚禁在鹰狗坊里，禁止他朝见。李琰伤心而死。

按旧历，兵部和吏部尚书做宰相的，选举的事情全部任命侍郎以下的人主办，经过三次注拟三次唱名口试及格后，再送往门下省审核。从春天到夏天，事情才结束。等到杨国忠做宰相并且任文部尚书，想夸耀自己的文思敏捷，就让尚书省令史到他家中秘决姓名和所缺官职。

天宝十二载（癸巳，公元七五三年）春，正月，壬戌，国忠召左相陈希烈及给事中、诸司长官皆集尚书都堂，唱注选人，一日而毕，曰："今左相、给事中俱在座，已过门下矣。"其间资格差缪甚众，无敢言者。于是，门下不复过官，侍郎但掌试判而已。侍郎韦见素、张倚趋走门庭，与主事无异。见素，凑之子也。

京兆尹鲜于仲通讽选人请为国忠刻颂，立于省门，制仲通撰其辞；上为改定数字，仲通以金填之。

【译文】十二载（癸巳，公元753年）春季，正月，壬戌日（二十日），杨国忠召左相陈希烈和给事中、诸司长官都集聚在尚书都堂，将选举合格的人唱名注拟官职，一天就结束了，说："今天左相和给事中（皆门下省官）都在，就等同于已经送去门下省审定了。"在选举合格的人员中有不少人资格不够，但是没有人敢说。自此以后选任新官员就不送门下省审定，侍郎仅仅负责考试书判。侍郎韦见素、张倚在宰相家中趋奉奔走，和主事小吏没差别。韦见素，是韦凑的儿子。

京兆尹鲜于仲通暗示被选上的人请求唐玄宗为杨国忠刻碑颂功，竖立在中书省的门前。唐玄宗让鲜于仲通撰写颂词，唐玄宗替他改了几个字。鲜于仲通在碑上将唐玄宗修改的字用黄金填写。

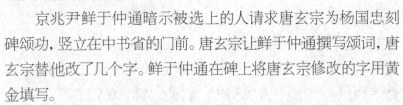

杨国忠使人说安禄山诬李林甫与阿布思谋反，禄山使阿布思部落降者诣阙，诬告林甫与阿布思约为父子。上信之，下吏按问；林甫婿谏议大夫杨齐宣惧为所累，附国忠意证成之。时林甫尚未葬，二月，癸未，制削林甫官爵；子孙有官者除名，流岭南及黔中，给随身衣及粮食，自馀资产并没官；近亲及党与坐贬者五十馀人。剖林甫棺，抉取含珠，褫金紫，更以小棺如庶人礼葬之。己亥，赐陈希烈爵许国公，杨国忠爵魏国公，赏其成林甫之狱也。

夏，五月，己酉，复以魏、周、隋后为三恪，杨国忠欲攻李林甫之短也。卫包以助邪贬夜郎尉，崔昌贬乌雷尉。

阿布思为回纥所破，安禄山诱其部落而降之，由是禄山精兵，天下莫及。

【译文】杨国忠让人劝说安禄山，诬告李林甫和阿布思图谋叛逆。安禄山让阿布思部落的降卒到朝廷诬陷李林甫和阿布思结为父子。唐玄宗当真了，交与法官审讯。李林甫的女婿谏议大夫杨齐宣担心受连累，顺应杨国忠的意思出面证明，因此将李林甫定罪。当时李林甫还没有被埋葬。二月，癸未日（十一日），命令削夺李林甫的官爵，有官职的子孙都被撤职，流放到岭南和贵州等地，仅仅容许携带随身衣服和粮食，其他财产均被没收。因为和他有亲缘关系或者和他亲近的原因，有五十多个人遭贬。将李林甫的棺材劈开，拿走嘴里的珍珠，夺去金鱼袋和紫袍，又用一口棺材将他像普通百姓那样埋葬。己亥日（二十七日），封陈希烈爵秩为许国公，杨国忠爵秩为魏国公，奖励他们判定李林甫的狱案。

夏季，五月，己酉日（初九），又将元魏、北周和隋代的后人作为三恪，这是杨国忠有意说李林甫的错。卫包因为帮助李林甫做坏事被贬官为夜郎县尉，崔昌贬谪为乌雷县尉。

阿布思被回纥打败，安禄山诱其部落而降之，所以，安禄山的精兵无人能敌。

壬辰，以左武卫大将军何复光将岭南五府兵击南诏。

安禄山以李林甫狡猾逾己，故畏服之。及杨国忠为相，禄山视之蔑如也，由是有隙。国忠屡言禄山有反状，上不听。

陇右节度使哥舒翰击吐蕃，拔洪济、大漠门等城，悉收九曲部落。

初，高丽人王思礼与翰俱为押牙，事王忠嗣。翰为节度使，思礼为兵马使兼河源军使。翰击九曲，思礼后期；翰将斩之，既而复召释之。思礼徐曰："斩则遂斩，复召何为！"

杨国忠欲厚结翰与共排安禄山，奏以翰兼河西节度使。秋，八月，戊戌，赐翰爵西平郡王。翰表侍御史裴冕为河西行军司马。

【译文】 壬辰日（五月无此日），任命左武卫大将军何复光带领岭南五府的军队去进攻南诏。

安禄山认为李林甫比自己还要狡诈，因此畏惧他，服从他。待杨国忠做宰相了，安禄山看不起他，因此两人就结下仇恨。杨国忠多次对唐玄宗说安禄山有谋反的形迹，唐玄宗都不听。

陇右节度使哥舒翰进攻吐蕃，攻克洪济和大漠门等城，将九曲地方的各部落全部收复。

刚开始，高丽人王思礼和哥舒翰都是押牙，在王忠嗣手下做官。后来，哥舒翰任节度使，王思礼任兵马使兼河源军使。哥舒翰进攻九曲，王思礼没有按时间到达；哥舒翰想要杀他，之后又将他唤来放了。王思礼慢条斯理地说："要杀就杀，为什么又叫我来！"

杨国忠与哥舒翰交情很深，一起和安禄山对峙，就向唐玄宗上奏让哥舒翰同时担任河西节度使。秋季，八月，戊戌日（三十日），赐哥舒翰爵秩做西平郡王。哥舒翰上疏请求让侍御史裴冕做河西行军司马。

是时中国盛强，自安远门西尽唐境凡万二千里，闾阎相望，桑麻翳野，天下称富庶者无如陇右。翰每遣使入奏，常乘白橐驼，日驰五百里。

九月，甲辰，以突骑施黑姓可汗登里伊罗蜜施为突骑施可汗。

北庭都护程千里追阿布思至碛西，以书谕葛逻禄，使相应。阿布思穷迫，归葛逻禄，葛逻禄叶护执之，并其妻子、麾下数千人送之。甲寅，加葛逻禄叶护顿毗伽开府仪同三司，赐爵金山王。

【译文】那时候中原势力正盛，自长安城安远门以西到一万两千里远的唐朝领土上，村庄房舍连绵不绝，桑麻遮蔽原野。所有被称为富庶的地方，都无法和陇右相比。每次哥舒翰派使者向朝廷奏事，经常骑白驼骆，可日行五百里。

九月，甲辰日（初六），让突骑施黑姓可汗登里伊罗蜜施做突骑施可汗。

北庭都护程千里追击阿布思到达碛西，写信告诉葛逻禄，让他来接应，阿布思到了穷途末路，投靠葛逻禄，葛逻禄叶护将他抓住，并且将他的妻子还有下属几千人，送交唐军。甲寅日（十六日），封赏葛逻禄叶护顿毗伽开府仪同三司，赐给金山王的爵位。

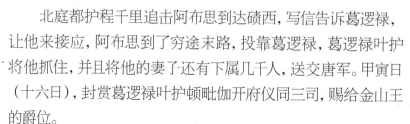

冬，十月，戊寅，上幸华清宫。

杨国忠与虢国夫人居第相邻，昼夜往来，无复期度，或并辔走马入朝，不施障幕，道路为之掩目。

三夫人将从车驾幸华清宫，会于国忠第；车马仆从，充溢数坊，锦绣珠玉，鲜华夺目。国忠谓客曰："吾本寒家，一旦缘椒房至此，未知税驾之所，然念终不能致令名，不若且极乐耳。"杨氏五家，队各为一色衣以相别，五家合队，粲若云锦；国忠仍以剑南旌节引于其前。

【译文】冬季，十月，戊寅日（十一日），唐玄宗到达华清宫。

杨国忠和虢国夫人住处离得很近，不论日夜都有往来，不论时日和期限；有时同骑上朝，丝毫不加遮挡。路人都不忍见，纷纷将眼睛遮住。

韩国、虢国、秦国三夫人即将和唐玄宗的车马一起到华清宫去，在杨国忠府邸集聚；他们的车马仆役和随从，填满了好几个街坊，锦绣和珠玉鲜艳华丽，光耀炫目。杨国忠对门客说："我原本出身贫寒，只是因为后宫的原因有今天这样的排场，我还没想过卸任，然而我想我大概一辈子也不能获得赞美，还不如及时行乐。"杨氏五户人家，每家一队穿着一种颜色的衣服，以区分。五家队伍集在一起，好像云彩一样绚丽。杨国忠还是用剑南节度使的旌旗和符节在前面引路。

国忠子暄举明经，学业荒陋，不及格。礼部侍郎达奚珣畏国忠权势，遣其子昭应尉抚先白之。抚伺国忠入朝上马，趋至马下；国忠意其子必中选，有喜色。抚曰："大人白相公，郎君所试，不中程式，然亦未敢落也。"国忠怒曰："我子何患不富贵，乃令鼠辈相卖！"策马不顾而去。抚惶遽，书白其父曰："彼恃挟贵势，令人惨嗟，安可复与论曲直！"遂置暄上第。及暄为户部侍郎，珣始自礼部迁吏部，暄与所亲言，犹叹己之淹回，珣之迅疾。

国忠既居要地，中外饷遗辐凑，积缣至三千万匹。

【译文】 杨国忠的儿子杨暄考明经，因为学识浅薄，没及格。礼部侍郎达奚珣慑于杨国忠的威势，派遣他的儿子昭应县尉达抚预先告诉他。达抚窥见杨国忠入朝上马，就匆匆跑到马前；杨国忠猜他儿子肯定考中了，有欣喜的神情。达抚说："我的父亲让我告诉您，令郎的考试不合录取的标准，却不敢让他落榜。"杨国忠非常生气地说："我的儿子还用担心得不到富贵，却被你们这些人欺负！"用鞭子打着马，头也不回。达抚害怕得发抖，写信对他父亲说："他仗恃挟持富贵权势，使人痛心嗟叹，根本没法和他讲理？"于是就将杨暄放上等。等到杨暄做了户部侍郎，那时，达奚珣才从礼部升到吏部。杨暄和他的亲信说话时，还说自己升官太慢，达奚珣升得太快。

杨国忠官居要地之后，朝堂内外送的物品从四面八方集聚，所积的缣多达三千万匹。

上在华清宫，欲夜出游，龙武大将军陈玄礼谏曰："宫外即旷野，安可不备不虞！陛下必欲夜游，请归城阙。"上为之引还。

是岁，安西节度使封常清击大勃律，至菩萨劳城，前锋屡捷，常清乘胜逐之。斥候府果毅段秀实谏曰："虏兵赢而屡北，诱我也；请搜左右山林。"常清从之，果获伏兵，遂大破之，受降而还。

中书舍人宋昱知选事，前进士广平刘乃以选法未善，上书于昱，以为："禹、稷、皋陶同居舜朝，犹曰载采有九德，考绩以九载。近代主司，察言于一幅之判，观行于一揖之间，何古今迟速不侔之甚哉！借使周公、孔子今处铨廷，考其辞华，则不及徐、庾，观其利口，则不若啬夫，何暇论圣贤之事业乎！"

【译文】唐玄宗想要在华清宫夜游。龙武大将军陈玄礼劝他说："宫外都是荒地，一旦有事，恐怕不能及时救援！如果您一定要夜游，请回到长安城中去。"唐玄宗因此又带人返回。

那年，安西节度使封常清攻打大勃律，抵达菩萨劳城，前锋多次打胜仗，封常清就乘胜追击。斥候府的果毅段秀实劝说："敌兵疲赢而且老打败仗，是在诱敌深入，请您查看一下周围的山林。"封常清采纳，果然搜到很多伏兵，因而将敌人打得落花流水，接受他们投降以后才返回。

中书舍人宋昱主管选举事宜，进士广平人刘乃认为选举的法规不够完善，向宋昱上书，认为："禹、稷、皋陶同为舜的大臣，尚且说在选取有九德事实的人，要考察九年的政绩。现在的考官，仅凭一篇判文来考察他的言辞，在一次拜揖之间来观察他的德行，为何以前和现在在选举试用人才的迟速不同而差别巨大呢？假如周公、孔子现在到吏部考选人才的处所来应考，如果考察他们的文采, 肯定比不上徐陵和庾信; 论口才, 将比不上啬夫, 还怎么会和他们谈论圣贤呢! ”

资治通鉴卷第二百一十七　唐纪三十三

起阏逢敦牂，尽柔兆涒滩四月，凡二年有奇。

【译文】起甲午（公元754年），止丙申（公元756年）四月，共二年四个月。

【题解】　本卷记录了公元754年至756年四月的史事，共两年又四个月，正当唐玄宗天宝十三年至十五年四月。本卷主要写了安禄山反叛前与反叛后初期的政治形势。安禄山反叛之心已经显露，求索无厌，唐玄宗加重恩赏更是激发了他的骄傲自大。权臣杨国忠与安禄山交恶更加快了他的造反速度。天宝十四年十一月初九甲子，安禄山在范阳造反。安禄山反叛后，因其准备充足，兵强马壮，麾师南下，河北、河南的土地取得了大半。官军仓促应战，先是惨败，之后河北颜杲卿、颜真卿兄弟，河南张巡起义兵杀贼，鼓舞了官军士气，战役不断取得胜利。洛阳丢失后，战局出现了相持局面。

玄宗至道大圣大明孝皇帝下之下

天宝十三载（甲午，公元七五四年）春，正月，己亥，安禄山入朝。是时杨国忠言禄山必反，且曰："陛下试召之，必不来。"上使召之，禄山闻命即至。庚子，见上于华清宫，泣曰："臣本胡人，陛下宠擢至此，为国忠所疾，臣死无日矣！"上怜之，赏赐巨万，由是益亲信禄山，国忠之言不能入矣。太子亦知禄山必反，言于上，上不听。

甲辰，太清宫奏："学士李琪见玄元皇帝乘紫云，告以国祚延昌。"

【译文】天宝十三载（甲午，公元754年）春季，正月，己亥日（初三），安禄山进入朝堂。那时杨国忠说安禄山肯定会反叛，并且说："如果皇上诏他，他肯定不敢来。"唐玄宗派人唤安禄山，安禄山接到命令后立即赶回来了。庚子日（初四），在华清宫拜见唐玄宗，流泪说："臣本来是胡人，承蒙陛下抬举到现在，却遭到杨国忠嫉恨，我害怕哪天就身首异处了！"唐玄宗很可怜他，赏赐万万。这件事之后更加亲信安禄山，不再听信杨国忠的话了。太子也知晓安禄山肯定反叛，向唐玄宗禀报，唐玄宗不听。

甲辰日（初八），太清宫向唐玄宗禀告说："学士李琪见玄元皇帝坐在紫云上，告诉他国家的福禄长远昌盛。"

唐初，诏敕皆中书、门下官有文者为之。乾封以后，始召文士元万顷、范履冰等草诸文辞，常于北门候进止，时人谓之"北门学士"。中宗之世，上官昭容专其事。上即位，始置翰林院，密迩禁廷，延文章之士，下至僧、道、书、画、琴、棋、数术之工皆处之，谓之"待诏"。刑部尚书张均及弟太常卿垍皆翰林院供奉。上欲加安禄山同平章事，已令张垍草制。杨国忠谏曰："禄山虽有军功，目不知书，岂可为宰相！制书若下，恐四夷轻唐。"上乃止。乙巳，加禄山左仆射，赐一子三品、一子四品官。

丙午，上还宫。

【译文】唐初，皇帝的诏书和敕书全部是让中书省和门下省有才能的官员撰写。乾封之后，才让文士元万顷、范履冰等人撰写各种文辞,他们经常在北门等待诏命,当时的人称为"北门学士"。中宗时代,上官昭容专管此事。直到现今的皇帝即位,才设立翰林院,紧挨着宫廷,延请有才学的人,下至于精通佛学、道学、书法、绘画、弹琴、弈棋、算数的人,都安排进去,称"待诏"。刑部尚书张均和他的弟弟太常卿张垍,都是翰林院供奉。唐玄宗想要升安禄山为同平章事,已经让张垍将制书写好了。杨国忠谏道:"虽然安禄山有军功,但是他不识字,哪里可以当宰相!如果颁下制书,我担心周围的异族耻笑我们。"唐玄宗因此作罢。乙巳日(初九),让安禄山做左仆射,赐他的一个儿子三品官,一个儿子四品官。

丙午日(初十),唐玄宗回到皇宫。

安禄山求兼领闲厩、群牧;庚申,以禄山为闲厩、陇右群牧等使。禄山又求兼总监;壬戌,兼知总监事。

禄山奏以御史中丞吉温为武部侍郎,充闲厩逼使,杨国忠由是恶温。禄山密遣亲信选健马堪战者数千匹,别饲之。

二月,壬申,上朝献太清宫,上圣祖尊号曰大圣祖高上大道金阙玄元大皇太帝。癸酉,享太庙,上高祖谥曰神尧大圣光孝皇帝,太宗谥曰文武大圣大广孝皇帝,高宗谥曰天皇大圣大弘孝皇帝,中宗谥曰孝和大圣大昭孝皇帝,睿宗谥曰玄真大圣大兴孝皇帝,以汉家诸帝皆谥孝故也。甲戌,群臣上尊号曰开元天地大宝圣文神武证道孝德皇帝。赦天下。

【译文】安禄山请求兼职闲厩及群牧使。庚申日(二十四日),派禄山兼职闲厩和陇右群牧等职务。安禄山又请求兼任总监;壬戌日(二十六日),让他兼管总监的事务。

安禄山又向唐玄宗奏请让御史中丞吉温做武部侍郎,代理闲厩副使，因此杨国忠对吉温很是讨厌。安禄山暗地里派遣亲信到马厩里挑选好几千匹强壮能战的马，放养在其他地方。

二月，壬申日(初六)，唐玄宗拜祭太清宫，改圣祖尊号为大圣祖高上大道金阙玄元大皇太帝。癸酉日(初七)，祭祀太庙，上高祖谥号是神尧大圣光孝皇帝，太宗谥号改为文武大圣大广孝皇帝，高宗谥号改为天皇大圣大弘孝皇帝，中宗谥号改为孝和大圣大昭孝皇帝，睿宗谥号改为玄真大圣大兴孝皇帝，这是因为汉朝各个皇帝的谥号上都有孝字。甲戌日(初八)，群臣上尊号为开元天地大宝圣文神武证道孝德皇帝。大赦天下。

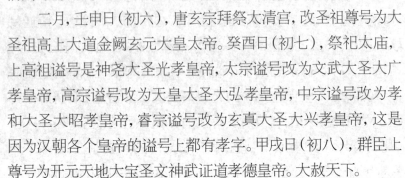

丁丑，杨国忠进位司空；甲申，临轩册命。

己丑，安禄山奏：“臣所部将士讨奚、契丹、九姓、同罗等，勋效甚多，乞不拘常格，超资加赏，仍好写告身付臣军授之。”于是，除将军者五百馀人，中郎将者二千馀人。禄山欲反，故先以此收众心也。

三月，丁酉朔，禄山辞归范阳。上解御衣以赐之，禄山受之惊喜。恐杨国忠奏留之，疾驱出关。乘船沿河而下，令船夫执绳板立于岸侧，十五里一更，昼夜兼行，日数百里，过郡县不下船。自是有言禄山反者，上皆缚送之。由是人皆知其将反，无敢言者。

【译文】 丁丑日(十一日)，杨国忠升官做司空；甲申日(十八日)，唐玄宗在轩槛宣读册文任命他。

己丑日(二十三日)，安禄山进言：“我率领的将士，征讨奚、契丹、九姓、同罗等部族，功勋卓著，请不要因为旧制的束缚，加重赏赐，才好写告身(委任官职的文凭)付与臣军交给他们。”因此五百多人升为将军，两千多人升为中郎将。安禄山想要反叛，因此先用这个方法收揽人心。

三月，丁酉朔日（初一），安禄山回范阳。唐玄宗将身上的衣服赏给他，安禄山接受了以后很高兴。害怕杨国忠向唐玄宗说将他留在京城，就赶紧跑出潼关，乘船顺流而下，让船夫手执绳板在岸边拉船，十五里换一次班，日夜兼程，日行几百里，就算经过郡县也不下来。那时只要有人说安禄山要造反就被抓起来审问。所有人们都知道安禄山要造反，但是没人敢说。

禄山之发长安也，上令高力士饯之长乐坡，及还，上问："禄山慰意乎？"对曰："观其意怏怏，必知欲命为相而中止故也。"上以告国忠，曰："此议他人不知，必张垍兄弟告之也。"上怒，贬张均为建安太守，垍为卢溪司马，垍弟给事中埱为宜春司马。

哥舒翰亦为其部将论功，敕以陇右十将、特进、火拔州都督、燕山郡王火拔归仁为票骑大将军，河源军使王思礼加特进，临洮太守成如璆、讨击副使范阳鲁炅、皋兰府都督浑惟明并加云麾将军，陇右讨击副使郭英乂为左羽林将军。英乂，知运之子也。翰又奏严挺之之子武为节度判官，河东吕諲为度支判官，前封丘尉高适为掌书记，安邑曲环为别将。

程千里执阿布思，献于阙下，斩之。甲子，以千里为金吾大将军，以封常清权北庭都护、伊西节度使。

【译文】安禄山自长安返回范阳时，唐玄宗让高力士在长乐坡替他饯行。待高力士回宫，唐玄宗问他："安禄山高兴了吗？"回答说："我看他怏怏不乐，肯定知晓要让他做宰相却中止的原因。"唐玄宗把这件事告诉杨国忠，杨国忠说："这个事没人知道，肯定是张垍兄弟说的。"唐玄宗非常恼火，将张均贬建安太守，张垍贬成卢溪司马，张垍的弟弟给事中张埱谪贬为宜春司马。

哥舒翰也为他的属下请求赏赐，唐玄宗敕命让陇右十将、特进、火拔州都督、燕山郡王火拔归仁做骠骑大将军，河源军使王思礼升职为特进，临洮太守成如璆、讨击副使范阳鲁炅、皋兰府都督浑惟明全部升官为云麾将军，陇右讨击副使郭英义做左羽林将军。郭英义，是郭知运的儿子。哥舒翰上奏请求将严挺之之子严武升职做节度判官，河东人吕諲做度支判官，前任封丘县尉高适做掌书记，安邑人曲环做别将。

程千里将阿布思抓获，献俘到京城，朝廷将他杀了。甲子日（二十八日），任命程千里做金吾大将军，让封常清掌管北庭都护、伊西节度使。

夏，四月，癸巳，安禄山奏击奚破之，虏其王李日越。

六月，乙丑朔，日有食之，不尽如钩。

侍御史、俞南留后李宓将兵七万击南诏。阁罗凤诱之深入，至太和城，闭壁不战。宓粮尽，士卒罹瘴疫及饥死什七八，乃引还；蛮追击之，宓被擒，全军皆没。杨国忠隐其败，更以捷闻，益发中国兵讨之，前后死者几二十万人，无敢言者。上尝谓高力士曰："朕今老矣，朝事付之宰相，边事付之诸将，夫复何忧！"力士对曰："臣闻云南数丧师，又边将拥兵太盛，陛下将何以制之！臣恐一旦祸发，不可复救，何谓无忧也！"上曰："卿勿言，朕徐思之。"

【译文】夏季，四月，癸巳日（二十八日），安禄山回报，打败奚，抓获奚王李日越。

六月，乙丑朔日（初一），出现日食，但没有食尽，只留钩一样的弧形。

侍御史、俞南留后李宓率七万兵攻打南诏。阁罗凤诱敌深入，等到了大和城，闭门不与他交战。李宓将粮食吃光了，十分之七八的士兵感染瘴疠及饥饿而死，因此就带兵返回。蛮兵在后面追杀，李宓被俘，全军覆没。杨国忠隐瞒李宓战败的事实，向唐玄宗报告说他战胜了，因此又增派人员去征讨南诏，大概总共有二十万人战死了，无人敢给唐玄宗说这件事。唐玄宗曾经对高力士说："朕老了，朝廷的事情都交与宰相，边疆的事情全都交给诸位将军，还担心什么！"高力士回答说："臣听说云南多次吃败仗，而且边疆的守将拥兵众多，陛下将如何掌控他们？臣害怕一旦事情有变，再也没有挽回的余地，怎么能不担心呢？"唐玄宗说："卿不要再说了，我再想想。"

【乾隆御批】 力士虽时有正言，然林甫、禄山皆因力士致将相，则乱源本其所自酿。盖宦竖本无深识，其初不过因谄媚为之荐剡，迨事变已成，虽汲汲直陈，亦已无及，其罪固不可以一言贷也。

【译文】 高力士虽然不时有正直的言论，然而李林甫、安禄山都是因高力士的举荐而成为将相，因此祸乱的根源本来是他自己酿成的。所以宦官本来没什么深刻的见识，当初不过因为李林甫、安禄山向他献媚才为他们举荐，到现在祸患已经酿成，就是急切地进谏直言也无可挽回，他的罪本来就不能因这几句话就受到宽恕。

秋，七月，癸丑，哥舒翰奏，于所开九曲之地置洮阳、浇河二郡及神策军，以临洮太守成如璆兼洮阳太守，充神策军使。

杨国忠忌陈希烈，希烈累表辞位；上欲以武部侍郎吉温代之，国忠以温附安禄山，奏言不可；以文部侍郎韦见素和雅易制，荐之。八月，丙戌，以希烈为太子太师，罢政事；以见素为武部尚书、同平章事。

自去岁水旱相继,关中大饥。杨国忠恶京兆尹李岘不附己,以灾沴归咎于岘,九月,贬长沙太守。岘,祎之子也。上忧雨伤稼,国忠取禾之善者献之,曰:"雨虽多,不害稼也。"上以为然。扶风太守房琯言所部水灾,国忠使御史推之。是岁,天下无敢言灾者。高力士侍侧,上曰:"淫雨不已,卿可尽言。"对曰:"自陛下以权假宰相,赏罚无章,阴阳失度,臣何敢言!"上默然。

【译文】秋季,七月,癸丑日(二十日),哥舒翰上奏:在他开辟的九曲地方建立洮阳、浇河两个郡与神策军,让临洮太守成如璆担任洮阳太守,代任神策军使。

杨国忠很不喜欢陈希烈,陈希烈多次上疏请求撤销左相的官位,唐玄宗想用武部侍郎吉温替换他。因为吉温心附安禄山,杨国忠向唐玄宗奏说他不能替代陈希烈;因为文部侍郎韦见素性情温顺容易掌控,因此推荐他。八月,丙戌日(二十三日),让陈希烈做太子太师,罢除政事;让韦见素做武部尚书、同平章事。

自去年以来,水灾旱灾接连出现,关中出现大饥荒。杨国忠对京兆尹李岘不归附自己感到恨怒,就将水旱灾的原因归于李岘,九月,贬为长沙太守。李岘,是李祎的儿子。唐玄宗担心雨水太多伤了庄稼,杨国忠进献良好的禾苗,说:"虽然今年雨水多,但并没有伤着庄稼。"唐玄宗当真了。扶风太守房琯向唐玄宗汇报所辖的地区有水灾,杨国忠就派监察御史去审问他。那年,没人再敢说有涝灾了。高力士侍奉唐玄宗的身旁,唐玄宗说:"阴雨不断,你可以说说你的看法。"高力士回答说:"自您将大权赐予宰相,赏罚失调,阴阳无度,我敢说什么!"唐玄宗不说话了。

冬，十月，乙酉，上幸华清宫。

十一月，己未，置内侍监二员，正三品。

河东太守兼本道采访使韦陟，斌之兄也，文雅有盛名，杨国忠恐其入相，使人告陟赃污事，下御史按问。陟赂中丞吉温，使求救于安禄山，复为国忠所发。闰月，壬寅，贬陟桂岭尉，温澧阳长史。安禄山为温讼冤，且言国忠谗疾。上两无所问。

戊午，上还宫。

是岁，户部奏天下郡三百二十一，县千五百三十八，乡万六千八百二十九，户九百六万九千一百五十四，口五千二百八十八万四百八十八。

【译文】冬季，十月，乙酉日（二十三日），唐玄宗到华清宫。

十一月，己未日（二十八日），建立内侍监二人，正三品官爵。

河东太守兼本道采访使韦陟，是韦斌的哥哥，有温文儒雅的名声。杨国忠怕他将来可能入朝做宰相，让人告发韦陟贪污，交付御史查办。韦陟贿赂御史中丞吉温，让他向安禄山求救，又被杨国忠发现。闰十一月，壬寅日（闰十一月无此日），谪贬韦陟桂岭县尉，吉温澧阳郡长史。安禄山为吉温申冤，还说杨国忠爱用谗言冤枉好人。唐玄宗难以处置。

戊午日（闰十一月无此日），唐玄宗回到皇宫。

这年，户部上报：天下一共有三百二十一郡，一千五百三十八县，一万六千八百二十九乡，九百零六万九千一百五十四户，五千二百八十八万四百八十八人。

天宝十四载（乙未，公元七五五年）春，正月，苏毗王子悉诺逻去吐蕃来降。

二月，辛亥，安禄山使副将何千年入奏，请以蕃将三十二人代汉将，上命立进画，给告身。韦见素谓杨国忠曰："禄山久有异志，今又有此请，其反明矣。明日见素当极言；上未允，公其继之。"国忠许诺。壬子，国忠、见素入见，上迎谓曰："卿等有疑禄山之意邪？"见素因极言禄山反已有迹，所请不可许，上不悦，国忠逡巡不敢言，上竟从禄山之请。他日，国忠、见素言于上曰："臣有策可坐消禄山之谋。今若除禄山平章事，召诣阙，以贾循为范阳节度使，吕知诲为平卢节度使，杨光翙为河东节度使，则势自分矣。"上从之。已草制，上留不发，更遣中使辅璆琳以珍果赐禄山，潜察其变。璆琳受禄山厚赂，还，盛言禄山竭忠奉国，无有二心。上谓国忠等曰："禄山，朕推心待之，必无异志。东北二虏，藉其镇遏。朕自保之，卿等勿忧也！"事遂寝。循，华原人也，时为节度副使。

陇右、河西节度使哥舒翰入朝，道得风疾，遂留京师，家居不出。

【译文】十四载（乙未，公元755年）春季，正月，苏毗王子悉诺逻远离吐蕃降唐。

二月，辛亥日（二十二日），安禄山派遣副将何千年入朝上奏，希望用三十二蕃将代替汉将。唐玄宗命令中书省立刻下达敕书，由自己签署执行，发给委任状。韦见素对杨国忠说："安禄山一直有二心，如今又这样要求，他反叛的想法已经明了了。第二天见素将极力进谏；如果皇上不听从，您要接着进谏。"杨国忠同意了。壬子日（二十三日），杨国忠、韦见素入朝晋见，唐玄宗迎着他们说："你们有人怀疑安禄山的忠心吗？"因此韦见素竭力说安禄山反叛已经有苗头了，不可以满足他的请求，唐玄宗心中很不高兴；杨国忠畏缩不前不敢进谏，唐玄宗终于同意了安禄山的请求。有一天，杨国忠、韦见素对唐玄宗说："臣有一计能够消除安禄山的野心。如果现在任命安禄山为平章事，让他班师回朝，让贾循做范阳节度使，吕知诲为平卢节度使，杨光翔做河东节度使，那么势力自然就被瓦解了。"唐玄宗采纳了他们的建言。已经把制书写好了，唐玄宗放着没有发放出去，又遣派宫中使者辅琳拿着稀有的水果赐给安禄山，暗自查看他的变化动静。辅琳接受安禄山贵重的行贿，返回朝廷，尽力说安禄山忠心为国，毫无二心。唐玄宗和杨国忠等人道："安禄山，朕用至诚之心对待他，肯定没有二心。东北两方面的敌军，依仗他来镇压阻挡。朕自己承诺安禄山不会造反，卿等没有必要担忧！"事情因此罢休没有再商讨。贾循，是华原人，那时他是节度副使。

陇右、河西节度使哥舒翰入朝，在路上患了风湿病，于是就留在京师，待在家中不出来。

三月，辛巳，命给事中裴士淹宣慰河北。

夏，四月，安禄山奏破奚、契丹。

癸巳，以苏毗王子悉诺逻为怀义王，赐姓名李忠信。

安禄山归至范阳，朝廷每遣使者至，皆称疾不出迎，盛陈武备，然后见之。裴士淹至范阳，二十馀日乃得见，无复人臣礼。杨国忠日夜求禄山反状，使京兆尹围其第，捕禄山客李超等，送御史台狱，潜杀之。禄山子庆宗尚宗女荣义郡主，供奉在京师，密报禄山，禄山愈惧。六月，上以其子成昏，于诏召禄山观礼，禄山辞疾不至。秋，七月，禄山表献马三千匹，每匹执控夫二人，遣蕃将二十二人部送。河南尹达奚珣疑有变，奏请"谕禄山以进车马宜俟至冬，官自给夫，无烦本军。"于是上稍寤，始有疑禄山之意。会辅璆琳受赂事亦泄，上托以他事扑杀之。上遣中使冯神威赍手诏谕禄山，如珣策；且曰：朕新为卿作一汤，十月于华清宫待卿。"神威至范阳宣旨，禄山踞床微起，亦不拜，曰："圣人安隐。"又曰："马不献亦可，十月灼然诣京师。"即令左右引神威置馆舍，不复见；数日，遣还，亦无表。神威还，见上，泣曰："臣几不得见大家！"

【译文】三月，辛巳日（二十二日），唐玄宗下令给事中裴士淹宣谕慰劳河北。

夏季，四月，安禄山上奏报告攻破奚和契丹。

癸巳日（初四），封苏毗王子悉诺逻为怀义王，赐姓名叫李忠信。

安禄山回到范阳，朝廷每次派使者去，都假称身体有恙，没有出来相迎；大量摆设武备，之后才出来会见。裴士淹抵达范阳二十几天才得到接见，没有人臣的礼仪。杨国忠昼夜寻找安禄山谋反的证据，让京兆尹围困他的宅院，抓捕安禄山的门客李超等人，押到御史台牢狱，悄悄地把他杀害。安禄山的儿子安庆宗婚匹宗室女荣义郡主，在京师当太仆卿，得随供奉官班见朝，悄悄地告诉安禄山，安禄山越来越惶恐。六月，唐玄宗由于他的儿子要大婚，亲手写诏书命令安禄山回朝观礼，安禄山以生病为借口托词不过去。秋季，七月，安禄山上奏请求献马三千匹，每匹马需要马童二人，派遣蕃将二十二人分部派送。河南尹达奚珣怀疑他有欺诈，上奏请求唐玄宗"安慰安禄山，进献车马本应等到冬季，朝廷自有马夫，没有必要麻烦自己的部队。"因此唐玄宗慢慢省悟，开始对安禄山怀疑。恰逢辅琳接受安禄山行贿的事件也暴露出来，唐玄宗假借其他罪过将他杀死。唐玄

资治通鉴

宗差遣宫中使者冯神威拿着亲自写的诏书明白地告诉安禄山，如达奚珣的计谋；还说："朕最近给卿做了一个温泉，到十月在华清宫里等着卿过来。"冯神威到范阳宣告圣旨，安禄山蹲坐在胡床上，轻轻起身，也不跪拜，说："圣上平安。"还说："马不进献也行，十月一定要到京师去。"就命令身边的人带着冯神威进入招待所，不再和他会面。几天过后，派冯神威回朝，也没有谢恩的表文。冯神威回去，看到唐玄宗流着泪说："臣差一点不能再见到皇上！"

八月，辛卯，免今载百姓租庸。

冬，十月，庚寅，上幸华清宫。

安禄山专制三道，阴蓄异志，殆将十年，以上待之厚，欲俟上晏驾然后作乱。会杨国忠与禄山不相悦，屡言禄山且反，上不听；国忠数以事激之，欲其速反以取信于上。禄山由是决意遽反，独与孔目官、太仆丞严庄、掌书记、屯田员外郎高尚、将军阿史那承庆密谋，自馀将佐皆莫之知，但怪其自八月以来，屡飨士卒，秣马厉兵而已。会有奏事官自京师还，禄山诈为敕书，悉召诸将示之曰："有密旨，令禄山将兵入朝讨杨国忠，诸君宜即从军。"众愕然相顾，莫敢异言。十一月，甲子，禄山发所部兵及同罗、奚、契丹、室韦凡十五万众，号二十万，反于范阳。命范阳节度副使贾循守范阳，平卢节度副使吕知诲守平卢，别将高秀岩守大同；诸将皆引兵夜发。

【译文】八月，辛卯日(初四)，免去今年老百姓的租、庸赋税。

冬季，十月，庚寅日(初四)，唐玄宗驾临华清宫。

安禄山单独控制范阳、平卢、河东三道之地，私下蓄藏异志，差不多十年了。由于唐玄宗对待他非常优厚，想要等到唐玄宗逝世后再谋反。等到杨国忠和安禄山二人交情不好，多次说安禄山将要造反，唐玄宗不相信；杨国忠多次用事情刺激他，想要他快点谋反以便让唐玄宗相信。安禄山因此决定尽快造反，独自与孔目官、太仆丞严庄、掌书记、屯田员外郎高尚、将军阿史那承庆秘密商讨，其余的将军和佐官都不知道情况，仅仅是对于自八月以来，多次宴享士卒、秣马厉兵觉得诧异罢了。恰好碰到有给唐玄宗禀事的官员从京师返回，安禄山就制造一份假的唐玄宗制书，集合所有的将军展示给他们看，说："有机密的圣旨，下令禄山入朝讨平杨国忠，各位将军应该立刻从军出发。"大家你看我我看你特别惊异，没有一个人敢提出反对。十一月，甲子日（初九），安禄山发起所统领的队伍和同罗、奚、契丹、室韦等兵士，总共有十五万人，假称二十万，在范阳造反。下令范阳节度副使贾循坚守范阳，平卢节度副使吕知诲留在平卢守护，别将高秀岩留守大同；全部的将军都率兵深夜出发。

诘朝，禄山出蓟城南，大阅誓众，以讨杨国忠为名，榜军中曰："有异议扇动军人者，斩及三族！"于是引兵而南。禄山乘铁舆，步骑精锐，烟尘千里，鼓噪震地。时海内久承平，百姓累世不识兵革，猝闻范阳兵起，远近震骇。河北皆禄山统内，所过州县，望风瓦解，守令或开门出迎，或弃城窜匿，或为所擒戮，无敢拒之者。禄山先遣将军何千年、高邈将奚骑二十，声言献射生手，乘驿诣太原。乙丑，北京副留守杨光翙出迎，因劫之以去。太原具言其状。东受降城亦奏禄山反。上犹以为恶禄山者诈为之，未之信也。

　　【译文】第二天早晨，安禄山抵达蓟城南，阅兵训话，把讨伐杨国忠当作借口,出榜告示军中说:"有异议动摇军心的,杀戮全族!"于是领兵向南出发。安禄山坐着用铁制作的车子,步兵和骑兵都非常精良,烟雾和灰尘飞扬千里,鼓声和喧嚣的声音震天动地。此时天下长时间都处于和平时代,老百姓好几代都没有经历过战争,猛然听说安禄山从范阳带兵反叛,无论远处还是近处的人都非常震惊。河北道在安禄山管辖以内的地方,所途经的州县,只要看到他的风尘就崩溃了;守城的太守和县令,有的人大开城门,出来迎接,有的人放弃城池,逃跑隐藏,有的人被他俘虏杀害,没有人敢反抗他。安禄山先差遣将军何千年、高邈带领奚部的骑兵二十人,声称进献善于射箭的士卒,乘坐驿车走到太原。乙丑日(初十),北京副留守杨光翙出城相迎,因此就把他劫持了。太原把事情仔细报告给朝廷。东受降城也上奏安禄山已经造反。唐玄宗还以为是憎恨安禄山的人编造的流言,不愿意相信。

庚午,上闻禄山定反,乃召宰相谋之。杨国忠扬扬有得色,曰:"今反者独禄山耳,将士皆不欲也。不过旬日,必传首诣行在。"上以为然,大臣相顾失色。上遣特进毕思琛诣东京,金吾将军程千里诣河东,各简募数万人,随便团结以拒之。辛未,安西节度使封常清入朝,上问以讨贼方略,常清大言曰:"今太平积久,故人望风惮贼。然事有逆顺,势有奇变,臣请走马诣东京,开府库,募骁勇,挑马箠渡河,计日取逆胡之首献阙下!"上悦。壬申,以常清为范阳、平卢节度使。常清即日乘驿诣东京募兵,旬日,得六万人;乃断河阳桥,为守御之备。

甲戌,禄山至博陵南,何千年等执杨光翙见禄山,责光翙以附杨国忠,斩之以徇。禄山使其将安忠志将精兵军土门,忠志，奚人，禄山养为假子；又以张献诚摄博陵太守，献诚，守珪之子也。

【译文】庚午日（十五日），唐玄宗听闻安禄山真的已经谋反，才召来宰相来商讨这件事。杨国忠一副得意的样子，说："如今反叛的，仅仅是安禄山自己，将军和兵士都不想谋反。不到十天，肯定把安禄山的首级传送到行在来。"唐玄宗把这当作了真的，大臣们面面相觑吓得脸色都变了。唐玄宗差遣特进毕思琛来到东京，金吾将军程千里去河东，各自挑选招集几万人，各随组织锻炼民兵来阻抗叛军。辛未日（十六日），安西节度使封常清入朝，唐玄宗问他讨伐逆贼的策略，封常清夸下海口说："如今和平时间太久了，于是人们看见叛贼的风尘就恐惧。可是事情有逆理顺理，情势有奇诡变动，臣恳请骑马赶到东京，打开府库金帛武器，招募英勇善战的人，挥舞着马鞭渡过黄河，不要几天就可以斩掉叛贼的头颅送到京城！"唐玄宗非常喜悦。壬申日（十七日），将封常清为范阳、平卢节度使。封常清那时就骑驿马到东京招募士兵，十天招到六万人；于是斩断河阳桥，当作防御的准备。

甲戌日（十九日），安禄山抵达博陵的南方，何千年等人绑着杨光翙来找安禄山，安禄山叱骂杨光翙亲近依附杨国忠，将他斩首示众。安禄山差遣他的将军安忠志率领精兵戍守在土门；安忠志是奚人，安禄山抚养作为义子。又让张献诚代理博陵太守；张献诚，是张守珪的儿子。

禄山至藁城，常山太守颜杲卿力不能拒，与长史袁履谦往迎之。禄山辄赐杲卿金紫，质其子弟，使仍守常山；又使其将李钦凑将兵数千人守井陉口，以备西来诸军。杲卿归，途中指其衣谓履谦曰："何为著此？"履谦悟其意，乃阴与杲卿谋起兵讨禄山。杲卿，思鲁之玄孙也。

丙子，上还宫。斩太仆卿安庆宗，赐荣义郡主自尽。以朔方节度使安思顺为户部尚书，思顺弟元贞为太仆卿。以朔方右厢兵马使、九原太守郭子仪为朔方节度使，右羽林大将军王承业为太原尹。置河南节度使，领陈留等十三郡，以卫尉卿猗氏张介然为之。以程千里为潞州长史。诸郡当贼冲者，始置防御使。

丁丑，以荣王琬为元帅，右金吾大将军高仙芝副之，统诸军东征。出内府钱帛，于京师募兵十一万，号曰天武军，旬日而集，皆市井子弟也。

【译文】安禄山抵达藁城，常山太守颜杲卿没有力量阻挡，和长史袁履谦一起迎接他。安禄山就赏赐颜杲卿金鱼袋和紫袍，将他的子弟作为人质，让他依旧为常山太守。又让他的将军李钦凑率领好几千士兵坚守井陉口，用来防备从西方来讨平的军队。颜杲卿在回常山的途中，指着身上穿戴的金鱼袋和紫袍对袁履谦说："穿戴这种衣服饰品做什么？"袁履谦知道他的意思，就私下里和颜杲卿筹划讨伐安禄山。颜杲卿，是颜思鲁（之推之子，师古之父）的玄孙。

丙子日（二十一日），唐玄宗回宫。将太仆卿安庆宗斩首示众，赐荣义郡主自尽。任命朔方节度使安思顺作为户部尚书，安思顺的弟弟安元贞作为太仆卿。让朔方右厢兵马使、九原太守郭子仪为朔方节度使，右羽林大将军王承业为太原尹。设立河南节度使，统领陈留等十三郡，让卫尉卿猗氏人张介然做节度使。让程千里做潞州长史。并且在首先受到叛贼打击的诸郡，开始设立防御使。

丁丑日（二十二日），任命荣王李琬为元帅，右金吾大将军高仙芝为副元帅，统领各军东征，拿出宫中府藏的金钱和绢帛，在京师招集了十一万士兵，号称"天武军"，十天就集齐装备，应募的全是市井子弟。

十二月，丙戌，高仙芝将飞骑、彍骑及新募兵、边兵在京师者合五万人，发长安。上遣宦者监门将军边令诚监其军，屯于陕。

丁亥，安禄山自灵昌渡河，以絚约败船及草木横绝河流，一夕，冰合如浮梁，遂陷灵昌郡。禄山步骑散漫，人莫知其数，所过残灭。张介然至陈留才数日，禄山至，授兵乘城，众恟惧，不能守。庚寅，太守郭纳以城降。禄山入北郭，闻安庆宗死，恸哭曰："我何罪，而杀我子！"时陈留将士降者夹道近万人，禄山皆杀之以快其忿；斩张介然于军门。以其将李庭望为节度使，守陈留。

壬辰，上下制欲亲征，其朔方、河西、陇右兵留守城堡之外，皆赴行营，令节度使自将之，期二十日毕集。

【译文】十二月，丙戌日（初一），高仙芝带领飞骑、彍骑以及新招集的士卒和边疆兵士留在京师的，总共有五万人，从长安发动。唐玄宗差遣宦者监门将军边令诚监督他的军队，驻扎在陕郡。

丁亥日（初二），安禄山从灵昌渡过黄河，用大绳把破船和草木绑好连在一起渡过河流，当天夜晚，河水结冰把破船草木冻住了像浮桥一样，于是就攻破了灵昌郡。安禄山的步兵和骑兵都特别分散，人们不了解他到底有多少兵马。只要是他的军队路过的地区，都被杀害消灭。张介然到陈留才几天，安禄山就已经到达。张介然分发武器给士卒让他们登城防守，但是大家都十分害怕，无法防守。庚寅日（初五），太守郭纳献城投降。安禄山进到城北部，听闻安庆宗已被杀害，大哭道："我有什么罪过，却杀掉我的儿子！"此时陈留的将士站在路两旁投降的接近一万人，安禄山将他们全部杀死来发泄怨恨；在营门前将张介然斩首示众。任命他的部将李庭望作为节度使，留守陈留。

壬辰日（初七），唐玄宗下制书要亲自讨伐安禄山，全部朔方、河西、陇右的兵卒留守在城堡外面的，全部到节度使的军营，下令节度使亲自带领，限令在二十天之内全部到达。

初，平原太守颜真卿知禄山且反，因霖雨，完城浚壕，料丁壮，实仓廪；禄山以其书生，易之。及禄山反，牒真卿以平原、博平兵七千人防河津，真卿遣平原司兵李平间道奏之。上始闻禄山反，河北郡县皆风靡，叹曰："二十四郡，曾无一人义士邪！"及平至，大喜，曰："朕不识颜真卿作何状，乃能如是！"真卿使亲客密怀购贼牒诣诸郡，由是诸郡多应者。真卿，杲卿之从弟也。

安禄山引兵向荥阳，太守崔无诐拒之；士卒乘城者，闻鼓角声，自坠如雨。癸巳，禄山陷荥阳，杀无诐，以其将武令珣守之。禄山声势益张，以其将田承嗣、安忠志、张孝忠为前锋。封常清所募兵皆白徒，未更训练，屯武牢以拒贼；贼以铁骑蹂之，官军大败。常清收馀众，战于葵园，又败；战上东门内，又败。丁酉，禄山陷东京，贼鼓噪自四门入，纵兵杀掠。常清战于都亭驿，又败；退守宣仁门，又败；乃自苑西坏墙西走。

【译文】起初，平原太守颜真卿了解安禄山将要反叛，就趁着天下连阴雨，修建城墙挖深壕沟，盘算壮丁人数，充满仓廪的米谷。安禄山觉得他是一个书生，不把他放在心上。等到安禄山谋反，牒命颜真卿让他用平原、博平的兵士七千人防守黄河的渡口，颜真卿差遣平原司兵李平抄近路到朝廷报告这件事。唐玄宗起初听到安禄山谋逆，河北的郡县都毫无斗志，叹气说："河北二十四个郡中，居然没有一个义士！"等到李平抵达京师，十分高兴地说："朕不知道颜真卿是什么模样，居然能够这样子！"颜真卿差遣亲信的宾客暗自带着悬赏搜求逆贼的文书到诸郡去，因此各郡有很多响应的。颜真卿，是颜杲卿的堂弟。

安禄山率领兵马向荥阳出发，太守崔无波阻抗他；士卒登上城墙，听见战鼓和号角的声音，像下雨一般自己掉落下来。癸巳日（初八），安禄山攻破荥阳，把崔无波杀掉，用他的部将武令珣防守荥阳城。安禄山的声势越来越盛大，用他的部将田承嗣、安忠志、张孝忠当作前锋。封常清所招集的士兵全是普通百姓，没有经过锻炼，戍守在武牢用来抵抗敌军。贼军用铁骑蹂躏，将朝廷的部队打得败退。封常清收集剩下的士兵，和他在葵园交战，还是失败；在洛阳上东门内交战，又打败。丁酉日（十二日），安禄山攻破东京，逆贼击鼓喧哗从四方的城门进入，纵容士兵杀人抢劫。封常清在都亭驿和敌军交战，又失败；后退守护宣仁门，又战败；就从御苑西边毁坏墙壁向西逃窜。

河南尹达奚珣降于禄山。留守李憕谓御史中丞卢奕曰："吾曹荷国重任，虽知力不敌，必死之！"奕许诺。憕收残兵数百，欲战，皆弃憕溃去；憕独坐府中。奕先遣妻子怀印间道走长安，朝服坐台中，左右皆散。禄山屯于闲厩，使人执憕、奕及采访判官蒋清，皆杀之。奕骂禄山，数其罪，顾贼党曰："凡为人当知逆顺。我死不失节，夫复何恨！"憕，文水人；奕，怀慎之子；清，钦绪之子也。禄山以其党张万顷为河南尹。

【译文】河南尹达奚珣向安禄山投降。留守李憕对御史中丞卢奕说:"我们肩负国家的重任,即使知道力量不如他,一定要和他决一死战!"卢奕同意。李憕收集几百人的散兵,将要与叛贼作战,士兵都丢弃李憕散去。李憕孤独坐在留守府中。卢奕先打发妻子带着官印走近路急忙跑回长安,自己穿着朝服坐在御史台中,周围的人都已经离开。安禄山屯兵在闲厩,派人捆绑李憕、卢奕和采访判官蒋清,将他们全部都杀害。卢奕责骂安禄山,细数他的罪行,看着周围的贼兵说:"只要是做人,应该知道什么是顺理什么是逆理。我死去了没有失去做人臣的操守,又有什么可惜的呢?"李憕,是文水人;卢奕,是卢怀慎的儿子;蒋清,是蒋钦绪的儿子。安禄山任命他的党徒张万顷做河南尹。

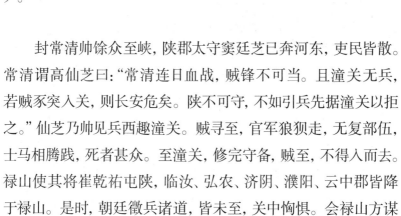

封常清帅馀众至陕,陕郡太守窦廷芝已奔河东,吏民皆散。常清谓高仙芝曰:"常清连日血战,贼锋不可当。且潼关无兵,若贼豕突入关,则长安危矣。陕不可守,不如引兵先据潼关以拒之。"仙芝乃帅见兵西趣潼关。贼寻至,官军狼狈走,无复部伍,士马相腾践,死者甚众。至潼关,修完守备,贼至,不得入而去。禄山使其将崔乾祐屯陕,临汝、弘农、济阴、濮阳、云中郡皆降于禄山。是时,朝廷徵兵诸道,皆未至,关中恟惧。会禄山方谋称帝,留东京不进,故朝廷得为之备,兵亦稍集。

禄山以张通儒之弟通晤为睢阳太守,与陈留长史杨朝宗将胡骑千馀东略地,郡县官多望风降走,惟东平太守嗣吴王祗、济南太守李随起兵拒之。祗,祎之弟也。郡县之不从贼者,皆倚吴王为名。单父尉贾贲帅吏民南击睢阳,斩张通晤。李庭望引兵欲东徇地,闻之,不敢进而还。

【译文】封常清率领残兵抵达陕城,陕郡太守窦廷芝已经逃窜到河东去，官吏和人民都已经离散。封常清对高仙芝说："常清连着好几天和敌人交战，敌人的锋头非常强盛，无法抵挡。而且潼关没有士兵把守，如果贼寇像野猪一般硬闯入关，那么长安就危险了。陕不可以固守，不如带兵先占据潼关来阻挡他。"高仙芝就率领现有的兵向西赶到潼关。叛贼没多久就到达了，官军狼狈逃匿，军队零乱不整，士兵和战马互相践踏，战死了很多人。到了潼关，修筑好了防备工事，逆贼到了，不可以攻进潼关而退去。安禄山让他的部将崔乾祐屯兵在陕，临汝、弘农、济阴、濮阳、云中诸郡，全部投降安禄山。此时，朝廷向诸道征兵，都还没有抵达，关中特别害怕。恰巧此时安禄山正在筹划自称为皇帝，驻扎在东京没有征兵向前攻打，因此朝廷可以有时间做准备，部队也慢慢聚集起来。

安禄山任用张通儒的弟弟张通晤当睢阳太守，和陈留长史杨朝宗率领胡族的骑兵一千多人一起向东攻取土地，各郡各县的官吏多数看到一点风头就投降或者逃匿，只有东平太守嗣吴王李祗、济南太守李随发动士兵阻挡他。李祗，是李祎的弟弟。各郡县不愿意投降逆贼的官吏和人民，全部依靠吴王为领袖。单父县尉贾贲率领官吏和人民向南攻打睢阳，杀死了张通晤。李庭望率领兵马要向东进攻，听闻此消息，不敢向前进攻就返回了。

庚子，以永王璘为山南节度使，江陵长史源洧为之副；颍王璬为剑南节度使，蜀郡长史崔圆为之副。二王皆不出阁。洧，光裕之子也。

上议亲征，辛丑，制太子临国，谓宰相曰："朕在位垂五十载，倦于忧勤，去秋已欲传位太子；值水旱相仍，不欲以馀灾遗子孙，淹留俟稍丰。不意逆胡横发，朕当亲征，且使之监国。事平之日，朕将高枕无为矣。"杨国忠大惧，退谓韩、虢、秦三夫人曰："太子素恶吾家专横久矣，若一旦得天下，吾与姊妹并命在旦暮矣！"相与聚哭，使三夫人说贵妃，衔土请命于上；事遂寝。

【译文】庚子日（十五日），任命永王李璘为山南节度使，江陵长史源洧为节度副使；颍王李璬作为剑南节度使，蜀郡长史崔圆为节度副使。永王和颍王都不远离宫殿。源洧，是源光裕的儿子。

唐玄宗计划亲自出征，辛丑日（十六日），下制书令太子监国，对宰相说："朕在位接近五十年，疲惫厌烦于忧思勤劳。去年秋季就已经想传位给太子；正好碰到水灾旱灾接连不断，不想把余灾遗累子孙，因此停留很久，想要等到逐渐富足再传位。没有想到胡贼猛然造反。朕应该要亲自征讨，暂时叫太子监国。乱事平定的时候，朕将要过清净无为的日子。"杨国忠十分惶恐，退朝之后，对韩国、虢国、秦国三夫人说："太子一向讨厌我们杨家专权粗暴，如果有一天他得到了天下，我和姐妹们全部将要在朝夕之间一起被杀害了！"几个人集合在一起痛哭。让三位夫人劝告贵妃，让她向唐玄宗恳请；事情因此就结束了。

颜真卿召募勇士，旬日至万馀人，谕以举兵讨安禄山，继以涕泣，士皆感愤。禄山使其党段子光赍李憕、卢奕、蒋清首徇河北诸郡，至平原，壬寅，真卿执子光，腰斩以徇；取三人首，续以蒲身，棺敛葬之，祭哭受吊。禄山以海运使刘道玄摄景城太守，清池尉贾载、盐山尉河内穆宁共斩道玄，得其甲仗五十馀船；携道玄首谒长史李暐，暐收严庄宗族，悉诛之。是日，送道玄首至平原，真卿召载、宁及清河尉张澹诣平原计事。饶阳太守卢全诚据城不受代；河间司法李奂杀禄山所署长史王怀忠；李随遣游弈将訾嗣贤济河，杀禄山所署博平太守马冀；各有众数千或万人，共推真卿为盟主，军事皆禀焉。禄山使张献诚将上谷、博陵、常山、赵郡、文安五郡团结兵万人围饶阳。

【译文】 颜真卿征召募集勇士，十天以内来应召的就有一万多人。颜真卿对他们说明大义要起来征讨安禄山，说着说着，就悲伤地痛哭起来。勇士们非常感动，群情激愤。安禄山让他的党徒段子光带着李憕、卢奕、蒋清的头到河北诸郡去巡查，走到平原郡，壬寅日（十七日），颜真卿把段子光抓捕，拦腰将他斩断，传给百姓查看；并且把三个人的首级拿过来，用蒲草编制身体和头连在一起，用棺材收敛，将他们埋葬，祭奠哭泣并接纳别人吊祭。安禄山任命海运使刘道玄代理景城太守，清池县尉贾载、盐山县尉河内人穆宁合力把刘道玄杀害，收获他的盔甲武器五十多船；拿着刘道玄的头颅去会见长史李暐，李暐抓捕严庄宗族，把他们全部除掉，当天，就把刘道玄的头颅送到平原。颜真卿集合贾载、穆宁和清河县尉张澹到平原商讨事情。饶阳太守卢全诚占据郡城不接纳安禄山调过来代替郡守的人；河间司法李奂杀死安禄山所任命的长史王怀忠；李随差遣游弈将訾嗣贤横渡黄河，杀掉安禄山任命的博平太守马冀；每个人都有数千人或者一万人的士兵，一起推选颜真卿作为盟主，军中的事务全部禀告他。安禄山让张献诚带领上谷、博陵、常山、赵郡、文安五郡的团结民兵围攻饶阳。

【乾隆御批】 禄山长驱直入，河北诸郡望风而靡，真卿独能缮守平原，擒奸贼党，迨义声既倡，而清池、河间之众咸得有所禀承，即常山亦闻而响应，真卿尔时不可谓非中流砥柱，惜其后弗克

资治通鉴

婴城固守，不免春秋责备耳。

【译文】安禄山长驱直入，河北诸郡望风而退，唯独颜真卿能够守卫平原，将敌将擒获杀死，就是因为颜真卿发出正义的声音，而清池、河间的人都有了首领，即使常山都应声而动，颜真卿当时不能不说是大唐的中流砥柱，只可惜他后来没有绕城固守，不免为历史责备。

高仙芝之东征也，监军边令诚数以事干之，仙芝多不从。令诚入奏事，具言仙芝、常清桡败之状，且云："常清以贼摇众，而仙芝弃陕地数百里，又盗减军士粮赐。"上大怒，癸卯，遣令诚赍敕即军中斩仙芝及常清。初，常清既败，三遣使奉表陈贼形势，上皆不之见。常清乃自驰诣阙，至渭南，敕削其官爵，令还仙芝军，白衣自效。常清草遗表曰："臣死之后，望陛下不轻此贼，无忘臣言！"时朝议皆以为禄山狂悖，不日授首，故常清云然。令诚至潼关，先引常清，宣敕示之；常清以表附令诚上之。常清既死，陈尸蘧蒢。仙芝还，至听事，令诚索陌刀手百馀人自随，乃谓仙芝曰："大夫亦有恩命。"仙芝遽下，令诚宣敕。仙芝曰："我遇敌而退，死则宜矣。今上戴天，下履地，谓我盗减粮赐则诬也。"时士卒在前，皆大呼称枉，其声振地；遂斩之，以将军李承光摄领其众。

【译文】高仙芝东征的时候，监军边令诚对事情多次提出建议，高仙芝多不接纳。边令诚进朝给唐玄宗报告事情，详细地描述高仙芝、封常清失败的情景，还说："封常清拿逆贼动摇军士的士气，而且高仙芝丢弃陕郡数百里的地方，又窃取减少军士的钱粮赏赐。"唐玄宗感到十分生气，癸卯日（十八日），差遣边令诚带着敕书就在军中把高仙芝和封常清杀死。起初，封常清打仗失败后，多次差遣使者奉表文说明叛贼的情形，唐玄宗都不和他见面。封常清就自己飞奔到京城，走到渭南，唐玄宗下敕书削掉他的官爵，命令他仍然回高仙芝军中，以平民身份尽力。封常清书写遗表说："臣去世之后，盼望陛下切勿小看了这个逆贼，不要忘掉臣所说过的话！"此时朝廷的讨论都认为安禄山嚣张叛逆，不需要几天就会被除去，因此封常清才向唐玄宗如此奏报。边令诚抵达潼关，先把封常清带到跟前，给他宣告敕书；封常清将遗表托附边令诚转交给唐玄宗。封常清去世了之后，尸体放在芦席上。高仙芝归来，到办公处，边令诚率领一百多个陌刀手，对高仙芝说："大夫也有恩命。"高仙芝马上下来。边令诚宣告敕书。高仙芝说："我碰到敌人而后退，真是该死。现在头顶皇天，脚踏后土，说我窃取减少军士的钱粮赏赐却是诬陷！"此时士兵在跟前，全部高声呼道冤屈，声音震天动地；于是就把高仙芝杀了。任命将军李承光代替率领他的部队。

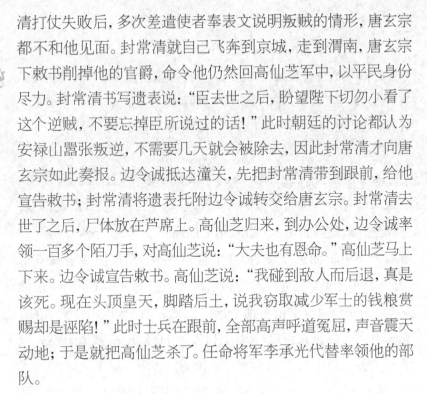

河西、陇右节度使哥舒翰病废在家，上藉其威名，且素与禄山不协，召见，拜兵马副元帅，将兵八万以讨禄山；仍敕天下四面进兵，会攻洛阳。翰以病固辞，上不许，以田良丘为御史中丞，充行军司马，起居郎萧昕为判官，蕃将火拔归仁等各将部落以从，并仙芝旧卒，号二十万，军于潼关。翰病，不能治事，悉以军政委田良丘；良丘复不敢专决，使王思礼主骑，李承光主步，二人争长，无所统一。翰用法严而不恤，士卒皆懈弛，无斗志。

安禄山大同军使高秀岩寇振武军，朔方节度使郭子仪击败之，子仪乘胜拔静边军。大同兵马使薛忠义寇静边军，子仪使左兵马使李光弼、右兵马使高浚、左武锋使仆固怀恩、右武锋使浑释之等逆击，大破之，坑其骑七千。进围云中，使别将公孙琼岩将二千骑击马邑，拔之，开东陉关。甲辰，加子仪御史大夫。怀恩，哥滥拔（之）〔延〕之曾孙也，世为金微都督。释之，浑部酋长，世为皋兰都督。

【译文】河西、陇右节度使哥舒翰由于风湿病残疾而留在家中，唐玄宗想要借助他的威名，况且他又一直和安禄山交情不好，因此召见他，封为兵马副元帅，带领兵马八万去讨平安禄山；因此下敕书告命天下从四方进兵，一起进攻洛阳。哥舒翰由于生病，坚持辞谢，唐玄宗不答应；让田良丘为御史中丞，代理行军司马，起居郎萧昕为判官，蕃将火拔归仁等人各自率领本部落的兵马跟随出征，连同高仙芝旧有的兵士，号称二十万人，屯驻在潼关。哥舒翰由于生病，不可以管理事情，将军政完全交给田良丘；田良丘又不敢自己决定事情，让王思礼主管骑兵，李承光主管步兵，两个人互相争来夺去，军令没有办法统一。哥舒翰对士兵用法严苛却不懂得爱惜，士卒全部都松懈散懒，毫无斗志。

安禄山的大同军使高秀岩攻打振武军，朔方节度使郭子仪将他打败，郭子仪乘着胜利攻破了静边军。大同兵马使薛忠义攻打静边军，郭子仪差遣左兵马使李光弼、右兵马使高浚、左武锋使仆固怀恩、右武锋使浑释之等人迎面进攻，把敌人打得落花流水，坑杀敌人七千骑兵。进而围攻云中，差遣别将公孙琼岩带领两千骑兵攻击马邑，将它拿下，开通了东陉关。甲辰日（十九日），晋加郭子仪为御史大夫。仆固怀恩，是哥滥拔延的曾孙，世世代代为金微都督；浑释之，是浑部酋长，世世代代为皋兰都督。

颜杲卿将起兵，参军冯虔、前真定令贾深、藁城尉崔安石、郡人翟万德、内丘丞张通幽等皆预其谋；又遣人语太原尹王承业，密与相应。会颜真卿自平原遣杲卿甥卢逖潜告杲卿，欲连兵断禄山归路，以缓其西入之谋。时禄山遣其金吾将军高邈诣幽州徵兵，未还，杲卿以禄山命召李钦凑，使帅众诣郡受犒赉；丙午，薄暮，钦凑至，杲卿使袁履谦、冯虔等携酒食妓乐往劳之，并其党皆大醉，乃断钦凑首，收其甲兵，尽缚其党，明日，斩之，悉散井陉之众。有顷，高邈自幽州还，且至藁城，杲卿使冯虔往擒之。南境又白何千年自东京来，崔安石与崔万德驰诣醴泉驿迎千年，又擒之，同日致于郡下。千年谓杲卿曰："今太守欲输力王室，既善其始，当慎其终。此郡应募乌合，难以临敌，宜深沟高垒，勿与争锋。俟朔方军至，并力齐进，传檄赵、魏、断燕、蓟要膂，彼则成擒矣。今且宜声云'李光弼引步骑一万出井陉'，因使人说张献诚云：'足下所将多团练之人，无坚甲利兵，难以当山西劲兵'，献诚必解围遁去。此亦一奇也。"杲卿悦，用其策，献诚果遁去，其团练兵皆溃。杲卿乃使人入饶阳城，慰劳将士。命崔安石等徇诸郡云："大军已下井陉，朝夕当至，先平河北诸郡。先下者赏，后至者诛！"于是，河北诸郡响应，凡十七郡皆归朝廷，兵合二十馀万；其附禄山者，惟范阳、卢龙、密云、渔阳、汲、邺六郡而已。

【译文】颜杲卿将要起兵，参军冯虔、前真定县令贾深、藁城县尉崔安石、郡人翟万德、内丘县丞张通幽都参加计划。又让人告诉太原尹王承业，私下和他相互呼应。正好碰到颜真卿从平原派来颜杲卿的外甥卢逖跑去和颜杲卿秘说，想要联合两地的兵马断绝安禄山后退的道路，用来拖延他向西攻打的计谋。

此时安禄山差遣他的金吾将军高邈到幽州去招募士兵，还没有回来，颜杲卿用安禄山的命令召集李钦凑，让他率领部下到郡下接纳犒劳赏赐。丙午日（二十一日），傍晚时刻，李钦凑来到，颜杲卿让袁履谦、冯虔等人拿着酒食妓女和乐团去安慰他，他的党羽都喝得酩酊大醉。于是就砍下李钦凑的首级，拿走他的盔甲和兵器，将他的党羽全部捆绑起来，第二日，将他们杀了，把屯扎在井陉口的兵士全部放走。没过多久，高邈从幽州返回，将到藁城，颜杲卿派冯虔去，把他逮捕。南部地区又告诉何千年从东京来，崔安石和崔万德骑快马赶到醴泉驿去迎击何千年，又把他抓住，在同一天送到郡下。何千年对颜杲卿说："如今太守想要效力于王室，开始时工作已经做得非常好，应该有一个好的结束。这一个郡里的兵士，都是应募而来的乌合之众，不能够临阵对敌；您应该把营外的河沟挖得深深的，把垒壁建得高高的，不要和他的强锋互相争斗。等到朔方的军队来到，合力一齐攻打，发送檄文到赵、魏，让他们拦截燕、蓟的腰膂。现在应该向外宣传说'李光弼率领一万人的步兵和骑兵途经井陉口'；并趁机使人劝告张献诚说'足下所带领的兵士大多是团练民兵，没有坚甲快刀，难以阻挡山西的强兵'，张献诚肯定解围逃跑。这也是一个好的办法。"颜杲卿非常高兴，采用他的计略，张献诚果然逃跑了，他所率领的团练民兵也都散了。颜杲卿就差遣人进入饶阳城，安慰将士。下令崔安石等人去经营各郡，并让他们转告各郡说："大军已攻破井陉口，迟早将要来到，先平复河北各郡。先归顺的有赏，后来投降的将被杀死！"于是河北各郡都响应号召，一起有十七郡都又归附朝廷，总共士兵有二十万人。依然归附安禄山的，仅仅有范阳、卢龙、密云、渔阳、汲、邺六郡而已。

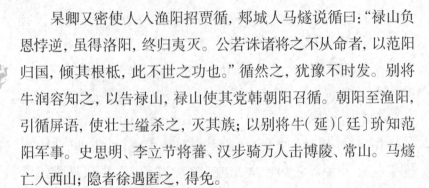

杲卿又密使人入渔阳招贾循，郏城人马燧说循曰："禄山负恩悖逆，虽得洛阳，终归夷灭。公若诛诸将之不从命者，以范阳归国，倾其根柢，此不世之功也。"循然之，犹豫不时发。别将牛润容知之，以告禄山，禄山使其党韩朝阳召循。朝阳至渔阳，引循屏语，使壮士缢杀之，灭其族；以别将牛〔延〕〔廷〕玠知范阳军事。史思明、李立节将蕃、汉步骑万人击博陵、常山。马燧亡入西山；隐者徐遇匿之，得免。

初，禄山自将欲攻潼关，至新安，闻河北有变而还。蔡希德将兵万人自河内北击常山。

戊申，荣王琬薨，赠谥靖恭太子。

是岁，吐蕃赞普乞梨苏笼猎赞卒，子娑悉笼猎赞立。

【译文】颜杲卿又偷偷地派人到范阳去招服贾循，郏城人马燧劝告贾循说："安禄山身受国家大恩而却发动叛乱，虽然他攻破洛阳，最终还是要消亡。先生假使杀掉不听命的将军，以范阳依附国家，倾覆安禄山的根本，这是今世稀少的大功劳。"贾循觉得很对，可是犹豫不决，没有能够及时行动。别将牛润容听说了，报告安禄山，安禄山让他的党徒韩朝阳召贾循。韩朝阳抵达渔阳，带领贾循到无人处说话，让壮士勒死他，把他全族都杀光；任命别将牛廷玠主管范阳的军事。史思明、李立节带领蕃、汉步兵和骑兵一万人攻打博陵、常山。马燧逃跑到西山；隐士徐遇把他隐藏起来，得以免祸。

起初，安禄山要亲自带兵进攻潼关，抵达新安，听到河北有了变化就回去了。蔡希德带领士卒一万人从河内向北攻击常山。

戊申日（二十三日），荣王李琬去世，赠谥号为靖恭太子。

这一年，吐蕃赞普乞梨苏笼猎赞去世，他的儿子娑悉笼猎赞继立。

肃宗文明武德大圣大宣孝皇帝上之上

至德元载（丙申，公元七五六年）春，正月，乙卯朔，禄山自称大燕皇帝，改元圣武，以达奚珣为侍中，张通儒为中书令，高尚、严庄为中书侍郎。

李随至睢阳，有众数万。丙辰，以随为河南节度使，以前高要尉许远为睢阳太守兼防御使。濮阳客尚衡起兵讨禄山，以郡人王栖曜为衙前总管，攻拔济阴，杀禄山将邢超然。

【译文】 至德元载（丙申，公元756年）是年七月太子即位于灵武，始改年号为至德。春季，正月，乙卯朔日（初一），安禄山自称为大燕皇帝，更改年号为圣武，以达奚珣为侍中，张通儒为中书令，高尚、严庄为中书侍郎。

李随到了睢阳，有兵士好几万人。丙辰日（初二），任命李随为河南节度使。任命以前的高要县尉许远为睢阳太守兼防御使。濮阳郡宾客尚衡起兵讨平安禄山，以本郡人王栖曜为衙前总管，攻破济阴，杀掉安禄山的将军邢超然。

颜杲卿使其子泉明、贾深、翟万德献李钦凑首及何千年、高邈于京师。张通幽泣请曰："通幽兄陷贼，乞与泉明偕行，以救宗族。"杲卿哀而许之。至太原，通幽欲自托于王承业，乃教之留泉明等，更其表，多自为功，毁短杲卿，别遣使献之。杲卿起兵才八日，守备未完，史思明、蔡希德引兵皆至城下。杲卿告急于承业，承业既窃其功，利于城陷，遂拥兵不救。杲卿昼夜拒战，粮尽矢竭；壬戌，城陷。贼纵兵杀万馀人，执杲卿及袁履谦等送洛阳。王承业使者至京师，玄宗大喜，拜承业羽林大将军，麾下受官爵者以百数。征颜杲卿为卫尉卿，朝命未至，常山已陷。

杲卿至洛阳，禄山数之曰："汝自范阳户曹，我奏汝为判官，不数年超至太守，何负于汝而反邪？"杲卿瞋目骂曰："汝本营州牧羊羯奴，天子擢汝为三道节度使，恩幸无比，何负于汝而反？我世为唐臣，禄位皆唐有，虽为汝所奏，岂从汝反邪！我为国讨贼，恨不斩汝，何谓反也？臊羯狗，何不速杀我！"禄山大怒，并袁履谦等缚于中桥之柱而乱之。杲卿、履谦比死，骂不绝口。颜氏一门死于刀锯者三十馀人。

【译文】 颜杲卿差遣他的儿子颜泉明同贾深、翟万德到京师去进献李钦凑的头颅和何千年、高邈。张通幽哭泣着恳请说："通幽的哥哥陷于贼党，恳请和颜泉明一起进京，以挽救宗族。"颜杲卿非常哀怜他而答应了。抵达太原，张通幽想依托王承业，就让扣留颜泉明等人，更易表文，多更改自己的功劳，诋毁颜杲卿，另外差遣人进献朝廷。颜杲卿起兵才八天，守备尚且没有完善，史思明、蔡希德都带兵抵达城下。颜杲卿向王承业告急，王承业既已偷占了他的功勋，认为常山城被攻打对自己有利，因此坐拥大兵而不去救援。颜杲卿日夜作战，阻抗敌人，粮食吃光了箭也用完了；壬戌日（初八），城被攻破。逆贼纵兵杀死一万多人，抓捕颜杲卿和袁履谦等人送到洛阳。王承业的使者抵达京师，玄宗特别喜悦，任命王承业为羽林大将军，部下蒙受官爵的有一百多人。征集颜杲卿为卫尉卿。朝廷的诏命还没有抵达，常山就已经陷落了。

颜杲卿被送到洛阳，安禄山怒骂他说："你本不过是范阳户曹，我恳请皇上任命你为判官，没有几年升任到太守，有什么

344

亏欠你的地方而你却叛逆我？”颜杲卿怒目而视骂他说：“你本来是营州放羊的羯奴，天子提拔你做三道的节度使，非常宠爱，有什么亏待你的地方而你要反叛呢？我世世代代都是唐朝的臣子，俸禄和官位都是唐朝的，虽然曾经由你奏请，难道说就会随从你反叛吗？我代替国家讨伐叛贼，只怨恨没有能斩掉你的头颅，怎么能说是叛逆呢？腥臊的羯狗，为什么不赶紧杀死我！”安禄山感到十分恼火，连袁履谦等人一起绑在中桥的柱子上凌迟处死。颜杲卿和袁履谦临死前，还是不断地辱骂。颜氏一家被杀的有三十多人。

【申涵煜评】 禄山兵至藁城，杲卿出城迎降，受其金紫，后以骂贼烈烈而死，可见人生只在个好结局。宋人以幸金营咎李若水者，苛也。

【译文】 安禄山的军队道到了藁城，颜杲卿出城迎降，接受他的金紫腰带，后来因为骂贼烈烈而死，可见人生只在有个好结局。宋朝人以到过金军营而责备李若水，实在也太苛刻了。

史思明、李立节、蔡希德既克常山，引兵击诸郡之不从者，所过残灭，于是邺、广平、钜鹿、赵、上谷、博陵、文安、魏、信都等郡复为贼守。饶阳太守卢全诚独不从，思明等围之。河间司法李奂将七千人、景城长史李暐遣其子祀将八千人救之，皆为思明所败。

上命郭子仪罢围云中，还朔方，益发兵进取东京；选良将一人分兵先出井陉，定河北。子仪荐李光弼，癸亥，以光弼为河东节度使，分朔方兵万人与之。

甲子，加哥舒翰左仆射、同平章事，馀如故。

置南阳节度使，以南阳太守鲁炅为之，将岭南、黔中、襄阳子弟五万人屯叶北，以备安禄山。炅表薛愿为颍川太守兼防御使，庞坚为副使。愿，故太子瑛之妃兄；坚，玉之玄孙也。

　　乙丑，安禄山遣其子庆绪寇潼关，哥舒翰击却之。

　　己巳，加颜真卿户部侍郎兼本郡防御使；真卿以李晔为副。

　　二月，丙戌，加李光弼魏郡太守、河北道采访史。

资治通鉴

　　【译文】 史思明、李立节、蔡希德攻打常山之后，带兵攻击各个不服从的郡县，所途经的地方都被残忍毁灭，于是邺、广平、巨鹿、赵、上谷、博陵、文安、魏、信都等郡又依附贼寇而为防守。饶阳太守卢全诚独自不依附，史思明等人围攻他。河间司法李奂带领七千人、景城长史李晔差遣他的儿子李祀带领八千人去援救他，都被史思明打败。

　　唐玄宗下令郭子仪停止围攻云中，回到朔方，再发兵进攻东京；选择一个优良的将官分领一部军队先出井陉口，平定河北。郭子仪推荐李光弼，癸亥日（初九），任命李光弼为河东节度使，把朔方的军队分给他一万人。

　　甲子日（初十），加哥舒翰左仆射、同平章事，剩余的官爵依旧不动。

　　设置南阳节度使，以南阳太守鲁炅担任使职，带领岭南、黔中、襄阳等郡子弟兵五万人驻守在叶县北方，以防备安禄山。鲁炅上表请以薛愿为颍川太守兼防御使，庞坚为副使。薛愿，是故太子李瑛的妃子的哥哥；庞坚，是庞玉的曾孙。

　　乙丑日（十一日），安禄山差遣他的儿子安庆绪进攻潼关，哥舒翰把他击退。

　　己巳日（十五日），加颜真卿户部侍郎兼本郡防御使；颜真卿以李晔为副使。

二月,丙戌日(初二),加李光弼魏郡太守、河北道采访使。

史思明等围饶阳二十九日,不下,李光弼将蕃、汉步骑万馀人、太原弩手三千人出井陉。己亥,至常山,常山团练兵三千人杀胡兵,执安思义出降。光弼谓思义曰:"汝自知当死否?"思义不应。光弼曰:"汝久更陈行,视吾此众,可敌思明否? 今为我计当如何? 汝策可取,当不杀汝。"思义曰:"大夫士马远来疲弊,猝遇大敌,恐未易当;不如移军入城,早为备御,先料胜负,然后出兵。胡骑虽锐,不能持重,苟不获利,气沮心离,于时乃可图矣。思明今在饶阳,去此不二百里。昨暮羽书已去,计其先锋来晨必至,而大军继之,不可不留意也。"光弼悦,释其缚,即移军入城。史思明闻常山不守,立解饶阳之围;明日未旦,先锋已至,思明等继之,合二万馀骑,直抵城下。光弼遣步卒五千自东门出战,贼守门不退。光弼命五百弩于城上齐发射之,贼稍却;乃出弩手千人分为四队,使其矢发发相继,贼不能当,敛军道北。光弼出兵五千为枪城于道南,夹呼沱水而陈;贼数以骑兵搏战,光弼之兵射之,人马中矢者太半,乃退,小憩以俟步兵。有村民告贼步兵五千自饶阳来,昼夜行百七十里,至九门南逢壁,度憩息。光弼遣步骑各二千,匿旗鼓,并水潜行,至逢壁,贼方饭,纵兵掩击,杀之无遗。思明闻之,失势,退入九门。时常山九县,七附官军,惟九门、藁城为贼所据。光弼遣裨将张奉璋以兵五百戍石邑,馀皆三百人戍之。

【译文】史思明等人攻打饶阳二十九日,没有攻打下来。李光弼带领蕃、汉步兵和骑兵一万多人、太原弓弩手三千人从井陉口东下。己亥日(十五日),抵达常山,常山民兵三千人杀掉胡兵，抓捕安思义出来降服。李光弼对安思义说："你自己知道该死吗？"安思义不回复。李光弼说："你在军中服役很长时间，经过许多战争，你看我这些部队，可以阻挡史思明吗！如今为我计划应该要怎么应战，你的方法假使可取，将不会杀你。"安思义说："大夫的兵马从远方赶来，特别疲惫，猛然碰到大敌，唯恐不容易抵挡；不如把军队带到城中，早做防备，先衡量成败，接着再出兵攻打。胡人的兵马虽然特别精锐，无法保持稳重，假使不能成功，士气低沉人心离散，此时就可攻击他了。史思明如今在饶阳，离这里不到二百里。昨日夜晚已经送加快文书去了，预算他的前锋队伍明天早上肯定来到，大军接着就抵达，不能够不留心。"李光弼非常喜悦，松解他身上捆绑的绳子，立刻把大军带进城中。史思明听闻常山失守，立即解除饶阳的包围；第二天天还未亮，先锋部队已经抵达常山，史思明的大军也随即来到，总共有两万多兵马，直接来到城下。李光弼差遣步兵五千人，从东门出来迎战，敌军坚守城门下不向后撤退。李光弼下令五百弓弩手从城上共同发箭射贼，贼兵逐渐后退；又差遣弓弩手一千人，分为四队，让他们一箭挨着一箭地发射，贼兵无法阻挡，收兵至道北。李光弼调派五千士卒在道南设立防备，枪戟森立和城墙一样，夹着呼沱水摆开形势；贼寇多次用骑兵搏杀，李光弼的部队用箭射他，人马被射中的有一大半，才后退；稍做休息用来等候步兵。有村民告诉说有贼人步兵五千人从饶阳赶来，昼夜行走一百七十里，抵达九门南面的逢壁，猜想如今正在休息。李光弼差遣步兵和骑兵各自两千人，把旌旗和战鼓隐藏起来，依靠着水边在黑暗中行进，抵达逢壁，逆贼正在吃饭，就纵兵猛然进攻，将贼兵杀得片甲不留。史思明听说了，明白大势已去，就后退到九门。那时常山郡总共有九个县，七个县依附官军，仅仅有九门、藁城两个县被敌人占领。李光弼差遣副将张奉璋率领五百个士兵驻扎石邑县，剩下各县都有三百人驻守。

上以吴王祗为灵昌太守、河南都知兵马使。贾贲前至雍丘，有众二千。先是谯郡太守杨万石以郡降安禄山，逼真源令河东张巡使为长史，西迎贼。巡至真源，帅吏民哭于玄元皇帝庙，起兵讨贼，吏民乐从者数千人；巡选精兵千人西至雍丘，与贾贲合。

初，雍丘令令狐潮以县降贼，贼以为将，使东击淮阳救兵于襄邑，破之，俘百馀人，拘于雍丘，将杀之，往见李庭望；淮阳兵遂杀守者，潮弃妻子走，故贾贲得以其间入雍丘。庚子，潮引贼精兵攻雍丘；贲出战，败死。张巡力战却贼，因兼领贲众，自称吴王先锋使。

【译文】唐玄宗任命吴王李祗为灵昌太守、河南都知兵马使。在之前贾贲到雍丘，有两千兵士。之前谯郡太守杨万石把全郡臣服于安禄山，强迫真源县令河东人张巡让他做长史，向西迎接逆贼。张巡抵达真源，带领官吏和人民到玄元皇帝庙悲痛地哭泣，然后带兵讨伐逆贼，官吏和人民有好几千人愿意跟随；张巡选择精兵一千人向西来到雍丘，和贾贲集合。

起初，雍丘县令令狐潮带着全县投降敌人，逆贼任用他做将军，让他向东到襄邑去进攻淮阳救援的兵士，把救兵打败，俘获一百多人，囚禁在雍丘，将要把他们杀死，就去拜见李庭望；淮阳的士兵因此杀死留守的人，令狐潮抛弃妻子逃跑，于是贾贲得以在这时间进入雍丘。庚子日（十六日），令狐潮率领叛贼的精兵攻打雍丘，贾贲出来迎战，失败而死。张巡努力作战，把敌人击退，因此兼领了贾贲的手下，自称为吴王先锋使。

三月，乙卯，潮复与贼将李怀仙、杨朝宗、谢元同等四万馀众奄至城下；众惧，莫有固志。巡曰："贼兵精锐，有轻我心。今出其不意击之，彼必惊溃。贼势小折，然后城可守也。"乃使千人乘城；自帅千人，分数队，开门突出。巡身先士卒，直冲贼陈，人马辟易，贼遂退。明日，复进攻城，设百炮环城，楼堞皆尽；巡于城上立木栅以拒之。贼蚁附而登，巡束蒿灌脂，焚而投之，贼不得上。时伺贼隙，出兵击之，或夜缒斫营。积六十馀日，大小三百馀战，带甲而食，裹疮复战，贼遂败走。巡乘胜追之，获胡兵二千人而还，军声大振。

【译文】 三月，乙卯日（初二），令狐潮又和敌军将领李怀仙、杨朝宗、谢元同等四万多人突然来到城下；大家都非常惊恐，毫无坚守的志气。张巡说："敌军精良强盛，有蔑视我们的心态。现在出其不意地攻打他，他们肯定惊慌散乱。逆贼锐势碰到小挫折，然后这个城才能够守住。"就让一千人登上城墙；自己亲自带领一千人，分成好几队，开门猛然冲出。张巡身先士卒，直接朝向贼人的营阵冲去，人马都害怕得向后撤退，贼兵因此退去。第二日，又过来攻城，在城墙周围架设一百座炮，城楼和垛口全被打没了。张巡在城上建立木栅来阻抗。敌军像蚂蚁一般贴着城墙向上攀爬。张巡将草扎捆起来，用油脂浇灌，点燃后投向逆贼，贼兵没有办法爬上城。张巡时常窥伺贼兵，一有机会，就派兵出去攻击，有时夜晚悬城而下去突袭贼兵的阵营。一连六十多天，大小三百多次战役，军士们都穿戴着盔甲吃饭，包扎着伤口继续作战，贼兵因此逃跑。张巡乘胜追击，俘获胡兵两千人返回，军队的声势大为显扬。

【乾隆御批】 萼游说真卿，虽未脱战国策士结习，然其执手筹画，於时势了若指掌，与郭、李拒关捣穴，若合符契，少年雄骏如此，使得竟其用，当不失为将才。而其后略无表见，岂其措置本不逮所言，抑天夺之算，赍志以殁钦？

【译文】 李萼游说颜真卿，虽然没有摆脱战国策士的习气，但是他从容筹划，对时势了如指掌，与郭子仪、李光弼坚守关隘，直捣叛军巢穴的计策不谋而合，如此年轻有为，如果让他充分施展，将不失为大将之才。然而他从此以后没有突出的表现，难道是他说了大话，老天早已注定要让他怀抱着未遂的志愿而死去吗？

初，户部尚书安思顺知禄山反谋，因入朝奏之。及禄山反，上以思顺先奏，不之罪也。哥舒翰素与之有隙，使人诈为禄山遗思顺书，于关门擒之以献，且数思顺七罪，请诛之。丙辰，思顺及弟太仆卿元贞皆坐死，家属徙岭外。杨国忠不能救，由是始畏翰。

郭子仪至朔方，益选精兵，戊午，进军于代。

戊辰，吴王祗击谢元同，走之，拜陈留太守、河南节度使。

壬午，以河东节度使李光弼为范阳长史、河北节度使，加颜真卿河北采访使。真卿以张澹为支使。

【译文】 起初，户部尚书安思顺了解安禄山谋逆的策略，因此上朝奏报。等到安禄山反叛，唐玄宗觉得安思顺之前已经奏报，并没有治他的罪过。哥舒翰一向和他有间隙，让人制造一封假的安禄山写给他的信，在潼关的关门上擒获而献给朝廷，并且指责安思顺七条罪行，让朝廷杀死他。丙辰日（初三），安思顺和他的弟弟太仆卿安元贞都因此被杀，家属迁移到五岭以南的地方。杨国忠没有办法救援，从此开始害怕哥舒翰。

郭子仪抵达朔方，更挑选精兵，戊午日（初五），进军到代州。

戊辰日（十五日），吴王李祗攻打谢元同，将他赶走，封为陈留太守、河南节度使。

壬午日（二十九日），任命河东节度使李光弼为范阳长史、河北节度使。加颜真卿河北采访使。颜真卿任用张澹为支使。

先是清河客李萼，年二十馀，为郡人乞师于真卿曰："公首唱大义，河北诸郡恃公以为长城。今清河，公之西邻，国家平日聚江、淮、河南钱帛于彼以赡北军，谓之'天下北库'；今有布三百馀万匹，帛八十馀万匹，钱三十馀万缗，粮三十馀万斛。昔讨默啜，甲兵皆贮清河库，今有五十馀万事；户七万，口十馀万。窃计财足以三平原之富，兵足以倍平原之强。公诚资以士卒，抚而有之，以二郡为腹心，则馀郡如四支，无不随所使矣。"真卿曰："平原兵新集，尚未训练，自保恐不足，何暇及邻！虽然，借若诸子之请，则将何为乎？"萼曰："清河遣仆衔命于公者，非力不足而借公之师以尝寇也，亦欲观大贤之明义耳。今仰瞻高意，未有决辞定色，仆何敢遽言所为哉！"真卿奇之，欲与之兵。众以为萼年少轻虏，徒分兵力，必无所成，真卿不得已辞之。萼就馆，复为书说真卿，以为："清河去逆效顺，奉粟帛器械以资军，公乃不纳而疑之。仆回辕之后，清河不能孤立，必有所系托，将为公西面之强敌，公能无悔乎？"真卿大惊，遽诣其馆，以兵六千借之；送至境，执手别。真卿问曰："兵已行矣，可以言子之所为乎？"萼曰："闻朝廷遣程千里将精兵十万出崞口讨贼，贼据险拒之，不得前。今当引兵先击魏郡，执禄山所署太守袁之泰，纳旧太守司马垂，使为西南主人；分兵开崞口，出千里之师，因讨汲、邺以北至于幽陵郡县之未下

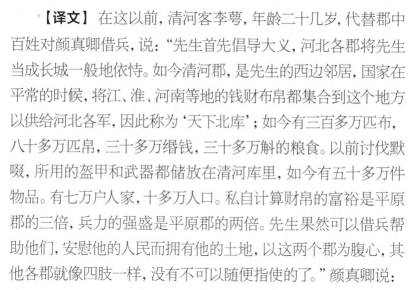

者；平原、清河帅诸同盟，合兵十万，南临孟津，分兵循河，据守要害，制其北走之路。计官军东讨者不下二十万，河南义兵西向者亦不减十万。公但当表朝廷坚壁勿战，不过月馀，贼必有内溃相图之变矣。"真卿曰"善!"命录事参军李择交及平原令范冬馥将其兵，会清河兵四千及博平兵千人军于堂邑西南。袁知泰遣其将白嗣恭等将二万馀人来逆战，三郡兵力战尽日，魏兵大败，斩首万馀级，捕虏千馀人，得马千匹，军资甚众，知泰奔汲郡。遂克魏郡，军声大振。

【译文】 在这以前，清河客李萼，年龄二十几岁，代替郡中百姓对颜真卿借兵，说："先生首先倡导大义，河北各郡将先生当成长城一般地依恃。如今清河郡，是先生的西边邻居，国家在平常的时候，将江、淮、河南等地的钱财布帛都集合到这个地方以供给河北各军，因此称为'天下北库'；如今有三百多万匹布，八十多万匹帛，三十多万缗钱，三十多万斛的粮食。以前讨伐默啜，所用的盔甲和武器都储放在清河库里，如今有五十多万件物品。有七万户人家，十多万人口。私自计算财帛的富裕是平原郡的三倍，兵力的强盛是平原郡的两倍。先生果然可以借兵帮助他们，安慰他的人民而拥有他的土地，以这两个郡为腹心，其他各郡就像四肢一样，没有不可以随便指使的了。"颜真卿说："平原郡的兵才刚刚征集来，还没有训练，自保恐怕能力都没有达到，哪有剩下的力气顾及邻郡？即使这样子，如果我答应您的恳请，您将怎么做呢？"李萼说："清河郡之所以派鄙人领命来向先生乞师的原因，并不是力量不够，才来借用先生的军队去喂给逆贼，也只不过是想要瞻仰大贤的高义而已。如今我看尊意，没有决定的言辞和表情，鄙人又怎么敢贸然说该怎么做呢？"颜真卿认为他十分奇特，想要借兵给他。大家都认为李萼年龄小轻视敌人，白白分散兵力，必然不会有成就。颜真卿迫不得已就拒绝了他。李萼回到客馆，又写信劝告颜真卿，他认为："清河郡离开逆贼转而效力于官军，奉献米粮布帛和武器来帮助军队用需，先生却不收容而怀疑他。鄙人回去之后，清河郡没有办法孤立，肯定有所归附和依托，将要成为先生西面的强敌，先生能够不后悔吗？"颜真卿非常吃惊，立刻到他的客馆，借给六千士兵；将他送到边境，握手分别。颜真卿问他说："借给您的士兵已经出发了，可以说说您的做法吗？"李萼说："听闻朝廷差遣程千里带领精兵十万人从崞口出关讨平叛贼，贼兵据守险要来阻挡他，他没有办法前进。如今应该带兵先攻打魏郡，抓捕安禄山所任命的太守袁知泰，送回原任太守司马垂，让他做西南的主人；再分派一部分的兵马打开崞口，让程千里的部队得以出关，因此讨伐汲郡、邺郡以北一直到幽陵各个还没有攻下来的郡县；平原郡、清河郡带领各同盟部队，集合十万兵马，南到孟津，分兵巡行黄河，占据住要害之地，控制他们向北走的道路。大概官军向东征讨的不下二十万人，河南的义兵西向讨伐贼兵的也不少于十万人。先生只要上奏给朝廷，坚守营垒不与贼兵交战，不过一个多月，叛贼内部必然会有崩溃而互相谋害的动静。"颜真卿说："非常好！"就让录事参军李择交和平原县令范冬馥带领自己的部队，和清河兵四千人、博平兵一千人，驻守在堂邑西南。袁知泰差遣他的将军白嗣恭等人带领两万多人来迎战，三郡的兵士和他打了一整天的仗，魏兵被打得大败，杀死一万多人，俘虏一千多人，收获战马一千匹和特别多的军需品；袁知泰逃窜到汲郡。因此就攻打下了魏郡，军队的声望大为显扬。

时北海太守贺兰进明亦起兵，真卿以书召之并力，进明将步骑五千渡河，真卿陈兵逆之，相揖，哭于马上，哀动行伍。进明屯平原城南，休养士马，真卿每事咨之，由是军权稍移于进明矣，真卿不以为嫌。真卿以堂邑之功让进明，进明奏其状，取舍任意。敕加进明河北招讨使，择交、冬馥微进资级，清河、博平有功者皆不录。进明攻信都郡，久之，不克；录事参军长安第五琦劝进明厚以金帛募勇士，遂克之。

【译文】此时北海太守贺兰进明也起兵讨贼，颜真卿写信恳请他一起讨伐逆贼。贺兰进明带领步兵和骑兵五千人横渡黄河，颜真卿陈列大军欢迎他，相互作揖，在马上痛哭，悲伤的情绪感动全军。贺兰进明将兵驻扎在平原城南，让士兵和马匹休息，颜真卿每件事都和他商量讨论，于是军权逐渐转移给贺兰进明，颜真卿并没有介意。颜真卿把堂邑的战功让给贺兰进明，贺兰进明向唐玄宗上奏报告详细情况，随意取舍。朝廷下敕书加贺兰进明为河北招讨使，李择交和范冬馥只有稍微进升资格和官阶，清河、博平有战绩功劳的全部没有记录。贺兰进明攻打信都郡，很久都没有攻打下来；录事参军长安人第五琦劝告贺兰进明多用金银财帛招集勇敢之士，因此将它攻打下来。

李光弼与史思明相守四十馀日，思明绝常山粮道。城中乏草，马食荐籍。光弼以车五百乘之石邑取草，将车者皆衣甲，弩手千人卫之，为方陈而行，贼不能夺。蔡希德引兵攻石邑，张奉璋拒却之。光弼遣使告急于郭子仪，子仪引兵自井陉出，夏，四月，壬辰，至常山，与光弼合，蕃、汉步骑共十馀万。甲午，子仪、光弼与史思明等战于九门城南，思明大败。中郎将浑瑊射李立节，杀之。瑊，释之之子也。思明收馀众奔赵郡，蔡希德奔钜鹿。思明自赵郡如博陵，时博陵已降官军，思明尽杀郡官。河朔之民苦贼残暴，所在屯结，多至二万人，少者万人，各为营以拒贼；及郭、李军至，争出自效。庚子，攻赵郡；一日，城降。士卒多虏掠，光弼坐城门，收所获，悉归之，民大悦。子仪生擒四千人，皆舍之，斩禄山太守郭献璆。光弼进围博陵，十日，不拔，引兵还恒阳就食。

【译文】李光弼和史思明相守了四十几天，史明思拦截了常山城运送粮食的道路。城中缺喂马的草料，马都吃地上或者床上所铺的干草或苫席。李光弼差遣五百辆车子到石邑去取草，拉车的人都穿戴着盔甲，用弓弩手一千人防备，排成方阵进行，贼兵没有办法夺取。蔡希德带兵攻击石邑，张奉璋将他打退。李光弼差使者向郭子仪告急，郭子仪带兵从井陉口向东进来，夏季，四月，壬辰日（初九），抵达常山，和李光弼聚集，蕃、汉步兵和骑兵总共有十多万人。甲午日（十一日），郭子仪和李光弼同史思明等人在九门城南作战，史思明失败。中郎将浑瑊箭射李立节，将他杀掉。浑瑊，是浑释之的儿子。史思明收集剩余的兵士逃到赵郡，蔡希德逃跑到巨鹿。史思明从赵郡到博陵，此时博陵已经投降官军，史思明就把郡府的官吏全部都杀死。河朔地区的人民苦于逆贼的残酷凶暴，在逆贼所抵达的地方，全部互相团结屯扎在一起，多的达到两万人，少的也有一万人，各自做成营垒来阻抗贼兵；等郭子仪、李光弼的军队一到，他们就抢着出来效力。庚子日（十七日），攻打赵郡；一天以内，郡城降附。士卒多抢夺财物，李光弼坐在城门上，收集虏获的东西，全部交还人民，人民十分欢喜。郭子仪活捉了四千人，全都释放；杀死安禄山的太守郭献璆。李光弼进兵围攻博陵，攻了十天，没有拿下，就带兵回恒阳以就地取食。

杨国忠问士之可为将者于左拾遗博平张镐及萧昕，镐、昕荐左赞善大夫永寿来瑱。丙午，以瑱为颍川太守。贼屡攻之，瑱前后破贼甚众，加本郡防御使，人谓之"来嚼铁"。

安禄山使平（正）〔卢〕节度使吕知诲诱安东副大都护马灵察，杀之。平卢游弈使武陟刘客奴、先锋使董秦及安东将王玄志同谋讨诛知诲，遣使逾海与颜真卿相闻，请取范阳以自效。真卿遣判官贾载赍粮及战士衣助之。真卿时惟一子颇，才十馀岁，使诣客奴为质。朝廷闻之，以客奴为平卢节度使，赐名正臣；玄志为安东副大都护，董秦为平卢兵马使。

南阳节度使鲁炅立栅于滍水之南，安禄山将武令珣、毕思琛攻之。

【译文】杨国忠向左拾遗博平人张镐和萧昕问朝士中哪个可以做将军，张镐和萧昕推荐左赞善大夫永寿人来瑱。丙午日（二十三日），任用来瑱为颍川太守。贼兵多次攻打他，来瑱前后击破贼兵特别多，因此加本郡防御使之官；人们都称他为"来嚼铁"。

安禄山让平卢节度使吕知诲诱骗安东副大都护马灵察，将他杀掉。平卢游弈让武陟人刘客奴、先锋使董秦以及安东将王玄志共谋讨平杀死吕知诲，差遣使者过海与颜真卿通风报信，并且请求攻打范阳来效力。颜真卿差判官贾载拿着粮食和军衣来给他帮助。颜真卿那时仅仅有一个儿子颜颇，才十几岁，让他到刘客奴处做人质。朝廷听闻后，任命刘客奴为平卢节度使，赐名为正臣；王玄志为安东副大都护，董秦为平卢兵马使。

南阳节度使鲁炅在滍水的南岸建立营栅，安禄山的将军武令珣、毕思琛去攻击他。

资治通鉴卷第二百一十八　唐纪三十四

起柔兆涒滩五月，至九月，不满一年。

【译文】起丙申（公元756年）五月，止九月，共五个月。

【题解】　本卷记录了公元756年五月至九月的史事，共五个月，正当唐肃宗初即位到至德元年。这时期，政治军事发生了重大变化，安史之乱出现了拐点。官军由败退转入反攻，之后由于唐玄宗的错误指挥，迫使哥舒翰率兵出潼关，结果官军大败，安禄山入长安，河北官军全线败退。唐玄宗西逃入蜀，马嵬驿兵变，杨氏满门被诛，杨贵妃也香消玉殒。太子李亨灵武即位，史称肃宗。河西兵入援灵武，肃宗纳谏，君臣和谐，灵武新政权出现了新气象。唐玄宗听到太子即位，主动称太上皇。河南、河北义军奋起讨贼，双方形势转入相持。

肃宗文明武德大圣大宣孝皇帝上之下

至德元载（丙申，公元七五六年）五月，丁巳，炅众溃，走保南阳，贼就围之。太常卿张垍荐夷陵太守虢王巨有勇略，上徵吴王祇为太仆卿，以巨为陈留、谯郡太守、河南节度使，兼统岭南节度使何履光、黔中节度使赵国珍、南阳节度使鲁炅。国珍，本牂柯夷也。戊辰，巨引兵自蓝田出，趣南阳。贼闻之，解围走。

令狐潮复引兵攻雍丘。潮与张巡有旧，于城下相劳苦如平生，潮因说巡曰："天下事去矣，足下坚守危城，欲谁为乎?"巡曰："足下平生以忠义自许，今日之举，忠义何在!"潮惭而退。

【译文】至德元载（丙申，公元756年）五月，丁巳日（初四），鲁炅的部队溃散，逃跑到南阳坚守，逆贼又到南阳把他围困起来。太常卿张垍推荐夷陵太守虢王李巨有勇有谋，唐玄宗召集吴王李祗为太仆卿，任用李巨为陈留、谯郡太守、河南节度使，兼统岭南节度使何履光、黔中节度使赵国珍、南阳节度使鲁炅。赵国珍，原来是牂柯夷人。戊辰日（十五日），李巨带兵自蓝田出发，直接赶往南阳。贼兵听见消息，解围逃跑。

令狐潮又带兵攻打雍丘。令狐潮和张巡是老朋友，在城下互相慰问辛苦，和平时一样。令狐潮因此劝告张巡说："天下的大势已经丢失了，您坚守这座危在旦夕的城池，要替谁守护呢?"张巡说："您平生以忠义自许，像今天的行动，忠义在哪里!"令狐潮羞惭而退。

郭子仪、李光弼还常山，史思明收散卒数万蹑其后。子仪选骁骑更挑战，三日，至行唐，贼疲，乃退。子仪乘之，又败之于沙河。蔡希德至洛阳，安禄山复使将步骑二万人北就思明，又使牛廷玠发范阳等郡兵万馀人助思明，合五万馀人，而同罗、曳落河居五分之一。子仪至恒阳，思明随至，子仪深沟高垒以待之；贼来则守，去则追之，昼则耀兵，夜斫其营，贼不得休息。数日，子仪、光弼议曰。"贼倦矣，可以出战。"壬午，战于嘉山，大破之，斩首四万级，捕虏千馀人。思明坠马，露髻跣足步走，至暮，杖折枪归营，奔于博陵；光弼就围之，军声大振。于是，河北十馀郡皆杀贼守将而降。渔阳路再绝，贼往来者皆轻骑窃过，多为官军所获，将士家在渔阳者无不摇心。

【译文】郭子仪、李光弼回到常山，史思明收集溃散的士兵好几万人跟在身后。郭子仪挑选骁勇的骑兵轮番挑战。走了三天，抵达行唐，逆贼疲敝，才后退。郭子仪乘机追击，又在沙河将他们打败。蔡希德到了洛阳，安禄山又让他带领步兵骑兵两万人向北到史思明处与他集合；又让牛廷玠征调范阳等郡兵一万多人帮助史思明，总共有五万多人，而其中五分之一是同罗兵和曳落河（勇健之士）。郭子仪抵达恒阳，史思明也追随到达，郭子仪深挖壕沟，高筑营垒等候他；贼兵来攻打，就坚守不出；逆贼退去，就从后面追杀；白天就炫耀兵力，夜晚就偷袭逆贼阵营；贼兵没有办法休息。过了几天，郭子仪、李光弼商讨议论说："逆贼已经疲倦了，可以出城作战。"壬午日（二十九日），在嘉山交战，把逆贼打得大败，杀死四万多人，俘获一千多人。史思明掉下马来，露着发髻赤着脚徒步逃跑，等到傍晚，挂着断枪回到军营，逃到博陵去。李光弼到博陵把他围困起来，部队的声势大振。因此河北十多个郡都杀掉叛贼的守将而投降。逆贼往渔阳的道路又断绝了，贼兵来往的人都轻装骑马悄悄地溜过去，多被官军捕获。家在渔阳的将士们心意都有所动摇了。

禄山大惧，召高尚、严庄诟之曰："汝数年教我反，以为万全。今守潼关，数月不能进，北路已绝，诸军四合，吾所有者止汴、郑数州而已，万全何在？汝自今勿来见我！"尚、庄惧，数日不敢见。田乾真自关下来，为尚、庄说禄山曰："自古帝王经营大业，皆有胜败，岂能一举而成！今四方军垒虽多，皆新募乌合之众，未更行陈，岂能敌我蓟北劲锐之兵，何足深忧！尚、庄皆佐命元勋，陛下一旦绝之，使诸将闻之，谁不内惧！若上下离心，臣窃为陛下危之！"禄山喜曰："阿浩，汝能豁我心事。"即召尚、庄，置酒酺宴，自为之歌以侑酒，待之如初。阿浩，乾真小字也。禄山议弃洛阳，走归范阳，计未决。

【译文】安禄山十分恐慌，把高尚、严庄叫到跟前责骂道："你们多年来一直让我造反，认为万无一失。如今坚守潼关，几个月都不能够前进，北方的道路已经割断，各路兵马从四面八方集合攻打我们，我所拥有的只有汴州和郑州等几个州，万无一失在哪里？你们从今以后不要再来见我！"高尚、严庄非常恐惧，好多天不敢见安禄山。田乾真从潼关而来，代替高尚、严庄劝告安禄山说："自古以来，帝王经营大业，都有成功和失败，怎么能够一举而成功呢？如今四方的军营虽然非常多，但全部是一些新招集来的乌合之众，没有经过训练打过仗，怎能和我们蓟北坚强有力的军队相对抗，哪里值得深深地感到忧虑！高尚、严庄都是辅佐王命的元老功臣，陛下如果拒绝他们，让各将军听见了，哪一个内心里不恐惧？如果上下离心，臣私心觉得陛下这样做非常危险！"安禄山非常欢喜地说："阿浩，你能让我心事开通。"立刻召请高尚和严庄，摆设酒席大家一齐欢乐饮酒，自己做了歌来劝酒，像以前一样对待他们。阿浩，是田乾真的小字。安禄山他们商量讨论丢弃洛阳，奔回范阳去，策略没有决定。

是时，天下以杨国忠骄纵召乱，莫不切齿。又，禄山起兵以诛国忠为名，王思礼密说哥舒翰，使抗表请诛国忠，翰不应。思礼又请以三十骑劫取以来，至潼关杀之。翰曰："如此，乃翰反，非禄山也。"或说国忠："今朝廷重兵尽在翰手，翰若援旗西指，于公岂不危哉！"国忠大惧，乃奏："潼关大军虽盛，而后无继，万一失利，京师可忧。请选监牧小儿三千于苑中训练。"上许之，使剑南军将李福德等领之。又募万人屯灞上，令所亲杜乾运将之，名为御贼，实备翰也。翰闻之，亦恐为国忠所图，乃表请灞上军隶潼关；六月，癸未，召杜乾运诣关，因事斩之；国忠益惧。

【译文】此时，天下的人觉得是杨国忠骄傲放纵才招来这次大乱，没有不咬牙切齿痛恨他。况且，安禄山起兵时也是以杀掉杨国忠为名义，因此王思礼私下劝告哥舒翰，让他上表恳请杀掉杨国忠，哥舒翰不同意。王思礼又恳请用三十骑把杨国忠劫取来，到潼关再把他杀死。哥舒翰说："这样做，倒是哥舒翰谋逆，而不是安禄山反叛了。"有人劝告杨国忠："如今朝廷的大军全部在哥舒翰的手里，哥舒翰假使带兵向西来，对您来说不是非常危险吗！"杨国忠十分恐惧，于是就上奏说："潼关驻军即使非常盛大，可是后面没有接应，要是失败了，京师十分值得担忧，恳请选择监牧小儿三千人在苑中施以军事训练。"唐玄宗同意了让剑南道的军将李福德主持其事。又招集一万人驻守在灞上，任用他的亲信杜乾运带领他们，名义上是抵抗叛贼，事实上是防备哥舒翰的。哥舒翰知道了，也恐惧被杨国忠谋害，就上表恳请将灞上的驻军隶属潼关。六月，癸未日（初一），召请杜乾运到潼关，找个理由把他杀了。杨国忠越加惶恐。

会有告崔乾祐在陕，兵不满四千，皆羸弱无备，上遣使趣哥舒翰进兵复陕、洛。翰奏曰："禄山久习用兵，今始为逆，岂肯无备！是必羸师以诱我，若往，正堕其计中。且贼远来，利在速战；官军据险以扼之，利在坚守。况贼残虐失众，兵势日蹙，将有内变；因而乘之，可不战擒也。要在成功，何必务速！今诸道征兵尚多未集，请且待之。"郭子仪、李光弼亦上言："请引兵北取范阻，覆其巢穴，质贼党妻子以招之，贼必内溃。潼关大军，帷应固守以弊之，不可轻出。"国忠疑翰谋己，言于上，以贼方无备，而翰逗留，将失机会。上以为然，续遣中使趣之，项背相望。翰不得已，抚膺恸哭；丙戌，引兵出关。

【译文】正好碰到有人报告崔乾祐在陕，士兵不到四千人，而且都衰弱没有准备，所以唐玄宗派人催促哥舒翰进兵收复陕郡和洛阳。哥舒翰上奏说："安禄山长时间以来习惯于用兵，现在刚造反，怎么可能没有准备？这必然是有意用衰弱的士兵来引诱我们，假使前去攻打，恰好陷入他的计谋中。而且逆贼从远处来，最有利的计策就是速战速决；官军占领险要的地方扼阻他，最有利的计策就是坚守不战。而且叛贼残酷暴虐丢失民心，军事形势日渐消颓，不久之后将要发生内乱；乘机攻击他，就可以不战而逮住他。目标是在于成功，为什么力求快速！如今各道所征集的士兵大多还没有赶来，恳请暂时等候一会儿。"郭子仪、李光弼也上书说："恳请带兵向北攻击范阳，倾覆他的巢穴，把逆贼的妻子作为人质来招他们投诚，逆贼内部肯定会发生乱事。潼关的大军，只当坚守使贼兵疲敝，不可轻易出来攻击敌人。"杨国忠怀疑哥舒翰将谋害自己，向唐玄宗进言认为：叛贼现在正好没有准备，但是哥舒翰停留不进，将要丢失时机。唐玄宗觉得非常对，继续差遣宫中使者督促他，前后接连相望。哥舒翰迫不得已，拍打着胸膛痛哭。丙戌日（初四），领兵东出潼关。

己丑，遇崔乾祐之军于灵宝西原。乾祐据险以待之，南薄山，北阻河，隘道七十里。庚寅。官军与乾祐会战。乾祐伏兵于险，翰与田良丘浮舟中流以观军势，见乾祐兵少，趣诸军使进。

王思礼等将精兵五万居前，庞忠等将馀兵十万继之，翰以兵三万登河北阜望之，鸣鼓以助其势。乾祐所出兵不过万人，什什伍伍，散如列星，或疏或密，或前或却，官军望而笑之。乾祐严精兵，陈于其后。兵既交，贼偃旗如欲遁者，官军懈，不为备。须臾，伏兵发，贼乘高下木石，击杀士卒甚众。道隘，士卒如束，枪槊不得用。翰以毡车驾马为前驱，欲以冲贼。日过中，东风暴急，乾祐以草车数十乘塞毡车之前，纵火焚之，烟焰所被，官军不能开目，妄自相杀，谓贼在烟中，聚弓弩而射之。日暮，矢尽，乃知无贼。乾祐遣同罗精骑自南山过，出官军之后击之，官军首尾骇乱，不知所备，于是大败；或弃甲窜匿山谷，或相挤排入河溺死，嚣声振天地，贼乘胜蹙之。后军见前军败，皆自溃，河北军望之亦溃，瞬息间，两岸皆空。翰独与麾下百馀骑走，自首阳山西渡河入关。关外先为三堑，皆广二丈，深丈，人马坠其中，须臾而满；馀众践之以度，士卒得入关者才八千馀人。辛卯，乾祐进攻潼关，克之。

【译文】己丑日（初七），在灵宝西原上和崔乾祐的部队遇见。崔乾祐占领险地等候着，南面接近大山，北面依靠黄河，狭窄的小路有七十里长。庚寅日（初八），官军和崔乾祐的军队交战。崔乾祐把士兵埋伏在险要的地区，哥舒翰和田良丘坐着船到河中央去观察军事形势，看见崔乾祐的兵士很少，督促各军让他们前进。王思礼等人带领五万精兵走在前面，庞忠等人带领剩余的十万士兵追随前进。哥舒翰让三万士兵登上黄河北岸的高丘去瞭望，击鼓来帮助声势。崔乾祐所出动的兵力不过一万人，十个一组五个一群，像天空的星星一般分散在各个地方；有的稀少有的稠密，有的前进有的后退，官军看见了就笑他们。崔乾祐整备精兵，陈列在后面。两军交战之后，逆贼收藏旗帜好像要逃跑的样子，于是官军松懈了，没有防备。忽然之间，埋伏的贼兵发动攻击，从高地往下面放檑木和石块，打死了许多官军。道路狭隘，士卒像被捆束一样没有办法动弹，枪和槊也没有用处。哥舒翰用毡裹车轮驾马在前面奔驰，想突击贼兵。中午之后，忽然刮起强烈的东风，崔乾祐把几十辆草车塞在哥舒翰的毡车前面，放火烧它。烟熏火烤，官军不能睁开眼睛，于是在混乱中自相残杀，觉得贼兵在烟雾中，就集合弓弩手射击他们。傍晚时分，箭用尽了，方才晓得烟雾里并无贼兵。崔乾祐差遣同罗的精锐骑兵从南山通过，绕到官军后方去进攻，官军惊慌失措，不知道怎么防备，因此大败。有的人丢弃盔甲逃到山谷中隐藏起来，有的人在相互推挤中掉进黄河里淹死，号叫的声音震天动地，贼兵又乘胜进逼。后方的军队看到前方的军队战败了，都自行溃散了；黄河北岸的军队看到后也溃败了。哥舒翰单独和数百名部下骑马逃走，从首阳山西渡黄河进入潼关。潼关外面预先凿了三道深沟，都是二丈宽一丈深，人马掉落到沟中，一会儿就把沟填满了；剩下的人马都踩着他们的尸体过去。得以逃进潼关的士卒只有八千多人。辛卯日（初九），崔乾祐攻打潼关，攻克了它。

翰至关西驿，揭榜收散卒，欲复守潼关。蕃将火拔归仁等以百馀骑围驿，入谓翰曰："贼至矣，请公上马。"翰上马出驿，归仁帅众叩头曰："公以二十万众一战弃之，何面目复见天子！且公不见高仙芝，封常清乎？请公东行。"翰不可，欲下马。归仁以毛縻其足于马腹，及诸将不从者，皆执之以东。会贼将田乾真已至，遂降之，俱送洛阳。安禄山问翰曰："汝常轻我，今定何如？"

翰伏地对曰:"臣肉眼不识圣人。今天下未平,李光弼在常山,李祗在东平,鲁炅在南阳,陛下留臣,使以尺书招之,不日皆下矣。"禄山大喜,以翰为司空、同平章事。谓火拔归仁曰:"汝叛主,不忠不义。"执而斩之。翰以书招诸将,皆复书责之。禄山知无效,乃囚诸苑中。潼关既败,于是河东、华阴、冯翊、上洛防御使皆弃郡走,所在守兵皆散。

资治通鉴

【译文】哥舒翰逃跑到关西驿,贴出榜文收集散卒,想再把守潼关。蕃军将军火拔归仁等用一百多个骑兵包围驿站,进去对哥舒翰说:"逆贼来了,请元帅上马。"哥舒翰上马走出驿站。火拔归仁率领官兵磕头说:"元帅率领二十万士卒,一次战役就抛弃了他们,有什么脸面再见天子!况且元帅没有见过高仙芝和封常清的遭遇吗?请元帅向东走。"哥舒翰不答应,想要下马。火拔归仁就用毛绳把他的脚捆绑在马肚子上,连同各个不遵从的将军,都绑捆起来向东去了。碰见贼将田乾真,就投降了,他们全被送到洛阳。安禄山问哥舒翰说:"你经常轻视我,今天到底怎么样?"哥舒翰跪趴在地上回复说:"臣肉眼凡胎,不认识圣人。如今天下还没有平定,李光弼在常山,李祗在东平,鲁炅在南阳,陛下留下臣,让我写信安抚他们,不要几天就全部都要降服了。"安禄山十分高兴,任用哥舒翰为司空、同平章事。对火拔归仁说:"汝叛逆主帅,不忠不义。"把他捆绑起来杀了。哥舒翰写信安抚各位将军,都回信怒骂他。安禄山了解没有效果,就把哥舒翰拘禁在苑囿中。潼关战败以后,于是河东、华阴、冯翊、上洛等郡的防御使都丢弃县郡逃跑,守兵都溃散了。

【乾隆御批】翰对思礼数言,尚知大义,何以潼关既溃,遂靦颜偷息，不复存羞恶之心？则临敌之抚膺恸哭亦仅为身谋而已。

【译文】 哥舒翰对王思礼所说的几句话，还是知晓深明大义的，怎么潼关溃败后，就苟且偷生，丧失羞耻之心了呢？面临叛军时他捶拍胸口放声痛哭也只不过是为个人着想罢了。

是日，翰麾下来告急，上不时召见，但遣李福德等将监牧兵赴潼关。及暮，平安火不至，上始惧。壬辰，召宰相谋之。杨国忠自以身领剑南，闻安禄山反，即令副使崔圆阴具储偫，以备有急投之，至是首唱幸蜀之策。上然之。癸巳，国忠集百官于朝堂，惶惧流涕；问以策略，皆唯唯不对。国忠曰："人告禄山反状已十年，上下之信。今日之事，非宰相之过。"仗下，士民掠扰奔走，不知所之，市里萧条。国忠使韩、虢入宫，劝上入蜀。

【译文】 那天，哥舒翰的属下来告急，唐玄宗没有马上召见，只差遣李福德等人带领监牧兵到潼关去。等到夜晚，平安火没有传到京城，唐玄宗才感到害怕。壬辰日（初十），召集宰相讨论事情。杨国忠自己兼任剑南节度使，听闻安禄山造反，就下令节度副使崔圆暗中准备储蓄要用的东西，准备紧急时投靠他，因此这时首先提出向蜀地逃跑的计划。唐玄宗答应了。癸巳日（十一日），杨国忠召集全部官员到朝堂上，全部惊慌恐惧流泪不已；询问他们策略，都唯唯诺诺，不知道怎么回答。杨国忠说："有人告发安禄山有造反的形迹已经有十年了，皇上不相信。今天的事情，不是宰相的错误。"朝罢，警卫都下去休息。士人百姓都惊慌忙乱，不知逃跑何处好，市面上邻里间到处是萧条的景象。杨国忠让韩国夫人和虢国夫人进宫，劝唐玄宗逃到蜀地。

甲午，百官朝者什无一二。上御勤政楼，下制，云欲亲征，闻者皆莫之信。以京兆尹魏方进为御史大夫兼置顿使；京兆少尹灵昌崔光远为京兆尹，充西京留守；将军边令诚掌宫闱管钥。托以剑南节度大使颍王璬将赴镇，令本道设储偫。是日，上移仗北内。既夕，命龙武大将军陈玄礼整比六军，厚赐钱帛，选闲厩马九百馀匹，外人皆莫之知。乙未，黎明，上独与贵妃姊妹、皇子、妃、主、皇孙、杨国忠、韦见素、魏方进、陈玄礼及亲近宦官、宫人出延秋门，妃、主、皇孙之在外者，皆委之而去。上过左藏，杨国忠请焚之，曰："无为贼守。"上愀然曰："贼来不得，必更敛于百姓；不如与之，无重困吾赤子。"是日，百官犹有入朝者，至宫门，犹闻漏声，三卫立仗俨然。门既启，则宫人乱出，中外扰攘，不知上所之。于是，王公、士民四出逃窜，山谷细民争入宫禁及王公第舍，盗取金宝，或乘驴上殿。又焚左藏大盈库。崔光远、边令诚帅人救火，又募人摄府、县官分守之，杀十馀人，乃稍定。光远遣其子东见禄山，令诚亦以管钥献之。

【译文】甲午日（十二日），百官上朝的十个当中不到一二人。唐玄宗抵达勤政楼，颁下制书，说要亲自出征。听说的人都不相信。任用京兆尹魏方进作为御史大夫兼置顿使；京兆少尹灵昌人崔光远作为京兆尹，兼任西京留守；将军边令诚管理宫门的钥匙。托词剑南节度大使颍王李璬将要到所驻守的地方去，下令剑南道收拾接待需要用的物品。这天，唐玄宗移动仪卫到大明宫。天黑之后，下令龙武大将军陈玄礼整编六军，给他们赏赐很多钱财布帛，从马厩中挑选出九百多匹马，外面的人都不了解。乙未日（十三日），黎明时候，唐玄宗只同贵妃姐妹、皇子、妃子、公主、皇孙、杨国忠、韦见素、魏方进、陈玄礼和亲密的宦官、宫人等从延秋门出

资治通鉴

宫,妃子、公主、皇孙在宫外的,都丢弃而去。唐玄宗路过左藏,杨国忠恳请把它烧了,说:"不要保留给逆贼。"唐玄宗十分悲伤地说:"敌人来了得不到财宝,必然搜刮抢掠民众;不如留给他们,不要再让我的百姓遭殃。"这一天,百官还有上朝的,到宫门口,还听到更漏的声音,左右三卫仪仗队站立非常整齐严肃。宫门开了之后,宫人通通向外跑,宫内宫外,扰扰攘攘,不知道皇上到哪里去了。因此王公百姓四下逃跑,山野的小百姓抢着到皇宫里和王公的家里,偷盗金银财宝,有的人骑着驴子直接上了大殿。又放火焚烧左藏大盈库。崔光远、边令诚带领人来救火,又征召人代理府、县官吏各自把守,杀了十几个人,才逐渐安定。崔光远差遣他的儿子向东去进见安禄山,边令诚也把锁钥进献给他。

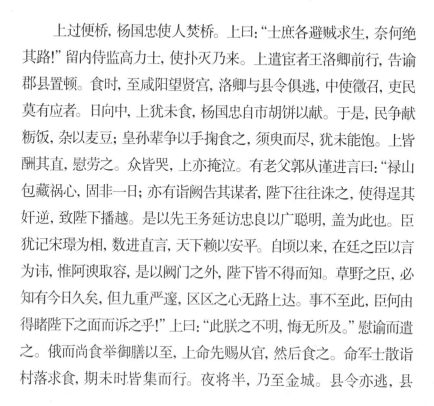

上过便桥,杨国忠使人焚桥。上曰:"士庶各避贼求生,奈何绝其路!"留内侍监高力士,使扑灭乃来。上遣宦者王洛卿前行,告谕郡县置顿。食时,至咸阳望贤宫,洛卿与县令俱逃,中使徵召,吏民莫有应者。日向中,上犹未食,杨国忠自市胡饼以献。于是,民争献粝饭,杂以麦豆;皇孙辈争以手掬食之,须臾而尽,犹未能饱。上皆酬其直,慰劳之。众皆哭,上亦掩泣。有老父郭从谨进言曰:"禄山包藏祸心,固非一日;亦有诣阙告其谋者,陛下往往诛之,使得逞其奸逆,致陛下播越。是以先王务延访忠良以广聪明,盖为此也。臣犹记宋璟为相,数进直言,天下赖以安平。自顷以来,在廷之臣以言为讳,惟阿谀取容,是以阙门之外,陛下皆不得而知。草野之臣,必知有今日久矣,但九重严邃,区区之心无路上达。事不至此,臣何由得睹陛下之面而诉之乎!"上曰:"此朕之不明,悔无所及。"慰谕而遣之。俄而尚食举御膳以至,上命先赐从官,然后食之。命军士散诣村落求食,期未时皆集而行。夜将半,乃至金城。县令亦逃,县民皆脱身走，饮食器皿具在，士卒得以自给。时从者多逃，内侍监袁思艺亦亡去。驿中无灯，人相枕藉而寝，贵贱无以复分辨。王思礼自潼关至，始知哥舒翰被擒；以思礼为河西、陇右节度使，即令赴镇，收合散卒，以俟东讨。

【译文】唐玄宗途经便桥，杨国忠让人放火焚烧桥梁。唐玄宗说："老百姓分别要逃避逆贼寻找生路，为什么断绝他们逃生的道路！"留下内侍监高力士，让他扑没了火再回来。唐玄宗差遣宦官王洛卿在前面走，通知各郡县准备路途停顿所需要的东西。吃饭的时候，抵达咸阳望贤宫，王洛卿和县令都逃匿了。唐玄宗派宦官去招募，官吏和人民无人应征。等到中午，唐玄宗还没有吃东西，杨国忠亲自去买了蒸饼给唐玄宗。因此老百姓抢着进献粗米饭，掺杂着小麦和大豆。皇孙辈抢着用手捧着吃，很快就吃完了，还没有吃饱。唐玄宗给他们应得的价钱，并且安慰他们。大家都在哭泣，唐玄宗也掩面哭泣。有一个老先生郭从谨，对唐玄宗说："安禄山心怀为害天下之意，肯定不是一天；也有到京城说明他的诡计的，陛下经常把这些人杀死，使安禄山得以肆行其叛乱的谋略，因此使陛下流亡在外。先王之所以专心致志访求忠诚善良的人来扩大自己耳目视听的能力，就是由于这个原因。臣还记得宋璟当宰相时期，多次向皇上进献忠言，天下于是得以平安无事。自打近时以来，朝廷上的大臣全部都忌惮谏言，只恳求阿谀取容；因此宫门以外的事情，陛下都没有办法得知。身在草野的臣子，很久之前就知道肯定会有今天了。可是宫阙深邃严肃，这一番心意没有路途可以上达陛下。事情要是没有到今日的地步，臣又怎么能够看到陛下的颜面向陛下告诉心中的话呢！"唐玄宗说："这是朕的愚笨，后悔也来不及了。"慰劳告谕以后送他们回去。没有多久，管理皇上饮食的官员捧着唐肃宗的膳食来到，唐玄宗让先赐给跟随的官员吃，然后自己才吃。下令军士分散到各村落中去找食物吃，约好到未时（下午一时至三时）聚齐在一起以后再走。将要到半夜的时候，才到金城县。县令也逃走了，县里的人民都脱身逃跑，吃的喝的和器皿都还在，士兵们可以自己做饭吃。此时跟随的人大多数逃跑，内侍监袁思艺也逃跑了。驿站里没有灯火，大家互相枕着身体睡觉，高低贵贱就不能够再分辨了。王思礼从潼关来到，才了解到哥舒翰被俘虏；任用王思礼为河西、陇右节度使，让他立刻回到所镇守的地区，招集失散的兵士，等候向东出征。

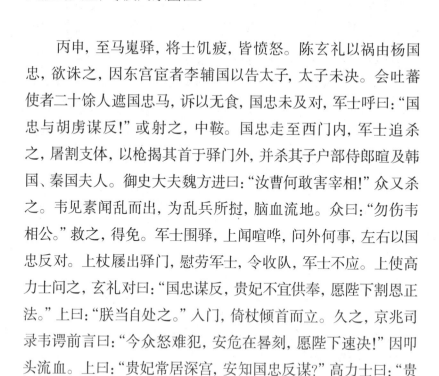

丙申，至马嵬驿，将士饥疲，皆愤怒。陈玄礼以祸由杨国忠，欲诛之，因东宫宦者李辅国以告太子，太子未决。会吐蕃使者二十馀人遮国忠马，诉以无食，国忠未及对，军士呼曰："国忠与胡虏谋反！"或射之，中鞍。国忠走至西门内，军士追杀之，屠割支体，以枪揭其首于驿门外，并杀其子户部侍郎暄及韩国、秦国夫人。御史大夫魏方进曰："汝曹何敢害宰相！"众又杀之。韦见素闻乱而出，为乱兵所挝，脑血流地。众曰："勿伤韦相公。"救之，得免。军士围驿，上闻喧哗，问外何事，左右以国忠反对。上杖屦出驿门，慰劳军士，令收队，军士不应。上使高力士问之，玄礼对曰："国忠谋反，贵妃不宜供奉，愿陛下割恩正法。"上曰："朕当自处之。"入门，倚杖倾首而立。久之，京兆司录韦谔前言曰："今众怒难犯，安危在晷刻，愿陛下速决！"因叩头流血。上曰："贵妃常居深宫，安知国忠反谋？"高力士曰："贵妃诚无罪，然将士已杀国忠，而贵妃在陛下左右，岂敢自安！愿陛下审思之，将士安则陛下安矣。"上乃命力士引贵妃于佛堂，缢杀之。舆尸置驿庭，召玄礼等入视之。玄礼等乃免胄释甲，顿首请罪，上慰劳之，令晓谕军士。玄礼等呼万岁，再拜而出，于是始整部伍为行计。谞，见素之子也。国忠妻裴柔与其幼子晞及虢国夫人、夫人子裴徽皆走，至陈仓，县令薛景仙帅吏士追捕，诛之。

【译文】丙申日（十四日），抵达马嵬驿，将士们又饥饿又疲倦，都特别恼怒。陈玄礼认为祸难是因为杨国忠而引发的，想要杀掉他，让东宫宦官李辅国告诉太子，太子迟疑没下决定。正好碰到吐蕃使者二十多人拦截杨国忠的马匹，对他苦诉没有粮食吃。杨国忠还没有来得及回答，军士们就高声吵闹说："杨国忠和胡虏造反！"有人拿箭射他，射中马鞍。杨国忠逃跑到西门内，军士们追上去将他杀死，分割了他的肢体，用枪挑着他的头竖立在驿站大门口，同时将他的儿子户部侍郎杨暄和韩国夫人秦国夫人全部杀死。御史大夫魏方进说："你们怎么敢杀掉宰相！"众人又把他杀掉。韦见素听见有乱事跑出来，被乱兵打伤，头上的血液都流到地上。大家说："不要伤害韦相公。"救助他，因此没有死掉。军士们把驿站围困起来。唐玄宗听到喧闹的声音，就询问外面发生了什么事情，周围的人将杨国忠叛逆的事情告诉他。唐玄宗拄着拐杖穿着麻鞋走出驿门，安慰军士，让他们将队伍收回营中，军士不遵从。唐玄宗让高力士询问他们，陈玄礼回复说："杨国忠计谋造反，贵妃不应该再皇上身边伺候，希望陛下割舍恩爱以正法典。"唐玄宗说："朕将会自己处置她。"进入驿门，倚靠着拐杖侧着头站在那儿。过了很长时间，京兆司录韦谞向前谏言说："现在众人的愤怒难以冒犯，安危就在一瞬间，期望陛下赶紧决定！"因此磕头到流血。唐玄宗说："贵妃常常住在深宫之中，怎么知道杨国忠造反的阴谋？"高力士说："贵妃确实没有罪过，可是将士们已经杀掉了杨国忠，而贵妃依然在陛下左右，他们心中如何能够安定！愿陛下仔细考虑，将士们心里安定，陛下就平安没有忧愁了。"唐玄宗才让高力士带贵妃到佛堂里，用带子吊死。把尸体抬到驿站的庭院中，召集陈玄礼等人进去看。陈玄礼等人才脱掉头盔和铠甲，磕头请罪。唐玄宗安慰他，让他向军士们说明。陈玄礼等人全部大呼万岁，再拜而走出。于是才整顿部队打算前进。韦谔，是韦见素的儿子。杨国忠的妻子裴柔同他的小儿子杨晞和虢国夫人及夫人的儿子裴徽，都已经走到陈仓，县令薛景仙率领官吏和士民追赶抓捕，把他们杀死。

【康熙御批】 唐明皇耽于逸乐，任用杨国忠以致仓卒出奔，军士愤怨，是其素所逸乐者即取祸之道也。历观史册，比比皆是矣。

【译文】 唐明皇沉溺于安逸和享乐，任用杨国忠以致仓促逃亡，导致军队士兵怨恨愤怒，这是他平时沉溺于安乐自取灭亡导致的。纵观史册，这样的例子到处都是。

【乾隆御批】 《纲目》书"杨国忠及贵妃伏诛"，说者谓二人之罪宜诛，书法所以正名定罪。殊不知是时众叛亲离，威柄不出玄宗，且玄宗亦无诛之之意，安得谓之"伏法"？惟据事直书，则罪名既著，而玄礼嗾众胁君之恶亦自彰。杜甫一生忠，惟独于《北征》诗褒美玄礼太过，不可为训，且彼时玄宗颠沛流离，杨氏又安能更为人患哉？若谓宜诛，则当於禄山未叛杨氏方盛之时，舍身固争方可谓之忠臣，玄礼所为，正韩愈所谓又下石焉者，在朋友尚不可，而况君臣乎！若玄礼者，直乱臣贼子，其去禄山盖一间耳。

【译文】 《资治通鉴纲目》写到"杨国忠以及杨贵妃被惩处死

亡"，议论此事的人都认为二人的罪当处死，书上才这样辨正名分给他们定罪。殊不知当时玄宗已经众叛亲离，命令已经不出自玄宗本意，而且玄宗也并没有诛杀他们的意思，怎么能叫作"伏法"呢？只有根据事实书写，杨氏兄妹的罪名显而易见，同时陈玄礼教唆众人要挟君王的罪恶也自然明了。杜甫一生忠直，惟独他的《北征》诗中褒扬陈玄礼太过分，不可以仿效，况且当时玄宗颠沛流离，杨氏又怎么可能再为祸患呢？如果说应当诛杀他们，那也应该是在安禄山没有反叛而杨氏势力正盛的时候，那时候舍生忘死坚持争辩才能说是忠臣，陈玄礼所做的事，正是韩愈所谓的落井下石的行为，朋友之间尚且不能这样做，况且是君臣之间呢？像陈玄礼这样的人，才是真正的乱臣贼子，他和安禄山相比差别也很小了。

【申涵煜评】 国事之坏，全由杨氏兄妹。马嵬兵变，虽是以臣要君，差足为海内吐气，是最惨事，亦最快事。

【译文】 唐朝国事的衰败，完全是由于杨氏兄妹。马嵬兵变，虽然是以臣子的身份要挟君主，但是足以让海内吐气，这是最惨的事情，也是最快人心的事情。

丁酉，上将发马嵬，朝臣惟韦见素一人，乃以韦谔为御史中丞，充置顿使。将士皆曰："国忠谋反，其将吏皆在蜀，不可往。"或请之河、陇，或请之灵武，或请之太原，或言还京师。上意在入蜀，虑违众心，竟不言所向。韦谔曰："还京，当有御贼之备。今兵少，未易东向，不如且至扶风，徐图去就。"上询于众，众以为然，乃从之。及行，父老皆遮道请留，曰："宫阙，陛下家居，陵寝，陛下坟墓，今舍此，欲何之？"上为之按辔久之，乃命太子于后宣慰父老。父老因曰："至尊既不肯留，某等愿帅子弟从殿下东破贼，取长安。若殿下与至尊皆入蜀，使中原百姓谁为之主？"

须臾，众至数千人。太子不可，曰："至尊远冒险阻，吾岂忍朝夕离左右。且吾尚未面辞，当还白至尊，更禀进止。"涕泣，跋马欲西。建宁王倓与李辅国执鞚谏曰："逆胡犯阙，四海分崩，不因人情，何以兴复！今殿下从至尊入蜀，若贼兵烧绝栈道，则中原之地拱手授贼矣。人情既离，不可复合，虽欲复至此，其可得乎！不如收西北守边之兵，召郭、李于河北，与之并力东讨逆贼，克复二京，削平四海，使社稷危而复安，宗庙毁而更存，扫除宫禁以迎至尊，岂非孝之大者乎！何必区区温情，为儿女之恋乎！"广平王俶亦劝太子留。父老共拥太子马，不得行。太子乃使俶驰白上。上总辔待太子，久不至，使人侦之，还白状，上曰："天也！"乃命分后军二千人及飞龙厩马从太子，且谕将士曰："太子仁孝，可奉宗庙，汝曹善辅佐之。"又谕太子曰："汝勉之，勿以吾为念。西北诸胡，吾抚之素厚，汝必得其用。"太子南向号泣而已。又使送东宫内人于太子，且宣旨欲传位，太子不受。俶、倓，皆太子之子也。

【译文】丁酉日（十五日），唐玄宗将要从马嵬驿出发，朝臣只留下韦见素一个人，就让韦谔当御史中丞，代理置顿使。将士们都说："杨国忠密谋逆反，他的将军和官吏都留在蜀地，不可以到那里去。"有的人恳请去河、陇，有的人恳请去灵武，有的人请求去太原，有的人恳求回京师。唐玄宗想要到蜀地去，又害怕违反大家的意愿，一直没有说明去哪里。韦谔说："回京师，应该有防御敌人的准备。如今兵士太少，不便于向东返回京师。不如暂且先到扶风，再慢慢商讨去哪里。"唐玄宗询问众人的观点，众人都觉得很好，因此决定到蜀地去。等到临走的时候，父老乡亲都拦着路恳请唐玄宗留下来，说："宫阙，是陛下家庭居住的房屋；陵寝，是陛下先人的墓地。如今丢弃这些，将要去向哪里？"唐玄宗于是就勒住马缰停留很长时间，才让太子留在后面慰藉父老。父老因此说："至尊既然不愿意留下来，我们愿意带领子弟追随殿下东征破贼，光复长安。如果殿下和至尊全部到蜀地去，那么让什么人做中原人民的君王？"转眼之间，集合了好几千人。太子认为不行，他说："至尊冒犯艰难险阻到远方去，我怎么可以忍心旦夕离开他的身旁。况且我还没有当面告别，我应该回去向至尊报告，再禀承意旨用来决定去向。"一边说一边哭泣，勒转马头，想要向西走。建宁王李倓同李辅国牵着马勒劝告说："胡贼进犯宫阙，天下分崩离析。不依靠人心，怎么能够复兴！现在殿下要是跟着至尊到蜀地去，如果敌军把栈道烧断了，那么中原的土地就拱手让给逆贼了。人心离散之后，就不可以再复合，即使想要再回到这个地方来，怎么才能办得到呢？不如收集西北防守边境的军队，召回河北的郭子仪、李光弼，和他们一起向东讨伐逆贼，收复东京和西京，安定天下，让社稷从危险而恢复于和平，宗庙在毁坏中更加能够得以保存，打扫宫庭来迎接至尊，这不是孝道中的大孝吗？为什么要尽冬温夏清的小孝，和小儿女一样恋恋不舍呢！"广平王李俶也奉劝太子留下来。父老一起阻挡住太子的马，无法行走。太子就让李俶骑马飞驰向唐玄宗说明。唐玄宗揽辔等候太子，很长时间都不过来，就差人去查看，回来向唐玄宗说明详情。唐玄宗说："这是天意！"于是将后军两千人和飞龙厩的马分给太子，并且对将士们说："太子仁爱宽厚孝顺，可以供奉祭祀宗庙，你们要好好辅佐他。"又教导太子说："你尽管努力去做，不要挂念我。西北各胡族，我对待他们向来都非常优厚，你一定会得到他们的帮助。"太子只能向南方号叫哭泣罢了。唐玄宗又委派人把东宫内人（张良娣）赐给太子，而且宣读圣旨说要传位给太子，太子不肯接受。李俶、李倓，都是太子的儿子。

己亥，上至岐山。或言贼前锋且至，上遽过，宿扶风郡。士卒潜怀去就，往往流言不逊，陈玄礼不能制，上患之。会成都贡春彩十馀万匹，至扶风，上命悉陈之于庭，召将士入，临轩谕之曰："朕比来衰耄，托任失人，致逆胡乱常，须远避其锋。知卿等皆苍猝从朕，不得别父母妻子，茇涉至此，劳苦至矣，朕甚愧之。蜀路阻长，郡县褊小，人马众多，或不能供，今听卿等各还家，朕独与子、孙、中官前行入蜀，不〔亦〕足自达。今日与卿等诀别，可共分此彩以备资粮。若归，见父母及长安父老，为朕致意，各好自爱也！"因泣下沾襟。众皆哭，曰："臣等死生从陛下，不敢有贰。"上良久曰："去留听卿。"自是流言始息。

【译文】己亥日（十七日），唐玄宗到达岐山。有人说贼兵的前锋就要来了，唐玄宗马上过了岐山，留宿在扶风郡。士兵们心里都盘算着投奔到其他地方，经常散布谣言非常不尊敬。陈玄礼不能强力阻止，唐玄宗非常担心。恰好成都进贡春天织的五色彩缯十万多匹，等到了扶风，唐玄宗让都摆在庭院里，命将士进去，站立在门槛前对大家说："朕近来年老了，任用的人不良，而导致叛贼作乱，因此必须跑到远方躲避锋头。知道大家都是十分匆忙跟朕出来，来不及和父母妻子告别，远道奔波到达这个地方，实在非常辛苦，朕非常羞愧。前往蜀地的道路又长又艰险，地方又小，人马非常多，也许不能提供给养，现在任凭卿等各自回家，朕只与儿子、孙子和宦官赶去蜀地，也可以到得了。今天和卿等分开，大家可以一块儿把这些彩缯分割开拿走用来在路上换食品和用品。如果回到家乡，见到父母和长安的父老乡亲，代替我问候他们一下。请各位好好保重！"因此落泪沾湿了衣服。将士们都哭着说："臣等不管生死都要跟随皇上，不敢有其他心思！"唐玄宗停了非常长的时间说："要离开还是要留下，随卿等随意。"自此谣言才制止。

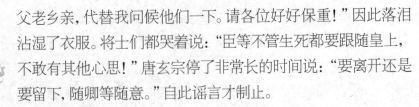

太子既留，未知所适。广平王俶曰："日渐晏，此不可驻，众欲何之？"皆莫对。建宁王倓曰："殿下昔尝为朔方节度大使，将吏岁时致启，倓略识其姓名。今河西、陇右之众皆败降贼，父兄子弟多在贼中，或生异图。朔方道近，士马全盛，裴冕衣冠名族，必无贰心。贼入长安方虏掠，未暇徇地，乘此速往就之，徐图大举，此上策也。"众皆曰："善！"至谓滨，遇潼关败卒，误与之战，死伤甚众。已，乃收馀卒，择渭水浅处，乘马涉渡；无马者涕泣而返。太子自奉天北上，比至新平，通夜驰三百馀里，士卒、器械失亡过半，所存之众不过数百。新平太守薛羽弃郡走，太子斩之，是日，至安定，太守徐毂走，又斩之。

庚子，以剑南节度留后崔圆为剑南节度等副大使。辛丑，上发扶风，宿陈仓。

【译文】太子留下之后，不知道该去哪里。广平王李俶说："天即将晚了，此处不能够留宿，各位想要去哪里？"都不回答。建宁王李倓说："殿下之前曾经当过朔方节度大使，将军和官吏每年准时呈报笺记和书启，倓粗略还记得他们的姓名。但是现在河西和陇右的士卒大都战败投降贼兵，他们的父子兄弟多沦陷流落到反贼的统治地区内，担心会产生谋反的想法。朔方道路较近，军队齐全强盛，裴冕又是世世代代为官的有声望的家族，肯定不会有异心。贼兵进入长安正在抢劫，还没有时间占据土地。趁着这个机会赶快到北方去，细细计划大举讨伐

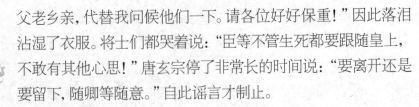

贼兵,这是最上等的计策。"大家都说:"非常好!"走到渭水旁边,碰到了潼关战争失败的散兵,错误地把他们当作敌人然后与他们作战,死伤非常多。这件事情之后,就召集剩下的士兵,选择渭水浅的地方,骑着马过河;没有马的士兵,伤心地回去了。太子从奉天向北走,直至到了新平,一整夜的时间一共奔跑行走了三百里,士兵和兵器失去了一大半,而剩下的不到几百个人。新平太守薛羽扔下全郡逃跑了,太子杀了他。同日,到达安定,太守徐毂也逃跑,又杀了他。

庚子日(十八日),命令剑南节度留后崔圆为剑南节度等副大使。辛丑日(十九日),唐玄宗从扶风启程,留宿在陈仓。

太子至乌氏,彭原太守李遵出迎,献衣及糗粮。至彭原,募士,得数百人。是日,至平凉,阅监牧马,得数万匹,又募士,得五百馀人,军势稍振。

壬寅,上至散关,分扈从将士为六军,使颍王璬先行诣剑南。寿王瑁等分将六军以次之。丙午,上至河池郡。崔圆奉表迎车驾,具陈蜀土丰稔,甲兵全盛。上大悦,即日,以圆为中书侍郎、同平章事,蜀郡长史如故。以陇西公瑀为汉中王、梁州都督、山南西道采访防御使。瑀,琎之弟也。

【译文】太子抵达乌氏,彭原太守李遵出来迎接,进贡衣服和粮食。到了彭原,召集士卒,招到好几百人。当天又到平凉,检查监牧马,收获了好几万匹;又招募士兵,得到五百多人,军势逐渐兴盛。

壬寅日(二十日),唐玄宗抵达散关,把跟随扈驾的将士分为六个军队。让颍王李璬先到剑南,寿王李瑁等分别带领六军按着次序前进。丙午日(二十四日),唐玄宗到了河池郡。崔圆拿文书来迎接唐玄宗的车驾，详细叙述蜀地物产丰富，兵甲整齐强盛。唐玄宗非常高兴，当日就委任崔圆为中书侍郎、同平章事，蜀郡长史的职位依旧。委任陇西公李瑀为汉中王、梁州都督、山南西道采访及防御使。李瑀，是李珌的弟弟。

王思礼至平凉，闻河西诸胡乱，还，诣行在。初，河西诸胡部落闻其都护皆从哥舒翰没于潼关，故争自立，相攻击；而都护实从翰在北岸，不死，又不与火拔归仁俱降贼。上乃以河西兵马使周泌为河西节度使，陇右兵马使彭元耀为陇右节度使，与都护思结进明等俱之镇，招其部落。以思礼为行在都知兵马使。

戊申，扶风民康景龙等自相帅击贼所署宣慰使薛总，斩首二百馀级。庚戌，陈仓令薛景仙杀贼守将，克扶风而守之。

【译文】王思礼到达平凉，听说河西各胡族有叛乱，又回来，到了行在。起初，河西各胡族部落听人所说他们的都护都随从哥舒翰战死在潼关，因此争着独立，相互攻击；但是都护事实上是跟随哥舒翰在黄河北岸，并没有战死，也没有和火拔归仁向敌兵屈服。唐玄宗就委任河西兵马使周泌为河西节度使，陇右兵马使彭元耀做陇右节度使，和都护思结进明等人都到驻军防守的地方去，招安各部落。委任王思礼做行在都知兵马使。

戊申日（二十六日），扶风郡的平民康景龙等人各自带人攻打叛贼所委任的宣慰使薛总，斩下二百多头颅。庚戌日（二十八日），陈仓县令薛景仙杀死贼兵的将领，克复扶风而镇守住它。

安禄山不意上遽西幸，遣使止崔乾祐兵留潼关，凡十日，乃遣孙孝哲将兵入长安，以张通儒为西京留守，崔光远为京兆尹；

使安忠顺将兵屯苑中，以镇关中。孝哲为禄山所宠任，尤用事，常与严庄争权；禄山使监关中诸将，通儒等皆受制于孝哲。孝哲豪侈，果于杀戮，贼党畏之。禄山命搜捕百官、宦者、宫女等，每获数百人，辄以兵卫送洛阳。王、侯、将、相扈从车驾、家留长安者，诛及婴孩。陈希烈以晚节失恩，怨上，与张均、张垍等皆降于贼。禄山以希烈、垍为相，自馀朝士皆授以官。于是，贼势大炽，西胁汧、陇，南侵江、汉，北割河东之半。然贼将皆粗猛无远略，既克长安，自以为得志，日夜纵酒，专以声色宝贿为事，无复西出之意，故上得安行入蜀，太子北行亦无追迫之患。

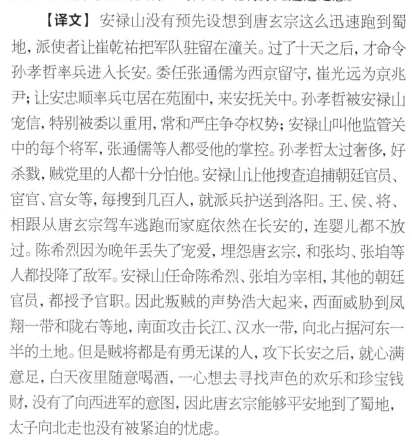

【译文】安禄山没有预先设想到唐玄宗这么迅速跑到蜀地，派使者让崔乾祐把军队驻留在潼关。过了十天之后，才命令孙孝哲率兵进入长安。委任张通儒为西京留守，崔光远为京兆尹；让安忠顺率兵屯居在范围中，来安抚关中。孙孝哲被安禄山宠信，特别被委以重用，常和严庄争夺权势；安禄山叫他监管关中的每个将军，张通儒等人都受他的掌控。孙孝哲太过奢侈，好杀戮，贼党里的人都十分怕他。安禄山让他搜查追捕朝廷官员、宦官、宫女等，每搜到几百人，就派兵护送到洛阳。王、侯、将、相跟从唐玄宗驾车逃跑而家庭依然在长安的，连婴儿都不放过。陈希烈因为晚年丢失了宠爱，埋怨唐玄宗，和张均、张垍等人都投降了敌军。安禄山任命陈希烈、张垍为宰相，其他的朝廷官员，都授予官职。因此叛贼的声势浩大起来，西面威胁到凤翔一带和陇右等地，南面攻击长江、汉水一带，向北占据河东一半的土地。但是贼将都是有勇无谋的人，攻下长安之后，就心满意足，白天夜里随意喝酒，一心想去寻找声色的欢乐和珍宝钱财，没有了向西进军的意图，因此唐玄宗能够平安地到了蜀地，太子向北走也没有被紧迫的忧虑。

李光弼围博陵未下，闻潼关不守，解围而南。史思明踵其后，光弼击却之，与郭子仪皆引兵入井陉，留常山太守王俌将景城、河间团练兵守常山。平卢节度使刘正臣将袭范阳，未至，史思明引兵逆击之，正臣大败，弃妻子走，士卒死者七千馀人。初，颜真卿闻河北节度使李光弼出井陉，即敛军还平原，以待光弼之命。闻郭、李西入井陉，真卿始复区处河北军事。

【译文】 李光弼围攻博陵还没有攻下来，就听说潼关完全失守，就突围向南走。史思明跟在后面追打，李光弼把他击退，和郭子仪都带兵进入井陉口，留下常山太守王俌带领景城、河间的团练兵防守常山。平卢节度使刘正臣将攻击范阳，还没有到达，史思明领兵迎头攻击他，刘正臣失败，丢下妻子逃跑，士兵死了七千多人。起初，颜真卿听说河北节度使李光弼离开了井陉口，就收兵回平原，等候李光弼的任命。听到郭子仪、李光弼又向西进入井陉口，颜真卿才又处理河北的兵事。

太子至平凉数日，朔方留后杜鸿渐、六城水陆运使魏少游、节度判官崔漪、支度判官卢简金、盐池判官李涵相与谋曰："平凉散地，非屯兵之所，灵武兵食完富，若迎太子至此，北收诸城兵，西发河、陇劲骑，南向以定中原，此万世一时也。"乃使涵奉笺于太子，且籍朔方士马、甲兵、谷帛、军须之数以献之。涵至平凉，太子大悦。会河西司马裴冕入为御史中丞，至平凉见太子，亦劝太子之朔方，太子从之。鸿渐，暹之族子；涵，道之曾孙也。鸿渐、漪使少游居后，葺次舍，庀资储，自迎太子于平凉北境，说太子曰："朔方，天下劲兵处也。今吐蕃请和，回纥内附，四方郡

资治通鉴

县大抵坚守拒贼以俟兴复。殿下今理兵灵武，按辔长驱，移檄四方，收揽忠义，则逆贼不足屠也。"少游盛治宫室，帷帐皆仿禁中，饮膳备水陆。秋，七月，辛酉，太子至灵武，悉命撤之。

【译文】太子到达平凉好几天，北方节度留后杜鸿渐、六城水陆运使魏少游、节度判官崔漪、支度判官卢简金、盐池判官李涵在一起商量说："平凉是四散的地方，不是停留军队的地方。灵武的士兵齐整，粮食充足。假如迎太子到这里，北面征召各城兵马，西面调用河西、陇右强悍的骑兵，向南进攻收复中原，这是万世一时的业绩。"就派李涵奉送书信给太子，并且把北方的士卒马匹、甲胄兵器、米谷布帛和军需品的数目列成清单献给太子。李涵到了平凉，太子非常高兴。恰逢河西司马裴冕入朝做御史中丞，到平凉去谒见太子，也劝说太子到朔方去，太子听取了。杜鸿渐，是杜暹的远房侄子；李涵，是李道的曾孙。杜鸿渐、崔漪叫魏少游在后方修复太子来到之后所要住的房屋，收藏储备资粮和用品，亲身到平凉北方边境上去迎接太子，劝说太子道："朔方是全天下出现强兵的地方。现在吐蕃希望讲和，回纥内附中国，四方的郡县大多数坚持守护城邑抵抗贼兵来等候复兴。殿下如今到灵武训练兵，可以勒住马缰慢慢前行长驱直入，同时传檄到四方，征收忠义之士，那么叛贼是非常容易被消灭的。"魏少游大规模整治宫室，帷帐都模仿皇宫，饮食具有水中和陆上的珍馐。秋季，七月，辛酉日（初九），太子到了灵武，命令把这些全都撤走。

甲子，上至普安，宪部侍郎房琯来谒见。上之发长安也，群臣多不知，至咸阳，谓高力士曰："朝臣谁当来，谁不来？"对曰："张均、张垍父子受陛下恩最深，且连戚里，是必先来。时论皆谓房琯宜为相，而陛下不用，又禄山尝荐之，恐或不来。"上曰："事未可知。"及琯至，上问均兄弟，对曰："臣帅与偕来，逗留不进，观其意，似有所蓄而不能言也。"上顾力士曰："朕固知之矣。"即日，以琯为文部侍郎、同平章事。

初，张垍尚宁亲公主，听于禁中置宅，宠渥无比。陈希烈求解政务，上幸垍宅，问可为相者。垍未对。上曰："无若爱婿。"垍降阶拜舞。既而不用，故垍怀怏怏，上亦觉之。是时均、垍兄弟及姚崇之子尚书右丞奕、萧嵩之子兵部侍郎华、韦安石之子礼部侍郎陟、太常少卿斌，皆以才望至大官，上尝曰："吾命相，当遍举故相子弟耳。"既而皆不用。

【译文】 甲子日（十二日），唐玄宗到了普安，宪部侍郎房琯来拜见。唐玄宗从长安离开的时候，所有的大臣都不知道。到达咸阳，对高力士说："朝中大臣应该让谁来，不应该让谁来？"高力士回答："张均、张垍父子（'父子'，《旧唐书·张说传》作'兄弟'，是）受陛下的恩宠最多，并且又有婚姻关系，因此他们一定先来。当时舆论都认为房琯应该做宰相，但是陛下没有重用他，并且安禄山曾经又推荐过他，他应该不会来。"唐玄宗说："事实怎么样还不能预料到。"等到房琯来了，唐玄宗问他张均兄弟的情况。回答说："臣想带他们一起来，他们停不下来；看他的意思，似乎还有其他的图谋。"唐玄宗回头看着高力士说："朕之前就知道会是这样的情况。"就在那一天，委任房琯为文部侍郎，同平章事。

起初，张垍娶宁亲公主（玄宗女）作为妻子，可以随意地在宫中建造房子，得到了非常优厚的宠爱。陈希烈希望解除政务，唐玄宗到张垍家去，向他询问哪个人可以做宰相。张垍并没有回答。唐玄宗说："没有人比得上爱婿。"张垍下台阶跪拜。事情过后并没有任命他为宰相，因此张垍心里闷闷不乐，唐玄宗也察觉到了。那个时候张均、张垍兄弟和姚崇的儿子尚书右丞姚奕、萧嵩的儿子兵部侍郎萧华、韦安石的儿子礼部侍郎韦陟、太常少卿韦斌，都是凭借才能和声望做到大官。唐玄宗曾经说："我要委任宰相，应该从旧宰相的子弟中去挑选。"事后却都没有选拔任用。

裴冕、杜鸿渐等上太子笺，请遵马嵬之命，即皇帝位，太子不许。冕等言曰："将士皆关中人，日夜思归，所以崎岖从殿下远涉沙塞者，冀尺寸之功。若一朝离散，不可复集。愿殿下勉徇众心，为社稷计！"笺五上，太子乃许之。是日，肃宗即位于灵武城南楼，群臣舞蹈，上流涕歔欷。尊玄宗曰上皇天帝，赦天下，改元。以杜鸿渐、崔漪并知中书舍人事，裴冕为中书侍郎、同平章事。改关内采访使为节度使，徒治安化，以前蒲关防御使吕崇贲为之。以陈仓令薛景仙为扶风太守，兼防御使；陇右节度使郭英乂为天水太守，兼防御使。时塞上精兵皆选入讨贼，惟馀老弱守边，文武官不满三十人，披草莱，立朝廷，制度草创，武人骄慢。大将管崇嗣在朝堂，背阙而坐，言笑自若，监察御史李勉奏弹之，系于有司。上特原之，叹曰："吾有李勉，朝廷始尊！"勉，元懿之曾孙也。旬日间，归附者渐众。

【译文】 裴冕、杜鸿渐等人向太子递交笺文，希望太子遵从唐玄宗在马嵬驿的命令，登上皇帝位。太子不答应。裴冕等人进谏说："将士全是关中人，白天夜里都想回家；他们因此翻山越岭跟随殿下跑到遥远的塞外沙漠地区，就是希望能够建立尺寸般的功绩。如果一旦分散了，便不能再聚集起来了。愿殿下勉为其难地跟随大众的心意，为社稷计划负责！"笺文一共呈上五次，太子才答应。那一天，唐肃宗在灵武城南楼登位，群臣手舞足蹈，唐玄宗流泪感叹。尊称玄宗为上皇天帝，大赦天下，修改年号为至德。委任杜鸿渐、崔漪一起主管中书舍人的事情，裴冕为中书侍郎、同平章事。更改关内采访使为节度使，把治所迁移到安化，用前任的蒲关防御使吕崇贲担任这个职位。委任陈仓县令薛景仙做扶风太守，兼任防御使；陇右节度使郭英乂做天水太守，兼任防御使。那个时候边塞上的精兵都挑选到边塞以内来讨伐敌兵，只留下一些老人和小孩守护边塞，朝中的文武官员不到三十人；大家分开杂草，建立朝廷，制度大略地创建，但是武夫却非常骄傲。大将管崇嗣在朝廷，背向宫殿坐着，谈笑自如；监察御史李勉弹劾他，囚困在主管官署。唐肃宗专门原谅他，感叹道："我有了李勉，天子开始受尊敬！"李勉，是李元懿的曾孙。在十几天里，归附的人逐渐多起来。

张良娣性巧慧，能得上意，从上来朔方。时从兵单寡，良娣每寝，常居上前。上曰："御寇非妇人所能。"良娣曰："苍猝之际，妾以身当之，殿下可从后逸去。"至灵武，产子；三日起，缝战士衣。上止之，对曰："此非妾自养之时。"上以是益怜之。

【译文】张良娣性情聪明伶俐，能获得唐肃宗的喜爱，跟随唐肃宗来到朔方。当时追随的士兵不多，良娣每一次睡觉，常常睡在唐肃宗的前面。唐肃宗说："抵挡敌人不是妇人能够做到的。"良娣说："在突发事件之间，妾用身体抵挡贼兵，殿下可从我身后逃跑。"到了灵武，生下一个儿子；过了三天，就起来缝补士兵穿的衣服。唐肃宗阻止她，她回答说："现在不是妾身保养享受的时刻。"唐肃宗因此更加疼惜她。

【乾隆御批】 马嵬之命肃宗固再三辞逊矣，兹灵武之自行即位，出於何典！且灵武距剑南为时不过两月，不闻驰一介奏告，故范祖禹直斥为"乘危叛父"，持议严且正矣。

【译文】 马嵬坡之命肃宗李亨再三推辞，现在却在灵武自行即位，这又是出自什么典章？何况灵武距离剑南也不过两个月的路程，却从没有听说有任何奏报，所以范祖禹直斥肃宗为"乘着危难背叛父亲"，主张真是义正辞严啊。

【乾隆御批】 良娣新产为战士缝衣，犹妇人固宠取怜常态，至欲居前御寇，竟自托於冯婕妤之当熊，肃宗为巧言所惑，不明甚矣。先为小忠小信以成其大不忠不信，妇寺类然。他日窃柄宫闱，几蹈武、韦前辙，皆此一念阶之祸也。

【译文】 张良娣刚刚生产就为战士们缝衣服，这是女人取宠卖乖常用的手段，至于说要身先为肃宗抵御贼寇，竟然以冯媛冯婕妤为汉元帝刘奭挡熊自比，而肃宗竟然被张良娣的花言巧语迷惑，也太不明智。先以小忠小信而达到大不忠大不信，宫中的妇女近侍大致都是这样。有朝一日在宫闱之内窃取朝权，几乎重蹈武后、韦氏的前辙，这都是此时一念之间而酿成的祸患啊。

丁卯，上皇制："以太子亨天下兵马元帅，领朔方、河东、河北、平卢节度都使，南取长安、洛阳。以御史中丞裴冕兼左庶子，陇西郡司马刘秩试守右庶子；永王璘充山南东道、岭南、黔中、江南西道节度都使，以少府监窦绍为之傅，长沙太守李岘为都副大使；盛王琦充广陵大都督，领江南东路及淮南、河南等路节度都使，以前江陵都督府长史刘汇为之傅，广陵郡长史李成式为都副大使；丰王珙充武威都督，仍领河西、陇右、安西、北庭等路节度都使，以陇西太守济阴邓景山为之傅，充都副大使。应须士马、甲仗、粮赐等，并于当路自供。其诸路本节度使虢王巨等并依前充使。其署置官属及本路郡县官，并任自简择，署讫闻奏。"时琦、珙皆不出阁，惟璘赴镇。置山南东道节度，领襄阳等九郡。升五府经略使为岭南节度，领南海等二十二郡。升五溪经略使为黔中节度，领黔中等诸郡。分江南为东、西二道，东道领馀杭，西道领豫章等诸郡。先是四方闻潼关失守，莫知上所之，及是制下，始知乘舆所在。汇，秩之弟也。

【译文】丁卯日（十五日），太上皇下命令说："委任太子李亨摄理天下兵马元帅，带领朔方、河东、河北、平卢节度都使，向南攻取长安、洛阳。委任御史中丞裴冕同时做左庶子，陇西郡司马刘秩试用代理右庶子的职位；永王李璘摄理山南东道、岭南、黔中、江南西道节度都使的职位，用少府监窦绍来做他的傅相，长沙太守李岘做都副大使；盛王李琦代理广陵大都督，接受江南东路及淮南、河南等路节度都使的职位，之前担任江陵都督府长史的刘汇做他的傅相，广陵郡长史李成式做都副大使；丰王李珙代理武威都督的职位，依然有河西、陇右、安西、北庭等路节度都使的官职，让陇西太守济阴人邓景山作为他的傅相，代理都副大使。所有所需的兵马、铠甲仪仗、粮食赏赐等物品，都由各路自己提供。各路原来的节度使虢王李巨等人都依然代理节度使。所任命的官属和本路的郡县官吏，都任凭自己选择，任命结束之后再进行上奏报告。"那个时候李琦、李珙都不离开宫殿，仅仅永王李璘到镇守的地方去。设立山南东道节度使，管理襄阳等九个郡。升迁五府经略使做岭南节度使，管理南海等二十二个郡。升迁五溪经略使做黔中节度使，管理黔中等各个郡县。分江南为东、西二道，东道管理馀杭郡，西道管理豫章等各郡。在此之前四方听说潼关沦陷，不知唐肃宗去哪里了；等到这一道制书颁布下来，才了解上皇所在的地方。李汇，是李秩的弟弟。

安禄山使孙孝哲杀霍国长公主及王妃、附马等于崇仁坊，刳其心，以祭安庆宗。凡杨国忠、高力士之党及禄山素所恶者皆杀之，凡八十三人，或以铁榰揭其脑盖，流血满街。己巳，又杀皇孙及郡、县主二十馀人。

庚午，上皇至巴西；太守崔涣迎谒。上皇与语，悦之，房琯复荐之，即日，拜门下侍郎、同平章事，以韦见素为左相。涣，玄暐之孙也。

【译文】安禄山使孙孝哲在崇仁坊杀了霍国长公主（睿宗女）还有王妃、驸马等人，挖出他们的心，用来祭奠安庆宗。安禄山杀了和杨国忠高力士一伙的人和他平时厌恶的人，一共杀了八十三人；有时用铁棒撬开人的脑盖骨，满街都是血。己巳日（十七日），又杀了皇孙和郡主、县主二十多人。

庚午日（十八日），太上皇到达巴西，太守崔涣迎接拜见。上皇和他谈话，非常喜爱他，房琯又举荐他，当日，就委任他做门下侍郎、同平章事，韦见素任左相。崔涣，是崔玄暐的孙子。

初，京兆李泌，幼以才敏著闻，玄宗使与忠王游。忠王为太子，泌已长，上书言事。玄宗欲官之，不可；使与太子为布衣交，太子常谓之先生。杨国忠恶之，奏徙蕲春，后得归隐，居颍阳。上自马嵬北行，遣使召之，谒见于灵武，上大喜，出则联辔，寝则对榻，如为太子时，事无大小皆咨之，言无不从，至于进退将相亦与之议。上欲以泌为右相，泌固辞曰："陛下待以宾友，则贵于宰相矣，何必屈其志！"上乃止。

同罗、突厥从安禄山反者屯长安苑中，甲戌，其酋长阿史那从礼帅五千骑，窃厩马二千匹逃归朔方，谋邀结诸胡，盗据边地。上遣使宣慰之，降者甚众。

【译文】起初，京兆人李泌，年幼的时候凭借才思敏慧闻名于世，玄宗让他和忠王在一起交谈游学。忠王被立为太子时，李泌已经长大了，上书给唐玄宗谈论天下事务。玄宗想重用他为官，因为杨国忠的陷害而没有能够成功；让他和太子为平民朋友，太子常常称作他为先生。杨国忠嫉妒他，上奏请求把他迁徙到蕲春，后来回乡，隐居在颍阳。唐肃宗从马嵬驿向北走，派使者请他，在灵武拜见唐肃宗。唐肃宗非常高兴，出去就骑马一块儿去，睡觉就对着床而睡，和之前当太子的时候相同，事情不论大小都咨询他，他所提出的意见全部都采用了，甚至连将相的任用也同他商议。唐肃宗要任命李泌做右相，李泌坚持推辞，说："陛下用宾客朋友的礼遇对待我，就比宰相还要尊贵了，为什么要我委屈自己的简单志向呢！"唐肃宗才放弃。

同罗、突厥跟随安禄山造反的时候，屯集兵力在长安苑圃中，甲戌日（二十二日），他们的酋长阿史那从礼带领五千骑兵，从马房里偷了两千匹马跑回朔方，计谋要约各胡族部落，趁此机会占领边疆地区。唐肃宗派使者去宣布诏谕安抚他们，投降依附的人非常多。

贼遣兵寇扶风，薛景仙击却之。

安禄山遣其将高嵩以敕书、缯彩诱河、陇将士，大震关使郭英义擒斩之。

同罗、突厥之逃归也，长安大扰，官吏窜匿，狱囚自出。京兆尹崔光远以为贼且遁矣，遣吏卒守孙孝哲宅。孝哲以状白禄山，光远乃与长安令苏震帅府、县官十馀人来奔。己卯，至灵武，上以光远为御史大夫兼京兆尹，使之渭北招集吏民；以震为中丞。震，瑰之孙也。禄山以田乾真为京兆尹。侍御史吕諲、右拾遗杨绾、奉天令安平崔器相继诣灵武；以諲、器为御史中丞，绾为起居舍人、知制诰。

【译文】叛贼派兵攻打扶风，薛景仙把他们击退。

安禄山命令他的大将高嵩利用敕书和缯彩吸引诱惑河、陇的将士，大震关使郭英乂就把他擒获之后杀了。

同罗和突厥逃跑的时候，长安非常乱，官吏逃跑躲避，监狱里的犯人也全都逃跑出来。京兆尹崔光远本来以为叛贼即将要逃跑了，命令官吏和士兵看守住孙孝哲的房子。孙孝哲把情况告诉安禄山，崔光远就和长安县令苏震率领着京兆府和十多个长安府、万年县的人来投降。己卯日（二十七日），到达灵武，唐肃宗委任崔光远做御史大夫兼任京兆尹，让他到渭水以北征召官吏和人民；委任苏震为中丞。苏震，是苏瑰的孙子。安禄山命田乾真为京兆尹。侍御史吕諲、右拾遗杨绾、奉天令安平人崔器陆续到达灵武；唐肃宗委任吕諲、崔器做御史中丞，杨绾做起居舍人、管理制诰。

上命河西节度副使李嗣业将兵五千赴行在，嗣业与节度使梁宰谋，且缓师以观变。绥德府折冲段秀实让嗣业曰："岂有君父告急而臣子晏然不赴者乎！特进常自谓大丈夫，今日视之，乃儿女子耳！"嗣业大惭，即白宰如数发兵，以秀实自副，将之诣行在。上又征兵于安西；行军司马李栖筠发精兵七千人，励以忠义而遣之。

敕改扶风为凤翔郡。

庚辰，上皇至成都，从官及六军至者千三百人而已。

令狐潮围张巡于雍丘，相守四十馀日，朝廷声问不通。潮闻玄宗已幸蜀，复以书招巡。有大将六人，官皆开府、特进，白巡以兵势不敌，且上存亡不可知，不如降贼。巡阳许诺。明日，堂上设天子画像，帅将士朝之，人人皆泣。巡引六将于前，责以大义，斩之。士心益劝。

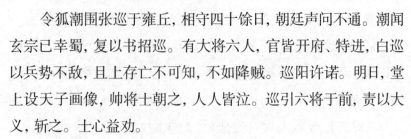

【译文】唐肃宗命河西节度副使李嗣业带领五千人前往行在，李嗣业和节度使梁宰商量议论，将暂时推迟出师来观看时局的变化。绥德府折冲段秀实责备李嗣业说："哪里有君父告急而臣子安静的样子不赶去的呢！特进常自谓大丈夫，今日视之，乃儿女子耳！"嗣业大惭，即白宰经悉数发兵，以段秀实为副将，率领士兵到行在。唐肃宗又向安西征召士兵，安西行军司马李栖筠派遣七千精兵，用忠言大义的话鼓励他们然后遣送他们出发。

唐肃宗下命修改扶风为凤翔郡。

庚辰日（二十八日），太上皇到达成都，跟随的官员及护驾的六军只有一千三百人。

令狐潮在雍丘包围攻击张巡，僵持四十多天，朝廷的信息不畅。令狐潮听别人说玄宗已经逃跑到了蜀地，又写信招安张巡。有六员大将，官职都是开府仪同三司、特进，告诉张巡兵力悬殊，而且也不知道皇上的生死，不如投靠贼兵。张巡装作应允。第二天，大厅上摆上天子画像，带领将士朝拜，人人都哭了。张巡带六位将军到前面，用大义责备他们，之后杀了他们。将士们的士气更加激昂。

资治通鉴

【乾隆御批】 是时玄宗未传位太子,岂得以太子即位灵武尊为上皇,而即书为"上皇"哉?故正书法至八月,上皇使人赍册、宝如灵武后,始如《纲目》书"上皇"。然太子既已自行即位,故书"上"而不书"帝"以别之,而于玄宗则仍书"帝"。八月后,玄宗书"上皇",肃宗方书帝。

【译文】 此时玄宗尚未传位于太子李亨,怎么能因为太子在灵武即位尊称玄宗为上皇,就将玄宗称作"上皇"呢?正确的书写应该是等到八月,上皇派人送册书、宝玺到灵武后,才能像《纲目》那样称玄宗为"上皇"。然而太子既然已经自行即位,所以称"上"而不是"帝",以示区别,而对玄宗则仍然称"帝",八月以后,玄宗才能称"上皇",而肃宗称"帝"。

城中矢尽,巡缚藁为人千余,被以黑衣,夜缒城下,潮兵争射之,久乃知其藁人;得矢数十万。其后复夜缒人,贼笑不设备,乃以死士五百斫潮营;潮军大乱,焚垒而遁,追奔十余里。潮惭,益兵围之。

巡使郎将雷万春于城上与潮相闻,语未绝,贼弩射之,面中六矢而不动。潮疑其木人,使谍问之,乃大惊,遥谓巡曰:"向见雷将军,方知足下军令矣,然其如天道何!"巡谓之曰:"君未识人伦,焉知天道!"未几,出战,擒贼将十四人,斩道百余级。贼乃夜遁,收兵入陈留,不敢复出。

顷之,贼步骑七千余众屯白沙涡,巡夜袭击,大破之。还,至桃陵,遇贼救兵四百余人,悉擒之。分别其众,妫、檀及胡兵,悉斩之;荥阳、陈留胁从兵,皆散令归业。旬日间,民去贼来归者万余户。

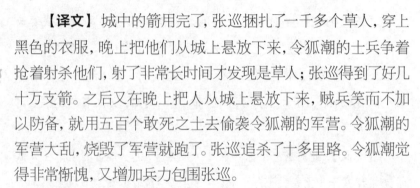

【译文】城中的箭用完了，张巡捆扎了一千多个草人，穿上黑色的衣服，晚上把他们从城上悬放下来，令狐潮的士兵争着抢着射杀他们，射了非常长时间才发现是草人；张巡得到了好几十万支箭。之后又在晚上把人从城上悬放下来，贼兵笑而不加以防备，就用五百个敢死之士去偷袭令狐潮的军营。令狐潮的军营大乱，烧毁了军营就跑了。张巡追杀了十多里路。令狐潮觉得非常惭愧，又增加兵力包围张巡。

张巡让郎将雷万春在城墙上和令狐潮交流谈论，贼兵用弓箭射杀他，雷万春脸上被射中了六箭却纹丝不动。令狐潮怀疑他是木头人，让间谍打听，十分惊讶，从远方对张巡说："刚刚看到雷将军，才了解您的军命的严格，但是怎么能够改变天道呢？"张巡对他说："您连人伦都不了解，又怎么会懂得天道！"没有多长时间，打开城门出来战斗，抓获贼将十四人，砍下一百多个首级。贼兵因此晚上逃跑，收兵进入陈留，不敢再出来作战。

没有多长时间，贼人有七千多个步兵和骑兵驻扎在白沙涡，张巡晚上去偷袭，大败贼兵。回来之后，走到桃陵，碰到四百多贼人的救兵，全部把他们俘虏。将俘虏分别安排，妫、檀及胡兵，全都杀了；荥阳、陈留被逼迫当兵的，把他们解散，让他们回家去劳作。在十几天里，人民离开叛贼来依附的有一万多户。

河北诸郡犹为唐守，常山太守王俌欲降贼，诸将怒，因击球，纵马践杀之。时信都太守乌承恩麾下有朔方兵三千人，诸将遣使者宗仙运帅父老诣信都，迎承恩镇常山。承恩辞以无诏命，仙运说承恩曰："常山地控燕、蓟，路通河、洛，有井陉之险，足

资治通鉴

以扼其咽喉。顷属车驾南迁，李大夫收军退守晋阳，王太守权统后军，欲举城降贼，众心不从，身首异处。大将军兵精气肃，远近莫敌，若以家国为念，移据常山，与大夫首尾相应，则洪勋盛烈，孰与为比！若疑而不行，又不设备，常山既陷，信都岂能独全！"承恩不从。仙运又曰："将军不纳鄙夫之言，必惧兵少故也。今人不聊生，咸思报国，竞相结聚，屯据乡村，若悬赏招之，不旬日十万可致；与朔方甲士三千馀人相参用之，足成王事。若舍要害以授人，居四通而自安，譬如倒持剑戟，取败之道也。"承恩竟疑不决。承恩，承玭族兄也。

【译文】河北各郡还是帮唐朝把守，常山郡太守王俌想要投靠叛贼，各个将军都非常十分生气，趁着打球的时机，放纵马践踏死他。当时信都太守乌承恩的部下有三千朔方士兵，各将军命令使者宗仙运带领父老到信都，邀请乌承恩来驻守常山。乌承恩由于没有皇上的命令而推脱。宗仙运规劝乌承恩道："常山的地方扼住着燕、蓟，道路可通到河、洛，有井陉的险要，可以控制住叛贼的要害。近来恰逢皇上向南迁移，李大夫（光弼）召集军队驻守晋阳，王太守暂时统领后军，想带领全城投降叛贼，众人不愿跟从，因此王太守被杀了。大将军士兵强悍纪律严明，远方和近处都没有人能够相匹敌。假如为国家计划，转移兵力驻守常山，和李大夫首尾呼应，那么所建立的盛大功业，没有人能比得上。如果犹豫不决，又不设立防备，常山沦陷之后，信都怎么能够得以保全！"乌承恩不接受。宗仙运又说："将军不接纳鄙人的劝告，一定是因为觉得我们兵少。现在人民无法生存，都想报恩效力国家，争着团结一致，驻扎在乡村，如果悬赏招募，到不了十天就可以得到十万人；和三千多朔方甲士配合使用，足够完成勤王的事业。假如关键的地方授给叛贼，居住在四通八达的地方来保证自己的安全，有如倒拿着剑戟，这是失败的道路。"乌承恩一直犹豫不决。乌承恩，是乌承玭同族的哥哥。

是月，史思明、蔡希德将兵万人南攻九门。旬日，九门伪降，伏甲于城上。思明登城，伏兵攻之；思明坠城，鹿角伤其左胁，夜，奔博陵。

颜真卿以蜡丸达表于灵武。以真卿为工部尚书兼御史大夫，依前河北招讨、采访、处置使，并致敕书，亦以蜡丸达之。真卿颁下河北诸郡，又遣人颁于河南、江、淮。由是诸道始知上即位于灵武，徇国之心益坚矣。

郭子仪等将兵五万自河北至灵武，灵武军威始盛，人有兴复之望矣。八月，壬午朔，以子仪为武部尚书、灵武长史，以李光弼为户部尚书、北都留守，并同平章事，馀如故。光弼以景城、河间兵五千赴太原。

【译文】 这个月，史思明、蔡希德带领一万兵马向南攻打九门。攻打了十天，九门装作投降，在城墙上隐藏甲士。史思明登上城楼，埋伏的甲士攻打他；史思明从城上摔下来，被埋藏在城墙外面的尖树枝扎伤了他的左肋，在晚上，逃到博陵去。

颜真卿用蜡丸把公文送到灵武去。唐肃宗委任颜真卿做工部尚书兼任御史大夫，依旧为河北招讨、采访、处置使，并且给他送文书，也用蜡丸送达。颜真卿把敕书颁发下河北各个郡县，又派人颁发给河南、江、淮。至此各个地方才了解到唐肃宗在灵武登基，谋国的志向更加坚定了。

郭子仪等人带领士兵五万人从河北到了灵武，灵武的军势才强大，人人都有了复兴的光明。八月，壬午朔日（初一），委任郭子仪为武部尚书、灵武长史，委任李光弼为户部尚书、北都（太原）留守；二人都做同平章事，剩余的官职依旧不变。李光弼率领景城、河间的士卒五千人赶到太原驻守。

先是，河东节度使王承业军政不修，朝廷遣待御史崔众交其兵，寻遣中使诛之；众侮易承业，光弼素不平。至是，敕交兵于光弼，众见光弼，不为礼，又不时交兵，光弼怒，收斩之，军中股栗。

回纥可汗、吐蕃赞普相继遣使请助国讨贼，宴赐而遣之。

癸未，上皇下制，赦天下。

北海太守贺兰进明遣录事参军第五琦入蜀奏事，琦言于上皇，以为："今方用兵，财赋为急，财赋所产，江、淮居多，乞假臣一职，可使军无乏用。"上皇悦，即以琦为监察御史、江淮租庸使。

【译文】在这之前，河东节度使王承业军队不整顿纪律，朝廷命令侍御史崔众查收缴获他的士卒，没过多久又派遣宫中使者把他杀了。崔众侮辱小看王承业，李光弼早就已感到不平衡。到这时，唐肃宗下达命令把士卒交付给李光弼。崔众见了李光弼，不向他行礼，又不抓紧时间交出士卒，李光弼十分生气，抓来把他杀掉。军中十分害怕。

回纥可汗、吐蕃赞普陆续命令使者请求帮助讨伐反贼，唐肃宗摆设宴席款待并加以赏赐，之后遣送回国。

癸未日（初二），太上皇下达制书，大赦天下。

北海太守贺兰进明命令录事参军第五琦到达蜀地上奏军事，第五琦向太上皇讲道："现在正在用兵战斗，最需要的就是财赋。财赋的出产，江、淮占大多数。请赏赐臣一个职位，可以让军事不缺少财用。"太上皇非常高兴,立刻委任第五琦做监察御史、江淮租庸使。

史思明再攻九门,辛卯,克之,所杀数千人;引兵东围藁城。

李庭望将蕃、汉二万馀人东袭宁陵、襄邑,夜,去雍丘城三十里置营。张巡帅短兵三千掩击,大破之,杀获太半。庭望收军夜遁。

癸巳,灵武使者至蜀,上皇喜曰:"吾儿应天顺人,吾复何忧!"丁酉,制:"自今改制敕为诰,表疏称太上皇。四海军国事,皆先取皇帝进止,仍奏朕知;俟克复上京,朕不复预事。"己亥,上皇临轩,命韦见素、房琯、崔涣奉传国宝玉册诣灵武传位。

辛丑,史思明陷藁城。

【译文】史思明再度攻打九门,辛卯日(初十),攻打下九门,杀了数千人;又领兵向东围攻藁城。

李庭望带领蕃、汉兵两万多人向东攻击宁陵、襄邑;晚上,在距离雍丘城三十里的地方扎下营垒。张巡带领着三千拿着短兵器的士兵去偷袭他,大败他,大部分被杀死和俘虏了。李庭望收集剩余的士兵连夜逃跑。

癸巳日(十二日),灵武的使者到了蜀地。太上皇非常高兴地说:"我的儿子上应天道下从民意,登基做皇帝,我就没有什么可以担心的了!"丁酉日(十六日),太上皇下达命令说:"从即刻起,改制书、敕书称作诰,上表上书一律称太上皇。天下的军国事务,都先呈报给皇帝做决定,再呈朕了解。等到光复长安,朕就不再管理军政和国家的事务。"己亥日(十八日),太上皇亲临到轩槛,让韦见素、房琯、崔涣奉拿着传国宝玺和玉册到灵武传承皇位。

辛丑日（二十日），史思明攻下藁城。

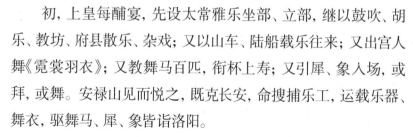

初，上皇每酺宴，先设太常雅乐坐部、立部，继以鼓吹、胡乐、教坊、府县散乐、杂戏；又以山车、陆船载乐往来；又出宫人舞《霓裳羽衣》；又教舞马百匹，衔杯上寿；又引犀、象入场，或拜，或舞。安禄山见而悦之，既克长安，命搜捕乐工，运载乐器、舞衣，驱舞马、犀、象皆诣洛阳。

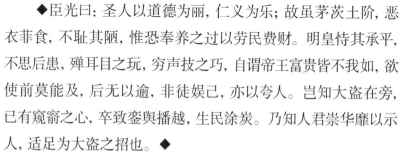

◆臣光曰：圣人以道德为丽，仁义为乐；故虽茅茨土阶，恶衣菲食，不耻其陋，惟恐奉养之过以劳民费财。明皇恃其承平，不思后患，殚耳目之玩，穷声技之巧，自谓帝王富贵皆不我如，欲使前莫能及，后无以逾，非徒娱己，亦以夸人。岂知大盗在旁，已有窥窬之心，卒致銮舆播越，生民涂炭。乃知人君崇华靡以示人，适足为大盗之招也。◆

【译文】起初，太上皇每一次设宴赏赐臣民会饮作乐，先摆设太常雅乐坐部伎（在堂上坐着演奏者）和立部伎（在堂下站着演奏者），然后表演鼓吹乐、胡乐、教坊乐、府县散乐、表演杂戏；然后利用山车、陆船承载着乐工前来演奏；然后从后宫叫出宫女来跳《霓裳羽衣》舞；又让一百匹马舞蹈，口叼着酒杯向皇上敬酒祝寿；又拉着犀牛、大象进入场地，有时向内揖拜，有时跳舞。安禄山看了非常十分喜欢，之后攻下长安之后，下达命令搜捕乐工，运送乐器和舞衣，驱赶会跳舞的马、犀牛、大象一起运到洛阳。

◆臣司马光说：圣人凭借修养德行作为美善的事情，做仁义的事当作快乐，因此即便房屋是用茅草覆盖用泥土做台阶，身着粗糙的衣服吃廉价的食物，却不会因为生活的简朴而感到羞耻，只是担心自己俸禄太过奢侈因此劳累人民伤害财力。唐明皇凭借着天下太平，不去考虑之后会有什么灾难，穷尽耳目声色的玩乐，穷极音乐技艺的灵巧高妙，自己认为帝王的富贵都无法与自己相比，想要让前代的帝王比不上自己，后来的帝王也都不能超过；不仅仅使自己高兴，也用来向别人夸耀显示。根本就不知道大盗就在身边，已经有窥窃的心思。最后导致皇上的车驾颠沛流离，全国生灵涂炭。因此可以了解人君追崇奢华来向别人夸耀显示，确实会导致大盗作乱。◆

禄山宴其群臣于凝碧池，盛奏众乐；梨园弟子往往歔欷泣下，贼皆露刃睨之。乐工雷海清不胜悲愤，掷乐器于地，西向恸哭。禄山怒，缚于试马殿前，支解之。

禄山闻向日百姓乘乱多盗库物，既得长安，命大索三日，并其私财尽掠之。又令府县推按，铢两之物无不穷治，连引搜捕，支蔓无穷，民间骚然，益思唐室。

自上离马嵬北行，民间相传太子北收兵来取长安，长安民日夜望之，或时相惊曰："太子大军至矣！"则皆走，市里为空，贼望见北方尘起，辄惊欲走。京畿豪杰往往杀贼官吏，遥应官军；诛而复起，相继不绝，贼不能制。其始自京畿、鄜、坊至于岐、陇皆附之，至是西门之外率为敌垒，贼兵力所及者，南不出武关，北不过云阳，西不过武功。江、淮奏请贡献之蜀、之灵武者，皆自襄阳取上津路抵扶风，道路无壅，皆薛景仙之功也。

【译文】安禄山在凝碧池设宴款待群臣，大规模演奏各种乐曲。梨园弟子经常伤心哭泣，贼兵全部都显露出兵刃生气地看着他们。乐工雷海清控制不住自己的伤心愤慨心情，把乐器扔在地上，面向西面大哭。安禄山非常生气，把他绑在试马殿的前面，肢解他。

安禄山听说之前很多老百姓趁着兵乱偷盗库藏里的宝物，攻占下长安之后，下达命令全城搜索三天，就连老百姓的个人财产也都抢夺走了。又下达命令各郡县官府追查审问，一铢一两的财物，没有不治罪的。因为受牵连而被逮捕，如枝茎之蔓延没有止境。民间十分混乱，十分想念唐朝。

自从唐肃宗离开马嵬驿去北方，民间就相互传言太子到北方召集士卒来攻占长安，长安的百姓昼夜都在等候着。有时互相惊吓地说："太子的大军快来了！"因此大家都逃跑了，市街和闾里都没有一个人。贼兵看到北方尘土飞扬，就惊慌着想逃跑。京城周边的豪杰，经常杀死叛贼的官吏，和官军遥相呼应；贼兵把这个杀了，又有人继承之奋起，一个一个不曾断过，叛贼不能阻止。起初的时候，从京城附近到鄜、坊以至于岐、陇都回应依附，到现在长安西门之外，全部都是敌对的营垒了。贼兵的军队实力能够到达的地方，南面不超过武关，北面不超过云阳，西面不超过武功。长江、淮河一带，有所上奏请求或贡献要到蜀地或灵武的，全部都是从襄阳经过上津一路到达扶风。道路没有堵塞，全部是薛景仙的功绩。

九月，壬子，史思明围赵郡，丙辰，拔之；又围常山，旬日，城陷，杀数千人。

建宁王倓，性英果，有才略，从上自马嵬北行，兵众寡弱，屡逢寇盗；倓自选骁勇，居上前后，血战以卫上。上或过时求食，倓悲泣不自胜，军中皆属目向之。上欲以倓为天下兵马元帅，使统诸将东征，李泌曰："建宁诚元帅才；然广平，兄也。若建宁功成，岂可使广平为吴太伯乎！"上曰："广平，冢嗣也，何必以元帅为重!"泌曰:"广平未正位东宫。今天下艰难,众心所属,在于元帅。若建宁大功既成,陛下虽欲不以为储副,同立功者其肯已乎!太宗、上皇,即其事也。"上乃以广平王俶为天下兵马元帅,诸将皆以属焉。俶闻之,谢泌曰:"此固俶之心也!"

【译文】九月,壬子日(初一),史思明包围攻打赵郡,丙辰日(初五),攻占赵郡;又包围攻打常山,攻打了十天,常山城沦陷,杀了好几千人。

建宁王李倓,性情英明果决,有智谋。跟随唐肃宗从马嵬驿北走,士兵贫弱,多次遇到强盗叛贼;李倓亲自挑选骁勇善战的士兵,在唐肃宗的前后,誓死保护唐肃宗。唐肃宗有时候错过了吃饭时间还没能吃上饭,李倓就伤心痛哭得不能停止,军中都看着他。唐肃宗想委任李倓做天下兵马元帅,让他带领各位将领东征,李泌说:"建宁确实是做元帅的人才;只是,广平王是哥哥。如果建宁王成功了,难道是要让广平王做吴太伯吗?"唐肃宗说:"广平王是承袭君位的太子,为什么要元帅才能提高身价?"李泌说:"广平王还没有立为太子。现在天下正是艰难的时刻,众人心里中意的,就是元帅。如果建宁王真的成功了,陛下即便是不想立他为太子,和他一同立功的人怎么会善罢甘休!太宗和太上皇,都是非常好的例子。"唐肃宗就委任广平王李俶做天下兵马元帅,让他指挥所有的将官。李倓知道了,感谢李泌说:"这样才是我心中所想的啊!"

上与泌出行军,军士指之,窃言曰:"衣黄者,圣人也。衣白者,山人也。"上闻之,以告泌,曰:"艰难之际,不敢相屈以官,且衣紫袍以绝群疑。"泌不得已,受之;服之,入谢。上笑曰:"既服此,岂可无名称!"出怀中敕,以泌为侍谋军国、元帅府行军长史。泌固辞，上曰："朕非敢相臣，以济艰难耳。俟贼平，任行高志。"泌乃受之。置元帅府于禁中，俶入则泌在府，泌入俶亦如之。泌又言于上曰："诸将畏惮天威，在陛下前敷陈军事，或不能尽所怀；万一小差，为害甚大。乞先令与臣及广平熟议，臣与广平从容奏闻，可者行之，不可者已之。"上许之。时军旅务繁，四方奏报，自昏至晓无虚刻，上悉使送府，泌先开视，有急切者及烽火，重封，隔门通进，馀则待明。禁门钥契，悉委俶与泌掌之。

【译文】唐肃宗和李泌一块儿出来探视军队。军士们指着他们，悄悄地说："穿黄衣服的人，是天子；穿白衣服的人，是山人。"唐肃宗听见了，对李泌说："在国家危难的时候，我不敢委屈您让您去做官，暂时穿上紫袍来破解大家的疑惑。"李泌不得已而为之，就接受了；穿上紫袍，到宫中去谢恩。唐肃宗笑着说："已经穿了这件紫袍，不可以没有官衔。"因此从怀中拿出诏书，委任李泌为侍谋军国、元帅府行军长史。李泌坚持谢绝。唐肃宗说："朕不敢让您做我的臣子，只想请您来救急救难罢了。等到平定了叛贼，您可随意，自由自在地追求高的志向。"李泌才答应了。在宫禁中设置元帅府，李俶进宫上奏事务，李泌就在元帅府等候；李泌入宫，李俶就在元帅府等候。李泌又向唐肃宗说："每个将军都害怕唐肃宗的威严，在陛下面前陈述军队事务，有时不能完全表露心迹；稍有差池，后果非常严重。请让各位将军与臣及广平王好好商量，臣和广平王再细细地向陛下报告，许可的就施行，不许可的就禁止。"唐肃宗应允。当时军队中的事务特别的多，从各个地方送过来的情报，从傍晚到天明，没有闲着的时刻，唐肃宗让全部都送到元帅府，李泌先打开看。遇到紧急的文书及烽火等军事情报，就重加封闭，隔着门旋转轮盘通报进去。剩下的就等到天明再送进去。宫门的钥匙和木契，全部都拜托李俶和李泌保管。

【乾隆御批】　"不敢相臣"，语虽出孟子，然非尧、舜、皋、夔之正道。

【译文】　"不敢相臣"，这句话尽管出自孟子之口，然而并非是尧、舜、皋、夔的正义之道。

　　阿史那从礼说诱九姓府、六胡州诸胡数万众，聚于经略军北，将寇朔方，上命郭子仪诣天德军发兵讨之。左武锋使仆固怀恩之子玢别将兵与虏战，兵败，降之；既而复逃归，怀恩叱而斩之。将士股栗，无不一当百，遂破同罗。

　　上虽用朔方之众，欲借兵于外夷以张军势，以邠王守礼之子承寀为燉煌王，与仆固怀恩使于回纥以请兵。又发拔汗那兵，且使转谕城郭诸国，许以厚赏，使从安西兵入援。李泌劝上："且幸彭原，俟西北兵将至，进幸扶风以应之；于时庸调亦集，可以赡军。"上从之。戊辰，发灵武。

　　内侍边令诚复自贼中逃归，上斩之。

【译文】　阿史那从礼说服诱惑九姓府和好几万六胡州的各个胡族部落，集聚在经略军的北方，将要占据朔方。唐肃宗下达命令让郭子仪带领天德军发兵攻打他。左武锋让仆固怀恩的儿子仆玢别领兵和敌人战斗，战斗失败，向敌人投降；没有多长时间又逃跑回来，仆固怀恩斥责他之后杀了他。将士都吓得两腿发抖，全部都以一当百，因此击败了同罗。

　　唐肃宗即便使用朔方的军队，但是还想向外夷借兵来扩张军队的势力，让邠王李守礼的儿子李承寀做敦煌王，与仆固怀恩做使者前去回纥请兵。又征召拔汗那的军队，并且让他转告西域每个建有城郭的国家，答应给他们丰厚的赏赐，让他们跟着安西士卒来支援。李泌劝说唐肃宗："暂时前往彭原，等到西北的部队将要到达的时候，再前往扶风来和他们会师；到那个时候收齐了租庸调的赋税，可以补贴军用。"唐肃宗答应了。戊辰日（十七日），车驾从灵武出发。

内侍边令诚又从叛贼朝中逃跑出来，唐肃宗杀了他。

丙子，上至顺化。韦见素等至自成都，奉上宝册，上不肯受，曰："比以中原未靖，权总百官，岂敢乘危，遽为传袭！"群臣固请，上不许，置宝册于别殿，朝夕事之，如定省之礼。上以韦见素本附杨国忠，意薄之；素闻房琯名，虚心待之，琯见上言时事，辞情慷慨，上为之改容，由是军国事多谋于琯。琯亦以天下为己任，知无不为，专决于胸臆；诸相拱手避之。

上皇赐张良娣七宝鞍，李泌言于上曰："今四海分崩，当以俭约示人，良娣不宜乘此。请撤其珠玉付库吏，以俟有战功者赏之。"良娣自阁中言曰："邻里之旧，何至如是！"上曰："先生为社稷计也。"遽命撤之。建宁王倓泣于廊下，声闻于上；上惊，召问之，对曰："臣比忧祸乱未已，今陛下从谏如流，不日当见陛下迎上皇还长安，是以喜极而悲耳。"良娣由是恶李泌及倓。

【译文】丙子日（二十五日），唐肃宗到了顺化。韦见素等人从成都赶来，进献传国宝玺和玉册。唐肃宗不接受，说："最近因为中原还没有太平，暂时统领百官，不敢趁着国家危难的时候，就继承皇位！"群臣再三恳求，唐肃宗不答应。把传国宝玺和玉册安放在另外一个殿中，早晚供奉它，就好像昏定晨省的礼仪规矩。唐肃宗认为韦见素本来依附杨国忠，心里特别小看他；由于久闻房琯的名声，对待他特别谦虚。房琯觐见唐肃宗讨论当代局势，言论修辞意气奋发昂扬充满正气，唐肃宗因此而感动，从那个时候军国大事大多与房琯商讨议论。房琯也以天下为己任，只要是知道的，全部都尽力而为，各个将相全部都拱手回避他。

太上皇赏赐一个镶有七种宝物的马鞍给张良娣。李泌向唐肃宗说："现在天下动乱，应当向别人宣示简约，良娣不应用这个马鞍。应该把上面镶的珠玉摘下来交给管仓库的官吏，等候来赏赐给有战功的人。"良娣从宫门中说："我们自小同乡，为什么竟然这样做！"唐肃宗说："李先生是为国家做计划。"立即下达命令把马鞍撤去。建宁王李倓在廊下啼哭，声音传到唐肃宗耳中。唐肃宗十分惊奇，叫来他询问，建宁王回答说："臣最近担心患乱不能平定，现在陛下善于听从建议，过不了多久，就能够看见陛下迎接太上皇回长安，因此太高兴了就哭起来了。"张良娣因此就怨恨李泌和李倓。

上尝从容与泌语及李林甫，欲敕诸将克长安，发其冢，焚骨扬灰。泌曰："陛下方定天下，奈何仇死者！彼枯骨何知，徒示圣德之不弘耳。且方今从贼者皆陛下之仇也，若闻此举，恐阻其自新之心。"上不悦，曰："此贼昔日百方危朕，当是时，朕不保朝夕。朕之全，特天幸耳！林甫亦恶卿，但未及害卿而死耳，奈何矜之！"对曰："臣岂不知！所以言者，上皇有天下向五十年，太平娱乐，一朝失意，远处巴蜀。南方地恶，上皇春秋高，闻陛下此敕，意必以为用韦妃之故，内惭不怿。万一感愤成疾，是陛下以天下之大，不能安君亲。"言未毕，上流涕被面，降阶，仰天拜曰："朕不及此，是天使先生言之也！"遂抱泌颈泣不已。

【译文】唐肃宗之前和李泌闲聊，聊到李林甫，想要命令各将攻下长安，挖了他的坟墓，烧了他的骨骸，撒了他的骨灰。李泌说："陛下正在收复天下，为什么要怨恨死人？他那枯骨又没有什么知觉，只能够表达出圣意不够宽大罢了。并且现在依附叛贼的人都是陛下的仇人，假如他们听到陛下这样的做法，恐怕会阻碍他们改过自新。"唐肃宗十分不高兴，说："这个老贼之前想方设法地陷害朕，那个时候，朕朝夕不保。朕之所以能够获得全活，那是天意啊！李林甫也曾讨厌卿，只是还没有来得及害卿就死了，为什么可怜他！"李泌回答说："臣怎么可能不知道呢！之前太上皇统御天下五十年，天下太平娱乐，结果一天失意，逃到遥远的巴蜀去。南方地理环境不好，太上皇年事又高，他如果听到陛下这个敕书，心里一定认为是由于韦妃的缘故，心里感到羞愧心情不高兴。万一感到羞愧忧虑生了病，那就是陛下在这么大的天下里容不下君亲。"话还没有说完，唐肃宗泪流满面，走下台阶仰天拜谢说："朕没有想到这里，这是上天让先生解释说明白的！"因此抱着李泌的脖子不断地哭泣。

它夕，上又谓泌曰："良娣祖母，昭成太后之妹也，上皇所念。朕欲使正位中宫，以慰上皇心，何如？"对曰："陛下在灵武，以群臣望尺寸之功，故践大位，非私己也。至于家事，宜待上皇之命，不过晚岁月之间耳。"上从之。

南诏乘乱陷越巂会同军，据清溪关；寻传、骠国皆降之。

【译文】一夜，唐肃宗又对李泌说："张良娣的祖母，是昭成太后（玄宗生母）的妹妹，太上皇惦念她。朕想要立她作为皇后，来安抚太上皇的心，卿认为怎么样？"李泌对答说："陛下那时候在灵武，是因为群臣希望建功立业，因此才登基为皇帝，而不是为了自私。至于说家事，应该等候太上皇的命令，也只不过晚一年半载的时间罢了。"唐肃宗接受了。

南诏趁着唐朝的战争混乱，攻占越嶲郡会同军，占领清溪关；寻传、骠国都依附他。

资治通鉴卷第二百一十九　唐纪三十五

起柔兆涒滩十月，尽强圉作噩闰月，不满一年。

【译文】起丙申（公元756年）十月，止丁酉（公元757年）闰八月，共十二个月。

【题解】本卷记录了公元756年十月至757年闰八月的史事，共十一个月，正当唐肃宗至德元年十月到二年闰八月。这是安史之乱战斗最激烈的一年，叛军气盛，处于进攻，官军稍弱，处于防守，战争波及广泛。官军方面，两攻长安不克，房琯、郭子仪先后兵败。河北官军全线败退，史思明占据河北全部土地。河南鲁炅守卫南阳，淮北张巡、许远守卫睢阳，保护了淮南与江东的安宁。唐室新政权肃宗已站稳脚跟，官军局部反攻，郭子仪收复河东。叛军内讧，安庆绪弑父自立，史思明在河北称雄。叛军开始走下坡路，官军日益占上风。

肃宗文明武德大圣大宣孝皇帝中之上

至德元载（丙申，公元七五六年）冬，十月，辛巳朔，日有食之，既。

上发顺化，癸未，至彭原。

初，李林甫为相，谏官言事皆先白宰相，退则又以所言白之；御史言事须大夫同署。至是，敕尽革其弊，开谏净之涂。又令宰相分直政事笔、承旨，旬日而更，惩林甫及杨国忠之专权故也。

第五琦见上于彭原，请以江、淮租庸市轻货，溯江、汉而上至洋川，令汉中王瑀陆运至扶风以助军；上从之。寻加琦山南等五道度支使。琦作榷盐法，用以饶。

【译文】 至德元载（丙申，公元756年）冬季，十月，辛巳朔日（初一），日全食。

唐肃宗从顺化出发，癸未日（初三），到了彭原。

起初，李林甫做了宰相，谏官要先告知宰相要进谏事情，回去的时候又要告知宰相所进谏的事情；御史上书议论事务，也要大夫一并署名。到了现在，下达命令把以上的弊病全部清除，开通谏诤的途径。又让宰相在政事堂分别担任主笔和承旨的职位，十天轮换一次。这是有借鉴于李林甫和杨国忠专用职权的原因。

第五琦在彭原拜见唐肃宗，希望用江、淮租庸税收购买轻货，沿着长江、汉水上行到洋川，然后命令汉中王李瑀由陆路运送到扶风来弥补军用。唐肃宗接受了他的建议。没有多长时间就升第五琦的官职做山南等五道度支使。第五琦制定盐税法，国家的财用，因此富裕充足。

房琯喜宾客，好谈论，多引拔知名之士，而轻鄙庸俗，人多怨之。北海太守贺兰进明诣行在，上命琯以为南海太守，兼御史大夫，充岭南节度使；琯以为摄御史大夫。进明入谢，上怪之，进明因言与琯有隙，且曰："晋用王衍为三公，祖尚浮虚，致中原板荡。今房琯专为迂阔大言以立虚名，所引用皆浮华之党，真王衍之比也！陛下用为宰相，恐非社稷之福。且琯在南朝佐上皇，使陛下与诸王分领诸道节制，仍置陛下于沙塞空虚之地，又布私党于诸道，使统大权。其意以为上皇一子得天下，则已不失富贵，此忠臣所为乎！"上由是疏之。

【译文】房琯喜爱宾客，喜欢讨论事理，推荐提拔一大批有名望的人，却看不起庸俗的人，因此有非常多人都埋怨他。北海太守贺兰进明到行在，唐肃宗命令房琯任命他做南海太守，兼做御史大夫，代理岭南节度使；房琯任命他为代理御史大夫。贺兰进明前往皇宫感谢皇恩，唐肃宗感到奇怪。贺兰进明因而就说同房琯有嫌疑，又说道："晋朝任命王衍做三公，开始尊崇虚浮不实的荣华富贵，导致中原混乱。现在房琯单单说一些迂阔而不符合事实的大话来建立虚名，他所举荐任命的人全部都是无用的人，真是王衍一样的人！陛下任用他做宰相，估计不是国家的福音。并且房琯在南方的朝堂上辅佐太上皇，让陛下和诸王分别带领各道节度使，但是把陛下安排在靠近沙漠的边塞空旷的地方，又把个人的同党分布在各道，让他们总掌大权。他的心思是不管太上皇的哪一个儿子做了皇帝，自己都不会失去荣华富贵，这难道是忠臣应该做的吗？"唐肃宗于是就疏远了他。

房琯上疏，请自将兵复两京；上许之，加持节、招讨西京兼防御蒲、潼两关兵马、节度等使。琯请自选参佐，以御史中丞邓景山为副，户部侍郎李揖为行军司马，给事中刘秩为参谋。既行，又令兵部尚书王思礼副之。琯悉以戎务委李揖、刘秩，二人皆书生，不闲军旅。琯谓人曰："贼曳落河虽多，安能敌我刘秩！"琯分为三军：使裨将杨希文将南军，自宜寿入；刘贵哲将中军，自武功入；李光进将北军，自奉天入。光进，光弼之弟也。

以贺兰进明为河南节度使。

【译文】房琯上疏，希望亲自带兵收复长安洛阳。唐肃宗答应了他，加持节、招讨西京兼任防御蒲、潼两关兵马和节度等使。房琯希望自己选择参佐，让御史中丞邓景山做副使、户部侍郎李揖做行军司马，给事中刘秩做参谋。出发之后，又下达命令让兵部尚书王思礼当他的副手。房琯把军中事务全权委任李揖和刘秩，这两个人都是书生，不了解军事。房琯对别人说："贼兵精锐曳落河虽然很多，怎么能够战胜的过我的刘秩！"房琯把军队兵分三路：使副将杨希文带领南军，从宜寿前进攻打；刘贵哲带领中军，从武功前进攻打；李光进带领北军，从奉天前进攻打。李光进，是李光弼的弟弟。

委任贺兰进明做河南节度使。

颍王璬之至成都也，崔圆迎谒，拜于马首，璬不之止；圆恨之。璬视事两月，吏民安之。圆奏罢璬，使归内宅；以武部侍郎李峘为剑南节度使，代之。峘，岘之兄也。上皇寻命璬与陈王珪诣上宣慰，至是，见上于彭原。延王玢从上皇入蜀，追车驾不及；上皇怒，欲诛之，汉中王瑀救之，乃命玢亦诣上所。

甲申，令狐潮、王福德复将步骑万馀攻雍丘。张巡出击，大破之，斩首数千级，贼遁去。

【译文】颍王李璬到了成都的时候，崔圆欢迎接待他，在马前拜见，李璬没有停下脚步，崔圆埋怨他。李璬到任两个月，官吏和人民都非常安闲舒适。崔圆上奏请求罢免李璬的官位，让他回到行宫内宅居住；让武部侍郎李峘做剑南节度使，替代他。李峘，是李岘的哥哥。没有多长时间太上皇就命令李璬与陈王李珪到唐肃宗那里去安抚他，这个时候，在彭原和唐肃宗见面。延王李玢跟从太上皇到蜀地去，没有追赶上车驾；太上皇十分生气，想要杀他。汉中王李瑀救了他，就让李玢也到唐肃宗这里来。

甲申日（初四），令狐潮、王福德又带领一万多步兵和骑兵攻打雍丘。张巡出来战斗，大败他，好几千个首级被砍下，贼兵逃跑。

房琯以中军、北军为前锋，庚子，至便桥。辛丑，二军遇贼将安守忠于咸阳之陈涛斜。琯效古法，用车战，以牛车二千乘，马步夹之；贼顺风鼓噪，牛皆震骇。贼纵火焚之，人畜大乱，官军死伤者四万馀人，存者数千而已。癸卯，琯自以南军战，又败，杨希文、刘贵哲皆降于贼。上闻琯败，大怒。李泌为之营救，上乃宥之，待琯如初。

以薛景仙为关内节度副使。

燉煌王承寀至回纥牙帐，回纥可汗以女妻之，遣其贵臣与承寀及仆固怀恩偕来，见上于彭原。上厚礼其使者而归之，赐回纥女号毗伽公主。

【译文】房琯用中军、北军做前锋，庚子日（二十日），到了便桥。辛丑日（二十一日），二军在咸阳的陈涛斜碰到贼将安守忠。房琯借鉴古人的战术，用车战斗，用两千辆牛车，让骑兵和步兵夹杂在牛车之中；贼兵顺着风的势力，击鼓喧嚣吵闹，牛都惊吓。贼兵纵火焚烧，士卒和牛马混乱，官军死伤了四万多人，只有几千人活下来了。癸卯日（二十三日），房琯亲自带领南军战斗，又战斗失败了，杨希文和刘贵哲都向贼兵投降了。唐肃宗听到房琯战斗失败了，十分生气。李泌营救他，唐肃宗才宽恕他，就像之前一样地对待房琯。

委任薛景仙做内节度副使。

敦煌王李承寀到达回纥主帅营中，回纥可汗把自己的女儿嫁给他，命令他的亲贵大臣与李承寀和仆固怀恩一块儿回来，到彭原拜见唐肃宗。唐肃宗非常优厚地接待他的使者并护送他回去，赏赐给回纥可汗的女儿封号为毗伽公主。

【乾隆御批】 车战或宜于古，而实不宜于今，房琯用之取败燎原，只轮不返，自当绳以丧师之律，泌何以复为营救耶？

【译文】 用车作战或许适宜古代，而对现在却完全不适宜，房琯用牛车作战导致被敌人火烧失败，牛车连一只轮子都没有剩下，应当对房琯处以败军的律法，李泌又为什么要营救他呢？

尹子奇围河间，四十馀日不下。史思明引兵会之。颜真卿遣其将和琳将万二千人救河间，思明逆击，擒之，遂陷河间；执李奂送洛阳，杀之。又陷景城，太守李暐赴湛水死。思明使两骑赍尺书以招乐安，即时举郡降。又使其将康没野波将先锋攻平原，兵未至，颜真卿知力不敌，壬寅，弃郡度河南走。思明即以平原兵攻清河、博平，皆陷之。思明引兵围乌承恩于信都，承恩以城降，亲导思明入城，交兵马、仓库，马三千匹、兵五万人。思明送承恩诣洛阳，禄山复其官爵。

【译文】 尹子奇包围攻打河间，攻打了四十多天都没有攻打下来，史思明又带兵和他会合。颜真卿命令他的将军和琳带领一万二千人去营救河间，史思明迎头截击，俘虏和琳，因此河间被攻陷；逮捕到了李奂送到洛阳，杀了他。攻占景城，太守李暐在湛水而死。史思明委派两人骑马带着书信去乐安招降，乐安立即全郡都投降依附。又命令他的将官康没野波带领先锋部队前进攻打平原，兵还没有到达，颜真卿知道力量不能阻挡，壬寅日（二十二日），扔下平原郡渡过黄河向南逃跑了。史思明就用平原的士兵去攻占清河、博平，都攻占下了。史思明就带领士兵到信都包围攻打乌承恩，乌承恩投降，亲自领着史思明进城，交付给他兵马和仓库，有三千匹马，一万士兵。史思明把乌承恩护送到洛阳，安禄山恢复了他的官位。

饶阳裨将束鹿张兴，力举千钧，性复明辩，贼攻饶阳，弥年不能下。及诸郡皆陷，思明并力围之，外救俱绝，太守李系窘迫，赴火死，城遂陷。思明擒兴，立于马前，谓曰："将军真壮士，能与我共富贵乎？"兴曰："兴，唐之忠臣，固无降理，今数刻之人耳，愿一言而死。"思明曰："试言之。"兴曰："主上待禄山，恩如父子，群臣莫及，不知报德，乃兴兵指阙，涂炭生人。大丈夫不能剪除凶逆，乃北面为之臣乎！仆有短策，足下能听之乎？足下所以从贼，求富贵耳，譬如燕巢于幕，岂能久安！何如乘间取贼，转祸为福，长享富贵，不亦美乎！"思明怒，命张于木上，锯杀之，詈不绝口，以至于死。

【译文】饶阳的裨将束鹿人张兴，能举起千钧的重量，为人又能够明辨事理。贼兵攻打饶阳，一年不能攻陷。等到各个郡县全部沦陷了，史思明合力包围攻打，外援都切断了，太守李系十分困窘急迫，投火自杀，城因此沦陷。史思明俘虏张兴，站在马前面，对他说："将军确实是英勇强壮的人，能够和我一起享受富贵吗？"张兴说："张兴是唐朝的忠臣，万万没有投降的理由。现在命在一瞬之间，愿能向您进献一些话再死。"史思明说："你倒是说说看。"张兴说："皇上对待安禄山，恩义就好像父子一样，在所有的大臣中，没有一个人比得上。不知报恩，反而兴兵叛乱，涂炭生灵。大丈夫不能消灭叛逆元凶，难道还能北面称臣吗！鄙人有个小小的计谋您能够接受吗？您之所以要跟从叛贼，也只不过是为了追求富贵；就好像燕子在帐幕上筑巢，怎么可能时间长久安宁！不如趁此机会杀死贼酋，转变祸灾为成为福禄，永久享受富贵，不是更加美好的事情吗？"史思明十分生气，让人把张兴的手脚绑在木头上，锯死他，张兴嘴里不停地大骂，一直到死才停止。

　　贼每破一城，城中人衣服、财贿、妇人皆为所掠。男子，壮者使之负担，羸、病、老、幼皆以刀槊戏杀之。禄山初以卒三千人授思明，使定河北，至是，河北皆下之，郡置防兵三千，杂以胡兵镇之；思明还博陵。

　　尹子奇将五千骑度河，略北海，欲南取江、淮。会回纥可汗遣其臣葛逻支将兵入援，先以二千骑奄至范阳城下，子奇闻之，遽引兵归。

　　十一月，戊午，回纥至带汗谷，与郭子仪军合；辛酉，与同罗及叛胡战于榆林河北，大破之，斩首三万，捕房一万，河曲皆平。子仪还军洛交。

　　【译文】叛贼每一次攻占下一个城池，城中的衣服、财货和女人都被抢夺走了。男人，强壮的让他背负或担运东西，衰弱的、生病的、年老的、年幼的都用刀和槊像开玩笑一样把他们刺死。安禄山最开始把三千名士卒交给了史思明，让他平叛河北。直到如今，河北全都平稳安定了，每郡分派三千人驻守，其中夹杂有胡兵用来镇压。史思明回博陵。

　　尹子奇带领五千骑兵跨过黄河，攻占北海，想要向南攻下长江、淮河一带地方。恰逢回纥可汗派遣他的大臣葛逻支带领兵马来支援唐朝，先用两千骑兵忽然来到范阳城下。尹子奇听说了，急忙带兵回去。

十一月（一原误作二，此从十一行本；下文复出十二月份可为证）戊午日（初八），回纥的兵马到了带汗谷，与郭子仪的军队集合；辛酉日（十一日），与同罗及反叛的胡兵在榆林河北岸战斗，大败他们，三万多首级被斩下，一万人被俘虏，平定了河曲一带。郭子仪回兵将部队驻扎在洛交。

上命崔涣宣慰江南，兼知选举。

令狐潮帅众万馀营雍丘城北，张巡邀击，大破之，贼遂走。

永王璘，幼失母，为上所鞠养，常抱之以眠；从上皇入蜀。上皇命诸子分总天下节制，谏议大夫高适谏，以为不可；上皇不听。璘领四道节度都使，镇江陵。时江、淮租赋山积于江陵，璘召募勇士数万人，日费巨万。璘生长深宫，不更人事，子襄城王玚，有勇力，好兵，有薛镠等为之谋主，以为今天下大乱，惟南方完富，璘握四道兵，封疆数千里，宜据金陵，保有江表，如东晋故事。上闻之，敕璘归觐于蜀；璘不从。江陵长史李岘辞疾赴行在，上召高适与之谋。适陈江东利害，且言璘必败之状。十二月，置淮南节度使，领广陵等十二郡，以适为之；置淮南西道节度使，领汝南等五郡，以来瑱为之；使与江东节度使韦陟共图璘。

【译文】唐肃宗下令崔涣到江南去宣谕安抚，兼任选举的事务。

令狐潮带领一万多人驻扎营垒在雍丘城北，张巡截击他，大败他，贼兵因此逃跑。

永王李璘，自从小的时候失去母亲，被唐肃宗抚养，经常抱着他睡觉；他跟随太上皇到蜀地去。太上皇下令各个儿子分别统率天下节度都使。谏议大夫高适上谏，认为不可以。太上皇不接受。李璘统率四道节度都使，驻守江陵。那个时候江、淮的税赋在江陵堆积如山，李璘招募好几万勇士，每天花费非常多。李璘在深宫中生长，没有经历过人事。他的儿子襄城王李玚，有勇力，喜爱军事，有薛镠等人帮他策划。认为如今天下混乱，只有南方完好富裕；李璘掌控四道的兵力，几千里疆土，应当占领金陵，保有江东，像东晋一样。唐肃宗听说了，命令李璘回蜀地拜见太上皇，李璘不听。江陵长史李岘借生病辞别离开李璘前去行在，唐肃宗诏令高适和他商量议论。高适讲述江东的利弊，而且说李璘一定失败的形势。十二月，设立淮南节度使，统率广陵等十二郡，让高适做节度使；设立淮南西道节度使，统率汝南等五郡，让来瑱做节度使。让他们和江东节度使韦陟一同计划攻击李璘。

安禄山遣兵攻颍川。城中兵少，无蓄积，太守薛愿、长史庞坚悉力拒守，绕城百里庐舍、林木皆尽。期年，救兵不至，禄山使阿史那承庆益兵攻之，昼夜死斗十五日，城陷，执愿、坚送洛阳，禄山缚于洛滨木上，冻杀之。

【译文】 安禄山出兵攻打颍川。颍川城中兵力很少，没有后续力量。太守薛愿、长史庞坚全力以赴抵抗防守，消耗尽了城四周百里内的房屋林木。过了整整一年，没有救兵前来救援，安禄山让阿史那承庆增加兵力攻打，白天夜里死死战斗十五天，攻陷城池，把薛愿、庞坚俘虏送到洛阳，安禄山把他们捆绑在洛水岸边的冰块上，冻死他们。

上问李泌曰："今敌强如此，何时可定？"对曰："臣观贼所获子女金帛，皆输之范阳，此岂有雄据四海之志邪！今独虏将或为之用，中国之人惟高尚等数人，自馀皆胁从耳。以臣料之，不过二年，天下无寇矣。"上曰："何故？"对曰："贼之骁将，不过史思明、安守忠、田乾真、张忠志、阿史那承庆等数人而已。今若令李光弼自太原出井陉，郭子仪自冯翊入河东，则思明、忠志不敢离范阳、常山，守忠、乾真不敢离长安，是以两军縶其四将也，从禄山者，独承庆耳。愿敕子仪勿取华阴，使两京之道常通，陛下以所征之兵军于扶风，与子仪、光弼互出击之，彼救首则击其尾，救尾则击其首，使贼往来数千里，疲于奔命，我常以逸待劳，贼至则避其锋，去则乘其弊，不攻城，不遏路。来春复命建宁为范阳节度大使，并塞北出，与光弼南北掎角以取范阳，覆其巢穴。贼退则无所归，留则不获安，然后大军四合而攻之，必成擒矣。"上悦。

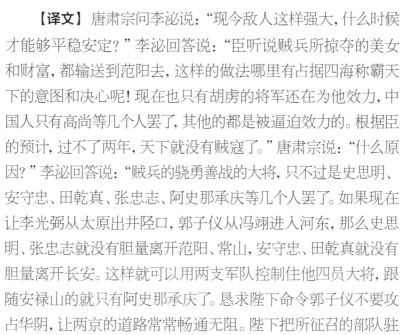

【译文】唐肃宗问李泌说："现今敌人这样强大，什么时候才能够平稳安定？"李泌回答说："臣听说贼兵所掠夺的美女和财富，都输送到范阳去，这样的做法哪里有占据四海称霸天下的意图和决心呢！现在也只有胡虏的将军还在为他效力，中国人只有高尚等几个人罢了，其他的都是被逼迫效力的。根据臣的预计，过不了两年，天下就没有贼寇了。"唐肃宗说："什么原因？"李泌回答说："贼兵的骁勇善战的大将，只不过是史思明、安守忠、田乾真、张忠志、阿史那承庆等几个人罢了。如果现在让李光弼从太原出井陉口，郭子仪从冯翊进入河东，那么史思明、张忠志就没有胆量离开范阳、常山，安守忠、田乾真就没有胆量离开长安。这样就可以用两支军队控制住他四员大将，跟随安禄山的就只有阿史那承庆了。恳求陛下命令郭子仪不要攻占华阴，让两京的道路常常畅通无阻。陛下把所征召的部队驻扎在扶风，和郭子仪、李光弼相互出兵攻击他。他救援头部，我们就攻击他的尾部；他救援尾部，我们就攻击他的头部；让贼兵来往于几千里之中疲于奔命。我们常常以逸待劳，贼兵来了就躲避开他的锋头，离开的时候就趁着他的疲惫而攻击他，不攻打城池，不阻挡道路。明年春天再委任建宁王为范阳节度大使，依靠着边塞向北出兵，与李光弼南北犄角以攻占范阳，覆灭叛贼的巢穴。贼兵无路可退，停留原地又没有办法安宁。然后大军从四面会合而包围攻打他，一定可以俘虏他的。"唐肃宗非常高兴。

资治通鉴

　　时张良娣与李辅国相表里，皆恶泌。建宁王倓谓泌曰："先生举倓于上，得展臣子之效，无以报德，请为先生除害。"泌曰："何也?"倓以良娣为言。泌曰："此非人子所言，愿王姑置之，勿以为先。"倓不从。

　　甲辰，永王璘擅引舟师东巡，沿江而下，军容甚盛，然犹未露割据之谋。吴郡太守兼江南东路采访使李希言平牒璘，诘其擅引兵东下之意。璘怒，分兵遣其将浑惟明袭希言于吴郡，季广琛袭广陵长史、淮南采访使李成式于广陵。璘进至当涂，希言遣其将元景曜及丹徒太守阎敬之将兵拒之，李成式亦遣其将李承庆拒之。璘击斩敬之以殉，景曜、承庆皆降于璘，江、淮大震。高适与来瑱、韦陟会于安陆，结盟誓众以讨之。

　　【译文】那个时候张良娣和李辅国里应外合，都怨恨李泌。建宁王李倓对李泌说："先生向皇上举荐倓，能够施展作为臣子的功效，没有办法回报大德，请求替先生除去祸害。"李泌说："什么祸害?"李倓说是张良娣。李泌说："作为臣子这件事是不应该说的，希望王可以暂时放下这件事，不要先发制人。"

李俭不接受。

甲辰日（二十五日），永王李璘自作主张带兵东巡，沿长江向下行，军势十分强盛，只是还没有显露出要占据一方的意图。吴郡太守兼任江南东路采访使李希言送给李璘一封平行牒文，责问他私自带兵东下的意图。李璘非常生气，分配出兵马命令他的将军浑惟明在吴郡攻打李希言，季广琛在广陵攻击广陵长史、淮南采访使李成式。李璘进攻到当涂，李希言派遣他的将军元景曜和丹徒太守阎敬之带兵抵抗他，李成式也派遣他的将军李承庆来抵制他。李璘打败了阎敬之并宣传给大家看他斩下阎敬之的首级，因此元景曜、李承庆都向李璘投降。江、淮一带十分震惊。高适同来瑱、韦陟在安陆会商，签订下盟约训练勉励军队来征讨他。

于阗王胜闻安禄山反，命其弟曜摄国事，自将兵五千入援。上嘉之，拜特进，兼殿中监。

令狐潮、李庭望攻雍丘，数月不下，乃置杞州，筑城于雍丘之北以绝其粮援。贼常数万人，而张巡众才千馀，每战辄克。河南节度使虢王巨屯彭城，假巡先锋使。是月，鲁、东平、济阴陷于贼。贼将杨朝宗帅马步二万，将袭宁陵，断巡后。巡遂拔雍丘，东守宁陵以待之，始与睢阳太守许远相见。是日，杨朝宗至宁陵城西北，巡、远与战，昼夜数十合，大破之，斩首万馀级，流尸塞汴而下，贼收兵夜遁。敕以巡为河南节度副使。巡以将士有功，遣使诣虢王巨请空名告身及赐物，巨唯与折冲、果毅告身三十通，不与赐物。巡移书责巨，巨竟不应。

【译文】于阗王胜听说安禄山反叛，命令他的弟弟曜暂时管理国家政事，亲自带领五千人来支援。唐肃宗奖励他，委任他为特进，兼任殿中监一职。

令狐潮、李庭望攻打雍丘，好几个月都攻不下，因此设立杞州，在雍丘的北边建筑城池，来断绝雍丘的粮食援助。贼兵常常有几万人，张巡的士卒一千多人，但是每次作战都可以胜利。河南节度使虢王李巨屯扎在彭城，让张巡代理先锋使的职务。这个月里，鲁郡、东平郡、济阴郡都被贼兵攻占。贼将杨朝宗带领骑兵和步兵两万人，将要攻打宁陵，来断绝张巡的后方支援。张巡因此就离开雍丘，向东防守宁陵等候他，才可以和睢阳太守许远见到。那一天，杨朝宗到了宁陵城西北，张巡、许远与他战斗，昼夜一连打了几十次，大败杨朝宗，一万多敌人被斩下首级，尸体堵塞了汴水向下流，贼将整集残兵在夜里逃跑。唐肃宗下达命令让张巡做河南节度副使。张巡认为将士们都有功劳，就派遣人到虢王李巨那里向他请求还没有填写姓名的官吏委任状和赏赐物品。李巨只给了他折冲、果毅的委任状三十份，而且并无物品赏赐。张巡写信责怪李巨，李巨一直不回答。

是岁，置北海节度使，领北海等四郡；上党节度使，领上党等三郡；兴平节度使，领上洛等四郡。

吐蕃陷威戎、神威、定戎、宣威、制胜、金天、天成等军，石堡城、百谷城、雕窠城。

初，林邑王范真龙为其臣摩诃漫多伽独所杀，尽灭范氏。国人立其王头黎之女为王，女不能治国，更立头黎之姑子诸葛地，谓之环王，妻以女王。

【译文】这一年，设立北海节度使，统率北海等四个郡；上党节度使，统领上党等三个郡；兴平节度使，统率上洛等四个郡。

吐蕃攻占威戎、神威、定戎、宣威、制胜、金天、天成等军，和石堡城、百谷城、雕窠城。

起初，林邑王范真龙被他的大臣摩诃漫多伽独杀死，杀光了姓范的全族。国内的臣民就推选他们的国王头黎的女儿做王。女王不能管理国家，然后再拥立头黎姑母的儿子诸葛地，称其为环王，而且把女王嫁给他做妻子。

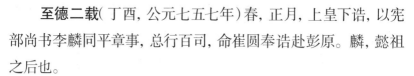

至德二载（丁酉，公元七五七年）春，正月，上皇下诰，以宪部尚书李麟同平章事，总行百司，命崔圆奉诰赴彭原。麟，懿祖之后也。

安禄山自起兵以来，目渐昏，至是不复睹物；又病疽，性益躁暴，左右使令，小不如意，动加箠挞，或时杀之。既称帝，深居禁中，大将希得见其面，皆因严庄白事。庄虽贵用事，亦不免箠挞，阉竖李猪儿被挞尤多，左右人不自保。禄山嬖妾段氏，生子庆恩，欲以代庆绪为后。庆绪常惧死，不知所出。庄谓庆绪曰："事有不得已者，时不可失。"庆绪曰："兄有所为，敢不敬从。"又谓猪儿曰："汝前后受挞，宁有数乎！不行大事，死无日矣！"猪儿亦许诺。庄与庆绪夜持兵立帐外，猪儿执刀直入帐中，斫禄山腹。左右惧，不敢动。禄山扪枕旁刀，不获，撼帐竿，曰："必家贼也。"腹已流血数斗，遂死。掘床下深数尺，以毡裹其尸埋之，诚宫中不得泄。乙卯旦，庄宣言于外，云禄山疾亟。立晋王庆绪为太子，寻即帝位，尊禄山为太上皇，然后发丧。庆绪性昏懦，言辞无序，庄恐众不服，不令见人。庆绪日纵酒为乐，兄事庄，以为御史大夫、冯翊王，事无大小，皆取决焉；厚加诸将官爵以悦其心。

【译文】 二载（丁酉，公元757年）春季，正月，太上皇颁布诰文，委任宪部尚书李麟为同平章事，管理百官。命崔圆奉命到彭原。李麟，是懿祖光皇帝李天锡（太祖之父）的后人。

安禄山从起兵叛乱起，视力渐渐模糊，到最后什么也看不到了；并且又长了恶疮，性格更加粗暴。左右使唤的人，稍稍有不满意的地方，就用鞭子或木棒打，有时甚至把他杀了。等到称皇帝之后，在禁宫中深居，大将很少能见到他的面，全部都由严庄转报事情。严庄即便尊贵当权，也少不了挨打。宦官李猪儿被打的次数最多，左右的人都觉得不能自保。安禄山的爱妾段氏，生下一个儿子安庆恩，想要用他替代安庆绪做继承人。安庆绪经常害怕会死，不知道该怎么办。严庄对安庆绪说："有些事情不得不做，不能失去时机。"安庆绪说："只要是兄长要做的事，全部听从。"严庄又对李猪儿说："你前前后后被打，哪里还数得清呢！假如不举行大事，可能到哪一天就死了！"李猪儿也应允了。严庄和安庆绪夜里拿着兵器站在营帐外，李猪儿拿着刀一直走到帐中，把安禄山的肚子砍开。左右的人都非常害怕，没有胆量动弹。安禄山用手去摸枕头旁边的刀，摸不着，就摇晃着帐竿，说："肯定是家贼！"肚肠已流出好几斗来，然后就死了。在床下挖了好几尺深的坑，用毡包裹住他的尸体，埋了他，告诫宫中的所有人不能够把消息泄露出去。乙卯日（初六）早上，严庄对外宣告说安禄山病情严重；立晋王安庆绪做太子，紧接着即位做皇帝，尊敬崇尚安禄山为太上皇，之后发布讣文举办丧事。安庆绪性情暗昧懦弱，语无伦次。严庄担心众人不服从，不让他见人。安庆绪每天尽兴吃喝玩乐，对待严庄像哥哥一样，委任他做御史大夫、冯翊王，无论事情大小，全都让他决定；优厚地加给诸将官职和爵位，来讨他们的欢心。

上从容谓李泌曰："广平为元帅逾年，今欲命建宁专征，又恐势分。立广平为太子，何如？"对曰："臣固尝言之矣，戎事交切，须即区处，至于家事，当俟上皇。不然，后代何以辨陛下灵武即位之意邪！此必有人欲令臣与广平有隙耳；臣请以语广平，广平亦必未敢当。"泌出，以告广平王俶，俶曰："此先生深知其心，欲曲成其美也。"乃入，固辞，曰："陛下犹未奉晨昏，臣何心敢当储副！愿俟上皇还宫，臣之幸也。"上赏慰之。

李辅国本飞龙小儿，粗闲书计，给事太子宫，上委信之。辅国外恭谨寡言而内狡险，见张良娣有宠，阴附会之，与相表里。建宁王倓数于上前诋讦二人罪恶，二人潜之于上曰："倓恨不得为元帅，谋害广平王。"上怒，赐倓死。于是，广平王俶及李泌皆内惧。俶谋去辅国及良娣，泌曰："不可，王不见建宁之祸乎？"俶曰："窃为先生忧之。"泌曰："泌与主上有约矣。俟平京师，则去还山，庶免于患。"俶曰："先生去，则俶益危矣。"泌曰："王但尽人子之孝，良娣妇人，王委曲顺之，亦何能为！"

【译文】唐肃宗和李泌闲聊说："广平王担任一年多的元帅，如今想命令建宁王专注一方面的征讨，又担心分散了势力。将广平王立为太子，怎么样？"李泌回答说："臣之前就曾说过了，军事烦乱紧急，必须马上处理；至于家里的事务，应该等着太上皇处理。如果不这样，后世怎么可以明白陛下在灵武登基的用意呢！这肯定是有人想让臣和广平王结怨的，臣请求告诉广平王这件事，广平王也不一定敢承担。"李泌离开，告诉广平王李俶，李俶说："这是先生深刻理解我的心意，想尽可能地成就我的美德。"因此进入宫中，坚持辞决谢恩，说："陛下还没有能奉行晨省昏定的礼仪规矩，臣子怎么可以当储君！愿等到太上皇回宫再说，这是臣子的幸运！"唐肃宗奖励安抚了他。

李辅国之前是飞龙厩中提供差遣的仆卒，稍微了解书札及计算，在太子宫中做事，唐肃宗非常相信他。李辅国在表面上十分恭敬有礼说话比较少，可是内心却非常阴险狡诈。看到张良娣受唐肃宗宠爱，偷偷依附她，和她在宫庭里应外合。建宁王李倓多次在唐肃宗面前攻击他们两个人的罪恶，两人就向唐肃宗进谗言说他："李倓埋怨做不了元帅，要偷偷杀了广平王。"唐肃宗十分生气，赐死李倓。从此广平王李椒和李泌心里都特别害怕。李俶想设法剔除掉李辅国和张良娣，李泌说："不能这样做，王难道没有看到建宁王的祸患吗？"李俶说："我暗地非常替先生担心。"李泌说："泌已经跟皇上有约定，等到收复了京师，就会回到山中去，这样才得以免除灾难。"李俶说："先生离开了，那么俶就更加危险了。"李泌说："王尽管去尽人子的孝道。良娣也只是个妇道人家，王细心地顺从她，不会怎样的。"

【乾隆御批】 孟子称：德慧术智，存乎疢疾。肃宗为太子，受因杨、李疢疾已甚，宜其操心虑患矣。乃即位以后，宦、妾交煽，甘蹈前车，既不能保其子，且不能安其父，岂所谓"下愚不移"者乎？

【译文】 孟子说：德行智慧道术，存在于忧患之中。肃宗还是太子时，国家受困于杨国忠、李林甫，忧患已经很深，因此他应该操心国事思虑隐患了。但是他继位后，宦官、宠妾结交奉承，他甘愿重蹈前车之辙，既不能保全他的儿子，又不能使他父亲安心，这难道不就是所谓的"下等的愚人，绝不可能有所改变"吗？

【申涵煜评】 建宁英果，中兴正资其力，乃无罪而以谗赐死。以李泌之得君，不能出一言救之，女子小人得宠，流毒先中于骨肉，

资治通鉴

悲夫。

【译文】 建宁王李倓英明果断，唐朝中兴正是依靠他的力量，然而他无罪却因谗言被赐自杀。李泌如此受到君主的信任，却不能说一句话救他。女子小人得宠，流毒先波及骨肉，真是可悲啊。

上谓泌曰："今郭子仪、李光弼已为宰相，若克两京，平四海，则无官以赏之，奈何？"对曰："古者官以任能，爵以酬功。汉、魏以来，虽以郡县治民，然有功则锡以茅土，传之子孙，至于周、隋皆然。唐初，未得关东，故封爵皆设虚名，其食实封者，给缯布而已。贞观中，太宗欲复古制，大臣议论不同而止。由是赏功者多以官。夫以官赏功有二害，非才则废事，权重则难制。是以功臣居大官者，皆不为子孙之远图，务乘一时之权以邀利，无所不为。向使禄山有百里之国，则亦惜之以传子孙，不反矣。为今之计，俟天下既平，莫若疏爵土以赏功臣，则虽大国，不过二三百里，可比今之小郡，岂难制哉！于人臣乃万世之利也。"上曰："善！"

【译文】 唐肃宗对李泌说："现在郭子仪、李光弼已经当上了宰相，假如收复两京，平复天下，就再也没有官爵可以赏赐他们了，那可怎么办呢？"李泌回答说："古时候官职委派给有能力的人，用官爵俸禄来感谢有功劳的人。汉、魏之后，即便用郡县治理人民，可是有功劳就赐封土地，传给子孙，一直到北周和隋朝都是这样。唐朝初期，因为没有得到关东的土地，因此封赐的爵位都只是空衔。那些享受封地租税全部收入的人，也只不过给予缯布罢了。贞观年间，太宗想恢复古制，但是由于大臣的意见不一而终止。因此多用官爵赏赐有功的人。但是用官爵赏赐有功的人有两种弊病：如果赏赐了没有做官才能的人，就会荒废政事；如果赏赐给权势过大的人，就非常难控制。因此有功劳而位居大官的大臣，计划眼光都不会放长远，都只是想趁着一时的权力来谋取钱财，无论什么样的事都做得出来。如果之前安禄山有百里的封地，那么他会非常珍惜地传给子孙，而不会叛乱了。现在的方法，等到天下太平之后，最好是把功臣的爵位列出等级分别封给土地，即便是大国，也只不过二三百里，相当于现在的一个小郡，不难控制。对于功臣来说，应该说是万世的福音啊！"唐肃宗说："非常好！"

资治通鉴

上闻安西、北庭及拔汗那、大食诸国兵至凉、鄯，甲子，幸保定。

丙寅，剑南兵贾秀等五千人谋反，将军席元庆、临邛太守柳奕讨诛之。

河西兵马使盖庭伦与武威九姓商胡安门物等，杀节度使周泌，聚众六万。武威大城之中，小城有七，胡据其五，二城坚守。支度判官崔称与中使刘日新以二城兵攻之，旬有七日，平之。

【译文】唐肃宗听到安西、北庭和拔汗那、大食各个国家的兵马已经到了凉州和鄯州，甲子日（十五日），车驾赶到保定。

丙寅日（十七日），剑南士卒贾秀等五千人想要谋反，将军席元庆和临邛太守柳奕征讨杀了他。

河西兵马使盖庭伦同武威九姓胡商人安门物等杀了节度使周泌，召集六万士卒。七个小城在威武大城，胡人占据了其中的五个，坚守不下的只有两个小城。支度判官崔称和宫中使者刘日新利用两城的兵攻击他们，围攻了十七日，把他们平复了。

史思明自博陵，蔡希德自太行，高秀岩自大同，牛廷介自范阳，引兵共十万，寇太原。李光弼麾下精兵皆赴朔方，馀团练乌合之众不满万人。思明以为太原指掌可取，既得之，当遂长驱取朔方、河、陇。太原诸将皆惧，议修城以待之，光弼曰："太原城周四十里，贼垂至而兴役，是未见敌先自困也。"乃帅士卒及民于城外凿壕以自固。作墼数十万，众莫知所用；及贼攻城于外，光弼用之增垒于内，坏辄补之。思明使人取攻具于山东，以胡兵三千卫送之，至广阳，别将慕容溢、张奉璋邀击，尽杀之。

【译文】史思明从博陵，蔡希德从太行道，高秀岩从大同，牛廷介从范阳，分别领兵，共有十万人，攻打太原。李光弼手下的精兵全部都调到朔方去了，余下的地方民兵不到一万人的乌合之众。史思明认为太原非常简单地就可以攻打下，得到太原之后，将趁此机会长驱攻打朔方、河西和陇右。太原的所有将军都非常恐惧，计划修筑城墙以等候敌人前来攻击。李光弼说："太原城周边有四十里长，贼兵将到的时候才开始修筑，那么在还没有见到敌人之前自己就已经先疲困了。"因此就带士兵和人民到城外挖掘壕沟来坚固防守。准备了好几十万个土砖，大家都不知道他要干吗。一直到贼兵在外面攻打城池的时候，李光弼在城内利用它增筑营垒，损坏了的立刻就修理好。史思明派人到山东去运送攻打城池的兵器，用三千胡兵护送。来到广阳，驻军在附近的将军慕容溢、张奉璋拦截攻打，全部消灭了他们。

思明围太原，月馀不下，乃选骁锐为游兵，戒之曰："我攻其北则汝潜趣其南，攻东则趣西，有隙则乘之。"而光弼军令严整，虽寇所不至，警逻未尝少懈，贼不得入。光弼购募军中，苟有小技，皆取之，随能使之，人尽其用，得安边军钱工三，善穿地道。贼于城下仰而侮詈，光弼遣人从地道中曳其足而入，临城斩之。自是贼行皆视地。贼为梯冲、土山以攻城，光弼为地道以迎之，近城辄陷。贼初逼城急，光弼作大砲，飞巨石，一发辄毙二十馀人，贼死者什二三，乃退营于数十步外，围守益固。光弼遣人诈与贼约，刻日出降；贼喜，不为备。光弼使穿地道周贼营中，撑之以木。至期，光弼勒兵在城上，遣裨将将数千人出，如降状，贼皆属目。俄而营中地陷，死者千馀人，贼众惊乱，官军鼓噪乘之，俘斩万计。会安禄山死，庆绪使思明归守范阳，留蔡希德等围太原。

【译文】史思明攻打太原，围攻了一个多月都没有攻打下来，然后就选拔骁勇善战精锐的士卒作为游兵，告诫他们说："我攻打北面，你们就偷偷跑到南面；我攻打东面，你们就跑到西面；一旦有时机，就趁此机会攻打。"但是李光弼的军令非常严厉整齐，即便贼兵没有到达，警戒和巡逻的工作也没有松懈过，因此贼兵，没有办法进入城。李光弼悬赏向军中召集人才，凡是拥有小技能，全部都要选取。按照他们的才能来派遣，所有的人都能尽他的才干去做事。得到三个安边军的铸钱工人，擅于挖掘地道。贼兵在城下仰着脸咒骂，李光弼派人在地道里抓住他的脚然后把他拉进地道，到城墙上杀死了他。之后贼兵走路都看着地面。贼兵用云梯冲车和土山攻打城池，李光弼就挖地道来与他对抗，云梯冲车一靠近城墙就落下去。贼兵刚开始进逼城墙非常急迫，李光弼制作大炮，发射大石块，发射出去一个大石就打死二十多人，贼兵的十分之二三都被打死了，因此退到好几十步之外去驻扎，围城和守卫愈加严密坚固。李光弼派人装作与贼兵订约，约定好日期投降，贼兵非常欢喜，不设置防备。李光弼让士兵在贼兵军营周围偷偷挖掘地道，之前用木柱支撑着。到了日期，李光弼分布军队在城墙上，派偏将带领三千人出城，看似是要投降的样子，贼兵全部都目不转睛地看着。突然贼兵营里土地塌陷，有一千多人死了，贼兵全部惊慌失措。官军击鼓喧噪趁此机会攻打，俘虏斩首上万人。恰好安禄山被杀，安庆绪让史思明回去守范阳，剩下蔡希德等攻打太原。

　　庆绪以尹子奇为汴州刺史、河南节度使。甲戌，子奇以归、檀及同罗、奚兵十三万趣睢阳。许远告急于张巡，巡自宁陵引兵入睢阳。巡有兵三千人。与远兵合六千八百人。贼悉众逼城，巡督励将士，昼夜苦战，或一日至二十合；凡十六日，擒贼将六十馀人，杀士卒二万馀，众气自倍。远谓巡曰："远懦，不习兵，公智勇兼济，远请为公守，请公为远战。"自是之后，远但调军粮，修战具，居中应接而已，战斗筹画一出于巡。贼遂夜遁。

　　郭子仪以河东居两京之间，扼贼要冲，得河东则两京可图。时贼将崔乾祐守河东，丁丑，子仪潜遣人入河东，与唐官陷贼者谋，俟官军至，为内应。

　　【译文】 安庆绪委任尹子奇作为汴州刺史、河南节度使。甲戌日（二十五日），尹子奇率领归（妫）州、檀州和同罗、奚的士兵十三万人进攻睢阳。许远向张巡汇报紧急情况，张巡从宁陵率领士兵进入睢阳。张巡有三千兵马，和许远的士兵合并共有六千八百人马。贼兵用所有的人马进攻睢阳城，张巡督促鼓励士兵，昼夜苦苦战斗，有的时候一天打二十次仗。一共十六天，俘获六十多贼兵的将军，两万多士卒死了，大家士气倍增。许远对张巡说："远性情怯懦，又不擅于军事，先生智勇双全，远恳求代替先生留守，请先生代替我战斗。"至此之后，许远只运送军粮，修理战斗用的兵器，在城中接应罢了；战斗和计划的事情，全都由张巡决定。贼兵所以乘夜间逃跑。

郭子仪认为河东位在两京的中间，攻占下河东，两京才可以计划取得。那个时候贼将崔乾祐驻扎河东。丁丑日（二十八日），郭子仪偷偷地派人到河东，和陷落贼兵的唐朝官吏商议，等着官军到来，请求他们做内应。

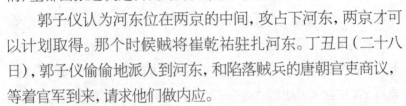

初，平卢节度使刘正臣自范阳败归，安东都护王玄志鸩杀之。禄山以其党徐归道为平卢节度使，玄志复与平卢将侯希逸袭杀之；又遣兵马使董秦将兵以苇筏度海，与大将田神功击平原、乐安，下之。防河招讨使李铣承制以秦为平原太守。

二月，戊子，上至凤翔。

郭子仪自洛交引兵趣河东，分兵取冯翊。己丑夜，河东司户韩旻等翻河东城迎官军，杀贼近千人。崔乾祐逾城得免，发城北兵攻城，且拒官军，子仪击破之。乾祐走，子仪追击之，斩首四千级，捕虏五千人。乾祐至安邑，安邑人开门纳之，半入，闭门击之，尽殪。乾祐未入，自白迳岭亡去。遂平河东。

【译文】 起初，平卢节度使刘正臣因为战败从范阳回来，定东都护王玄志用毒酒杀了他。安禄山委任他的同党徐归道作为平卢节度使，王玄志又和平卢将领侯希逸偷袭杀了他；又派遣兵马让董秦率领士兵用芦苇筏渡海，和大将田神功攻击平原、乐安，把它们攻占下。防河招讨使李铣禀承唐肃宗的命令让董秦作为平原太守。

二月，戊子日（初十），唐肃宗车驾到达凤翔。

郭子仪从洛交率兵赶到河东，分一部分兵马攻占下冯翊。己丑日（十一日）晚上，河东司户韩旻等人翻越河东城反叛来

432

迎接官军，杀了将近一千贼兵。崔乾祐翻过城墙逃跑，免得一死，调用城北的贼兵来攻打城池，同时抵制官军，郭子仪打败了他。崔乾祐逃跑，郭子仪追赶攻击他，四千人被斩下首级，五千士卒被捕获。崔乾祐到达安邑，安邑人开门收留他，在一半大军进入城内之后，就关闭城门攻打他，消灭了全部的贼兵。崔乾祐并没有进城，从白迳岭逃跑。因此平复了河东。

上至凤翔旬日，陇右、河西、安西、西域之兵皆会，江、淮庸调亦至洋川、汉中。上自散关通表成都，信使骆驿。长安人闻车驾至，从贼中自拔而来者日夜不绝。西师憩息既定，李泌请遣安西及西域之众，如前策并塞东北，自归、檀南取范阳。上曰："今大众已集，庸调亦至，当乘兵锋捣其腹心，而更引兵东北数千里，先取范阳，不亦迂乎？"对曰："今以此众直取两京，必得之。然贼必再强，我必又困，非久安之策。"上曰："何也？"对曰："今所恃者，皆西北守塞及诸胡之兵，性耐寒而畏暑，若乘其新至之锐，攻禄山已老之师，其势必克。两京春气已深，贼收其馀众，遁归巢穴，关东地热，官军必困而思归，不可留也。贼休兵秣马，伺官军之去，必复南来，然则征战之势未有涯也。不若先用之于寒乡，除其巢穴，则贼无所归，根本永绝矣。"上曰："朕切于晨昏之恋，不能待此决矣。"

【译文】唐肃宗抵达凤翔十天，陇右、河西、安西、西域的兵马全部都聚集齐了，江、淮庸调税赋也到了洋川、汉中。唐肃宗从散关发送表文到成都，运送的使者络绎不绝。长安地方的人听到唐肃宗来了，日夜不断地从贼兵手里脱身逃回。从西方来的军队驻扎安定之后，李泌恳求唐肃宗派遣安西和西域的兵马，按照之前所谋划的沿着边塞向东北进军，从归州、檀州向南攻占范阳。唐肃宗说："现在大军已经聚集，庸调税赋也已经运送到，应该趁着军队锋头强大的时刻，直接攻打贼人的腹心；却要率兵向东北几千里远的地方先去攻占范阳，不是太曲折了吗？"李泌回答说："如今用这些兵马直接攻占东、西二京，肯定可以攻占下来。可是贼兵肯定会再强大起来，我们肯定又要遭受到窘迫，这并不是长久安宁的战略。"唐肃宗说："为什么？"李泌回答说："现在所担心的，全部都是西北防守边塞和各胡族部落的兵，他们生来性情耐寒冷，害怕炎热。如果趁着他们刚刚来到的一股锐气，攻打安禄山已经疲倦的军队，在形势上看来肯定会打败他。东、西二京的天气几乎快到暮春的时候，假如贼兵召集他们散败的士兵，跑回老巢，关东那个地方天气炎热，官军一定感觉困倦而想回去，就没有留下来的办法了。叛贼休养士卒，战马被喂足，一看到官军回去，肯定再向南来，这样的战争形势就永远没有办法停止了。不如先利用他们在寒冷的地方战斗，扫荡叛贼的巢穴，这样的话叛贼没有可以回去的地方了，祸乱的根源就可以根除了。"唐肃宗说："朕急迫想要攻占下京师迎接回太上皇来侍奉，万万不能采取这个办法。"

关内节度使王思礼军武功，兵马使郭英乂军东原，王难得军西原。丁酉，安守忠等寇武功，郭英乂战不利，矢贯其颐而走；王难得望之不救，亦走；思礼退军扶风。贼游兵至大和关，去凤翔五十里，凤翔大骇，戒严。

李光弼将敢死士出击蔡希德，大破之，斩首七万馀级；希德遁去。

安庆绪以史思明为范阳节度使，兼领恒阳军事，封妫川王；以牛廷介领安阳军事；张忠志为常山太守兼团练使，镇井陉口；

馀各令归旧任，募兵以御官军。先是安禄山得两京珍货，悉输范阳。思明拥强兵，据富资，益骄横，浸不用庆绪之命；庆绪不能制。

【译文】关内节度使王思礼驻守在武功，兵马使郭英乂驻守在东原，王难得驻守在西原。丁酉日（十九日），安守忠等人进犯武功，郭英乂作战失利，箭射穿了他的脸颊而逃跑；王难得在远处看到了，可是并没有去帮助他，也逃跑了。王思礼退后驻守在扶风。叛贼的游击部队到了大和关，距离凤翔五十里。凤翔十分吃惊，戒备森严。

李光弼带领敢死之士出城攻打蔡希德，大败他，七万多首级被斩首；蔡希德逃跑。

安庆绪委任史思明作为范阳节度使，兼管恒阳军的事务，封为妫川王；委任牛廷介统率安阳军的事务；张忠志作为常山太守兼任团练使，驻守井陉口；剩下的人都让他们回到原先的住所，召集士卒抵制官兵。之前安禄山攻占下东、西两京，珍宝财货全部都运送到范阳。史思明执掌大军，占据富贵，更加骄扈拔横，逐渐不听安庆绪的军令；安庆绪不能控制他。

戊戌，永王璘败死，其党薛镠等皆伏诛。

时李成式与河北招讨判官李铣合兵讨璘，铣兵数千，军于扬子；成式使判官裴茂将兵三千，军于瓜步，广张旗帜，列于江津。璘与其子玚登城望之，始有惧色。季广琛召诸将谓曰："吾属从王至此，天命未集，人谋已隳，不如及兵锋未交，早图去就，不然，死于锋镝，永为逆臣矣。"诸将皆然之。于是，广琛以麾下奔广陵，浑惟明奔江宁，冯季康奔白沙。璘忧惧，不知所出。其夕，江北之军多列炬火，光照水中，一皆为两，璘军又以火应之。璘以为官军已济江，遽挈家属与麾下潜遁；及明，不见济者，乃复入城收兵，具舟楫而去。成式将赵侃等济江至新丰，璘使玚及其将高仙琦将兵击之；侃等逆战，射玚中肩，璘兵遂溃。璘与仙琦收馀众，南奔鄱阳，收库物甲兵，欲南奔岭表，江西采访使皇甫侁遣兵追讨，擒之，潜杀之于传舍；玚亦死于乱兵。

【译文】 戊戌日（二十日），永王李璘战斗失败死亡，他的党羽薛镠等人全部都因为获罪被杀。

那个时候李成式和河北招讨判官李铣，合兵征讨李璘。李铣几千人的军队，驻守在扬子；李成式派遣判官裴茂率领士兵三千人，驻军在瓜步，大张旗鼓，摆列在长江渡口。李璘和他的儿子李玚登上城墙望向远方，开始有害怕的神色。季广琛征召各将官对他们说："我们随着永王到这里来，天命还没有降临，人为的谋划已经败露，不如趁两军还没有交战之前，早做计划。如果在刀剑之下死了，永远都是叛逆的臣子了！"各将官都同意他的话。因此季广琛率领部下逃往广陵，浑惟明逃向江宁，冯季康逃向白沙。李璘忧愁担心，不知道该怎么办。这天晚上，江北的部队陈列很多火炬，火光映射到水中，一个就变成两个，李璘的部队又用火炬来相呼应。李璘认为官军已经渡过长江，立即带领家属和手下的人偷偷地逃跑。等到了天亮了，见不到渡江的官军，就到了城内召集剩下的士兵，准备好了船桨离开。李成式的部将赵侃等人越过长江到达新丰，李璘让李玚和他的部将高仙琦带领士兵攻击他。赵侃等人迎头攻打，李玚的肩膀被射中，李璘的军队因此溃散。李璘和高仙琦召集剩下的士兵，南逃向鄱阳，收拾仓库里的珍宝和兵器铠甲，往岭南逃去。江南西道采访使皇甫侁派遣士兵跟着征讨，把李璘俘获，在驿舍里偷偷把他杀死；李玚也在乱军中死了。

忱使人送璘家属还蜀，上曰："忱既生得吾弟，何不送之于蜀而擅杀之邪！"遂废忱不用。

庚子，郭子仪遣其子旰及兵马使李韶光、大将军王祚济河击潼关，破之，斩首五百级。安庆绪遣兵救潼关，郭旰等大败，死者万馀人。李韶光、王祚战死，仆固怀恩抱马首浮渡渭水，退保河东。

【译文】皇甫忱让人押遣李璘的家属回到蜀地，唐肃宗说："皇甫忱既然活捉了我的弟弟，为什么没有送到蜀地去却擅做主张杀了他呢！"因此就废弃皇甫忱不再重用。

庚子日（二十二日），郭子仪命令他的儿子郭旰和兵马使李韶光、大将王祚渡过黄河攻打潼关，攻占下潼关，五百个人被斩下首级。安庆绪派兵救援潼关，郭旰等人大败，一万多人都死了。李韶光和王祚都战死，仆固怀恩抱着马头浮游渡过渭水，退守保卫河东。

三月，辛酉，以左相韦见素为左仆射，中书侍郎、同平章事裴冕为右仆射，并罢政事。

初，杨国忠恶宪部尚书苗晋卿，安禄山之反也，请出晋卿为陕郡太守，兼陕、弘农防御使。晋卿固辞老病，上皇不悦，使之致仕。及长安失守，晋卿潜窜山谷；上至凤翔，手敕徵之为左相，军国大务悉咨之。

上皇思张九龄之先见，为之流涕，遣中使至曲江祭之，厚恤其家。

【译文】三月，辛酉日（十三日），委任左相韦见素做左仆射，中书侍郎、同平章事裴冕做右仆射，同时罢免政事。

起初，杨国忠讨厌宪部尚书苗晋卿。安禄山谋反的时候，恳请调出苗晋卿做陕郡太守，兼职陕郡和弘农郡的防御使。苗晋卿以年老生病作为缘由坚持推辞，太上皇生气，让他退休。直到长安失守了，苗晋卿悄悄到山谷里躲藏起来。唐肃宗到了凤翔，亲手写敕书征召他做左相，部队事务都和他商量。

太上皇想念有先见之明的张九龄，为他流下眼泪，命令宫中使者到曲江去祭奠他，以优厚的待遇来安抚他的家人。

尹子奇复引大兵攻睢阳。张巡谓将士曰："吾受国恩，所守，正死耳。但念诸君捐躯命，膏草野，而赏不酬勋，以此痛心耳。"将士皆激励请奋。巡遂椎牛，大飨士卒，尽军出战。贼望见兵少，笑之。巡执旗，帅诸将直冲贼阵，贼乃大溃，斩将三十馀人，杀士卒三千馀人，逐之数十里。明日，贼又合军至城下，巡出战，昼夜数十合，屡摧其锋，而贼攻围不辍。

辛未，安守忠将骑二万寇河东，郭子仪击走之，斩首八千级，捕虏五千人。

【译文】尹子奇又率领大军攻打睢阳。张巡对将士们说："我承受国家恩惠，所操守的，只有死罢了。可是想到诸君牺牲生命，在战场死去，所得的赏赐回报的功劳却不能相抵，所以心里非常难过。"将士们都非常激动，恳求奋勇杀敌。张巡因此杀牛，大肆宴请士卒，全军出城作战。贼兵看到张巡的士卒非常少，嘲笑他们。张巡手拿着大旗，带领各将军直冲贼兵的阵营，大败贼兵，杀死了三十多个将军，三千多士卒，追赶了好几十里。第二天，贼兵又与大军在城下数战回合。张巡开城出来战斗，几十次昼夜交战，多次打败贼军的锋头，而贼兵攻围没有停

资治通鉴

止。

辛未日（二十三日），安守忠率领两万骑兵攻打河东，郭子仪打跑了他，八千个首级被斩获，五千人被俘获。

夏，四月，颜真卿自荆、襄北诣凤翔，上以为宪部尚书。

上以郭子仪为司空、天下兵马副元帅，使将兵赴凤翔。庚寅，李归仁以铁骑五千邀之于三原北，子仪使其将仆固怀恩、王仲升、浑释之、李若幽等伏兵击之于白渠留运桥，杀伤略尽，归仁游水而逸。若幽，神通之玄孙也。

子仪与王思礼军合于西渭桥，进屯滻西。安守忠、李归仁军于京城西清渠。相守七日，官军不进。五月，癸丑，守忠伪遁，子仪悉师逐之。贼以骁骑九千为长蛇阵，官军击之，首尾为两翼，夹击官军，官军大溃。判官韩液、监军孙知古皆为贼所擒，军资器械尽弃之。子仪退保武功，中外戒严。

【译文】夏季，四月份，颜真卿自荆州、襄阳向北到了凤翔，唐肃宗委任他做宪部尚书。

唐肃宗委任郭子仪做司空、天下兵马副元帅，让他带兵到凤翔。庚寅日（十三日），李归仁用五千精锐骑兵在三原北边攻击他。郭子仪让他的大将仆固怀恩、王仲升、浑释之、李若幽等在白渠刘运桥埋伏攻击他，把他们几乎全部杀死或杀伤，李归仁游泳逃跑了。李若幽，是李神通的玄孙。

郭子仪与王思礼的部队在西渭桥集合，进军驻扎在涌水西边。安守忠、李归仁驻守在京城西边的清渠。两军僵持七天，官军不能向前进。五月，癸丑日（初六），安守忠装作后退，郭子仪带领全部军队追赶他。贼兵用九千骁勇的骑兵摆成长蛇阵，官军攻击他；首尾变成两翼，夹击官军，大败官军。判官韩液、监军孙知古都被贼兵俘获，抛弃了所有的军用物资和器械。郭子仪退到武功，行在内外戒备森严。

是时府库无蓄积，朝廷专以官爵赏功，诸将出征，皆给空名告身，自开府、特进、列卿、大将军，下至中郎、郎将，听临事注名。其后又听以信牒授人官爵，有至异姓王者。诸军但以职任相统摄，不复计官爵高下。及清渠之败，复以官爵收散卒。由是官爵轻而货重，大将军告身一通，才易一醉。凡应募入军者，一切衣金紫，至有朝士僮仆衣金紫，称大官，而执贱役者。名器之滥，至是而极焉。

房琯性高简，时国家多难，而琯多称病不朝谒，不以职事为意，日与庶子刘秩、谏议大夫李揖高谈释、老，或听门客董庭兰鼓琴，庭兰以是大招权利。御史奏庭兰赃贿，丁巳，罢琯为太子少师。以谏议大夫张镐为中书侍郎、同平章事。上常使僧数百人为道场于内，晨夜诵佛。镐谏曰："帝王当修德以饵乱安人，未闻饭僧可致太平也！"上然之。

【译文】这时候府库里没有蓄积，朝廷专用官爵来奖赏有功的人。各位将军率兵征讨叛贼，都给予还没有填写姓名的委任状，从开府、特进、列卿、大将军，下到中郎、郎将，随意由将军暂时填上姓名。之后又随意由将军用牒文为委任书而援与官爵，甚至异姓封王的也有。各军只凭职责互相率领管理，不再计较官爵的高低。直到在清渠战败，又利用官爵来召集失散的士兵。至此之后，官爵非常轻贱但是财货贵重，一张大将军的委任状，也只是换得一醉。所有应募当兵的，全部穿着紫袍佩金鱼；有朝廷官员的僮仆竟然也穿紫袍佩金鱼，表面说是大官，却做着卑微的工作。爵号车服的滥用，这时候已到极致了。

房琯的性格高雅简谈，那个时候国家遭受到非常多的灾难，但是房琯大多数时候都以生病为借口不去上朝朝拜唐肃宗，而且职责并没有在心上放着，天天与庶子刘秩、谏议大夫李揖，放言讨论佛学、《老子》，有的时候聆听门下客董庭兰弹琴；董庭兰因为这样所以大胆招揽权势和财货。御史弹奏董庭兰贪污受贿，丁巳日（初十），罢免房琯的官职让他做太子少师。委任谏议大夫张镐做中书侍郎、同平章事。唐肃宗之前让几百个僧人在宫中建立起内道场，早晚念佛经。张镐上书说："帝王应当修养品德来平息战乱稳定人民，没有听说施舍物品给僧人就可以获得稳定的！"唐肃宗认为非常对。

【乾隆御批】 琯之得罪，皆其自取。徒以与杜甫交籍，其膻乡世，遂有以琯为冤者，可谓阿其所好而失正道矣。

【译文】 房琯获罪被贬，是咎由自取。他仿效杜甫，传播书生酸气，后世就有人认为房琯冤枉，这就是阿谀奉承其他人的喜好而丧失正道了。

庚申，上皇追册上母杨妃为元献皇后。

山南东道节度使鲁炅守南阳，贼将武令珣、田承嗣相继攻之。城中食尽，一鼠直钱数百，饿死者相枕藉。上遣宦官将军曹日升往宣慰，围急，不得入。日升请单骑入致命，襄阳太守魏仲犀不许。会颜真卿自河北至，曰："曹将军不顾万死，以致帝命，何为沮之！借使不达，不过亡一使者；达，则一城之心固矣。"日升与十骑偕往，贼畏其锐，不敢逼。城中自谓望绝，及见日升，大喜。日升复为之至襄阳取粮，以千人运粮而入，贼不能遏。炅在围中凡周岁，昼夜苦战，力竭不能支，壬戌夜，开城，帅馀兵数千突围而出，奔襄阳，承嗣追之，转战二日，不能克而还。时贼欲南侵江、汉，赖玭扼其冲要，南夏得全。

【译文】庚申日（十三日），太上皇追加唐肃宗的生母杨妃为元献皇后。

山南东道节度使鲁玭驻守南阳，贼将武令珣、田承嗣陆续攻击他。城中食物被吃完了，一只老鼠值好几百钱，有很多人饿死了。唐肃宗命令宦官将军曹日升去宣示安抚，敌人包围得非常严实，没有办法进去。曹日升要求肚独自骑马进城传送唐肃宗的命令，襄阳太守魏仲犀不答应。恰好颜真卿从河北来了，说："曹将军不顾惜万死要传送皇帝的命令，为什么要阻止他！如果不能送达，也不过一个使者死了而已；假如能够送达，那么全城的人心都可稳定了。"曹日升和十个人骑马一块去，贼兵畏惧他们的锋锐，不敢靠近。城中的人都以为没有了希望，直到看见曹日升，十分欢喜。曹日升又代替他们到襄阳去取粮食，用一千人运粮食进城。贼兵不能阻止。鲁玭被包围在城中整整一年，白天夜里艰苦作战，力量用尽了不能再支持，壬戌日（十五日）晚上，带领着剩下的几千个士兵开了城门冲出去，向襄阳投奔。田承嗣追赶他，反反复复打了两天，没有办法取胜回来。那个时候贼兵想要南下侵犯长江、汉水，全靠鲁玭镇守住重要的道路，让南方的江汉一带能够安全。

司空郭子仪诣阙请自贬；甲子，以子仪为左仆射。

尹子奇益兵围睢阳益急，张巡于城中夜鸣鼓严队，若将出击者；贼闻之，达旦儆备。既明，巡乃寝兵绝鼓。贼以飞楼瞰城中，无所见，遂解甲休息。巡与将军南霁云、郎将雷万春等十馀将各将五十骑开门突出，直冲贼营，至子奇麾下，营中大乱，斩贼将五十馀人，杀士卒五千馀人。巡欲射子奇而不识，乃剡蒿为矢，中者喜，谓巡矢尽，走白子奇，乃得其状，使霁云射之，丧其左目，几获之。子奇乃收军退还。

六月，癸未，田乾真围安邑。会陕郡贼将杨务钦密谋归国，河东太守马承光以兵应之，务钦杀城中诸将不同己者，翻城来降。乾真解安邑，遁去。

【译文】司空郭子仪到宫阙恳求罢免官位；甲子日（十七日），以郭子仪做左仆射。

尹子奇增兵包围攻打睢阳更加急迫，张巡在城里晚上击鼓整顿队伍，做出要出城攻击的样子。贼兵听到了，警戒准备一直到天明。天亮之后，张巡才让士兵停下击鼓休息。贼兵用楼车窥视城中，见没有什么动静，就脱下铠甲休息。张巡和将军南霁云、郎将雷万春等十几个军官各率领五十个骑兵打开城门突然杀出，直接冲向贼兵军营。到了尹子奇的将旗下面，贼兵军营大乱，杀了五十多贼兵，五千多士卒。张巡想要射尹子奇但是不认识他，就把蒿草的干削尖了作为箭。被射中的人非常欢喜，认为张巡的箭已经用完了，跑去告诉尹子奇，才认出他的面貌，让南霁云射他，射瞎了他的左眼，差点把他逮捕。尹子奇就召集部队退回去了。

六月，田乾真包围攻打安邑。恰好陕郡贼将杨务钦秘密谋划向朝廷投诚，河东太守马承光接应他。杨务钦杀了城中所有不和自己投诚的将军，翻越城墙跑来投降。田乾真就解除安邑的包围，逃跑了。

将军王去荣以私怨杀本县令，当死。上以其善用炮，壬辰，敕免死，以白衣于陕郡效力。中书舍人贾至不即行下，上表，以为："去荣无状，杀本县之君。《易》曰：'臣弑其君，子弑其父，非一朝一夕之故，其所由来者渐矣。'若纵去荣，可谓生渐矣。议者谓陕郡初复，非其人不可守。然则它无去荣者，何以亦能坚守乎？陛下若以炮石一能即免殊死，今诸军技艺绝伦者，其徒实繁。必恃其能，所在犯上，复何以止之！若止舍去荣而诛其馀者，则是法令不一而诱人触罪也。今惜一去荣之材而不杀，必杀十如去荣之材者，不亦其伤益多乎！夫去荣，逆乱之人也，焉有逆于此而顺于彼，乱于富平而治于陕郡，悖于县君而不悖于大君欤！伏惟明主全其远者、大者，则祸乱不日而定矣。"上下其事，令百官议之。

资治通鉴

【译文】将军王去荣因为个人的恩怨杀了本县的县令，法官判他死刑。唐肃宗因为他善于应用炮石，壬辰日（十六日），赦免他的死罪，让其用平民身份在陕郡做事。中书舍人贾至没有将诏书立即降下，上表文认为："王去荣不善，杀了本县县令。《易经》说：'臣下杀了国君，儿子杀了父亲，不是一朝一夕可以做的事情，是长时间慢慢形成的。'如果释放王去荣，可以说是产生犯上的祸源了。一般议论的人都认为陕郡刚刚恢复，如果没有这个人不能防守。这样说来，那么那些没有王去荣的郡县，为什么也能坚持防守呢？陛下假如凭借他擅长用炮石的一种才能就赦免他的死罪，现在有才能的人，也实在是太多了，一定会凭借着他的才能，随时随地冒犯长上，又如何能管理他！如果只赦免王去荣而杀了其他的人，那就是法律不能统一而引导人犯罪了。如今不杀王去荣因为爱惜他的才能，一定将要杀死十个像王去荣那样有才能的人，这样的损失不是更多！王去荣，是个犯上作乱的人。哪里有在此处连逆而在彼处顺从，在富平作乱而在陕郡平治，对县长连逆对天子就不连逆的呢！敬请明主顾全长远的、重大的，那么祸乱不要多久就可平定了。"唐肃宗把这件事情交下来，让百官去议论。

太子太师韦见素等议，以为："法者天地大典，帝王犹不敢擅杀，而小人得擅杀，是臣下之权过于人主也。去荣既杀人不死，则军中凡有技能者，亦自谓无忧，所在暴横。为郡县者，不亦难乎！陛下为天下主，爱无亲疏，得一去荣而失万姓，何利之有！于律，杀本县令，列于十恶。而陛下宽之，王法不行，人伦道屈，臣等奉诏，不知所从。夫国以法理，军以法胜；有恩无威，慈母不能使其子。陛下厚养战士而每战少利，岂非无法邪！今陕郡虽要，不急于法也。有法则海内无忧不克，况陕郡乎！无法则陕郡亦不可守，得之何益！而去荣末技，陕郡不以之存亡；王法有无，国家乃为之轻重。此臣等所以区区愿陛下守贞观之法。"上竟舍之。至，曾之子也。

【译文】太子太师韦见素等人讨论的结果，认为："法律是天地间最大的常理，帝王还没有胆量随意杀人，而王去荣竟然敢随意杀县长，这是臣下的权力超越人主了。既然王去荣可以杀人不死，那么军中但凡是有技能的人，也自认为没有什么可以担心的，到处横行霸道。做郡守县令的人，做得太困难了？陛下是天下的君主，爱护臣民是不分亲疏，留下一个王去荣却失去天下的老百姓，没有什么好处。根据法律规定：杀死本县县长的人，列为十恶之一。假如陛下赦免他，王法就不能执行，人伦常理就不能扩展，臣等接到诏书，真的不知道该怎样遵守。国家是要运用法律管理的，军队需要纪律才能取得胜利；只有恩爱而没有威力，即便是慈母也不能召唤他的子女。陛下用非常优厚的待遇对待战士，但是每次打仗取得胜利非常少，这就是没有纪律的原因！如今陕郡即使重要，也不像法纪急迫。有法律法规那么天下就不用担心不能平复，况且是陕郡呢！没有法律那么陕郡也不能镇守，得到它也没有什么用处啊！而且王去荣那个小技，又不会影响到陕郡的存亡；王法是否存在，对国家却有非常大的关系。这就是臣等为什么迫切希望陛下遵守贞观年间所制定的法律。"唐肃宗最后还是赦免了王去荣的罪。贾至，是贾曾的儿子。

南充土豪何滔作乱，执本郡防御使杨齐鲁；剑南节度使卢元裕发兵讨平之。

秋，七月，河南节度使驾兰进明克高密、琅邪、杀贼二万馀人。

戊申夜，蜀郡兵郭千仞等反，六军兵马使陈玄礼、剑南节度使李峘讨诛之。

【译文】南充地方的强豪何滔犯上作乱，逮捕本郡防御使杨齐鲁，剑南节度使卢元裕派兵平定了他。

秋季，七月，河南节度使贺兰进明攻占高密、琅邪，杀了贼兵两万多人。

戊申日（初二）晚上，蜀郡士卒郭千仞等人谋反，六军兵马使陈玄礼、剑南节度使李峘征讨杀了他。

壬子，尹子奇复徵兵数万，攻睢阳。先是，许远于城中积粮至六万石，虢王巨以其半给濮阳、济阴二郡，远固争之，不能得；既而济阴得粮，遂以城叛，而睢阳城至是食尽。将士人廪米日一合，杂以茶纸、树皮为食，而贼粮运通，兵败复徵。睢阳将士死不加益，诸军馈救不至，士卒消耗至一千六百人，皆饥病不堪斗，遂为贼所围，张巡乃修守具以拒之。贼为云梯，势如半虹，置精卒二百于其上，推之临城，欲令腾入。巡预于城潜凿三穴，候梯将至，于一穴中出大木，末置铁钩，钩之使不得退；一穴中出一木，拄之使不得进；一穴中出一木，木末置铁笼，盛火焚之，其梯中折，梯上卒尽烧死。贼又以钩车钩城上棚阁，钩之所及，莫不崩陷。巡以大木，末置连锁，锁末置大镮，揭其钩头，以革车拔之入城，截其钩头而纵车令去。贼又造木驴攻城，巡熔金汁灌之，应投销铄。贼又于城西北隅以土囊积柴为磴道，欲登城。巡不与争利，每夜，潜以松明、干蒿投之于中，积十馀日，贼不之觉，因出军大战，使人顺风持火焚之，贼不能救，经二十馀日，火方灭。巡之所为，皆应机立办，贼伏其智，不敢复攻，遂于城外穿三重壕，立木栅以守巡，巡亦于其内作壕以拒之。

【译文】壬子日（初六），尹子奇又召集好几万人攻打睢阳、在此之前，许远在城中囤积米粮到六万石，虢王李巨让送给濮阳，济阴两个郡其中的一半，许远坚持争论也不行。济阴郡得到粮食之后，就立即带领全城叛乱，可是睢阳城到这时粮食已经吃完了。将士们每天每人发给一合米，和茶纸、树皮混在一起吃；但是贼兵的粮食补给畅通，贼兵失败了也可以再征召。睢阳城中的将士死了就不再增加，各军不来支援也不接济食米，士兵最后死得只剩下一千六百人，并且都饿得生病没有办法作战了，因此就被贼兵包围，张巡就修治守城的器械来抵制贼兵。贼兵做了云梯，像半个彩虹的架势，放了二百个精锐的士兵在上面，把它推到城墙旁边，想让他们跳到城里。张巡提前在城上挖凿三个洞穴，直到云梯将要来到的时候，从一个洞穴中伸出大木棒，在末端绑上一个铁钩，钩住云梯让他后退不得；从另一个洞穴中伸出一个木棒，拄住云梯让他前进不得；然后从另一个洞穴中伸出木棒，尾部装上铁笼，铁笼里装满了火来烧云梯；云梯从中央被烧断，上面的士卒全部都被烧死。贼兵之后又用钩车来钩城上的棚架和阁楼，凡是所钩到的地方，全部塌陷。张巡就用一根粗大的木棒，尾部安装上铁链，铁链的尾部安装上一个大铁环，套住钩头，用包裹着皮革的战车拉进城来，然后斩断它的钩头，最后再放车子回去。贼兵又制作木驴来攻城，张巡就用金属熔化的液体浇灌，所有铁浆浇到的立即就熔化了。贼兵又用沙土袋于城的西北角，底层用木柴堆积，作为阶梯通道，想要攻占下城池。张巡并不与他们争锋，每天晚上，把干枯而多油脂的松木和干枯的禾秸悄悄地放在阶梯通道下面的木柴中。连续十几天，贼兵都没有发现。接着就率领士兵出去战斗，让人顺风拿火去焚烧阶梯通道，贼兵无法挽救，一直烧了二十多天，火才熄灭。张巡所做的，全部都是随着事情的时机所宜而立即办妥对策，贼兵钦佩他的聪明才智，不敢再想攻占城池，因此就在城外挖了三层壕沟，树立栅栏来包围张巡，张巡也在城内挖壕沟来与之对抗。

　　丁巳，贼将安武臣攻陕郡，杨务钦战死，贼遂屠陕。

　　崔涣在江南选补，冒滥者众，八月，甲申，罢涣为馀杭太守、江东采访、防御使。

　　以张镐兼河南节度、采访等使，代贺兰进明。

　　灵昌太守许叔冀为贼所围，救兵不至，拔众奔彭城。

　　睢阳士卒死伤之馀，才六百人，张巡、许远分城而守之，巡守东北，远守西南，与士卒同食茶纸，不复下城。贼士攻城者，巡以逆顺说之，往往弃贼来降，为巡死战，前后二百馀人。

　　【译文】丁巳日（十一日），贼将安武臣攻打陕郡，杨务钦战死,贼兵因此在陕郡进行大屠杀。

崔涣在江南主持选举,冒名顶替的人非常多。八月,罢除崔涣做馀杭太守、江东采访、防御使。

让张镐兼职河南节度、采访等使,替代贺兰进明。

灵昌太守许叔冀被贼兵包围,援兵没有到,就率领士兵撤退逃向彭城。

睢阳除了死伤的士卒之外,只余下了六百人。张巡和许远把城分作两部分来镇守,张巡驻守东北,许远驻守西南,和士兵们一块儿吃茶纸,然后不再下城墙。贼兵有攻击的,张巡就用逆、顺的道理来说服他们,经常有人离开叛贼来投降,为张巡拼命战斗,前后共有二百多人。

是时,许叔冀在谯郡,尚衡在彭城,贺兰进明在临淮,皆拥兵不救。城中日蹙,巡乃令南霁云将三十骑犯围而出,告急于临淮。霁云出城,贼众数万遮之,霁云直冲其众,左右驰射,贼众披靡,止亡两骑。既至临淮,见进明,进明曰:“今日睢阳不知存亡,兵去何益!”霁云曰:“睢阳若陷,霁云请以死谢大夫。且睢阳既拔,即及临淮,譬如皮毛相依,安得不救!”进明爱霁云勇壮,不听其语,强留之,具食与乐,延霁去坐。霁云慷慨,泣且语曰:“霁云来时,睢阳之人不食月馀矣!霁云虽欲独食,且不下咽,大夫坐拥强兵,观睢阳陷没,曾无分灾救患之意,岂忠臣义士之所为乎!”因啮落一指以示进明,曰:“霁云既不能达主将之意,请留一指以示信归报。”座中往往为泣下。

【译文】 这个时候,许叔冀在谯郡,尚衡在彭城,贺兰进明在临淮,都领有大兵却不去支援。城中的情况日渐急迫,张巡就让南霁云率领三十骑兵冲出重围,向临淮告急。南霁云出城的时候，贼兵用好几万人阻拦他。南霁云直向贼兵冲过去，一面骑马飞驰，一面左右发箭射敌人，贼兵都撤退了，自己只损失两人。到达临淮之后，见到了贺兰进明，贺兰进明说："现在睢阳不知道是否已经沦陷，救兵去了又有什么好处呢？"南霁云说："假如睢阳沦陷，霁云用死来向大夫谢罪。并且如果睢阳被贼兵攻占之后，就轮到临淮，就好像皮肤和毛发是相互依赖的，怎么能够不援助呢？"贺兰进明虽喜欢南霁云英勇强壮，却不听从他的建议，要强制留下他。准备好了食物和音乐，邀请南霁云入座。南霁云情绪激动愤慨哭着说："霁云来的时候，睢阳城里的人已经有一个多月没吃东西了！霁云即便想要独自吃饭，也无法吃下去。大夫安坐一方占据有强兵，看着睢阳沦陷，可是没有分忧解难的心思，难道这是忠义之士应该做的吗？"因此咬下一个手指向贺兰进明表达决心，说："霁云既然不能完成主将的目的，请留下一根手指当作信物好回去汇报。"在座的人多为他落泪。

霁云察进明终无出师意，遂去。至宁陵，与城使廉坦同将步骑三千人，闰月，戊申夜，冒围，且战且行，至城下，大战，坏贼营，死伤之外，仅得千人入城。城中将吏知无救，皆恸哭，贼知援绝，围之益急。

初，房琯为相，恶贺兰进明，以为河南节度使，以许叔冀为进明都知兵马使，俱兼御史大夫。叔冀自恃麾下精锐，且官与进明等，不受其节制。故进明不敢分兵，非惟疾巡、远功名，亦惧为叔冀所袭也。

【译文】南霁云看出贺兰进明迟迟没有出兵援助睢阳的意图，就离开了。到了宁陵，和之前张巡留下的守城使廉坦一同带领三千步兵和骑兵，闰八月，戊申日（初三）晚上，突破重围，边作战边前进，到了睢阳城下面，与敌兵大战，损毁了贼兵的兵营，除了死伤的人，只带得一千人进了城。城中的将军和官吏知道没有援助之后，都大哭。贼兵了解睢阳城已经没有后援，攻打更加急迫。

起初，房琯在做宰相的时候，讨厌贺兰进明，委任他做河南节度使，让许叔冀做贺兰进明的都知兵马使，并且同时兼职御史大夫。许叔冀凭借着自己的部下是精兵强将，并且官位又和贺兰进明一样，不接受他的节度掌控。因此贺兰进明没有胆量分兵援助睢阳，不仅仅是妒忌张巡、许远的功名，也害怕被许叔冀偷袭。

戊辰，上劳飨诸将，遣攻长安，谓郭子仪曰："事之济否，在此行也！"对曰："此行不捷，臣必死之。"

辛未，御史大夫崔光远破贼于骆谷。光远行军司马王伯伦、判官李椿将二千人攻中渭桥，杀贼守桥者千人，乘胜至苑门。贼有先屯武功者，闻之，奔归，遇于苑北，合战，杀伯伦，擒椿送洛阳。然自是贼不复屯武功矣。

贼屡攻上党，常为节度使程千里所败。蔡希德复引兵围上党。

【译文】戊辰日（二十三日），唐肃宗犒劳宴请每个将军，派遣他们去攻打长安，对郭子仪说："事情的成败，就在此一举了！"郭子仪回答说："如果这次出征不能胜利，臣肯定会战死！"

辛未日（二十六日），御史大夫崔光远在骆谷击败贼兵。崔光远的行军司马王伯伦、判官李椿带领两千人攻打中渭桥，杀了一千多守桥的贼兵，乘胜攻打到长安苑门口。有之前驻扎在武功的贼兵听见了，跑回来，在苑北遇到，因此两军交战。贼兵杀了王伯伦，活捉了李椿前往洛阳。然而至此之后，贼兵不再驻守武功了。

　　贼兵多次攻打上党，常常被节度使程千里击败。蔡希德又率领士兵包围攻打上党。

资治通鉴卷第二百二十　唐纪三十六

起强圉作噩九月，尽著雍阉茂，凡一年有奇。

【译文】 起丁酉（公元757年）九月，止戊戌（公元758年），共一年四个月。

【题解】 本卷记录了公元757年九月至公元758年的史事，共一年又四个月，正当唐肃宗至德二年九月至至德三年。唐肃宗向回纥借兵，收复长安、洛阳，河南、河东全部平定，叛军只占据河北。张巡、许远守卫睢阳，最后粮尽援绝，全军覆灭。太上皇唐玄宗返回长安，唐肃宗大赦天下，叛将史思明投降，残贼安庆绪盘据郑城。唐肃宗采纳李泌的谏言，立太子，定国本。唐肃宗与回纥和亲，命郭子仪讨伐贼兵，官军节节胜利，平叛指日可待。突然局势逆转，史思明复叛。

肃宗文明武德大圣大宣孝皇帝中之下

至德二载（丁酉，公元七五七年）九月，丁丑，希德以轻骑至城下挑战。千里帅百骑开门突出，欲擒之；会救至，千里收骑退还，桥坏，坠堑中，反为希德所擒。仰谓从骑曰："吾不幸至此，天也！归语诸将，善为守备，宁失帅，不可失城。"希德攻城，竟不克，送千里于洛阳，安庆绪以为特进，囚之客省。

郭子仪以回纥兵精，劝上益徵其兵以击贼。怀仁可汗遣其子叶护及将军帝德等将精兵四千馀人来至凤翔；上引见叶护，宴劳赐赉，惟其所欲。丁亥，元帅广平王俶将朔方等军及回纥、西域之众十五万，号二十万，发凤翔。俶见叶护，约为兄弟，叶护大喜，谓俶为兄。回纥至扶风，郭子仪留宴三日。叶护曰："国家有急，远来相助，何以食为！"宴毕，即行。日给其军羊二百口，牛二十头，米四十斛。

【译文】 至德二载（丁酉，公元757年）九月，丁丑日（初二），蔡希德用轻骑兵到城下挑衅。程千里带领一百骑兵开城门突然之间出来，想要活捉他。恰好援兵来了，就召集兵马退回去，不料桥坏了，坠落在河沟里，反而被蔡希德活捉。程千里仰脸对跟随的骑兵说："我非常不幸沦落到这个下场，简直是天意！回去告诉各位将军，好好镇守，宁可失去主帅，也不可失去城池。"蔡希德攻城，一直攻占不下，因此把程千里送往洛阳，安庆绪任命他做特进，软禁在客省。

郭子仪以为回纥的士兵精良，劝说唐肃宗多多征召他们的部队来攻击叛贼。怀仁可汗命令他的儿子叶护和将军帝德等带领精兵强将四千多人前往凤翔。唐肃宗见叶护，设宴犒劳，赏赐财宝，只要是他想要的，全部都答应。丁亥日（十二日），元帅广平王李俶带领朔方等地的部队以及十五万回纥和西域的士卒，号称二十万，从凤翔出发。李俶见到了叶护，相约为兄弟。叶护十分高兴，称李俶为哥哥。回纥的部队到达扶风，郭子仪挽留下来设宴款待三天。叶护说："国家有危难，我们从远方来援助，不能只顾吃。"宴会结束，立即出发。每天供应他的部队二百只羊，二十头牛，四十斛米。

庚子，诸军俱发；壬寅，至长安城西，陈于香积寺北澧水之东。李嗣业为前军，郭子仪为中军，王思礼为后军。贼众十万陈于其北，李归仁出挑战，官军逐之，逼于其陈；贼军齐进，官军却，为贼所乘，军中惊乱，贼争趣辎重。李嗣业曰："今日不以身饵贼，军无孑遗矣。"乃肉袒，执长刀，立于阵前，大呼奋击，当其刀者，人马俱碎，杀数十人，阵乃稍定。于是，嗣业帅前军各执长刀，如墙而进，身先士卒，所向摧靡。都知兵马使王难得救其裨将，贼射之中眉，皮垂鄣目。难得自拔箭，掣去其皮，血流被面，前战不已。贼伏精骑于阵东，欲袭官军之后，侦者知之，朔方左厢兵马使仆固怀恩引回纥就击之，翦灭殆尽，贼由是气索。李嗣业又与回纥出贼阵后，与大军交击，自午及酉，斩首六万级，填沟堑死者甚众，贼遂大溃。馀众走入城，迨夜，器声不止。

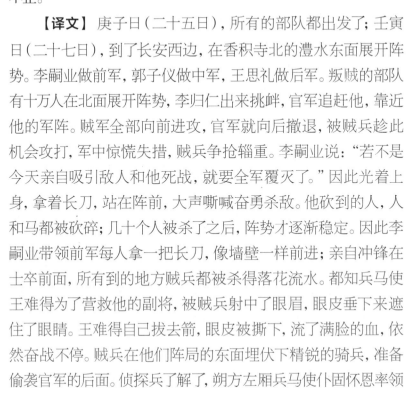

【译文】庚子日（二十五日），所有的部队都出发了；壬寅日（二十七日），到了长安西边，在香积寺北的澧水东面展开阵势。李嗣业做前军，郭子仪做中军，王思礼做后军。叛贼的部队有十万人在北面展开阵势，李归仁出来挑衅，官军追赶他，靠近他的军阵。贼军全部向前进攻，官军就向后撤退，被贼兵趁此机会攻打，军中惊慌失措，贼兵争抢辎重。李嗣业说："若不是今天亲自吸引敌人和他死战，就要全军覆灭了。"因此光着上身，拿着长刀，站在阵前，大声嘶喊奋勇杀敌。他砍到的人，人和马都被砍碎；几十个人被杀了之后，阵势才逐渐稳定。因此李嗣业带领前军每人拿一把长刀，像墙壁一样前进；亲自冲锋在士卒前面，所有到的地方贼兵都被杀得落花流水。都知兵马使王难得为了营救他的副将，被贼兵射中了眼眉，眼皮垂下来遮住了眼睛。王难得自己拔去箭，眼皮被撕下，流了满脸的血，依然奋战不停。贼兵在他们阵局的东面埋伏下精锐的骑兵，准备偷袭官军的后面。侦探兵了解了，朔方左厢兵马使仆固怀恩率领回纥的兵马到那里去攻击他们，把他们几乎全部消灭。贼兵的势气因此就消减了。李嗣业又和回纥的兵马跑到贼兵的阵后，与大军两面夹击，从中午到傍晚，斩下六万贼兵的首级，陷入壕沟中死的人特别多，大败贼兵。余下的士卒跑进城里，直到夜深了，喊叫的声音仍然没有停止。

资治通鉴

仆固怀恩言于广平王俶曰："贼弃城走矣，请以二百骑追之，缚取安守忠、李归仁等。"俶曰："将军战亦疲矣，且休息，俟明日图之。"怀恩曰："归仁、守忠，贼之骁将，骤胜而败，此天赐我也，奈何纵之！使复得众，还为我患，悔之无及！战尚神速，何明旦也！"俶固止之，使还营。怀恩固请，往而复反，一夕四五起。迟明，谍至，守忠、归仁与张通儒、田乾真等皆已遁矣。癸卯，大军入西京。

【译文】仆固怀恩对广平王李俶说："贼兵已经扔下长安城逃跑了，请求用二百骑兵追赶他，把安守忠、李归仁等捆绑回来。"李俶说："将军作战已经非常疲惫了，暂时休息休息，到了明天早上再谋划攻击他。"仆固怀恩说："李归仁、安守忠，是叛贼骁勇善战的大将，多次战争胜利可是突然间失败了，这是上天给我们的机遇，怎么可以放纵他们！如果让他们再得到士卒，再一次成为我们的祸患，后悔都来不及！战争重在神速，怎么可以等到明天早上呢！"李俶坚持阻止他，让他回军营。仆固怀恩坚持请求，去了之后又回来，一个晚上跑了四五次。黎明的时候，谍报人员来汇报，安守忠、李归仁与张通儒、田乾真都已经跑了。癸卯日（二十八日），大军进入长安。

初，上欲速得京师，与回纥约曰："克城之日，土地、士庶归唐，金帛、子女皆归回纥。"至是，叶护欲如约。广平王俶拜于叶护马前曰："今始得西京，若遽俘掠，则东京之人皆为贼固守，不可复取矣，愿至东京乃如约。"叶护惊跃下马答拜，跪捧王足，曰："当为殿下径往东京。"即与仆固怀恩引回纥、西域之兵自城南过，营于浐水之东。百姓、军士、胡虏见俶拜者，皆泣曰："广平王真华、夷之主！"上闻之，喜曰："朕不及也！"俶整众入城，百姓老幼夹道欢呼悲泣。俶留长安，镇抚三日，引大军东出。以太子少傅虢王巨为西京留守。

甲辰，捷书至凤翔，百寮入贺。上涕泗交颐，即日，遣中使啖庭瑶入蜀奏上皇，命左仆射裴冕入京师，告郊庙及宣慰百姓。

【译文】起初，唐肃宗想要得到京师，与回纥相约说："攻下京城的时候，土地和老百姓归唐朝所有，金银财帛和美女都归回纥所有。"现在，叶护想要履行条约。广平王李俶在叶护马前叩拜说："如今刚刚得到长安，假如立即就俘虏女子掠夺财物，那么洛阳的百姓全部都要替贼兵坚持守城了，就再也无法收复了。愿到了洛阳然后再履行条约。"叶护大吃一惊地跳下马来回拜，跪着然后两手捧着广平王的脚，说："应该为殿下直接到洛阳。"立即和仆固怀恩率领回纥和西域的兵从长安城南路过洛阳，驻守浐水的东边。老百姓、士兵和胡虏兵见到广平王李俶跪拜叶护，都流着眼泪说："广平王真堪是华夏和四夷的君主啊！"唐肃宗听到了，非常高兴地说："朕都做不到呀！"李俶整顿军队进入京城，年老的年幼的百姓都站在道路旁边呼喊，激动地流下眼泪。李俶停留在长安，安抚三天，就率领大军向东出发。让太子少傅虢王李巨在西京驻守。

甲辰日（二十九日），捷报送达凤翔，百官入朝祝贺。皇帝泪流两颊，就在那一天，派遣宫中使者啖庭瑶到蜀地上奏报告太上皇；命令左仆射裴冕到京师，祭告天地神明和宗庙祖先，而且宣告诏谕安抚老百姓。

【乾隆御批】 时贼众溃窜之，余乘势悉锐而进，安守忠等何难就缚？广平狃于小胜急图休息，其识乃出怀恩之下，至调停回纥俘掠一节，无识者以为美谈，不知以储贰之贵屈体叶护马前，复成何体制？况其时西京初复，万众具瞻，即正义直辞，喻以功成重赉，足赏前约，而人民土地不得妄有残扰，叶护亦难置喙，何至摇尾乞怜若此？盖其遇事畏葸中于锢疾者甚深。观其即位以后之设施足见庸懦无为，且并非刻意轻身冀博蚩氓感泣而已也。

【译文】 当时叛军溃败窜逃，如果乘势全力追击，捉拿安守忠等人有何困难？广平王李俶拘泥初胜而急于休息，他的见识在仆固怀恩之下，至于调停回纥俘掠长安一事，没有见识的人把它当作美谈，不知道贵为太子而跪拜叶护马前，又成何体统？况且那时长安刚刚收复，百姓都有目共睹，如果用正义言辞晓喻回纥，并答应两京收复后履行前约，赐以重赏，人民土地不得随意惊扰，叶护也难插嘴，何至于如此摇尾乞怜呢？这是由于李俶遇事害怕的恶习太深。看他即位之后施行的政策就足见他庸懦无为，并非刻意轻卑自身换取那些愚昧的百姓的感泣罢了。

上以骏马召李泌于长安。既至，上曰："朕已表请上皇东归，朕当还东宫复修人子之职。"泌曰："表可追乎？"上曰："已远矣。"泌曰："上皇不来矣。"上惊，问故。泌曰："理势自然"。上曰："为之奈何？"泌曰："今请更为群臣贺表，言自马嵬请留，灵武劝进，及今成功，圣上思恋晨昏，请速还京以就孝养之意，则可矣。"上即使泌草表。上读之，泣曰："朕始以至诚愿归万机。今闻先生之言，乃寤其失。"立命中使奉表入蜀，因就泌饮酒，同榻而寝。而李辅国请取契钥付泌，泌请使辅国掌之；上许之。

【译文】唐肃宗用良马把李泌从长安叫回来了。到达凤翔之后，唐肃宗说："朕已经上书请太上皇东来回长安，朕即将回东宫再谨遵臣子的职位本分。"李泌说："表追得回来吗？"唐肃宗说："已经走得非常远了。"李泌说："那么太上皇就不会回来了。"唐肃宗大惊，问为什么。李泌说："道理和局势就是这样。"唐肃宗说："那应该怎么办呢？"李泌说："如今再写一封群臣的贺表，说从马嵬驿请留太子，灵武劝太子登基，到如今讨贼成功，圣上想念晨昏定省的奉养，请抓紧回京来完成圣上孝养的心思，就可以了。"唐肃宗马上让李泌写表。唐肃宗读了之后，流着眼泪说："朕之前希望把政权交还太上皇是真心的。现在仔细听了先生的说法，才了解到自己错了。"立即派宫中使者到蜀地去递送表文，因此就到李泌住处一同饮酒，同睡一张床。李辅国请求拿木契钥匙交托给李泌，李泌请求让李辅国掌管，唐肃宗答应了。

泌曰："臣今报德足矣，复为闲人，何乐如之！"上曰："朕与先生累年同忧患，今方相同娱乐，奈何遽欲去乎！"泌曰："臣有五不可留，愿陛下听臣去，免臣于死。"上曰："何谓也？"对曰："臣遇陛下太早，陛下任臣太重，宠臣太深，臣功太高，迹太奇，此其所以不可留也。"上曰："且眠矣，异日议之。"对曰："陛下今就臣榻卧，犹不得请，况异日香案之前乎！陛下不听臣去，是杀臣也。"上曰："不意卿疑朕如此，岂有如朕而办杀卿邪！是直以朕为句践也！"对曰："陛下不办杀臣，故臣求归；若其既办，臣安得复言！且杀臣者，非陛下也，乃'五不可'也。陛下向日待臣如此，臣于事犹有不敢言者，况天下既安，臣敢言乎！"

【译文】李泌说："臣现在报答恩德已经足够了，如果能再做一个闲散的人，是非常高兴的啊！"唐肃宗说："朕与先生多年共患难，现在将要共同享受高兴的时候，为什么要马上离开呢？"李泌说："臣有五个不能留下的理由，愿陛下任凭臣离开，来避免臣被杀害。"唐肃宗说："这话是什么意思？"李泌回答说："陛下赏识过早，陛下太过重用臣，太过宠爱臣，臣的功劳太大，行为太过不同寻常，这就是不能留下的原因。"唐肃宗说："先睡觉吧，明天再讨论。"李泌回答说："陛下现在在臣的床上睡，还不能请求，况且明天上朝时在香案前面呢！陛下不让臣离开，就相当于杀臣了。"唐肃宗说："没有想到先生如此怀疑朕，哪有像朕这样却做出杀害先生的事情呢？这相当于是把朕比作勾践了！"李泌回答说："陛下不会做出杀臣的事，因此臣才请求回山；假如陛下已经做了，臣又怎么敢再说！况且杀臣的人并不是陛下，是五个不可留下的理由。陛下之前这样对待臣，臣还是有不敢进谏的事情，况且已经平定了天下，臣敢再进谏吗！"

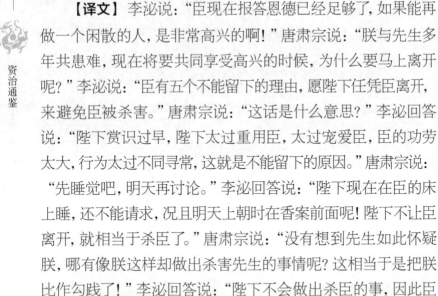

上良久曰："卿以朕不从卿北伐之谋乎！"对曰："非也，所不敢言者，乃建宁耳。"上曰："建宁，朕之爱子，性英果，艰难时有功，朕岂不知之！但因此为小人所教，欲害其兄，图继嗣，朕以社稷大计，不得已而除之，卿不细知其故邪？"对曰："若有此心，广平当怨之。广平每与臣言其冤，辄流涕呜咽。臣今必辞陛下去，始敢言之耳。"上曰："渠尝夜扣广平，意欲加害。"对曰："此皆出谗人之口，岂有建宁之孝友聪明，肯为此乎！且陛下昔欲用建宁为元帅，臣请用广平。建宁若有此心，当深憾于臣；而以臣为忠，益相亲善，陛下以此可察其心矣。"上乃泣下曰："先生言是也。既往不咎，朕不欲闻之。"

【译文】唐肃宗停了一会儿说："卿认为朕不听从卿北伐的计谋吗？"李泌回答说："不是的，不敢进谏的事情，就是杀建宁王的事。"唐肃宗说："建宁王是朕心爱的儿子，性情英明做事果断，在困难的时候建功，朕怎么可能不了解呢！只是因此被小人唆使，想要杀了他的哥哥，想要计谋继嗣。朕为了国家大计，不得已才除掉他，卿不知道其中的内情吗？"李泌回答说："假如他有这个意图，广平王应该埋怨他。广平王每次和臣说他的冤屈，就抽泣。臣因为如今必须辞别陛下离开，因此才敢进谏。"唐肃宗说："建宁王曾经在夜晚摸广平王的门，想要杀了他。"李泌回答说："这都是谗害他的人所说的，不会有像建宁王这样孝顺友爱并且聪明的人，肯做这样的事情的！并且陛下之前想要委任建宁王为元帅，臣请求任命广平王。建宁王假如有这样的意图，应当深深地怨恨臣；但是他却认为臣非常忠，对待臣却更加亲近友善，陛下仅仅凭借这一点就可以窥知他的心意了。"唐肃宗因此哭泣流泪说："先生说的是正确的。过去的事情了，不要再责怪了，朕不想再听下去了。"

泌曰："臣所以言之者，非咎既往，乃欲陛下慎将来耳。昔天后有四子，长曰太子弘，天后方图称制，恶其聪明，鸩杀之，立次子雍王贤。贤内忧惧，作《黄台瓜辞》，冀以感悟天后。天后不听，贤卒死于黔中。其辞曰：'种瓜黄台下，瓜熟子离离。一摘使瓜好，再摘使瓜稀，三摘犹为可，四摘抱蔓归！'今陛下已一摘矣，慎无再摘！"上愕然曰："安有是哉！"卿录是辞，朕当书绅。"对曰："陛下但识之于心，何必形于外也！"是时广平王有大功，良娣忌之，潜构流言，故泌言及之。

郭子仪引蕃、汉兵追贼至潼关，斩首五千级，克华阴、弘农二郡。关东献俘百馀人，敕皆斩之；监察御史李勉言于上曰："今元恶未除，为贼所污者半天下，闻陛下龙兴，咸思洗心以承圣化，今悉诛之，是驱之使从贼也。"上遽使赦之。

【译文】李泌说："臣因此要提起这件事，并不是要责怪以前的事情，就是要让陛下以后警惕。之前则天皇后有四个儿子，长子是太子李弘，则天皇后正在图谋篡位，讨厌聪明的太子，毒死他，立次子雍王李贤为太子。李贤心里感到担心和害怕，就作了《黄台瓜辞》，愿可以感动则天皇后让她醒悟。则天皇后不听，李贤最后死在贵州。《黄台瓜辞》说：'种瓜在黄台下面，瓜儿成熟了结了满地的果实。一次采摘可以使瓜长得更好，再次采摘瓜就要稀疏了，三次采摘还可以有剩余，四次采摘就只有抱着瓜秧回家了！'现在陛下已经采摘一次了，千万不要再次采摘！"唐肃宗非常惊讶地说："竟然会有这种事！请卿记录下这首《黄台瓜辞》，朕以后把它抄写在绅带上。"李泌回答说："陛下只需要记在心中就好了，没有必要表现在表面！"这个时候广平王功劳很大，张良娣非常嫉恨，偷偷散布流言栽赃他，因此李泌谈到这件事。

郭子仪率领蕃、汉的兵马追赶贼兵到潼关，敌人五千首级被斩下，收复华阴、弘农两个郡。关东进献一百多俘虏，唐肃宗下达命令全部斩首。监察御史李勉对唐肃宗说："如今凶首还没有消灭，叛贼污染了一半的天下，听说陛下像潜龙一样地兴起，全部都想改邪归正来尊奉圣明的教化。如果现在杀了他们，正是驱赶他们追随叛贼呀。"唐肃宗立即让人赦免他们。

【乾隆御批】　衡山归隐，史但称其去就之高，未免卢见。观泌密陈造膝拳拳于父子骨肉间，以启沃草心为己责，是真不愧大臣风度者，虽汉之严光且弗逮远甚，况攸绪辈以下乎！"白衣山人"之目殊，不足尽之。

【译文】　李泌归隐衡山，史书只称赞他担任官职或不担任官职处理得高明，其实这是一种肤浅的议论。看李泌对肃宗恳切婉转陈辞，以启发他们父子的亲情为己任，真不愧为大臣风度，就是东汉的严光尚且远不及他，何况是武攸绪一类的人呢？以"白衣山人"赞许李泌，都不足以夸赞。

冬，十月，丁未，啖庭瑶至蜀。

壬子，兴平军奏：破贼于武关，克上洛郡。

吐蕃陷西平。

尹子奇久围睢阳，城中食尽，议弃城东走，张巡、许远谋，以为："睢阳，江、淮之保障，若弃之去，贼必乘胜长驱，是无江、淮也。且我众饥羸，走必不达。古者战国诸侯，尚相救恤，况密迩群帅乎！不如坚守以待之。"茶纸既尽，遂食马；马尽，罗雀掘鼠；雀鼠又尽，巡出爱妾，杀以食士，远亦杀其奴；然后括城中妇人食之；既尽，继以男子老弱。人知必死，莫有叛者，所馀才四百人。

癸丑，贼登城，将士病，不能战。巡西向再拜曰："臣力竭矣，不能全城，生既无以报陛下，死当为厉鬼以杀贼！"城遂陷，巡、远俱被执。尹子奇问巡曰："闻君每战眦裂齿碎，何也？"巡曰："吾志吞逆贼，但力不能耳！"子奇以刀抉其口视之，所馀才三四。子奇义其所为，欲活之。其徒曰："彼守节者也，终不为吾用。且得士心，存之，将为后患。"乃并南霁云、雷万春等三十六人皆斩之。巡且死，颜色不乱，扬扬如常。生致许远于洛阳。

【译文】冬季，十月，丁未日（初三），啖庭瑶到了蜀地。

壬子日（初八），兴平军上奏章说：在武关击败贼兵，收复上洛郡。

吐蕃攻陷西平。

尹子奇包围攻打睢阳非常久，城中的食物已消耗完了，商量扔下城池向东逃跑。张巡和许远谋划，认为："睢阳城是长江、淮河一带的屏障，如果扔下睢阳逃跑，贼兵一定乘胜追击，那么江、淮一带就要失去了。并且我们的士卒饥饿疲弱，逃跑到达不了。古时候战国诸侯，还相互援助抚恤，况且各地主帅近在咫尺呢！还不如坚持防守来等候他们的援助。"吃光了茶纸，就吃战马；吃完了马，就用罗网捉鸟雀、从地下挖老鼠；吃光了鸟雀老鼠，张巡就带出来他的爱妾，杀了给士兵吃，许远也杀了他的奴仆；之后又搜求城中的妇女来吃，紧接着又吃男人中的老人和衰弱的人。每个人都知道一定要死，所以没有一个人反抗。这时只剩下四百人。

癸丑日（初九），贼兵登上城墙，将士们衰弱，不能战斗。张巡向西方叩拜说："臣已经用尽力量了，没有办法保全睢阳城；既然活着不能报答陛下的恩德，死之后也要做厉鬼来杀贼！"睢阳城至此陷落，张巡和许远都被捕获。尹子奇询问张巡说："听说您每次作战都裂开目眦咬破牙齿，是什么原因？"张巡说："我的愿望是要吞灭叛贼，可是力量不够。"尹子奇用刀撬开他的嘴来看，只剩下三四颗牙齿。尹子奇认为他的行为非常正当，不想杀他。他的部下说："他是坚守节操的人，始终不愿被我们重用。并且他能获得士卒的心意，如果让他活着，恐怕以后有害于我们。"因此和南霁云、雷万春等三十六个人都被杀死。张巡即将被杀的时候，神情完全都不慌张，意气扬扬和平常一样。许远活着被押送洛阳。

【申涵煜评】人止知巡能死事，而不知其用兵之奇，虽古名将不是过。郭汾阳以战而立天下之功，张睢阳以守而著千古之节，虽成败不同，其趋一也。

【译文】人们只知道张巡能死守战事，而不知道他用兵的出奇制胜，即使古代名将也不过如此。汾阳王郭子仪以作战立下天下的功劳，张巡以守而显明千古的节操，虽然成败不一样，但是他们的目标是一致的。

巡初守睢阳时，卒仅万人，城中居人亦且数万，巡一见问姓名，其后无不识者。前后大小战凡四百馀，杀贼卒十二万人。巡行兵不依古法教战陈，令本将各以其意教之。人或问其故，巡曰："今与胡虏战，云合鸟散，变态不恒，数步之间，势有同异。临机应猝，在于呼吸之间，而动询大将，事不相及，非知兵之变者也。故吾使兵识将意，将识士情，投之而往，如手之使指。兵将相习，人自为战，不亦可乎！"自兴兵，器械、甲仗皆取之于敌，未尝自修。每战，将士或退散，巡立于战所，谓将士曰："我不离此，汝为我还决之。"将士莫敢不还死战，卒破敌。又推诚待人，无所疑隐；临敌应变，出奇无穷；号令明，赏罚信，与众共甘苦寒暑，故下争致死力。

【译文】张巡刚刚驻守睢阳时，有将近一万士卒，近好几万城中市民，张巡见了面，询问了姓名，之后全部都认识。前后的大小战役共有四百多次，杀死十二万贼兵。张巡用兵不依照古人的法则，传授作战的阵势，也让各部队的将军按照自己的意思去教。有人问他原因，张巡说："如今和胡虏战斗，就好像云合鸟散，变化多端没有常道；在几步之间，就有不同的形势。临到时机适应突然的变化，是呼吸之间的事情；假使每件事都要询问大将，事情就无法来得及，这是不懂得军事上随机应变的道理。因此我要叫士兵知道主将的意图，主将了解士兵的实情，命令他，他就去，就好像手使用指头。士兵和主将相互了解，各人自成一个战斗体，不也是可以的吗？"从战争发生以后，军中所用的器械和武器，全部都是从敌人那里抢夺的，自己没有修造。每次战斗，将士假使有人向后退逃跑，张巡站在战场上，对将士们说："我就站在这里，你们给我回去决战。"将士们全部都回去了，拼死作战，最终能够打败敌人。又靠诚心待人，从不猜疑或隐瞒；直到与敌人作战随机应变，想出的奇招无穷尽；并且号令严明，赏罚分明，能够与部下同甘共苦，所以部下的将士都拼死效力。

张镐闻睢阳围急，倍道亟进，檄浙东、浙西、淮南、北海诸节度及谯郡太守闾丘晓，使共救之。晓素傲很，不受镐命。比镐至，睢阳城已陷三日。镐召晓，杖杀之。

张通儒等收馀众走保陕，安庆绪悉发洛阳兵，使其御史大夫严庄将之，就通儒以拒官军，并旧兵步骑犹十五万。己未，广平王俶至曲沃。回纥叶护使其将军鼻施吐拨裴罗等引军旁南山搜伏，因驻军岭北。郭子仪等与贼遇于新店，贼依山而陈。子仪等初与之战，不利，贼逐之下山。回纥自南山袭其背，于黄埃中发十馀矢。贼惊顾曰："回纥至矣！"遂溃。官军与回纥夹击之，贼大败，僵尸蔽野。严庄、张通儒等弃陕东走，广平王俶、郭子仪入陕城，仆固怀恩等分道追之。

严庄先入洛阳告安庆绪。庚申夜，庆绪帅其党自苑门出，走河北；杀所获唐将哥舒翰、程千里等三十馀人而去。许远死于偃师。

【译文】 张镐听说睢阳被包围攻打得非常急迫，就加速赶路迅速前进，而且送檄文到浙东、浙西、淮南、北海各个节使，以及谯郡太守闾丘晓，让他们一块儿去援助。闾丘晓向来桀骜不驯，不接受张镐的命令。直到张镐赶到，睢阳城已经沦陷三天了。张镐叫闾丘晓过去，用木杖打死了他。

张通儒等人召集剩下的士兵跑到陕郡坚守，安庆绪征集所有洛阳的士兵，让他的御史大夫严庄带领着，到张通儒那里去抵制官军，和以前就有的步兵骑兵一共还有十五万人。己未日（十五日），广平王李俶到了曲沃。回纥叶护派他的将军鼻施吐拨裴罗等人率领军队沿着南山搜寻叛贼的伏兵，因此驻守在岭北。郭子仪等人与贼兵在新店遇见，贼兵靠着大山展开阵势，郭子仪等人开始与贼兵战斗，失利，贼兵赶他们下山。回纥的兵从南山攻打他们的背后，从黄色的尘埃中发射了十几箭。贼兵惊慌失措地你看我我看你说："回纥的兵来了！"因此就溃散了。官军和回纥兵夹击，大败贼兵，尸横遍野。严庄、张通儒等人扔下陕郡向东逃跑，广平王李俶、郭子仪到了陕城，仆固怀恩等人兵分几路去追赶贼兵。

严庄先赶到洛阳告诉安庆绪。庚申日（十六日）晚上，安庆绪带领他的党羽从东都苑门出城，逃往河北，杀了所有俘虏的唐朝将军哥舒翰、程千里等三十多人才离开。许远死于偃师。

【乾隆御批】 以孤城力障江、淮,何愧疾风劲草。而淫辞助攻迄无定论,惟欧阳修:"巡先死不为遽,远后死不为屈"之语,足以发明韩愈扶奖、风教之意。

【译文】 以孤城睢阳作为江、淮的屏障拼死战斗,不愧为疾风中的劲草。对那种攻击许远的邪僻荒诞的言论至今尚无定论,只有欧阳修:"张巡先死不算仓猝,许远后死不算胆怯"的话,足以阐明韩愈的辅助、褒奖风俗教化的意义。

壬戌,广平王俶入东京。回纥意犹未厌,俶患之。父老请率罗锦万匹以赂回纥,回纥乃止。

成都使还,上皇诰曰:"当与我剑南一道自奉,不复来矣。"上忧惧,不知所为。数日后,使者至,言:"上皇初得上请归东宫表,彷徨不能食,欲不归;及群臣表至,乃大喜,命食作乐,下诰定行日。"上召李泌告之曰:"皆卿力也!"

泌求归山不已,上固留之,不能得,乃听归衡山。敕郡县为之筑室于山中,给三品料。

【译文】 壬戌日(十八日),广平王李俶到了东京。回纥仍然不满足,李俶非常担心。父老们请求收敛一万匹绫罗绸缎来贿赂回纥,回纥才满足,不再提出要求。

派去前往成都的使者回来了,太上皇的诰文说:"应该与我到剑南一同来养老,不再回来了。"唐肃宗忧虑担心,不知该怎么做。之后派去的使者回来,说:"太上皇刚开始接到皇上希望回东宫依旧做太子的表文,徘徊不安,寝食难安,不想回来;直到群臣贺表到了,才十分高兴,叫拿饭来吃而且演奏音乐,颁布诰文安排动身的时间。"唐肃宗请李泌来对他说:"全部都是卿的功劳呀!"

李泌不断地恳求回山，唐肃宗坚持挽留，不能改变他的心志，就任凭他回衡山。下达命令郡县替他在山里建造房屋，给他供给三品官的物资。

癸亥，上发凤翔，遣太子太师韦见素入蜀，奉迎上皇。

乙丑，郭子仪遣左兵马使张用济、右武锋使浑释之将兵取河阳及河内；严庄来降。陈留人杀尹子奇，举郡降。田承嗣围来瑱于颍川，亦遣使来降；郭子仪应之缓，承嗣复叛，与武令珣皆走河北。制以瑱为淮南节度使。

丙寅，上至望贤宫，得东京捷奏。丁卯，上入西京。百姓出国门奉迎，二十里不绝，舞跃呼万岁，有泣者。上入居大明宫。御史中丞崔器令百官受贼官爵者皆脱巾徒跣立于含元殿前，搏膺顿首请罪，环之以兵，使百官临视之。太庙为贼所焚，上素服向庙哭三日。是日，上皇发蜀郡。

【译文】癸亥日（十九日），唐肃宗从凤翔出发，派遣太子太师韦见素前往蜀郡去欢迎太上皇。

乙丑日（二十一日），郭子仪命令左兵马使张用济、右武锋使浑释之领兵攻占河阳及河内；严庄来投降。陈留地方的人杀死尹子奇，全郡向朝廷投降。田承嗣在颍川包围攻打来瑱，也派使者来投降；郭子仪回应慢了些，田承嗣又反叛，和武令珣都逃往河北。唐肃宗委任来瑱为河南节度使。

丙寅日（二十二日），唐肃宗到了望贤宫，收到了平定东京的捷报。丁卯日（二十三日），唐肃宗到了西京。老百姓全部跑到都城大门外来欢迎，连续二十里不断，全部都手舞足蹈呼喊万岁，也有喜极而泣的人。唐肃宗进到大明宫。御史中丞崔器让朝廷大小官员曾经接受叛贼官爵的都脱下帽子赤着脚，在含元殿前面站着，拍着胸膛以头叩地来谢罪，用卫兵把守着，让所有的官员来观看。叛贼烧毁了太庙，唐肃宗穿着白色衣服，向太庙号哭了三天。那一天，太上皇从蜀郡出发。

安庆绪走保邺郡，改邺郡为安成府，改元天成；从骑不过三百，步卒不过千人，诸将阿史那承庆等散投常山、赵郡、范阳。旬日间，蔡希德自上党，田承嗣自颍川，武令珣自南阳，各帅所部兵归之。又召募河北诸郡人，众至六万，军声复振。

广平王俶之入东京也，百官受安禄山父子官者陈希烈等三百馀人，皆素服悲泣请罪。俶以上旨释之，寻勒赴西京。己巳，崔器令诣朝堂请罪，如西京百官之仪，然后收系大理、京兆狱。其府县所由、祗承人等受贼驱使追捕者，皆收系之。

【译文】安庆绪逃往邺郡去驻守，改邺郡为安成府，改年号为天成。跟着他的骑兵不超过三百人，步兵不到一千人。各大将像阿史那承庆等人都分别跑到了常山、赵郡、范阳。十几天以内，蔡希德从上党，田承嗣从颍川，武令珣从南阳，各自带领自己的部下归向他。又招募河北各个郡县的人马，士兵人数达到六万人，军队的声势又壮大起来了。

广平王李俶进入东京的时候，曾经接受安禄山父子官爵的陈希烈等三百多人大小官员，全部都穿着白色衣服悲伤哭泣请罪。李俶用皇上的命令把他们释放，没多长时间又把他们押解西京。己巳日（二十五日），崔器让他们到朝堂请罪，像西京百官请罪的仪式，之后囚禁在大理寺和京兆府的监狱里。各郡府县衙有职守和供差遣使唤因受叛贼驱使而被朝廷追捕的人，都逮捕囚困起来。

初，汲郡甄济，有操行，隐居青岩山，安禄山为采访使，奏掌书记。济察禄山有异志，诈得风疾，舁归家。禄山反，使蔡希德引行刑者二人，封刀召之，济引首待刀，希德以实病白禄山。后安庆绪亦使人强舁至东京，月馀，会广平王俶平东京，济起，诣军门上谒，俶遣诣京师，上命馆之于三司，令受贼官爵者列拜以愧其心，以济为秘书郎。国子司业苏源明称病不受禄山官，上擢为考功郎中、知制诰。壬申，上御丹凤楼，下制："士庶受贼官禄，为贼用者，令三司条件闻奏；其因战被虏，或所居密近，因与贼往来者，皆听自首除罪；其子女为贼所污者，勿问。"

癸酉，回纥叶护自东京还，上命百官迎之于长乐驿，上与宴于宣政殿。叶护奏以"军中马少，请留其兵于沙苑，自归取马，还为陛下扫除范阳馀孽。"上赐而遣之。

【译文】起初，汲郡甄济，有德行，在青岩山隐居，安禄山做采访使，上奏请求他做掌书记。甄济感觉安禄山有反叛的意图，装作得了中风的病，抬着回家。安禄山反叛，让蔡希德带着两个行刑的人和皇上所封的刀去召请他，甄济伸着头等着用刀斩首。蔡希德把他确实生病的事向安禄山上报。之后安庆绪也让人强制抬他到东京，一个月之后，恰好广平王李俶平复东京，甄济起身，到军门去拜见他。李俶把他送到京师，唐肃宗让他住在三司馆舍里，让接受过叛贼官爵的人排着队跪拜然后来侮辱他们，委任甄济做秘书郎。国子司业苏源明假装生病不接安禄山的官爵，唐肃宗提升他做考功郎中、管理制诰。壬申日（二十八日），唐肃宗车驾丹凤门，下达制书说："士子庶民接受贼人官爵俸禄，被贼人任用的，让三司分条开列事实向唐肃宗上报；由于战斗而被俘获，或居住的地方靠近叛贼，因此和叛贼来往的人，都任凭他们自首免除罪过；女儿被叛贼玷污的，不再追问。"

癸酉日（二十九日），回纥叶护从东京回来，唐肃宗下达命令朝廷百官到长乐驿去迎接，唐肃宗和他在宣政殿宴会。叶护上奏回报："军队中缺少马匹，希望把士兵暂时留在沙苑，自己回去取马，等回来之后再替陛下肃清范阳剩下的贼兵。"唐肃宗赏赐他非常多的东西送他回去。

十一月，广平王俶、郭子仪来自东京，上劳子仪曰："吾之家国，由卿再造。"

张镐帅鲁炅、来瑱、吴王祗、李嗣业、李奂五节度徇河南、河东郡县，皆下之；惟能元皓据北海，高秀岩据大同，未下。

己丑，以回纥叶护为司空、忠义王；岁遗回纥绢二万匹，使就朔方军受之。

以严庄为司农卿。

上之在彭原也，更以栗为九庙主；庚寅，朝享于长乐殿。

【译文】 十一月，广平王李俶、郭子仪从东京回来，唐肃宗抚慰郭子仪说："我的家庭和国家，都是靠爱卿再一次成就的。"

张镐带领鲁炅、来瑱、吴王李祗、李嗣业、李奂五个节度使管理河南、河东各郡县，都平复了；只是还有能元皓占领北海，高秀岩占领大同。

己丑日（十五日），委任回纥叶护为司空、忠义王；每年赠送回纥绢两万匹，让他们到朔方军领受。

任命严庄为司农卿。

唐肃宗在彭原的时候，改用栗木做九庙的神主；庚寅日（十六日），在长乐殿合祭历代先祖。

丙申，上皇至凤翔，从兵六百馀人，上皇命悉以甲兵输郡库。上发精骑三千奉迎。十二月，丙午，上皇至咸阳，上备法驾迎于望贤宫。上皇在宫南楼，上释黄袍，着紫袍，望楼下马，趋进，拜舞于楼下。上皇降楼，抚上而泣，上捧上皇足，呜咽不自胜。上皇索黄袍，自为上著之，上伏地顿首固辞。上皇曰："天数、人心皆归于汝，使朕得保养馀齿，汝之孝也！"上不得已，受之，父老在仗外，欢呼且拜。上令开仗，纵千馀人入谒上皇，曰："臣等今日复睹二圣相见，死无恨矣！"上皇不肯居正殿，曰："此天子之位也。"上固请，自扶上皇登殿。尚食进食，上品尝而荐之。丁未，将发行宫，上亲为上皇习马而进之。上皇上马，上亲执鞚。行数步，上皇止之。上乘马前引，不敢当驰道。上皇谓左右曰："吾为天子五十年，未为贵；今为天子父，乃贵耳！"左右皆呼万岁。上皇自开远门入大明宫，御含元殿，慰抚百官；乃诣长东殿谢九庙主，恸哭久之；即日，幸兴庆宫，遂居之。上累表请避位还东宫，上皇不许。

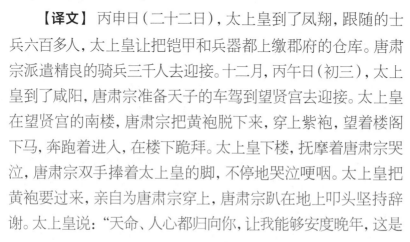

【译文】丙申日（二十二日），太上皇到了凤翔，跟随的士兵六百多人，太上皇让把铠甲和兵器都上缴郡府的仓库。唐肃宗派遣精良的骑兵三千人去迎接。十二月，丙午日（初三），太上皇到了咸阳，唐肃宗准备天子的车驾到望贤宫去迎接。太上皇在望贤宫的南楼，唐肃宗把黄袍脱下来，穿上紫袍，望着楼阁下马，奔跑着进入，在楼下跪拜。太上皇下楼，抚摩着唐肃宗哭泣，唐肃宗双手捧着太上皇的脚，不停地哭泣哽咽。太上皇把黄袍要过来，亲自为唐肃宗穿上，唐肃宗趴在地上叩头坚持辞谢。太上皇说："天命、人心都归向你，让我能够安度晚年，这是

473

你的孝心。"唐肃宗没有办法，接受了。父老们在卫兵的仪仗旁边，边跪拜边欢呼。唐肃宗叫卫兵开放通过，一千多人被放进来拜见太上皇，说："臣等今天又看到两位圣人相会，死而无憾！"太上皇不肯在正殿居住，说："这是天子的位置。"唐肃宗坚持恳求，亲自把太上皇扶上正殿。主管天子饮食的官进献食物，唐肃宗自己尝试过之后才送上来。丁未日（初四），即将从行宫出发，唐肃宗亲自为太上皇调好了马才进献给太上皇。太上皇上马，唐肃宗亲自为太上皇抓着马勒。走了几步，太上皇让唐肃宗停下。唐肃宗就骑着马在前面做引导，不敢沿着驰道行走。太上皇对左右的人说："我做了五十年的天子，并不算尊贵；如今当天子的父亲，才算得上尊贵呢！"左右的人都喊万岁。太上皇从开远门到了大明宫，车驾含元殿，抚慰百官；在长乐殿向九庙神主谢罪，大哭了非常久。同日车驾兴庆宫，就住下了。唐肃宗多次上书恳求让位退回东宫依旧做太子，太上皇都不答应。

【申涵煜评】 父子天性，用不得一毫虚文，肃宗于上皇驾还日，品食执鞚，全是一片假惺惺，而上皇亦降颜色以周旋之，即此已伏异日迁宫不朝之渐。

【译文】 父子关系是天性使然，来不得一点虚假文章，肃宗在玄宗皇帝返回当天，品食执鞚，全是一片假惺惺，而玄宗也降低颜色以此周旋，这个时候就已经埋下了后来迁宫不朝的苗头。

辛亥，以礼部尚书李岘、兵部侍郎吕諲为详理使，与御史大夫崔器共按陈希烈等狱。岘以殿中侍御史李栖筠为详理判官，栖筠多务平恕，故人皆怨諲、器之刻深，而岘独得美誉。

戊午，上御丹凤楼，赦天下，惟与安禄山同反及李林甫、王鉷、杨国忠子孙不在免例。立广平王俶为楚王，加郭子仪司徒，李光弼司空，自馀蜀郡、灵武扈从立功之臣，皆进阶，赐爵，加食邑有差。李憕、卢奕、颜杲卿、袁履谦、许远、张巡、张介然、蒋清、庞坚等皆加追赠，官其子孙。战亡之家，给复二载。郡县来载租、庸三分蠲一。近所改郡名、官名，一依故事。以蜀郡为南京，凤翔为西京，西京为中京。以张良娣为淑妃，立皇子南阳王係为赵王，新城王仅为彭王，颍川王偘为兖王，东阳王倕为泾王，僙为襄王，倕为杞王，偲为召王，佋为兴王，侗为定王。

【译文】辛亥日（初八），委任礼部尚书李岘、兵部侍郎吕諲做详理使，和御史大夫崔器一同审问陈希烈等人的刑案。李岘让殿中侍御史李栖筠做详理判官；李栖筠处理刑案多公平宽恕，因此人人都埋怨吕諲、崔器的严厉尖酸刻薄，而李岘独自拥有美好的名声。

戊午日（十五日），唐肃宗亲自到丹凤楼，大赦天下，只是和安禄山一块儿叛乱的以及李林甫、王鉷、杨国忠的子孙，没有在赦免之内。册立广平王李俶做楚王，加郭子仪官职成为司徒，李光弼成为司空，其他的随从在蜀郡、灵武立功的大臣，全部进升官级，赏赐爵禄，加封食邑，各有各的等级。李憕、卢奕、颜杲卿、袁履谦、许远、张巡、张介然、蒋清、庞坚等人，都给他们的子孙加增官爵。在作战中死亡的家庭，免去两年的赋税和劳役。郡县第二年的租、庸税减免三分之一。最近改的郡名、官名，全部恢复以前的名称。以蜀郡为南京，凤翔为西京，西京为中京。以张良娣为淑妃。将皇子南阳王李係立为赵王，新城王李仅为彭王，颍川王李偘为兖王，东阳王李倕为泾王，李僙为襄王，李倕为杞王，李偲为召王，李佋为兴王，李侗为定王。

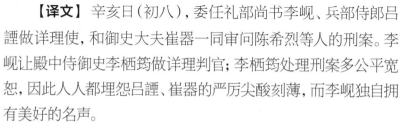

【乾隆御批】 崔器以执法致怨,李岘以曲恕沽恩,其是非为有目者共晓。《唐史》转列器于《酷吏传》,无识甚矣。

【译文】 崔器因为执法严格而招致怨恨,李岘因从宽处理犯人而沽名钓誉,他们的是非曲直人们有目共睹。《唐史》把崔器列入《酷吏传》,太没有见识了。

议者或罪张巡以守睢阳不去,与其食人,曷若全人。其友人李翰为之作传,表上之,以为:"巡以寡击众,以弱制强,保江、淮以待陛下之师,师至而巡死,巡之功大矣。而议者或罪巡以食人,愚巡以守死,善遏恶扬,录瑕弃用,臣窃痛之!巡所以固守者,以待诸军之救,救不至而食尽,食既尽而及人,乖其素志。设使巡守城之初已有食人之计,损数百之众以全天下,臣犹曰功过相掩,况非其素志乎!今巡死大难,不睹休明,唯其令名是其荣禄。若不时纪录,恐远而不传,使巡生死不遇,诚可悲焉。臣敢撰传一卷献上,乞编列史官。"众议由是始息。是后赦令无不及李憕等,而程千里独以生执贼庭,不沾褒赠。

甲子,上皇御宣政殿,以传国宝授上,上始涕泣而受之。

【译文】 有些议论的人责怪张巡死死守护睢阳而不逃跑,与其吃人,不如保全人。张巡的朋友李翰为他写传,用表呈报给唐肃宗,认为:"张巡利用少数的兵攻击多数的贼兵,用弱小的力量抵抗强大的叛贼,使江、淮得以保全,以等候陛下的军队,但是陛下军队到来的时候,张巡却已经被敌人杀死了,张巡的功劳非常大!但是有些议论的人,却利用张巡吃人的事情来责怪他,把张巡的死守睢阳当作是愚蠢。善行停止,恶行显露;记住他的瑕疵,扔掉他的大功,臣私下感到非常痛心。张巡之所以坚守睢阳,是想等候各军的救助;救兵不来可是食物吃完了,食物吃光之后而吃人，这是违背他平常的思想的。如果张巡在开始守城的时候就已经有吃人的意图，那么失去几百个人得以保全天下，臣都还要说他的功过相当，况且吃人并不是他平时的意图呢！如今在大难中死去，没有看到国家的清平盛世，他的荣耀和爵禄就只有美名了。假使不及时记载下来，担心时间久了就流传不下去了；让张巡活着和死后都没有遇到好的时机，确实是可悲的事。所以臣贸然编写传记一篇呈现给皇上，希望交付史官编列国史里。"众人的议论至此才停止。至此之后，朝廷的赦免令都会提到李憕等人，但是程千里却因为被活捉到贼人的朝堂上，无法享受褒扬和追赠。

甲子日（二十一目），太上皇车驾宣政殿，把传国的印玺交付给唐肃宗，唐肃宗才流着泪哭泣着接受了它。

安庆绪之北走也，其大将北平王李归仁及精兵曳落河、同罗、六州胡数万人皆溃归范阳，所过俘掠，人物无遗。史思明厚为之备，且遣使逆招之范阳境，曳落河、六州胡皆降。同罗不从，思明纵兵击之，同罗大败，悉夺其所掠，馀众走归其国。

庆绪忌思明之强，遣阿史那承庆、安守忠往徵兵，因密图之。判官耿仁智说思明曰："大夫崇重，人莫敢言，仁智愿一言而死。"思明曰："何也？"仁智曰："大夫所以尽力于安氏者，迫于凶威耳，今唐室中兴，天子仁圣，大夫诚帅所部归之，此转祸为福之计也。"裨将乌承玭说思明曰："今唐室再造，庆绪叶上露耳。大夫奈何与之俱亡！若归款朝廷，以自湔洗，易于反掌耳。"思明以为然。

【译文】安庆绪向北逃跑的时候，他的大将北平王李归仁和精兵勇士、同罗、六州胡好几万人都溃败跑回范阳，无论到哪个地方都俘虏人民掠夺财物，没有剩余人民和财务。史思明加强戒备，而且派遣使者欢迎他，把他迎接到范阳郡，精兵勇士、六州胡都投靠史思明。同罗不听从命令，史思明派军队攻击他，大败同罗。史思明全部夺下来他们所掳掠的人民财物，余下的士卒步行跑回本国。

安庆绪对于史思明的强盛心怀忌恨，派出阿史那承庆、安守忠前去征调部队，因而私底下意在谋取他。范阳节度判官耿仁智劝告史思明说："大夫尊崇贵重，别人都不敢说话，仁智情愿一吐心中的言语而死。"史思明说："什么事？"耿仁智说："大夫之所以尽心竭力为安禄山打仗，只不过是由于为他的凶恶和威势所迫。而今唐朝中兴，天子仁爱圣明，大夫果真能率领部下向唐朝归顺，这就是转祸为福的计策。"偏将乌承玼也劝告史思明说："如今唐朝又兴建起来，安庆绪只不过是叶上的露珠儿而已。大夫为什么跟他一起灭亡！如果向朝廷投诚，来洗刷自己先前的过错，是轻而易举的。"史思明觉得非常有道理。

承庆、守忠以五千劲骑自随，至范阳，思明番众数万迎之，相距一里所，使人谓承庆等曰："相公及王远至，将士不胜其喜，然边兵怯懦，惧相公之众，不敢进，愿弛弓以安之。"承庆等从之。思明引承庆等入内厅乐饮，别遣人收其甲兵，诸郡兵皆给粮纵遣之，愿留者厚赐，分隶诸营。明日。囚承庆等，遣其将窦子昂奉表以所部十三郡及兵八万来降，并帅其河东节度使高秀岩亦以所部来降。乙丑，子昂至京师。上大喜，以思明为归义王、范阳节度使，子七人皆除显官。遣内侍李思敬与乌承恩往宣慰，使将所部兵讨庆绪。

先是，庆绪以张忠志为常山太守，思明召忠志还范阳，以其将薛萼摄恒州刺史，开井陉路，招赵郡太守陆济，降之；命其子朝义将兵五千人摄冀州刺史，以其将令狐彰为博州刺史。乌承恩所至宣布诏旨，沧、瀛、安、深、德、棣等州皆降，虽相州未下，河北率为唐有矣。

【译文】阿史那承庆、安守忠带领五千名精锐的骑兵跟随在身边，到了范阳，史思明将全部士兵好几万人派遣过去迎接他们，相距一里左右，让人对阿史那承庆等人说："相公和王远道而来，敝处将士不胜欣喜。然而守边的士卒胆怯懦弱，对相公的大军心怀畏惧，不敢前进，希望能将弓弩解下来使他们的心中安定。"阿史那承庆等人听从了。史思明带领阿史那承庆到内厅饮酒作乐，另外派人把他们的铠甲兵器收走，发给米粮给各郡的士兵全部把他们遣送回去，愿意留下的赏赐丰厚，分别隶属于各军营。第二天，将阿史那承庆等人囚禁了起来，派遣他的将军窦子昂奉承表文把所统领的十三郡和士兵八万人前来投降，而且带领他的河东节度使高秀岩也率领部下前来投降。乙丑日（二十二日），窦子昂到达京师。唐肃宗大为高兴，任命史思明做了归义王、范阳节度使，任命他的七个儿子都当了大官。派遣在宫内侍奉的宦官李思敬和乌承恩前去宣谕慰问，让他带领部下前往讨伐安庆绪。

在此之前，安庆绪委任张忠志担任常山太守，史思明召请张忠志回到范阳，让他的部将薛萼代理恒州刺史，把井陉口的道路开通。把赵郡太守陆济招来，降服了他。任命他的儿子史朝义带着五千士兵代理冀州刺史，任命他的将军令狐彰担任博州刺史。乌承恩所到之地都宣布诏书的意旨，沧、瀛、安、深、德、棣等各州都降附，即使相州还没有降服，河北大都为唐朝所有了。

上皇加上尊号曰光天文武大圣孝感皇帝。

郭子仪还东都，经营河北。

崔器、吕諲上言："诸陷贼官，背国从伪，准律皆应处死。"
上欲从之。李岘以为："贼陷两京，天子南巡，人自逃生。此属皆
陛下亲戚或勋旧子孙，今一概以叛法处死，恐乖仁恕之道。且
河北未平，群臣陷贼者尚多，若宽之，足开自新之路；若尽诛之，
是坚其附贼之心也。《书》曰：'歼厥渠魁，胁从罔理。'諲、器守
文，不达大体。惟陛上图之。"争之累日，上从岘议，以六等定
罪，重者刑之于市，次赐自尽，次重杖一百，次三等流、贬。壬
申，斩达奚珣等十八人于城西南独柳树下，陈希烈等七人赐自尽
于大理寺；应受杖者于京兆府门。

【译文】太上皇加唐肃宗尊号为光天文武大圣孝感皇帝。

郭子仪返回东都，经营河北各地。

崔器、吕諲向唐肃宗进言说："各个陷入贼寇的官员，背弃
国家，跟随伪朝，依照律法都应该处以死刑。"唐肃宗想要采纳
他们的意见。李岘认为："贼兵把东西二京攻克，天子在南方巡
狩，人人都自谋生路。这些人都是陛下的亲戚或者是功臣的子
孙，如果现在一概依照叛国法令判处他们死刑，恐怕同仁恕的
道理相违背。况且河北还没有平定，还有许多臣子陷落在贼寇
手中，假如宽恕他们，足以把他们改过自新之路打开；要是将
他们全都杀死，就会使得他们归附叛贼的心志更加坚决了。《书
经》上说：'杀死罪魁祸首，胁迫相从的不予追究。'吕諲和崔器
是墨守成规的人，不晓得为政的大道理，恳请陛下裁决。"争执
了好几天，唐肃宗采纳了李岘的论见，按照六等定罪，罪行严重
的在街市上刑戮，其次下令自杀，其次打一百杖，其次分三等放

逐、贬谪。壬申日（二十九日），在城西南独柳树下斩杀达奚珣等十八个人，命令陈希烈等七个人在大理寺自杀；应该受杖打的则在京兆府门前施刑。

上欲免张均、张垍死，上皇曰："均、垍事贼，皆任权要。均仍为贼毁吾家事，罪不可赦。"上叩头再拜曰："臣非张说父子，无有今日。臣不能活均、垍，使死者有知，何面目见说于九泉！"因俯伏流涕。上皇命左右扶上起，曰："张垍为汝长流岭表，张均必不可活，汝更勿救。"上泣而从命。

安禄山所署河南尹张万顷独以在贼中能保庇百姓不坐。顷之，有自贼中来降者，言"唐群臣从安庆绪在邺者，闻广平王赦陈希烈等，皆自悼，恨失身贼庭；及闻希烈等诛，乃止。"上甚悔之。

【译文】唐肃宗想要将张均、张垍的死罪予以赦免，太上皇说："张均、张垍侍奉叛贼，都担任重要的职务。张均又替反贼把我们的家业毁坏，不能赦免他们的罪过。"唐肃宗叩头一再地拜请说："没有张说父子的帮助，臣就不会活到今天。臣如果不能让张均、张垍活下来，若是死人有知，还有什么脸面在地下见到张说！"因而伏在地上哭泣。太上皇命令左右的人扶他起来，说道："看在你的面上，张垍永远流放到五岭以南的地方，张均是无论如何不能活命的，你不可再救他。"唐肃宗哭着听从了命令。

安禄山所任命的河南尹张万顷只因为能在反贼叛乱区里使人民得以保全而没有判罪。没过多久，有人从叛贼地区回到京城，说："唐朝的各个随从安庆绪在邺郡的大臣，听到广平王将陈希烈等人赦免了，都万分痛惜，非常遗憾自己失身于反贼的朝廷；等到听说陈希烈等人都被杀，反叛的决心又坚定了。"唐肃宗十分后悔。

◆臣光曰：为人臣者，策名委质，有死无贰。希烈等或贵为卿相，或亲连肺腑，于承平之日，无一言以规人主之失，救社稷之危，迎合取容以窃富贵；及四海横溃，乘舆播越，偷生苟免，顾恋妻子，媚贼称臣，为之陈力，此乃屠酤之所羞，犬马之不如。倘更全其首领，复其官爵，是谄谀之臣无往而不得计也。彼颜杲卿、张巡之徒，世治则摈斥外方，沈抑下僚；世乱则委弃孤城，齑粉寇手。何为善者之不幸而为恶者之幸，朝廷待忠义之薄而保奸邪之厚邪！至于微贱之臣，巡徼之隶，谋议不预，号令不及，朝闻亲征之诏，夕失警跸之所，乃复责其不能扈从，不亦难哉！六等议刑，斯亦可矣，又何悔焉！◆

故妃韦氏既废为尼，居禁中，是岁卒。

【译文】◆臣司马光说："为人臣子的人，既然已经宣誓就职，到死也不应该生出二心。陈希烈等人有的地位贵为公卿宰相，有的与皇室有极其亲密的关系。在太平时期，没有一句话规谏人主的过失，拯救社稷的危险，逢迎人主的心意只求暂时容身以谋取富贵；等到天下大乱，皇上还迁徙到别的地方，又苟且偷安以求不死，顾念妻子，谄媚地侍奉叛贼，向他称臣，替他们效力。此类行为就连市井小民都备感耻辱，狗马也不如。如果全都让他们活命，让他们恢复官爵，那就是无论谄媚阿谀的臣子怎么做都能使其私心计谋得逞了。如此一来，那些像颜杲卿、张巡一辈的人，国家太平之时就被摒弃在远方，屈居为下等小官；天下大乱之时就把他们丢弃在孤城之中，任凭他们粉身碎骨被敌人处死。为什么为善的人都遭遇不幸而为恶的人却获得幸运，朝廷如此刻薄地对待忠义而这般优厚地保护那些奸邪者呢！至于地位卑微的小臣，戍守边疆的士卒，无法参与到朝廷的谋划，清晨听到御驾亲征的诏命，到了夜晚就不晓得皇上到哪里去了，却又责怪他们没有跟随在侧护驾，不是太为难了吗！分成六个等级判刑，也是可以的，又有什么好后悔的呢！◆

先前的太子妃韦氏被废为尼姑后，在宫里居住，今年死去。

【乾隆御批】 均、垍以世臣，甘心事贼，于法不原。玄宗于此尚知力持威柄，乃肃宗转以藩邸私恩，力为陈请将何以正人心，而励臣节？若陈希烈等在朝容悦，临难偷生，即使反正来降，操三尺者亦不能为之曲贷，况以此等败裂名义之人犹可姑留，以冀自新之效耶？肃宗闻流言而自悔，真所谓梦梦。

【译文】 张均、张垍世代为臣，甘心投敌，国法不能原谅。玄宗对此还能坚持执法，而肃宗却以藩臣的私恩，极力为二人陈述说情，还将拿什么来匡正人心，勉励下臣们守节呢？像陈希烈这样在朝取悦君王，国家有难便偷生投贼的人，即使反正来降，执法的人也不能因特殊情况宽容，何况像这样败坏名义的人还能姑免一死，希望他悔过自新吗？肃宗听信那流言而后悔杀了陈希烈，真可算是昏乱不明。

置左、右神武军，取元从子弟充，其制皆如四军，总谓之北牙六军。又择善骑射者千人为殿前射生手，分左、右厢，号曰英武军。

升河中防御使为节度，领蒲、绛等七州；分剑南为东、西川节度，东川领梓、遂等十二州；又置荆澧节度，领荆、澧等五州；夔峡节度，领夔、峡等五州；更安西曰镇西。

【译文】 设立左、右神武军，选取曾经自马嵬驿随从唐肃宗北至灵武以及从灵武返回京师的大臣的子弟充任，其制度都跟左、右羽林及左、右龙武四军一样，总称为北牙六军。又选出一千名擅长骑马射箭的人作为殿前射生手，分为左、右两厢，称为英武军。

将河中防御使升为节度使，统领蒲、绛等七州；划分剑南为东、西川节度，东川统领梓、遂等十二州；又设立荆澧节度，统领荆、澧等五州；夔峡节度，统领夔、峡等五州；更改安西为镇西。

乾元元年（戊戌，公元七五八年）春，正月，戊寅，上皇御宣政殿，授册，加上尊号。上固辞"大圣"之号，上皇不许。上尊上皇曰太上至道圣皇天帝。

先是，官军既克京城，宗庙之器及府库资财多散在民间，遣使检括，颇有烦扰；乙酉，敕尽停之，乃命京兆尹李岘安抚坊市。

二月，癸卯朔，以殿中监李辅国兼太仆卿。辅国依附张淑妃，判元帅府行军司马，势倾朝野。

安庆绪所署北海节度使能元皓举所部来降，以为鸿胪卿，充河北招讨使。

丁未，上御明凤门，赦天下，改元。尽免百姓今载租、庸。复以载为年。

庚午，以安东副大都护王玄志为营州刺史，充平卢节度使。

【译文】乾元元年（戊戌，公元758年）是年二月改年号为乾元。春季，正月，戊寅日（初五），太上皇驾临宣政殿，赐唐肃宗册命，加唐肃宗尊号为光天文武大圣孝感皇帝。唐肃宗坚决辞谢"大圣"的名号，太上皇没有应允。唐肃宗尊称太上皇为太上至道圣皇天帝。

在此之前，官军攻克并收复京城之后，宗庙里的器物和府库里的财帛大都散落在民间，就派人检查收集，发生了许多烦扰人民的事情。乙酉日（十二日），下达命令完全停止。于是命令京兆尹李岘前去抚慰市井百姓。

二月，癸卯朔日（初一），任命殿中监李辅国兼任太仆卿。李辅国依附于张淑妃，兼理元帅府行军司马的事务，权倾朝野。

安庆绪所任命的北海节度使能元皓率领全部属下前来投降，任命他做了鸿胪卿，代理河北招讨使。

丁未日（初五），唐肃宗驾临明凤门，大赦天下，改年号为乾元。把老百姓今年的租、庸税赋全部予以免除，又把载改为年。

庚午日（二十八日），任命安东副大都护王玄志担任营州刺使，代理平卢节度使。

【乾隆御批】 尊号之加，本属末流文伪，况父子至性，又安贵此虚名，相报施孝慈之道，均无当也。

【译文】 上尊号，本来属于文饰，况且父子之情天赋卓绝，又何必看重此等虚名，用它来报答孝慈之道？这都是不恰当的。

三月，甲戌，徙楚王俶为成王。

戊寅，立张淑妃为皇后。

镇西、北庭行营节度使李嗣业屯河内。癸巳，北庭兵马使王惟良谋作乱，嗣业与裨将荔非元礼讨诛之。

安庆绪之北走也，其平原太守王暕、清河太守宇文宽皆杀其使者来降；庆绪使其将蔡希德、安太清攻拔之，生擒以归，刳于邺市。凡有谋归者，皆诛及种、族，乃至部曲、州县、官属，连坐死者甚众。又与其群臣歃血盟于邺南，而人心益离。庆绪闻李嗣业在河内，夏，四月，与蔡希德、崔乾祐将步骑二万，涉沁水攻之，不胜而还。

癸卯，以太子少师虢王巨为河南尹，充东京留守。

辛卯，新主入太庙。甲寅，上享太庙，遂祀昊天上帝；乙卯，御明凤门，赦天下。

【译文】三月，甲戌日（初二），徙封楚王李俶做成王。

戊寅日（初六），将张淑妃立为皇后。

镇西、北庭行营节度使李嗣业在河内屯兵。癸巳日（二十一日），北庭兵马使王惟良谋划叛乱，李嗣业和偏将荔非元礼讨伐并把他杀死。

安庆绪向北逃亡之时，他的平原太守王暕、清河太守宇文宽都把他的使者杀死前来投降；安庆绪派遣他的大将蔡希德、安太清将他们的郡城攻克，活捉了他们回去，在邺市凌迟处死。只要是有归国计划的，胡人把他的种族全部杀光，汉人就把其家族灭掉，以至于部下官兵、州县官属，遭到牵连而死的非常多。又和他的群臣在邺城以南歃血为盟，可是人心一天天离散。安庆绪听闻李嗣业在河内，夏季，四月，与蔡希德、崔乾祐带领两万步兵和骑兵，渡过沁水去进攻他，没有得胜而回去。

癸卯日（初二），派遣太子少师虢王李巨担任河南尹，代理东京留守。

辛卯日（按四月无辛卯，据《新唐书·肃宗本纪》当作辛亥，初十），把栗木做的神主送进太庙。甲寅日（十三日），唐肃宗祭奠于太庙，因而祭祀昊天上帝；乙卯日（十四日），驾临明凤门，大赦天下。

五月，壬午，制停采访使，改黜陟使为观察使。

张镐性简澹，不事中要，闻史思明请降，上言："思明凶险，因乱窃位，力强则众附，势夺则人离，彼虽人面，心如野兽，难以德怀，愿勿假以威权。"又言："滑州防御使许叔冀，狡猾多诈，临难必变，请徵入宿卫。"时上以宠纳思明，会中使自范阳及白马来，皆言思明、叔冀忠恳可信，上以镐为不切事机，戊子，罢为荆州防御使；以礼部尚书崔光远为河南节度使。

【译文】五月，壬午日（十一日），下达命令停止采访使，把黜陟使改为观察使。

张镐性情简素淡泊，无心在宫廷里执掌大权，听闻史思明请求投降，向唐肃宗进谏说："史思明凶险奸恶，趁着贼乱而盗取高位。力量强大众人就依附，权势失落人心就要离散。虽然他长了一副人的面孔，但是他的心却凶残得同野兽没什么两样。这样的人很难用恩德感动他，请不要给他威势和权柄。"又说："滑州防御使许叔冀，生性狡猾内心奸诈，一旦遇到危难必定生变，请把他征召回宫庭宿卫。"当时唐肃宗已经惠允史思明的投降，又正碰上有宫中使者从范阳及白马回来，都说史思明、许叔冀忠诚可靠；唐肃宗觉得张镐与事务的机要不相切合，戊子日（十七日），将其河南节度使罢除，作为荆州防御使；任命礼部尚书崔光远担任河南节度使。

张后生兴王佋，才数岁，欲以为嗣，上疑未决，从容谓考功郎中、知制诰李揆曰："成王长，且有功，朕欲立为太子，卿意何如？"揆再拜贺曰："此社稷之福，臣不胜大庆。"上喜曰："朕意决矣。"庚寅，立成王俶为皇太子。揆，玄道之玄孙也。

乙未，以崔圆为太子少师，李麟为少傅，皆罢政事。上颇好鬼神，太常少卿王玙专依鬼神以求媚，每议礼仪，多杂以巫祝俚俗。上悦之，以玙为中书侍郎、同平章事。

【译文】张皇后所生的兴王李侶，只有几岁大，皇后想要让他做继承人，唐肃宗犹豫没有决定。在闲谈之时问考功郎中、知制诰李揆说："成王是长子，而且于国家有功，朕想把他立为太子，卿觉得怎么样？"李揆一再跪拜称贺说："这是国家的福气，臣感到无限的幸福。"唐肃宗欢喜地说："朕的心意已经决定了。"庚寅日（十九日），把成王李俶立为皇太子。李揆，是李玄道的玄孙。

乙未日（二十四日），任命崔圆担任太子少师，李麟担任少傅，都罢除政事。唐肃宗对鬼神之事非常喜好，太常少卿王玙专门依托鬼神来讨好唐肃宗，每次谈论礼仪，大都羼杂巫祝和乡野的仪节。唐肃宗十分喜欢他，就任命王玙担任中书侍郎、同平章事。

赠故常山太守颜杲卿太子太保，谥曰忠节，以其子威明为太仆丞。杲卿之死也，杨国忠用张通幽之譖，竟无褒赠。上在凤翔，颜真卿为御史大夫，泣诉于上，上乃出通幽为普安太守，具奏其状于上皇，上皇杖杀通幽。杲卿子泉明为王承业所留，因寓居寿阳，为史思明所虏，裹以牛革，送于范阳，会安庆绪初立，有赦，得免。思明降，乃得归，求其父尸于东京，得之，遂并袁履谦尸棺敛以归。杲卿姊妹女及泉明之子皆流落河北；真卿时为蒲州刺史，使泉明往求之，泉明号泣求访，哀感路人，久乃得之。泉明诣亲故乞索，随所得多少赎之，先姑姊妹而后其子。姑女为贼所掠，泉明钱二百缗，欲赎己女，闵其姑愁悴，先赎姑女；比更得钱，求其女，已失所在。遇群从姊妹及父时将吏袁履谦等妻子流落者，皆与之归，凡五十馀家，三百馀口，均减资粮，一如亲戚。至蒲州，直卿悉加赡给，久之，随其所适而资送之。袁履谦妻疑履谦衣衾俭薄，发棺视之，与杲卿无异，乃始惭服。

【译文】 追赠前任常山太守颜杲卿做太子太保，谥为忠节，任命他的儿子颜威明担任太仆丞。颜杲卿过世之时，杨国忠听信了张通幽的谮害言语，居然没有褒扬和追赠。唐肃宗在凤翔，颜真卿担任御史大夫，向唐肃宗哭泣着诉说，唐肃宗就从朝中把张通幽遣出担任普安太守，把实际情形原原本本地向太上皇奏明，太上皇就用杖打死了张通幽。颜杲卿的儿子颜泉明被王承业扣留，因而就在寿阳寄居，被史思明俘获，用牛皮包裹，送到范阳。正赶上安庆绪刚刚即位，有赦免令，才得以免死。史思明投降，才得以回国，到东京找寻他父亲的尸体。找到了，就和袁履谦的尸体一同用棺材装殓运回。颜杲卿的姐姐、妹妹、女儿和颜泉明的儿子都流落在河北；颜真卿当时担任蒲州刺史，使颜泉明去找寻他们。颜泉明哭喊着访求，悲哀的心情连路人都被感动，过了很长时间才找到。颜泉明到亲戚朋友处要求钱财上帮助，依照所求得的多少来赎人，先将姑母、姐姐、妹妹赎回，后把自己的儿子赎回。姑母的女儿被叛贼掳去，颜泉明有二百缗钱，原本想要赎回自己的女儿，见到姑母忧愁憔悴，非常伤心，就先将姑母的女儿赎了回来。等到再得到金钱，访求自己的女儿，已经找不到居所。遇见很多远房的姐妹，和父亲在世之时的将军官吏袁履谦等人流落在外的妻子，跟他们一同返回，一共五十多家，三百多口人，平均分给每个人财物和粮食，都与亲戚一样。到了蒲州，颜真卿都向他们供给足够的财物和粮食。很长时间过后，按照他们意愿资助他们到哪里去。袁履谦的妻子怀疑袁履谦装敛时衣服衾被较少，打开棺木检视，同颜杲卿的丝毫没有差别，这才惭愧心服。

六月，己酉，立太一坛于南郊之东，从王玙之请也。上尝不豫，卜云山川为祟，玙请遣中使与女巫乘驿分祷天下名山大川。巫恃势，所过烦扰州县，干求受赃。黄州有巫，盛年美色，从无赖少年数十，为蠹尤甚，至黄州，宿于驿舍。刺史左震晨至驿，门扃锁，不可启，震怒，破锁而入，曳巫于阶下斩之，所从少年悉毙之。籍其赃，数十万，具以状闻，且请以其赃代贫民租，遣中使还京师，上无以罪也。

以开府仪同三司李嗣业为怀州刺史，充镇西、北庭行营节度使。

【译文】六月，己酉日（初九），修建太一坛于南郊的东面，这是听从王玙的请求而修建的。唐肃宗曾经感到身体不适，卜得的结果说是山川的神祇为祸，王玙请求派遣宫中使者和女巫骑驿马分别祭祷天下的名山大川。女巫倚仗朝廷势力，所经之地，都要烦扰各州各县，多所要求，收受贿赂。黄州有一个女巫，年轻貌美，有数十个无赖少年跟随着，为害甚大，到黄州以后，就在驿站的房舍中居住。黄州刺史左震清晨到驿舍，房门紧锁，无法打开。左震非常生气，破开了锁进去，把女巫拉到台阶下斩了，随从的少年也全都斩杀。将她所收受的贿赂登记下来，有数十万，将实际情形详细报告给唐肃宗，并且请求用她的赃款来替代贫民的租税，将宫中使者遣送回京师。唐肃宗不能怪罪他。

任命开府仪同三司李嗣业担任怀州刺史，代理镇西、北庭行营节度使。

山人韩颖改造新历，丁巳，初行颖历。

戊午，敕两京陷贼官，三司推究未毕者皆释之；已贬、降者续处分。

太子少师房琯既失职，颇怏怏，多称疾不朝，而宾客朝夕盈门，其党为之扬言于朝云："琯有文武才，宜大用。"上闻而恶之，下制数琯罪，贬幽州刺史。前祭酒刘秩贬阆州刺史，京兆尹严武贬巴州刺史；皆琯党也。

初，史思明以列将事来卢军使乌知义，知义善待之。知义子承恩为信都太守，以郡降思明，思明思旧恩而全之。及安庆绪败，承恩说思明降唐。李光弼以思明终当叛乱，而承恩为思明所亲信，阴使图之；又劝上以承恩为范阳节度副使，赐阿史那承庆铁券，令共图思明，上从之。

【译文】山人韩颖改造新的历法，丁巳日（十七日），开始实行韩颖改造的历法。

戊午日（十八日），敕令：东、西两京陷落叛贼手中的官吏，三司尚未审理完毕的一概释放；被贬官、降职的继续处治。

太子少师房琯失职之后，怏怏不乐，时常借故生病不上朝，然而家中从早到晚都是宾客满座。他的党羽在朝廷上替他宣扬说："房琯有文、武才干，应当重用。"唐肃宗听到后很讨厌他，下制书列举房琯的罪过，贬为幽州刺史。贬前任祭酒刘秩做了阆州刺史，贬京兆尹严武做了巴州刺史，这几个人都属于房琯一派。

先前，史思明以普通军将的身份侍奉平卢军使乌知义，乌知义待他非常的优渥。乌知义的儿子乌承恩担任信都太守，把全郡投降给史思明，史思明感念旧恩而保全他。等到安庆绪失败，乌承恩劝说史思明投降唐朝。李光弼觉得史思明始终是要叛乱的，并且乌承恩又得史思明的亲近和信任，私下里叫他谋杀史思明；又劝谏唐肃宗任命乌承恩担任范阳节度副使，赐给阿史那承庆铁券，叫他们一起策划除掉史思明。唐肃宗接受了这个计划。

承恩多以私财募部曲，又数衣妇人服诣诸将营说诱之，诸将以白思明，思明疑未察。会承恩入京师，上使内侍李思敬与之俱至范阳宣慰。承恩既宣旨，思明留承恩馆于府中，帷其床，伏二人于床下。承恩少子在范阳，思明使省其父。夜中，承恩密谓其子曰："吾受命除此逆胡，当以吾为节度使。"二人于床下大呼而出。思明乃执承恩，索其装囊，得铁券及光弼牒，牒云："承庆事成则付铁券；不然，不可付也。"又得簿书数百纸，皆先从思明反者将士名。思明责之曰："我何负于汝而为此！"承恩谢曰："死罪，此皆李光弼之谋也。"思明乃集将佐吏民，西向大哭曰："臣以十三万众降朝廷，何负陛下，而欲杀臣！"遂榜杀承恩父子，连坐死者二百馀人。承恩弟承玼走免。思明囚思敬，表上其状。上遣中使慰谕思明曰："此非朝廷与光弼之意，皆承恩所为，杀之甚善。"

【译文】乌承恩花费许多私人财产来招募士卒，又多次身穿女人的衣服到各将军营中去游说引诱他们。诸位将军把此事报告给史思明，史思明心中疑虑但没有详细观察。正碰上乌承恩到京师去，唐肃宗派内侍李思敬跟他一起到范阳去宣旨慰问。乌承恩宣明圣旨之后，史思明把乌承恩留住于办公厅的公馆里，在他的床四周挂起帷幔，埋伏两个人在床底下。乌承恩的小儿子在范阳，史思明让他去探望他的父亲。半夜里，乌承恩悄悄地对他的儿子说："我受到朝廷命令要把这个反叛的胡贼除掉，将用我担任节度使。"事前在床底下埋伏的两个人大叫而出，史思明就逮捕乌承恩，搜索他的行李袋，获得铁券和李光弼的牒文，牒文上说："阿史那承庆事成之后就把铁券交给他；不然的话，就不能交给他。"又搜得一个有好几百张的小册子，上面所列的都是当初跟随史思明叛乱的将士姓名。史思明责问乌承恩说："我有什么地方对不起你，你却要这样做？"乌承恩谢罪说："有罪该死，这都是李光弼的计谋。"史思明就集合将军辅佐和官吏百姓，向西边大哭说："臣统率十三万兵马归降朝廷，有哪里对不起陛下的，却要杀臣！"于是就打死了乌承恩父子，有二百多人因受牵连获罪而死。乌承恩的弟弟乌承玭逃跑了，得以免死。史思明把李思敬囚禁起来，把详细情形写表进呈唐肃宗。唐肃宗派遣宫中使者安抚晓谕史思明说："这并非朝廷和李光弼的意思，都是乌承恩自己要做的，杀掉他很好。"

会三司议陷贼官罪状至范阳，思明谓诸将曰："陈希烈辈皆朝廷大臣，上皇自弃之幸蜀，今犹不免于死，况吾属本从安禄山反乎！"诸将请思明表求诛光弼，思明从之，命判官耿仁智与其僚张不矜为表云："陛下不为臣诛光弼，臣当自引兵就太原诛之。"不矜草表以示思明，及将入函，仁智悉削去之。写表者以白思明，思明命执二人斩之。仁智事思明久，思明怜，欲活之，复召入，谓曰："我任使汝垂三十年，今日非我负汝。"仁智大呼曰："人生会有一死，得尽忠义，死之善者也。今从大夫反，不过延岁月，岂若速死之愈乎！"思明怒，乱捶之，脑流于地。

乌承玭太原，李光弼表为昌化郡王，充石岭军使。

【译文】 等到三司审议陷落反贼手中官员罪状的事传到范阳，史思明对各将军说："陈希烈等人都是朝廷的大臣，太上皇把他们抛下逃到蜀郡，而今还是无法免死，何况我们原本就是跟随安禄山造反的呢？"诸位将军请史思明上表奏章请求把李光弼杀死，史思明听从，就叫判官耿仁智与他的同僚张不矜写下表文说："陛下如果不替臣把李光弼杀死，臣就要自己带兵到太原去杀他。"张不矜写好表文草稿拿给史思明看，等到将要装入信函，耿仁智把那些话全部删去。誊写表文的报告史思明，史思明命令把两人捉来杀掉。耿仁智侍奉史思明已经很长时间了，史思明很喜爱他，想让他活命，又把他召进去，对他说："我任用你快三十年了，今天不是我对不起你。"耿仁智大声喊叫着说："人生都难免一死，能够尽进忠义，是死中最好的。假如今天跟随大夫作乱，不过是暂时拖延岁月，哪里如赶快早死的好呢！"史思明非常生气，用棒乱打他，脑浆流到地上而死。

乌承玼逃到太原，李光弼上表举荐他做昌化郡王，担任石岭军使。

秋，七月，丙戌，初铸当十大钱，文曰"乾元重宝"，从御史中丞第五琦之谋也。

丁亥，册命回纥可汗曰英武威远毗伽阙可汗，以上幼女宁国公主妻之。以监汉中王瑀为册礼使，右司郎中李巽副之；命左仆射裴冕送公主至境上。戊子，又以司勋员餐郎鲜于叔明为瑀副。叔明，仲通之弟也。甲子，上送宁国公主至咸阳，公主辞诀曰："国家事重，死且无恨。"上流涕而还。

瑀等至回纥牙帐，可汗衣赭袍胡帽，坐帐中榻上，仪卫甚盛，引瑀等立于帐外，瑀不拜而立，可汗曰："我与天可汗两国之君，君臣有礼，何得不拜？"瑀与叔明对曰："向者唐与诸国为婚，皆以宗室女为公主。今天子以可汗有功，自以所生女妻可汗。恩礼至重，可汗奈何以子婿傲妇翁，坐榻上受册命邪！"可汗改容，起受册命。明日，立公主为可敦，举国皆喜。

【译文】秋季，七月，丙戌日（十六日），开始铸造价值十文的大钱，上面写有"乾元重宝"四个字，这是接受御史中丞第五琦的意见而铸的。

丁亥日（十七日），唐肃宗下册书将回纥可汗封为英武威远毗伽阙可汗，把唐肃宗的幼女宁国公主嫁给他。派遣殿中监汉中王李瑀做册礼使，右司郎中李巽做副使；命令左仆射裴冕把公主护送到国境上。戊子日（十八日），又派遣司勋员外郎鲜于叔明担任李瑀的副使。鲜于叔明，是鲜于仲通的弟弟。甲子日（七月无甲子日，子当从严校改作午，甲午是二十四日），唐肃宗为宁国公主送别于咸阳。公主跟唐肃宗辞别说："国家的事情重要，我就是死了也没有遗憾。"唐肃宗流着眼泪回来了。

李瑀等人到了回纥的大营，可汗身穿土红色的袍子戴着胡人的帽子，在营帐里的床上坐着，仪仗和卫士十分严整，带领李瑀等人在营帐外面站着。李瑀站在那里不跪拜，可汗说："我与天可汗是两国的君主，君臣之间有一定礼节，为什么不跪拜？"李瑀和鲜于叔明回答说："以前唐朝同各国通婚，都是拿宗室的女儿作为公主。而今天子因为可汗有功，就将自己亲生的女儿嫁给可汗。恩德和礼遇都极为隆重，可汗为什么以女婿的身份而对岳丈这样傲慢，坐在床上接受册命呢！"可汗的脸色改变，站起来接受册命。第二天，把公主立为可敦，全国都很欢喜。

乙未，郭子仪入朝。

八月，壬寅，以青、登等五州节度使许叔冀为滑、濮等六州节度使。

庚戌，李光弼入朝。丙辰，以郭子仪为中书令，光弼为侍中。丁巳，子仪诣行营。

回纥遣其臣骨啜特勒及帝德将骁骑三千助讨安庆绪，上命朔方左武锋使仆固怀恩领之。

九月，庚午朔，以右羽林大将军赵泚为蒲、同、虢三州节度使。

丙子，招讨党项使王仲升斩党项酋长拓跋戎德，传首。

【译文】乙未日（二十五日），郭子仪进入朝中奏事。

八月，壬寅日（初三），任命青、登等五州节度使许叔冀担任滑、濮等六州节度使。

庚戌日（十一日），李光弼进入朝中奏事。丙辰日（十七日），任命郭子仪担任中书令，李光弼担任侍中。丁巳日（十八日），郭子仪返回军营。

回纥派遣大臣骨啜特勒和帝德带领三千名勇壮的骑兵前来协助讨伐安庆绪，唐肃宗命令朔方左武锋使仆固怀恩统领他们。

九月，庚午朔日（初一），任命右羽林大将军赵泚担任蒲、同、虢三州节度使。

丙子日（初七），招讨党项使王仲升把党项酋长拓跋戎德斩杀，把他的首级传送到京师。

安庆绪之初至邺也，虽枝党离析，犹据七郡六十馀城，甲兵资粮丰备。庆绪不亲政事，专以缮台沼楼船、酣饮为事。其大臣高尚、张通儒等争权不叶，无复纲纪。蔡希德有才略，部兵精锐，而性刚，好直言，通儒谮而杀之；麾下数千人皆逃散，诸将怨怒不为用。以崔乾祐为天下兵马使，总中外兵，乾祐愎戾好杀，士卒不附。

庚寅，命朔方郭子仪、淮西鲁炅、兴平李奂、滑濮许叔冀、镇西、北庭李嗣业、郑蔡季广琛、河南崔光远七节度使及平卢兵马使董秦将步骑二十万讨庆绪；又命河东李光弼、关内、泽潞王思礼二节度使将所部兵助之。上以子仪、光弼皆元勋，难相统属，故不置元帅，但以宦官开府仪同三司鱼朝恩为观军容宣慰处置使。观军容之名自此始。

癸巳，广州奏：大食、波斯围州城，刺史韦利见逾城走，二国兵掠仓库，焚庐舍，浮海而去。

【译文】安庆绪刚刚到邺城之时，虽然各宗枝党派都已经分离了，但是还占据了七郡六十多个城池，铠甲兵器物资米粮都十分充足完备。安庆绪不亲自管理政事，专门把修治亭台沼池楼船和寻欢作乐作为主要事务。他的大臣高尚、张通儒等人因为争夺权力而不和睦，不再有纲纪可言。蔡希德具备才干谋略，所统领的兵士都很精良，可他性情刚直，好直言不讳，张通儒谮害将他杀死。他的部下数千人都逃散了，各个将军也怨恨生气，不愿为安庆绪所役使。就任用崔乾祐担任天下兵马使，总领内外大军。崔乾祐刚愎乖戾，爱好杀人，士卒对他并不亲附。

庚寅日（二十一日），命令朔方节度使郭子仪、淮西节度使鲁炅、兴平节度使李奂、滑濮节度使许叔冀、镇西及北庭节度使李嗣业、郑蔡节度使季广琛、河南节度使崔光远七个节度使和平卢兵马使董秦带领二十万步兵和骑兵征讨安庆绪；又命令河东节度使李光弼、关内及泽潞节度使王思礼两个节度使带领所统的兵马前去协助他们。唐肃宗认为郭子仪、李光弼都是国家的大功臣，难以相互统御从属，因而没有设置元帅，只是任命宦官开府仪同三司鱼朝恩担任观军容宣慰处置使。自此以后有了观军容的称谓。

癸巳日（二十四日），广州奏报说："大食、波斯围攻州城，刺史韦利见翻墙逃走。两国的士兵劫掠仓库，焚烧房屋，坐船从海上离去。"

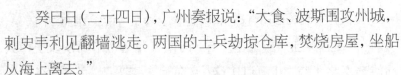

【乾隆御批】 易言："师贞大人吉。"列镇在军无帅，何以敌忾？肃宗即以郭、李元勋，难相统摄。何难使子仪、光弼分道进取！乃专委宦者反居二人之上，舆尸失律，理固不夹，九节度相州之溃，又谁咎耶？

【译文】《周易》上说："兴师动众要靠好的统帅才能打胜仗。"军中无帅，怎么能同仇敌忾？肃宗认为郭子仪、李光弼都是元老勋臣，难以相互统属。解决的办法并不难，让郭子仪、李光弼分道进取！肃宗却委任宦官高居二人之上，结果以车运尸，军无纪律，理固必然，九节度使兵败相州，又是谁的过错呢？

冬，十月，甲辰，册太子，更名曰豫。自中兴以来，群下无复赐物，至是，始有新铸大钱，百官、六军沾赉有差。

郭子仪引兵自杏园济河，东至获嘉，破安太清，斩首四千级，捕虏五百人。太清走保卫州，子仪进围之；丙午，遣使告捷。鲁炅自阳武济，季广琛、崔光远自酸枣济，与李嗣业兵皆会子仪于卫州。庆绪悉举邺中之众七万救卫州，分三军，以崔乾祐将上军，田承嗣将下军，庆绪自将中军。子仪使善射者三千人伏于垒垣之内，令曰："我退，贼必逐我，汝乃登垒，鼓噪而射之。"既而与庆绪战，伪退，贼逐之，至垒下，伏兵起射之，矢如雨注，贼还走，子仪复引兵逐之，庆绪大败。获其弟庆和，杀之。遂拔卫州。庆绪走，子仪等追之至邺，许叔冀、董秦、王思礼及河东兵马使薛兼训皆引兵继至。庆绪收馀众拒战于愁思冈，又败。前后斩首三万级，捕虏千人。庆绪乃入城固守，子仪等围之，李光弼引兵继至。庆绪窘急，遣薛嵩求救于史思明，且请以位让之。思明发范阳兵十三万欲救邺，观望未敢进，先遣李归仁将步骑一万军于滏阳，遥为庆绪声势。

【译文】冬季，十月，甲辰日（初五），册命太子，改名李豫。自打中兴建国之后，还没有赏赐过群臣钱财。直到此时，才有新铸的大钱，百官和六军赏赐各有差等。

郭子仪带领士卒从杏园渡过黄河，向东行到获嘉，将安太清击败，斩获四千首级，捉到五百名俘虏。安太清逃跑保守卫州，郭子仪进军将他包围；丙午日（初七），派遣使者报告捷音。鲁炅从阳武渡河，季广琛、崔光远从酸枣渡河，与李嗣业的士卒都在卫州和郭子仪相会。安庆绪调派邺地七万名所有的士卒前去援救卫州，分为三军，让崔乾祐率领上军，田承嗣率领下军，安庆绪亲自率领中军。郭子仪叫三千名善于射箭之人在营垒的墙垣里面埋伏，给他们下令说："我后退之时，贼兵必然追逐我，你们就爬上营垒的垣墙，击鼓喧噪而射击他们。"随后同安庆绪作战，假装败退。贼兵追击他，来到营垒下面，埋伏的士兵起来朝他们射起箭来，箭如雨点似的落下，贼兵往回跑。郭子仪又带领兵马到了，安庆绪大败。将他的弟弟安庆和捕获了，并杀死了他。因而将卫州攻下。安庆绪逃跑，郭子仪等人一直追赶到邺城，许叔冀、董秦、王思礼和河东兵马使薛兼训都接着率领兵马到了。安庆绪整合残余的兵士在愁思冈和官军抵抗，再次战败。前前后后斩获三万首级，俘虏一千多人。安庆绪就进入城内坚守，郭子仪等人围攻他。安庆绪窘困急迫，派遣薛嵩求救于史思明，而且愿意把位置让给他。史思明派遣十三万范阳士兵想去救援邺城，观望而不敢前进。先派遣李归仁带领一万步兵和骑兵在滏阳驻扎，在远处为安庆绪虚张声势。

甲寅，上皇幸华清宫；十一月，丁丑，还京师。

崔光远拔魏州；丙戌，以前兵部侍郎萧华为魏州防御使。会史思明分军为三，一出邢、洺，一出冀、贝，一自洹水趣魏州。郭子仪奏以崔光远代华，十二月，癸卯，敕以光远领魏州刺史。

甲辰，置浙江西道节度使，领苏、润等十州，以升州刺史韦黄裳为之。庚戌，置浙江东道节度使，领越、睦等八州，以户部尚书李峘为之，兼淮南节度使。

己未，群臣请上尊号曰乾元大圣光天文武孝感皇帝；许之。

【译文】甲寅日（十五日），太上皇驾临华清宫；十一月，丁丑日（初八），返回京师。

崔光远将魏州攻下。丙戌日（十七日），任命前任兵部侍郎萧华担任魏州防御使。正碰上史思明分军为三路，一路从邢、洺出发，一路从冀、贝出发，一路从洹水直趋魏州。郭子仪上奏请求让崔光远替代萧华，十二月，癸卯日（初五），唐肃宗下敕书让崔光远兼任魏州刺史。

甲辰日（初六），设立浙江西道节度使，统领苏、润等十个州，任命升州刺史韦黄裳担任节度使。庚戌日（十二日），设立浙江东道节度使，统领越、睦等八个州，任命户部尚书李峘担任节度使，并且兼任淮南节度使。

己未日（二十一日），群臣要求上尊号为乾元大圣光天文武孝感皇帝，唐肃宗允奏。

史思明乘崔光远初至，引兵大下，光远使将军李处崟拒之。贼势盛，处崟连战不利，还趣城。贼追至城下，扬言曰："处崟召我来，何为不出！"光远信之，腰斩处崟。处崟，骁将，众所恃也，既死，众无斗志，光远脱身走还汴州。丁卯，思明陷魏州，所杀三万人。

平卢节度使王玄志薨，上遣中使往抚慰将士，且就察军中所欲立者，授以旌节。高丽人李怀玉为裨将，杀玄志之子，推侯希逸为平卢军使。希逸之母，怀玉姑也，故怀玉立之。朝廷因以希逸为节度副使。节度使由军士废立自此始。

【译文】史思明乘崔光远刚刚到来之机，带兵大举到来，崔光远让将军李处崟抗拒他。贼兵势力强大，李处崟好几次战事失利，就调头奔向州城。贼兵追到城下，大声叫喊说："李处崟召我来此，为什么不出来！"崔光远信了他的话，腰斩了李处崟。李处崟是骁勇善战的大将，为众人所依恃；他死之后，众人斗志消退，崔光远脱身跑回汴州。丁卯日（二十九日），史思明攻下魏州，三万人被杀。

平卢节度使王玄志死去，唐肃宗派遣宫中使者去抚慰将士，同时察看军中所要拥立的人，就交给他旌旗符节。高丽人李怀玉担任偏将，把王玄志的儿子杀死了，推举侯希逸担任平卢军使。侯希逸的母亲，是李怀玉的姑母，因此李怀玉要拥戴他。朝廷因而就任命侯希逸担任平卢节度副使。自此以后节度使便由军士废立。

【乾隆御批】自平卢轻授节使，八柄下移，朝廷制命军中，几视若弁髦。而怀玉之废置擅专，终复攘为己有，则尤其甚焉者也。

自是而江淮、山南、西川、卢龙蹑其恶辙，窃夺相寻藩镇之祸，其所由来渐矣。

【译文】自从轻易授任平卢节度使，统治者驾驭臣下的八种手段下移，朝廷的制命传到军中，几乎被视为草介。而李怀玉专擅废置，后又掠为己有，则更为严重。从此江淮、山南、西川、卢龙等地继承他的恶行，彼此相追随，藩镇之祸就由此渐渐发展起来。

◆臣光曰：夫民生有欲，无主则乱。是故圣人制礼以治之。自天子、诸侯至于卿、大夫、士、庶人，尊卑有分，大小有伦，若纲条之相维，臂指之相使，是以民服事其上，而下无觊觎。其在《周易》，"上天、下泽，履。"象曰："君子以辨上下，定民志。"此之谓也。凡人君所以能有其臣民者，以八柄存乎己也。苟或舍之，则彼此之势均，何以使其下哉！

肃宗遭唐中衰，幸而复国，是宜正上下之礼以纲纪四方；而偷取一时之安，不思永久之患。彼命将帅，统藩维，国之大事也，乃委一介之使，徇行伍之情，无问贤不肖，惟其所欲与者则授之。自是之后，积习为常，君臣循守，以为得策，谓之姑息。乃至偏裨士卒，杀逐主帅，亦不治其罪，因以其位任授之。然则爵禄、废置、杀生、予夺皆不出于上而出于下，乱之生也，庸有极乎！

【译文】◆臣司马光说：人民天生有欲望，没有主君就会发生祸乱。因而圣人定出礼法来治理他们。从天子、诸侯到卿、大夫、士、庶民，尊贵卑贱，都有一定的身份，大大小小各有行辈，就好比大纲和条目互相维系，手臂指使手指，因此人民服侍君上，臣下没有篡夺君位的野心。《易经》上说："上面是天（乾三），下面是泽（兑三），就是《履卦》。"《象辞》说："天尊贵在上，地卑贱在下，君子效法这个道理，可以区分上下尊卑，正定人民的心志。”说的就是这个道理。大凡做人君主，之所以可以保有臣民，就是因为自己保有爵、禄、予、置、生、夺、废、诛八种权柄。一旦舍弃了它，那么君主和臣民的势权相等，又如何指使得了他的臣下呢！

肃宗遭遇唐朝中期的衰乱，幸运地复兴国家，因此应当正定上下的礼法作为治理天下的纪纲；但是一味求得暂时的安逸而不将永久的祸患思虑到。任命将帅，统制藩镇，原本是国家的大事，可是委派一个使臣，顺从军中的意思，不管贤能与否，只要他们所要拥立的就任命他。自此之后，逐渐成了惯例，国君和大臣都对此法遵照奉行，觉得是良策，只求眼前的安宁。甚至于偏将士卒，把元帅杀死了或驱逐走，也不惩治他的罪过，因而就授予他元帅之职。照此来看，爵、禄、废、置、杀、生、予、夺八种权柄，都不出自皇帝而出自臣下了。祸乱的发生，哪里会有到头的时候呢！

且夫有国家者，赏善而诛恶，故为善者劝，为恶者惩。彼为人下而杀逐其上，恶孰大焉！乃使之拥旄秉钺，师长一方，是赏之也。赏以劝恶，恶其何所不至乎！《书》云：“远乃猷。”《诗》云：“猷之未远，是用大谏。”孔子曰：“人无远虑，必有近忧。”为天下之政，而专事姑息，其忧患可胜校乎！由是为下者常眄眄焉伺其上，苟得间则攻而族之；为上者常惴惴焉畏其下，苟得间则掩而屠之；争务先发以逞其志，非有相保养为俱利久存之计也。如是而求天下之安，其可得乎！迹其厉阶，肇于此矣。

【译文】 而且为人国君的，要奖励善良，诛杀凶恶，因此为善的人有所劝勉，为恶的人有所惩戒。那些为人部下的人把他们的上司或杀死或驱逐,哪里还有什么比这种恶行再大的呢!居然让他拥旌旗持符节,掌握生杀大权,充当一方面的君长,这是对他们的奖赏呀。用奖赏来鼓励恶行,那么还会有哪种恶事做不出来呢!《书经》上说:"你要有长远的谋划。"《诗经》上说:"因为国王的谋划不能久远,所以我才竭力进谏。"孔子说:"人一旦没有长远的计划,一定会有眼前的忧虑。"主管天下的政事却专求暂时的安宁,他的忧患是无法计算的!因而为人臣下的常眯着眼窥视他的上司,一旦获得时机就攻击族灭他;为人君上的时常战战兢兢地对他的臣下心怀畏惧,一旦得到时机就在其不备之时将他杀死;都争相做先发制人的事来满足自己的私心,从不相互保养作为共同的利益以长久生存的计划。这样的做法却想求得天下平安,怎么能够办得到呢!探究此类祸乱的原因,都是由此事所引起的。

盖古者治军必本于礼,故晋文公城濮之战,见其师少长有礼,知其可用。今唐治军而不顾礼,使士卒得以陵偏裨,偏裨得以陵将帅,则将帅之陵天子,自然之势也。

由是祸乱继起,兵革不息,民坠涂炭,无所控诉,凡二百馀年。然后宋受命。太祖始制军法,使以阶级相承,小有违犯,咸伏斧质。是以上下有叙,令行禁止,四征不庭,无思不服,宇内乂安,兆民允殖,以迄于今,皆由治军以礼故也。岂非诒谋之远哉! ◆

是岁,置振武节度使,领镇北大都护府、麟、胜二州;又置陕虢华及豫许汝二节度使。安南经略使为节度使,领交、陆等十一州。

吐蕃陷河源军。

【译文】 通常来说，古时候治军一定依照礼法。因而晋文公在城濮之战的时候，看到自己的部队中年少的和年长的都有礼节，就知晓他们能够用来作战。而今唐朝治军不遵守礼法，使士卒可以对偏将副将进行冒犯，偏将副将可以对大将元帅进行冒犯，那么大将元帅又对天子进行冒犯，也是自然的情势了。

因此，祸乱一拨连着一拨地兴起，战争也停止不了。人民的生活就好像坠落泥途炭火中，无处向人诉说，共有二百多年，之后大宋就承接天命而获得天下。太祖开始制定军法，使他们按照官阶的高低相互承受命令，稍有与军法相违背的，都要受到刑罚。因此上下有序，有命令就去做，禁止做就停下，向四方征讨不守礼法的诸侯，无人不服从的。天下治平安宁，百姓得以繁衍生息，直至今日，这都是用礼法治军的缘故。所遗留给后代子孙的谋划不是很长远吗？◆

在这一年，设立振武节度使，统领镇北大都护府和麟州、胜州两个州；又设立陕虢华和豫许汝两个节度使；安南经略使担任节度使，统领交、陆等十一个州。

吐蕃攻陷河源军。

资治通鉴卷第二百二十一　唐纪三十七

起屠维大渊献，尽上章困敦，凡二年。

【译文】起己亥（公元759年），止庚子（公元760年），共两年。

【题解】　本卷记录了公元759年至公元760年的史事，共两年，正当唐肃宗乾元二年至上元元年。此时期，唐朝内乱不断，边境不宁。肃宗不信任诸将，任用宦官监军，又让宦官李辅国逼迫太上皇玄宗迁出兴庆宫移居大内。郭子仪将安庆绪困围在邺城。李光弼为后援，原本只要进攻魏州，拖住史思明，邺城就指日可破，史思明也将不战而败。唐肃宗派宦官鱼朝恩监军，鱼朝恩不懂装懂，阻止李光弼进攻魏州，让官军会聚邺城，以致史思明控制官军粮道，最后官军因粮食短缺而大败，郭子仪被解职，李光弼退守河阳。史思明乘胜与安庆绪火并，自称大燕皇帝，在河阳大战李光弼。

肃宗文明武德大圣大宣孝皇帝下之上

乾元二年(己亥，公元七五九年)春，正月，己巳朔，史思明筑坛于魏州城北，自称大圣燕王；以周挚为行军司马。李光弼曰："思明得魏州而按兵不进，此欲使我懈惰，而〔以〕精锐掩吾不备也。请与朔方军同逼魏城，求与之战，彼惩嘉山之败，必不敢轻出。得旷日引久，则邺城必拔矣，庆绪已死，彼则无辞以用其众也。"鱼朝恩以为不可,乃止。

戊寅,上祀九宫贵神,用王玙之言也。乙卯,耕藉田。

镇西节度使李嗣业攻邺城,为流矢所中,丙申,薨;兵马使荔非元礼代将其众。初,嗣业表段秀实为怀州长史,知留后事,时诸军屯戍日久,财竭粮尽,秀实独运刍粟,募兵市马以奉镇西行营,相继于道。

【译文】乾元二年(己亥,公元759年)春季,正月,己巳朔日(初一),史思明修筑坛场于魏州城的北面,自称为大圣燕王;让周挚做行军司马。李光弼说:"史思明得到魏州却按兵不动,这是想让我们松懈怠惰,再用精锐的士卒趁我们没有防备之时前来攻击。请和朔方的军队一起朝魏城进逼,向他挑战。他因为嘉山战败的戒心,必然不敢草率出城应战。假如可以天长日久地相持下去,那么邺城必定攻得下来。安庆绪死去之后,他就没有借口来役使他的部下了。"鱼朝恩觉得不能这样做,计划就停下来了。

戊寅日(初十),唐肃宗拜祭九宫贵神,是采行王玙的意见。乙卯日(正月无此日),天子亲自到自己的田里耕地。(按:《新》《旧书》本纪并作丁丑日[初九]祀九宫贵神,戊寅日亲耕藉田)

镇西节度使李嗣业进攻邺城,被流矢射中,丙申日(二十八日),死去;兵马使荔非元礼代领他的军队。起初,李嗣业上表奏章推荐段秀实做怀州长史,主管留后之事。当时各军屯戍在外已经有很长时间了,钱财用尽了,粮食吃完了,段秀实单独运草料和米粮,募集兵士,购买战马来供应镇西的军营,道路上往来的人络绎不绝。

二月，壬子，月食，既。先是百官请加皇后尊号曰"辅圣"，上以问中书舍人李揆，对曰："自古皇后无尊号，惟韦后有之，岂足为法！"上惊曰"庸人几误我！"会月食，事遂寝。后与李辅国相表里，横于禁中，干豫政事，请托无穷，上颇不悦，而无如之何。

郭子仪等九节度使围邺城，筑垒再重，穿堑三重，壅漳水灌之。城中井泉皆溢，构栈而居，自冬涉春，安庆绪坚守以待史思明，食尽，一鼠直钱四千，淘墙甙及马矢以食马。人皆以为克在朝夕，而诸军既无统帅，进退无所禀；城中人欲降者，碍水深，不得出。城久不下，上下解体。

【译文】二月，壬子日（十五日），月全食。先前朝中百官请求给皇后加尊号为"辅圣"，唐肃宗拿此事向中书舍人李揆询问，李揆回答说："从古至今皇后没有尊号，唯独韦后有，怎么值得效法！"唐肃宗大吃一惊，说："这些庸人险些误了我！"正碰上发生月食，事情就停了下来。皇后和李辅国内外相互呼应，在宫中肆意横行，干涉朝廷政事，请求拜托事情没有止境，唐肃宗十分不高兴，可是却无可奈何。

郭子仪等九个节度使围攻邺城，修建了两层营垒，挖掘了三重壕沟，堵截漳水来灌它。城里面的井、泉水都往外涨溢，老百姓都搭起木架子来居住。从冬天到春天，安庆绪坚决防守以等待史思明前来援救。食物吃完了，一只老鼠就值四千钱，便将墙上泥土中的麦壳和马粪里的纤维淘洗了来喂马。人人都觉得攻下邺城是早晚的事了，然而各军队既没有统帅，进攻或退却都没有发号施令的人。城里的人想要投降的，由于水太深而受到阻碍，无法出城。久久攻不下城来，军队上下都松懈懒散了。

思明乃自魏州引兵趣邺，使诸将去城各五十里为营，每营击鼓三百面，遥胁之。又每营选精骑五百，日于城下抄掠，官军出，即散归其营；诸军人马牛车日有所失，樵采甚艰，昼备之则夜至，夜备之则昼至。时天下饥馑，转饷者南自江、淮，西自并、汾，舟车相继。思明多遣壮士窃官军装号，督趣运者，责其稽缓，妄杀戮人，运者骇惧；舟车所聚，则密纵火焚之；往复聚散，自相辨识，而官军逻捕不能察也。由是诸军乏食，人思自溃。思明乃引大军直抵城下，官军与之刻日决战。

【译文】 史思明于是从魏州带兵疾奔邺城，让各将军扎营于离城五十里之处，每营敲打三百面鼓，从远方来威胁官军。又让每营选出五百名精良的骑兵，天天到城下去劫掠。官军出来，就分散各自返回本营。每天官军各部队的人马牛车都会遭受损失，打柴割草也都十分不易。白天防范他，他就在夜晚到来；夜里防范他，他就在白天来袭。当时天下饥荒，辗转运送粮饷，南自长江、淮河，西自并州、汾州，车辆与船只连绵不绝。史思明派遣许多勇敢强壮的人盗取官军的服装和番号，督促运粮的人，责骂他们迟缓滞留，随意杀人。押运粮饷的人都十分惊慌恐惧；在车或船聚集之地，就偷偷地放火。他们来来往往，聚聚散散，各自能相互辨认，而官军巡逻想要逮捕他们却不能察知。由此各军营食物缺乏，人人都想自己逃走。史思明就带领大军直到城下，官军和他约定时日决战。

三月，壬申，官军步骑六十万陈于安阳河北，思明自将精兵五万敌之，诸军望之，以为游军，未介意。思明直前奋击，李光弼、王思礼、许叔冀、鲁炅先与之战，杀伤相半；鲁炅中流矢。郭子仪承其后，未及布陈，大风忽起，吹沙拔木，天地昼晦，咫尺不相辨。两军大惊，官军溃而南，贼溃而北，弃甲仗辎重委积于路。子仪以朔方军断河阳桥保东京。战马万匹，惟存三千，甲仗十万，遗弃殆尽，东京士民惊骇，散奔山谷，留守崔圆、河南尹苏震等官吏南奔襄、邓，诸节度各溃归本镇。士卒所过剽掠，吏不能止，旬日方定。惟李光弼、王思礼整勒部伍，全军以归。

【译文】三月，壬申日（初六），六十万官军步兵和骑兵在安阳河北岸摆开阵势，史思明亲自带领五万人前来抵御。各军看见了，认为是游兵，没有放在心上。史思明径直向前奋勇攻击，李光弼、王思礼、许叔冀、鲁炅先和他战斗，杀死和杀伤的人数各占一半；鲁炅被流矢射中。郭子仪接着在后面迎战，阵势尚未摆好，突然刮起大风，吹起沙土，拔起树木，天地之间由白天一下子变成夜晚，咫尺之间无法辨别人与物。两方面的兵马都惊慌一片，官军溃散向南逃，贼兵溃散而向北逃，扔掉的武器和辎重堆满了道路。郭子仪让北方军队把河阳桥切断以护卫东京。一万匹战马，仅剩下三千匹；十万件武器，几乎全都抛弃。东京的士人和百姓惊慌恐惧，分别向山谷逃跑；东京留守崔圆、河南尹苏震等官吏向南逃奔襄州和邓州；各个节度使都逃回自己的镇所。士兵所经之地都要劫掠财物，官吏也禁止不了。过了十天才得以安定。唯有李光弼、王思礼严格地整饬部曲行伍，全军而返。

子仪至河阳，将谋城守，师人相惊，又奔缺门。诸将继至，众及数万，议捐东京，退保蒲、陕。都虞候张用济曰："蒲、陕荐饥，不如守河阳，贼至，并力拒之。"子仪从之。使都游弈使灵武韩游瑰将五百骑前趣河阳，用济以步卒五千继之。周挚引兵争河阳，后至，不得入而去。用济役所部兵筑南、北两城而守之。段秀实帅将士妻子及公私辎重自野戍渡河，待命于河清之南岸，荔非元礼至而军焉。诸将各上表请罪，上皆不问，惟削崔圆阶封，贬苏震为济王府长史，削银青阶。

【译文】 郭子仪到达河阳，将要计划登城防守，但是军中相互惊恐，又逃奔到缺门。各将军接连到达，士兵有好几万人，计划把东京舍弃，退后守卫蒲州和陕州。都虞候张用济说："蒲州和陕州连年遭遇灾荒，不如保守河阳。如果贼兵到来，我们能够联合起来抵抗。"郭子仪听从了他的建议，让都游弈使灵武人韩游瑰率领五百骑兵在前面疾趋河阳，张用济带领五千步兵在后跟随。周挚带领士兵争取河阳，因为来晚了，所以无法进城就回去了。张用济用他所率领的士兵在河阳的南、北修建了两座城进行守卫。段秀实带领着将士妻子和公家、私人的辎重从野戍渡过黄河，于河清的南岸等候命令，荔非元礼到来后就驻扎下来。诸将军各自上表谢罪，唐肃宗一概没有责问，只是将崔圆的官阶和封爵予以削除，贬苏震做了济王府长史，将银青光禄大夫的官阶予以削除。

史思明审知官军溃去，自沙河收整士众，还屯邺城南。安庆绪收子仪等营中粮，得六七万石，与孙孝哲、崔乾祐谋闭门更拒思明。诸将曰："今日岂可复背史王乎！"思明不与庆绪相闻，又不南追官军，但日于军中飨士。张通儒、高尚等言于庆绪曰："史王远来，臣等皆应迎谢。"庆绪曰："任公辈往。"思明见之涕泣，厚礼而归之。经三日，庆绪不至。思明密召安太清令诱之，庆绪窘蹙，不知所为，乃遣太清上表称臣于思明，请待解甲入城，奉上玺绶。思明省表，曰："何至如此！"因出表遍示将士，咸称万岁。乃手疏唁庆绪而不称臣，且曰："愿为兄弟之国，更作藩篱之援。鼎足而立，犹或庶几；北面之礼，固不敢受。"并封表还之。庆绪大悦，因请歃血同盟，思明许之。庆绪以三百骑诣思明营，思明令军士擐甲执兵以待之，引庆绪及诸弟入至庭下。庆绪再拜稽首曰："臣不克荷负，弃失两都，久陷重围，不意大王以太上皇之故，远垂救援，使臣应死复生，摩顶至踵，无以报德。"思明忽震怒曰："弃失两都，亦何足言。尔为人子，杀父夺其位，天地所不容。吾为太上皇讨贼，岂受尔佞媚乎！"即命左右牵出，并其四弟及高尚、孙孝哲、崔乾祐皆杀之；张通儒、李庭望等悉授以官。思明勒兵入邺城，收其士马，以府库赏将士，庆绪先所有州、县及兵皆归于思明。遣安太清将兵五千取怀州，因留镇之。思明欲遂西略，虑根本未固，乃留其子朝义守相州，引兵还范阳。

【译文】史思明知道官军已经溃败退去了，就从沙河收集整合部队，还军在邺城的南面屯驻。安庆绪收集郭子仪营中的米粮，获得六七万石，与孙孝哲、崔乾祐计划关闭城门抗拒史思明。诸位将军都说："今日还可以再背弃史王吗！"史思明不跟安庆绪联系，也不向南追逐官军，只是每天在军中宴飨士卒。张通儒和高尚对安庆绪说："史王远道而来，臣等都应当前去迎接谢罪。"安庆绪说："暂时由你们去吧。"史思明见到他们哭了，接待他们都用非常优厚的礼仪，然后再把他们送回去。三天过后，安庆绪没有来。史思明秘密地召请安太清教他引诱安庆绪。安庆绪困窘急迫，不知所措，就派遣安太清向史思明上表称臣，请求等到回城把盔甲脱掉之后，再奉上玺绶。史思明看了表文，说："为什么要这样呢！"因而将表文传给每一个将军和士卒观看，将士都称万岁。于是就亲自写下疏文向安庆绪慰问，但是不称臣，并且说："希望做兄弟之国，相互作为屏藩援助。鼎足而立，还差不多；北面称臣的礼节，绝对不敢接受。"连表文一同封好，送还给安庆绪。安庆绪十分高兴，因而请求同史思

资治通鉴

明歃血为盟。史思明答应了。安庆绪带领三百个骑兵到史思明的军营，史思明命令军士穿着铠甲手持兵器等待他，带领安庆绪和他的弟弟们进入营门到达庭下。安庆绪再拜叩头说："臣没有抵挡住敌军，使东、西两个都城丢失，长久陷入重围，未曾想到大王为了太上皇的缘故，从遥远的边陲赶来救援，使臣本当死而又得以复生。臣即使是摩顶放踵，也不足以报答您的恩惠啊。"史思明突然非常生气地说："你失去了东、西这两个都城，这件事有什么值得说的。你作为你父亲的孩子，如今却要杀死你的父亲，只为了夺取皇位，这是在天地之间所不能被容忍发生的事。我现在要替太上皇惩罚你这个叛贼，我怎么能被你的花言巧语所迷惑呢？"所以立马命令自己左右的人把他给拉出去了，把他以及他的四个弟弟还有高尚、孙孝哲、崔乾祐都给杀死了。之后给张通儒、李庭望等人授予官职爵位。然后史思明整理军队攻进邺城，获取了安庆绪的士兵和马匹，紧接着把安庆绪府库里的钱财和布帛赏赐给了那些将士。安庆绪之前所统治的州、县以及士兵，现在全归史思明所有。史思明还派遣安太清率领五千名士卒去攻取怀州，他因而留下来镇守邺城。刚开始的时候史思明想要接着再向西进攻，但是担心现在的情况还不太牢固，于是把他的儿子史朝义留下来镇守相州，他自己就带兵回到了范阳。

甲申，回纥骨啜特勒、帝德等十五人自相州奔还西京，上宴之于紫宸殿，赏赐有差。庚寅，骨啜特勒等辞还行营。

辛卯，以荔非元礼为怀州刺史，权知镇西、北庭行营节度使。元礼复以段秀实为节度判官。

甲午，以兵部侍郎吕諲同平章事，乙未，以中书侍郎、同平章事苗晋卿为太子太傅，王玙为刑部尚书，皆罢政事。以京兆尹李岘行吏部尚书，中书舍人兼礼部侍郎李揆为中书侍郎，及户部侍郎第五琦并同平章事。上于岘恩意尤厚，岘亦以经济为己任，军国大事多独决于岘。于是，京师多盗，李辅国请选羽林骑士五百以备巡逻。李揆上疏曰："昔西汉以南北军相制，故周勃因南军入北军，遂安刘氏。皇朝置南、北牙，文武区分，以相伺察。今以羽林代金吾警夜，忽有非常之变，将何以制之！"乃止。

丙申，以郭子仪为东畿、山东、河东诸道元帅，权知东京留守。以河西节度使来瑱行陕州刺史，充陕、虢、华州节度使。

【译文】甲申日（十八日），回纥地区的将军骨啜特勒、帝德等十五个人从相州返回到西京，唐肃宗在紫宸殿那里设置宴席盛情款待他们，对他们的赏赐每个人都不相同。庚寅日（二十四日），骨啜特勒等人告别唐肃宗又回到了行营。

辛卯日（二十五日），任命荔非元礼担任怀州地区的刺史，同时还兼任镇西、北庭行营节度使。荔非元礼又让段秀实做节度判官。

甲午日（二十八日），唐肃宗把兵部侍郎吕諲任命为同平章事。乙未日（二十九日），唐肃宗还任命原来的中书侍郎、同平章事苗晋卿担任太子太傅，让王玙成为刑部尚书，把他们这些人都从政事罢除出去。让京兆尹李岘代理吏部尚书，中书舍人兼礼部侍郎李揆担任中书侍郎，他们和户部侍郎第五琦一起担任同平章事。唐肃宗对于李岘的恩情特别深厚，同时李岘也把促进国家经济发展、百姓过上好日子当作自己的责任，军中和国家的许多大事都由李岘单独做决定。这时候京师出现了许多盗贼，李辅国向唐肃宗请求选择羽林军中的五百名骑士用来加强巡逻。李揆向唐肃宗上奏说："以前西汉用南、北两军彼此之间互相牵制，因此周勃由南军进入北军，因为这样做才把刘氏的天下安定下来。大唐朝廷以前设立南、北牙（金吾卫属南牙、羽林卫属北牙），把文兵武将分开，让他们互相伺机观察。而我们现在要是用羽林卫代替金吾卫在夜间巡逻的话，一旦发生重大的变故，我们该用什么来制止他！"于是这件事就这样停止了。

丙申日（三十日），唐肃宗任命郭子仪担任东畿、山东、河东诸地区的元帅，暂理东京并留守在那里。用河西节度使来填补兼任陕州刺史，并同时代理陕州、虢州、华州地区的节度使。

夏，四月，庚子，泽潞节度使王思礼破史思明将杨旻于潞城东。

太子詹事李辅国，自上在灵武，判元帅行军司马事，侍直帷幄，宣传诏命，四方文奏，宝印符契，晨夕军号，一以委之。乃还京师，专掌禁兵，常居内宅，制敕必经辅国押署，然后施行，宰相百司非时奏事，皆因辅国关白、承旨。常于银台门决天下事，事无大小，辅国口为制敕，写付外施行，事毕闻奏。又置察事数十人，潜令于人间听察细事，即行推按；有所追索，诸司无敢拒者。御史台、大理寺重囚，或推断未毕，辅国追诣银台，一时纵之。三司、府、县鞫狱，皆先诣辅国咨禀，轻重随意，称制敕行之，莫敢违者。宦官不敢斥其官，皆谓之五郎。李揆山东甲族，见辅国执子弟礼，谓之五父。

【译文】夏季，四月，庚子日（初四），泽潞节度使王思礼在潞城的东面方向击败了史思明手下的将军杨旻。

太子詹事李辅国，从唐肃宗在灵武地区的时候，就兼任元帅府行军司马这一职务，负责在唐肃宗身边值勤侍奉，同时宣布并向下传达诏书以及皇帝的命令，还有四面八方呈交的文书和奏章，宝印符契，连早上和夜晚的军中号令，也全部由他来管理。等到回到了京师，他专门掌管禁卫军这一块，常常居住在禁中办公厅的住宅里。朝廷中的制书和敕旨，都一定要有李辅国的签名和盖章后才能去施行；当宰相和文武百官有时有事情要向唐肃宗奏明的时候，也都由李辅国一个人禀告，还有唐肃宗裁决下发的意见也经李辅国转告给众大臣。他曾经在银台门判定裁决天下各种事务，不论是大事还是小事，李辅国在口头上草拟制定诏书和敕旨，写好了之后，就直接交给外面的官员去施行，等到事情都办完以后再向唐肃宗报告。他还设置几十名察事，在暗中教他们怎么到民间去查明探访那些细小的事情，查明之后很快就会施行审判；假如有所追究索求，各部会也没有人胆敢抗拒他。御史台和大理寺的一些重大囚犯，有的囚犯的审判还没有结束，李辅国便追究到银台，一时间把他们这些人都释放了。三司和京兆府、长安县、万年县这些地区的审讯讼案，都先上报到李辅国他那里去询问并请示，对犯案者的刑罚的轻重都任意听从他的意思，他口口声声说那些是按照唐肃宗的制书和敕命来施行的，于是就没有一个人敢违背他。宦官他们也不敢直呼他的官衔，都称他为五郎。李揆这个人是山东的大族，他见了李辅国后就对他奉行子弟的礼节，称呼他为五父。

及李岘为相，于上前叩头，论制敕皆应由中书出，具陈辅国专权乱政之状，上感寤，赏其正直；辅国所行事，多所变更，罢其察事。辅国由是让行军司马，请归本官，上不许。壬寅，制："比缘军国务殷，或宣口敕处分。诸色取索及杖配囚徒，自今一切并停。如非正宣，并不得行。中外诸务，各归有司。英武军虞

资治通鉴

候及六军诸使、诸司等，比来或因论竞，悬自追摄，自今一切须经台、府。如所由处断不平，听具状奏闻。诸律令除十恶、杀人、奸、盗、造伪外，馀烦冗一切删除，仍委中书、门下与法官详定闻奏。"辅国由是忌岘。

甲辰，置陈、郑、亳节度使，以邓州刺史鲁炅为之；以徐州刺史尚衡为青、密等七州节度使；以兴平军节度使李奂兼豫、许、汝三州节度使；仍各于境上守捉防御。

【译文】　等到李岘做宰相的时候，在唐肃宗面前恭敬地叩头，议论陈述制书和敕命这些都应该交给中书省颁布，并且向唐肃宗详细陈述了李辅国专权扰乱政事的情况。唐肃宗非常感动并觉醒了，奖励赞赏他的正直品质；对李辅国之前所兼任的职务，做出了很多的变更，还罢除了由他所设立的察事这个职位。李辅国也因此辞去了元帅府行军司马的所有职务，但是请求能够回返太子詹事这个官位。唐肃宗没有答应他的这个请求，并下制书说："近年来由于军中和国家的事务过于繁忙，所以有时候让人在口头上宣布一些命令来处理政事。之前的各种名目的索求以及杖刑刺配囚徒等这些命令，从今往后一律废除停止，假如不是正宣（有存底在中书省可查者），其他的一律都不能施行。宫廷内外的各种不同的事务，各自归他们应该所属的主管官员来掌理。英武军的虞候以及北门六军诸使、诸司等，近些时日以来可能因为主管官员之间的争论不断，导致很多讼案在那里得不到解决，所以之前就有越权代为审判的事情发生，从现在开始以后的案件必须都经由御史台和京兆府来审判管理。假如审判不够公平，可以自由地把需要用的状词准备齐全上奏皇上。之前的各种法令除了十恶、杀人、奸淫、窃盗和造伪这些之外，其他那些烦琐杂乱的条文一概废除，之后仍然要委任中书省、门下省和法官，在仔细审定之后，再上奏皇上。"李辅国由于这些十分忌恨李岘。

甲辰日（初八），唐肃宗设置陈州、郑州、亳州节度使，让邓州的刺史鲁炅来担任；还任命徐州刺史尚衡担任青州、密州等七州地区的节度使；令兴平军节度使李奂兼任豫、许、汝三州的节度使；但是他们每个人仍然需要在边境上巡守和防御。

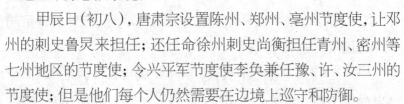

九节度之溃于相州也，鲁炅所部兵剽掠尤甚，闻郭子仪退屯河上，李光弼还太原，炅惭惧，饮药而死。

史思明自称大燕皇帝，改元顺天，立其妻辛氏为皇后，子朝义为怀王，以周挚为相，李归仁为将，改范阳为燕京，诸州为郡。

戊申，以鸿胪卿李抱玉为郑、陈、颍、亳节度使。抱玉，安兴贵之后也，为李光弼裨将，屡有战功，自陈耻与安禄山同姓，故赐姓李氏。

回纥毗伽阙可汗卒，长子叶护先遇杀，国人立其少子，是为登里可汗。回纥欲以宁国公主为殉。公主曰："回纥慕中国之俗，故娶中国女为妇。若欲从其本俗，何必结婚万里之外邪！"然亦为之劓面而哭。

【译文】九个节度使在相州溃败后，鲁炅所统率的士兵互相抢夺得非常厉害。他听说郭子仪退兵驻扎在黄河的岸边，李光弼回到了太原，觉得很惭愧忧虑和恐惧，然后吃毒药自杀了。

史思明自己称自己为大燕皇帝，改年号为顺天。封他的妻子辛氏为皇后，他的儿子史朝义为怀王。还任命周挚担任宰相，李归仁为大将。令范阳更名为燕京，各州改称呼为郡。

戊申日（十二日），让鸿胪卿李抱玉担任郑州、陈州、颍州、亳州节度使。李抱玉，是安兴贵的后人，曾经担任过李光弼的副将，屡次建立战功，他曾经讲述觉得和安禄山同姓很耻辱，所以唐肃宗便赐姓李氏。

回纥毗伽阙可汗去世了，他的长子叶护在之前已经被杀害了，国人便拥立他的小儿子为王，就是登里可汗。回纥想用宁国公主来殉葬。公主说："回纥很是羡慕中原地区的礼节风俗，所以要娶中国的女子为妻。假如想遵从本国的风俗的话，又何必去万里以外的地区结婚姻呢？"但是仍然为他割破颜面而哭泣。

凤翔马坊押官为劫，天兴尉谢夷甫捕杀之。其妻讼冤。李辅国素出飞龙厩，敕监察御史孙蓥鞫之，无冤。又使御史中丞崔伯阳、刑部侍郎李晔、大理卿权献鞫之，与蓥同。妻犹不服。又使侍御史太平毛若虚鞫之。若虚倾巧士，希辅国意，归罪夷甫。伯阳怒，召若虚诘责，欲劾奏之。若虚先自归于上，上匿若虚于帘下。伯阳寻至，言若虚附会中人，鞫狱不直。上怒，叱出之。伯阳贬高要尉，献贬桂阳尉，晔与凤翔尹严向皆贬岭下尉，蓥除名，长流播州。吏部尚书、同平章事李岘奏伯阳等无罪，责之太重；上以为朋党，五月，辛巳，贬岘蜀州刺史。右散骑常侍韩择木入对，上谓之曰："李岘欲专权，今贬蜀州，朕自觉用法太宽。"对曰："李岘言直，非专权。陛下宽之，只益圣德耳。"若虚寻除御史中丞，威振朝廷。

壬午，以滑、濮节度使许叔冀为汴州刺史，充滑、汴等七州节度使；以试汝州刺史刘展为滑州刺史，充副使。

【译文】凤翔管押马坊的官吏去抢劫，天兴县尉谢夷甫抓捕他并且把他给杀了。他的妻子为他告状申诉冤情。李辅国本来就出身于飞龙厩，于是就敕命监察御史孙蓥来审讯这件事，结果查明并没有什么冤屈。之后又让御史中丞崔伯阳、刑部侍郎李晔、大理寺卿权献等人来审讯，审讯的结果和孙蓥的结果是相同的。他的妻子对此结果还是觉得不服气。于是又让侍御史太平人毛若虚来审问。毛若虚是个倾斜巧佞的小人，为了迎合李辅国的意思，就把这件事归罪于谢夷甫。崔伯阳对此感到非常生气，就把毛若虚叫过来责问他，想要向唐肃宗奏明此事。毛若虚在崔伯阳之前跑到唐肃宗那里，唐肃宗把他藏在帘幕后面。崔伯阳不久之后也到达了，向唐肃宗说毛若虚附会迎合宦官，审理判别狱讼的不公平合理。唐肃宗对此非常生气，把崔伯阳叱责了一顿拉出去。崔伯阳因此被贬成高要县的县尉，权献也被贬为桂阳县尉，李晔和凤翔府尹严向他们俩都被贬为岭南各县县尉，孙蓥被除名，并且被永久放逐到播州。吏部尚书、同平章事李岘向唐肃宗上奏陈述崔伯阳并没有什么罪过，对他的处罚太过严厉了。唐肃宗认为他们结党营私，五月，辛巳日（十六日），唐肃宗下令贬李岘为蜀州刺史。右散骑常侍韩择木为了回答唐肃宗的问话而来到宫中，唐肃宗对他说："李岘想专权，现在已经被我贬谪到了蜀州，但是朕觉得自己的做法还是太宽大了些。"韩择木回答说："李岘他这个人说话正直，并不是专权。陛下您宽待他，这样可以增加您的圣德。"毛若虚在不久之后就被任命为御史中丞，他的威势令朝廷内外感到震惊。

壬午日（十七日），任用滑州、濮州节度使许叔冀担任汴州刺史，代管滑州、汴州等七州节度使；任命暂且试用为汝州刺史的刘展担任滑州刺史，代理节度副使。

【乾隆御批】押官为劫，法当捕杀，蓥与伯阳之鞫自是正理，至若虚希辅国指，敢于枉法，尤宜重治其罪，乃匿之帘下，以堂陛为遁逃数，朝纲安在？甚至咎执法之臣，更加贬窜，是直黑白不辨，何足复言刑赏之正哉！

【译文】 押官抢劫，按照法律应该捕杀，孙鼇与崔伯阳的审问自然正确，至于毛若虚照李辅国的意图，敢于贪赃枉法，更应该加重治罪，肃宗却把他藏匿在帘下，拿宫殿来帮助他逃亡，朝廷的纲纪到哪里去了？甚至怪罪执法的大臣，把他们谪贬流放，这简直是黑白不分，还怎么谈得上刑罚公正呢？

六月，丁巳，分朔方置邠、宁等九州节度使。

观军容使鱼朝恩恶郭子仪，因其败，短之于上。秋，七月，上召子仪还京师，以李光弼代为朔方节度使、兵马元帅。士卒涕泣，遮中使请留子仪。子仪绐之曰："我饯中使耳，未行也。"因跃马而去。

光弼愿得亲王为之副，辛巳，以赵王系为天下兵马元帅，光弼副之，仍以光弼知诸节度行营。光弼以河东骑五百驰赴东都，夜，入其军。光弼治军严整，始至，号令一施，士卒、壁垒、旌旗、精彩皆变。是时朔方将士乐子仪之宽，惮光弼之严。

【译文】 六月，丁巳日（二十三日），分划朔方，设置邠州、宁州等九州节度使。

观军容使鱼朝恩憎恶郭子仪，趁着这次他打败仗的机会，在唐肃宗前面揭他的短。秋季，七月，唐肃宗召唤郭子仪回京，用李光弼取代他为朔方节度使、兵马元帅之位。将士都哭泣，拦住宫中使者请求郭子仪留下。郭子仪欺骗他们说："我是要饯别宫中使者的，并不是要走啊。"因此跳上马就走了。

李光弼期望派亲王为主帅，他为副元帅，辛巳日（十七日），用赵王李系为天下兵马元帅，李光弼担任副元帅，仍然以李光弼管理各节度使的军营。李光弼率领河东骑兵五百人奔往东都，乘着夜晚，潜进朔方军营中。李光弼管理军队十分严肃，甫一抵达，一发号命令，士卒、壁垒、旌旗和精神光彩全变化了。这时朔方的将士喜爱郭子仪的宽缓，而恐惧李光弼的严厉。

资治通鉴

【乾隆御批】 李郭虽并为中兴名将，输忠王室，然朔方受代之际，使子仪光弼易地而居，恐光弼不能如子仪之略无芥蒂矣。二人优劣，当以此定之。

【译文】 李光弼和郭子仪虽然都是中兴名将，都尽忠王室，然而在接管朔方军的问题上，使二人易换位思考，恐怕李光弼不像郭子仪那样毫无怨言。二人的优劣，应当以此来作出定论。

左厢兵马使张用济屯河阳，光弼以檄召之。用济曰："朔方，非叛军也，乘夜而入，何见疑之甚邪！"与诸将谋以精锐突入东京，逐光弼，请子仪；命其士皆被甲上马，衔枚以待。都知兵马使仆固怀恩曰："邺城之溃，郭公先去，朝廷责帅，故罢其兵柄。今逐李公而强请之，违拒朝命，是反也，其可乎！"右武锋使康元宝曰："君以兵请郭公，朝廷必疑郭公讽君为之，是破其家也。郭公百口何负于君乎！"用济乃止。光弼以数千骑东出汜水，用济单骑来谒。光弼责用济召不时至，斩之，命部将辛京杲代领其众。

仆固怀恩继至，光弼引坐，与语。须臾，阍者曰："蕃、浑五百骑至矣。"光弼变色。怀恩走出，召麾下将，阳责之曰："语汝勿来，何得固违！"光弼曰："士卒随将，亦复何罪！"命给牛酒。

【译文】 左厢兵马使张用济驻扎在河阳，李光弼用檄文召唤他。张用济说："朔方军，并不是叛贼，却乘着夜间潜入军中，为什么有这么深的怀疑呢？"和各将军商量后，决定用精兵突袭东京，驱赶李光弼，请郭子仪返回。命令他的将士都穿上盔甲上马，衔枚等待。都知兵马使仆固怀恩说："邺城战败，郭公先逃跑。朝廷责备主帅，所以撤除他的军权。如今驱逐李公而勉强请郭公，就是谋反了。这绝对不行啊！"右武锋使康元宝说："您用兵请郭公，朝廷肯定猜疑是郭公暗示您如此行事的，这样就破坏他的亲族了。郭公一家百口人没有对不起你啊！"张用济这才暂停。李光弼率领数千骑兵东行至汜水县，张用济独自一个人骑着马来晋见。李光弼责怪张用济被召而没准时赶到，就把他杀了。任用部下将军辛京杲代替率领他的队伍。

仆固怀恩接着赶到，李光弼领着他就坐，与他说话。一会儿后，守门的人报告说："蕃族和浑族的五百人马抵达了。"李光弼的脸色变了。仆固怀恩走出来，把部下将军叫过来，大声责怪他们说："告知你们不要来，为什么有意违背！"李光弼说："士卒追随将帅，不应该怪罪啊！"下令供应他们牛肉和酒。

丁亥，以潞沁节度使王思礼兼太原尹，充北京留守、河东节度使。

初，潼关之败，思礼马中矢而毙，有骑卒骜屋张光晟下马授之，问其姓名，不告而去。思礼阴识其状貌，求之不获。及至河东，或谮代州刺史河西辛云京，思礼怒之，云京惧，不知所出。光晟时在云京麾下，曰："光晟尝有德于王公，从来不敢言者，耻以此取赏耳。今使君有急，光晟请往见王公，必为使君解之。"云京喜，即遣之。光晟谒思礼，未及言，思礼识之，曰："噫！子非吾故人乎？何相见之晚邪！"光晟以实告，思礼大喜，执其手，流涕曰："吾之有今日，皆子力也，吾求子久矣。"引与同榻坐，约为兄弟。光晟因从容言云京之冤。思礼曰："云京过亦不细,今日特为故人舍之。"即日擢光晟为兵马使,赠金帛田宅甚厚。

辛卯,以朔方节度副使、殿中监仆固怀恩兼太常卿,进爵大宁郡王。怀恩从郭子仪为前锋,勇冠三军,前后战功居多,故赏之。

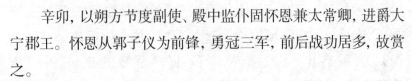

【译文】任用潞沁节度使王思礼同时担任太原尹,代替管理北京留守、河东节度使。

起初,在潼关溃败之时,王思礼的马中箭后死去,有一个骑兵螯屋人张光晟下马,把马给了王思礼,问他的名字,不告知就走了。王思礼私下里记得他的体形相貌,没有找到。直至到河东,有人谗害代州刺史河西人辛云京,王思礼对他十分愤怒。辛云京非常害怕,不知所措。张光晟当时是辛云京的属下,说:"光晟曾经于王公有恩,从来不敢说出来的理由,对于因为这样而取得赏赐而羞愧。如今刺史有危机,光晟恳请前去拜见王公,肯定替刺史化解危机。"辛云京十分开心地派他去。张光晟拜见王思礼,还没有来得及说话,王思礼已经辨认出他了,说:"咦!您不是我的旧恩人吗?为什么如此晚才相见呢!"张光晟把真实的形势告诉了他。王思礼很开心,握着他的手,淌着泪说:"我能够有今天,都是您的功绩。我寻找您很长时间了。"带着他与自己坐在同一张坐床上,约定为兄弟。张光晟因此在闲谈中说出辛云京的委屈。王思礼说:"辛云京的过错也不小,如今看在老朋友面上宽赦他。"那天就拔擢张光晟担任兵马使,赏赐给他很多的金银财产田地屋舍。

辛卯日(二十七日),任命朔方节度副使、殿中监仆固怀恩同时担任太常卿,进爵位为大宁郡王。仆固怀恩追随郭子仪担任前锋,勇冠三军,前后功绩很大,因此给他赏赐。

八月，乙巳，襄州将康楚元、张嘉延据州作乱，刺史王政奔荆〔州〕。楚元自称南楚霸王。

回纥以宁国公主无子，听归；丙辰，至京师。

戊午，上使将军曹日升往襄州慰谕康楚元，贬王政为饶州长史，以司农少卿张光奇为襄州刺史；楚元不从。

壬戌，以李光弼为幽州长史、河北节度等使。

九月，甲午，张嘉延袭破荆州，荆南节度使杜鸿渐弃城走，澧、朗、郢、峡、归等州官吏闻之，争潜窜山谷。

戊辰，更令绛州铸乾元重宝大钱，加以重轮，一当五十；在京百官，先以军旅毕无俸禄，宜以新钱给其冬料。

丁亥，以太子少保崔光远为荆、襄招讨使，充山南东道处置兵马都使；以陈、颍、亳、申节度使王仲升为申、沔等五州节度使，知淮南西道行军兵马。

【译文】 八月，乙巳日（十二日），襄州将军康楚元、张嘉延占领本州作乱，刺史王政逃亡到荆州。康楚元自封为南楚霸王。

回纥由于宁国公主没有生儿子，听从回国；丙辰日（二十三日），抵达京师。

戊午日（二十五日），唐肃宗派出将军曹日升前去襄州安抚劝谕康楚元，把王政贬谪为饶州长史，以司农少卿张光奇担任襄州刺史；康楚元不顺从。

壬戌日（二十九日），以李光弼同时担任幽州长史、河北节度等使。

九月，甲午日（九月无此日），张嘉延击破荆州，荆南节度使杜鸿渐抛下州城逃亡，澧、朗、郢、峡、归等各州的官员听到后，都争先恐后地逃亡到山谷里隐藏起来。

戊辰日（初五），再命令绛州铸造乾元重宝大钱，边缘加上重轮，一个大钱可当五十个钱。在京城里的朝廷所有官员，之前由于军事开支太多都没有领过薪俸，认为应当用新铸的大钱给他们冬季应该获得的俸禄。

丁亥日（二十四日），任用太子少保崔光远为荆、襄招讨使，同时担任山南东道处置兵马都使；把陈、颍、亳、申节度使王仲升任为申、沔等五州节度使，同时管理淮南西道行营兵马。

史思明使其子朝清守范阳，命诸郡太守各将兵三千从己向河南，分为四道，使其将令狐彰将兵五千自黎阳济河取滑州，思明自濮阳，史朝义自白皋，周挚自胡良济河，会于汴州。

李光弼方巡河上诸营，闻之，还入汴州，谓汴滑节度使许叔冀曰：“大夫能守汴州十五日，我则将兵来救。”叔冀许诺。光弼还东京。思明至汴州，叔冀与战，不胜，遂与濮州刺史董秦及其将梁浦、刘从谏、田神功等降之。思明以叔冀为中书令，与其将李详守汴州；厚待董秦，收其妻子，置长芦为质；使其将南德信与梁浦、刘从谏、田神功等数十人徇江、淮。神功，南宫人也。思明以为平卢兵马使。顷之，神功袭德信，斩之。从谏脱身走。神功将其众来降。

【译文】史思明教他的儿子史朝清防守范阳，命令各郡太守各带领士兵三千人跟随自己攻击河南，分为四路兵：教他的将军令狐彰带领五千士兵从黎阳渡过黄河攻击滑州，史思明从濮阳，史朝义从白皋，周挚从胡良渡过黄河，在汴州会合。

李光弼正在黄河沿岸巡察各营垒，听到这个消息，就返回汴州，告诉汴滑节度使许叔冀说：“大夫假使能够防守汴州十五天，我就领兵来援助。"许叔冀答应。李光弼返回东京。史思明到达汴州，许叔冀和他作战，被打败了，于是和濮州刺史董秦及自己的将军梁浦、刘从谏、田神功等人向他屈服。史思明任用许叔冀为中书令，和他自己的将军李详据守汴州；礼待董秦，收取他的妻子，安放在长芦作为人质；教自己的大将南德信与梁浦、刘从谏、田神功等几十个人去攻击江、淮一带。田神功，是南宫人，史思明任用他为平卢兵马使。不久，田神功攻击南德信，将他杀死。刘从谏逃亡脱身。田神功率领自己的军队来投降。

　　思明乘胜西攻郑州，光弼整众徐行，至洛阳，谓留守韦陟曰："贼乘胜而来；利在按兵，不利速战。洛城不可守，于公计何如？"陟请留兵于陕，退守潼关，据险以挫其锐。光弼曰："两敌相当，贵进忌退，今无故弃五百里地，则贼势益张矣。不若移军河阳，北连泽潞，利则进取，不利则退守，表里相应，使贼不敢西侵，此猿臂之势也。夫辨朝廷之礼，光弼不如公；论军旅之事，公不如光弼。"陟无以应。判官韦损曰："东京帝宅，侍中奈何不守？"光弼曰："守之，则汜水、崿岭、龙门皆应置兵，子为兵马判官，能守之乎？"遂移牒留守韦陟使帅东京官属西入关，牒河南尹李若幽使帅吏民出城避贼，空其城。光弼帅军士运油、铁诸物诣河阳为守备，光弼以五百骑殿。时思明游兵已至石桥，诸将请曰："今自洛城而北乎，当石桥而进乎？"光弼曰："当石桥而进。"及日暮，光弼乘炬徐行，部曲坚重，贼引兵蹑之，不敢逼。光弼夜至河阳，有兵二万，粮才支十日。光弼按阅守备，部分士卒，无不严办。庚寅，思明入洛阳，城空，无所得，畏光弼掎其后，不敢入宫，退屯白马寺南，筑月城于河阳南以拒光弼。于是，郑、滑等州相继陷没，韦陟、李若幽皆寓治于陕。

　　【译文】史思明乘着胜利向西攻击郑州，李光弼整理军队缓缓行进，抵达洛阳，对留守韦陟说："贼兵乘胜追击，对我们而言，按兵不动有益，速战无好处。洛城防守又不好，您看如何是好？"韦陟恳求把部队安置在陕城，自己退守潼关，据守险要来使他的锐势受挫。李光弼说："两方敌对，势力相差不大，贵在前进，忌讳后退。如今没有原因而放弃五百里的土地，那么贼兵的气焰就更加嚣张了。还不如把军队迁徙到河阳，北边接着泽潞，有利就攻击，不利则退守；内外相连接，使贼兵不敢向西侵犯。这种形势好像猿猴的手臂，可长可短，随意伸缩。辨别朝廷的礼仪，光弼比不上您；衡量军事机宜，您比不上光弼。"韦陟无话可说。判官韦损说："东京是皇帝府第所在的地方，侍中有什么原因不防守呢？"李光弼说："假如防守东京，那么汜水、崿岭、龙门都应该派出大军，您做兵马判官，能防御吗？"便送公文给东京的留守韦陟，教他带领东京官吏西入关中。又送一封公文给河南尹李若幽，教他带领官吏和百姓逃亡至城外去躲避逆贼，把东京变成空城。李光弼带领军队运输油和铁等各种物品到河阳预备防守，用五百骑兵在后方压阵。那时史思明的游兵已经抵达石桥。各将军请示说："如今是从洛阳向北去呢，还是直接向石桥前往呢？"李光弼说："对着石桥前进。"直至傍晚，李光弼举着火炬缓慢向前行进，各部的军队都十分坚定持重。逆贼带着士兵在后面追击，但是不敢靠得十分近。李光弼到达河阳时已是夜晚，有士兵两万，粮食只能维持十天。李光弼检查防备，分配将士，都办理得很严谨。庚寅日（二十七日），史思明抵达洛阳，城内空虚，一无所获。害怕李光弼抄他的后路，不敢进入宫中，退兵驻扎在白马寺的南面，在河阳南方建筑月城，来抵御李光弼。郑、滑等各州便都接着沦陷了。韦陟和李若幽都寄居在陕州处理公事。

冬，十月，丁酉，下制亲征史思明；群臣上表谏，乃止。

史思明引兵攻河阳，使骁将刘龙仙诣城下挑战。龙仙恃勇，举右足加马鬣上，慢骂光弼。光弼顾诸将曰："谁能取彼者？"仆固怀恩请行。光弼曰："此非大将所为。"左右言"裨将白孝德可往。"光弼召问之。孝德请行。光弼问："须几何兵？"对曰："请挺身取之。"光弼壮其志，然固问所须。对曰："愿选五十骑出垒门为后继，兼请大军助鼓噪以增气。"光弼抚其背而遣之。孝德挟二矛，策马乱流而进。半涉，怀恩贺曰："克矣。"光弼曰："锋未交，何以知之？"怀恩曰："观其揽辔安闲，知其万全。"龙仙见其独来，甚易之；稍近，将动，孝德摇手示之，若非来为敌者，龙仙不测而止。去之十步，乃与之言，龙仙慢骂如初。孝德息马良久，因瞋目谓曰："贼识我乎？"龙仙曰："谁也？"曰："我，白孝德也。"龙仙曰："是何狗彘！"孝德大呼，运矛跃马搏之。城上鼓噪，五十骑继进。龙仙矢不及发，环走堤上。孝德追及，斩首，携之以归。贼众大骇。孝德，本安西胡人也。

【译文】冬，十月，丁酉日（初四），唐肃宗下制书要亲自讨伐史思明，群臣上奏谏言，才终止。

史思明率兵攻击河阳，派勇敢矫健的将军刘龙仙到达城下挑战。刘龙仙自认为勇敢，把右脚抬起来放在马鬣上，辱骂李光弼。李光弼回头盯着各位将军问道："有谁能杀了他？"仆固怀恩要求去杀他。李光弼说："这不是大将应该做的事。"随从的人说："偏将白孝德可以前去。"李光弼把他叫过来询问他。

白孝德请求前去。李光弼问："多少人马才够用？"白孝德回复说："请允许我一人去杀他。"李光弼认为他的志气很雄壮，但还是坚定问他需要什么。白孝德回应说："期望挑选五十个骑兵，到营门外面作为救援，而且恳请大军击鼓喧噪来帮助，来增强我的勇气。"李光弼拍拍他的背而且派他出营。白孝德举着两把长矛，用鞭子打着马直渡过河流向前进。在渡过河水一半之时，仆固怀恩向李光弼恭贺说："胜了！"李光弼说："还没交战，怎么知道胜了呢？"仆固怀恩说："看他牵着马缰闲适自若的样子，就知道他一定会赢。"刘龙仙看见白孝德一个人前来，很蔑视他。逐渐靠近，刘龙仙将要采取动作。白孝德摇摇手向他示意，仿佛不是来对敌的。刘龙仙不明白他的意思，就停下来了。白孝德走到相差十步的地方，才和他说话。刘龙仙依然和先前一样在辱骂。白孝德停下马许久，因此怒目而视地对他说："逆贼认识我吗？"刘龙仙说："你是谁呀？"白孝德说："我？我是白孝德。"刘龙仙说："你是什么地方的猪狗！"白孝德大喊一声，挥舞着双矛飞马向前和他搏击。城上敲鼓呐喊，接着五十个骑兵向前进攻。刘龙仙的箭根本来不及射出，围着河堤奔跑。白孝德追上去，砍下他的首级，带着回来了，逆贼都被惊呆了。白孝德，原本是安西的胡人。

思明有良马千馀匹，每日出于河南渚浴之，循环不休以示多。光弼命索军中牝马，得五百匹，縶其驹于城内。俟思明马至水际，尽出之，马嘶不已，思明马悉浮渡河，一时驱之入城。思明怒，列战船数百艘，泛火船于前而随之，欲乘流烧浮桥。光弼先贮百尺长竿数百枚，以巨木承其根，毡裹铁叉置其首，以迎火船而叉之。船不得进，须臾自焚尽。又以叉拒战船，于桥上发砲石击之，中者皆沉没，贼不胜而去。

【译文】史思明有良马一千多匹，天天把它们带到黄河南岸的沙洲上去洗澡，反复不止，来表明他的马多。李光弼教把军中的母马都牵出来，一共有五百匹，把它们生的小马都拴在城中。直至史思明的马到达水边，则把五百匹母马都牵出去，母马连续地鸣叫，史思明的马都浮水渡过黄河，一起被逐进河阳城里。史思明十分恼怒，排列好几百艘战船，面前漂浮着燃烧的火船，战船跟在后方，向前行进，想顺着水流来焚烧浮桥。李光弼事先储备了好几百支长竿，用巨大的木头支住长竿的根部，用毡包着铁叉置放在竿头上，迎接着火船而把它叉住。火船不能向前漂移，一会儿就自己焚烧光了。又用叉子来拴住战船，从桥上发射炮石击打它。被打中的船都淹没到水里。贼兵不能得胜而退回去。

思明见兵于河清，欲绝光弼粮道，光弼军于野水渡以备之。既夕，还河阳，留兵千人，使部将雍希颢守其栅，曰："贼将高庭晖、李日越、喻文景，皆万人敌也。思明必使一人来劫我。我且去之，汝待于此。若贼至，勿与之战。降，则与之俱来。"诸将莫谕其意，皆窃笑之。既而思明果谓李日越曰："李光弼长于凭城，今出在野，此成擒矣。汝以铁骑宵济，为我取之，不得，则勿返。"日越将五百骑晨至栅下，希颢阻壕休卒，吟啸相视。日越怪之，问曰："司空在乎？"曰："夜去矣。""兵几何？"曰："千人。""将谁？"曰："雍希颢。"日越默计久之，谓其下曰："今失李光弼，得希颢而归，吾死必矣，不如降也。"遂请降。希颢与之俱见光弼，光弼厚待之，任以心腹。高庭晖闻之，亦降。或问光弼："降二将何易也？"光弼曰："此人情耳。思明常恨不得野战，闻我在外，以为必可取。日越不获我，势不敢归。庭晖才勇过于日越，闻日越被宠任，必思夺之矣。"庭晖时为五台府果毅。己亥，以庭晖为右武卫大将军。

资治通鉴

【译文】史思明的将士出现在河清，想要阻断李光弼的运粮路途。李光弼屯驻在野水渡防备他。天黑之后，回河阳去，留守士卒一千人，教部下将军雍希颢守护营栅，说："贼将高庭晖、李日越、喻文景，全是力敌万人的勇猛大将，史思明一定会派出其中的一个人来截击我。我暂且离去，你在这里等候他。假如贼兵来了，不要和他打仗。假使他要投降，就和他一起来见我。"各将军都不明白他的意思，都在暗中笑他。接下来史思明果然对李日越说："李光弼善于守城，如今驻军在野外，这样就成为俘虏了。你率领精良的骑兵在夜晚渡河，把他给我捉来；捉不来他，就不用返回。"李日越带领五百骑兵，第二天一早就抵达野水渡的营栅下面。雍希颢的士兵都隐藏在壕沟的后面休息，看着他们歌唱吹口哨。李日越感到十分怪异，问道："司空在军营里吗？"雍希颢说："夜间回去了。"李日越又问："营里有多少士卒？"雍希颢说："一千人。""将军是谁？"回复说："是雍希颢。"李日越静静地计算了很久，向他的部下说："如今失去了李光弼，获得雍希颢返回，我一定会死，不如投降。"所以恳请投降。雍希颢和他一起去见李光弼，李光弼对他待遇优渥，好像亲信一样地信任他。高庭晖听闻后，也来投降。有人问李光弼："使两员大将降服，为什么如此简单呢？"李光弼说："这是人的常情。史思明时常后悔的是不能同我在野外作战。今日听说我在野外，认为肯定可以将我俘虏，李日越得不到我，一定不敢回去。高庭晖才略果敢都比李日越卓越，听到李日越被宠幸重用，一定想来争宠了。"那时高庭晖为五台府果毅，己亥日（初六），任用高庭晖担任右武卫大将军。

思明复攻河阳，光弼谓郑陈节度使李抱玉曰："将军能为我守南城二日乎？"抱玉曰："过期何如？"光弼曰："过期救不至，任弃之。"抱玉许诺，勒兵拒守。城且陷，抱玉绐之曰："吾粮尽，明旦当降。"贼喜，敛军以待之。抱玉缮完城备，明日，复请战。贼怒，急攻之。抱玉出奇兵，表里夹击，杀伤甚众。

【译文】史思明又攻击河阳，李光弼对郑陈节度使李抱玉说："将军有能力替我把守南城两天吗？"李抱玉说："过了两天又如何？"李光弼说："如若过了两天救兵还不来，任由你处置。"李抱玉允许了，便设置士兵拒敌守城。城快陷落了，李抱玉欺骗逆贼说："我的食物吃完了，明日即将投降。"贼兵十分开心，收军等候他投降。李抱玉修理好城墙安置完备，次日，请求再战。贼兵十分愤怒，急急攻击。李抱玉派出一支奇兵，内外两面进攻，很多贼兵都被杀死或杀伤。

董秦从思明寇河阳，夜帅其众五百，拔栅突围，降于光弼。时光弼自将屯中潬，城外置栅，栅外穿堑，深广二丈。乙巳，贼将周挚舍南城，并力攻中潬。光弼命荔非元礼出劲卒于羊马城以拒贼。光弼自于城东北隅建小朱旗以望贼。贼恃其众，直进逼城，以车载攻具自随，督众填堑，三面各八道以过兵，又开栅为门。光弼望贼逼城，使问元礼曰："中丞视贼填堑开栅过兵，晏然不动，何也？"元礼曰："司空欲守乎，战乎？"光弼曰："欲战。"元礼曰："欲战，则贼为吾填堑，何为禁之？"光弼曰："善，吾所不及，勉之！"元礼俟栅开，帅敢死士突出击贼，却走数百步。元礼度贼阵坚，未易摧陷，乃复引退，须其怠而击之。光弼望见元礼退，怒，遣左右召，欲斩之。元礼曰："战正急，召何为？"乃退入栅中。贼亦不敢逼。良久，鼓噪出栅门，奋击，破之。

【译文】 董秦追随史思明攻击河阳，夜间，带领他的部下五百人，拔下栅栏突出围堵，向李光弼投降。那时李光弼亲自带领士卒驻扎在中潬城，城外置放栅栏，栅栏外面挖凿壕沟，深和宽全是二丈。乙巳日（十二日），贼将周挚放弃南城，共同攻击中潬。李光弼命令荔非元礼带领精兵出城到羊马城去阻抗贼兵。李光弼自己在城东北角插上一幅小红旗来远望贼兵。贼兵依靠人多势大，径直进逼城下，跟随在后面的是装载攻城工具的车子，催促士卒填壕沟，从三面各分为八路使士兵经过，又打开栅栏作为门。李光弼看着贼兵进逼城下，便问荔非元礼说："中丞看着贼兵填壕沟开栅门使士兵通过，却一动不动，这是什么原因呢？"荔非元礼说："司空是要防御呢，还是开战呢？"李光弼说："要开战。"荔非元礼说："既然要打仗，那么叛贼代替我们填平壕沟，为何要禁止呢？"李光弼说："很好，这是我比不上的，好好干！"荔非元礼等到栅门开了，带领敢死之士冲出去攻击贼兵，叛贼向后退了好几百步。荔非元礼预想到贼兵势力强大，不容易击败，便又率兵退回，直至敌人怠慢以后再攻击他。李光弼看到荔非元礼退回，十分愤怒，派侍从去叫他，要杀他。荔非元礼说："战斗正在危急关头，叫我做什么？"就退回栅栏里，贼兵也不敢逼近。许久，击鼓呐喊冲出栅门，奋勇进攻贼兵，把他们击败。

周挚复收兵趣北城。光弼遽帅众入北城，登城望贼曰："贼兵虽多，嚣而不整，不足畏也。不过日中，保为诸君破之。"乃命诸将出战。及期，不决，召诸将问曰："向来贼阵，何方最坚？"曰："西北隅。"光弼命其将郝廷玉当之。廷玉请骑兵五百，与之三百。又问其次坚者。曰："东南隅。光弼命其将论惟贞当之。惟贞请铁骑三百，与之二百。光弼令诸将曰："尔辈望吾旗而战，吾飐旗缓，任尔择利而战；吾急飐旗三至地，则万众齐入，死生以之，少退者斩！"又以短刀置靴中，曰："战，危事，吾国之三公，不可死贼手，万一战不利，诸君前死于敌，我自刭于此，不令诸君独死也。"诸将出战，顷之，廷玉奔还。光弼望之，惊曰："廷玉退，吾事危矣。"命左右取廷玉首，廷玉曰："马中箭，非敢退也。"使者驰报。光弼令易马，遣之。仆固怀恩及其子开府仪同三司场战小却，光弼又命取其首。怀恩父子顾见使者提刀驰来，更前决战。光弼连飐其旗，诸将齐进致死，呼声动天地，贼众大溃，斩首千馀级，捕虏五百人，溺死者千馀人，周挚以数骑遁去，擒其大将徐璜玉、李秦授，其河南节度使安太清走保怀州。思明不知挚败，尚攻南城，光弼驱俘囚临河示之，乃遁。

【译文】周挚又率兵前往北城。李光弼马上带领士兵进入北城，登上城墙眺望贼兵说："敌人虽然很多，但吵吵闹闹不整齐，不必畏惧。不到中午，我确保替诸君把他击败。"便命令各将军出城迎战。直至中午，胜负仍没确定，就把各将军叫来询问道："从你们作战之后，贼兵的架势，哪方面最坚强？"各将军答复说："西北角。"李光弼就派出他的大将郝廷玉去应对；郝廷玉恳请骑兵五百人，给了他三百人。又问其次坚强的区域，答复说："东南角。"李光弼就派他的大将论惟贞去应对；论惟贞恳请精锐的骑兵三百人，给他了二百人。李光弼下令至各将军说：

"你们看着我的旗号打仗，我摇旗缓慢，随你们选择有利的机会打仗；我赶紧摇旗三次到地面，就要万众一齐攻击，无论生死，稍有退缩就要斩杀！"又把短刀放在靴子中，说："战争，是极其危险的事情。我是国家的三公，不能死在贼人手里。万一我军溃败，诸君在前面被敌人杀害，我在后面自杀，绝对不教诸君单独死亡。"各将军都出城应战。不久，郝廷玉跑回来。李光弼见到了，慌忙地说："郝廷玉退缩，我的事情危险了。"下令随从的人去斩杀郝廷玉的头。郝廷玉说："我的马被敌人的箭射中，不是有意退却呀！"使者跑回汇报。李光弼教换一匹马，使他出去打仗。仆固怀恩和他的儿子开府仪同三司仆固玚作战稍有退却，李光弼又教斩取他的首级。仆固怀恩父子回头看到使者提着刀走来，再向前决战。李光弼接连摇晃他的旗子，各将军一起拼命向前攻击，呼喊的声音惊天动地。贼兵溃败四散，斩首一千多人，俘虏的有五百人，淹死一千多人。周挚仅仅与几个人骑马逃亡，他的大将徐璜玉、李秦授被俘，叛贼的河南节度使安太清逃亡至怀州坚守州城。史思明不晓得周挚战败，还在攻击南城。李光弼把俘虏赶到黄河岸边让他看，才逃跑。

【乾隆御批】 光弼诱马一事，传纪家泥古游牝之说啧啧，以为秘计，殊不知战阵多用骟马，即数在取多亦不过间及牝马，从未有以牝马参队伍者。虽有牝诱，将安施。书生不谙军旅，并不察物情好异。传论大率类然。

【译文】 李光弼诱马一事，历史传记家们拘泥于古时发情母畜的说法而啧啧不休，以为是一种秘密计策，却不知道打仗时大多用阉割了的公马，数量再多也超不过母马，从来没有用母马参加军伍作战的。即使有用母马诱马之策，又将如何实施？书生们不知军旅之事，又不考虑事物情理的好异。以讹传讹大都是如此。

丁巳，以李日越为右金吾大将军。

邛、简、嘉、眉、泸、戎等州蛮反。

十一月，甲子，以殿中监董秦为陕西、神策两军兵马使，赐姓李，名忠臣。

康楚元等众至万馀人，商州刺史、充荆襄等道租庸使韦伦发兵讨之，驻于邓之境，招谕降者，厚抚之；伺其稍怠，进军击之，生擒楚元，其众遂溃；得其所掠租庸二百万缗，荆、襄皆平。伦，见素之从祖弟也。

发安西、北庭兵屯陕，以备史思明。

第五琦作乾元钱、重轮钱，与开元钱三品并行，民争盗铸，货轻物重，谷价腾踊，饿殍相望。上言者皆归咎于琦，庚午，贬琦忠州长史。御史大夫贺兰进明贬溱州员外司马，坐琦党也。

【译文】丁巳日（二十四日），任用李日越担任右金吾大将军。

邛、简、嘉、眉、泸、戎等州的蛮族谋乱。

十一月，甲子日（初一），任用殿中监董秦为陕西、神策两军兵马使，赏赐姓李氏，名忠臣。

康楚元等人的士兵有一万多人，商州刺史兼代荆、襄等道租庸使韦伦发兵征讨他，驻军在邓州之内，招抚晓谕投降的人，很优渥地安抚他们。等待他稍有松懈，进兵去攻击他，使康楚元被活捉了，他的部卒就溃败四散了。韦伦的部队获得他所抢劫的租庸税赋二百万缗，荆、襄一带完全平定。韦伦，是韦见素的堂弟。

征调安西、北庭士兵驻扎在陕州，用来抵御史思明。

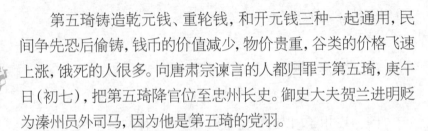

第五琦铸造乾元钱、重轮钱，和开元钱三种一起通用，民间争先恐后偷铸，钱币的价值减少，物价贵重，谷类的价格飞速上涨，饿死的人很多。向唐肃宗谏言的人都归罪于第五琦，庚午日(初七)，把第五琦降官位至忠州长史。御史大夫贺兰进明贬为溱州员外司马，因为他是第五琦的党羽。

十二月，甲午，吕諲领度支使。

乙巳，韦伦送康楚元诣阙，斩之。

史思明遣其将李归仁将铁骑五千寇陕州，神策兵马使卫伯玉以数百骑击破之于礓子阪，得马六百匹，归仁走。以伯玉为镇西四镇行营节度使。李忠臣与归仁等战于永宁、莎栅之间，屡破之。

【译文】十二月，甲午日(初二)，吕兼理度支使。

乙巳日(十三日)，韦伦把康楚元送回京城，朝廷把他斩杀了。

史思明派出他的大将李归仁带领五千精强的骑兵侵犯陕州，神策兵马使卫伯玉用几百个骑兵在礓子阪把他击败，收获战马六百匹，李归仁逃亡。任用卫伯玉担任镇西四镇行营节度使。李忠臣和李归仁等人在永宁、莎栅之间作战，多次把他击溃。

上元元年(庚子，公元七六零年)春，正月，辛巳，以李光弼为太尉兼中书令，馀如故。

丙戌，以于阗王胜之弟曜同四镇节度副使，权知本国事。

党项等羌吞噬边鄙，将逼京畿，乃分邠宁等州节度为鄜坊丹延节度，亦谓之渭北节度。以邠州刺史桑如珪领邠宁，鄜州刺史杜冕领鄜坊节度副使，分道招讨。戊子，以郭子仪领两道节度使，留京师，假其威名以镇之。

上祀九宫贵神。

二月，李光弼攻怀州，史思明救之。癸卯，光弼逆战于沁水之上，破之，斩首三千馀级。

忠州长史第五琦既行，或告琦受人金二百两，遣御史刘期光追按之。琦曰："琦备位宰相，二百两金不可手掣；若付受有凭，请准律科罪。"期光即奏琦已服罪。庚戌，琦坐除名，长流夷州。

【译文】上元元年（庚子，公元760年）是年闰四月始把年号改为上元。春，正月，辛巳日（十九日），任用李光弼为太尉兼中书令，剩余的人职位依旧。

丙戌日（二十四日），任用于阗王胜的弟弟曜担任同四镇节度副使，代理本国政事。

党项等羌族部落入侵边区，将进逼京城周围区域，于是就把邠、宁等州节度分为鄜坊、丹延节度，也称作渭北节度。任用邠州刺史桑如珪兼任邠宁节度副使，鄜州刺史杜冕同时担任鄜坊节度副使，分道招抚征讨。戊子日（二十六日），任用郭子仪统率两道节度使，驻留京师，假借他的威名来威震二道。

唐肃宗祭祀九宫贵神。

二月，李光弼攻击怀州，史思明去救援。癸卯日（十一日），李光弼在沁水旁边迎战史思明，把他击败，斩杀收获三千多首级。

忠州长史第五琦已经出发上任，有人告他接受他人黄金二百两，朝廷派出御史刘期光追去询问他。第五琦说："琦身为宰相，二百两黄金不可能提在手里；假使授受有证据，请按照法规判罪。"刘期光就向唐肃宗表报说第五琦已经认罪。庚戌日（十八日），第五琦因为这从官吏的名册上被除去姓名，永远被放逐到夷州。

三月，甲申，改蒲州为河中府。

庚寅，李光弼破安太清于怀州城下，夏，四月，壬辰，破史思明于河阳西渚，斩首千五百馀级。

襄州将张维瑾、曹玠杀节度使史翙，据州反。制以陇州刺史韦伦为山南东道节度使。时李辅国用事，节度使皆出其门。伦既朝廷所除，又不谒辅国，寻改秦州防御使。己未，以陕西节度使来瑱为山南东道节度使。瑱至襄州，张维瑾等皆降。

闰月，丁卯，加河东节度使王思礼为司空。自武德以来，思礼始不为宰相而拜三公。

【译文】三月，甲申日（二十三日），更改蒲州为河中府。

庚寅日（二十九日），李光弼在怀州城下击败安太清；夏，四月，壬辰日（初二），在河阳西边的沙洲上使史思明溃败，斩杀收获一千五百多首级。

襄州将军张维瑾、曹玠杀死节度使史翙，据守州境造反。唐肃宗下制书任命陇州刺史韦伦担任山南东道节度使。那时李辅国专权，节度使都从他的门下出来。既然韦伦是朝廷任命的，还不去拜见李辅国，因此很快就改任为秦州防御使。己未日（二十九日），以陕西节度使来瑱担任山南东道节度使。来瑱到襄州，张维瑾等人都屈服投降了。

闰四月，丁卯日（初七），使河东节度使王思礼的官位升为司空。从武德年间到如今，王思礼是没有做宰相而被任用为三公的第一个人。

甲戌，徙赵王係为越王。

己卯，赦天下，改元。

追谥太公望为武成王，选历代名将为亚圣、十哲。其中祀、下祀并杂祀一切并停。

是日，史思明入东京。

五月，丙午，以太子太傅苗晋卿行侍中。晋卿练达吏事，而谨身固位，时人比之胡广。

宦者马上言受赂，为人求官于兵部侍郎、同中书门下三品吕諲，諲为之补官。事觉，上言杖死。壬子，諲罢为太子宾客。

癸丑，以京兆尹南华刘晏为户部侍郎，充度支、铸钱、盐铁等使。晏善治财利，故用之。

【译文】甲戌日（十四日），改赵王李系为越王。

己卯日（十九日），大赦天下，更改年号为上元。

追加姜太公吕望为武成王，挑选历年的名将为亚圣、十哲。其他中祀、下祀和杂祀都终止。

同一天，史思明抵达东京。

五月，丙午日（十七日），派出太子太傅苗晋卿代理侍中。苗晋卿熟习做官的事务，而且持身严谨，能稳居官位，那时的人都把他与胡广相比。

宦官马上言受贿，替别人向兵部侍郎、同中书门下三品吕諲恳请官位，吕諲替他补了官。事情被发现之后，马上言被唐肃宗处死。壬子日（二十三日），吕諲罢官转而成为太子宾客。

癸丑日（二十四日），任命京兆尹南华人刘晏担任户部侍郎，代理度支、铸钱、盐铁等使。刘晏擅长理财谋利，因此任用他。

六月，甲子，桂州经略使邢济奏：破西原蛮二十万众，斩其帅黄乾曜等。

乙丑，凤翔节度使崔光远奏破泾、陇羌、浑十馀万众。

三品钱行浸久，属岁荒，米斗至七千钱，人相食。京兆尹郑叔清捕私铸钱者，数月间，榜死者八百馀人，不能禁。乃敕京畿，开元钱与乾元小钱皆当十，其重轮钱当三十，诸州更俟进止。是时史思明亦铸顺天、得一钱，一当开元钱百。贼中物价尤贵。

甲申，兴王佋薨。佋，张后长子也，幼曰定王侗。张后以故数欲危太子，太子常以恭逊取容。会佋薨，侗尚幼，太子位遂定。

【译文】六月，甲子日（初六），桂州经略使邢济向唐肃宗上奏章说：击败了那些西原蛮族二十万人，还杀死了他们的元帅黄乾曜等人。

乙丑日（初七），凤翔节度使崔光远向唐肃宗呈递奏章说击败了泾州、陇州的羌族和浑族这些民族的人马十多万。

三品钱通行了很长时间，恰逢年末的时候闹饥荒，一斗米粮的价格高达七千钱，到了人吃人的地步。京兆尹郑叔清抓捕了一些私自铸造钱币的人，在几个月的时间，就杖责死了八百多人，但是这种情况还是不能禁止。于是唐肃宗就下令说京城附近的地方，开元钱和乾元小钱一个可以当十个用，重轮钱一个可以当三十个用；其他各州等待之后的命令再做具体的规定。这时史思明也在私自铸造顺天钱、得一钱，一钱就可以当开元钱一百。贼人占领的地区内物价更加昂贵。

甲申日（二十六日），兴王李佋去世了。李佋是张皇后的长子，幼子是定王李侗。张皇后为了兴王的位置，好多次想伤害太子,太子常常以恭敬和谦逊的态度去侍奉君父,他这样的做法让他得以保留他的太子地位。等到李俶死后,由于李偗的年龄还比较小,所以太子的位置才得以安定。

乙酉,凤翔节度使崔光远破党项于普润。

平卢兵马使田神功奏破史思明之兵于郑州。

上皇爱兴庆宫,自蜀归,即居之。上时自夹城往起居,上皇亦间至大明宫。左龙武大将军陈玄礼、内侍监高力士久侍卫上皇;上又命玉真公主、如仙媛、内侍王承恩、魏悦及梨园弟子常娱侍左右。上皇多御长庆楼,父老过者往往瞻拜,呼万岁,上皇常于楼下置酒食赐之;又尝召将军郭英乂等上楼赐宴。有剑南奏事官过楼下拜舞,上皇命玉真公主、如仙媛为之作主人。

【译文】乙酉日(二十七日),凤翔节度使崔光远在普润这个地区打败了党项羌人。

平卢兵马使田神功向唐肃宗上奏说在郑州击败了史思明的军队。

太上皇非常喜欢兴庆宫,他从四川回来后,就一直住在兴庆宫里。唐肃宗常常从夹城去向太上皇问候他的饮食起居;太上皇偶尔也会到大明宫去。左龙武大将军陈玄礼、宦官头子高力士很久以来一直侍奉着太上皇;唐肃宗又让玉真公主、如仙媛,宦官王承恩、魏悦以及一些梨园弟子,常常在他的身旁侍奉和娱乐他。太上皇常常去长庆楼,经过的父老百姓看见后,总是下拜,并高呼万岁。太上皇有时候在楼下摆设酒席去请他们饮用;又曾经叫将军郭英乂等人到楼上去赏赐给他们酒席。曾经有一个剑南奏事官经过楼下时向上跪拜,太上皇叫玉真公主和如仙媛做东道主摆酒席请他吃饭。

李辅国素微贱，虽暴贵用事，上皇左右皆轻之。辅国意恨，且欲立奇功以固其宠，乃言于上曰："上皇居兴庆宫，日与外人交通，陈玄礼、高力士谋不利于陛下。今六军将士尽灵武勋臣，皆反仄不安，臣晓谕不能解，不敢不以闻。"上泣曰："圣皇慈仁，岂容有此！"对曰："上皇固无此意，其如群小何！陛下为天下主，当为社稷大计，消乱于未萌，岂得徇匹夫之孝！且兴庆宫与闾阎相参，垣墉浅露，非至尊所宜居。大内深严，奉迎居之，与彼何殊，又得杜绝小人荧惑圣听。如此，上皇享万岁之安，陛下有三朝之乐，庸何伤乎！"上不听。兴庆宫先有马三百匹，辅国矫敕取之，才留十匹。上皇谓高力士曰："吾儿为辅国所惑，不得终孝矣。"

【译文】李辅国一直以来地位都很卑微，虽然现在他突然间地位显贵手握大权，但是太上皇身边的人还是都看不起他。李辅国在心中非常忌恨他们，而且他又很想建立大功，以此来固守唐肃宗的恩宠，于是就对唐肃宗说："太上皇现在住在兴庆宫，天天都和外面的人交往，陈玄礼、高力士这些人又图谋不轨，这样对陛下很不利。现在朝廷六军的将士都是灵武的功臣，他们现在都很怀疑恐惧不得安心。臣向他们说明但是也不能了解具体情况，所以不敢不向皇上报告这件事啊。"唐肃宗听后哭泣着说："圣皇那么慈爱仁厚，怎么可能会有这种事呢？"李辅国回答唐肃宗说："太上皇他自己绝对没有这个意思，可是他又怎么能够禁止得了手下的一些小人不去这样做呢！陛下您是天下的君主，应当制订为国家的大计划，把那些乱事在没有发生之前消除掉，怎么能光想着尽个人的孝道呢！况且兴庆宫靠近闾巷，垣墙又非常矮，行事很容易显露出来，不是太上皇他所适宜居住的地方。皇宫深邃把守又很严密，请太上皇进来居住，这样与住在兴庆宫又有什么不同，也可以断绝小人的蛊惑。如果这样的话，太上皇也可以享受万岁的安宁，陛下您也可以每天有三次朝见太上皇的乐趣，这样又有什么可伤心的呢？"唐肃宗不听从他的意见。兴庆宫原先有三百匹马，李辅国假传唐肃宗的旨令把马带走了很多，就只留下十匹。太上皇对高力士说："我的儿子被李辅国给迷惑了，不能够有始有终地尽孝了。"

辅国又令六军将士，号哭叩头，请迎上皇居西内。上泣不应。辅国惧。会上不豫，秋，七月，丁未，辅国矫称上语，迎上皇游西内，至睿武门，辅国将射生五百骑，露刃遮道奏曰："皇帝以兴庆宫湫隘，迎上皇迁居大内。"上皇惊，几坠。高力士曰："李辅国何得无礼！"叱令下马。辅国不得已而下。力士因宣上皇诰曰："诸将士各好在！"将士皆纳刃，再拜，〔呼〕万岁。力士又叱辅国与己共执上皇马鞚，侍卫如西内，居甘露殿。辅国帅众而退。所留侍卫兵，才尪老数人。陈玄礼、高力士及旧宫人皆不能留左右。上皇曰："兴庆宫，吾之王地，吾数以让皇帝，皇帝不受。今日之徙，亦吾志也。"是日，辅国与六军大将素服见上，请罪。上又迫于诸将，乃劳之曰："南宫、西内，亦复何殊！卿等恐小人荧惑，防微杜渐，以安社稷，何所惧也！"刑部尚书颜真卿首帅百寮上表，请问上皇起居。辅国恶之，奏贬蓬州长史。

【译文】李辅国又叫六军将士号啕大哭给唐肃宗叩头，请求迎接太上皇去西内（即太极宫）居住。唐肃宗只是哭泣，但是不答应将士们的请求。李辅国觉得非常畏惧。正好赶上唐肃宗生病，秋季，七月，丁未日（十九日），李辅国假传唐肃宗的口谕，迎接太上皇到西内去游玩。到了睿武门的时候，李辅国带领射生骑士五百人，拔刀出鞘拦住道路说："皇帝因为兴庆宫太潮湿以及狭窄，所以特此迎接太上皇迁居到皇宫内。"太上皇很惊慌失措，差点从马上摔下来。高力士说："李辅国你怎么能如此无礼！"叱责他并让他下马。李辅国不得已便从马上下来。高力士接着向将士们宣谕太上皇的诰命说："将士们要各自好自为之！"将士便都把刀插进刀鞘，一次又一次地叩头，高声呼叫万岁。高力士于是又责骂李辅国，叫他和自己一起牵着太上皇的马勒，侍奉太上皇到西内，让太上皇居住在甘露殿。李辅国则带领官兵退下去了。所留下来的侍卫兵，只有几十个老弱的。陈玄礼、高力士还有以前的宫人都不能留在太上皇的身边侍候他。太上皇说："兴庆宫这个地方是我成就帝王事业时候所居住的，我曾经数次让给皇帝，皇帝都不接受。今天的这次迁徙，其实也是我的意愿。"那天，李辅国和北门六军的大将都身穿白色的衣服去拜见唐肃宗，请求唐肃宗降罪于他们。唐肃宗又受诸将军的逼迫，于是便安慰他们说："南宫和西内之间又有什么区别呢！诸卿害怕小人迷惑太上皇，是为了杜绝祸乱的根源，安定社稷，这有什么值得畏惧的！"刑部尚书颜真卿首先率领属下的官员上表，请求问候太上皇的生活起居。李辅国非常厌恶他，于是上奏请求唐肃宗将他贬为蓬州长史。

癸丑，敕天下重稜钱皆当三十，如畿内。

丙辰，高力士流巫州，王承恩流播州，魏悦流溱州，陈玄礼勒致仕；置如仙媛于归州，玉真公主出居玉真观。上更选后宫百馀人，置西内，备洒扫。令万安、咸宜二公主视服膳；四方所献珍异，先荐上皇。然上皇日以不怿，因不茹荤，辟谷，浸以成疾。上初犹往问安，既而上亦有疾，但遣人起居。其后上稍悔寤，恶辅国，欲诛之，畏其握兵，竟犹豫不能决。

初，哥舒翰破吐蕃于临洮西关磨环川，于其地置神策军。及安禄山反，军使成如璆遣其将卫伯玉将千人赴难。既而军地沦入吐蕃，伯玉留屯于陕，累官至右羽林大将军。八月，庚午，以伯玉为神策军节度使。

【译文】癸丑日（二十五日），唐肃宗敕令天下重棱钱都可以当三十个钱来使用，所有的地区和京城附近地区一样。

丙辰日（二十八日），高力士被放逐到了巫州地区，王承恩被放逐到了播州，魏悦被流放到了溱州，陈玄礼被唐肃宗勒令退休。除此之外，还把如仙媛安置到归州，玉真公主被逐出禁宫居住在了玉真观。唐肃宗另外从后宫挑选了一百多个宫女，将她们放置在西内，以备洒水扫地之用。还命令万安、咸宜二位公主去服侍太上皇的衣服和膳食；另外四方所进献给朝廷的那些珍贵奇异的东西，也都先进献给太上皇用。然而太上皇却一天比一天地不开心，因此不吃荤腥，排除五谷，慢慢地生了病。唐肃宗起初的时候还去问安，但是没多长时间唐肃宗也生了病，只是派人去问候太上皇的生活状况。后来唐肃宗逐渐后悔并觉悟了，非常厌恶李辅国，想杀了他，但是害怕他掌握的兵权，竟然犹豫不能立即做决定。

起初，哥舒翰在临洮西关磨环川地区击败了吐蕃，在那个地方设置了神策军。等到后来安禄山造反的时候，神策军使成如璆派出他的将军卫伯玉带领一千人马来解救国家所面临的危难。之后不久神策军的地盘就让吐蕃给攻陷了。卫伯玉留守驻扎在陕州地区，官做到右羽林大将军。八月，庚午日（十三日），唐肃宗任命卫伯玉担任神策军节度使。

丁亥,赠谥兴王侣曰恭懿太子。

九月,甲午,置南都于荆州,以荆州为江陵府,仍置永平军团练兵三千人,以扼吴、蜀之冲,从节度使吕𧨳之请也。

或上言:"天下未平,不宜置郭子仪于散地。"乙未,命子仪出镇邠州;党项遁去。戊申,制:"子仪统诸道兵自朔方直取范阳,还定河北,发射生英武等禁军及朔方、鄜坊、邠宁、泾原诸道蕃、汉兵共七万人,皆受子仪节度。"制下旬日,复为鱼朝恩所沮,事竟不行。

冬,十月,丙子,置青、沂等五州节度使。

【译文】丁亥日(三十日),唐肃宗下令追赠兴王李侣谥号为恭懿太子。

九月,甲午日(初七),唐肃宗下令在荆州设置南都,设荆州为江陵府,依然设置永平军团练兵三千人,用以扼守吴、蜀等地的要害地区,这些是遵从节度使吕𧨳的要求而设立的。

有人向朝廷上书说:"天下至今还不太平,不应该把郭子仪安放在闲散的位子上。"乙未日(初八),唐肃宗命令郭子仪去镇守邠州地区;党项于是就逃走了。戊申日(二十一日),唐肃宗下制说:"郭子仪统率各路兵马从朔方直接去攻取范阳,之后回来再平定河北地区,还征调射生英武军等禁军,以及朔方、鄜坊、邠宁、泾原等各路的蕃兵和汉兵总共有七万人,这些人都统一受郭子仪节制和调度。"制书颁布的第十天,又被鱼朝恩所阻挠,导致这些事情都不能照计划实行。

冬季,十月,丙子日(十九日),唐肃宗设置青州、沂州等五州的节度使。

十一月,壬辰,泾州破党项。

御史中丞李铣、宋州刺史刘展皆领淮西节度副使。铣贪暴不法，展刚强自用，故为其上者多恶之；节度使王仲升先奏铣罪而诛之。时有谣言曰："手执金刀起东方。"仲升使监军使、内左常侍邢延恩入奏："展倔强不受命，姓名应谣谶，请除之。"

延恩因说上曰："展与李铣一体之人，今铣诛，展不自安，苟不去之，恐其为乱。然展方握强兵，宜以计去之。请除展江淮都统，代李峘，俟其释兵赴镇，中道执之，此一夫力耳。"上从之，以展为都统淮南东、江南西、浙西三道节度使；密敕旧都统李峘及淮南东道节度使邓景山图之。

【译文】十一月，壬辰日（初六），在泾州地区打败了党项。

御史中丞李铣、宋州刺史刘展他们俩都兼任淮西的节度副使。李铣这个人贪婪暴虐，而且还不遵守法令，刘展他这个人性情很是刚强，师心自用，所以他的上司都非常讨厌他。节度使王仲升在之前就奏明李铣的罪状并且已经把他给杀了。所以当时有谣言说："手执金刀起东方。"王仲升让监军使、内左常侍邢延恩进入朝廷给唐肃宗奏报："刘展这个人生性倔强，而且还不服从命令，除此之外，他的姓名又和谣言相呼应，所以请求皇上下令把他除掉。"

邢延恩因而劝谏唐肃宗说："刘展和李铣他们是一伙的。现在李铣他被杀，刘展心里肯定疑虑恐惧不安。要是不把他除去的话，恐怕他会作乱。但是刘展现在正在掌握着强大的兵力，应该用计谋除掉他。所以请改任刘展为江淮都统，代替李峘的位置。等到他放下兵权去上任的时候，在半路上抓捕他，这样的话以一个武士的力量就已经足够了。"唐肃宗听从他的建议，于是就改任刘展为都统淮南东、江南西和浙西三道的节度使；暗中秘密命令原任都统李峘和淮南东道节度使邓景山谋杀他。

延恩以制书授展，展疑之，曰："展自陈留参军，数年至刺史，可谓暴贵矣。江、淮租赋所出，今之重任，展无勋劳，又非亲贤，一旦恩命宠擢如此，得非有谗人间之乎？"因泣下。延恩惧，曰："公素有才望，主上以江、淮为忧，故不次用公。公反以为疑，何哉？"展曰："事苟不欺，印节可先得乎？"延恩曰："可。"乃驰诣广陵，与峘谋，解峘印节以授展。展得印节，乃上表谢恩，牒追江、淮亲旧，置之心膂，三道官属遣使迎贺，申图籍，相望于道，展悉举宋州兵七千趣广陵。

【译文】 邢延恩把唐肃宗的制书交给刘展的时候，刘展就很怀疑，说："我自陈留参军，不到几年的光景就已经做了刺史，可以说是突然蒙恩显贵了。江、淮一带是向朝廷供应租税的地方，是现在担当国家重任的地方。我既没有功劳，也不是皇亲的贤人，一旦蒙受皇恩这般地宠幸提拔我，这能够说是没有谗佞小人在从中进行离间吗？"因而便流下眼泪来。邢延恩觉得很畏惧，说："您一向很有才能和威望，皇上非常担心江、淮地区的事务，所以才特别提拔您担任这个职务。但是您反而起了疑心，这是因为什么呢？"刘展回答说："事情如果是真的，印绶和节符可以先给我看看吗？"邢延恩说："好的。"接着就快马加鞭飞奔回广陵，同李峘一同商议这件事，于是解下李峘的印绶和符节交给刘展。刘展得到了这些印绶符节，就向唐肃宗上奏表示谢恩，还写文书召请江、淮地区的亲戚朋友，把他们当作心腹，三道的官吏都派使者向他表示欢迎庆贺，还申报地图簿籍，以至于在道路上奔走的人前后也都可以看得见。刘展带领宋州所有的七千兵马准备奔赴广陵。

延恩知展已得其情，还奔广陵，与李峘、邓景山发兵拒之，移檄州县，言展反。展亦移檄言峘反，州县莫知所从。峘引兵渡江，与副使润州刺史韦儇、浙西节度使侯令仪屯京口，邓景山将万人屯徐城。展素有威名，御军严整，江、淮人望风畏之。展倍道先期至，使人问景山曰："吾奉诏书赴镇，此何兵也？"景山不应。展使人呼于阵前曰："汝曹皆吾民也，勿干吾旗鼓。"使其将孙待封、张法雷击之，景山众溃，与延恩奔寿州。展引兵入广陵，遣其将屈突孝标将兵三千徇濠、楚，王暅将兵四千略淮西。

李峘辟北固为兵场，插木以塞江口。展军于白沙，设疑兵于瓜洲，多张火、鼓，若将趣北固者，如是累日。峘悉锐兵守京口以待之。展乃自上流济，袭下蜀。峘军闻之，自溃，峘奔宣城。

【译文】 邢延恩了解到刘展已经得悉了他的计谋，于是又掉头跑到广陵，与李峘、邓景山一起发兵来对抗他。而且送檄文到各州县，上面说刘展准备造反。刘展同时也发送檄文说李峘将要造反，各州县被弄糊涂了，不知道具体应该要听从哪一方面的话。李峘他带兵渡过长江，和节度副使润州刺史韦儇、浙西节度使侯令仪一起驻扎在京口，邓景山带领一万人屯驻在徐城这个地方。刘展一向都很有威名，治军非常严格整齐，江、淮一带的人望见他的风尘就非常害怕。刘展一路兼程预先赶到目的地，于是派人去问邓景山说："我奉皇上的诏书到这地方上任，但是这里的兵是做什么的？"邓景山不回答他的问题。刘展于是又派人到阵前大声地喊叫说："你们这些人都是我的百姓，所以你们不要冒犯我的部队。"紧接着派他的大将孙待封、张法雷进攻广陵，邓景山的部队溃散失败，和邢延恩一起逃奔到寿州。刘展于是就带兵进入了广陵，之后派遣他的大将屈突孝标统率三千士卒去进攻濠州、楚州，王暅带领四千士卒去攻打淮西地区。

李峘把北固山开辟成军事用地，在这里插下木桩以此来堵塞江口。刘展驻扎在白沙的时候，在瓜洲设置了很多疑兵，还张罗摆设了许多火把和战鼓，装作好像要进攻北固山的样子，之后的好几天也都是同样的状态。李峘于是用所有的精锐士卒来把守京口，在那里等待着刘展的进攻。但是刘展却从长江的上游渡江，去进攻下蜀。李峘的部队听到这个消息后，就自动溃散了。李峘于是逃奔到了宣城。

甲午，展陷润州。升州军士万五千人谋应展，攻金陵城，不克而遁。侯令仪惧，以后事授兵马使姜昌群，弃城走。昌群遣其将宗犀诣展降。丙申，展陷升州，以宗犀为润州司马、丹杨军使；使昌群领升州，以从子伯瑛佐之。

李光弼攻怀州，百馀日，乃拔之，生擒安太清。

史思明遣其将田承嗣将兵五千徇淮西，王同芝将兵三千人徇陈，许敬江将二千人徇兖郓，恭薛鄂将五千人徇曹州。

十二月，丙子，党项寇美原、华原、同官，大掠而去。

贼帅郭愔等引诸羌、胡败秦陇防御使韦伦，杀监军使。

兖郓节度使能元皓击史思明兵，破之。

【译文】甲午日（初八），刘展攻下了润州这个地方。升州军士一万五千人按照原定的计划响应了刘展，然后进攻金陵城，但是没有攻下来就逃跑了。侯令仪非常畏惧害怕，所以把接下来的事务交给了兵马使姜昌群，然后就丢下城池逃跑了。姜昌群派遣他的将军宗犀去拜见刘展让他投降。丙申日（初十），刘展又攻下升州，让宗犀担任润州司马、丹杨军使，还让姜昌群摄理升州刺史，令自己的侄儿刘伯瑛去辅助他。

李光弼去进攻怀州，攻了有一百多天，才攻下来，并且活捉了安太清。

史思明派他手下的大将田承嗣带领五千兵马攻打淮西；王同芝统领三千兵马攻打陈州；许敬江统率两千人马进攻兖州、郓州地区；薛鄂（鄂，上卷至德二载、《新唐书》并作萼）率领五千人马去攻打曹州这个地方。

十二月，丙子日（十二日），党项进攻美原、华原、同官地区，大肆抢掠然后就逃跑了。

贼兵的将帅郭愔等人诱导羌族和胡族各部落的兵马打败了秦陇防御使韦伦，并且杀死了监军使。

兖郓节度使能元皓去攻打史思明的部队，把他击败了。

李峘之去润州也，副使李藏用谓峘曰："处人尊位，食人重禄，临难而逃之，非忠也；以数十州之兵食，三江、五湖之险固，不发一矢而弃之，非勇也。失忠与勇，何以事尹！藏用请收馀兵，竭力以拒之。"峘乃悉以后事授藏用。藏用收散卒，得七百人，东至苏州募壮士，得二千人，立栅以拒刘展。

展遣其将傅子昂、宗犀攻宣州，宣歙节度使郑炅之弃城走，李峘奔洪州。

李藏用与展将张景超、孙待封战于郁墅，兵败，奔杭州。景超遂据苏州，待封进陷湖州。展以其将许峄为润州刺史，李可封为常州刺史，杨持璧苏州刺史，待封领湖州事。景超进逼杭州，藏用使其将温晁屯馀杭。展以李晃为泗州刺史，宗犀为宣州刺史。

【译文】李峘逃离润州的时候，节度副使李藏用曾经对李峘说："你居处在高贵的官位，享受着皇上所给的优厚的俸禄，一遇到困难就马上逃走，这是非常不忠心的体现；依靠数十州的兵马和粮食，三江、五湖的这些险要坚固，却连一支箭都还没有发射就立即抛弃了它，这是没有勇气的表现。如果一个人失去了他的忠心和勇气，他又该如何去侍奉君主！藏用请求收取剩余的兵马，尽全力去抵抗他。"于是李峘就把自己的后事托付给了李藏用。李藏用收集了一些散兵，总共有七百人；向东还到苏州地区去招募勇士，得到了差不多两千人，于是便设立栅栏来抵抗刘展的进攻。

刘展派遣他的手下大将傅子昂和宗犀去向宣州进攻，宣歙节度使郑炅之丢弃宣城自己逃跑了，李峘没办法又逃奔到了洪州。

李藏用和刘展的大将张景超、孙待封在郁墅这个地方交战，但是战败了，于是就逃奔到了杭州。张景超因此占领了苏州，孙待封又进兵把湖州攻陷了。刘展任命他的将军许峄担任润州地区的刺史，把李可封为常州的刺史，杨持璧任苏州刺史，孙待封兼管湖州地区的事务。张景超之后又带兵逼近杭州，李藏用让他手下的将军温晁率兵驻扎在余杭。刘展任用李晃为泗州刺史，宗犀担任宣州的刺史。

傅子昂屯南陵，将下江州，徇江西。于是，屈突孝摽陷濠、楚州，王暅陷舒、和、滁、庐等州，所向无不摧靡，聚兵万人，骑三千，横行江、淮间。寿州刺史崔昭发兵拒之，由是暅不得西，止屯庐州。

初，上命平庐都知兵马使田神功将所部精兵五千屯任城；邓景山既败，与刑延恩奏乞救神功救淮南，未报。景山遣人趣之，且许以淮南金帛子女为赂，神功及所部皆喜，悉众南下，及彭城，敕神功讨展。展闻之，始有惧色，自广陵将兵八千拒之，选精兵二千度淮，击神功于都梁山，展败，走至天长，以五百骑据桥拒战，又败，展独与一骑亡度江。神功入广陵及楚州，大掠，杀商胡以千数，城中地穿掘略遍。

是岁，吐蕃陷廓州。

【译文】傅子昂驻扎在南陵，想要沿着长江一直向下然后攻下江州，进而再攻打江南西道。这时候屈突孝摽攻下了濠州、楚州，王暅攻下舒、和、滁、庐等一些州，他们所到的地方没有不被摧败披靡的，总共聚集了士兵一万人，马匹三千，军队横行于长江、淮河一带。寿州刺史崔昭发动军队去抵抗他，所以王暅不能再向西进军了，只好驻扎在庐州这个地方。

起初，唐肃宗下令让平庐兵马使田神功带领手下的五千精兵驻扎在任城；邓景山被打败后，和邢延恩一起上奏请求唐肃宗下令让田神功去解救淮南，但是没有得到唐肃宗的回应。邓景山又派人去催促田神功，并且答应用淮南地区的金银财帛和美女作为贿赂的条件。田神功和他的部下听了之后都很高兴，于是就带领他手下所有的人马向南方进发。到了彭城的时候，唐肃宗下令让田神功去征讨刘展。刘展听到了这个消息后，才露出了畏惧的表情。于是就从广陵率领八千名士卒来抵抗他，还选择了两千名精兵渡过淮河，在都梁山这个地方攻打田神功。刘展战败了，便逃到了天长；让五百骑兵凭借着桥去抵抗作战，又战败了。刘展只好单独和一个骑兵逃亡渡过了长江。田神功进入广陵及楚州地区之后，便开始大肆抢掠，杀死上千个经商的胡人，这些地方城中的土地也差不多被挖掘了一遍。

这一年，廓州被吐蕃攻陷了。

资治通鉴卷第二百二十二　唐纪三十八

起重光赤奋若，尽昭阳单阏六月，凡二年有奇。

【译文】起辛丑（公元761年），止癸卯（公元763年）六月，共二年六个月。

【题解】本卷记录了公元761年至763年六月的史事，共两年又六个月，正当唐肃宗上元二年到唐代宗宝应二年六月。此时期政治多变，唐玄宗、肃宗两代皇帝相继去世，宦官李辅国发动政变，诛杀张皇后，拥立代宗李豫，嚣张跋扈，代宗反击，诛除李辅国。宦官程元振掌权，朝纲依然混乱。官军讨伐贼军，宦官鱼朝恩再次干预军事，迫使李光弼盲目决战，邙山大败。史朝义杀父自立，官军得以喘息。代宗向回纥借兵，任用仆固怀恩为副元帅，收复洛阳，平定河北，史朝义投降，长达八年的安史之乱终于结束了。

肃宗文明武德大圣大宣孝皇帝下之下

上元二年（辛丑，公元七六一年）春，正月，癸卯，史思明改元应天。

张景超引兵攻杭州，败李藏用将李强于石夷门。孙待封自武康南出，将会景超攻杭州，温晁据险击败之；待封脱身奔乌程，李可封以常州降。丁未，田神功使特进杨惠元等将千五百人西击王暅。辛亥夜，神功先遣特进范知新等将四千人自白沙济，西趣下蜀；邓景山等将千人自海陵济，东趣常州；神功与邢延恩将三千人军于瓜洲，壬子，济江。展将步骑万馀陈于蒜山；神功以舟载兵趣金山，会大风，五舟飘抵金山下，展屠其二舟，沉其三舟，神功不得度，还军瓜洲。而范知新等兵已至下蜀，展击之，不胜。弟殷劝展引兵逃入海，可延岁月，展曰："若事不济，何用多杀人父子乎！死，早晚等耳！"遂更帅众力战。将军贾隐林射展，中目而仆，遂斩之。刘殷、许峄等皆死。隐林，滑州人也。杨惠元等击破王暅于淮南，暅引兵东走，至常熟，乃降。孙待封诣李藏用降。张景超聚兵至七千馀人，闻展死，悉以兵授张法雷，使攻杭州，景超逃入海。法雷至杭州，李藏用击破之，馀党皆平。平卢军大掠十馀日。安、史之乱，乱兵不及江、淮，至是，其民始罹荼毒矣。

【译文】上元二年（辛丑，公元761年）春季，正月，癸卯日（十七日），史思明更改年号为应天。

张景超带兵去进攻杭州，在石夷门打败了李藏用手下的部将李强。孙待封从武康地区向南进发，想要和张景超他们会合并一起去进攻杭州，温晁凭借着险要的地势打败了他们；但是孙待封得以脱身逃奔到了乌程，李可封用常州向他投降。丁未日（二十一日），田神功让特进杨惠元等人带领一千五百名士兵向西去攻打王暅。辛亥日（二十五日）夜晚，田神功首先派特进范知新等人带领四千人马从白沙渡江出发，西向下蜀快速进军；邓景山统领一千人马从海陵地区渡江，东向常州疾速进军；田神功和邢延恩带领着三千人驻扎在瓜洲这个地方，壬子日（二十六日），他们一起渡过长江。刘展带领一万多名步兵和骑兵在蒜山这里摆设好方阵等待他们的进攻；田神功用船运的方式让士兵飞快地赶往金山。正好碰到刮大风，五只大船很快就漂到金山下面，于是刘展便消灭了他的两只船，还使另外的三只船沉没到了江底。田神功没有办法渡江，只好回来又驻扎在瓜洲这里。这时候范知新这些人的士兵已经抵达了下蜀，刘展于是就开始攻打他，但是没有取得成功。刘展的弟弟刘殷劝说刘展率兵逃到了海上，这样的话可以拖延一些时日。刘展却说："假如事情不能成功的话，何必又要多杀害人家的父子呢！死亡，早或晚都是一样的！"因此又率领他手下的士兵尽力作战。将军贾隐林用箭射中了刘展的眼睛，刘展痛苦地倒在了地上，于是就被杀了。刘殷和许峰这些人也都死了。贾隐林，他是滑州人。杨惠元等人在淮南打败了王暅后，王暅率领部队向东逃跑，到了常熟的时候，就被迫投降了。孙待封向李藏用投降了。张景超把士卒聚集到一起，差不多有七千人，他们听说刘展死了的消息，于是就把军队全部交给了张法雷，让他去进攻杭州，张景超逃到海里去了。张法雷到杭州之后，李藏用把他给打败了，其余的党徒也都已经平定。平卢军队便开始大肆掳掠了十几天。安禄山、史思明等人的叛乱，乱兵也不曾到过长江、淮河一带，直到现在，江、淮地区的人民才遭受到了战争的残害。

　　荆南节度使吕諲奏，请以江南之潭、岳、郴、邵、永、道、连，黔中之涪州，皆隶荆南；从之。

　　二月，奴剌、党项寇宝鸡，烧大散关，南侵凤州，杀刺史萧愇，大掠而西；凤翔节度使李鼎追击破之。

　　戊辰，新罗王金嶷入朝，因请宿卫。

　　或言："洛中将士皆燕人，久戍思归，上下离心，急击之，可破也。"陕州观军容使鱼朝恩以为信然，屡言于上，上敕李光弼等进取东京。光弼奏称："贼锋尚锐，未可轻进。"朔方节度使仆固怀恩，勇而愎，麾下皆蕃、汉劲卒，恃功，多不法，郭子仪宽厚曲容之，每用兵临敌，倚以集事；李光弼性严，一裁之以法，无所假贷。怀恩惮光弼而心恶之，乃附朝恩，言东都可取。由是中使相继，督光弼使出师，光弼不得已，使郑陈节度使李抱玉守河阳，与怀恩将兵会朝恩及神策节度使卫伯玉攻洛阳。

【译文】荆南节度使吕諲向唐肃宗上奏，请求唐肃宗下令让江南的潭州、岳州、郴州、邵州、永州、道州、连州和黔中的涪州这些地区，都隶属于荆南；唐肃宗听从了他的提议。

二月，奴剌、党项又开始进攻掠夺宝鸡，还焚烧了大散关，之后南下进侵凤州这个地方，并且杀死了刺史萧，进行了一番大肆抢夺之后回到西方去了。凤翔的节度使李鼎之后追赶并攻打他们，把他们全部都击败了。

戊辰日（十三日），新罗王金嶷来到朝廷朝拜唐肃宗，顺便还请求能够留在京城做守卫。

有人说："史思明屯兵驻扎在洛阳附近的士卒都是燕州一带的人，那些士兵长时间戍守在外面，一定非常想回家。将士和士兵上下的心志分离，这时迅速去攻打，则可以把他们打败。"陕州观军容使鱼朝恩认为的确如此，数次向唐肃宗劝说这件事，唐肃宗于是就命令李光弼等人进军去攻取东京。李光弼上奏给唐肃宗说："叛贼的锋头现在还非常坚强，不可以轻易地进攻。"朔方节度使仆固怀恩，虽然勇敢但刚愎自用，他的部下都是蕃族和汉族的强兵，仗着自己的功劳显赫，很多都不听从法纪。郭子仪这个人性情非常宽厚，尽量去容忍他，每逢遇到敌人要打仗的时候，都要依靠他来完成战事。李光弼的性情比较严厉，他完全依据军队的法纪来判定事情，没有一丝的宽容。仆固怀恩很害怕李光弼，在心里非常讨厌他，于是就附和着鱼朝恩，说可以把东都给攻下来。在这样的情况下，宫中派来的使者来往不断地督促李光弼让他派军去进攻东京。李光弼被逼得没有办法，只好叫郑陈节度使李抱玉把守河阳，然后就和仆固怀恩一起率领士兵和鱼朝恩以及神策军节度使卫伯玉相会合，共同去进攻洛阳。

戊寅，陈于邙山。光弼命依险而陈，怀恩陈于平原，光弼曰："依险则可以进，可以退；若平原，战而不利则尽矣。思明不可忽也。"命移于险，怀恩复止之。史思明乘其陈未定，进兵薄之，官军大败，死者数千人，军资器械尽弃之。光弼、怀恩渡河走保闻喜，朝恩、伯玉奔还陕，抱玉亦弃河阳走，河阳、怀州皆没于贼。朝廷闻之，大惧，益兵屯陕。

李揆与吕諲同为相，不相悦。諲在荆南，以善政闻，揆恐其复入相，奏言置军湖南非便，又阴使人如荆、湖求諲过失。諲上疏讼揆罪，癸未，贬揆袁州长史，以河中节度使萧华为中书侍郎、同平章事。

【译文】戊寅日（二十三日），在邙山排列好方阵。李光弼凭借险要的地势摆列好阵势，仆固怀恩在平原地区摆列阵势。李光弼告诉他说："凭借着险要的地势，不仅可以进攻，同时也可以退守；假如在平地上的话，战争的形势一旦处于不利地位就可能导致全军覆没。史思明这个人是不可以轻视的。"于是就下令让他转移到险要的地方。仆固怀恩就是停扎在那里不动。史思明乘着他军队的阵势还没有安排妥当，就率兵去进军逼迫他。朝廷的军队大败，不仅死了好几千人，而且军中的物资和器械全部被丢弃了。李光弼和仆固怀恩一起渡过黄河，逃到闻喜这个地方坚守；鱼朝恩和卫伯玉逃回到陕州，李抱玉也丢弃河阳逃走了。河阳、怀州于是又都落入了贼兵的手中。朝廷听到了这个消息，非常害怕，于是便再加派军队去驻扎在陕城。

李揆和吕諲同时担任宰相，但是两人相处得很不愉快。后来吕諲被罢免了宰相一职，在荆南节度使任内期间以善政而著名，李揆害怕他会再次入朝担任宰相，于是就上奏唐肃宗说在湖南置军不便利，然后又暗中派人到荆南、湖南去查询吕諲的过失。吕諲上疏向唐肃宗诉说李揆的罪过。癸未日（二十八日），唐肃宗下令把李揆贬为袁州长史，任命河中节度使萧华担任中书侍郎、同平章事。

【康熙御批】 兵机迟速关系最重，利害所争，间不容发，有宜速而迟者，固失事机；有宜迟而速者，亦患于轻躁，皆足取败。至于轻信金壬浮说，及令中使督师，往往偾事，以至全军覆没。如鱼朝恩之促李光弼者，何可胜数。明季亦坐此弊。

【译文】 用兵的时机迟速最为重要，利害的争夺，刻不容缓，有应该迅速反而迟了的，固然就会失去机会；也有应该迟缓反而快了的，还有轻浮急躁，这些都会导致失败。至于轻信小人浮说，还有中途派人督师，往往会坏事，以致全军覆没。像鱼朝恩督促李光弼，这样的事情哪里数得过来。明朝末年也是因此而亡国。

史思明猜忍好杀，群下小不如意，动至族诛，人不自保。朝义，其长子也，常从思明将兵，颇谦谨，爱士卒，将士多附之；无宠于思明，思明爱少子朝清，使守范阳，常欲杀朝义，立朝清为太子，左右颇泄其谋。思明既破李光弼，欲乘胜西入关，

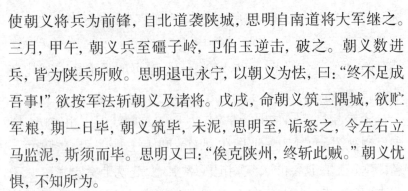

使朝义将兵为前锋，自北道袭陕城，思明自南道将大军继之。三月，甲午，朝义兵至礓子岭，卫伯玉逆击，破之。朝义数进兵，皆为陕兵所败。思明退屯永宁，以朝义为怯，曰："终不足成吾事！"欲按军法斩朝义及诸将。戊戌，命朝义筑三隅城，欲贮军粮，期一日毕，朝义筑毕，未泥，思明至，诟怒之，令左右立马监泥，斯须而毕。思明又曰："俟克陕州，终斩此贼。"朝义忧惧，不知所为。

【译文】 史思明这个人性情容易猜忌而且残忍又喜欢杀人，他的很多手下的人只要稍微有让他不如意的地方，往往就会遭到灭族的惨祸，每个人都不能自保。史朝义，是他的长子，常常跟随史思明率兵打仗，非常谦恭和谨慎，爱惜体恤士卒，将士们很多归附于他，但是他却得不到史思明的宠幸和喜爱。史思明非常喜爱他的小儿子史朝清，让他留守在范阳；很多时候他都想杀了史朝义，让史朝清当太子，他左右的人稍微泄露了他的计谋。史思明在打败李光弼以后，想乘胜攻入关中，于是让史朝义带兵打前锋，从北道向陕城进攻，史思明从南道率大军继而进攻。三月，甲午日（初九），史朝义的部队进入礓子岭，遭到卫伯玉迎头痛击，把他给打败了。史朝义数次进兵攻击，但都被陕州的官军打败了。史思明于是就退兵驻扎在永宁，他认为史朝义非常怯懦不敢进攻，说："你终究还是不能够成就我的事业！"于是就要按照军法把史朝义和他手下的各将军都杀死。戊戌日（十三日），又命令史朝义建筑三隅城，想用这些隅城来储存军队的粮食，并且限期一天让他建筑完毕。史朝义刚建筑完毕，还没有来得及把墙壁泥平，史思明就到了这里，很生气并且还骂他；让自己身边的人骑马站在那儿监视他让他把墙壁泥平，没过多长时间就把墙弄完了。史思明又说："等到攻下陕州的时

资治通鉴

候，一定要杀死这个贼东西！"史朝义非常忧思恐惧，不知道该怎么办才好。

思明在鹿桥驿，令腹心曹将军将兵宿卫；朝义宿于逆旅，其部将骆悦、蔡文景说朝义曰："悦等与王，死无日矣！自古有废立，请召曹将军谋之。"朝义俯首不应。悦等曰："王苟不许，悦等今归李氏，王亦不全矣。"朝义泣曰："诸君善为之，勿惊圣人！"悦等乃令许叔冀之子季常召曹将军，至，则以其谋告之；曹将军知诸将尽怨，恐祸及己，不敢违。是夕，悦等以朝义部兵三百被甲诣驿，宿卫兵怪之，畏曹将军，不敢动。悦等引兵入至思明寝所，值思明如厕，问左右，未及对，已杀数人，左右指示之。思明闻有变，逾垣至厩中，自备马乘之，悦傔人周子俊射之，中臂，坠马，遂擒之。思明问："乱者为谁？"悦曰："奉怀王命。"思明曰："我朝来语失，宜其及此。然杀我太早，何不待我克长安！今事不成矣。"悦等送思明于柳泉驿，囚之，还报朝义曰："事成矣"。朝义曰："不惊圣人乎？"悦曰："无。"时周挚、许叔冀将后军在福昌，悦等使许季常往告之，挚惊倒于地；朝义引军还，挚、叔冀来迎，悦等劝朝义执挚，杀之。军至柳泉，悦等恐众心未壹，遂缢杀思明，以毡裹其尸，橐驼负归洛阳。

【译文】史思明在鹿桥驿这里，让他的心腹曹将军在外守卫；史朝义就住在旅馆里。他手下的将军骆悦和蔡文景劝服史朝义说："悦等和王要不了多久就要去世了！从古代以来就有废立的事情，请求王召请曹将军一起来商议这件事。"史朝义一直低着头没有说话。骆悦等人说："王您假如不允许的话，悦等现在就要向李家投降了，这样王您也不能够保全了。"史朝义哭着说："你们好好去做这件事,不要惊动了圣人!"骆悦等就让许叔冀的儿子许季常去召请曹将军;曹将军到了之后,就把他们的计划都告诉了他。曹将军知道各位将军都十分怨恨史思明,害怕祸害连累到自己,所以便不敢去违抗。当天晚上,骆悦等带领史朝义部下的三百名士兵,每个人都身穿铠甲,悄悄来到鹿桥驿。守卫的士兵们都感到很奇怪,但是都畏惧曹将军,所以不敢随意行动。骆悦等带领士兵到达了史思明休息的地方,正好赶上史思明去上厕所。问他左右的人,还不等他们回答,就已经杀死了好几个人。左右的人于是就给他们指示。史思明听说有叛变的事情发生,于是就翻越垣墙进入马厩,自己套好马骑着就逃走了。骆悦的卫兵周子俊用箭射中了他的胳膊,史思明痛得从马上掉了下来,于是他们就把他给逮捕了。史思明问道:"作乱的是哪个人?"骆悦回答说:"我们这些人是奉怀王的命令行事的。"史思明说:"我早上的时候说错了话,确实应该有这样的下场。但是现在杀我是有些太早了吧,为什么不等到我攻下长安之后再杀我呢!现在事情不能成功了。"骆悦等于是就把史思明送回到柳泉驿,并把他囚禁起来。回来后向史朝义报告说:"事情已经成功了。"史朝义说:"没有惊动到圣人吧?"骆悦说:"没有。"当时周挚、许叔冀带领后军驻扎在福昌这个地方,骆悦等让许季常去告诉他们这件事。周挚惊恐地跌倒在了地上。史朝义率领部队回来,周挚、许叔冀他们前来迎接。骆悦等劝说史朝义应该抓捕周挚,并把他杀死。等大军到达柳泉的时候,骆悦等害怕大家的心志不一致,于是就用绳子把史思明给勒死了,并用毡包裹了他的尸体后,用骆驼把尸体驮回了洛阳。

朝义即皇帝位,改元显圣。密使人至范阳,敕散骑常侍张通儒等杀朝清及朝清母辛氏并不附己者数十人。其党自相攻击,战城中数月,死者数千人,范阳乃定。朝义以其将柳城李怀仙为范阳尹、燕京留守。时洛阳四面数百里,州、县皆为丘墟,而朝义所部节度使皆安禄山旧将,与思明等夷,朝义召之,多不至,略相羁縻而已,不能得其用。

李光弼上表,固求自贬;制以开府仪同三司、侍中,领河中节度使。

术士长塞镇将朱融与左武卫将军窦如玢等谋奉嗣岐王珍作乱,金吾将军邢济告之。夏,四月,乙卯朔,废珍为庶人,溱州安置,其党皆伏诛。珍,业之子也。丙辰,左散骑常侍张镐贬辰州司户。镐尝买珍宅故也。

【译文】史朝义即皇帝之位,更改年号为显圣。并且秘密地派人回到范阳,下令让散骑常侍张通儒等,杀了史朝清和史朝清的母亲辛氏以及其他一些不附从自己的人,总共好几十个。贼党自己互相攻击,在城中差不多战斗了好几个月,死了几千人,这样范阳才得以安定。史朝义任命他的部将柳城人李怀仙担任范阳尹、燕京留守。当时洛阳四面几百里以内的地区,州、县基本上都成了废墟。而且史朝义所率领的节度使都是之前安禄山手下的将领,他们和史思明是平辈,所以史朝义召请他们,很多人都不到,史朝义只好稍加安抚他们,但是不能够使用他们。

李光弼向朝廷上表,坚决请求唐肃宗贬谪降低自己的官职爵位。唐肃宗于是下制书任命他担任开府仪同三司、侍中兼任河中节度使。

有一个术士长塞镇将朱融和左武卫将军窦如玢等人计划尊奉岐王(李隆范,睿宗子)的继子李珍去作乱,金吾将军邢济向朝廷告发了他。夏季,四月,乙卯朔日(初一),唐肃宗下令废

资治通鉴卷第二百二十二 唐纪三十八

李珍为平民百姓，把他安置在溱州这个地方，他的其他的党羽都被杀了。李珍，是李业（睿宗子，玄宗弟）的儿子。丙辰日（初二），左散骑常侍张镐被贬谪为辰州司户。因为以前张镐曾经购买李珍的宅子。

己未，以吏部侍郎裴遵庆为黄门侍郎、同平章事。

乙亥，青密节度使尚衡破史朝义兵，斩首五千馀级。

丁丑，兖郓节度使能元皓破朝义兵。

壬午，梓州刺史段子璋反。子璋骁勇，从上皇在蜀有功，东川节度使李奂奏替之，子璋举兵，袭奂于绵州。道过遂州，刺史虢王巨苍黄修属郡礼迎之，子璋杀之。李奂战败，奔成都，子璋自称梁王，改元黄龙，以绵州为龙安府，置百官，又陷剑州。

【译文】己未日（初五），唐肃宗下令任用吏部侍郎裴遵庆担任黄门侍郎、同平章事。

乙亥日（二十一日），青密节度使尚衡击败史朝义的士兵，并且斩下了五千多名士兵的首级。

丁丑日（二十三日），兖郓节度使能元皓击败了史朝义的士兵。

壬午日（二十八日），梓州刺史段子璋开始造反。段子璋这个人非常健壮勇猛，以前跟随太上皇在蜀郡立下了很多功劳，东川节度使李奂上奏给唐肃宗，请人去代替他。段子璋带兵，到绵州地区去攻打李奂。路过遂州的时候，刺史虢王李巨急忙修治属郡的礼仪以此来迎接他，但是段子璋把他给杀死了。李奂战败之后，便逃到了成都，段子璋自称为梁王，改年号为黄龙，把绵州当成龙安府，设置很多官员。紧接着又攻陷了剑州。

五月，己丑，李光弼自河中入朝。

初，李辅国与张后同谋迁上皇于西内。是日端午，山人李唐见上，上方抱幼女，谓唐曰："朕念之，卿勿怪也。"对曰："太上皇思见陛下，计亦如陛下之念公主也。"上泫然泣下，然畏张后，尚不敢诣西内。

癸巳，党项寇宝鸡。

初，史思明以其博州刺史令狐彰为滑郑汴节度使，将数千兵戍滑台。彰密因中使杨万定通表请降，徙屯杏园度。思明疑之，遣其将薛岌围之。彰与岌战，大破之，因随万定入朝。甲午，以彰为滑、卫等六州节度使。

戊戌，平卢节度使侯希逸击史朝义范阳兵，破之。

乙未，西川节度使崔光远与东川节度使李奂共攻绵州，庚子，拔之，斩段子璋。

复以李光弼为河南副元帅、太尉兼侍中，都统河南、淮南东西、山南东、荆南、江南西、浙江东西八道行营节度，出镇临淮。

【译文】五月，己丑日（初五），李光弼从河中地区回到了朝廷。

起初，李辅国与张皇后一起计划要把太上皇迁徙到西内去居住。当天正好是端午节，有一个山人李唐来朝廷晋见唐肃宗。唐肃宗当时正抱着幼女，对李唐说："朕非常眷念她，请卿不要见怪。"李唐回答说："太上皇想见到陛下的心情，想来也就和陛下思念公主的心情是一样的。"唐肃宗听后流泪哭泣，但是因为畏惧张皇后，还是不敢随意到西内去。

癸巳日（初九），党项向宝鸡地区进军。

起初，史思明任命他的博州刺史令狐彰担任滑、郑、汴等地区的节度使，带领几千名士兵在滑台进行防守。令狐彰在暗中拜托宫中的使者杨万定送表请求投降，之后迁徙到了杏园度屯扎。史思明心中十分怀疑他，于是便派遣他的大将薛岌把他给包围住了。令狐彰和薛岌交战，把他打得落花流水，因此就跟随杨万定一起入朝。甲午日（初十），唐肃宗任命令狐彰担任滑、卫等六州节度使。

戊戌日（十四日），平卢节度使侯希逸开始攻打史朝义在范阳的军队，很快就把他们击溃了。

乙未日（十一日），西川地区的节度使崔光远和东川节度使李奂一起进攻绵州，庚子日（十六日），便攻克了绵州，并且斩杀了段子璋。

之后唐肃宗又任命李光弼担任河南副元帅、太尉兼侍中，统领河南、淮南东西、山南东、荆南、江南西、浙江东西八道的行营节度使，并且出朝镇守临淮郡。

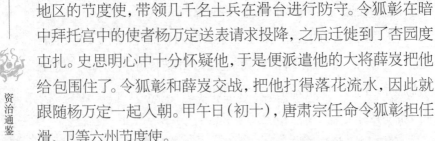

六月，甲寅，青密节度使能元皓败史朝义将李元遇。

江淮都统李峘畏失守之罪，归咎于浙西节度使侯令仪，丙子，令仪坐除名，长流康州；加田神功开府仪同三司，徙徐州刺史；徵李峘、邓景山还京师。

戊寅，党项寇好畤。

秋，七月，癸未朔，日有食之，既，大星皆见。

以试少府监李藏用为浙西节度副使。

八月，癸丑朔，加开府仪同三司李辅国兵部尚书。乙未，辅国赴上，宰相朝臣皆送之，御厨具馔，太常设乐。辅国骄纵日甚，求为宰相，上曰：“以卿之功，何官不可为，其如朝望未允何！”辅国乃讽仆射裴冕等荐己。上密谓萧华曰：“辅国求为宰相，若公卿表来，不得不与。"华出，问冕，曰："初无此事，吾臂可断，宰相不可得！"华人言之，上大悦；辅国衔之。

【译文】六月，甲寅日（初一），青密（按：当作兖郓）节度使能元皓打败了史朝义手下的大将李元遇。

江淮都统李峘害怕失于守土的罪过，便归罪于浙西节度使侯令仪，丙子日（二十三日），侯令仪因为这个罪过被除名，放逐到康州这个地方。给田神功加官衔为开府仪同三司，迁为徐州的刺史。之后征召李峘、邓景山返回京师。

戊寅日（二十五日），党项这一次带兵进犯好畤县。

秋季，七月份，癸未朔日（初一），出现日全食，大星都显现出来。

任命暂时试用为少府监的李藏用担任浙西节度副使。

八月，癸丑朔日（初一），加开府仪同三司李辅国的官职担任兵部尚书。乙未日（八月无此日），李辅国到省上任，宰相和朝中大臣都与他送别，唐肃宗的厨房准备酒宴，太常寺准备音乐。李辅国骄傲放肆一日超过一日，要求当宰相。唐肃宗说："就凭借爱卿的功劳，什么官不能做。可是在朝廷的威望还不是太足！"李辅国就暗地里劝仆射裴冕等人让他们推荐自己。唐肃宗暗地里对萧华说："李辅国请愿希望当宰相，如果公卿推荐他的奏章送过来，就不能不让他当宰相。"萧华出去，询问裴冕；裴冕说："根本就没有这回事。我的手臂可以折断，但是推荐他做宰相是绝对不可能的事情！"萧华进去报告唐肃宗，唐肃宗非常高兴。李辅国怀恨在心。

己巳，李光弼赴河南行营。

辛巳，以殿中监李若幽为朔方、镇西、北庭、兴平、陈郑等节度行营及河中节度使，镇绛州，赐名国贞。

九月，甲申，天成地平节。上于三殿置道场，以宫人为佛菩萨，北门武士为金刚神王，召大臣膜拜围绕。

壬寅，制去尊号，但称皇帝；去年号，但称元年；以建子月为岁首，月皆以所建为数；因赦天下。停京兆、河南、太原、凤翔四京及江陵南都之号。自今每除五品以上清望京官及郎官、御史、刺史，令举一人自代，观其所举，以行殿最。

江、淮大饥，人相食。

【译文】己巳日（十七日），李光弼前往河南行营就职。

辛巳日（二十九日），下命令任用殿中监李若幽担任镇西、北庭、兴平、陈郑等节度行营及河中节度使，驻军防守绛州，恩赐他的名为国贞。

九月，甲申日（初三），是天成地平节（唐肃宗生日），唐肃宗在三殿布置道场，让宫女扮成佛菩萨，武士扮成金刚神王，召集大臣围绕在四周匍匐在地参拜。

壬寅日（二十一日），唐肃宗颁布制书除去尊号，只称作皇帝；除去年号，只称为元年；用建子月做一年中的第一个月，每个月都用斗柄所指的星辰运行的次序为该月的名次；由此大赦天下。不再实行京兆、河南、太原、凤翔四京和江陵南都的名号。从这往后，每次新任命五品以上的清望京官及郎官、御史、刺史，教他举荐一个人来代替他的原任官职，观察他们所推荐的人，然后来决定他们先后的名次。

长江、淮河流域出现了大饥荒，人吃人。

冬，十月，江淮都统崔圆署李藏用为楚州刺史。会支度租庸使以刘展之乱，诸州用仓库物无准，奏请徵验。时仓猝募兵，物多散亡，徵之不足，诸将往往卖产以偿之。藏用恐其及己，尝与人言，颇有悔恨。其牙将高干挟故怨，使人诣广陵告藏用反，先以兵袭之，藏用走，干追斩之。崔圆遂簿责藏用将吏以验之，将吏畏，皆附成其状。独孙待封坚言不反，圆命引出斩之。或谓曰："子何不从众以求生！"待封曰："吾始从刘大夫，奉诏书来赴镇，人谓吾反；李公起兵灭齐大夫，今又以李公为反。如此，谁则非反者，庸有极乎！吾宁就死，不能诬人以非罪。"遂斩之。

建子月，壬午朔，上受朝贺，如正旦仪。

【译文】冬季，十月，江淮都统崔圆任用李藏用担任楚州刺史。正碰上支度租庸使因为刘展作乱之时，使各州所消耗使用的仓库物品没有了标准和原则，上奏给唐肃宗，请求查证检验。当时匆促征召募集士兵，有很多物品散失，征收还是不够，各将军大多靠出卖产业来弥补。李藏用深恐此事会牵连到自己，曾经和人谈到过，有很深的悔恨之意。他的副将高干心怀着先前的仇怨，让人到广陵去诬陷状告李藏用要谋反，并且先派兵去进攻他。李藏用逃走，高干追赶上李藏用并把他杀掉了。崔圆就用登记事项的本子审问李藏用手下的将军和官吏并且记录下来作为证据。李藏用手下的将军和官吏很胆小怕事，都顺从高干的意思而证明李藏用确实有谋反的情况。唯独孙待封坚持说李藏用并无谋反之意，崔圆命令下属把他带出去杀了。有人对孙待封说："您为什么不跟随大众来保全自己的性命呢？"孙待封说："我之前跟随刘大夫奉诏书到镇来上任，别人说我造反；李公出兵消灭了刘大夫，现在又认为李公造反。如果像这样的话，哪一个人不是造反的，怎么有尽头呢！我宁可被杀死，也不能把人家没有的罪过枉加在人家身上。"于是就被杀了。

建子月（十一月），壬午朔日（初一），唐肃宗上朝接受百官朝拜祝贺，如同正月初一早晨的礼仪一样。

或告鸿胪卿康谦与史朝义通，事连司农卿严庄，俱下狱。京兆尹刘晏遣吏防守庄家。上寻敕出庄，引见。庄怨晏，因言晏与臣言，常道禁中语，矜功怨上。丁亥，贬晏通州刺史，庄难江尉，谦伏诛。戊子，御史中丞元载为户部侍郎，充句当度支、铸钱、盐铁兼江淮转运等使。载初为度支郎中，敏悟善奏对，上爱其才，委以江淮漕运，数月，遂代刘晏，专掌财利。

戊戌，冬至；己亥，上朝上皇于西内。

神策节度使卫伯玉攻史朝义，拔永宁，破渑池、福昌、长水等县。

己酉，上朝献太清宫；庚戌，享太庙、元献庙。建丑月，辛亥朔，祀圜丘、太一坛。

平卢节度使侯希逸与范阳相攻连年，救援既绝，又为奚所侵，乃悉举其军二万馀人袭李怀仙，破之，因引兵而南。

【译文】有人秘密上告鸿胪寺卿康谦和史朝义暗中勾结，此事连累到司农卿严庄，他们都被囚禁在监狱。京兆尹刘晏派官吏把守严庄的住宅。没过多久唐肃宗就下令放严庄出狱，带去觐见。严庄仇恨刘晏，所以就说刘晏与臣在谈话中，经常谈起宫中的事，自夸功劳，埋怨唐肃宗。丁亥日（初六），贬刘晏做了通州刺史，严庄做难江县尉，康谦认罪被杀。戊子日（初七），御史中丞元载为户部侍郎，代理句当度支、铸钱、盐铁并且兼任江淮转运等使。元载之前担任度支郎中，反应聪敏快捷，擅长对答唐肃宗的问话。唐肃宗喜爱他的才能，就任命他负责江淮一带的粮食和财帛的运输工作；几个月的时间，就取代刘晏，专门管理国家的钱财。

戊戌日（十七日），冬至。己亥日（十八日），唐肃宗到西内去朝见太上皇。

神策军节度使卫伯玉进攻史朝义，拔取永宁，战胜敌人渑池、福昌、长水等县的部队。

己酉日（二十八日），唐肃宗赴太清宫去朝拜祭奠；庚戌日（二十九日），祭奠太庙和元献庙。建丑月（十二月），辛亥朔日（初一），祭祀圜丘和太一坛。

平卢节度使侯希逸和范阳好几年来都相互攻击，救援既然已经断绝，又遭到奚族的侵袭，于是就率领所有的部众大约两万人去进攻李怀仙，然后把他击溃了，因而就带领士兵向南边行进。

宝应元年（壬寅，公元七六二年）建寅月，甲申，追尊靖德太子琮为奉天皇帝，妃窦氏为恭应皇后，丁酉，葬于齐陵。

甲辰，吐蕃遣使请和。

李光弼拔许州，擒史朝义所署颍川太守李春；朝义将史参救之，丙午，战于城下，又破之。

戊申，平卢节度使侯希逸于青州北渡河而会田神功、能元皓于兖州。

租庸使元载以江、淮虽经兵荒，其民比诸道犹有资产，乃按籍举八年租调之违负及逋逃者，计其大数而征之；择豪吏为县令而督之，不问负之有无，资之高下，察民有粟帛者发徒围之，籍其所有而中分之，甚者什取八九，谓之白著。有不服者，严刑以威之。民有蓄谷十斛者，则重足以待命，或相聚山泽为群盗，州县不能制。

建卯月，辛亥朔，赦天下；复以京兆为上都，河南为东都，凤翔为西都,江陵为南都,太原为北都。

【译文】 宝应元年(壬寅,公元762年)是年四月以楚州上表言上帝赐宝玉,把年号改为宝应。建寅月(正月),甲申日(初四),追封靖德太子李琮(玄宗长子)为奉天皇帝,并追封太子妃窦氏为恭应皇后,丁酉日(十七日),把他们安葬在了齐陵。

甲辰日(二十四日),吐蕃派遣使者过来求和。

李光弼攻下了许州,并且活捉了史朝义所任命的颍川太守李春;史朝义的将军史参前来援救他,丙午日(二十六日),双方在城下相互交战,然后又把他击溃了。

戊申日(二十八日),平卢节度使侯希逸在青州的北方渡过了黄河,到达兖州并且和田神功、能元皓来相会。

租庸使元载认为江、淮一带虽然经历过一些兵荒马乱,但是当地的人民和其他各地的人民比起来,财产还是较多的,于是他就依据户籍检举出了八年来欠税和逃税的一些人家,然后估计一个很大的数目加以征收;他选择一些有权势的官员让他们来做县令,然后教他们去督促人民缴税。他们不管人民欠了多少税,家里的资产有多少,只要发现人民有米谷和财帛的,就派人包围起来,把他一切的财产都给登记了下来,然后都平均分取了资产的一半,甚至有的取走了十分之八九,被称为"白著"(无故却破财的意思)。倘若有不服从的,他们就用严酷的罪罚来威胁他。倘若人民有十斛米谷的积蓄的,就只能战战兢兢地等待命令;他们中有的就聚集在山林湖泽间去做强盗,州县的政府不能禁止。

建卯月(二月),辛亥朔日(初一),唐肃宗大赦天下。又任命京兆作为上都,封河南为东都,封凤翔为西都,封江陵为南都,封太原为北都。

奴刺寇成固。

初，王思礼为河东节度使，资储丰衍，赡军之外，积米百万
斛，奏请输五十万斛于京师。思礼薨，管崇嗣代之，为政宽弛，
信任左右，数月间，耗散殆尽，惟陈腐米万馀斛在。上闻之，以
邓景山代之。景山至，则钩校所出入，将士辈多有隐没，皆惧。
有裨将抵罪当死，诸将请之，不许；其弟请代兄死，亦不许；请
入一马以赎死，乃许之。诸将怒曰："我辈曾不及一马乎！"遂作
乱，癸丑，杀景山。上以景山抚御失所以致乱，不复推究乱者，
遣使慰谕以安之。诸将请以都知兵马使、代州刺史辛云京为节度
使。己未，以云京为北都留守、河东节度使。云京奏张光晟为代
州刺史。

【译文】奴刺进攻和冒犯了成固。

起初，王思礼作为河东的节度使，粮草储备得十分丰富，
他除了供给军队上所用的一些物资以外，还积存了一百万斛米
粮，就上奏请求运送五十万斛去京师。王思礼死后，管崇嗣代
替了他的职位，他行使政务非常宽松，相信身边的人，几个月的
时间，资产就快被消耗完了，只剩下一万多斛陈旧和腐烂的米。
唐肃宗听说之后，就教邓景山去代替他的职位。邓景山上任了
以后，就核对了米粮的一些收支情况，将士有很多隐瞒被他们
吞没的一些事情，都非常害怕。有一个副将按照他所犯的罪过
应该被杀死，各个将军替他求情，邓景山都不允许；他的弟弟
要求代替哥哥去死，也没有被允许；请求进献一匹马来代替他
死，邓景山就允许了。各位将军十分生气，说："我们还不如一匹
马吗？"因而发动变乱，癸丑日（初三），他们杀死了邓景山。唐
肃宗认为是邓景山安抚驾驭士兵的方法不恰当，所以才引起叛

乱，不再去追究那些造反的人，于是就派遣了使者带去唐肃宗的旨意来安抚他们。各位将军请求让都知兵马使、代州刺史辛云京升为节度使。辛云京还向唐肃宗推荐了张光晟作为代州刺史。

绛州素无储蓄，民间饥，不可赋敛，将士粮赐不充，朔方等诸道行营都统李国贞屡以状闻；朝廷未报，军中咨怨。突将王元振将作乱，矫令于众曰："来日修都统宅，各具畚锸，待命于门。"士卒皆怒，曰："朔方健儿岂修宅夫邪！"乙丑，元振帅其徒作乱，烧牙城门。国贞逃于狱，元振执之，置卒食于彰，曰："食此而役其力，可乎？"国贞曰："修宅则无之，军食则屡奏而未报，诸君所知也。"众欲退。元振曰："今日之事，何必更问！都统不死，则我辈死矣。"遂拔刃杀之。镇西、北庭行营兵屯于翼城，亦杀节度使荔非元礼，推裨将白孝德为节度使，朝廷因而授之。

戊辰，淮西节度使王仲升与史朝义将谢钦让战于申州城下，为贼所虏，淮西震骇。会侯希逸、田神功、能元皓攻汴州，朝义召钦让兵救之。

【译文】绛州是一向没有储蓄的，百姓中又存在着饥荒，所以不能征敛，将士们的食粮和赏赐的都不够，朔方等诸道行营都统李国贞多次把这里的情形向朝廷报告，朝廷都没有回复。因此军队之中叹息怨恨。率领骁勇驰突兵士的将军王元振将要发动叛乱，向士兵假传命令说："明天要修理都统住的房子，每个人都要准备畚箕和铁锹等一些工具，然后在门口等候命令。"士兵们都很气愤，说："朔方的壮士难道说都是一些修理住宅的工人吗？"乙丑日（十五日），王元振就带领他的部下发动叛乱，烧了主帅所驻节的城门。李国贞逃到了监狱里，但是王元振把他给逮捕了，把士兵的饭菜放在他的面前，然后说："吃这种饭却要役使他们，这样可以吗？"李国贞说："修理住宅是绝对没有的事；军中的饭食倒是多次奏请但都没有被理睬，这是大家都知道的。"士兵想退回去。但是王元振却说："今天的事情，没有必要再问！假若都统不死，那么我们就要被杀害了。"因此就拔刀把他给杀害了。镇西、北庭行营的士兵驻扎在翼城，也杀死了他们的节度使荔非元礼，并且推举了副将白孝德作为节度使。朝廷因此就任命了他。

戊辰日（十八日），淮西的节度使王仲升和史朝义的大将军谢钦让在申州城下交战，但是被贼兵俘虏，淮西十分恐慌。恰好碰上侯希逸、田神功、能元皓去进攻汴州，于是史朝义就召谢钦让的部队去进行救援。

绛州诸军剽掠不已，朝廷忧其与太原乱军合从连贼，非新进诸将所能镇服，辛未，以郭子仪为汾阳王，知朔方、河中、北庭潞泽节度行营兼兴平、定国等军副元帅，发京师绢四万匹、布五万端、米六万石以给绛军。

建辰月，庚寅，子仪将行，时上不豫，群臣莫得进见。子仪请曰："老臣受命，将死于外，不见陛下，目不瞑矣。"上召入卧内，谓曰："河东之事，一以委卿。

史朝义遣兵围李抱玉于泽州，子仪发定国军救之，乃去。

【译文】绛州各军不断地在各地抢劫，朝廷担心他们会和太原的乱军联合起来，然后和贼兵联络，这个不是新兴起的各个将军所能够镇服的，辛未日（二十一日），任命郭子仪为汾阳王，主要管理朔方、河中、北庭、潞泽节度行营并且还担任兴平、定国等部队的副元帅，发给京师的四万匹绢、五万段布、六万石米用来供给绛州这里的军队。

　　建辰月（三月），庚寅日（十一日），郭子仪将要出发前去任职，但是恰巧碰上唐肃宗身体不舒适，各位大臣都不能去觐见。郭子仪就请求说："老臣接奉皇上您的诰命，将要死在外地；如果不能去觐见陛下，臣是死不瞑目的！"唐肃宗把他召入卧房内，然后对他说："河东的一些事情，由卿全权负责处理。"

　　史朝义派兵到泽州包围了李抱玉，郭子仪就派遣定国军前去援救，史朝义便逃走了。

　　上召山南东道节度使来瑱赴京师；瑱乐在襄阳，其将士亦爱之，乃讽所部将吏上表留之，行及邓州，复令还镇。荆南节度使吕諲、淮西节度使王仲升及中使往来者言："瑱曲收众心，恐久难制。"上乃割商、金、均、房别置观察使，令瑱止领六州。会谢钦让围王仲长升于申州数月，瑱怨之，按兵不救，仲升竟败没。行军司马裴茙谋夺瑱位，密表瑱倔强难制，请以兵袭取之，上以为然。癸巳，以瑱为淮西、河南十六州节度使，外示宠任，实欲图之。密敕以茙代瑱为襄、邓等州防御使。

　　甲午，奴剌寇梁州，观察使李勉弃城走。以邠州刺史河西臧希让为山南西道节度使。

　　丙申，党项寇奉天。

　　【译文】 唐肃宗召山南东道节度使来瑱回到京城。但是来瑱却喜欢待在襄阳，他的将军和士兵也喜欢襄阳，于是就暗示他的部下将军和官员上表请求把他留在这里。来瑱走到邓州，又命令他返回到镇所。荆南节度使吕諲、淮西节度使王仲升和宫中使者从山南东道回来的人都说："来瑱这是在刻意收买部下的心，时间长了恐怕是难以控制的。"于是唐肃宗就分割商州、金州、均州、房州然后另外设置了观察使，让来瑱只管辖了六个州。等到谢钦让在申州围攻王仲升好几个月的时候，来瑱心里怨恨他，于是就按兵不动，故意不去援救他。王仲升终于战败被俘。但是来瑱的行军司马裴茙谋划夺取来瑱的位置，于是暗中上表说，来瑱个性倔强，很难被控制，请求调用士兵偷袭和逮捕他。唐肃宗认为这个主意不错。癸巳日（十四日），就任命来瑱作为淮西、河南十六州的节度使，表面上是表示尊宠信任，实际上却是要计划除掉他。同时秘密下敕书任命裴茙取代来瑱作为襄、邓等州的防御使。

甲午日（十五日），奴剌进攻梁州，观察使李勉丢弃了城池然后逃走了。于是任命邠州刺史河西人臧希让作为山南西道节度使。

丙申日（十七日），党项进攻了奉天。

李辅国以求宰相不得怨萧华。庚午，以户部侍郎元载为京兆尹。载诣辅国固辞，辅国识其意；壬寅，以司农卿陶锐为京兆尹。辅国言萧华专权，请罢其相，上不许。辅国固请不已，乃从之，仍引元载代华。戊申，华罢为礼部尚书，以载同平章事，领度支、转运如故。

建巳月，庚戌朔，泽州刺史李抱玉破史朝义兵于城下。

壬子，楚州刺史崔侁表称，有尼真如，恍惚登天，见上帝，赐以宝玉十三枚，云："中国有灾，以此镇之。"群臣表贺。

甲寅，上皇崩于神龙殿，年七十八。乙卯，迁坐于太极殿。上以寝疾，发哀于内殿，群臣发哀于太极殿。蕃官貗面割耳者四百馀人。丙辰，命苗晋卿摄冢宰。上自仲春寝疾，闻上皇登遄，哀慕，疾转剧，乃命太子监国。甲子，制改元；复以建寅为正月，月数皆如其旧；赦天下。

【译文】 李辅国因为要求做宰相却一直没有如愿以偿，所以怨恨萧华。庚午日（三月无此日），任命户部侍郎元载作为京兆尹。元载拜见了李辅国，坚辞京兆尹，李辅国知道他这样做的意图；壬寅日（二十三日），任命司农卿陶锐作为京兆尹。李辅国对唐肃宗说萧华专权，请求唐肃宗罢免他的宰相职位。唐肃宗没有同意。李辅国不断地坚决要求，唐肃宗才听从。于是李辅国就趁机推荐元载代替萧华的职位。戊申日（二十九日），萧华罢除了宰相的职位而作为礼部尚书，任命元载为同平章事，他所兼任的度支、转运使照原来的样子。

建巳月（四月），庚戌朔日（初一），泽州刺史李抱玉在城下击败了史朝义的部队。

壬子日（初三），楚州刺史崔侁向唐肃宗上表说，有一个尼姑，她的名字叫真如，恍恍惚惚地升到了天上，然后见到了上帝，上帝赏赐了她十三块宝玉，然后说："如果中国有灾，就用这个来镇压它。"朝中的各位官员都上表表示庆贺。

甲寅日（初五），太上皇在神龙殿那边去世，享年七十八岁。乙卯日（初六），就把神座迁到了太极殿。唐肃宗因为当时卧病在床，于是就在大明宫的寝殿里号啕大哭，各位大臣就在太极殿号啕大哭。蕃族官吏割破脸割去耳朵的有四百多个人。丙辰日（初七），就任命了苗晋卿摄行冢宰的职务，带领百官，治理天下。唐肃宗从二月开始，一直卧病在床，听说太上皇已经去世，悲哀思慕，病情因此变得越来越严重，于是就命令太子暂时监国。甲子日（十五日），就下达诏书改年号为宝应；又把建寅月改为正月，每月的次序都和原来一模一样，然后大赦天下。

初，张后与李辅国相表里，专权用事，晚年，更有隙。内射生使三原程元振党于辅国。上疾笃，后召太子谓曰："李辅国久典禁兵，制敕皆从之出，擅逼迁圣皇，其罪甚大，所忌者吾与太子。今主上弥留，辅国阴与程元振谋作乱，不可不诛。"太子泣曰："陛下疾甚危，二人皆陛下勋旧之臣，一日不告而诛之，必致震惊，恐不能堪也。"后曰："然则太子姑归，吾更徐思之。"太子出，后召越王系谓曰："太子仁弱，不能诛贼臣，汝能之乎？"对曰："能。"系乃命内谒者监段恒俊选宦官有勇力者二百馀人，授甲于长生殿后。乙丑，后以上命召太子。元振知其谋，密告辅国，伏兵于陵霄门以俟之，太子至，以难告。太子曰："必无是事，主上疾亟召我，我岂可畏死而不赴乎！"元振曰："社稷事大，太子必不可入。"乃以兵送太子于飞龙厩，且以甲卒守之。是夜，辅国、元振勒兵三殿，收捕越王系、段恒俊及知内侍省事朱光辉等百馀人，系之。以太子之命迁后于别殿。时上在长生殿，使者逼后下殿，并左右数十人幽于后宫，宦官宫人皆惊骇逃散。丁卯，上崩。辅国等杀后并系及兖王僴。是日，辅国始引太子素服于九仙门与宰相相见，叙上皇晏驾，拜哭，始行监国之令。戊辰，发大行皇帝丧于两仪殿，宣遗诏。己巳，代宗即位。

【译文】起初，张皇后和李辅国在宫廷内外互相勾结，专权用事。但是到了晚年之后，彼此却有了仇恨。统领射生手的宦官三原人程元振去归附李辅国。此时唐肃宗病情十分严重，于是皇后就召见太子，然后对他说："李辅国长期以来都掌管禁卫军，唐肃宗的大部分制敕都经由他去发布，他竟然敢擅自逼迫太上皇迁居到西内，他的罪过十分重大，他所忌恨的就是我和你两个人。现在唐肃宗的病情如此严重，李辅国与程元振却暗中计划着发动叛乱，一定得把他给杀了。"但是太子却哭着说：
"陛下病情十分的危险，而他们两个人都是陛下以前的功臣，
一旦不跟皇上禀告，而把他们给杀了，陛下一定会受到惊恐，我
害怕陛下受不了这个惊吓。"皇后说："那么太子你暂且回去，
让我再仔细想想。"太子刚走出宫，皇后就召见了越王李係，然
后对他说："太子仁慈并且很懦弱，不能杀死那些作乱的大臣，
你能杀死他们吗？"李係回答道："能。"李係于是就让内谒者
监段恒俊挑选两百多个有勇力的宦官，然后在长生殿的后面把
武器和铠甲发给了他们。乙丑日（十六日），皇后就用唐肃宗的
命令去召太子。程元振知道了他们的计谋之后，就暗中报告了
李辅国，于是他们就在凌霄门埋伏士兵等待着。等太子来到之
后，他们把作乱的事情告诉了他。但是太子说："绝对没有这回
事的。皇上病情加重了，于是他们召唤了我，我怎么能因为害怕
死而不去见皇上呢！"程元振说："国家的事情十分重大，太子
您是绝对不可以进去的。"于是就派兵把太子送到了飞龙厩，
并且动用甲士去守护着他。当天晚上，李辅国和程元振在三殿
布勒士兵，他们逮捕了越王李係、段恒俊以及主管内侍省事务
的朱光辉等一百多号人，把他们给囚禁了起来。他们冒充用太
子的命令，让皇后去了别的宫殿。当时唐肃宗住在长生殿，使
者逼迫皇后走下宫殿，然后连同身边的几十个人一同囚禁在后
宫，宦官和各个宫女都因为十分惊慌害怕而四处逃跑。丁卯日
（十八日），唐肃宗驾崩。李辅国等杀死了皇后和李係以及兖王
李僩，并且在那一天，李辅国才带领太子穿着白色的丧服在九
仙门和宰相见面了，叙述了自从太上皇去世后的一些经过，跪
拜在那里，并且痛哭流涕的，然后才施行了监国的命令。戊辰日
（十九日），在两仪殿给大行皇帝举行丧事，宣布了唐肃宗的遗

诏。己巳日（二十日），代宗即位。

高力士遇赦还，至朗州，闻上皇崩，号恸，呕血而卒。

甲戌，以皇子奉节王适为天下兵马元帅。

李辅国恃功益横，明谓上曰："大家但居禁中，外事听老奴处分。"上内不能平，以其方握禁兵，外尊礼之。乙亥，号辅国为尚父而不名，事无大小皆咨之，群臣出入皆先诣，辅国亦晏然处之。以内飞龙厩副使程元振为左监门卫将军。知内侍省事朱光辉及内常侍啖庭瑶、山人李唐等二十馀人皆流黔中。

初，李国贞治军严，朔方将士不乐，皆思郭子仪，故王元振因之作乱。子仪至军，元振自以为功，子仪曰："汝临贼境，辄害主将，若贼乘其衅，无绛州矣。吾为宰相，岂受一卒之私邪！"五月，庚辰，收元振及其同谋四十人，皆杀之。辛云京闻之，亦推按邓景山者数十人，诛之。由是河东诸镇率皆奉法。

【译文】高力士得到唐肃宗的赦免，回来时，走到朗州，就听说太上皇死了，于是十分悲痛，最后吐血而死。

甲戌日（二十五日），任命了皇子奉节王李适作为天下兵马元帅。

李辅国认为自己的功劳很大，所以更加骄横，竟然在大庭广众之下对唐肃宗说："大家（唐肃宗）只管住在宫中就可以了，外面的事情就交由我来处理好了。"唐肃宗内心觉得十分不舒服，因为他正在掌管着禁卫军，在表面上是很尊敬礼遇他的。乙亥日（二十六日），于是称呼李辅国叫尚父，从来不称呼他的名字。不管是大事还是小事，都去征求他的意见，各位大臣出入都先去觐见李辅国；李辅国对此也觉得十分自然。他还任命了内飞龙厩副使程元振作为左监门卫将军。主管着内侍省事务的朱光辉和内常侍啖庭瑶、山人李唐等二十多个人都被流放到了贵州的中部地区。

起初，李国贞治理军队十分严格，朔方那边的将士十分不快乐，都十分思念郭子仪，所以王元振趁这个机会去发动变乱。郭子仪到达了军队之后，王元振认为自己有功劳，郭子仪说："你接近敌人的军营，却擅自杀死了主将，如果敌人乘这个机会来进攻我们，今天就没有绛州这个地方了。我是一名朝廷的宰相，怎么能接受一个士兵的私情呢！"五月，庚辰日（初二），收罗搜捕了王元振以及和他同谋的四十人，都把他们给杀害了。辛云京听到这个消息之后，也去审问了杀死邓景山的几十人，并且把他们给诛杀了。从此河东各个地区都遵纪守法。

壬午，以李辅国为司空兼中书令。

党项寇同官、华原。

甲申，以平卢节度使侯希逸为平卢、青、淄等六州节度使，由是青州节度有平卢之号。

乙酉，徙奉节王适为鲁王。

庚寅，追尊上母吴妃为皇太后。

壬辰，贬礼部尚书萧华为峡州司马。元载希李辅国意，以罪诬之也。

敕乾元大小钱皆一当一，民始安之。

【译文】壬午日（初四），任命李辅国作为司空兼中书令。

党项进攻了同官、华原两个地区。

甲申日（初六），任命平卢节度使侯希逸作为平卢、青、淄等六州的节度使；因此青州节度使从此便有了平卢的称号。

乙酉日（初七），封奉节王李适为鲁王。

追封唐代宗的亲生母亲吴妃作为皇太后。

壬辰日（十四日），礼部尚书萧华被贬成了峡州的司马。这是元载为了去迎合李辅国的心情，故意加一些莫须有的罪过去陷害他的。

敕令不论乾元大钱和小钱，统统都当一个钱使用，这样人民才慢慢地得到了一丝安定。

史朝义自围宋州数月，城中食尽，将陷，刺史李岑不知所为。遂城果毅开封刘昌曰："仓中犹有麹数千斤，请屑食之；不过二十日，李太尉必救我。城东南隅最危，昌请守之。"李光弼至临淮，诸将以朝义兵尚强，请南保扬州。光弼曰："朝廷倚我以为安危，我复退缩，朝廷何望！且吾出其不意，贼安知吾之众寡！"遂径趣徐州，使兖郓节度使田神功进击朝义，大破之。先是，田神功既克刘展，留连扬州未还，太子宾客尚衡与左羽林大将军殷仲卿相攻于兖、郓，闻光弼至，惮其威名，神功遽还河南，衡、仲卿相继入朝。

光弼在徐州，惟军旅之事自决之，自馀众务，悉委判官张傪。傪吏事精敏，区处如流，诸将白事，光弼多令与傪议之，诸将事如光弼，由是军中肃然，东夏以宁。先是，田神功起偏裨为节度使，留前使判官刘位等于幕府，神功皆平受其拜；及见光弼与傪抗礼，乃大惊，遍拜位等曰："神功出于行伍，不知礼仪，诸君亦胡为不言，成神功之过乎！"

【译文】史朝义自己亲自带领士兵去围攻宋州，已经有好几个月了。城中所有的食物都被吃光了，城区也将要遭受陷落的危险。刺史李岑不知道该怎么办。遂城果毅开封人刘昌说："我们的仓库里还有几千斤的酒曲，请你们把它们捣碎了，这样就可以食用了；不会超过二十天，李太尉就一定会派人来营救我们。城市的东南角是最危险的地方，我愿意防守这个地方。"李光弼到了临淮之后，各位将军都认为史朝义的士兵还十分强盛，于是请求向南挺进去保守扬州。李光弼说："朝廷的安危全依靠我。假如我也退缩，朝廷里还有什么希望呢？况且假如我们出其不意地去进攻他们，他们怎么会知道我们有多少人呢？"因此直接带兵奔向了徐州，并且命令兖郓节度使田神功去进军攻打史朝义，击败了史朝义的军队。在击败史朝义的军队以前，田神功打败刘展以后的这段时间，留连在扬州而没有回去，太子宾客尚衡与左羽林大将军殷仲卿在兖州、郓州这两个地方相互地攻打，他们听说李光弼来了，害怕他威严的名声，田神功就立刻回到了河南，尚衡和殷仲卿先后回到了朝廷。

　　李光弼驻扎在徐州的时候，只有军中的一些事务由自己去做决定，其余的一切事务，都任命判官张傪来加以处理。张傪对于为官的一些事务都十分精练和敏捷，对各项事务都处理得十分快速。各个将军要报告自己军中的情况，李光弼大多数的时候都让他们和张傪商议。各位将军对待张傪和对待李光弼一样，因此军队之中的纪律都十分的严肃整齐，东夏地区因此得到了安宁。起初，田神功由刚开始的偏将，后来做到了节度使，并且留下和任用了以前节度使的判官刘位等一些人在幕府，田神功平时都平身接受他们的跪拜但是从来不回礼。等到他看见李光弼和张傪用平等礼仪对待他，他才感到十分诧异，于是就遍拜了刘位等每一个人，然后说："神功在军队中出生，不知道各项礼仪，你们为什么不对神功说，从而导致神功铸成了大错呢？"

丁酉，赦天下。

立皇子益昌王邈为郑王，延为庆王，迥为韩王。

来瑱闻徙淮西，大惧，上言："淮西无粮，请俟收麦而行。"又讽将吏留己。上欲姑息无事，壬寅，复以瑱为山南东道节度使。

飞龙副使程元振谋夺李辅国权，密言于上，请稍加裁制。六月，己未，解辅国行军司马及兵部尚书，馀如故，以元振代判元帅行军司马，仍迁辅国出居外第。于是道路相贺。辅国始惧，上表逊位。辛酉，罢辅国兼中书令，进爵博陆王。辅国入谢，愤咽而言曰："老奴事郎君不了，请归地下事先帝！"上犹慰谕而遣之。

【译文】丁酉日（十九日），赦免天下。

并且册立了唐代宗的儿子益昌王李邈作为郑王，李延作为庆王，李迥作为韩王。

来瑱听说自己将要被调遣到淮西，内心感到十分害怕，于是就上书说："淮西这边没有米粮，请求等候这边收割了小麦之后，微臣再去那边。"又尽力地劝阻将军和官员请求他们挽留自己。唐代宗认为现在平安无事，于是在壬寅日（二十四日），又任命来瑱作为山南东道的节度使。

飞龙副使程元振想要夺取李辅国的权势，然后就秘密地告诉唐代宗，请求渐渐地削减和限制李辅国的一些权力。六月，己未日（十一日），就解除了李辅国元帅行军司马以及兵部尚书的相关职务，其他的职务和以前一模一样。又任命程元振代理元帅行军司马的职务。借此就把李辅国迁移到宫外的一个宅第中，让他住在了那里。于是就连在道路上行走的路人都相互地庆贺。李辅国这时才感觉害怕，于是就上书请求让出自己的职位。辛酉日（十三日），唐代宗就罢除了李辅国中书令的职务，然后封他的爵位为博陆王。李辅国上朝谢恩的时候，十分气愤，然后哽咽地说："老奴侍奉不了皇上您了，就请让老奴到地下去侍奉先帝好了！"唐代宗还是安慰了他，然后把他送走了。

壬戌，以兵部侍郎严武为西川节度使。

襄邓防御使裴茙城，既得密敕，即帅麾下二千人沿汉趣襄阳；己巳，陈于穀水北。瑱以兵逆之，问其所以来，对曰："尚书不不受朝命，故来。若受代，谨当释兵。"瑱曰："吾已蒙恩，复留镇此，何受代之有！"因取敕及告身示之，茙惊惑。茙与副使薛南阳纵兵夹击，大破之，追擒茙于申口，送京师；赐死。

乙亥，以通州刺史刘晏为户部侍郎兼京兆尹，充度支、转运、盐铁、铸钱等使。

秋，七月，壬辰，以郭子仪都知朔方、河东、北庭仪泽沁陈、郑等节度行营及兴平等军副元帅。

癸巳，剑南兵马使徐知道反，以兵守要害，拒严武，武不得进。

【译文】壬戌日（十四日），任命兵部侍郎严武作为西川节度使。

襄邓防御使裴茙驻军城，即然得到了肃宗的密敕，就率领自己的部下两千人沿着汉水去襄阳；己巳日（二十一日），在谷水的北岸整顿军队。来瑱就带领着自己的部队去迎接他，然后问他为什么来这里。裴茙说："因为尚书您不接受朝廷的命令，所以我才来。倘若您让我替代您的职位，我将撤出自己的士兵。"来瑱说："我已经接受了皇上的恩赐，再次留在这里镇守，为什么要由你替代我的职位呢？"因此他拿出了唐代宗的敕书和任命状给他看。裴茙惊讶而疑惑。来瑱和节度副使薛南阳大肆出兵两面夹攻,把裴茙打得很惨,他们追到申口之后把裴茙给逮获了,然后把他送到了京师;唐代宗赐他自杀。

乙亥日(二十七日),任命通州刺史刘晏为户部侍郎和京兆尹,并且让他代理度支、转运、盐铁、铸钱等一些职务。

秋季,七月壬辰(十五日),代宗任命郭子仪总领朔方、河东、北庭及潞、仪、泽、沁、陈、郑等节度使行营,以及兴平等军副元帅。

癸巳日(十六日),剑南兵马使徐知道发动了叛乱,派兵防守一些特别重要的地区,去抵抗严武,使严武不能向前挺进。

八月,桂州刺史刑济讨西原贼帅吴功曹等,平之。

己未,徐知道为其将李忠勇所杀,剑南悉平。

乙丑,山南东道节度使瑱入朝谢罪,上优待之。

己巳,郭子仪自河东入朝。时程元振用事,忌子仪功高任重,数谮之于上。子仪不自安,表请解副元帅、节度使。上慰抚之,子仪遂留京师。

台州贼帅袁晁攻陷浙东诸州,改元宝胜;民疲于赋敛者多归之。李光弼遣兵击晁于衢州,破之。

乙亥,徙鲁王适为雍王。

九月,庚辰,以来瑱为兵部尚书、同平章事、知山南东道节度使。

乙未,加程元振骠骑大将军兼内侍监。

左仆射裴冕为山陵使,议事有与程元振相违者,丙申,贬冕施州刺史。

【译文】八月,桂州刺史邢济去讨伐西原这个地方的贼兵元帅吴功曹等人，于是就把他们给平定了。

己未日（十三日），徐知道就被他部下的将军李忠厚给杀死了，剑南地区就完全被平定了。

乙丑日（十九日），山南东道节度使来瑱回到朝廷向唐代宗谢罪，于是唐代宗就用优厚的礼仪去对待他。

己巳日（二十三日），郭子仪从河东地区回到朝廷。在那个时候程元振专权管事，他十分嫉妒郭子仪的功劳太大，嫉恨他管的事务都十分重要，于是多次在唐代宗的面前说他的坏话。这使郭子仪的心里十分不安，于是就向唐代宗上表请求解除他兵马副元帅和节度使的职务。于是唐代宗就安慰他，郭子仪因此就停留在了京城。

台州叛贼的主帅袁晁攻占了浙江东部的各州，并且把年号改为宝胜；因为受不了横征暴敛的老百姓都归向他。所以李光弼就派兵到衢州去攻打了袁晁，把他给打败了。

乙亥日（二十九日），改封鲁王李适为雍王。

九月，庚辰日（初四），任命来瑱作为兵部尚书、同平章事，同时兼任山南东道的节度使。

乙未日（十九日），加封程元振的官职作为骠骑大将军同时兼任内侍监。

左仆射裴冕作为山陵使，议论政事的时候，在有的地方与程元振的意见不一样，丙申日（二十日），把裴冕贬为施州刺史。

上遣中使刘清潭使于回纥，修旧好，且征兵讨史朝义。清潭至其庭，回纥登里可汗已为朝义所诱，云"唐室继有大丧，今中原无主，可汗宜速来共收其府库。"可汗信之。清潭致敕书曰："先帝虽弃天下，今上继统，乃昔日广平王，与叶护共收两京者也。"回纥业已起兵至三城，见州、县皆为丘墟，有轻唐之志，乃困辱清潭。清潭遣使言状，且曰："回纥举国十万众至矣！"京师大骇。上遣殿中监药子昂往劳之于忻州南。初，毗伽阙可汗为登里求昏，肃宗以仆固怀恩女妻之，为登里可敦，可汗请与怀恩相见，怀恩时在汾州，上令往见之，怀恩为可汗言唐家恩信不可负，可汗悦，遣使上表，请助国讨朝义。可汗欲自蒲关入，由沙苑出潼关东向，药子昂说之曰："关中数遭兵荒，州县萧条，无以供拟，恐可汗失望；贼兵尽在洛阳，请自土门略邢、洺、怀、卫而南，得其资财以充军装。"可汗不从；又请"自太行南下据河阴，扼贼咽喉"，亦不从；又请"自陕州大阳津渡河，食太原仓粟，与诸道俱进"，乃从之。

袁晁陷信州。

【译文】 唐代宗派遣宦官刘清潭去回纥那边当使者，力求敦睦建立一些邦交关系，并且征集了回纥的士兵前来讨伐史朝义。当刘清潭到了回纥的朝堂，回纥地区的登里可汗已经早就被史朝义给引诱了，然后说："唐朝接连有不好的事情发生，现在中原地区没有君主，可汗您应该尽快来我们这边，然后我们共同收取他府库里的一些财物。"回纥的可汗相信了他的话。于是刘清潭送上了敕书，然后说："先帝虽然已经离开我们了，现在的皇上已经即位了，他就是以前的广平王啊，就是那个和回纥叶护一块儿收复东京和西京的人。"这时回纥已经派遣了一些士兵去到了三个已经接受投降的城市，他们看到各州、县都已经成了废墟，就有了看不起唐朝的意思，于是他们就侮辱了刘清潭，并且使他困窘。刘清潭派人回来报告了一些详细的情况，并且说："回纥已经让全国十万人马去进攻中国了！"京城的人都非常震惊。唐代宗派遣殿中监药子昂到忻州的南面去犒劳他们。起初，毗伽阙可汗为登里求婚，于是肃宗就把仆固怀恩的女儿嫁给了他，并且称她为登里可敦。于是登里可汗要求和仆固怀恩相互见面，当时仆固怀恩居住在汾州，于是唐代宗就教他去见他。并且仆固怀恩向登里可汗说唐朝的恩德和诚信是不可以背弃的。登里可汗心里十分高兴，派使者前去上表，恳求让他帮助国家去讨伐史朝义。登里可汗想从蒲关地区进军，从沙苑经过潼关然后向东进攻。于是药子昂就劝他说："关中多次遭遇到战乱，各个州县都很空虚，什么都没有，不能供给军中所需要的东西，恐怕会使可汗失望的。敌人都驻扎在洛阳，请求可汗从土门地区攻取邢、洺、怀、卫等州并且向南边征讨，俘获了他们的资粮和财物然后来作为军中所需的物资。"登里可汗不听从他的建议；所以，他就再一次地请求可汗，说"我们只需从太行山向南边挺进，然后攻占河阴，以掐住敌人的咽喉"，登里可汗也不听从；他就第三次请求可汗说"从陕州大阳津渡过黄河，取太原仓的米谷作为我们的食物，和各个地区的军队一同进攻"，登里可汗这下才听从了他的建议。

袁晁攻陷了信州。

冬，十月，袁晁陷温州、明州。

以雍王适为天下兵马元帅。辛酉，辞行，以兼御史中丞药子昂、魏琚为左、右厢兵马使，以中书舍人韦少华为判官，给事中李进为行军司马，会诸道节度使及回纥于陕州，进讨史朝义。上欲以郭子仪为适副，程元振、鱼朝恩等沮之而止。加朔方节度使仆固怀恩同平章事兼绛州刺史，领诸军节度行营以副适。

上在东宫，以李辅国专横，心甚不平，及嗣位，以辅国有杀张后之功，不欲显诛之。壬戌夜，盗入其第，窃辅国之首及一臂而去。敕有司捕盗，遣中使存问其家，为刻木首葬之，仍赠太傅。

【译文】冬天，十月，袁晁攻下了温州和明州。

以雍王李适作为天下兵马元帅。辛酉日（十六日），李适请求离开，任命兼御史中丞药子昂、魏琚作为左右厢兵马使，任命中书舍人韦少华作为判官，任命事中李进作为行军司马，在陕州同各个地区的节度使以及回纥的部队会合，率领军队去征讨史朝义。唐代宗想任命郭子仪作为李适的副元帅，程元振和鱼朝恩等一些人从中进行阻挠和破坏，因此才肯罢休。晋升朔方节度使仆固怀恩官爵为同平章事兼绛州刺史，统领各军节度行营去做李适的副元帅。

当唐代宗在东宫做太子的时候，因为当时李辅国专权霸道，所以他的心里感觉很不平衡。等到即位的时候，他因为李辅国有杀张皇后的功劳，所以不愿意在大庭广众之下把他给杀了。壬戌日（十七日）夜里，就有刺客暗暗地潜入李辅国的家，偷偷地割了他的头和一只手臂，然后逃走了。于是唐代宗就下令主管官员去追捕凶手，并且派了宫中使者到他的家里去慰问，并且用木头替他雕刻了一个人头，然后就把他给埋葬了，仍然赠送他太傅的爵位。

【乾隆御批】辅国专权稔恶，罪不容诛，自当肆诸市朝以谢天下。张后虽牝晨迹者，尚来若武韦之祸及宗祊，辅国敢行弑逆，尤当绳以乱贼之律，代宗转以为功，不加显戮，是但知报复私嫌而不雇大义，无论颠倒是非不可为训，即以《春秋》不讨贼之例责之，代宗其能自解乎？

【译文】 李辅国专权丑恶,罪恶累累不可不杀,自然应当在闹市陈尸示众,以谢天下。张后虽然有牝鸡司晨的迹象,但还不能跟武后、韦后祸及宗庙相比,李辅国敢于叛逆弑杀张后,更应用处理乱臣贼子的法律绳之以法,而代宗却反以为他有功,不公开杀掉,像这样只知道报复私自的仇怨而不顾大义,不论是非颠倒的做法不可以效仿,即便以《春秋》中不讨伐乱臣贼子的例子去责备他,代宗能自我辩解吗?

【申涵煜评】 刺客之行,里巷报不平可耳。辅国有滔天之恶,代宗不能明正其罪,乃使盗杀之,又故恤其家,掩耳盗铃,欲谁欺?其行事大减于作广平王时。

【译文】 刺客的行为,不过在于里巷之间报不平罢了。李辅国有滔天的罪恶,代宗不能明定他的罪,于是让盗贼杀了他,又因此抚恤他的家人,掩耳盗铃,想要欺骗谁呢?他的行为大不如做广平王的时候。

丙寅,上命仆固怀恩与母、妻俱诣行营。

雍王适至陕州,回纥可汗屯于河北,适与僚属从数十骑往见之。可汗责适不拜舞,药子昂对以礼不当然。回纥将军车鼻曰:"唐天子与可汗约为兄弟,可汗于雍王,叔父也,何得不拜舞?"子昂曰:"雍王,天子长子,今为元帅。安有中国储君向外国可汗拜舞乎!"且两宫在殡,不应舞蹈。"力争久之,车鼻遂引子昂、魏琚、韦少华、李进各鞭一百,以适年少未谙事,遣归营。琚、少华一夕而死。

戊辰,诸军发陕州,仆固怀恩与回纥左杀为前锋,陕西节度使郭英乂、神策观军容使鱼朝恩为殿,自渑池入;潞泽节度使李抱玉自河阳入;河南等道副元帅李光弼自陈留入;雍王留陕州。辛未,怀恩等军于同轨。

【译文】丙寅日(二十一日),唐代宗命令仆固怀恩和他的母亲、妻子都一块儿到行营,这样可以与登里可敦相会并且谈论往事。

雍王李适到达了陕州地区,回纥可汗驻扎在河北,李适和部下官员就带领几十个骑兵前去拜见他。当时可汗责备李适不向他进行跪拜,药子昂回答说依据礼法,李适不应当跪拜。但是回纥的将军车鼻说:"唐朝的皇帝和回纥已经结为兄弟,可汗对于雍王李适来说,就是他的叔父,这怎么能说不应当跪拜?"药子昂说:"雍王是皇帝的长子,现在又做了大元帅,怎么有中国的储君向外国的可汗跪拜的道理呢?并且太上皇和大行皇帝现在都还没有下葬,所以不应该手舞足蹈地进行跪拜。"这样争了很长时间,最后车鼻就打了药子昂、魏琚、韦少华、李进他们每人各一百鞭,认为李适年轻并且不太懂事儿,于是放他回到军营去了。魏琚和韦少华两人仅仅过了一夜就死了。

戊辰日(二十三日),各个部队从陕州地区出发。仆固怀恩与回纥的左杀作为前锋,陕西节度使郭英乂、神策观军容使鱼朝恩作为殿军,他们纷纷从渑池进军;潞泽节度使李抱玉便从河阳进军;河南等道地区副元帅李光弼从陈留地区进军;雍王留守在了陕州。辛未日(二十六日),仆固怀恩等军队驻扎在同轨地区。

史朝义闻官军将至,谋于诸将。阿史那承庆曰:"唐若独与汉兵来,宜悉众与战;若与回纥俱来,其锋不可当,宜退守河阳以避之。"朝义不从。壬申,官军至洛阳北郊,分兵取怀州;癸酉,拔之。乙亥,官军陈于横水。贼众数万,立栅自固,怀恩陈于西原以当之。遣骁骑及回纥并南山出栅东北,表里合击,大破之。朝义悉其精兵十万救之,陈于昭觉寺,官军骤击之,杀伤甚众,而贼陈不动;鱼朝恩遣射生五百人力战，贼虽多死者，陈亦如初。镇西节度使马璘曰："事急矣！"遂单骑奋击，夺贼两牌，突入万众中。贼左右披靡，大军乘之而入，贼众大败；转战于石榴园、老君庙，贼又败；人马相蹂践，填尚书谷，斩首六万级，捕虏二万人，朝义将轻骑数百东走。怀恩进克东京及河阳城，获其中书令许叔冀、王伷等，制释之。怀恩留回纥可汗营于河阳，使其子右厢兵马使场及朔方兵马使高辅成帅步骑万馀乘胜逐朝义，至郑州，再战皆捷。朝义至汴州，其陈留节度使张献诚闭门拒之；朝义奔濮州，献诚开门出降。

回纥入东京，肆行杀略，死者万计，火累旬不灭。朔方、神策军亦以东京、郑、汴、汝州皆为贼境，所过虏掠，三月乃已，比屋荡尽，士民皆衣纸。回纥悉置所掠宝货于河阳，留其将安恪守之。

【译文】史朝义听说官军将要来到这里，于是就赶紧和各位将军商量。阿史那承庆说："唐朝的部队如果只有汉人的士兵来进攻，那么我们就应该出动全部士兵来同他们进行决战；如果和回纥的兵一块儿来，他们的锋头不能抵挡，我们就应该退守到河阳坚守来躲避他们。"史朝义不听从他的劝告。壬申日（二十七日），官军就到达了洛阳北边的一个郊区，并且分出了一支部队去攻占怀州地区；癸酉日（二十八日），他们便攻下了怀州。乙亥日（三十日），官军在横水摆开了阵势。敌人有好几万人，他们竖立着栅栏来巩固自己的营垒。仆固怀恩列阵在西原来对抗他。同时派遣十分勇猛而快捷的骑兵和回纥的士兵沿着南山然后绕到营栅的东北部，内外夹攻，把贼兵打得落花流水。史朝义就率领他的全部十万精兵前来救援，在昭觉寺摆开了阵势。官军快速地去进攻他们，杀死的和杀伤的人都非常的多，可是敌人的阵势一点也没有变。鱼朝恩派遣射生手五百人去奋勇作战，敌人虽然死了非常多的人，所列阵势仍然和以前一样。镇西节度使马璘说："事情十分紧急了！"因此就一个人骑马去奋勇攻打敌兵，并且夺下了两面盾牌，杀入万人的军队之中。贼兵溃不成军，唐朝大军乘机攻进去，贼兵大败；辗转退到了石榴园、老君庙再次作战，贼兵又被打败了；人与马互相践踏，坠入尚书谷；一共斩获了六万人的头，并且逮捕和俘虏了两万人，于是史朝义率领了几百个轻快的骑兵向东边逃走了。仆固怀恩就率领军队攻克了东京和河阳城，俘获了史朝义的中书令许叔冀和王伷等一些人，遵守唐代宗的命令又把他们释放了。仆固怀恩留下了回纥可汗驻扎在了河阳地区，并且让他的儿子右厢兵马使仆固玚和朔方兵马使高辅成带领一万多名步兵和骑兵乘胜去追赶史朝义；一直追到郑州，再一次作战，都取得了胜利。史朝义逃到了汴州，但是他的陈留节度使张献诚关闭城门不允许他进入。史朝义逃奔去了濮州，张献诚打开城门出来投降。

回纥兵攻进东京之后，任意地杀人放火，到处抢劫财物，被杀死的有一万多人，火连续烧了几十天都没有熄灭。朔方军和神策兵也全部都把东京、郑州、汴州、汝州当作敌人的地盘，凡是他们所到的地方都要抢夺别人的子女和财务，三个月之后才平静了下来。老百姓的家产都被抢完了，士人和百姓全部都用纸来做成衣服穿。回纥士兵把所抢夺的好多珍宝财货都放在河阳，并且留下大将安恪来守护。

十一月，丁丑，露布至京师。

朝义自濮州北渡河，怀恩进攻滑州，拔之，追败朝义于卫

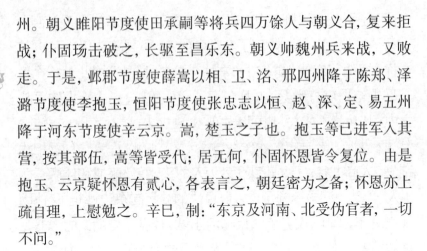

州。朝义睢阳节度使田承嗣等将兵四万馀人与朝义合，复来拒战；仆固玚击破之，长驱至昌乐东。朝义帅魏州兵来战，又败走。于是，邺郡节度使薛嵩以相、卫、洺、邢四州降于陈郑、泽潞节度使李抱玉，恒阳节度使张忠志以恒、赵、深、定、易五州降于河东节度使辛云京。嵩，楚玉之子也。抱玉等已进军入其营，按其部伍，嵩等皆受代；居无何，仆固怀恩皆令复位。由是抱玉、云京疑怀恩有贰心，各表言之，朝廷密为之备；怀恩亦上疏自理，上慰勉之。辛巳，制："东京及河南、北受伪官者，一切不问。"

【译文】十一月，丁丑日（初二），向唐代宗报告胜利的文书就送到了京师。

史朝义从濮州出发向北渡过黄河，仆固怀恩率领部队去攻打滑州，于是就把滑州给攻下了，一直追赶着史朝义到卫州的时候又把他给打败了。史朝义的睢阳节度使田承嗣等一些人率领四万多的士兵和史朝义会合，又来进行抵抗，仆固玚把他给打败了，率领军队直接进入昌乐东方。随后史朝义又率领魏州的士兵前来迎战，再次被打败，然后逃走了。于是史朝义的邺郡节度使薛嵩用相、卫、洺、邢四州地区，向陈郑、泽潞两地的节度使李抱玉投降；恒阳节度使张忠志率领赵、恒、深、定、易五州向河东节度使辛云京投降。薛嵩，就是薛楚玉的儿子。李抱玉和辛云京已经带领士兵进入了薛嵩和张忠志的军营之中，前去检阅他们的部队，并且薛嵩和张忠志也都非常愿意被替代。时间过了不久，仆固怀恩就命令他们都保持原先的职位。因此李抱玉、辛云京都怀疑仆固怀恩跟他们不一心，各自上表向唐代宗报告情况，朝廷也在暗中准备，防止他发动叛乱。仆固怀恩也开始上书陈述理由，于是唐代宗安慰并且勉励他。辛巳日（初六），下达诏令说:"东京和河南、河北一带接受伪官的人,全部都不再进行追问。"

己丑,以户部侍郎刘晏兼河南道水陆转运都使。

丁酉,以张忠志为成德军节度使,统恒、赵、深、定、易五州,赐姓李,名宝臣。初,辛云京引兵将出井陉,常山裨将王武俊说宝臣曰:"今河东兵精锐,出境远斗,不可敌也。且吾以寡当众,以曲遇直,战则必离,守则必溃,公其图之。"宝臣乃撤守备,举五州来降。及复为节度使,以武俊之策为善,擢为先锋兵马使。武俊,本契丹也,初名没诺干。

郭子仪以仆固怀恩有平河朔功,请以副元帅让之。己亥,以怀恩为河北副元帅,加左仆射兼中书令、单于、镇北大都护、朔方节度使。

【译文】己丑日(十四日),任命户部侍郎刘晏兼任河南道水陆转运都使。

丁酉日(二十二日),以张忠志为成德军节度使,统一管理恒、赵、深、定、易五州,赐他的姓为李,赐他的名为宝臣。起初,辛云京带领兵将从井陉口进行进攻,常山副将王武俊劝告李宝臣说:"现在黄河东部的兵马精良坚强,但是离开本地到更远的地方去进行战斗,是没有办法进行抵抗的。并且我们用少数对抗多数,用无理去对抗有理,那么进行战斗一定要离散,守城一定会溃不成军,从而失败,请您好好地打算一下吧。"于是李宝臣就撤除了全部的防守和准备,用全部五个州的土地来向朝廷投降。等到再一次被任命为节度使,认为王武俊的策划非常好,所以就提拔他做先锋兵马使。王武俊,本来是契丹人,原来的名字叫没诺干。

郭子仪认为仆固怀恩有平定河朔的功劳，所以就请求把兵马副元帅的职位让给他。己亥日（二十四日），以仆固怀恩为河北副元帅，晋加他的官衔为左仆射兼中书令、单于、镇北大都护和朔方节度使。

史朝义走至贝州，与其大将薛忠义等两节度合，仆固玚追之至临清。朝义自衡水引兵三万还攻之，玚设伏击走之。回纥又至，官军益振，遂逐之；大战于下博东南，贼大败，积尸拥流而下，朝义奔莫州。怀恩都知兵马使薛兼训、兵马使郝庭玉与田神功、辛云京会于下博，进围朝义于莫州，青淄节度使侯希逸继至。

十二月，庚申，初以太祖配天地。

【译文】史朝义逃到贝州地区之后，就和他的大将薛忠义等两个节度使进行会合，仆固玚追赶着他们到达了临清。于是史朝义就从衡水带领了三万兵马回来再一次攻打他，仆固玚埋设伏兵，再一次把他给打败了。回纥的兵再次赶到，官军的声势更加浩大，因此就又开始追逐他；在下博的东南部大战，敌人大败，尸体堆积在河水里，然后向下游流去了，于是史朝义就逃到了莫州。仆固怀恩的都知兵马使薛兼训、兵马使郝庭玉与田神功、辛云京在下博地区进行会合，进军莫州，并且包围了史朝义；青淄节度使侯希逸接着也马上赶到了。

十二月，庚申日（十六日），开始用太祖配享祭祀天地。

代宗睿文孝武皇帝上之上

广德元年（癸卯，公元七六三年）春，正月，己卯，追谥吴太后曰章敬皇后。

癸未，以国子祭酒刘晏为吏部尚书、同平章事，度支等使如故。

初，来瑱在襄阳，程元振有所请托，不从；及为相，元振谮瑱言涉不顺。王仲升在贼中，以屈服得全，贼平得归，与元振善，奏瑱与贼合谋，致仲升陷贼。壬寅，瑱坐削官爵，流播州，赐死于路。由是藩镇皆切齿于元振。

史朝义屡出战，皆败，田承嗣说朝义，令亲往幽州发兵，还救莫州，承嗣自请留守莫州。朝义从之，选精骑五千自北门犯围而出。朝义既去，承嗣即以城降，送朝义母、妻、子于官军。于是，仆固玚、侯希逸、薛兼训等帅众三万追之，及于归义，与战，朝义败走。

【译文】广德元年（癸卯，公元763年）是年七月改年号为广德。春季，正月，己卯日（初五），追封吴太后称为章敬皇后。

癸未日（初九），任命国子祭酒刘晏作为吏部尚书、同平章事，他所掌管的度支等使的职位照旧。

起初，来瑱在襄阳，程元振有事去请求他，来瑱不愿意听从；等到来瑱作为宰相的时候，程元振陷害来瑱，并且说他的言辞有很多不恭顺的地方。王仲升陷入敌人的部队之中，因为委屈服从才得以生存。等到敌人的叛乱平定之后，他们才能够回朝，和程元振十分要好。然后上奏说来瑱和反贼合谋，才导致王仲升陷落在贼人的手中。壬寅日（二十八日），来瑱因此被削除了官位，放逐到了播州地区，在路上的时候被赐令自杀。从此以后，藩镇都十分痛恨程元振。

史朝义多次出兵进行作战，都被打败了。田承嗣劝告史朝义，让他亲自到幽州地区去征调一些军队，然后回来拯救莫州，田承嗣自己请求留下来防守莫州。史朝义听从了他的意见，挑选了精锐的骑兵五千人从北门突围出去。史朝义离开之后，田承嗣就献出莫州城投降，并且把史朝义的母亲、妻子、儿子送交给了官军。于是仆固玚、侯希逸、薛兼训等人带领三万士兵去追赶史朝义，一直追到归义之后才赶上了他，并且和他进行交战，史朝义被打败之后逃走了。

时朝义范阳节度使李怀仙已因中使骆奉仙请降，遣兵马使李抱忠将兵三千镇范阳县，朝义至范阳，不得入。官军将至，朝义遣人谕抱忠以大军留莫州、轻骑来发兵救援之意，因责以君臣之义，抱忠对曰："天不祚燕，唐室复兴。今既归唐矣，岂可更为反覆，独不愧三军邪！大丈夫耻以诡计相图，愿早择去就以谋自全。且田承嗣必已叛矣，不然，官军何以得至此！"朝义大惧，曰："吾朝来未食，独不能以一餐相饷乎！"抱忠乃令人设食于城东。于是，范阳人在朝义麾下者，并拜辞而去，朝义涕泣而已，独与胡骑数百既食而去。东奔广阳，广阳不受；欲北入奚、契丹，至温泉栅，李怀仙兵追及之；朝义穷蹙，缢于林中，怀仙取其首以献。仆固怀恩与诸军皆还。

甲辰，朝义首至京师。

【译文】这时史朝义的范阳节度使李怀仙已经通过宫中使者骆奉仙要求投降，并且派遣兵马让李抱忠带领三千士兵镇守范阳县。史朝义到达了范阳之后，不能够进去。官军快要追到他们了，史朝义就派人向李抱忠说明了大军已经留在了莫州，自己带骑兵前来征调军队进行救援的意思，并且用君臣大义责备他。李抱忠说："上天不保佑大燕，唐朝又要复兴了。现在既然已经归顺了唐朝，怎么能够再三心二意颠倒无常呢，难道说不觉得对不起三军吗！大丈夫最可耻的就是用狡诈的手段去图谋别人，希望您尽快地决定去处以谋求自我保全的方法。而且我觉得田承嗣一定已经背叛你了，否则的话，官军怎么能够到达这儿！"史朝义十分惊恐和害怕。然后就说："我从早上一直到现在都还没有吃饭，难道说就不能招待我们吃顿饭吗？"李抱忠就派人把食物送到了城东。于是范阳人在史朝义麾下的，都拜别史朝义，然后离开了。史朝义只有哭泣而已，独自一个人和几百个少数民族的士兵吃完饭后骑马离去。向东边逃到了广阳地区，广阳也不愿意收留他；想向北逃到奚和契丹，刚走到温泉栅，李怀仙就派兵追上了他。史朝义穷困窘迫，万般无奈之下只好在树林里上吊而死。李怀仙割取了他的头，然后呈献给了朝廷。仆固怀恩与各个地方的军队都返回。

甲辰日（三十日），史朝义的头被送到了京师。

闰月，己酉夜，有回纥十五人犯含光门，突入鸿胪寺，门司不敢遏。

癸亥，以史朝义降将薛嵩为相、卫、邢、洺、贝、磁六州节度使，田承嗣为魏、博、德、沧、瀛五州都防御使，李怀仙仍故地为幽州、卢龙节度使。时河北诸州皆已降，嵩等迎仆固怀恩，拜于马首，乞行间自效；怀恩亦恐贼平宠衰，故奏留嵩等及李宝臣分帅河北，自为党援。朝廷亦厌苦兵革，幸冀无事，因而授之。

【译文】 闰正月，己酉日（初五）夜晚，有回纥兵十五人进入了含光门，直接进入鸿胪寺，守门的官员不敢禁止。

癸亥日（十九日），以史朝义的投降的将军薛嵩作为相、卫、邢、洺、贝、磁六州的节度使，田承嗣为魏、博、德、沧、瀛五州的都防御使，李怀仙则仍然留在了原地作为幽州、卢龙节度使。在那个时候河北各州地区都已经投降了，薛嵩等一些人迎接仆固怀恩，跪拜在他的马前，请求留在他的身边效力；仆固怀恩也害怕敌人平定了宠幸衰微，所以上奏请求留下了薛嵩等一些人以及李宝臣分别作为河北各个地区的节度使，让他们作为自己的党羽和助力。朝廷也十分厌恶连年的战争，只希望能够平安无事，因此就授权任命了他们节度使的职务。

资治通鉴

【乾隆御批】 河北之失，其原起于用降将为节度。范祖禹归咎仆固怀恩，其说近是而未尽也。盖唐自玄宗昏纵召乱于前，肃、代姑息养奸于后。内而宦官，外而方镇，已成太阿倒持之势。向常论此，以为未有失其本，而能治其末者，夫本存乎人君之一心，心不正则不明何以官人，何以命将。

【译文】 河北各镇丧失，缘起于任用降将为节度使。范祖禹把责任归咎于仆固怀恩，他的说法似乎对但也不完全对。唐朝从玄宗昏庸纵容招致祸乱在前，肃宗、代宗姑息养奸于后。内有宦官，外有方镇，已形成把柄授予人，自身反而临危险的形势。人们对这段历史的一向评价，都认为统治者没有失去国本，而只能治理细枝末节，然而国家的根本存在于人君的心里，心不正则思路不明晰楚，如何任官，如何命将？

回纥登里可汗归国，其部众所过抄掠，廪给小不如意，辄杀人，无所忌惮。陈郑、泽潞节度使李抱玉欲遣官属置顿，人人辞惮，赵城尉马燧独请行。比回纥将至，燧先遣人赂其渠帅，约毋暴掠，帅遣之旗曰："有犯令者，君自戮之。"燧取死囚为左右，小有违令，立斩之。回纥相顾失色，涉其境者皆拱手遵约束。抱玉奇之，燧因说抱玉曰："燧与回纥言，颇得其情。仆固怀恩恃功骄蹇，其子玚好勇而轻，今内树四帅，外交回纥，必有窥河东、泽潞之志，宜深备之。"抱玉然之。

【译文】回纥登里可汗回国的时候，他的部队在所经过的一些地区，都任意抢夺和掳掠，各地官府只要供给的稍微不合他们的心意，他们就要杀人，一点儿都不害怕和忌讳。陈郑、泽潞节度使李抱玉想要派遣属下的官员为他们准备停留时所需要的一些物资，人们都十分害怕，然后都加以推辞，唯独只有赵城县尉马燧请求去担任这个任务。等到回纥将要来到的时候，马燧就先派人去贿赂他们的主帅，并且和他们约定不能够凶暴掠夺。于是主帅就送给了他一面旗子，然后说："如果有违背命令的，您就可以自己决定是否杀他。"马燧带领死囚让他们当作自己身边的随从人员，只要稍微有一点儿违背命令的，就立即斩首。回纥兵见到了之后，吓得你看我我看你，连脸色都变了，所以从境内经过的人都十分害怕地遵守约束。李抱玉觉得他很与众不同。马燧因此劝告李抱玉说："燧在和回纥谈话的过程中，获得了相当多的实情。仆固怀恩仗着自己有功，所以态度十分傲慢，他的儿子仆固玚喜欢斗勇并且轻佻。并且现在他在国内树立了四个节度使，在国外和回纥结交友好关系，必定有想要夺取河东和泽潞的意图，我们应该谨慎戒备他。"李抱玉认为他说得很对。

初，长安人梁崇义以羽林射生从来瑱镇襄阳，累迁右兵马使。崇义有勇力，能卷铁舒钩，沈毅寡言，得众心。瑱之入朝也，命诸将分戍诸州，瑱死，戍者皆奔归襄阳。行军司马庞充将兵二千赴河南，至汝州，闻瑱死，引兵还袭襄州；左兵马使李昭拒之，充奔房州。崇义自邓州引戍兵归，与昭及副使薛南阳相让为长，久之不决，众皆曰："兵非梁卿主之不可。"遂推崇义为帅。崇义寻昭及南阳，以其状闻，上不能讨。三月，甲辰，以崇义为襄州刺史、山南东道节度留后。崇义奏改葬瑱，为之立祠，不居瑱听事及正堂。

辛酉，葬至道大圣大明孝皇帝于泰陵；庙号玄宗。庚午，葬文明武德大圣大宣孝皇帝于乔陵；庙号肃宗。

【译文】起初，长安人梁崇义由羽林军射生手跟随来瑱去镇守襄阳，一路升任右兵马使。梁崇义十分勇敢，并且很有力量，能够卷曲铁叶，可以拉直铁钩；他沉静坚毅，很少说话，所以得到士兵们的敬重和喜爱。来瑱入朝当宰相的时候，就命令各位将军分别戍守在各州；来瑱被杀害了之后，在各州戍守的将军都跑回到了襄阳。行军司马庞充带领两千士兵到河南地区去，刚刚走到汝州，就听到来瑱死了，于是就带兵回来袭击襄州；左兵马使李昭前去抵抗他，庞充逃跑到了房州。于是梁崇义就从邓州带领戍守的一些士兵回来，和李昭、节度副使薛南阳相互推让为主帅。但是他们争了很久都不能决定，大部分的人都说："士兵非要是梁卿作为主帅才行。"于是他们就推举梁崇义作为主帅。梁崇义不久之后就杀死了李昭和薛南阳，并且把实际的情形报告给了唐代宗。唐代宗不能去讨伐。三月份，甲辰日（初一），就任命梁崇义作为襄州刺史、山南东道节度留后。梁崇义向唐代宗请求改葬来瑱，要求为他建立祠堂，他一直不敢使用来瑱的办公厅和正堂。

辛酉日（十八日），安葬了至道大圣大明孝皇帝在泰陵，把庙号称为玄宗。庚午日（二十七日），安葬文明武德大圣大宣孝皇帝在建陵，以庙号为肃宗。

夏，四月，庚辰，李光弼奏擒袁晁，浙东皆平。时晁聚众近二十万，转攻州县，光弼使部将张伯仪将兵讨平之。伯仪，魏州人也。

郭子仪数上言："吐蕃、党项不可忽,宜早为之备。"辛丑,遣兼御史大夫李之芳等使于吐蕃,为虏所留,二年乃得归。

群臣三上表请立太子;五月,癸卯,诏许俟秋成议之。

丁卯,制分河北诸州:以幽、莫、妫、檀、平、蓟为幽州管;恒、定、赵、深、易为成德军管;相、贝、邢、洺为相州管;魏、博、德为魏州管;沧、棣、冀、瀛为青淄管;怀、卫、河阳为泽潞管。

【译文】 夏季,四月,庚辰日(初七),李光弼上奏并且报告逮捕了袁晁,浙东地区已经被完全平定了。在那个时候袁晁集合了大约二十万的徒众,几次攻打各个州县。李光弼让部下将军张伯仪率领士兵把他讨平。张伯仪,是魏州人。

郭子仪多次上书说:"吐蕃和党项这两个问题是不能被忽视的,应该提前做好准备。"辛丑日(二十八日),派遣兼御史大夫李之芳等一些人出使吐蕃,结果被吐蕃给扣留了,过了两年之后才回来。

群臣多次上表请求设立太子;五月份,在癸卯日(初一),唐代宗下诏允许等待秋天收割以后再来讨论这件事儿。

丁卯日(二十五日),下制书划分河北地区的各州:把幽、莫、妫、檀、平、蓟六个地区划为幽州管辖;把恒、定、赵、深、易五个地区划为成德军管辖;把相、贝、邢、洺四个地区划为相州管辖;魏、博、德三个地区划为魏州管辖;把沧、棣、冀、瀛四个地区划为青淄管辖;把怀、卫、河阳三个地区划为泽潞管辖。

六月,癸酉,礼部侍郎华阴杨绾上疏,以为:"古之选士必取行实,近世专尚文辞。自隋炀帝始置进士科,犹试策而已;至高宗时,考功员外郎刘思立始奏进士加杂文,明经加帖,从此积弊,转而成俗。朝之公卿以此待士，家之长老以此训子，其明经则诵贴括以求侥幸。又，举人皆令投牒自应，如此，欲其返淳朴，崇廉让，何可得也！请令县令察孝廉，取行著乡闾、学知经术荐之于州。刺史考试，升之于省。任各占一经，朝廷择儒学之士，问经义二十条，对策三道，上第即注官，中第得出身，下第罢归。又，道举亦非理国所资，望与明经、进士并停。"上命诸司通议，给事中李栖筠、左丞贾至、京兆尹严武并与绾同。至议以为："今试学者以帖字为精通，考文者以声病为是非，风流颓弊，诚当厘改。然自东晋以来，人多侨寓，士居乡土，百无一二；请兼广学校，保桑梓者乡里举焉，在流寓者庠序推焉。"敕礼部具条目以闻。绾又请置五经秀才科。

【译文】六月，癸酉日（初一），礼部侍郎华阴人杨绾向唐代宗上书，认为："以前选拔士子，一定要选取那些有德行和实学的人，近代十分崇尚文辞。自从隋炀帝时期就开始设置进士，并且还是只考策文。等到了高宗时期，考功员外郎刘思立这才向皇上上疏请求进士要加考杂文，明经要加考帖经。从此以后积弊成习，然后就逐渐变成了俗尚。朝廷上的公卿就是用这个方法去考选士子的，各个家庭中的父母和兄弟就是用这个方法去教训子弟的，考明经的那些人于是就背诵帖括经书来希望能够侥幸考取；并且，应举的人都教他们投递文书应该贡举，像他们这样的，要想使他们重新归返淳真朴实，并且崇尚廉洁和礼让，这个如何能够办得到呢？请求命令各个地方的县令应该留意观察孝顺父母、操行廉洁的人，选择那些在德行上乡里间非常著名的人，并且在学术上通晓经术的人，就推荐给州里。经过州刺史考试之后，就再把他们给送到朝廷的尚书省。任意让他们各自去选择一经，朝廷就选择那些有儒学的人，然后考问他们二十条经书义理和三道对策。对于那些考中上等的人就马上给他们以官职，考取中等的人，就获得了做官的资格，对于那些下等的人，然后就让他们回去。还有道教的科举，也不是治理国家所必需的，所以希望应该和明经、进士同时停止。"于是唐代宗命令各个相关的官员来共同议论这件事儿，给事中李栖筠、左丞贾至和京兆尹严武，他们所议论的也都和杨绾的观点相似。贾至的观点认为："现在考试儒学主要是用考好帖括经书才作为精通，考试文艺主要是以是否懂得声病作为是非，风俗如此败坏，确实是应该加以改正。但是自从东晋到现在，有很多寄居在他乡；士人居住在自己故乡的，还不到百分之一二。所以请求同时广泛地设立学校；对于那些居住在自己故乡的人就由乡里的人推荐，对于那些寄居在他乡的人就由学校推荐。"唐代宗命令礼部拟好详细的做法呈报上来。后来杨绾又上奏请求设置五经秀才科。

庚寅，以魏博都防御使田承嗣为节度使。承嗣举管内户口，壮者皆籍为兵，惟使老弱耕稼，数年间有众十万；又选其骁健者万人自卫，谓之牙兵。

同华节度使李怀让为程元振所谮，恐惧，自杀。

【译文】 庚寅日(十八日)，就任命魏博都防御使田承嗣作为节度使。于是田承嗣就根据他辖区内的户口以及名册，把所有年轻力壮的人都收编，让他们去当兵，只让那些年老体弱的人去种地，几年之间就有了十万人的士兵；后来又挑选了其中一万个勇猛强健的人当作自己的卫兵，被称为牙兵。

同华节度使李怀让被程元振陷害，十分害怕，自杀而死。